Wege
zum Paradies

Paths
to Paradise

Otto Piene

MUSEUM TINGUELY
EIN KULTURENGAGEMENT VON ROCHE

HIRMER

Inhalt | Contents

Vorwort

Mit dieser grossen Einzelausstellung zum Werk Otto Pienes stellt das Museum Tinguely einen weiteren wichtigen Zeitgenossen unseres Hauskünstlers vor. Wir führen damit eine Reihe fort, welche den besonderen Innovationsgeist und die Offenheit dieser Künstler:innen-Generation beleuchtet und kontextualisiert, angefangen mit Yves Klein im Jahr 1999 über weitere rund 15 Künstler:innen bis hin zu Öyvind Fahlström und Jean-Jacques Lebel im Jahr 2022.

Wege zum Paradies, so der Titel der Ausstellung, zitiert Pienes Beitrag für die Publikation *ZERO* 3 von 1961. Die darin postulierten Wege führen zum Licht und seinen Erscheinungen. Diese liefern Piene das Material für seine künstlerische Arbeit. Es sind Gedanken, die sich vom traditionellen Verständnis der Kunst als repräsentativem Bild ablösen und eine Einheit von Körper und Geist, vermittelt über das Licht, die Sonne, den Himmel und weitere Elemente wie das Feuer vorschlagen.

Die Ausstellung stellt die wichtigsten Werkphasen mit einer repräsentativen Auswahl von Arbeiten vor. Sie entstand im Austausch mit dem Busch-Reisinger Museum der Harvard Art Museums in Cambridge, Massachusetts, und wird massgeblich unterstützt durch Elizabeth Goldring Piene. Über 70 Skizzenbücher Pienes aus der Zeit von 1935 bis 2014 gelangten kürzlich als Geschenk in die Sammlung des Museums und wurden wissenschaftlich bearbeitet. Ihre vorbildliche Erschliessung als visuelles Archiv, als eigenständiger, sehr persönlicher Werkkorpus und als Resonanz- und Imaginationsraum für alle anderen künstlerischen Projekte Pienes kommen auch unserem Ausstellungs- und Publikationsprojekt sehr zugute. In unserer Ausstellung nehmen die Skizzenbücher erstmals mit einer signifikanten Auswahl eine prominente Rolle ein und bilden einen zentralen Ausgangspunkt für die Reflexion über Pienes Œuvre.

Otto Pienes Kunstschaffen entwickelt sich fast zeitgleich wie dasjenige von Jean Tinguely. So ist es interessant, Gemeinsamkeiten und Differenzen zu betrachten. Für beide Künstler bezeichnend ist ein länderübergreifender Austausch von Ideen und die Suche nach einer neuen Relevanz von Kunst für ein erweitertes Publikum. Die Diagnose der herkömmlichen Kunst ihrer Zeit ist für die Protagonisten:innen dieser jungen, aufstrebenden Generation klar: Mit dem Rückzug auf die Malerei als Selbstzweck und mit avantgardistischer Individuation wollten sie nichts zu tun haben. Getroffen haben sie sich spätestens 1959 im Rheinland. Wahrscheinlich ist eine frühere gegenseitige Wahrnehmung, vermittelt über Yves Klein, mit dessen monochromen Gemälden die Galerie Schmela im Mai 1957 ihre Ausstellungstätigkeit in Düsseldorf aufnahm. An derselben Ad-

Foreword

With this major Otto Piene exhibition at Museum Tinguely, we present another key contemporary of Jean Tinguely, continuing a series of exhibitions that contextualize and shed light on the innovative spirit and open-mindedness of this generation of artists, starting with Yves Klein in 1999 and continuing with about fifteen more artists, including Öyvind Fahlström and Jean-Jacques Lebel in 2022.

The show takes its title, *Paths to Paradise*, from a text published by Piene in *ZERO* 3 in 1961. The paths postulated therein led toward light and its apparitions and provided the material for his art. In this text, Piene departed from the traditional understanding of art as a representative image, proposing a unity of body and mind facilitated by light, the sun, the sky, and other elements including fire.

The exhibition presents a representative selection of works from the most important phases of Piene's oeuvre. It was created in close exchange with the Busch-Reisinger Museum at the Harvard Art Museums and with invaluable support from Elizabeth Goldring Piene. More than seventy of Piene's sketchbooks from 1935 to 2014 were recently gifted to the museum's collection and subsequently studied in depth. Their exemplary cataloguing of this visual archive—as a distinct, highly personal body of work and as an imaginative echo chamber for all of Piene's other artistic projects—has greatly benefitted our own exhibition and publication project, in which the sketchbooks occupy a significant place for the first time, forming a central point of departure for reflection on Piene's oeuvre.

As Piene's art developed in parallel with Tinguely's, it is interesting to examine what they share and what sets them apart. Both artists engaged in the exchange of ideas across national borders and looked for ways to make art relevant to a new, broader audience. As members of a young, ambitious generation, they also shared a clear position regarding the conventional art of their time: they wanted nothing to do with a retreat into painting as an end in itself, nor with the individualism of the avant-garde. They met, at the very latest, in 1959 in the Rhineland, having probably already taken note of each other's works through Yves Klein, whose monochrome paintings were featured in the May 1957 inaugural exhibition at Galerie Schmela in Düsseldorf. Klein also gave the opening address there for Tinguely's first solo show in Germany in January 1959. Soon after, in March 1959, Klein, Piene, and Tinguely had a group exhibition with mutual friends at the Hessenhuis in Antwerp under the title *Vision in Motion—Motion in Vision*. At the opening, Piene and Tinguely sat shoulder to shoulder at the same table with beer and cigarettes in front of them—Tinguely's ability to speak two languages helped him act as a dynamo between the different groups

resse hielt Yves Klein im Januar 1959 die Eröffnungsrede für Tinguelys erste Einzelausstellung in Deutschland. Kurze Zeit später, im März 1959, stellen Klein, Piene und Tinguely gemeinsam mit Freunden in der Gruppenausstellung *Vision in Motion – Motion in Vision* im Hessenhuis Antwerpen aus. Bei der Eröffnung sitzen Piene und Tinguely Schulter an Schulter am selben Tisch vor Bier und Rauchwaren – Tinguelys Zweisprachigkeit hilft ihm, sich als Dynamo zwischen den Künstlergruppen zu betätigen. Nur kurze Zeit später verbreitet Tinguely in Düsseldorf sein Manifest *Für Statik*, das sich programmatisch gegen Stillstand und für Veränderung und Gegenwärtigkeit richtet – ein Pamphlet, dessen Stossrichtungen sich sowohl die Zero-Künstler als auch die Nouveaux Réalistes auf die Fahne geschrieben haben. Klein hat mit seiner radikalen Hinwendung zur Monochromie und zum lichten, blauen Himmel Vorbildfunktion für die künstlerischen Experimente von ZERO im Allgemeinen und von Piene im Speziellen. Die *Rasterbilder*, die am Beginn seiner Karriere stehen, waren eigentliche Licht-Modulatoren und öffneten den Weg hin zur Integration weiterer natürlicher Elemente.

Mit der Gründung der Künstlergruppe Zero 1958 durch Piene und Heinz Mack war die Suche nach einer «reinen Kunst» verbunden. Pienes *Rasterbilder* konnten als Wahrnehmungsmaschinen dienen, um ausserbildliche Phänomene wie das Licht und seine Schattenwirkung durch Reduktion der Mittel sichtbarer zu machen. Seine Kunst löste sich in der Folge sehr schnell vom Objekthaften, hin zu ephemeren und performativeren Formen wie seinen *Lichtballetten*, die er ab 1959 aufführte. Die «Reinheit» liegt in der Unmittelbarkeit der Wahrnehmung. Sie zielt auf eine universelle Sensibilität der Betrachtung, aber auch auf eine grössere Wertschätzung der natürlichen Umgebung und eine Kritik an der fortschreitenden Zerstörung der Umwelt, was aus einer heutigen, für ökologische Themen sensibilisierten Sicht pionierhaft erscheint.

Ist es bei Piene eine Form von Idealismus, den Glauben an eine bessere Welt hochzuhalten, so ist es bei Tinguely die Kritik an der konsumfreudigen Wegwerfgesellschaft, die als zwei Seiten derselben Medaille – der Befindlichkeit um 1960 – gedeutet werden können. Beide führt der Gang aus dem Kunst-Reservat auf die Strasse, hin zu den Menschen, mit Themen, die alle betreffen und berühren sollten. Ihre erweiterten Netzwerke reichen über das Feld der Kunst hinaus, hin zu anderen Künsten, zu neuen Medien, aber auch hin zur Technik – für Tinguely eine prägende Erfahrung seiner ersten Reise nach New York 1960 mitsamt dem Kontakt mit Ingenieur Billy Klüver und den mit Bell Laboratories gegründeten Experiments in Art and Technology (EAT). Für Piene prägend war der Ruf ans Center for Advanced Visual Studies (CAVS) des Massachusetts Institute of Technology ab 1968, der die Entwicklung seiner weiteren künstlerischen Karriere beförderte und ihm die Möglichkeiten gab, Projekte im grossen Massstab mit Fachspezialist:innen im öffentlichen Raum zu realisieren und so neben Licht und Feuer mit den Inflatables seiner Sky Art auch Luft und Wind als künst-

of artists. Soon after this, Tinguely distributed his manifesto *For Statics* in Düsseldorf, a pamphlet in which arguments against stagnation and for change and living in the now resonated with both the Zero artists and the Nouveaux Réalistes. With his radical turn to the monochrome and to the bright blue sky, Klein was a model for the artistic experiments of ZERO in general and Piene in particular. The *Raster Paintings* that marked the start of Piene's career were actual light modulators, opening up his path to the integration of further natural elements.

The founding of the Zero Group in 1958 by Piene and Heinz Mack was linked to the search for a "pure art." Piene's *Raster Paintings* served as machines of perception, rendering extrapictorial phenomena such as light and shadow more visible by reducing the pictorial means. After this, his art soon severed its ties to objects, turning toward more ephemeral, performative forms such as the *Light Ballets* he staged from 1959. The "purity" lies in an immediacy of perception. It aims for a universal sensitivity of contemplation, but also for greater appreciation of the natural environment and a critique of its ongoing destruction, making the work seem pioneering from today's more ecologically sensitive perspective.

Piene's idealistic belief in a better world and Tinguely's critique of consumer society can be interpreted as two sides of the same coin—a state of mind circa 1960. Both climbed down from art's ivory tower onto the street, toward people, with themes that concerned and affected them all. Their expanded networks reached beyond the field of fine art, involving other art forms and new media, as well as technology. For Tinguely, a first trip to New York in 1960 was a formative experience, bringing him into contact with engineer Billy Klüver and the Experiments in Art and Technology (EAT), a series of events created in association with Bell Laboratories. Similarly, Piene's artistic career was shaped and fostered by his appointment at the Massachusetts Institute of Technology's Center for Advanced Visual Studies (CAVS) in 1968, allowing him to realize large-scale projects with specialists in public spaces, testing not only light and fire but also—via the inflatables of his Sky Art—air and wind as artistic materials. We are pleased to be able to present the art and thinking of this reflective visionary to a new audience today.

Many individuals and institutions have contributed to the successful realization of this project. Firstly, we would like to express our heartfelt thanks to Elizabeth Goldring Piene for supporting us with loans and providing us with large quantities of image material, information, and contacts. A big thank-you also goes to the Otto Piene Estate, represented by Galerie Sprüth Magers, and especially to Andreas Schleicher-Lange, Isabelle Demin, and Sophie Bubmann. Our thanks also go to the Busch-Reisinger Museum, Harvard Art Museums, especially to Dr. Lynette Roth, Daimler Curator of the Busch-Reisinger Museum, and Jessica Ficken, Nicole Linderman, Penley Knipe, and Katie Kujala, for being a pleasure to work

lerische Mittel zu erproben. Wir freuen uns, dieses reflektiert Visionäre seiner Kunst und seines Denkens einem heutigen Publikum wieder näherbringen zu dürfen.

Viele Personen und Institutionen haben dazu beigetragen, dass wir dieses Projekt erfolgreich durchführen können. Zuerst möchten wir Elizabeth Goldring Piene sehr herzlich danken für die umfassende Unterstützung unseres Projektes mit Leihgaben, sehr viel Bildmaterial, Informationen und der Vermittlung von Kontakten. Ein grosser Dank geht auch an den Otto Piene Estate, repräsentiert durch die Galerie Sprüth Magers, insbesondere Andreas Schleicher-Lange, Isabelle Demin und Sophie Bubmann. Dem Busch-Reisinger Museum der Harvard Art Museums, insbesondere Dr. Lynette Roth, Daimler Curator of the Busch-Reisinger Museum, ebenso wie Jessica Ficken, Nicole Linderman, Penley Knipe und Katie Kujala, danken wir für die gute Zusammenarbeit und die Leihgabe eines umfangreichen Konvoluts an Skizzenbüchern, die damit erstmals seit der Schenkung an eine Institution gehen. Für die grosszügige Unterstützung mit zahlreichen Leihgaben, darunter erstmals ausgestellte Archivfunde, und Unterstützung unserer umfangreichen Archivrecherchen danken wir ebenfalls der ZERO foundation Düsseldorf, Dr. Barbara Könches, Romina Dümler und Dr. Rebecca Welkens.

Für weitere wichtige Leihgaben bedanken wir uns beim Kunstpalast Düsseldorf, Dr. Felix Krämer; den Kunstmuseen Krefeld, Katia Baudin; dem Kunstmuseum Wolfsburg, Dr. Andreas Beitin; dem Osthaus Museum Hagen, Dr. Tayfun Belgin; dem ZKM Karlsruhe, Alistair Hudson; der Kunsthalle Recklinghausen, Dr. Nico Anklam; der Kunsthalle Bremen, Prof. Dr. Christoph Grunenberg.

Anna Salamone von der Aldo Tambellini Art Foundation danken wir für die Rechte für *Black Gate Cologne* und für die Verfügbarmachung von zahlreichen Informationen und Archivmaterialien für unsere Recherchen. Bei Günter Thorn, dem Assistenten Pienes, bedanken wir uns herzlich für die Unterstützung beim Aufbau der Ausstellung, insbesondere für die *Lichtballette* und Lichtskulpturen. Mit der Schirn Kunsthalle Frankfurt, Dr. Martina Weinhart, teilen wir die Neuproduktion von *Anemones: An Air Aquarium*. Unser Dank gilt weiterhin dem Walker Art Center in Minneapolis für die Autorisierung von Ausstellungskopien, im Besondern auch an Jill Vuchetich, Leitung Archiv und Bibliothek, für die umfangreiche Unterstützung unserer kunsthistorischen Forschung. Zusätzlicher Dank gilt auch den Archivaren des Department of Distinctive Collections der MIT Libraries, insbesondere Thera Webb.

Ein grosser Dank für den unermüdlichen Einsatz und die kompetente, sorgfältige und umsichtige Vorbereitung der Ausstellung und dieser Publikation geht an die beiden Kuratorinnen Dr. Sandra Beate Reimann, Kuratorin am Museum Tinguely, und Dr. Lauren Elizabeth Hanson, welche die Skizzenbücher Otto Pienes am Busch-Reisinger Museum erforscht hat

with and for loaning a large number of sketchbooks, the first time this body of work has been loaned to another institution since being donated to the museum. For numerous loans and generous support of our extensive research in the archives, which turned up items never shown in public, thanks are also due to Dr. Barbara Könches, Romina Dümler, and Dr. Rebecca Welkens at the ZERO foundation in Düsseldorf.

For further important loans we are grateful to Dr. Felix Krämer, Kunstpalast Düsseldorf; Katia Baudin, Kunstmuseen Krefeld; Dr. Andreas Beitin, Kunstmuseum Wolfsburg; Dr. Tayfun Belgin, Osthaus Museum Hagen; Alistair Hudson, ZKM Karlsruhe; Dr. Nico Anklam, Kunsthalle Recklinghausen; and Prof. Dr. Christoph Grunenberg, Kunsthalle Bremen.

We thank Anna Salamone from the Aldo Tambellini Art Foundation for granting the rights to *Black Gate Cologne* and for making available large quantities of information and archive materials for our research. We are deeply grateful to Günter Thorn, Piene's longtime assistant, for his help with setting up the exhibition, especially the *Light Ballets* and light sculptures. The new production of *Anemones: An Air Aquarium* was realized in cooperation with the Schirn Kunsthalle Frankfurt, led by Dr. Martina Weinhart. Our thanks also go to the Walker Art Center in Minneapolis for authorizing exhibition copies, and especially to Jill Vuchetich, Head of Archives and Library, for her extensive support of our art-historical research. Additional thanks are due to the archivists at the Department of Distinctive Collections at MIT Libraries, particularly Thera Webb.

For their tireless commitment and their competent, diligent, and thoughtful preparation of the exhibition and of this publication, a huge thank-you to the curators Dr. Sandra Beate Reimann, curator at Museum Tinguely, and Dr. Lauren Elizabeth Hanson, who conducted the study of Piene's sketchbooks at the Busch-Reisinger Museum and is now Assistant Curator of Modern Art at the Los Angeles County Museum of Art.

We would like to thank the authors of the catalog essays Mary Hale, Dr. Lauren Elizabeth Hanson, Dr. Barbara Könches, Dr. Tina Rivers Ryan, and Dr. Sandra Beate Reimann. For their careful and coordinated work, we thank the translators Herwig Engelmann and Nicholas Grindell and the copyeditors Katrin and Hans Georg Hiller von Gaertringen and Dr. Tas Skorupa. The catalog was designed by Raphael Drechsel at Great Design Studio and supervised by Dr. Jutta Allekotte and Katja Durchholz at Hirmer Verlag. Exhibition and communications design were devised by Claire Morin and Matthias Indermaur at Weisswert. Our thanks to them all.

We would also like to express our thanks to the entire museum team, all of whom once again did an outstanding job: Daniel Boos for managing the exhibition and organizing transport; art handlers Sandro Ackermann, Daniel Dressel, Matthias Liechti, Jakob Nussberger, Thomas Ruch, and Christian Ben Shoham for installing the sometimes complex works; Jean-Marc Gaillard for restoration and conservation super-

und mittlerweile als Assistant Curator of Modern Art am Los Angeles County Museum of Art arbeitet.

Wir danken den Autor:innen der Publikation: Mary Hale, Dr. Lauren Elizabeth Hanson, Dr. Barbara Könches, Dr. Tina Rivers Ryan und Dr. Sandra Beate Reimann. Für ihre sorgfältige Arbeit und den guten Austausch danken wir den Übersetzern Herwig Engelmann und Nicholas Grindell und den Lektor:innen Katrin und Hans Georg Hiller von Gaertringen sowie Dr. Tas Skorupa. Den Katalog gestaltete Raphael Drechsel von Great Design Studio, Dr. Jutta Allekotte und Katja Durchholz betreuten die Publikation für den Hirmer Verlag. Die Ausstellungsgestaltung und die Kommunikationsgestaltung konzipierten Claire Morin und Matthias Indermaur von Weisswert. Auch ihnen allen sei herzlich gedankt.

Sehr herzlich danken möchten wir auch dem gesamten Museumsteam, das wieder hervorragende Arbeit geleistet hat: Daniel Boos für das souveräne Ausstellungsmanagement und die Organisation der Transporte. Den Arthandlern Sandro Ackermann, Daniel Dressel, Matthias Liechti, Jakob Nussberger, Thomas Ruch, Christian Ben Shoham für den umsichtigen Aufbau der teils komplexen Werke. Jean-Marc Gaillard für die Sorgfalt in der restauratorischen und konservatorischen Begleitung. Matthias Fluri und Roland Manteiga für die Betreuung und Einrichtung der anspruchsvollen Ausstellungstechnik. Annja Müller-Alsbach und Anja Seiler für die kenntnisreiche Unterstützung durch Archiv und Bibliothek. Der Kommunikationsabteilung mit Isabelle Beilfuss, Janine Moroni und Lena Reiff für die aufsehenerregende Bewerbung und Begleitung der Ausstellung. Der Kunstvermittlungsabteilung mit Lilian Steinle, Sarah Stocker und Chiara Sarbach für die lehrreiche Umsetzung von Vermittlungsformaten. Der Administration mit Anna Schlaginhaufen, Céline Strässle und Céline Studer für die gute organisatorische Unterstützung. Nicht zuletzt auch der Kasse/Shop mit Esther Sidler, Florence Dessemontet, Nathalie Gaillard, Chiara Schmid und Christian Schoch für die Entwicklung einer spezifischen Produktauswahl zur Ausstellung.

Roland Wetzel, Direktor, Museum Tinguely

vision; Matthias Fluri and Roland Manteiga for supervising and installing the sophisticated exhibition technology; Annja Müller-Alsbach and Anja Seiler for their knowledgeable support via the archive and library; Isabelle Beilfuss, Janine Moroni, and Lena Reiff in the PR office for the striking advertising campaign; the education department with Lilian Steinle, Sarah Stocker, and Chiara Sarbach for their insightful educational materials; the administrative office with Anna Schlaginhaufen, Céline Strässle, and Céline Studer for their organizational support; and, last but not least, the ticket desk/shop team with Esther Sidler, Florence Dessemontet, Nathalie Gaillard, Chiara Schmid, and Christian Schoch for developing a specific selection of products for the exhibition.

Roland Wetzel, Director, Museum Tinguely

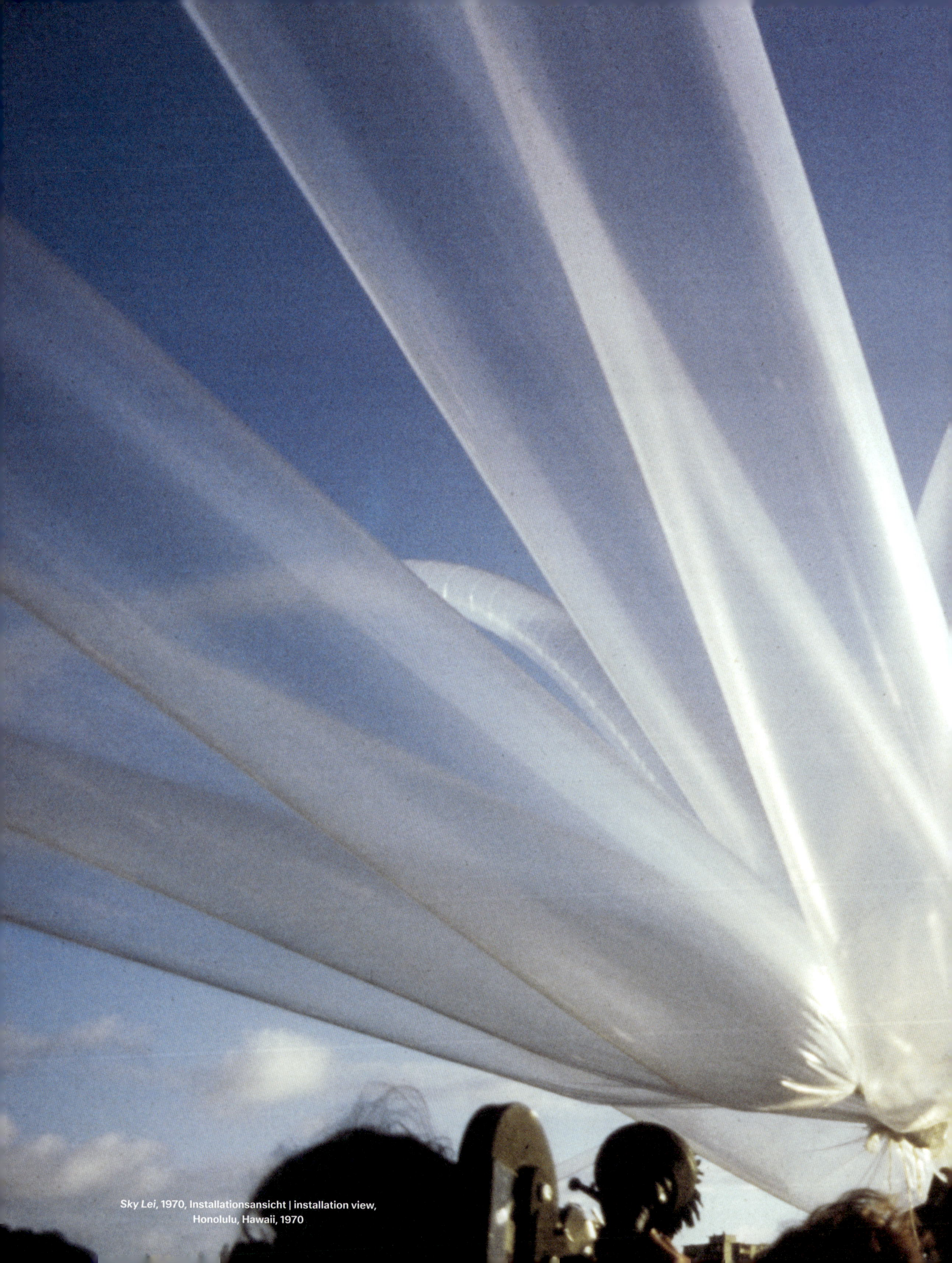

Sky Lei, 1970, Installationsansicht | installation view,
Honolulu, Hawaii, 1970

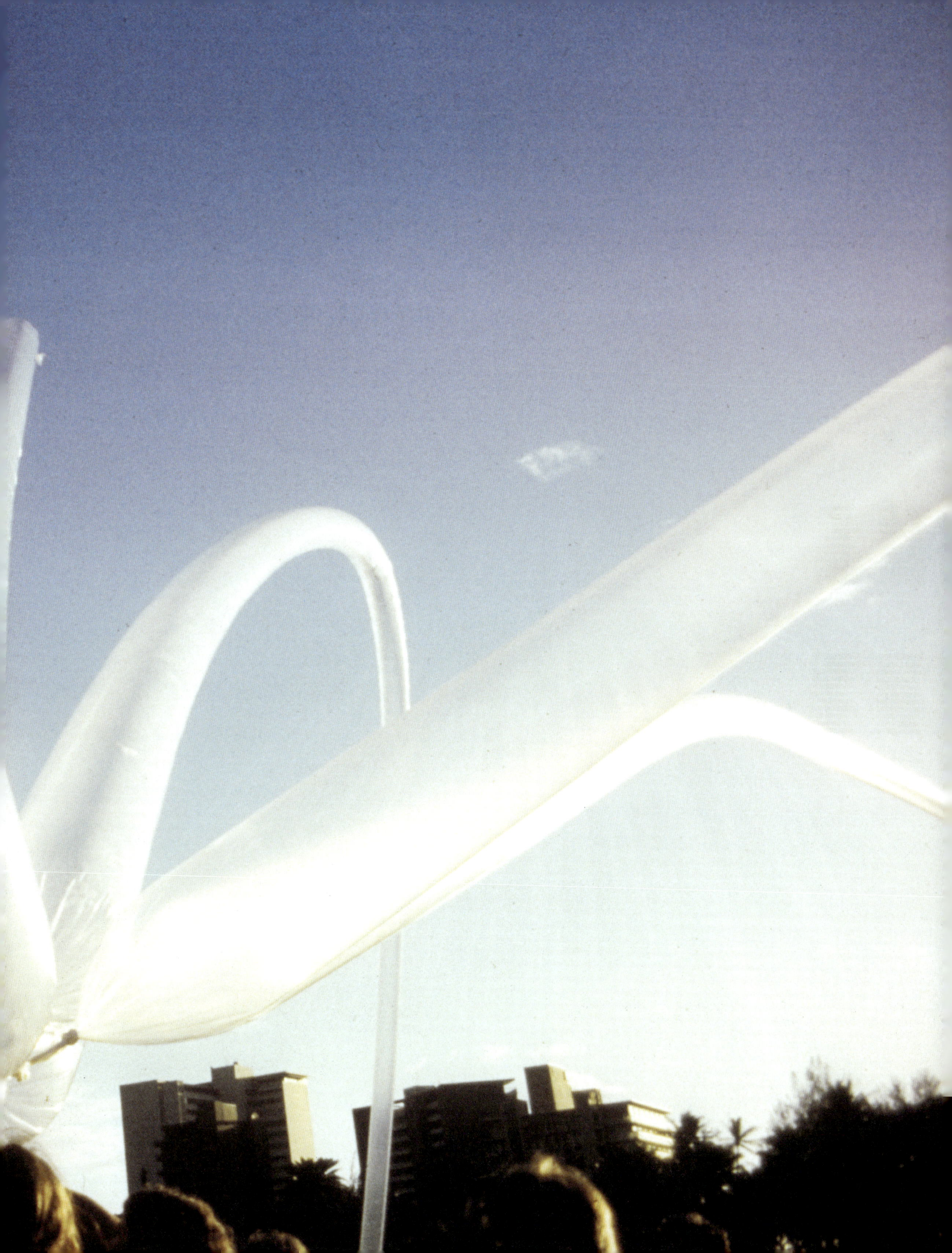

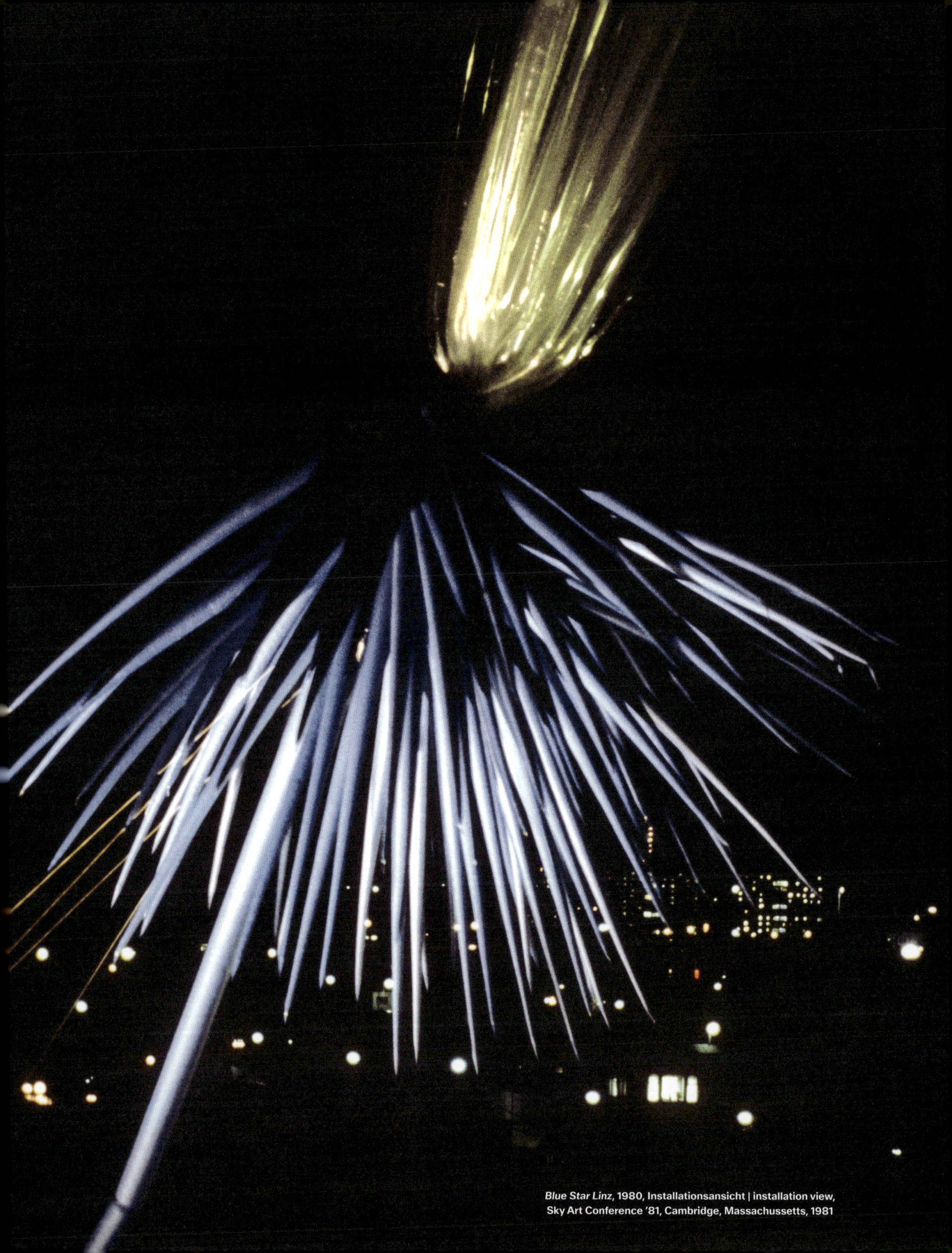

Blue Star Linz, 1980, Installationsansicht | installation view,
Sky Art Conference '81, Cambridge, Massachussetts, 1981

Wege zum Paradies

Ja, ich träume von einer besseren Welt.
Sollte ich von einer schlechteren träumen?

Ja, ich wünsche mir eine weitere Welt.
Sollte ich mir eine engere wünschen?

Meine Träume sind von anderer Art als die aus Liedern und Sagen. Ich arbeite, dass sie festlich und weithin sichtbar werden. Ich verzehre mich nicht in Sehnsucht und Entsagung, weil kein Patron mir den Rauch und das Licht gibt. Ich habe schon meine 12 Scheinwerfer, sie gehören mir. Sie sind aber erst der Anfang; denn ich möchte 12 × 12 und noch mehr haben, und sie sollen so stark sein, dass sie bis zum Mond leuchten.

Die Bilder der alten Welt sind mit schweren Rahmen armiert, der Beschauer wurde ins Bild gezwängt, gepresst wie durch einen Schlauch, er musste sich klein machen, um in diesen Kanal zu sehen, er wurde gedemütigt, um die Welt der Kunst zu erfahren. In Ketten stand der Mensch vor den alten Bildern und Palästen. 5000 Jahre brauchten wir, um den ägyptischen Höhenrekord zu überbieten, bis wir imstande waren, einen Turm zu bauen, der so hoch war wie zwei Pyramiden – und dann lernten wir fliegen. Der Schritt, den die Malerei als Huldigung an die neue Befindlichkeit zuwege brachte, war die Auflösung des Hindernisses, das Bilder wie Plastiken bis dahin gebildet hatten – für das Auge – aber immer noch in aller Dunkelheit, behaftet mit allen Schwären des Gedächtnisses, dem Ballast des Verflossenen, den Beulen der Psyche. Die Beschreibung von Massen verwandelte sich in die Zertrümmerung von Massen, aber Masse blieb Masse, solange der Mensch versuchte, seine Innenwelt zu illustrieren.

Ein Blick zum Himmel, in die Sonne, auf das Meer genügt zu zeigen, dass die Welt ausserhalb des Menschen grösser ist als die in ihm, dass sie so gewaltig ist, dass der Mensch ein Medium braucht, das die Kraft der Sonne transformiert zu einem Leuchten, das ihm angemessen ist, zu einem Strom, dessen Wellen wie der Puls des Herzens sind. Jetzt sind die Bilder nicht mehr Verliesse, die den Geist und seinen Körper fesseln, sondern Spiegel, von denen Kräfte auf den Menschen übergreifen, Ströme, die sich frei im Raum entfalten, die nicht ebben, sondern fluten.

Der Geist, der wirklich ein Körper ist, und der Körper, der wirklich einen Geist belebt, sie wollen es nicht zulassen, dass man sie getrennt behandelt. Ich glaube, dass die Malerei

Paths to Paradise

Yes, I dream of a better world.
Should I dream of a worse?

Yes, I desire a wider world.
Should I desire a narrower?

My dreams are different from songs and sagas. I am working toward their being festive and visible from far off. I am not pining away from longing and resignation because no patron will give me smoke and light. I already have my 12 searchlights, they belong to me. But they are just the beginning, for I would like 12 times 12, and then more, and they must be strong enough to light up the moon.

The pictures of the old world were equipped with heavy frames, the viewer was forced into the picture, pressed as though through a tube, he had to make himself small to see into this channel; he was brought low to experience the realm of art. Man stood in chains in front of the old pictures and palaces; we needed 5000 years to outdo the Egyptians in building high, we needed 5000 years before we were in a position to build a tower as high as two pyramids—and then we learned to fly. What painting was able to bring as homage to the new state of things was the removal of the obstacle that pictures as well as statuary had formed up till then—for the eye—but it was still in Stygian blackness, bowed down under the ulcers of memory, the superfluities of time past, and the suppurations of the psyche. The portraying of masses turned to the destruction of masses, but mass remained mass as long as man tried to throw light on the world inside him.

One glance at the sky, at the sun, at the sea, is enough to show that the world outside man is bigger than that inside him, that it is so immense that man needs a medium to transform the power of the sun into an illumination that is suitable to him, into a stream whose waves are like the beating of his heart. Pictures are no longer dungeons, where mind and body are shackled together, but mirrors whose powers affect man, streams freely pouring forth into space, not ebbing but flooding.

Mind, which is really body, and body, which really exists in mind, do not wish to allow us to treat them as separate entities. I believe that painting elevates man when it corresponds to his physical nature. I believe that there are opposites in the human organism which "cause his heart to beat higher," that there are painted volumes that are so real that they make

den Menschen dann erhebt, wenn sie seine Physis anspricht. Ich glaube, dass es Gegenbilder des menschlichen Organismus gibt, die «sein Herz höher schlagen lassen», dass es gemalte Volumen gibt, die so real sind, dass sie eine Lunge tiefer atmen lassen, dass sie einen Pulsschlag machen, der dem Menschen Kraft und Ruhe, Gelassenheit und Flügel gibt. Und hell sollen meine Bilder sein, heller als die gegenwärtige Welt, «unrealistisch» im Sinne der Politiker; denn wozu müssen wir das Dunkel malen – das vollkommenste Dunkel haben wir, wenn wir die Augen schliessen, wir brauchen die Nacht nicht abzuwarten, sie ist das relativste, wir können vor ihr herfliegen und immer im Hellen bleiben, die Dynamik, die der Mensch sich errungen hat, befähigt ihn, die anscheinend naturgegebenen Elementarkontraste zu überwinden. Aber das Helle allein zu lobpreisen, scheint mir nicht mehr genug. Ich gehe das Dunkel selber an, ich durchleuchte es, ich mache es durchsichtig, ich nehme ihm seinen Schrecken, ich mache es zu einem Volumen von Kraft, bewegt von Atem wie mein Körper und ich nehme Rauch, damit es fliegen kann.

Ein Bild ist eine Sache des Handgemenges, in das der Mensch sich unmittelbar einlässt. Wir gehen mit Bildern um wie mit Freunden oder Nachbarn, wir lieben sie als Genossen der Intimität und wir machen an ihnen unsere freudigen und schmerzlichen Erfahrungen. Jedoch das grösste, das weiteste, das expansivste Bild zwingt uns zur Tuchfühlung, lockt uns in die Nahdistanz. Das Bild entspricht dem Menschen, der einen Ort hat, eine Bleibe, nicht so sehr dem Wandernden, der die grossen neuen Räume durchmisst. Was bleibt von der Kunst, von der gestaltenden Tüchtigkeit des Menschen, wenn wir die Welt von oben sehen? Die Pyramiden und der Kölner Dom und alle Wolkenkratzer Amerikas sind harmlose Algen auf dem Meer der Vergänglichkeit, wenn wir etwas weiter davon entfernt sind. Ihre Jahrtausende gerinnen zu Augenblicken, wenn wir daran denken, dass sie ewig währen sollen. Ist nicht der Augenblick der grössere, in dem der Mensch die Weite selbst ist, seinen Raum selbst macht, der Augenblick, da er die Ewigkeit erfährt? Der Mensch, der seinen Körper nutzt, um seinen Geist zu fassen, und der den Geist benutzt, um seinen Körper aufzuheben; der den zeitlosen Augenblick, die paradiesische Wirklichkeit erlebt, den freien Raum ganz zu durchmessen – dieser Mensch hat das Paradies in sich. Er folgt den Lichtstrahlen, die er macht, sie umschliessen ihn und das Universum, das Licht geht durch ihn hindurch und er geht durch das Licht.

Ich bin durch das Malen und allerhand andere Dinge, durch meine verschiedenen Verfahren und Instrumente, auf das Lichtballett gekommen. Ich hörte erst später, ich sei der Sohn von einem halben Dutzend Väter, die ich als solche nicht kannte. Die schöpferische Arbeit geht andere Wege, als in den meisten Büchern steht. Die ersten Schritte waren die eines Kindes, das Gehen lernt, sie geschahen mit vollem Bewusstsein dieses Umstandes, es war eine kontrollierte Archaik; wie Licht auf Löcher reagiert, durch die es geschickt wird, das ist eine so komplizierte Sache, dass sie sicher alle die, die jetzt schon daran arbei-

the lungs fill more deeply and that start up a pulsebeat that brings power and rest, contentment and wings to mankind. And my pictures must be brighter than the world around them, unrealistic in the sense that politicians have given to the word. Why must we paint darkness? We have the most complete darkness when we shut our eyes, we do not need to wait for night; night is only relative, we can run before it, and stay always in brightness. The dynamic that man has achieved enables him to overcome the apparently natural basic contrasts. But to praise brightness alone seems to me to be insufficient. I go to darkness itself, I pierce it with light, I make it transparent, I take its terror from it, I turn it into a volume of power with the breath of life like my own body, and I take smoke so that it can fly.

A picture is a skirmish, in which man is directly involved. We treat pictures as neighbors or friends, we have them as sharers of intimacy, and with them we undergo all our experiences, whether pleasant or painful. Even the biggest, broadest, most expansive picture forces us into close touch with it, draws us to it. A picture is pleasing to a man who has roots, who has a resting place, but is not so pleasing to a wanderer forging through new spaces. What remains of art, of the constructive ability of man, if we look down on the world from above? The pyramids and Cologne Cathedral and all the skyscrapers of America are harmless algae in the sea of the transitory if we put distance between us and them. Centuries shrivel to moments when we think that they will roll on for ever. Is not that moment the greater, when man is distance himself, is himself space, that moment when he experiences eternity? The man who uses his body to enclose his mind and his mind to lift up his body, who lives this timeless moment, this heavenly reality, in order to stride freely through space, this man has paradise in him. He follows the beams of light that he creates, they envelop him and the universe, the light passes through him, and he through it.

I have arrived at the light ballet through painting and many other things, through my own methods and instruments. I only heard later that I was the son of half a dozen fathers, whom I did not know as such. Creative work always follows a course different from that in most books. The first steps were like those of a child learning to walk, they were made with full knowledge of this circumstance, it was a controlled archaic; the way in which light reacts to holes through which it is shone is such a complicated business that all those who are working on it at the moment, and those who will occupy themselves with it in the future, will have their work cut out. I experience with the light ballet similar degrees of sensation to what I feel while painting or looking at finished pictures. By this I do not mean to say that my acquaintance with projections and similar methods is like that with painting, but that it is not so important whether one paints or projects, the subject is not affected so very much—the difference is rather objective: I reach large spaces with articulated lights as media. I am sure that in my lifetime I will not get beyond the real beginnings, that is, assuming that I reach the

ten, und die zukünftig damit Beschäftigten noch lange in Atem halten wird. – Ich kenne beim Lichtballett ähnliche Grade von Empfindungen wie beim Malen oder vor fertigen Bildern. Ich will damit nicht sagen, dass der Umgang mit Projektionen und Ähnlichem wie Malen sei, sondern dass es nicht so wichtig ist, ob man malt oder projiziert; das Subjekt ist davon gar nicht so sehr betroffen – der Unterschied ist vielmehr objektiv: ich umgreife grosse Räume mit den Mitteln des gelenkten Lichts. Ich bin sicher, ich werde im Laufe meines Lebens kaum über die eigentlichen Anfänge hinauskommen, vorausgesetzt, dass ich die eigentlichen Anfänge überhaupt erreiche; so wird man verstehen können, dass ich von dem gegenwärtigen Zustand des Lichtballetts als einem archaischen spreche. Das klassische Lichtballett besteht in meiner Vorstellung, in einer grossen, vollkommenen Hohlkugel, jeder kann es sehen, machen oder verschlafen, aber ich brauche noch viel Zeit, um so grosse Scheinwerfer zu bekommen.

Mein höherer Traum betrifft die Projektion des Lichts in den grossen Nachthimmel, das Ertasten des Universums, so wie es sich dem Licht bietet, unberührt, ohne Hindernisse – der Luftraum ist der einzige, der dem Menschen fast unbegrenzte Freiheit bietet (warum machen wir keine Kunst für den Luftraum, keine Ausstellungen im Himmel? Sind manche Piloten vielleicht Künstler, die mit Jets vollkommene Figuren machen? Am Himmel sind so ungeheure Möglichkeiten, und wir spazieren die Reihen im Museum entlang, während unsere altvorderen Bildermaler einen imaginären Defiliermarsch spielen!). Wir haben es bisher dem Krieg überlassen, ein naives Lichtballett für den Nachthimmel zu ersinnen, wie wir es ihm überlassen haben, den Himmel mit farbigen Zeichen und künstlichen und provozierten Feuersbrünsten zu illuminieren. Der unfreie Mensch vollbringt Erstaunliches, der sich wehrende. Wann ist unsere Freiheit so stark, dass wir den Himmel zwecklos erobern, durch das All gleiten, das grosse Spiel in Licht und Raum leben, ohne getrieben zu sein von Furcht und Misstrauen? Warum schicken wir nicht unter Einsatz aller menschlichen Klugheit mit den gleichen Sicherheiten, mit denen ihre kriegerische Erprobung versehen wird, alle Atombomben der Welt zum Vergnügen in die Luft, ein grandioses Schauspiel der menschlichen Erfindungsgabe zum Lobe der menschlichen Freiheit? Der Mensch, der zum Beschauer dieses astronautischen Theaters würde, brauchte nicht in Deckung zu gehen, er wäre ohne Furcht, frei, nicht zweckgefesselt.

Utopien haben vorwiegend literarischen Wert. Utopien, die eine reale Basis haben, sind keine Utopien. Meine Utopien haben eine solide Grundlage: Licht und Rauch und 12 Scheinwerfer!

Ich habe etwas Reales anzubieten: statt Verengung des Blickes, statt Absorption das Schauen in ein Gebendes, Strömendes, Pulsierendes; nicht das Schrumpfen der Welt in den Zellen der menschlichen Vorstellung, sondern die allseitige Expansion, das Katapultieren des Schauenden in den Raum, wo freier Atem ist. In diesem Himmel ist das Paradies auf Erden.

Zuerst abgedruckt in: *ZERO*, Bd. 3, 1961, hg. v. Heinz Mack und Otto Piene

real beginnings. Thus one will understand that I speak of the present state of the light ballet as archaic. In my imagination, the classical light ballet takes place in a large, perfectly hollow sphere, everyone can see it, can watch it or not, but I need a lot of time to get the searchlights.

My greatest dream is the projection of light into the vast night sky, the probing of the universe as it meets the light, untouched, without obstacles—the world of space is the only one to offer man practically unlimited freedom. (Why is there no art in space, why do we have no exhibitions in the sky? Are a few pilots perhaps artists weaving their perfect patterns in the sky? In the sky there are such enormous possibilities, and we amble along the rows of a museum while our old-fashioned pictures carry out an imaginary march-past!) Up to now we have left it to war to dream up a naive light ballet for the night skies, we have left it up to war to light up the sky with colored signs and artificial and induced conflagrations. Imprisoned mankind achieves wonders defending itself. When will our freedom be so great that we conquer the sky for the fun of it, glide through the universe, live the great play in light and space, without being driven by fear and mistrust? Why do we not pool all human intelligence with the same security that accompanies its efforts in time of war and explode all the atom bombs in the world for the pleasure of the thing, a great display of human inventiveness in praise of human freedom? As a spectator of this astronautic theater, man would not have to take cover, he would be without fear, free, not bound by purpose.

Utopias have a largely literary worth. Utopias with a real basis are not Utopias. My Utopia has a solid foundation: light, smoke, and 12 searchlights!

I have something real to offer. Instead of narrowing the field of vision, instead of absorption, a view of something giving, flowing, pulsating. Not the shrinking of the world in the cells of human imagination, but expansion on every side, the shooting of the viewer into space, where he can breathe deeply of fresh air. In this heaven is paradise on earth.

Otto Piene and Heinz Mack, eds., *ZERO* (Cambridge, MA: MIT Press, 1973), 148–49. This text was originally published in 1961 in three languages: in German as “Wege zum Paradies,” in French as “Chemins vers le Paradis,” and in English as “Ways to Paradise.” In 1973 the text was reprinted in German and English with a new translation. Although all German texts in this edition remained unchanged, Piene must have preferred the new translation by Howard Beckman over Rory Spry’s original. Leaving the 1961 version largely untouched, Beckman made some important changes. He altered the title to “Paths to Paradise” and introduced more precise and refined ways of translating Piene’s German; for example, “Ein Bild ist eine Sache des Handgemenges” became “A picture is a skirmish” rather than “A picture is a thing of ‘confusion.’” In addition, one sentence that was omitted in the original translation was reintroduced in the 1973 version: “As a spectator of this astronautic theater, man would not have to take cover, he would be without fear, free, and not bound by purpose.” We have chosen to reprint the 1973 version here as the more authoritative version that most closely expresses Piene’s voice.

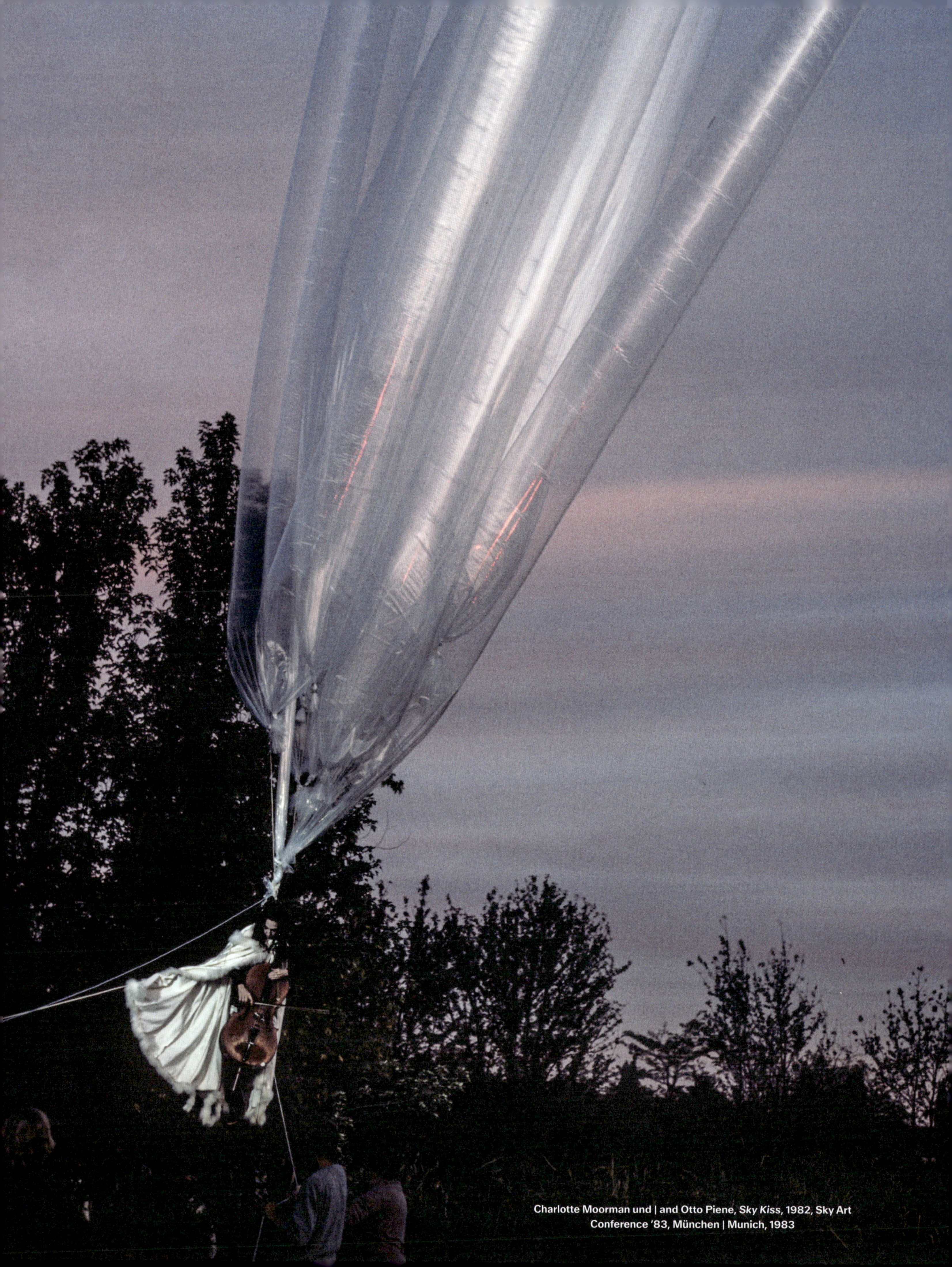

Charlotte Moorman und | and Otto Piene, *Sky Kiss*, 1982, Sky Art Conference '83, München | Munich, 1983

Pienes Wege zum Paradies

Otto Piene verfolgte mit seiner Kunst hochgesteckte Ziele: Nicht nur erweiterte er seinen künstlerischen Schaffensbereich mit schwebender Sky Art und medialen Projektionen buchstäblich bis in den Himmel, auch sollten seine Werke einen Beitrag zu einer harmonischeren, friedlicheren und nachhaltigeren Welt leisten.

Ja, ich träume von einer besseren Welt.
Sollte ich von einer schlechteren träumen?

Mit diesen Zeilen beginnt der manifestartige Beitrag Otto Pienes mit dem Titel «Wege zum Paradies», veröffentlicht 1961 in *ZERO* 3.[1] In ihrer Klarheit und positiven Haltung frappieren diese Zeilen, gerade in der heutigen Zeit, im Lichte ideologiekritisch geprägter wie dekonstruierend ausgerichteter Kunstgeschichte. Spätestens seit Fredric Jamesons Analyse zur kulturellen Logik des Spätkapitalismus (1984) herrscht die Übereinkunft, dass jeder (utopische) Alternativentwurf letzlich in die herrschenden Gesellschaftsverhältnisse inkorporiert wird und diese nur in die nächste Stufe überführt, aber keine grundlegenden Veränderungen bewirkt. Auch hat sich der Blick in die Zukunft verdüstert – im Angesicht der ökologischen Krisen und der vielen Kriege und Konflikte in aller Welt, darunter nicht zuletzt die russische Invasion in der Ukraine.[2] An die Stelle der fortschrittsorientierten, positiven Zukunftsvisionen, wie sie die Nachkriegszeit prägte, lässt sich das angestrebte Ziel unserer Gegenwart nurmehr auf die Formel bringen, «das Schlimmste zu verhindern». Pienes lebensbejahender, konstruktiver Ansatz und sein uneingeschränkter Glaube an das Potenzial der Kunst, die Gesellschaft zu verbessern, erscheinen uns so als historische Position. Dies gilt besonders auch im Blick auf heutige Bestrebungen, die Disziplin Kunstgeschichte zu dekolonialiseren sowie strukturellen Rassimus und in ihren Wissendispositiven implizierte Formen der Exklusion offenzulegen. Zugleich aber berühren uns seine hoffnungsvollen Worte. Was können wir heute von Otto Pienes visionärer Kunst lernen? Welche Wege für die Zukunft weist sie uns heute?

Thematisch strukturiert zeichnet die monografische Ausstellung *Otto Piene. Wege zum Paradies* die Vision des Künstlers entlang seiner wichtigsten Projekte und Werkserien nach. Dabei stehen Arbeiten in unterschiedlichen Medien

1 Piene, Otto: «Wege zum Paradies», in: Mack, Heinz/Piene, Otto (Hg.): *ZERO*, Bd. 3, 1961, o. P., siehe S. 11.

2 Dieser ist wohlgemerkt ein europäisch-nordamerikanischer Blick aus der Perspektive der Mehrheitsgesellschaft. Besonders für die deutschen Nachkriegsgenerationen (Pienes Generation und nachfolgende) wird der Krieg in der Ukraine als fundamentale Wende wahrgenommen, die das Ende der europäischen «Nachkriegs-»Situation und -Periode markiert.

Piene's Paths to Paradise

Otto Piene aimed high with his art. In addition to expanding his field of creative activity toward the heavens with soaring Sky Art and media projections, he viewed his works as contributions to a more harmonious, peaceful, and sustainable world:

Yes, I dream of a better world.
Should I dream of a worse?

These are the opening lines of Piene's manifesto-like "Paths to Paradise," published in *ZERO* 3 in 1961.[1] In their clarity and positivity, his words are striking today in light of an art history shaped by deconstruction and ideological critique. At least since Fredric Jameson's analysis of the cultural logic of late capitalism (1984), it has been clear that any (utopian) alternative will ultimately be incorporated into the prevailing social order and only transfer it to its next stage without bringing about any fundamental change. Our view of the future has also grown darker in the face of ecological crises and the many wars and conflicts around the world, not least Russia's invasion of Ukraine.[2] Rather than the progressive, positive visions for the future that characterized the postwar period, today's main goal can be summed up as "preventing the worst." As a result, Piene's life-affirming, constructive approach and his unreserved belief in the potential of art to improve society appear to us today as a historic position. This discrepancy is also evident considering contemporary efforts to decolonialize the discipline of art history and expose the structural racism and forms of exclusion implicit in its foundational modes of knowledge. At the same time, however, we are touched by his hopeful words. What can we learn today from Piene's visionary art? Which paths into the future does it open up for us?

The exhibition *Otto Piene: Paths to Paradise* traces the artist's vision through his most important projects and series, creating a dialogue on recurring themes and motifs between works from different periods and in different media and genres. This transmedia perspective links two periods of Piene's oeuvre that have often been dealt with separately: ZERO in Europe (1957–66) and his time at the Center for Advanced Visual Studies (CAVS) at the Massachusetts Institute of Technology (MIT).[3] As a result, there is a special focus on works from the late 1960s and early 1970s, made during the transitional

1 Otto Piene, "Paths to Paradise," in Heinz Mack and Otto Piene, eds., *ZERO* 3 (1961), unpaginated; reprinted in this catalog, 11.

2 This is, of course, a European–North American view from the perspective of mainstream society. Note that the mentioned war in Ukraine has, unlike other conflicts for the German postwar generations (Piene's and those that followed), been perceived as a fundamental turning point, ending Europe's condition as "postwar."

3 In Germany and Europe in particular, Piene has often been discussed exclusively in the context of ZERO. One key exception was a show in Düsseldorf in 1996; see Stephan von Wiese and Susanne Rennert, eds., *Otto Piene: Retrospektive 1952–1996; Raster, Rauch, Feuer, Licht, Sky Art, Inflatables, CAVS, Neue Arbeiten* (Düsseldorf: Kunstmuseum Düsseldorf im Ehrenhof, 1996).

und Gattungen sowie aus verschiedenen Zeiträumen entlang wiederkehrender Motive und Themen miteinander im Dialog. Die medienübergreifende Perspektive verbindet die beiden Perioden seiner schöpferischen Tätigkeit miteinander, die oft als distinkt angesehen worden sind:[3] zunächst, von 1957 bis 1966, ZERO in Europa, sodann Pienes Zeit am Center for Advanced Visual Studies (CAVS) am Massachusetts Institute of Technology (MIT) in den USA. Ein besonderer Schwerpunkt liegt daher auch auf Werken der späten 1960er und frühen 1970er Jahre, welche in die Übergangsphase nach dem offiziellen Ende von Zero fallen, in der Piene zwischen den USA und Westdeutschland pendelte.[4] Hierzu zählen die frühen, zentralen immersiven Installationen (*The Proliferation of the Sun,* 1967; *Fleurs du Mal,* 1969), aber auch seine innovativen Experimente mit Fernsehen und Lichtprojektion (*Black Gate Cologne,* 1968; *The Medium Is the Medium,* 1969; *Lichtspur im Haus der Sonne,* 1974).

Leitmotive bilden die Begriffe des Zeichnens und Entwerfens, sowohl im engeren als auch im weiteren Sinne, buchstäblich und übertragend als Mittel seiner visionären künstlerischen Praxis, bei der er auch auf neue Medien und neueste technische Entwicklungen zurückgriff. Piene zeichnete und entwarf ganz traditionell in Skizzenbüchern, die er stets zur Hand hatte, experimentierte aber auch mit damals völlig neuen und innovativen Technologien. Insbesondere für seine Installationen und Sky Art ist sein Entwurfsprozess nicht nur anhand zeichnerischer Dokumente nachvollziehbar. Er manifestiert sich gleichfalls in Korrespondenzen, Manifesten und in der sukzessiven und iterativen Werkentwicklung selbst.[5] Darüber hinaus steht der Begriff des ‹Entwerfens› hier aber noch für die Potenziale, die Piene seiner Kunst zuschrieb: die Weiterentwicklung der Gesellschaft zu fördern, die Trennung zwischen Kunst und Technik zu überwinden, ökologischen Verwerfungen zu begegnen und vor allem einen Beitrag zu einer friedvolleren, von der Kunst geeinten Welt zu leisten. Damit entwickelt sich die Ausstellung entlang zweier Stränge, einem medialen und einem inhaltlich orientierten, die zwar differieren, aber zugleich aufs Engste miteinander verwoben sind.

Die Ausstellung macht so Konzepte von Zeichnen und Entwerfen fruchtbar, um Pienes künstlerischen Anspruch, über Medien hinweg zu denken und seine kreative Tätigkeit als «Wege zum Paradies» zu verstehen, nachzuvollziehen. Dabei wird auch deutlich, wie sich Pienes Œuvre von einer abstrakten, nach Reinheit strebenden Kunst im Zuge des Neuanfangs nach dem Zweiten Weltkrieg zu einer Kunst entwickelte, die sich unter Einsatz von Technologie und Medien an eine grosse Öffentlichkeit richtete und mit klaren Figuren und Symbolen

3 So wurde Piene insbesondere in Deutschland und Europa häufig ausschliesslich im Kontext von ZERO rezipiert. Eine wichtige Ausnahme bildete die Ausstellung von 1996 in Düsseldorf: *Otto Piene. Retrospektive 1952–1996. Raster, Rauch, Feuer, Licht, Sky Art, Inflatables, CAVS, Neue Arbeiten*, hg. v. Wiese, Stephan v./Rennert, Susanne, Ausst.-Kat. Kunstmuseum Düsseldorf im Ehrenhof, Düsseldorf 1996, Köln 1996.

4 Wir schliessen uns in den Schreibweisen der gängigen Konvention an, wie sie von der ZERO foundation etabliert wurde: ‹ZERO› in Grossbuchstaben für das internationale Netzwerk von Künstler:innen, ‹Zero› für die Kerngruppe mit Heinz Mack, Otto Piene und Günther Uecker.

5 Vgl. hierzu die Reflexionen zum Entwurfsbegriff bei Otto Piene in: Magers, Ruth/Welkens, Rebecca, «Entwurf und Skizze im Nachlass von Otto Piene», in: *Die Entwurfszeichnungen und Skizzen von Otto Piene im Archiv der ZERO foundation*, hg. v. ZERO foundation, Rebecca Welkens, Düsseldorf 2023, S. 11–15.

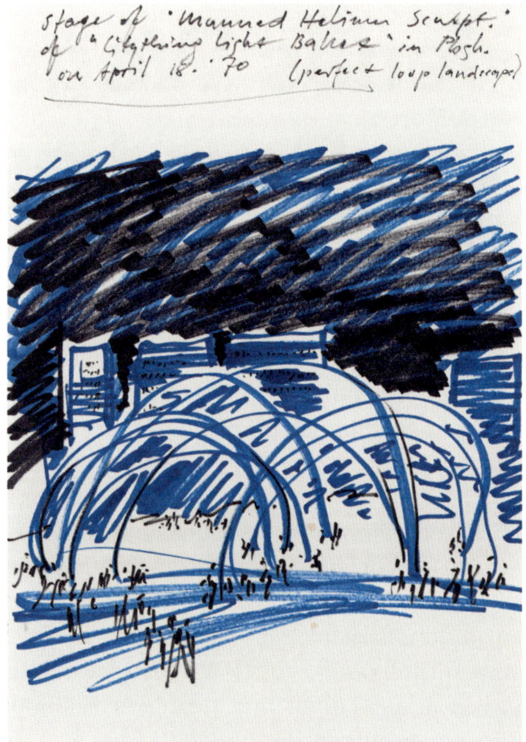

Ohne Titel | Untitled (Sky Event), 1992, 2019.46.16 (Detail | detail)

period after the official end of Zero, when Piene was splitting his time between the United States and West Germany.[4] These works include early immersive installations (*The Proliferation of the Sun*, 1967; and *Fleurs du Mal*, 1969) and innovative experiments with television and light projection (*Black Gate Cologne*, 1968; *The Medium Is the Medium*, 1969; and *Lichtspur im Haus der Sonne*, 1974).

Drawing and design are important leitmotifs here, both literally and in a broader, figurative sense as artistic means in a visionary practice that also involved new media and the latest technological developments. While Piene made drawings and designs in a traditional manner in sketchbooks that he invariably had on hand, he also experimented with technologies that were entirely innovative at the time. For his installations and Sky Art in particular, the design process is not only documented in drawings; it also manifested itself in correspondence, manifestos, and the successive iterations of the works themselves.[5] However, the notion of "design" also stands here for the potential Piene attributed to his art: the potential to foster the development of society, to overcome the divide between art and technology, to counter ecological calamities, and above all to help create a more peaceful world united by art. The exhibition thus follows two distinct but tightly interwoven strands, one media-oriented and the other content-oriented.

4 We use the conventional styles established by the ZERO foundation: ZERO refers to the international network of artists and Zero to the core group of Heinz Mack, Otto Piene, and Günther Uecker.

5 See the remarks on design in Piene's work in Ruth Magers and Rebecca Welkens, *Drafts and Sketches by Otto Piene in the Archive of the ZERO Foundation* (Düsseldorf: ZERO foundation, 2023), 17–21.

operierte. Der hier verfolgte transmediale Ansatz[6] ermöglicht ein komplexeres Verständnis von Pienes Werk im Kontext der Kunst des 20. Jahrhunderts und betont, wie relevant und beeindruckend gerade heute Pienes wegweisende Strategien des Kombinierens von Kunst und Technologie sind. So bietet sich die Möglichkeit, die Potenziale von Pienes öffentlicher, sozialer und umweltbezogener Kunst aus einer heutigen Perspektive wiederzuentdecken.

Skizzenbücher im Close Reading und Zeichnungen mit Feuer und Licht

Erste Bekanntheit erlangte Otto Piene 1958 als Mitgründer der Zero-Gruppe in Westdeutschland, die bald zu einem einflussreichen Künstlernetzwerk in ganz Europa werden sollte, zu welchem auch der Schweizer Künstler Jean Tinguely zählte. Gemeinsam war den ZERO-Künstler:innen ein Interesse an optischer Wahrnehmung, am Kinetischen und an einer radikalen Reduktion der Form. In jener Zeit entwickelte Piene seine frühen wegweisenden Werke wie die *Rasterbilder* und die Zeichnungen mit Rauch durch perforierte Metallbleche – und er erfand seine *Lichtballette*.

Die *Rasterbilder* weisen zumeist monochrome Farbflächen auf, mit einer reliefartigen Rasterstruktur der Ölfarbe in hellen Farbtönen, wie Gelb, Weiss oder Gold. Sie entstanden, indem die Farbe durch ein Rastersieb auf die Leinwand gepresst wurde, und zielten auf dynamisch vibrierende Lichteffekte ab. Dagegen handelt es sich bei Pienes *Rauchzeichnungen* um dunkle Papierarbeiten, für die er den Rauch brennender Kerzen durch ebensolche Lochraster quellen liess. Auf die gleiche Weise bildeten perforierte Flächen den Ausgangspunkt für seine *Lichtballette*, die er zunächst performativ und manuell mit Taschenlampen erzeugte, bevor er sie zu Environments weiterentwickelte.

Gemeinsam haben die Arbeiten eine Distanzierung vom «gesten reichen [sic] Habitus etwa eines informellen Malers». Wie Piene in seinem Text «Rauchzeichnungen» formulierte, ist

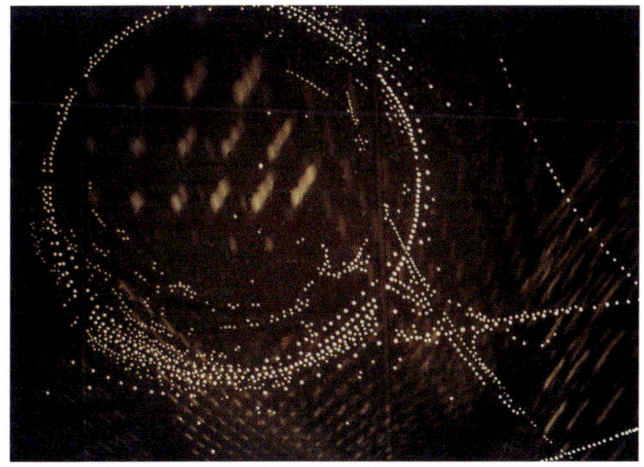

Lichtraum, 2005, Kunstmuseum Celle

The show deploys concepts of drawing and design to explain Piene's artistic claim to think beyond the categories of individual media and understand his creative activity as "paths to paradise." This also makes clear how Piene's oeuvre developed from abstract art, striving for purity in the context of the new beginning after World War II, to an approach that used media and technology to address a broad public, operating with clear-cut figures and symbols. The transmedia approach taken here allows a more complex understanding of Piene's oeuvre in the context of twentieth-century art, as well as highlighting the ongoing relevance and reverberations of his pioneering combinations of art and technology, allowing us to rediscover the potential of his public, social, and environmental-related art from a contemporary perspective.[6]

A Close Reading of the Sketchbooks, Drawing with Fire and Light

Piene first came to prominence in 1958 as cofounder of the Zero Group in West Germany that was soon to become an influential network of artists across Europe, among them Swiss artist Jean Tinguely. What the ZERO artists had in common was an interest in visual perception, in the kinetic, and in a radical reduction of form. At this time, Piene developed early pioneering works like the *Raster Paintings* and *Smoke Drawings* using perforated sheet metal—which he also used in the invention of his *Light Ballets*.

6 Mit dem Begriff ‹transmedial› beschreiben wir unseren kuratorischen Ansatz, Werke unterschiedlicher medialer Gattungen nebeneinanderzustellen, um gemeinsame Strategien, Motive und Interessen zu unterstreichen. Transmedialität ist zu unterscheiden von Intermedialität, welche spezifische Kunstwerke Pienes selbst kennzeichnet (z. B. *The Proliferation of the Sun*). Der Begriff Intermedia geht auf einen Text von Dick Higgins von 1966 zurück (Higgins, Dick, «Intermedia» [1965], Wiederabdruck: Higgins, Dick/Higgins, Hannah, «Intermedia», in: *Leonardo*, Jg. 34, H. 1, 2001, S. 49–54) und bezeichnet Werke, in denen distinkte Medien, wie Film, Diaprojektionen, Musik, Performances und sogar kinetische Lichtskulpturen zu einer multisensorischen ästhetischen Erfahrung fusioniert werden (vgl. Rivers, Tina, «*The Proliferation of the Sun*: Group ZERO and the Medium of Light in 1960s America», in: von Hülsen-Esch, Andrea/Pörschmann, Dirk (Hg.), *The Medium of Light in the Context of the Neo-Avant-Garde of the 1950s and 1960s*, Düsseldorf 2013, S. 75–109, hier S. 91f.). Intermedia als ein ontologisches Hybrid ist auch von ‹multimedialen› oder ‹mixed media› Kunstwerken zu differenzieren, bei denen disparate Medien als distinkte Komponenten unterschieden werden können, also lediglich eine simultane Verwendung multipler Formen technologischer Medien vorliegt (vgl. Spielmann, Yvonne, «Intermedia in Electronic Images», *Leonardo*, Jg. 34, H. 1, 2001, S. 55–61, hier S. 57).

6 We use the term *transmedia* to describe our curatorial approach of juxtaposing works from different media genres in order to underline shared strategies, motifs, and interests. Transmediality must be distinguished from intermediality, which characterizes certain works of art by Piene (for example, *The Proliferation of the Sun*). The term *intermedia* dates back to a text of the same name by Dick Higgins, originally published in 1966: Dick Higgins, "Intermedia," *The Something Else Newsletter* 1 (1) (1966): unpaginated; reprinted in *Leonardo* 34 (1) (2001): 49–54. It refers to works in which distinct media—film, slide projections, music, performance, and even kinetic light sculptures—are merged into a multisensory aesthetic experience. See Tina Rivers, "The Proliferation of the Sun: Group ZERO and the Medium of Light in 1960s America," in Andrea von Hülsen-Esch and Dirk Pörschmann, eds., *The Medium of Light in the Context of the Neo-Avant-Garde of the 1950s and 1960s* (Düsseldorf: Düsseldorf University Press, 2013), 91–92. As an ontological hybrid, intermedia is also distinct from "multimedia" or "mixed media" artworks within which different media can be identified as distinct components (that is, mere simultaneous usage of multiple forms of technological media); see Yvonne Spielmann, "Intermedia in Electronic Images," *Leonardo* 34 (1) (2001): 57.

> [b]ei der Entstehung der Rauchzeichnungen [...] das Auge wichtiger als die Hand. [...] Eine direkte Berührung zwischen der Hand und dem Papier kommt gar nicht zustande. Die Ordnung, die auf dem Blatt entsteht, ist in der Struktur vorgeformt.[7]

Die Arbeiten dieser von ihm selbst explizit als «Zeichnungen» betitelten Werkserie stehen damit auch im Kontrast zu einem zentralen Charakteristikum der Gattung: der unmittelbaren Einschreibung der Hand in das Papier. Auch Pienes *Lichtballette*, bei denen mechanisierte, kinetische Skulpturen Lichtstrahlen in den Raum projizieren, können als ein kinetisches Zeichnen mit Licht im Raum verstanden werden. Feuer und Licht wurden so zu Mitteln und Medien von Pienes «erweiterter Zeichenpraxis»[8], die im Falle der *Lichtballette* auch die zweidimensionalen Grenzen überwindet und in den Raum expandiert.

Weitere Durchbrüche erzielte Piene in seiner Kunst Ende der 1960er Jahre. Damals wurde er erster internationaler Fellow am CAVS des MIT und 1974 darüber hinaus auch Leiter des CAVS, als Nachfolger von György Kepes. Piene förderte in dieser Position über Jahrzehnte (bis 1994), auch dank eines transatlantischen Netzwerks in Kunst und Technik, Generationen von Multimedia-Künstler:innen. Diese zweite grosse Schaffensperiode ist besonders geprägt durch seine Erfindung der «Sky Art».

Den Begriff verwendete Piene erstmals 1969 in einem Artikel für *artscanada*: «Sky Art: A Notebook for a Book», bevor er ihn als konzeptuellen Rahmen für sein *Sky Art* Portfolio und das Buchmanuskript *More Sky* einführte.[9] Sky Art umfasst öffentliche Skulpturen (viele davon aufblas- und tragbar), Performances und partizipatorische Events, die die natürlichen Bedingungen ihrer Umgebung respektive der Atmosphäre (Wind, Schwerkraft, Licht etc.) einbeziehen. In Zusammenarbeit mit Wissenschaftler:innen und Künstler:innen am MIT entwickelte Piene als Sky Art Inflatables und Laser, mit denen er Linien, Blumen, Fische, Regenbogen und andere Formen in den Himmel ‹zeichnen› konnte. Auf diese Weise erschloss er der Kunst neue Rezipient:innen und Räume.

Während Piene sich öffentlich im Bereich der multimedial- und technologisch- gestützten Kunst als Pionier profilierte, pflegte er zugleich auch eine persönliche Praxis des Zeichnens und Skizzierens. Dies macht das Konvolut aus 73 reich illustrierten Skizzenbüchers aus dem Nachlass des Künstlers deutlich, welche sich seit 2019 im Busch-Reisinger Museum befinden.[10] Seine Zeichnungen dienten ihm als Prüfstein seiner künstlerischen Tätigkeit und umfassen seine frühen Kriegserfahrungen, seine künstlerische Ausbildung, die Entwicklung immersiver Environments und seine Sky Art-Projekte.[11]

7 Piene, Otto, «Rauchzeichnungen», in: *Otto Piene, Rauchzeichnungen, Lichtmodell, Lichtballett*, Aust.-Kat. Galerie Diogenes, Berlin 1960, zit. n. Glibota, Ante, *Otto Piene*, Villorba 2011, S. 106.

8 Siehe hierzu den Beitrag von Lauren Elizabeth Hanson, S. 27–43.

9 Piene, Otto, «Sky Art: A Notebook for a Book», in: *artscanada*, Jg. 26, H. 3, 1969, S. 12–22; Otto Piene, *Sky Art*, 1969, Mappe mit 25 Lithografien, je 88.9 × 63.5 cm, Tamarind Lithography Workshop; Piene, Otto, *More Sky*, [Migrant Apparition, 1970] Cambridge, MA 1973, neu aufgelegt anlässlich der Ausstellung *Otto Piene. More Sky*, Neue Nationalgalerie – Staatliche Museen zu Berlin/Deutsche Bank KunstHalle 2014, Köln 2014.

10 Schenkung von Elizabeth Goldring Piene. Im Anschluss an die umfassende Digitalisierung dieser Bestände sind sie seit Oktober 2022 auf https://harvardartmuseums.org/collections nahezu vollständig einsehbar.

11 Siehe hierzu den Beitrag von Lauren Elizabeth Hanson, S. 27–43.

The *Raster Paintings* mostly have monochrome surfaces with a relief-like grid structure of oil paint in light shades such as yellow, white, or gold. They were made by pushing the paint through a perforated screen onto the canvas, aiming for a dynamic effect of vibrating light. Piene's *Smoke Drawings*, on the other hand, are dark works on paper for which he allowed the smoke from burning candles to billow though screens of the same kind. Perforated surfaces also formed the point of departure for his *Light Ballets*, initially performed manually with flashlights before being developed into environments.

These works share a distancing from the "gesture-rich habitus, for example, of an Informel painter." As Piene puts it in his text "Smoke Drawings":

> In the making of smoke drawings the eye is more important than the hand. ... Direct contact of hand-to-paper does not occur. The order, which appears on the sheet of paper, is structurally predetermined.[7]

The works in this series, explicitly labelled by the artist as "drawings," thus contrast with a key characteristic of the genre, that is, direct inscription by hand onto the paper. Piene's *Light Ballets*, in which mechanized sculptures project beams of light into the space, can also be described as a form of kinetic drawing with light. In this way, fire and light became means and media in Piene's "expanded drawing practice,"[8] which in the case of the *Light Ballets* also overcame the limits of the flat picture plane, expanding into three-dimensional space.

Piene made further breakthroughs in his art in the late 1960s, becoming the first international fellow at CAVS before succeeding György Kepes as its director in 1974. In this position, with the help of his transatlantic network of art and technology, Piene nurtured generations of multimedia artists over a period of decades (until 1994). This second major creative period is marked by his invention of Sky Art.

Piene first used this term in "Sky Art: A Notebook for a Book," a 1969 article for *artscanada,* before introducing it as the conceptual framework for his *Sky Art* portfolio and the book manuscript *More Sky*.[9] Sky Art includes public sculptures (many of them inflatable and portable), performances, and participatory events involving the natural surroundings and atmospheric factors (wind, gravity, light, and so on). Working with scientists and artists at MIT, Piene developed inflatables and lasers that could be used to "draw" lines, flowers, fish, rainbows, and other shapes in the sky, thus opening up new audiences and spaces for art.

While establishing his public profile as a pioneer in the field of multimedia and technology-assisted art, Piene also continued to pursue a practice of drawing and sketch-

7 Otto Piene, "Smoke Drawings," in Ante Glibota, *Otto Piene* (Villorba: Delight, 2011), 106.

8 See Lauren Elizabeth Hanson's essay in this catalog, 27–43.

9 Otto Piene, "Sky Art: A Notebook for a Book," *artscanada* 26 (3) (1969): 12–22; Otto Piene, *Sky Art*, 1969, portfolio with twenty-five lithographs, 88.9 by 63.5 centimeters each, Tamarind Lithography Workshop; and Otto Piene, *More Sky* (Cambridge, MA: Migrant Apparition, 1970), republished by MIT Press in 1973, and new edition on occasion of the exhibition *Otto Piene: More Sky* at the Neue Nationalgalerie in Berlin (Cologne: Walther König, 2014).

Mit der Gegenüberstellung von Pienes Zeichnungen – sowohl seiner Skizzenbücher als auch der für sich stehenden Zeichnungen – mit Hauptwerken des Künstlers werden neue Lesarten und Interpretationen möglich. Die Skizzen stehen dabei in wechselseitigem Dialog mit seinen Malereien, Skulpturen und Installationen. Seine Skizzenbücher sind daher auch nicht als untergeordnetes oder lediglich vorbereitendes Medium für neue Projekte zu verstehen, sondern als eigenständige künstlerische Form, in der Ideen aus seiner malerischen Praxis einen neuen Ausdruck finden.

Einerseits liess Piene beim Zeichnen gewonnene Erkenntnisse in seine öffentlichen Arbeiten einfliessen: Viele der realisierten Projekte hatten sich zuvor aus offenen Ideen und einer Vielfalt an Möglichkeiten während des Skizzierens zu relativ fixen Formen konkretisiert. Dies lässt sich beispielsweise anhand seiner Projektentwürfe für eine Ausstellung in Minneapolis nachvollziehen (Kat. 65.1–65.8).[12] Zahlreiche Motive, zu denen Piene immer wieder zurückkehrte, gehen auf Naturbeobachtungen zurück. Die Skizzenbücher machen deutlich, dass seine experimentellen Kunstwerke, die sich neuester Technologien bedienen, zugleich tief verwurzelt sind in seinem Interesse an natürlichen Phänomenen und organischen Strukturen: Blumen, Bäume, Sterne, Himmelskörper und Tiere dienten dem Künstler häufig als motivische Ausgangspunkte für seine Projekte (Kat. 84.1–84.6). Stilisierung und Reduktion auf zugrundeliegende geometrischen Strukturen, die für eine Umsetzung der Motive als Inflatables in Pienes Sky Art notwendig waren, lassen sich als sukzessive Prozesse nachvollziehen.

Dabei spielen die medialen Eigenschaften des Skizzenbuchs selbst eine entscheidende Rolle: Das Arbeiten mit Seitenfolgen und der Effekt des Durchsickerns von Filzstiftfarbe können mit der bewegten, lebendig wirkenden Qualität der Sky Art ebenso in Verbindung gebracht werden wie mit der Entwicklung hexagonaler Figurenformen (Kat. 114.1–114.4). Mit der Zeit kreierte Piene auch Methoden, wie er die auf dem Papier gezeichneten Linien auf Räume deutlich grösseren Massstabs übertragen konnte, zum Beispiel mit Laserprojektionen (Kat. 107–109).[13]

Andererseits brachte Piene all jene Fragen und Aufgaben, die ihn in seinen Gemälden, Skulpturen und in seiner Sky Art interessierten, auch in die Skizzenbücher ein. Er erprobte ihre medialen Möglichkeiten (etwa Seitenfolgen), um Aspekte wie Vibration, Abstraktion und Kinetik wiederzugeben. So belegen Pienes Zeichnungen, dass er auch viele Jahre nach der Entstehung seiner *Rasterbilder* sein Interesse an visuellen Phänomenen und vibrierenden Lichteffekten beibehielt. Beispielsweise sind seine Landschaftsskizzen, die während Reisen nach Marokko in den 1980ern entstanden, durch einen kontinuierlichen Abstraktionsprozess gekennzeichnet, sodass sich eine Stadtansicht schliesslich in ein gelbes Feld vibrierenden Lichts auflöst (Kat. 9.1–9.8).

12 Siehe hierzu den Beitrag von Sandra Beate Reimann, S. 63–79.
13 Siehe hierzu den Beitrag von Lauren Elizabeth Hanson, S. 27–43.

ing, as shown by a collection of seventy-three richly illustrated sketchbooks from his estate that have been part of the Busch-Reisinger Museum in Cambridge since 2019.[10] His drawings served as a touchstone for his artistic activity, covering his early wartime experiences, his training as an artist, the development of immersive environments, and his Sky Art projects.[11]

Presenting Piene's drawings—both the sketchbooks and independent works on paper—alongside the artist's major works opens up new readings and interpretations. These sketches are in dialogue with his paintings, sculptures, and installations. His sketchbooks therefore should not be viewed as a subordinate or merely preparatory medium for new projects but, rather, as a distinct artistic form in which ideas from his painterly practice find a new expression.

On the one hand, Piene incorporated insights gained from his drawing practice into his public works: many of the realized projects developed from open-ended ideas and a variety of options during sketching into relatively fixed forms. Examples of this can be seen in his project designs for an exhibition in Minneapolis (cats. 65.1–65.8).[12] Many motifs to which Piene returned again and again are based on observations of nature. As the sketchbooks show, his experimental works using the latest technologies were also deeply rooted in his interest in natural phenomena and organic structures, with flowers, trees, stars, heavenly bodies, and animals often serving as points of departure (cats. 84.1–84.6). The stylization and reduction to underlying geometrical structures needed to translate such motifs into inflatables for Sky Art can be understood as a gradual process.

The media properties of the sketchbook itself play a key role in this process: working with sequences of pages and the effect of the marker bleeding through them can be associated with the dynamic, animated quality of Sky Art, as can the development of hexagonal figures (cats. 114.1–14.4). Over time, Piene also created methods for translating lines drawn on paper into far larger-scale spaces using, for example, laser projections (cats. 107–09).[13]

On the other hand, Piene brought all that interested him in his paintings, sculptures, and Sky Art into his sketchbooks. He tested the possibilities of this medium (such as page sequences) to render aspects such as vibration, abstraction, and kinetics. Piene's drawings show that he remained interested in visual phenomena and vibrating light effects many years after first creating his *Raster Paintings*. The landscapes sketched during trips to Morocco in the 1980s, for example, are marked by a continual process of abstraction, as an urban vista finally dissolves into a yellow field of vibrating light (cats. 9.1–9.8).

10 Donated by Elizabeth Goldring Piene, the materials have been digitized, and most can now be viewed online at https://harvardartmuseums.org/collections.
11 See Hanson's essay in this catalog, 27–43.
12 See Sandra Beate Reimann's essay in this catalog, 63–79.
13 See Hanson's essay in this catalog, 27–43.

Entwürfe einer besseren Welt

Otto Pienes Kunst ist durchdrungen vom Wunsch, eine bessere Welt zu schaffen. Der optimistische, technologie- und medienfreundliche Ansatz des Künstlers ist historisch zu verorten als eine Reaktion auf Tod und Zerstörung, die er in seiner Jugend erlebt hatte. Seine Referenz auf das Licht ist vor diesem Hintergrund als Versuch zu verstehen, den Schrecken der Dunkelheit zu bannen.

> Aber das Helle allein zu lobpreisen, scheint mir nicht mehr genug. Ich gehe das Dunkel selber an, ich durchleuchte es, ich mache es durchsichtig, ich nehme ihm seinen Schrecken, ich mache es zu einem Volumen von Kraft, bewegt von Atem wie mein Körper und ich nehme Rauch, damit es fliegen kann.[14]

Pienes Position ist darüberhinaus bemerkenswert als eine Vorstellung von Kunst, mit der er die Zukunft gestalten will, im harmonischen Einklang mit der Technologie. Die Ausstellung begreift mit ihrem zweiten roten Faden die Werke des Künstlers daher auch als Mittel, die Zukunft zu entwerfen.

Ein zentraler Ausgangspunkt für Piene waren seine dramatischen Erfahrungen als Kindersoldat: Im Alter von 15 Jahren musste er während des Zweiten Weltkriegs als sogenannter «Flakhelfer» in der deutschen Luftwaffe dienen. Während dieser frühen Phase seines Lebens war er nicht nur dem Horror des Krieges ausgesetzt, sondern wurde auch von den ebenso brutalen wie durch ihr Licht beeindruckenden Explosionen am Nachthimmel tief geprägt. Den Blick in den Nachthimmel, der sowohl von Sternen als auch von Kriegsfeuer erhellt wurde, nannte er später eine grundlegende Erfahrung, aus der sich sein künstlerisches Interesse an Licht und Himmel entwickelt habe.

> Mir wird immer klarer, dass Licht eigentlich das ist, was mich am meisten interessiert: Licht als Medium, als Phänomen und als wichtige – *die* wichtigste – Energiequelle der Erde. Und es gab Gründe dafür, dass ich das Licht mochte. Einer davon war, dass der Zweite Weltkrieg so dunkel war. Alles war dunkel. Das deutsche Wort Verdunkelung hat so viele Bedeutungsebenen. Erst mit Kriegsende wurde diese Verdunkelung aufgehoben, und alles, was in der dunklen Zeit unsichtbar geblieben war, wurde sichtbar. Licht macht das Unsichtbare sichtbar. Deshalb wurde

14 Piene 1961 (wie Anm. 1), siehe S. 12.

Designs for a Better World

Piene's art is permeated by the wish to create a better world. His optimistic, media- and technology-friendly approach can be situated historically as a reaction to the death and destruction he experienced in his youth. In this context, his reference to light can be understood as an attempt to banish the horrors of darkness:

> But to praise brightness alone seems to me to be insufficient. I go to darkness itself, I pierce it with light, I make it transparent, I take its terror from it, I turn it into a volume of power with the breath of life like my own body, and I take smoke so that it can fly.[14]

Piene's position is also striking as a vision of art as a means of shaping the future, in harmony with technology. Through its second recurrent theme, the exhibition also posits the artist's body of work as a means of designing the future.

Piene's dramatic experiences as a child soldier in World War II were a key influence on his work: at the age of fifteen, he had to serve as an antiaircraft auxiliary in the German Luftwaffe. During this early phase of his life, in addition to being exposed to the horrors of war, he was deeply marked by the brutal and impressive brightness of explosions in the night sky. Later, he named the sight of the night sky, lit up both by stars and by the fires of the war, as the formative experience that gave rise to his artistic interest in light and the sky:

> Increasingly, I've come to see that light is really what has interested me most. Light as a medium, as a phenomenon, and as a major—*the* major—source of energy on earth. And there were reasons why I liked light. One was that World War II was dark. Everything was dark; the German word *Verdunkelung* (blackout) has a lot of meanings. And with the end of the war, the *Verdunkelung* was lifted, and everything that was not visible during this dark period became visible. Light makes the invisible visible. Therefore light became extremely important as a new experience on many levels, so to speak ... And Sky Art also refers—in a peaceful form—to the ominous role the sky played in World War II: the aerial war and the bombings,

14 See Piene, "Paths to Paradise," in this catalog, 12.

> Licht so enorm wichtig, sozusagen als ein neues Erleben auf vielen Ebenen. [...] Zudem hat die Sky Art einen Bezug zur unheilvollen Rolle, die der Himmel im Zweiten Weltkrieg gespielt hat: zum Luft- und Bombenkrieg, zur Beklemmung der Kindersoldaten angesichts der feindlichen Flugzeuge, die uns beschossen, während wir sie abzuschiessen versuchten.[15]

Die Entscheidung, den Ausstellungsparcours mit einem *Lichtballett* zu beginnen, betont die Bedeutung von Pienes früher Biografie für seine Kunstauffassung und den daraus abgeleiteten visionären Anspruch. Er kennzeichnet das Werk des Künstlers als Ganzes, manifestiert sich aber in den verschiedenen Schaffensphasen auf unterschiedliche Weise. In den Werken der Zero-Zeit schlägt er sich eher abstrakt nieder. Piene kreierte in dieser Zeit mit ungegenständlicher Kunst anregende visuelle Eindrücke, um «die Welt zu ‹verschönern› und zu ‹erhellen›»[16]. Er beschreibt den von ihm postulierten «Neuen Idealismus» als eine «Möglichkeit zur Verwandlung» und grenzt damit seinen positiven, auf Veränderung und Verbesserung gerichteten Ansatz vom «Neuen Realismus» ab, der Kritik übe und auf Schockwirkung ausgerichtet sei.[17]

Die Begriffe Licht, Energie, Vibration, Reinheit, Universum und Kosmos, die Piene im Zero-Kontext verwendete, bleiben dabei ausserordentlich abstrakt. Teilweise wirken seine Formulierungen sogar ungewöhnlich pathetisch und spirituell:

> Jetzt sind die Bilder nicht mehr Verliesse, die den Geist und seinen Körper fesseln, sondern Spiegel, von denen Kräfte auf den Menschen übergreifen, Ströme, die sich frei im Raum entfalten, die nicht ebben, sondern fluten.[18]

Zuweilen sind sie in ihrer Abstraktheit geradezu absurd weltfremd und gefährlich:

> Warum schicken wir nicht unter Einsatz aller menschlichen Klugheit mit den gleichen Sicherheiten, mit denen ihre kriegerische Erprobung versehen wird, alle Atombomben der Welt zum Vergnügen in die Luft, ein grandioses Schauspiel der menschlichen Erfindungsgabe zum Lobe der menschlichen Freiheit?[19]

Und doch zeichnen sich in dem mehrfach zitierten Text «Wege zum Paradies» auch konkretere Entwicklungen ab, die bereits 1961 in Richtung seiner Sky Art weisen und die Nutzung des Luftraums für Kunst vorschlagen.[20]

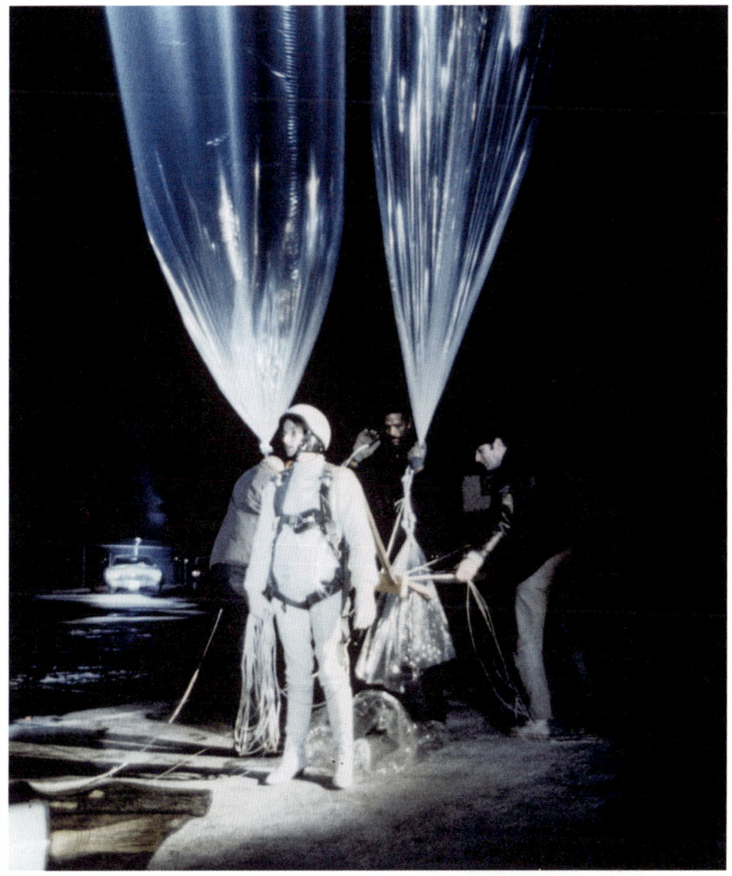

Manned Helium Sculpture, 5. Januar | 5 January 1969, Boston, für | for *The Medium Is the Medium*, WGBH-TV

> the preoccupation of the child soldiers, with the enemy airplanes shooting at us as we tried to shoot them down.[15]

The decision to begin the exhibition with a *Light Ballet* underscores the impact of Piene's early biography on his view of art and the resulting visionary aspect. While these early experiences shaped the artist's oeuvre, their influence manifested in different ways during different phases. In the works of the Zero period, it is reflected in a rather abstract way. At this time, Piene used nonfigurative art to create appealing visual impressions aimed at illuminating and "giving more beauty to 'the world.'"[16] He describes the "New Idealism" he is postulating as an "opportunity for transformation," thus setting his positive approach based on change and improvement apart from a "New Realism" that formulates critiques and seeks to shock.[17]

The concepts of light, energy, vibration, purity, the universe, and the cosmos that Piene used in the context of Zero remained extraordinarily abstract. In some cases, his statements come across as pathos-laden and spiritual:

15 Otto Piene, in: Piene, Otto/Bauer, Ute Meta/Schrade, Fender, «Light, Energy, Life: Otto Piene 85», Interview in: *Mousse*. Contemporary Art Magazine, H. 38, April/May 2013, S. 62–71, hier S. 63 [Übers. HE].
16 Piene, Otto, «The Development of the Group ‹Zero››», *Times Literary Supplement*, London, 3. September 1964, dt. Übers. zit. n. Piene, Otto, «Die Entstehung der Gruppe ‹Zero››», in: Glibota 2011, S. 276–278, hier S. 278 (wie Anm. 7).
17 Piene, Otto «Jetzt», in: *PIENE. Ölbilder und Gouachen*, Ausst.-Kat. Galerie Schmela Düsseldorf, September/Oktober 1963, o. P., S. 3–6, hier S. 4f.
18 Piene 1961 (wie Anm. 1), siehe S. 11.
19 Ebd., siehe S. 13.
20 Ebd.

15 Piene quoted in an interview with Ute Meta Bauer and Fender Schrade, "Light, Energy, Life: Otto Piene 85," *Mousse* 38 (2013): 63.
16 Otto Piene, "The Development of the Group 'Zero,'" *Times Literary Supplement*, London, 3 September 1964, quoted in Glibota, *Otto Piene*, 278.
17 Otto Piene, "Jetzt," in *PIENE: Ölbilder und Gouachen* (Düsseldorf: Galerie Schmela Düsseldorf, 1963), unpaginated [pp. 3–6, here 4–5], trans. Nicholas Grindell.

Sein Traum vom Fliegen und den Wunsch nach der künstlerischen Eroberung des Himmels realisiert Piene – noch vor der ersten bemannten Mondlandung vom 20./21. Juli 1969 – mit *Manned Helium Sculpture* in Boston im Januar 1969 und später zusammen mit Charlotte Moorman in *Sky Kiss* (Linz 1982, München 1983 und Kalifornien 1986). Sein Interesse am langgehegten Menschheitstraum des Fliegens kommt auch in seiner Beschäftigung mit der mythologischen Figur des Ikarus zum Ausdruck. Seine Skizzen vom aufsteigenden, dann niederstürzenden Ikarus verweisen aber auch auf die Ambivalenz von Expansion und technologischem Fortschritt.

Zugleich verfolgte er auch eine utopisch-kosmische Linie weiter. So beschrieb Piene zusammen mit der Künstlerin Elizabeth Goldring und dem Künstler Lowry Burgess die Möglichkeit, den Weltraum zu erreichen, als «eine unendliche Ausdehnung des menschlichen Daseins, seiner Vorstellungkraft und Kreativität»[21].

Piene entwarf mit seiner Sky Art auch konkrete politische und symbolische Projekte mit starkem transformativem Impetus, in denen sich sein Wunsch nach Frieden (*Olympic Rainbow*, 1972) oder sein Umweltbewusstsein ausdrückt (*Black Stacks Helium Sculpture*, 1976).[22] Es sind Werke, die Kunst als Medium der Kommunikation im Kontext drängender politischer Fragestellungen positionieren. Im Rahmen seiner «Environmental Art»[23], zu der auch seine Sky Art zählte, stellte er unter anderem Partizipation, Interdisziplinarität und mediale Vermittlung ins Zentrum und richtete sich dezidiert an eine grosse Öffentlichkeit. Seine Projekte und Sky Events – von den ersten Aktionen wie *Light Line Experiment* (1968) über *Anemones: An Air Aquarium* (1976) bis zum *Rred Hhorse* (2004) in Siena – sind beispielhaft für eine soziale, gemeinschaftliche und optimistische Kunst, die sich gezielt an ein Massenpublikum richtete und gegen eine elitäre Abschottung der Kunstwelt positionierte.[24]

Piene stellte sich eine Zukunft vor, die eher von Kunst als von rein technologischen oder ökonomischen Strukturen bestimmt wäre. Schon für Zero beschrieb er die Reharmonisierung des Verhältnisses von Mensch, Natur und Technik als wichtiges Ziel.[25] Diese Verbindung stellt eine der prägenden Konstanten in Pienes Werk in allen Schaffensphasen dar. Dabei sah er die Rolle der Technik nicht aus einer naiven Perspektive. Einerseits hatte er selbst den Krieg erlebt und andererseits befand er sich viele Jahre am MIT, das heisst, an einer Institution, die selbst Teil des Militärisch-Industriellen-Komplexes war, und die direkt im Auftrag des Verteidigungsministeriums Technik für das amerikanische Militär entwickelte – ein Umstand, der in Studentenprotesten Ende der 1960er Jahre auch thematisiert wurde.[26]

21 Piene, Otto/Goldring, Elizabeth/Burgress, Lowry, «Das Manifest der Sky and Space Künstler», dt. Übers. und Wiederabdruck in: Glibota 2011, S. 422f., hier S. 422 (wie Anm. 7).

22 Siehe hierzu die Beiträge von Barbara Könches (S. 81–93) und Sandra Beate Reimann (S. 63–79).

23 Siehe hierzu den Beitrag von Sandra Beate Reimann, S. 63–79.

24 Gleichwohl muss man auch hier feststellen, dass es sich in erster Linie um die Mehrheitsgesellschaft handelte, wie sie auch durch die gewählten Orte repräsentiert werden: So fand beispielsweise *Light Line Experiment* auf dem Sportfeld der Eliteuniversität MIT oder *Anemones* im Finanzdistrikt von Manhattan, unweit der Wall Street, statt. Zum Aspekt der Gemeinschaftlichkeit im Rahmen der Sky Events siehe auch den Beitrag von Mary Hale, S. 95–111.

25 Piene 1964, S. 277 (wie Anm. 16).

26 In den ‹Special Labs› des MIT, welche 1968 über die Hälfte des Jahresbudgets erhielten (120 Millionen von insgesamt 214 Millionen Dollar), wurde unter anderem auch Technik für NASA-Programme, Projekte mit ballistischen Raketen und das Moving Target Indication Radar entwickelt, das in der Folge in Vietnam eingesetzt wurde. Vgl. Blakinger, John R., «The Aesthetics of Collaboration: Complicity and Conversion at MIT's Center for Advanced Visual Studies», in: *Tate Papers*, H. 25, 2016, https://www.tate.org.uk/research/tate-papers/25/aesthetics-of-collaboration (14.7.2023).

> Pictures are no longer dungeons, where mind and body are shackled together, but mirrors whose powers affect man, streams freely pouring forth into space, not ebbing but flooding.[18]

In other cases, they appear absurdly and dangerously divorced from reality:

> Why do we not pool all human intelligence with the same security that accompanies its efforts in time of war and explode all the atom bombs in the world for the pleasure of the thing, a great display of human inventiveness in praise of human freedom?[19]

However, "Paths to Paradise," from which these two quotations are taken, also gave rise to specific developments that anticipated his Sky Art, suggesting the creation of airborne artworks.[20]

Piene's dream of flying and his wish to conquer the sky with art were fulfilled in January 1969—before the first manned moon landing of 20–21 July 1969—with his *Manned Helium Sculpture* in Boston, and also later in *Sky Kiss* with Charlotte Moorman in Linz (1982), Munich (1983), and California (1986). His interest in humankind's age-old dream of flying also found expression in his engagement with the mythological figure of Icarus. However, Piene's sketches of Icarus's rise and fall also point to the ambivalent nature of expansion and technological progress.

At the same time, he continued to pursue a utopian-cosmic line. In a manifesto coauthored with the artists Elizabeth Goldring and Lowry Burgess, he described the possibility of reaching outer space as "an infinite extension of human life, imagination and creativity."[21]

With his Sky Art, Piene also devised specific political and symbolic projects with a strong transformative impulse that reflected his wish for peace (*Olympic Rainbow*, 1972) and his awareness of environmental issues (*Black Stacks Helium Sculpture*, 1976).[22] These works position art as a means of communication in the context of urgent political issues. In his "Environmental Art,"[23] which also includes his Sky Art, he foregrounded participation, interdisciplinarity, and communication, deliberately addressing a broad public. His projects and Sky Events—from early actions such as *Light Line Experiment* (1968) to *Anemones: An Air Aquarium* (1976) and *Rred Hhorse* (2004) in Siena—are social, community-based, optimistic art that addressed a mass audience, rejecting the elitist isolation of the art world.[24]

Piene imagined a future shaped more by art than by purely technological or economic structures. For Zero, he

18 See Piene, "Paths to Paradise," in this catalog, 11.

19 Ibid., 13.

20 Ibid.

21 Otto Piene, Elizabeth Goldring, and Lowry Burgress, "Sky Art Manifesto," in Glibota, *Otto Piene*, 422.

22 See Barbara Könches's essay in this catalog, 81–93. and Reimann's essay, 63–79.

23 See Reimann's essay in this catalog, 63–79.

24 It should also be noted, however, that the society in question was primarily mainstream majority society, as represented by the chosen locations: *Light Line Experiment*, for example, took place on the sports fields of the elite university MIT, *Anemones* in New York's financial district, not far from Wall Street. On the aspect of community during Sky Events, see also Mary Hale's essay in this catalog, 95–111.

Piene war sich dieser Verbindung zwischen Technik und Militär wohl bewusst, wie auch Statements des Künstlers in Interviews belegen:

> Wir waren eben ziemlich scharfsinnig, kritisch und rebellisch. Wir debattierten welterschütternde Angelegenheiten [...]. Die Naturwissenschaften selbstverständlich, da sie die Atombombe hervorgebracht hatten, und noch vieles andere. Wir waren nicht eigentlich naiv, und mir scheint, wir sind es seit dem Zweiten Weltkrieg auch nie mehr gewesen. Und wir haben zwar die Probleme nicht gelöst, aber doch, wie ich finde, zumindest das Bewusstsein dafür geschärft, dass es sich um ernste Probleme handelt. Auch hat mich das Element des Zweifels nie mehr verlassen [...].[27]

Im Bewusstsein für die Komplexität dieser Fragen sind Pienes Entwürfe und Ideen jenseits einer Trennung von Mensch, Technik und Natur gleichwohl und mit Blick auf aktuell virulente posthumanistische Theorien und Post-Nature-Konzepte besonders interessant.[28]

Wege zum Paradies verfolgt Fragestellungen, die bei den zentralen Visionen des Künstlers ansetzen: die Verknüpfung von Kunst mit neuen Medien, Technologie und Wissenschaft; Möglichkeiten globaler Verständigung und Harmonie; der Übergang von Kunst als Environment zur Environmental Art. Obwohl das CAVS erheblichen Einfluss auf die zeitgenössische Medienkunst ausübte und als Vorläufer und Modell aktueller Projekte künstlerischer Forschung (Artistic Reseach) fungiert, ist es dem breiten europäischen Publikum kaum bekannt. Institutionen wie die Kunsthochschule für Medien Köln ebenso wie das Zentrum für Kunst und Medien in Karlsruhe (ZKM) wurden nach dem Vorbild des von Piene geleiteten CAVS gegründet. Pienes Interesse an einer gemeinschaftlichen und interdisziplinären künstlerischen Praxis ist auch modellhaft für die heute vielbeschworene «Schnittstelle» von Kunst und Wissenschaft zur Lösung der drängenden gesellschaftlichen und ökologischen Probleme unserer Zeit.[29] Um dem Gefühl der Ausweglosigkeit zu begegnen, wenden sich Künstler:innen heute wieder vermehrt gesellschaftspolitischen Fragestellungen zu. Sie begegnen damit dem Verlust von Kunst und Kultur als Möglichkeit einer sozial offenen, partitzipatorischen und demokratischen Öffentlichkeit, etwa weil Museen sich ökonomischen Logiken eines wertgenerierenden Unternehmens unterwerfen müssen oder im Rahmen eines postdemokratischen Umbaus ihr kritischer Handlungsspielraum eingeschränkt wird[30] – oder weil sich die Kunst überhaupt im Rahmen einer «Resortization» gänzlich aus der Öffentlichkeit verabschiedet.[31] Nicht zuletzt

27 Piene 2013, S. 63 (wie Anm. 15) [Übers. HE]. Siehe auch: Wisnioski, Matthew/Piene, Otto: «Arts/Science/Technology», Interview with Otto Piene, 16 Dezember 2010, in: Dutta, Arindam et al. (Hg.), *A Second Modernism. MIT, Architecture, and the ‹Techno-Social› Moment*, Cambridge, MA/London 2013, S. 770–792, hier S. 772f.

28 Siehe hierzu der Beitrag von Sandra Beate Reimann, S. 63–79.

29 Siehe bspw.: *Eco-Visionaires: Art, Architecture and New Media After the Anthropocene*, hg. v. Gadanho, Pedro, Ausst.-Kat. MAAT, Lissabon 2018/Bildmuseet, Umea 2018/HeK, Basel 2018/LABoral Centro de Arte y Creacion Industrial, Gijon 2018–2019, Berlin 2018.

30 Vgl. Minta, Anna/Schweizer, Yvonne: «Das Museum als Wirkraum. Modelle sozialer Öffentlichkeit und partizipativer Demokratie nach 1945», Editorial, in: *Das Museum als Wirkraum, kritische berichte*, Bd. 46 Nr. 2, 2018, S. 3–6, hier S. 3.

31 Graw, Isabelle, «Willkommen im Resort. Sechs Thesen zum neuerlichen Strukturwandel des künstlerischen Feldes und zu dessen Folgen für die Wertbildung», in: *Texte zur Kunst*, 32. Jg., H. 127 (Resortization), September 2022, S. 42–69.

had already described the reharmonization of the relationship between humankind, nature, and technology as an important goal.[25] This connection is a key constant across all phases of his oeuvre. But his view of technology was not a naive one: he had experienced the war, after all, and he later found himself at MIT, an institution that was itself part of the military-industrial complex, commissioned by the Department of Defense to develop technology for the American military—a link that was also addressed by the student protests of the late 1960s.[26]

Piene was aware of this link between technology and the military, as his statements in interviews show:

> Well, we were pretty sharp people, critical and rebellious. We discussed earth-shaking questions ... Science, of course, because it had produced the atom bomb, and so forth. We weren't exactly naive; I think we never really have been since World War II. And we didn't solve the problems, but I think at least we added to the awareness that these are serious questions; and the element of doubt has never left me.[27]

Aware of the complexity of these questions, we have reconsidered how Piene's designs and ideas go beyond the separation of humankind, technology, and nature, which is especially interesting in light of currently acrimonious posthuman theories and postnature concepts.[28]

The exhibition *Paths to Paradise* examines issues related to the artist's central visions: the linking of art with new media, technology, and science; the potential for global understanding and harmony; the transition from art environment to Environmental Art. Although CAVS exerted a considerable influence on the media art of the time, qualifying as a precursor to and model for today's artistic research projects, it is barely known to the broader public in Europe. Institutions such as the Academy of Media Arts (KHM), Cologne, and the Center for Art and Media (ZKM), Karlsruhe, were modeled after CAVS. Piene's interest in community-based, interdisciplinary artistic practice also prefigured today's much-discussed "interface" between art and science to find solutions to the urgent social and ecological problems of our times.[29] Faced with feelings of hopelessness, artists today are increasingly returning to sociopolitical issues. In this way, they counter the loss of art and culture as possibilities for a socially open, participatory, and democratic public sphere, since museums are having to submit to the economic logics of a value-generating enterprise or their scope for critical

25 Piene, "The Development of the Group 'Zero,'" 277.

26 Among others, MIT's "special labs," which received over half of the annual budget in 1968 (120 million of a total 214 million dollars), developed technology for NASA, projects with ballistic missiles, and the Moving Target Indication Radar that was later used in Vietnam. See John R. Blakinger, "The Aesthetics of Collaboration: Complicity and Conversion at MIT's Center for Advanced Visual Studies," in *Tate Papers* 25 (2016), https://www.tate.org.uk/research/tate-papers/25/aesthetics-of-collaboration.

27 Meta Bauer, Schrade, "Light, Energy, Life: Otto Piene 85," 63. See also Matthew Wisnioski and Otto Piene, "Arts/Science/Technology," interview with Piene on 16 December 2010 in Arindam Dutta et al., eds., *A Second Modernism. MIT, Architecture, and the 'Techno-Social' Moment* (Cambridge, MA: MIT Press, 2013), 772–73.

28 See Reimann's essay in this catalog, 63–79.

29 See, for example, Pedro Gadanho, ed., *Eco-Visionaires: Art, Architecture and New Media after the Anthropocene* (Lisbon: MAAT; Umeå: Bildmuseet; Basel: HeK; Gijon: LABoral Centro de Arte y Creacion Industrial, 2018).

begegnet uns Piene mit seinen *Lichtballetten* auch als Pionier der heute allseits populären immersiven Kunsterfahrung. Entlang ihrer zwei Stränge und der Begriffe Zeichnen und Entwerfen, die einen sowohl transmedialen ebenso wie inhaltlich ausgerichteten Zugang ermöglichen, lädt die Ausstellung dazu ein, Otto Pienes Kunst jenseits einer Kritik an naiver Technikbegeisterung oder romantischem Idealismus als Werkzeug der Veränderung und Erweiterung unserer Vorstellungswelt wiederzuentdecken.

action is being restricted by postdemocratic restructuring[30]—or because art is removing itself from the public sphere altogether via "resortization."[31] Lastly, Piene's *Light Ballets* also make him a pioneer of the kind of immersive art experience that is so popular today. With its two strands, focused on the concepts of drawing and design, the exhibition opens up both transmedia and content-based approaches, inviting visitors to rediscover Otto Piene's art, beyond critiques of naive techno-enthusiasm and romantic idealism, as a tool for change and for expanding the limits of imagination.

30 See Anna Minta and Yvonne Schweizer, "Das Museum als Wirkraum: Modelle sozialer Öffentlichkeit und partizipativer Demokratie nach 1945," in "Das Museum als Wirkraum," special issue, *kritische berichte* 46 (2) (2018): 3.

31 Isabelle Graw, "Welcome to the Resort: Six Theses on the Latest Structural Transformation of the Artistic Field and Its Consequences for Value Formation," *Texte zur Kunst* 127 (2022): 43–70. The theme of this volume was the neologism *resortization*.

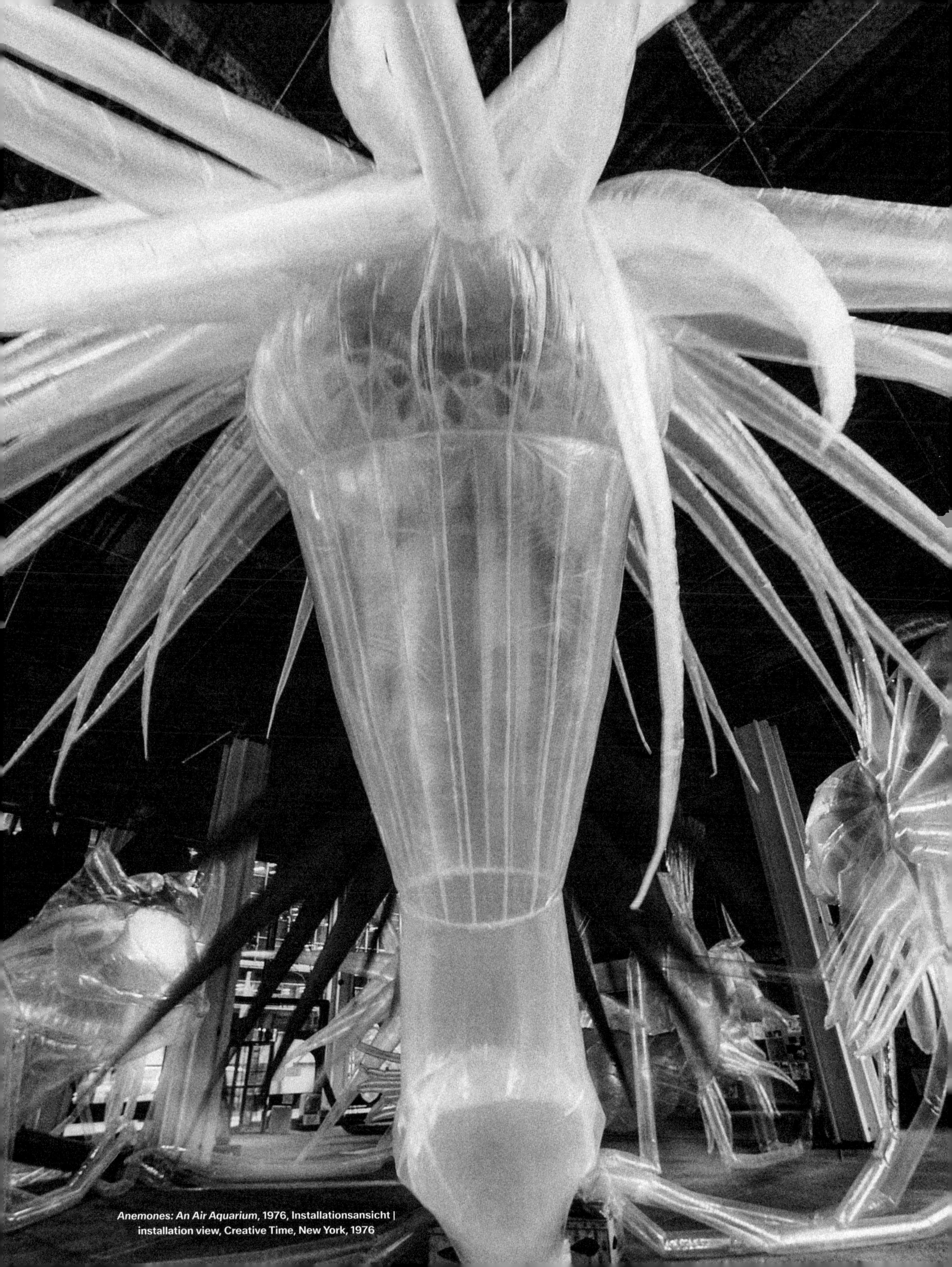

Anemones: An Air Aquarium, 1976, Installationsansicht | installation view, Creative Time, New York, 1976

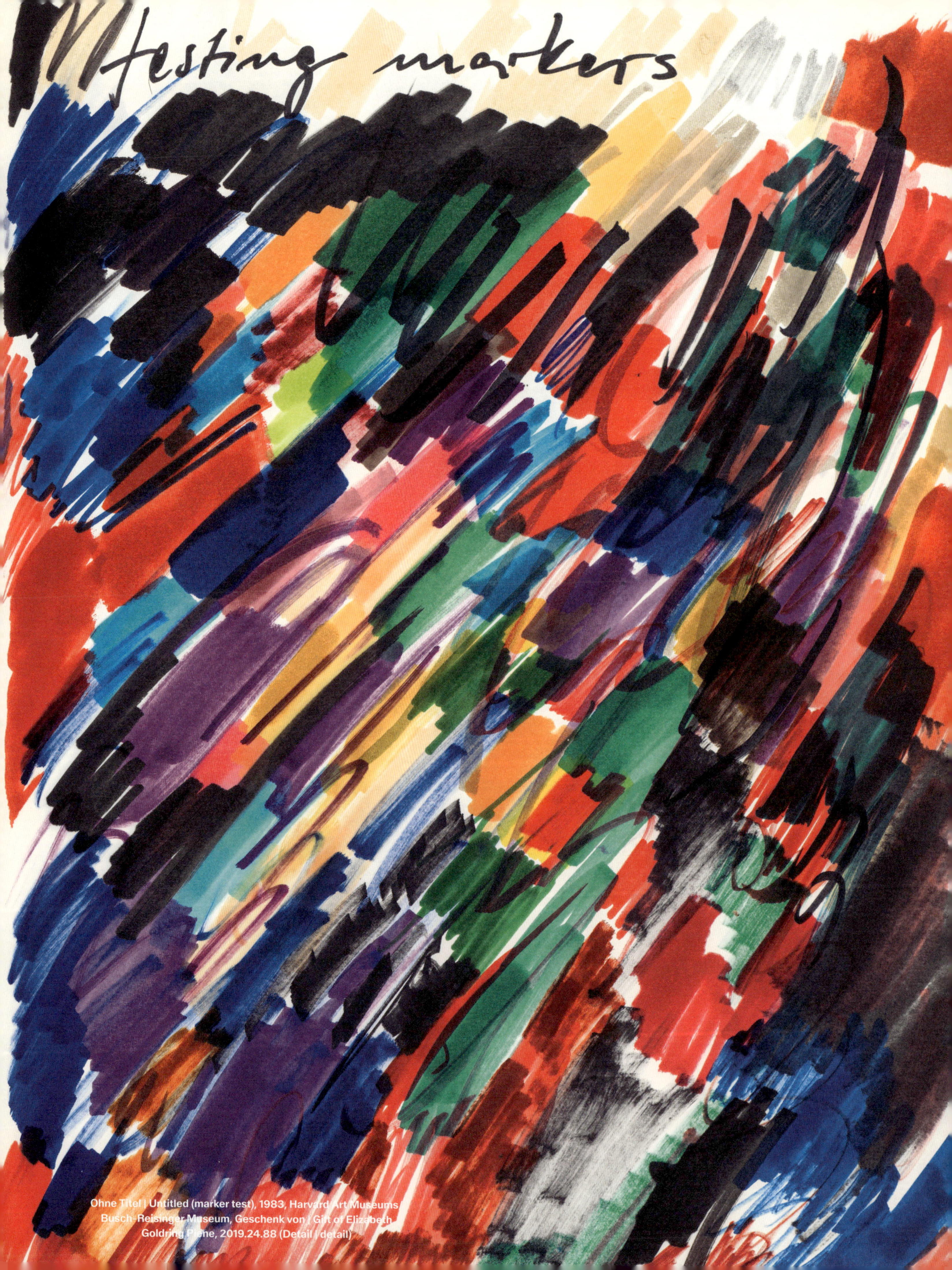

Ohne Titel | Untitled (marker test), 1983, Harvard Art Museums | Busch-Reisinger Museum, Geschenk von | Gift of Elizabeth Goldring Piene, 2019.24.88 (Detail | detail)

Der Linie Leben einhauchen. Otto Pienes Skizzenbücher und eine Theorie der erweiterten Zeichnung

1965 erklärte Otto Piene: «Mein Vorhaben ist zweifach: ich will zeigen, dass das Licht eine Lebensquelle ist, die ständig entdeckt werden muss und ich will die Expansion als ein phänomenales Ereignis darstellen.»[1] Diese Aussage, veröffentlicht im Katalog zu Pienes erster US-amerikanischer Einzelausstellung *Piene: Light Ballet* in der New Yorker Howard Wise Gallery, bringt die einzigartige Kombination von Beharrlichkeit – im entschlossenen Wiederaufsuchen von Gedanken und Motiven – und Experimentierfreude – in der Erweiterung des Schaffens um neue Materialien und neue Räume – bei diesem Künstler auf den Punkt. Beides begleitete ihn bis zu seiner letzten Einzelausstellung zu Lebzeiten *Otto Piene: More Sky* 2014 an der Neuen Nationalgalerie in Berlin. Ein ganzes Künstlerleben lang schuf Piene Arbeiten, die sich dem linearen, evolutionären Modell widersetzten und stattdessen als Zyklen angelegt waren, die sich durch einen Prozess der Wiederkehr und Erneuerung, der Wiederholung und Wiederaufnahme auszeichneten.

Bislang blieb in der Betrachtung von Pienes kaleidoskopischem Werk die Möglichkeit unausgelotet, seine Arbeit ganzheitlich anhand eines Merkmals zu verstehen, das sich durch sein gesamtes Schaffen in den verschiedensten Medien zieht: das Zeichnen. Beinahe 80 Jahre lang zeichnete Piene regelmässig in Skizzenbücher. Doch diese private Übung blieb der öffentlichen Wahrnehmung weitgehend verborgen,[2] bis seine Sammlung von Skizzenbüchern vor kurzem als Geschenk an das Busch-Reisinger Museum, Harvard Art Museums ging,

1 Piene, Otto, «Light Ballet», in: *Piene: Light Ballet*, Ausst.-Kat. Howard Wise Gallery, New York, New York 1965, o. P., übersetzt in Glibota, Ante, *Otto Piene*, Villorba 2011, S. 535.

2 Zahlreiche Skizzenbücher erschienen in Glibota, Ante, *Otto Piene*, Villorba 2011, und auch die Ausstellung *Fire and Light: Otto Piene in Groton, 1983–2014* im Fitchburg Art Museum 2019 stellte drei von ihnen aus. Pienes Retrospektive am Kunstmuseum Düsseldorf im Ehrenhof war 1996 wahrscheinlich überhaupt die erste öffentliche Werkschau, die ein Dutzend Skizzenbücher als Exponate mit aufnahm.

Breathing Life into Line: Otto Piene's Sketchbooks and a Theory of Expanded Drawing

In 1965 Otto Piene declared, "My endeavor is twofold: to demonstrate that light is a source of life which has to be continuously rediscovered, and to show expansion as a phenomenal event."[1] This statement, published for his first solo exhibition in the United States, *Piene: Light Ballet*, at Howard Wise Gallery in New York, conveys the artist's singular combination of steadfastness—in his committed rediscovery of ideas and motifs—and experimentalism—in his expansion into new materials and new spaces. These two characteristics would endure until 2014, the year of his final solo exhibition during his lifetime, *Otto Piene: More Sky* at the Neue Nationalgalerie in Berlin. Throughout his life, Piene created work that resisted a linear, evolutionary model and adhered to the cyclical, with a process determined by return and renewal, repetition and iteration.

What has remained unexplored to date in Piene's kaleidoscopic body of work is the possibility of holistically understanding his practice across media according to a pervasive through line: drawing. For nearly eight decades, Piene regularly drew in sketchbooks, but this personal practice remained predominantly out of public view until recently,[2] when his collection of sketchbooks was gifted to the Busch-Reisinger Museum at the Harvard Art Museums, where it was photographed, digitized, and published online in its entirety.[3] Sketching seems to have anchored Piene's practice, and the very existence of the sketchbooks today—preserved through war, transatlantic travel, and periods of personal tumult—underscores the value he

1 Otto Piene, "Light Ballet," in *Piene: Light Ballet* (New York: Howard Wise Gallery, 1965), unpaginated.

2 A large number of sketchbooks were published in Ante Glibota, *Otto Piene* (Villorba: Delight Editions, 2011), and *Fire and Light: Otto Piene in Groton, 1983–2014* at the Fitchburg Art Museum, exhibited three in 2019. Piene's 1996 retrospective at the Kunstmuseum Düsseldorf im Ehrenhof, with about one dozen sketchbooks, was likely the first public exhibition to include any of his sketchbooks.

3 Much of my research and thinking about Piene's sketching practice developed during my three years as the Stefan Engelhorn Curatorial Fellow at the Busch-Reisinger Museum. Many of my Harvard colleagues, particularly Dr. Lynette Roth, contributed to my understanding of Piene's sketchbooks. For more on select themes that emerge from this collection, see Lauren Hanson, "Animating the Page: Otto Piene and the Artist Sketchbook," Harvard Art Museums, October 2022, https://harvardartmuseums.org/publications/special-collections/animating-the-page-otto-piene-and-the-artist-sketchbook.

wo sie zur Gänze fotografiert, digitalisiert und online publiziert wurden.[3] Skizzen dienten in Pienes künstlerischer Arbeit offenbar als Ankerpunkt, und allein die Tatsache, dass sie heute noch existieren – dass er sie über den Krieg, das transatlantische Hin und Her sowie über private Verwerfungen hinweg gerettet hat – unterstreicht den Wert, den das Zeichnen für ihn persönlich gehabt haben muss. Die Bücher zeigen ausserdem, wie sehr das Medium Zeichnung im Zentrum seines Werks stand.[4] Anstatt nun Pienes Skizzen als separaten oder parallel laufenden Strang neben seinem Schaffen in anderen Medien – Experimenten mit Lichtprojektionen, Inflatables, Lasern, Feuer usw. – zu verstehen, vertrete ich die Ansicht, dass das Zeichnen eine Übung war, das all diese Medien und Techniken miteinander verband, und dass uns ein Begriff der «erweiterten Zeichnung» eine grundlegend neue Sicht auf sein Werk erschliesst.

Die neuere Forschung hat für das 20. Jahrhundert einen erweiterten Begriff der Zeichnung ausgemacht, beginnend mit einer besonderen Betonung der Linie in der Moderne.[5] Daraus gingen, wie Wassily Kandinsky meinte, «spezifische Welten hervor – von der schematischen Begrenzung hin zur unbegrenzten Ausdruckskraft. Im Verlauf dieser Welten befreit sie sich von der Rolle des Werkzeugs und führt zur völligen Freiheit des Ausdrucks.»[6]

Als eine Art des Zeichnens im Raum beschreibt die Kunsthistorikerin Anna Lovatt die Expansion der Linie zur Plastik, zu Tanz und Theater. Das Zeichnen habe sich im 20. Jahrhundert zu «einer neuen Art ortsspezifischer Praxis» entwickelt, indem zahlreiche Künstler:innen es als etwas verstanden, das über die Begrenzungen einer Arbeit auf Papier hinausgeht.[7] Auch Piene, dessen frühe Skizzen noch eher traditionelle Linienzeichnungen waren, fand zu einer Zeichentechnik, die jenseits vom «Graphit des Bleistifts, der Tusche und der Holzkohle [...] als den traditionell anerkannten Materialien des Mediums»[8] auch den dicken Filzstift mit kräftigen, unscharfen und sehr satten Linien beinhaltete. Und ebenso wie die Linie des Filzmarkers weniger beherrschbar war als die des Grafitstifts oder der Holzkohle und die Papierfasern durchtränkte, so findet sich die entgrenzte Linie auch in seinen interdisziplinären und medienübergreifenden Arbeiten jenseits des Skizzenbuchs wieder.

3 Ein Grossteil meiner Forschung und Überlegungen zu Pienes Zeichnung entwickelte ich während meiner drei Jahre als Stefan Engelhorn Curatorial Fellow am Busch-Reisinger Museum. Etlichen meiner Harvard-Kolleg:innen, insbesondere Dr. Lynette Roth, verdanke ich ein eingehenderes Verständnis von Pienes Skizzenbüchern. Über ausgewählte Themen, die die Gesamtschau dieser Sammlung kennzeichnen, siehe: Hanson, Lauren, «Animating the Page: Otto Piene and the Artist Sketchbook», Harvard Art Museums, October 2022, https://harvardartmuseums.org/publications/special-collections/animating-the-page-otto-piene-and-the-artist-sketchbook (19.10.2023).

4 «Während all dieser Jahre an der Flak», erinnerte sich Piene, «während der Monate im Reichsarbeitsdienst und in den Monaten der Haft, also in meiner Zeit als Kriegsgefangener, war etwas, das ich immer dabei hatte, mein Skizzenbuch [...] Gegen Ende des Krieges trieben uns die näher rückenden Kanadier und Engländer vor sich her. Wir verloren unser ganzes Zeug, und am Ende hatten wir kein Gewehr mehr, keine Panzerbüchse, keine Zahnbürste, kein Geld, aber ich besass immer noch mein Skizzenbuch und meine Schachtel mit Wasserfarben. Das hat mich also in all diesen Jahren immer begleitet [...].» Siehe «Oral History Interview with Otto Piene, 1988 Aug. 4 – 1990 Feb. 22», Archives of American Art, Smithsonian Institution [Übers. HE].

5 Pergam, Elizabeth A. (Hg.), *Drawing in the Twenty-First Century: The Politics and Poetics of Contemporary Practice*, Farnham 2015. In ihrer Einleitung (S. 5) schreibt Pergam: «Die Linienbestimmtheit des Zeichnens ist zu einem vorherrschenden Strang des Diskurses geworden.» [Übers. HE].

6 Kandinskys Überlegungen zum Zeichnen leiten den begleitend zur Ausstellung *On Line* erschienenen Band ein; siehe Butler, Cornelia H./De Zegher, Catherine (Hg.), *On Line: Drawing through the Twentieth Century*, New York 2010. Wassily Kandinsky: «Malenkie statejki po bolschim woprosam. II. O linii», in: *Iskusstwo*, H. 4, 1919, S. 2 [Übers. HvG].

7 Lovatt, Anna, «The Minimal as Spectacle: Contemporary Drawing and Installation Art», in: *Drawing in the Twenty-First Century*, S. 75 [Übers. HE]. Siehe auch: Lovatt, Anna, *Drawing Degree Zero: The Line from Minimal to Conceptual Art*, University Park, PA 2019.

8 De Zegher, Catherine, «A Century under the Sign of Line: Drawing and Its Extension (1910–2010)», in: Butler/De Zegher 2010 (wie Anm. 6), S. 23 [Übers. HE].

must have placed on drawing. Moreover, they reveal drawing's centrality to his oeuvre.[4] Rather than understand his sketching practice as distinct from or running parallel to his work in other media—experimentation with light projectors, inflatables, lasers, fire, and so forth—I theorize that drawing was a connective practice and that a conception of "expanded drawing" offers a vital reconsideration of his work.

Recent scholarship has explored a more expansive definition of drawing in the twentieth century, beginning with a modernist emphasis on line as its central feature,[5] creating, as Vasily Kandinsky phrased it, "a particular, specific world, from schematic limitation to unlimited expressivity. These worlds liberate line more and more from the instrument, leading to complete freedom of expression."[6]

Tracing the expansion of line to sculpture, dance, and performance as a mode of drawing in space, scholar Anna Lovatt argues that drawing in the twentieth century evolved into "a new form of site-specific practice," with many artists considering drawing beyond the confines of a work on paper.[7] Piene, too, whose early sketching practice adhered to a more traditional form of line drawing, evolved a sketching practice that, beyond "pencil, graphite, ink, and charcoal . . . traditionally considered the materials of the medium," incorporated bold, diffuse lines of highly saturated colors through his use of the marker.[8] As the line of marker, less contained than the line of graphite or charcoal, penetrated the paper's fibers in his sketchbooks, so too did line permeate his interdisciplinary and intermedial practice beyond the sketchbook.

A theory of Piene's practice as one of "expanded drawing" also draws on the concept of "expanded cinema," most widely disseminated by Gene Youngblood's 1970 book of the same name.[9] *Expanded Cinema* includes Piene among its survey of artists creating new "image-making technologies that promise to extend man's communicative capacities beyond his most extravagant visions."[10] Youngblood posited an elastic concept of expanded cinema that, like life, is "a process of becoming, man's ongoing historical drive to manifest his consciousness outside of his mind, in front of his eyes," and argued that

4 As Piene recalled, ". . . during all the years at the antiaircraft . . . , during the labor corps months, and during the months of internment, meaning while I was a prisoner of war, the one thing I always had with me was sketchbooks. . . . toward the end of the war, we were chased around by the Canadians and the British, as they were advancing. We lost all our stuff, eventually had no rifle, no bazooka, no toothbrush, no money, but I still had a sketchbook and a watercolor box. So that part has always been with me throughout all those years . . ." See "Oral History Interview with Otto Piene, 1988 Aug. 4–1990 Feb. 22," Archives of American Art, Smithsonian Institution.

5 Elizabeth A. Pergam, ed., *Drawing in the Twenty-First Century: The Politics and Poetics of Contemporary Practice* (Farnham, UK: Ashgate, 2015). In her introduction (p. 5) Pergam notes, "The linear definition of drawing has become a dominant strand of the discourse."

6 Kandinsky's reflections on drawing introduce the exhibition catalog *On Line*; see Cornelia H. Butler and Catherine de Zegher, eds., *On Line: Drawing through the Twentieth Century* (New York: Museum of Modern Art, 2010).

7 Anna Lovatt, "The Minimal as Spectacle: Contemporary Drawing and Installation Art," in *Drawing in the Twenty-First Century*, 75. See also Lovatt, *Drawing Degree Zero: The Line from Minimal to Conceptual Art* (University Park, PA: Penn State University Press, 2019).

8 De Zegher, "A Century under the Sign of Life: Drawing and Its Extension (1910–2010), in *On Line*, 23.

9 The exact origin of this term is still debated. Caroline A. Jones wrote that "Stan VanDerBeek coined the phrase 'expanded cinema.' But it was Gene Youngblood who put it on the cover of a book, filled it with rocket fuel, and sent it buzzing through the late-1960s art world like a heat-seeking missile." See Jones, "Gene Youngblood's *Expanded Cinema*," *Artforum* (December 2020). It was most likely first used in print by Jonas Mekas in 1965: "More on Expanded Cinema: Emshwiller, Stern, Ken Jacobs, Ken Dewey," *Village Voice*, 2 December 1965. The term *expanded* was also in the title of George Maciunas's 1966 "Expanded Arts Diagram."

10 Gene Youngblood, *Expanded Cinema* (New York: E. P. Dutton, 1970), 41. Youngblood's book evolved from articles he had written on film, music, theater, and new media for the underground newspaper *Los Angeles Free Press* between 1967 and 1970. It critically evaluated cinematic technologies, such as video, holography, and projection, as used by artists beyond the space of the cinema.

Eine Theorie von Pienes Praxis als «erweiterter Zeichnung» kann sich zudem auf den Begriff des «expanded cinema», also des «erweiterten» Films stützen, der sich vor allem durch das gleichnamige Buch von Gene Youngblood aus dem Jahr 1970 verbreitet hat.[9] Piene gehört zur Reihe von Künstler:innen in Youngbloods *Expanded Cinema,* die sich neuer «bilderschaffender Verfahren [bedienen] mit dem Versprechen, die Kommunikationsmöglichkeiten des Menschen noch über seine kühnsten Visionen hinaus zu erweitern». Youngblood schlug eine dehnbare Konzeption des «expanded cinema» vor. Demzufolge sei das erweiterte Kino wie das Leben auch «ein Prozess des Werdens, der anhaltende historische Drang des Menschen, sein Bewusstsein ausserhalb seines Geistes und vor seinen Augen Gestalt annehmen zu lassen»[10]. Er meinte, dass kein Künstler oder keine Künstlerin sich in seiner oder ihrer Erschliessung der zeitgenössischen Kultur «noch länger [...] auf nur eine einzige Disziplin spezialisieren und dennoch aufrichtig hoffen kann, ein klares Bild [des Lebens] und seiner Beziehungen innerhalb der eigenen Umwelt hervorzubringen»[11]. Dieser Zeitgeist der «Expansion», der in Youngbloods Text zum Ausdruck kommt – wozu etwa auch Joseph Beuys' Erweiterung des Mediums der «sozialen Plastik»[12] und der Kunst auf alle Bereiche des Lebens im Sinne einer Verschmelzung von «Leben und Kunst»[13] bei Fluxus zu rechnen wäre – klingt auch in Pienes «Ruf nach mehr Grösse, mehr Raum für die Kunst» und in seinem Wunsch, aus der «Kunstwelt» eine «Welt der Kunst» zu machen, an.[14] Die beim Skizzieren so elementare Linie war für Piene zugleich das Mittel der Wahl, um zu experimentieren und Kunst in der Welt anders zu gestalten, das Zeichnen in seiner erweiterten Form anders aufzufassen und so auch Zugang zu einem «Prozess des Werdens» nicht nur für sich selbst, sondern auch für die Betrachterinnen und Betrachter zu erlangen.

Skizze als Basis und Ausgangspunkt

Auch als Piene Arbeiten für Kulturveranstaltungen und öffentliche Räume jenseits der Grenzen eines Ateliers oder einer Kunsteinrichtung zu konzipieren und sie ab Ende der 1960er Jahre unter dem Oberbegriff der Sky Art– seine Bezeichnung für seine riesigen, ephemeren Luftplastiken unter Einbeziehung des Publikums – umzusetzen begann, blieb das Zeichnen ein wichtiger Teil seiner künstlerischen Praxis. Er bewahrte mehr

any artist exploring contemporary culture could "no longer . . . specialize in a single discipline and hope truthfully to express a clear picture of [life's] relationships in the environment."[11] The cultural zeitgeist of expansion manifest in Youngblood's text, Joseph Beuys's extension of the medium of sculpture into social realms,[12] and Fluxus's expansion of art into lived realms—merging "life and art"[13]—resonates with Piene's "plea for more scope, more space for art" and his desire to reshape the "art world" into a "world of art."[14] The line, so central to sketching, offered Piene a foundation from which he could experiment and reshape art in the world, reconsidering drawing as expanded in order to access a "process of becoming," both for himself and for the viewer.

Sketching as Foundational

As Piene imagined and soon realized works for cultural events and public spaces beyond the bounds of the studio or the art institution, works developed in the late 1960s under his rubric of *Sky Art*—the term Piene coined in 1969 for his large, ephemeral works that involved inflatable sculptures and audience participation—drawing remained a key part of his practice. Preserving over seventy sketchbooks, ranging from childhood sketches to plans for his 2014 Berlin retrospective, Piene accumulated a visual archive that spans nearly eight decades of work and reveals the scope and ambition of lifelong projects, themes, and visions. In 2019 Elizabeth Goldring Piene, artist, poet, and Piene's wife, gifted the Busch-Reisinger a collection of seventy-three sketchbooks spanning 1935 to 1956 and 1971 to 2014. Despite a notable lacuna in this collection—there are no sketchbooks between 1957 and 1970—loose-leaf sketches, drawings, and private correspondence from these gap years indicate a near constant presence of the drawn line in his work.[15] Although there is no truly satisfactory explanation for this gap, a handful of plausible scenarios exist: the sketchbooks from these years may be lost, remain undiscovered, have been torn out of their original books and dispersed as individual sheets, or they simply never existed.[16]

Regardless of the reason for this gap in the historical record, the extant sketchbooks together illuminate the dynamic relationship between private experimentation and public articulation, the individual and the communal, and visionary thinking and material realization. As an artist who maintained

9 Über die genaue Herkunft des Begriffs herrscht weiter Uneinigkeit. Caroline A. Jones schreibt dazu: «Stan VanDerBeek prägte den Ausdruck ‹expanded cinema›. Doch es war Gene Youngblood, der ihn auf den Einband eines Buchs druckte, ihn mit Raketentreibstoff füllte und durch die Kunstwelt der späten 1960er Jahre sausen liess wie ein wärmesuchendes Geschoss.» Siehe Jones, Caroline A., «Gene Youngblood's Expanded Cinema» in: *Artforum,* H. 10, Dezember 2020 [Übers. HE]. Aller Wahrscheinlichkeit wurde der Begriff erstmals 1965 von Jonas Mekas in gedruckter Form verwendet: «More on Expanded Cinema: Emshwiller, Stern, Ken Jacobs, Ken Dewey», in: *Village Voice*, 2.12.1965. Die Bezeichnung «expanded» tauchte auch im Titel von George Maciunas' «Expanded Arts Diagram» von 1966 auf.

10 Youngblood, Gene, *Expanded Cinema,* New York 1970, S. 41 [Übers. HE]. Das Buch von Youngblood entstand aus Artikeln über Film, Musik, Theater und neue Medien, die er von 1967 bis 1970 für die Underground-Zeitung *Los Angeles Free Press* geschrieben hatte. Es erörtert Filmtechniken wie Video, Holografie und Projektionen in ihrem Einsatz durch Kunstschaffende ausserhalb des Films.

11 Ebd. [Übers. HE].

12 Beuys, Joseph, *Was ist Kunst? Werkstattgespräch mit Beuys,* Stuttgart 1986.

13 Siehe Friedman, Ken (Hg.), *The Fluxus Reader,* West Sussex 1998.

14 Siehe Piene, Otto, *More Sky,* Cambridge, MA 1973, Einleitung, o. P. [Übers. HE].

11 Ibid.

12 Joseph Beuys, "Conversation with Joseph Beuys," in *What Is Art?*, ed. Volker Harlan, trans. Matthew Barton and Shelley Sacks (Forest Row, UK: Clairview Books, 2004), 9; originally published in *Was ist Kunst? Werkstattgespräch mit Beuys* (Stuttgart: Urachhaus, 1986).

13 See Ken Friedman, ed., *The Fluxus Reader* (West Sussex: Academy Editions, 1998).

14 See Otto Piene, *More Sky* (Cambridge, MA: MIT Press, 1973), unpaginated introduction.

15 Letters from Otto Piene to Nan Rosenthal, with whom he was married from 1965 to 1973, show that Piene was using markers to write and sketch as early as 1964 (see Nan Rosenthal Papers, Archives of American Art, Smithsonian Institution). Notes on correspondence in the ZERO foundation archives indicate he was using black marker as early as 1961 (see mkp. ZERO.2.I.193), with usage for notes and sketches increasing in 1966 (see, for example, mkp. ZERO.2.III.206).

16 On the one hand, if Piene managed to preserve a sketchbook through his years as a teenage soldier, it is fair to assume he would have been able to preserve those from 1957 to 1970. On the other hand, it is difficult to grasp why, when sketching seemed so important to him personally, he would go over a decade without doing so. Between caring for three children born between 1947 and 1957, teaching at the Fashion Institute of Düsseldorf to support his family, working toward his PhD in philosophy in Cologne between 1953 and 1957, and studying painting, there may have been little time (or funds) during the 1950s to sketch freely, and he instead focused all his artistic energy toward ZERO publications and exhibitions.

als 70 Skizzenbücher auf, die von ersten Kinderzeichnungen bis zu den Entwürfen für seine Berliner Retrospektive im Jahr 2014 reichen und als Bildarchiv beinahe acht Jahrzehnte seiner Arbeit umspannen. Sie bilden somit auch die ganze Bandbreite und die Zielsetzungen eines Lebens voller Projekte, Themen und Visionen ab. 2019 schenkte Elizabeth Goldring Piene, die Künstlerin, Dichterin und Witwe Otto Pienes, dem Busch-Reisinger Museum eine Sammlung von 73 Skizzenbüchern aus den Jahren 1935 bis 1956 und 1971 bis 2014. Trotz der erheblichen Lücke – aus den Jahren 1957 bis 1970 sind keine Skizzenbücher erhalten – vermitteln andere lose Skizzen und Zeichnungen sowie der private Schriftverkehr auch aus dieser Zeit die beinahe ständige Gegenwart der gezeichneten Linie in Pienes Werk.[15] Und obwohl es für diese Lücke keine wirklich zufriedenstellende Erklärung gibt, bieten sich zumindest eine Handvoll plausibler Gründe dafür an: So könnten die Skizzenbücher jener Jahre verloren sein oder irgendwann noch auftauchen, oder die Zeichnungen wurden einzeln aus den Büchern gerissen und sind heute als einzelne Blätter verstreut, oder es gab sie schlicht und einfach nie.[16]

Die erhaltenen Bücher veranschaulichen einen dynamischen Bezug zwischen privatem Experimentieren und öffentlicher Artikulation, Individuellem und Gemeinsamem, visionärem Denken und materieller Realisierung. Diesem Künstler, der bereits 1969 sowohl in Westdeutschland als auch in den USA Ateliers unterhielt,[17] diente das Skizzenbuch zudem als ein «tragbares Atelier», wie sein Kollege Richard Diebenkorn es nannte.[18] Piene fand in seinem tragbaren (wenn auch nicht Hosentaschen-)Atelier den Raum zum Festhalten seiner Seheindrücke aus dem Lebensalltag. Er konnte darin Studien für Grossprojekte anfertigen und vor allem schnell und ohne Hemmungen mit Bildern, Farbe und Materialien spielen.

Pienes Skizzen umfassen sowohl konkret Beobachtetes als auch bildliche Fantasien. Sie sind reich an Landschaften und Stadtansichten, die seine jeweilige Umgebung abbilden, und an Naturstudien, sie enthalten beispielsweise Serien blühender Blumen (Kat. 84.1–84.6). Es finden sich darunter sorgfältig durchdachte Studien, die verschiedene Proportionen oder Farbkombinationen durchspielen, Variationen auf ein bestimmtes Motiv aus verschiedenen Perspektiven und Entwurfsskizzen für Aufträge und Kunst im öffentlichen Raum. Manche

15 Aus Briefen von Otto Piene an Nan Rosenthal, mit der er von 1965 bis 1973 verheiratet war, geht hervor, dass er bereits 1964 Filzstiften zum Schreiben und Skizzieren verwendete (siehe Nan Rosenthal Papers, Archives of American Art, Smithsonian Insitution). Notizien zur Korrespondenz in den Archiven der ZERO foundation deuten darauf hin, dass er bereits 1961 schwarzen Filzstift verwendete (siehe mpk. ZERO,2.1.193), wobei dessen Gebrauch für Notizen und Skizzen 1966 zunahm (siehe z. B. mpk. ZERO.2.III.206).

16 Einerseits wäre anzunehmen, dass Piene, wenn er ein Skizzenbuch über seine Jahre als jugendlicher Soldat retten konnte, auch in der Lage gewesen sein müsste, die Bücher aus der Zeit zwischen 1957 und 1970 aufzubewahren. Andererseits ist schwer vorstellbar, dass er mehr als ein Jahrzehnt lang auf das Zeichnen verzichtet haben soll, obwohl es für ihn persönlich so wichtig war. Doch er hatte in dieser Zeit für drei zwischen 1947 und 1957 geborene Kinder zu sorgen, unterrichtete an der Modeschule in Düsseldorf, um den Unterhalt für seine Familie zu verdienen, arbeitete von 1953 bis 1957 an seiner Dissertation in Philosophie in Köln und studierte ausserdem Malerei. So hatte er in den 1950er Jahren womöglich kaum Zeit (und Geld) für das freie Zeichnen und konzentrierte all sein künstlerisches Streben auf die ZERO-Publikationen und -Ausstellungen.

17 In seinem Oral-History-Interview für die Archives of American Art erzählt er: «In den ersten beiden Jahren am Center [for Advanced Visual Studies am MIT] war ich ständig am Kommen und Gehen. Ich machte alles Mögliche an vielen verschiedenen Orten. In all dieser Zeit hielt ich mich regelmässig in Europa auf, also etwa einmal im Monat, hatte mein Atelier dort und erweiterte meine Ateliers sogar, und ich arbeitete mal dort, mal hier, war dann auch in Hawaii und habe auch dort viel gearbeitet.» [Übers. HE].

18 Siehe Cantor Arts Center (Hg.), Diebenkorn, Richard: *The Sketchbooks Revealed,* Redwood City, CA, 2015.

studios both in West Germany and in the United States as early as 1969,[17] the sketchbook provided, to borrow artist Richard Diebenkorn's phrasing, a "portable studio."[18] Piene's portable (though not pocketable) studio provided the space in which he could record visual observations in daily life, prepare studies for large-scale commissions, and, most importantly, uninhibitedly play with imagery, color, and material at a rapid pace.

His sketches range from the observational to the imagined, replete with land- and cityscapes recording his surroundings as well as studies of the natural world as seen, for example, in a sequence of sketches of a flower in bloom (cats. 84.1–84.6). They include carefully plotted studies iterating on proportion or color combinations, variations on a single motif seen from different vantage points, and exploratory sketches for commissions and public projects. Other sketchbooks contain mundane notes or questions to himself, travel documents and contact numbers, and illustrated checklists for upcoming exhibitions. These kinds of notations, illustrations, and experimentations often coexist within the bounds of a single sketchbook, uncovering a space in which the visionary and the mundane collide.

Piene's childhood and adolescent years of sketching, characterized by observation and study, transitioned in the 1960s and 1970s to an energetic and improvisational approach to sketching that was enhanced by his use of commercially available markers. Although it is not entirely clear when Piene first began sketching with marker, this implement would have been readily available to him in the 1960s. The modern, felt-tipped marker, known as the Magic Marker, was first patented by Sidney Rosenthal in 1953 in the form of a pigment-filled glass tube with a felt wick, and the Sanford Ink Company's Sharpie was patented in 1964. Piene regularly sketched with both, as well as with Sanford's oversized permanent marker Magnum 44, Letraset's Pantone Tria broad-nib markers, and the alcohol-based ProMarker from Letraset.[19]

Sketching with marker is distinct from drawing in graphite, as it is a solely additive process. There can be no removal, no erasure, only alteration through the additional application of marker. One can layer atop or scribble out a mistake, but traces of the artist's gestures and evolution of thought are always left behind, creating a dynamic visual palimpsest. Piene embraced the inevitable record of any "mistaken" lines; each chance accident could act as the springboard for a new idea, or the sketch could be made anew simply by flipping to the next blank page. Another notable characteristic of marker is that its pigment does not sit atop the surface of paper but, rather, stains it, almost like diluted oil paint poured onto an unprimed canvas. The marker's pigment bleeds into the paper fibers, spreading outward from the point of contact, and, depending on its application, even bleeding onto the page(s) below.

17 As he recounts in his oral history interview for the Archives of American Art, "... the first two years at the center [for Advanced Visual Studies at MIT] I was in and out, I was doing things in many different places. All this time, I also kept going back to Europe. I mean in those days, I kind of established a pattern that my life still holds—that is, I would go to Europe about once a month, keep my studio there, actually expand my studios there, and do work there, do work here, and also then go to Hawaii and do a lot of work there."

18 See Cantor Arts Center, ed., *Richard Diebenkorn: The Sketchbooks Revealed* (Redwood City, CA: Stanford University Press, 2015).

19 The Forbes Pigment Collection at the Harvard Art Museums houses a collection of Piene's markers.

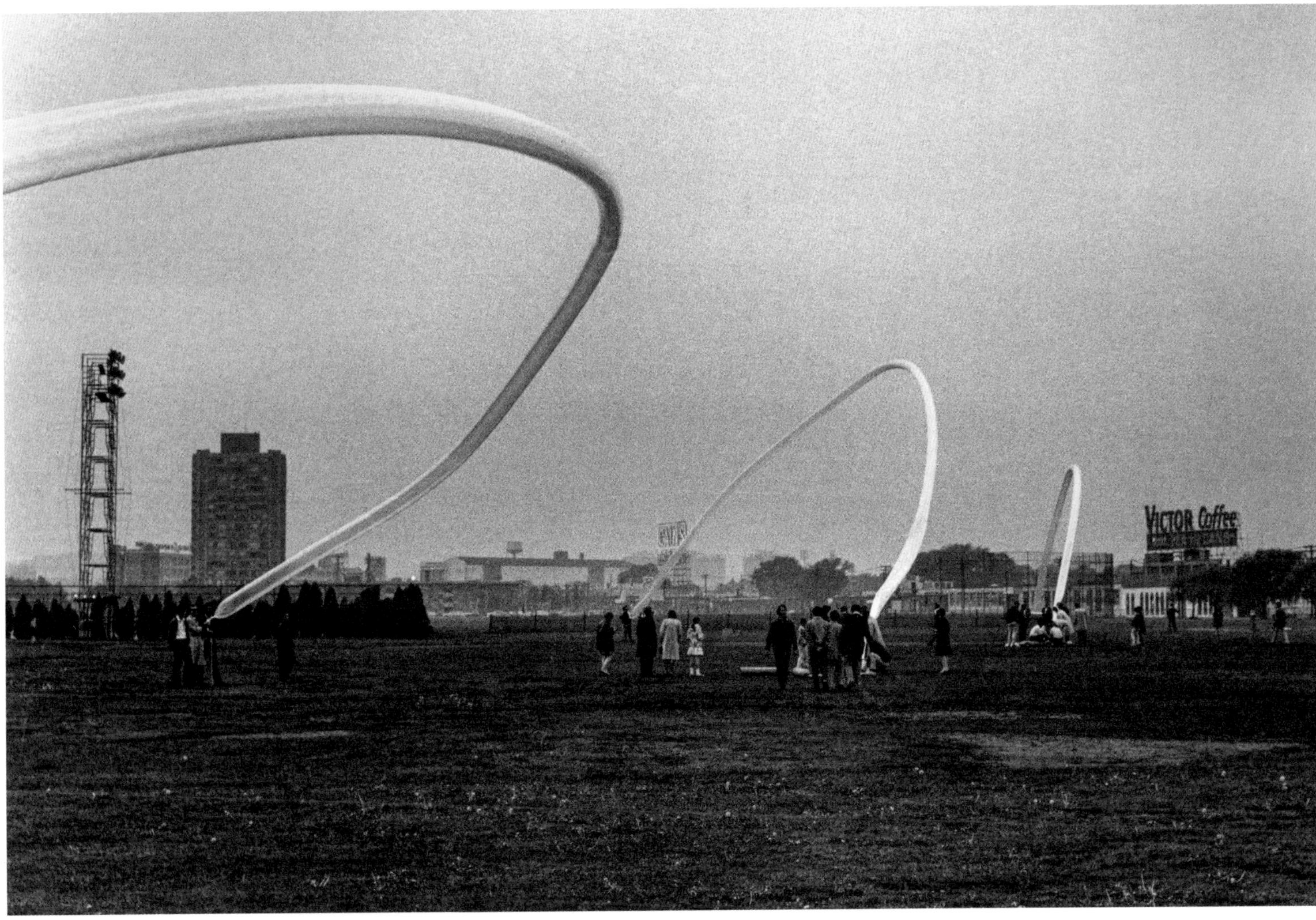

Abb. | Fig. 1: *Light Line Experiment*, 22. Mai | 22 May 1968, Briggs Athletic Field, MIT, Cambridge, Massachusetts

Bücher enthalten banale Notizen oder Fragen Pienes an sich selbst, Reisedokumente und Telefonnummern von Bekanntschaften oder illustrierte Inventarlisten für bevorstehende Ausstellungen. Derartige Notizen, Illustrationen und spielerische Experimente stehen in den Skizzenbüchern häufig unmittelbar nebeneinander. Sie bilden so einen Raum, in dem Visionäres und Banales zusammentreffen.

In seinen Kindheits- und Jugendjahren war Pienes Skizzieren geprägt von Beobachtung und Studium. In den 1960er und 1970er Jahren wurde daraus ein kraftvolles und improvisierendes Herangehen an das Medium, verstärkt noch durch seine Verwendung der mittlerweile im Handel erhältlichen Filzschreiber. Obwohl nicht ganz klar ist, wann Piene mit Markern zu skizzieren begann, kann man davon ausgehen, dass sie ihm im Lauf der 1960er Jahre zur Verfügung standen. Der moderne Filzstift, in den USA bekannt als «Magic Marker»,

While his sketchbooks—at their largest 14½ by 11 inches—are miniscule in comparison to even the earliest Sky Art projects such as *Light Line Experiment* (1968) (fig. 1), which incorporated one thousand feet of helium-filled polyethylene tubing, Piene did not view an intimate practice of sketching as antithetical to his public practice. As he wrote in the introduction to his 1970 book *More Sky*, "The artist who designs environments on a large scale does not rule out other kinds of artists. He does not even rule out traditional forms of art. Dialectics of object versus phenomenon, of core things versus surrounding space, will continue, but borders have to open up completely and prejudices must be torn down."[20] Piene felt strongly that public events with an emphasis on the phenomenological did not preclude a studio practice (whether portable or fixed).[21] As he became interested in large scale public works that deal "with the medium of light . . . with the medium of air . . . with the expansive lure of Sky Art," he

20 Piene, *More Sky*, unpaginated.
21 "Oral History Interview with Otto Piene."

wurde 1953 von Sidney Rosenthal zum Patent angemeldet. Dabei handelte es sich um ein pigmentbefülltes Glasröhrchen mit einer Filzspitze. Im Jahr 1964 folgte das Patent der Sanford Ink Company auf den «Sharpie». Piene zeichnete gewohnheitsmässig mit beiden und dazu noch mit dem übergrossen wasserfesten Filzstift «Magnum 44», ebenfalls von Sanford, sowie mit zwei Produkten der Firma Letraset – den «Pantone Tria»-Stiften mit ihren besonders breiten Minen und den «ProMarkern» auf Alkoholbasis.[19]

Das Skizzieren mit dem Filzstift unterscheidet sich von der Bleistiftzeichnung insofern, als es ausschliesslich additiv verfährt. Es gibt kein Rückgängigmachen, kein Ausradieren. Ändern kann man nur durch Hinzufügen weiterer Striche. Einen Fehler übermalen oder ausstreichen ist möglich, aber die Spuren der künstlerischen Gesten und der Entwicklung eines Gedankens bleiben in jedem Fall erhalten, woraus ein dynamisches visuelles Palimpsest entsteht. Piene akzeptierte bereitwillig die unvermeidliche Festschreibung jeder «falschen» Linie; jedes zufällige Missgeschick konnte ihm als Sprungbrett für eine neue Idee dienen. Oder er begann einfach von vorne und zeichnete die Skizze auf der nächsten freien Seite neu. Eine weitere wichtige Besonderheit des Filzstifts ist, dass der Farbstoff nicht an der Oberfläche des Papiers haften bleibt, sondern darin eindringt, es einfärbt beinahe wie verdünnte Ölfarbe, die man auf eine nicht grundierte Leinwand giesst. Die Pigmente des Filzstifts werden von der Papierfaser aufgesogen und verbreiten sich von der Kontaktstelle aus in alle Richtungen. Je nach Art des Auftrags können sie auch durchsickern bis in das darunterliegende Blatt und folgende Blätter.

Pienes Skizzenbücher – die grössten mit Abmessungen von 37 × 28 cm – sind selbst im Vergleich zu den allerersten Sky Events wie dem *Light Line Experiment* von 1968 (Abb. 1) mit seinen insgesamt etwa 300 Meter langen heliumgefüllten Polyethylenschläuchen winzig. Dabei sah Piene zwischen seiner persönlichen Praxis des Zeichnens und seinen stark öffentlichkeitswirksamen Arbeiten keinen grundsätzlichen Gegensatz. «Wer als Künstler im grossen Massstab Umwelten gestaltet», schrieb er in der Einleitung zu seinem Buch *More Sky* von 1970, «schliesst damit nicht andere Typen von Künstlern aus. Er schliesst nicht einmal traditionelle Kunstformen aus. Dialektiken wie die von Objekt und Phänomen, Kern und Umgebung werden weiter bestehen, doch die Grenzen sind vollständig zu öffnen und Vorurteile müssen überwunden werden.»[20] Piene war überzeugt, dass öffentliche Kunstereignisse mit Betonung des Phänomenalen keineswegs dem Arbeiten im Atelier widersprechen, unabhängig davon, ob jenes portabel oder immobil sei.[21] Als er sich für grossmassstäbliche Kunst im öffentlichen Raum «mit dem Medium des Lichts [...] mit dem Medium der Luft [...] mit der lockenden Weite der Sky Art» zu interessieren

19 Die Forbes Pigment Collection der Harvard Art Museums verwahrt eine Sammlung von Pienes Filzstiften.
20 Piene, Otto, *More Sky*, 1973 (wie Anm. 14), o. P. [Übers. HE].
21 «Oral History Interview with Otto Piene» (wie Anm. 17).

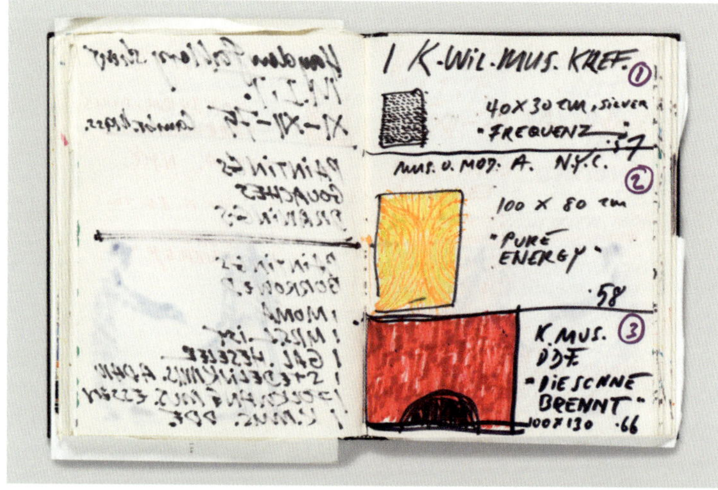

Abb. | Fig. 2: Skizzenbuch | Sketchbook: *Rosenthal Rainbow Mural/ Porcelain Designs/Paintings/"Light Satellite" for Munich Olympics*, 1975, Filzstift auf Papier | marker on paper, ca. 30.5 × 43.2 cm, Harvard Art Museums/Busch-Reisinger Museum, Geschenk von | Gift of Elizabeth Goldring Piene, 2019.6.76

understood this kind of experimentation not as departure from a studio practice, but instead, as a part of his expansive model of creating. They were part of "a combination, a combined effort of working with things you make in the studio, using modestly modern means, [and] using expansive media."[22]

Piene's pursuit of expansiveness within the sketchbook—in terms of technique and experimentation with material—and his pursuit of expansiveness across other media together define his expanded approach to drawing. Piene understood drawing as part of a "Brain-Eye-Hand-Eye-Brain Transport" that through "spontaneity and intuition" brought "a flash of an idea into flash speed realization."[23] In his works of art beyond the sketchbook, particularly those intended for public, socially activated spaces, Piene attempted—despite the necessary, and often tireless, planning and coordination required—to capture that very immediacy of drawing and—to recall his words from 1965—to "show expansion as a phenomenal event."

In the 1970s critic and curator Lawrence Alloway identified in Piene a keen ability to exert his vision and control in the preplanning, logistics, and bureaucratic management of large-scale events like his *Olympic Rainbow* for the Games of the XX Olympiad,[24] while also being able to relinquish that control to not only allow for the unpredictable effects of weather, social behavior, and so forth, but to embrace them.[25] Wind, atmospheric pressure, and gravity act like a hand on an expanded scale, determining the line, movement, and, ultimately, experience of Sky Art. Expanding concerns found in his sketching practice—volume, light, shadow, movement, composition, and framing—Piene ambitiously transformed the dynamic line

22 Ibid.
23 Otto Piene, "Works on Paper," in *Otto Piene: Arbeiten auf Papier 1958–1986* (Mönchengladbach: Galerie Löhrl, 1986), 5. Reprinted in Glibota, *Otto Piene*, 234–35.
24 See Barbara Könches's essay in this catalog, 81–93.
25 Lawrence Alloway, "Otto Piene," in *Otto Piene* (Cologne: Kölnischer Kunstverein, 1973), XXIV.

begann, verstand er Experimente in diese Richtung nicht als Abkehr von der Arbeit im Atelier, sondern als Teil eines auf Erweiterung ausgerichteten Schaffens. Es war Bestandteil «einer Kombination, einer kombinierten Anstrengung des Arbeitens mit Dingen, die man im Atelier unter Nutzung moderat moderner Mittel macht, und der Arbeit mit expansiven Medien»[22].

Pienes Streben nach Expansion unter Nutzung des Skizzenbuchs – sowohl in technischer Hinsicht als auch im Hinblick auf das Experimentieren mit Materialien – und sein Hinausdrängen über die Grenzen auch anderer Medien bestimmen gemeinsam seine Herangehensweise an das Zeichnen. Piene verstand dieses als Teil eines «Hirn-Auge-Hand-Auge-Hirn-Transports», der mittels «Spontaneität und Intuition den blitzartigen Einfall zur blitzartigen Verwirklichung gelangen lässt».[23] In seinem Schaffen jenseits des Skizzenbuchs und besonders in seiner für öffentliche, lebendige Räume gedachten Kunst versuchte Piene trotz der dafür oft geforderten unermüdlichen Planung und Koordination die Unmittelbarkeit der Zeichnung einzufangen – in seinen eingangs zitierten Worten von 1965 «die Expansion als phänomenales Ereignis darzustellen».

1970 bescheinigte ihm der Kritiker und Kurator Lawrence Alloway eine ausgeprägte Befähigung zur Umsetzung seiner Visionen und Vorbereitung, Logistik und bürokratischen Abläufe von Grossprojekten wie dem *Olympischen Regenbogen* für die Münchner Olympiade,[24] und zugleich auch die Bereitschaft, unvorhersehbare Geschehnisse wie das Wetter, das Verhalten der Menschen nicht nur zuzulassen, sondern sogar aufzugreifen.[25] Wind, Atmosphärendruck und Schwerkraft wirken wie zeichnende Hände, die Linie, Bewegung und letztendlich Erlebnis der Sky Art bestimmen. Indem Piene die selbstgestellten Aufgaben seiner zeichnerischen Praxis – Volumen, Licht, Schatten, Bewegung, Komposition, Bildrahmung – erweiterte, verwandelte er die auf dem Papier eingetragene Linie in eine andere Art von Linie in Zeit und Raum und belebte damit einen leeren Himmel. Aus einem «Hirn-Auge-Hand-Auge-Hirn-Transport» konnte so bei den Betrachter:innen eine «Auge-Phänomen-Auge-Hirn-Antwort» werden.

Das erweiterte Raster

In intensiver Beschäftigung mit den Themen Licht und Bewegung schuf Piene eine produktive Konstellation von Arbeiten, die zumeist von einer einzigen Form oder Idee ausgingen, die er keimen liess. Eine seiner ersten Neuerungen war das Arbeiten mit einem perforierten Siebraster, das er kurze Zeit nach Abschluss seines Studiums an der Kunstakademie Düsseldorf und vor der Gründung der Gruppe Zero mit Heinz Mack (wenig später unter Mitwirkung von Günther Uecker) entwickelte.[26] Wie

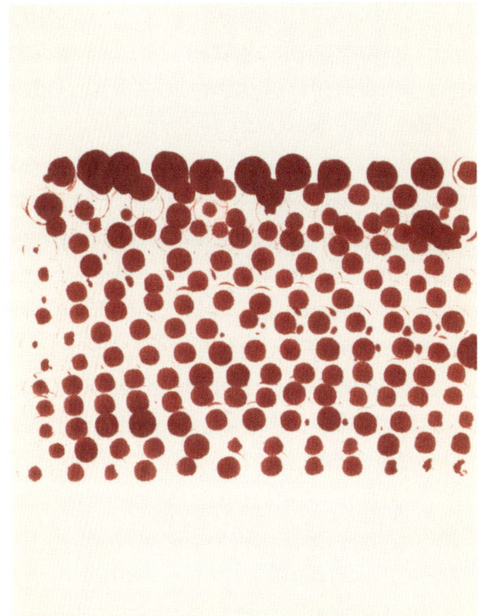

Abb. | Fig. 3: Skizzenbuch | Sketchbook: *Food Show/"Boston Celebrations"/Eyes*, 1976, Filzstift auf Papier | marker on paper, ca. 35.6 × 56.5 cm, Harvard Art Museums/Busch-Reisinger Museum, Geschenk von | Gift of Elizabeth Goldring Piene, 2019.10.100 (Detail | detail)

marked on paper into a kind of line realized in time and space that animates an empty sky. A "Brain-Eye-Hand-Eye-Brain Transport" can then become an "Eye-Phenomenon-Eye-Brain Response" for the viewer.

The Raster Expanded

With resolute dedication to the themes of light and movement, Piene created a prolific constellation of work that tended to take a single form or idea and allow it to germinate. One of his earliest innovations was his use of the perforated raster screen, developed soon after he finished his studies at the Kunstakademie Düsseldorf, a nexus for artistic activity in the 1950s (and the following decades) that embraced dissent and difference rather than dogmatic formal or stylistic concerns, and shortly before he and Heinz Mack founded the Zero Group, soon joined by Günther Uecker.[26] As Piene has recounted on numerous occasions, during the spring and summer of 1957, he began creating dozens of stencils by punching holes into cardboard or pasteboard at regular intervals, later occasionally replicating this process with lead sheets and a drill, and then applying this stencil to canvas to create the first among his series of *Raster Paintings*.[27] He would typically spread a single hue onto canvas through the stencil, lifting it to reveal a series of dots projecting from the surface, to create "an elegant energy field."[28]

22 Ebd. [Übers. HE].
23 Piene, Otto, «Works on Paper», in: *Otto Piene: Arbeiten auf Papier 1958–1986*, Mönchengladbach 1986, S. 5. Wiederabdruck in Glibota 2011 (wie Anm. 2), S. 234-235.
24 Siehe hierzu den Beitrag von Barbara Könches in diesem Katalog, S. 81–93.
25 Alloway, Lawrence, «Otto Piene», in: *Otto Piene*, Köln 1973, XXIV.
26 Piene bemerkte dazu: «Zero war ursprünglich nicht als Künstlergruppe gedacht, es war eine Freundschaft… [Mack und ich] redeten viel miteinander und entwickelten eine Art Einstellung zur Kunst: den Gedanken, dass der Wiederaufbau sehr wohl in einer künstlerischen Weise geschehen konnte, wenn er ‹mit dem Geist› begann.» Siehe Bureaud, Annick, «From Zero to Sky Art: Interview with Otto Piene», in: *Art Press*, H. 322, April 2006, http://www.annickbureaud.net/wp-content/uploads/2011/01/PieneEN.doc.pdf (19.10.23) [Übers. HE].

26 As Piene noted, "Zero wasn't initially meant to be a group, it was a friendship . . . [Mack and I] talked a lot and developed a kind of attitude to art, the idea that rebuilding could indeed be done in an artistic way if it started 'with the mind.'" See Annick Bureaud, "From Zero to Sky Art: Interview with Otto Piene," *Art Press* 322 (April 2006).
27 Helga Meister, "Otto Piene," in *Piene, Uecker, Mack: Zero in der Düsseldorfer Szene* (Düsseldorf: Jan van der Most, 2006), 27. Unless otherwise noted, all translations are by the author.
28 Ibid.

Piene oft und gern erzählte, begann er im Frühjahr und Sommer 1957 mit der Herstellung von Dutzenden Schablonen, indem er in regelmässigen Abständen Löcher in Karton oder Pappdeckel stanzte oder später gelegentlich auch in Bleiplatten bohrte und mit diesen Matrizen dann die Leinwände seiner ersten von mehreren Rasterbilder-Serien bemalte.[27] Dabei verteilte er über die Schablone zumeist einen einzigen Farbton auf der Leinwand. Beim Abnehmen der Schablone trat darauf eine Reihe von Punkten hervor. Es entstand «ein elegantes Energiefeld»[28].

Diese ersten *Rasterbilder* stellte Piene in Räumen aus, die er sich mit Mack und drei anderen Künstlern teilte und die sie sarkastisch «Ruinenateliers» nannten.[29] Anstatt zu warten, bis eine Galerie oder ein Museum bereit war, ihre Arbeit zu zeigen, inszenierten Mack und Piene hier eine Reihe von «Abendausstellungen», deren erste am 11. April 1957 stattfand. Mit ihrer Reihe von regelmässigen, jeweils nur einen Abend lang zu sehenden Ausstellungen gewannen Mack und Piene ein Publikum für ihre Kunst. Sie ermutigten in der Folge andere junge Künstler aus ihrem Freundeskreis und unter den frisch abgegangenen Studenten der Kunstakademie, ebenfalls ihre Arbeiten zu zeigen. Schlussendlich veröffentlichten sie eine Sammlung ihrer Ideen in drei Ausgaben von *ZERO*.[30]

Experimentierfreudig wie er war, griff Piene neue Materialien wie Aluminiumfarbe auf (z.B. in *Frequenz*, 1957, einer frühen Arbeit aus seiner Rasterbilder-Serie, (Kat. 10)) und begann mit der Grösse, der genauen Form der gestanzten Löcher und mit Farbabstufungen zu spielen, wofür *Ein Fest für das Licht* (1958) (Kat. 7) eines der besten Beispiele ist. Er entwickelte einen Malprozess, der es ihm ermöglichte, sich auf das Licht einzulassen – nicht die illusionistische Darstellung von Licht, sondern das Wirken der optischen Eigenschaften von Licht und Schatten auf der Oberfläche des Gemäldes. «Bisher *schienen* Bilder und Plastiken zu leuchten, heute leuchten sie *wirklich*, sind aktiv, geben, ziehen nicht nur unsere Augen an, sie *drücken* nicht nur etwas *aus*, sie *sind* etwas.»[31]

Was als ein Experimentieren auf der Leinwand begann, griff fast unmittelbar danach auf andere Medien über. Die Technik der gelochten Kartonraster wurde zunächst auf *Rauchzeichnungen* (Kat. 17, 18), 1958 auf Fotogramme (Kat. 3), 1959 mit Taschenlampen auf immersive Environments und 1960 auf mechanisierte, kinetische Skulpturen übertragen.[32] Pienes Gemälde entstehen nach seinem eigenen Bekunden «aus Ideen, Fantasiebildern und Arbeitsimpulsen». «Die Gemälde generieren einen Bildprozess in anderen Medien – Lichtballett, pneu-

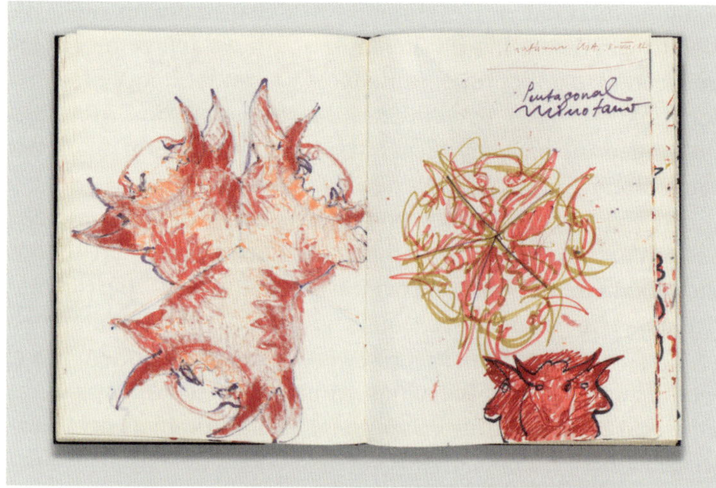

Abb. | Fig. 4: Skizzenbuch | Sketchbook: *Tobago/First Night Poster 1982/83*, 1982, Filzstift auf Papier | marker on paper, ca. 35.6 × 55.9 cm, Harvard Art Museums/Busch-Reisinger Museum, Geschenk von | Gift of Elizabeth Goldring Piene, 2019.25.62

Piene first exhibited his *Raster Paintings* in a space shared with Mack and three other artists, which they all sardonically referred to as *Ruinenateliers*, or "ruin studios."[29] Rather than wait for a gallery or museum to exhibit their work, Mack and Piene began staging a series of evening exhibitions called *Abendausstellungen* here, the first of which occurred on 11 April 1957. Through this series of periodic, one-night shows, Mack and Piene established a public for their work and began encouraging a community of young artists by inviting friends and recent art students to show their work as well, eventually publishing a collection of ideas in three volumes of *ZERO*.[30]

With an attitude of experimentation, Piene began incorporating new materials such as aluminum paint, as in *Frequenz* (1957) (cat. 10), an early work in his *Raster Paintings* series, and playing with the size and refinement of the stenciled holes, as well as color gradation, of which *Ein Fest für das Licht* (1958) (cat. 7) is a prime example. He developed a painting process that allowed him to engage with light, not the illusionistic rendering of light, but the optical reality of light and shadow operating on the painting's surface. He argued, "Previously paintings and sculptures *seemed* to glow, today they *do* glow, they are active, they give, they do not merely attract the eyes, they do not merely *express* something, they *are* something."[31]

27 Meister, Helga, «Otto Piene», in: *Piene, Uecker, Mack: Zero in der Düsseldorfer Szene*, Düsseldorf 2006, S. 27.
28 Ebd.
29 Die anderen drei Künstler waren Hans Salentin, Hajo Bleckert und Kurt Link. Der Fotograf Charles Wilp nutzte ebenfalls gelegentlich ihr Atelier, fotografierte und dokumentierte auch einen grossen Teil der Aktionen und Ausstellungen von Zero.
30 Wichtig in diesem Zusammenhang ist, dass die Gruppe Zero einen Neuanfang ins Auge fasste, wobei «Zero» eine «unvergleichliche Zone der Verwandlung des alten Zustands in den neuen» bedeutete. Die Gruppe entwickelte ihre Arbeit in der unmittelbaren Nachkriegszeit und versuchte, sich von älteren Künstlergenerationen zu distanzieren, sich mit der jüngsten faschistischen Vergangenheit auseinanderzusetzen und mit dem Grauen fertigzuwerden, das ihre Angehörigen als Jugendliche miterlebt hatten. Die künstlerischen Ansätze und Strategien der Zusammenarbeit der Gruppe Zero in den 1950er – und frühen 1960er Jahren waren verflochten mit den Komplikationen und Ambivalenzen der Bundesrepublik Deutschland und ihrem Aufstieg aus den Trümmern zu einer wirtschaftlich und politisch stabilen Gesellschaft, die sich für den Massenkonsum öffnete. Mehr über den soziopolitischen Kontext in Hanson, Lauren Elizabeth, *Creating a Scene: Art and Experimentation in Düsseldorf circa 1958*, Dissertation, University of Texas at Austin, 2018.
31 Piene 1965 (wie Anm. 1), S. 535, Hervorhebungen von Piene.
32 Siehe den Beitrag von Tina Rivers Ryan in diesem Katalog zu Pienes Ausweitung des Rasters, S. 45–61.

29 The other three artists were Hans Salentin, Hajo Bleckert, and Kurt Link. Photographer Charles Wilp also occasionally used their studio, photographing and documenting much of Zero's activities and exhibitions.
30 It is important to note that as the Zero Group envisioned new beginnings, with "Zero" signifying "the incommensurable zone in which the old state turns into the new," they were developing their work in the immediate postwar era and were attempting to distance themselves from older generations of artists, grapple with Germany's recent fascist past, and apprehend the horrors they witnessed as adolescents. The Zero Group's artistic approaches and collaborative strategies in the 1950s and early 1960s were entangled in the complications and ambiguities of the Federal Republic of Germany's transition from ruins to an economically and politically stable society that embraced mass consumption. For more on this sociopolitical context see Lauren Elizabeth Hanson, *Creating a Scene: Art and Experimentation in Düsseldorf circa 1958* (University of Texas at Austin, PhD diss., 2018).
31 Piene, "Light Ballet," unpaginated; the emphasis is Piene's.

matischen Techniken, Luftprojekten, elektronischen Verfahren, menschlicher Partizipation», meinte Piene.[33] Die scheinbar schlichte, wenn auch in ihren Anfängen provokante Idee des Rasters[34] zeigt in der Anwendung auf verschiedene Medien beispielhaft, wie für Piene ein starker Einfall, Impuls oder inneres Bild sich nie «erschöpfte», sondern immer zur Ausweitung anbot. Wie die gelebte Erfahrung der Zeit sind Ideen, soweit sie sich in Kunst verwirklichen, stets in einem Zustand des Seins und Werdens und führten für Piene daher im besten Fall über sich selbst hinaus.

Auch in seinen Skizzenbüchern kehrte Piene immer wieder zum Raster zurück. In einer Serie von Zeichnungen aus dem Jahr 1975 brachte er Miniaturversionen vorangegangener Arbeiten zu Papier und erstellte eine illustrierte Liste von Arbeiten, die in einer bevorstehenden Ausstellung von Gemälden, Gouachen und Zeichnungen gezeigt werden sollten. Unter Verwendung rasch mit dem Filzstift aufgemalter Punkte und Bögen skizzierte er Miniaturfassungen von *Frequenz* und *Pure Energie, I* (1958) (Abb. 2). Er übertrug hier nicht nur die Motive seiner Rasterbilder auf das Notizbuchblatt, sondern setzte sich, was noch wichtiger war, auch mit dem Erzeugen solcher Raster und dessen Verwandlung durch den Filzschreiber und seine materiellen Eigenschaften auseinander. Piene drückte die Pigmentspitze direkt und senkrecht auf das Blatt. Er handhabte den Marker wie einen Stempel, um eine horizontale Reihe von fünf roten Filzstiftpunkten über die Mitte der Seite zu verteilen (Kat. 20.1–20.8). Indem er unterschiedlich fest und lange aufdrückte, liess er mehr oder weniger Farbstoff auslaufen und von der Papierfaser aufsaugen, um so kreisförmige Punkte unterschiedlicher Grösse zu erzeugen.[35] Die auf die Rückseite des Blattes durchgedrückte Tinte nutzte er ausserdem, um Übergänge von einer Seite zur nächsten zu schaffen. Dabei diente ihm die Rückseite der zuvor gezeichneten Skizze als Übergang zur Komposition auf der folgenden Nebenseite. Indem er nun noch über die Pigmentspuren zeichnete, konnte Piene ein bestimmtes Motiv mit Konsistenz und Variation zugleich entwickeln. Die Abdrücke der roten Punkte gehen mit dem Auftrag der blauen Federstriche über in eine Reihe von Augen aus verschiedenen Blickwinkeln und in variablen Stadien der Abstraktion.[36] Die abschliessende Skizze in der Serie besteht nur aus Reihen roter Punkte auf der Seite, die zusammen ein Rasterbild ergeben: eine neu erzeugte Rasterskizze ohne Gebrauch einer Schablone, entstanden allein durch einen Prozess des Stempelns, der das Verhältnis von positivem und negativem Raum in den vorangegangenen Rasterbildern umkehrt (Abb. 3).

What began as experimentation on canvas almost immediately expanded to other media. The perforated cardboard rasters were first applied to his *Smoke Drawings* in 1958 (cats. 17, 18), to camera-less photographs (cat. 3) and immersive environments with handheld flashlights in 1959, and to mechanized kinetic sculptures in 1960.[32] Indeed, as Piene has described, because his paintings "evolve from ideas, imaginings, and working impulses," they then also "generate a creative process in other media—light ballet, pneumatic techniques, sky events, electronic means, human participation."[33] The seemingly simple idea of the raster, although not without provocation when debuted,[34] applied to a range of media exemplifies how, for Piene, a strong idea, impulse, or imagining is never "finished," but rather is always open to expansion. Like the lived experience of time, ideas as manifest in art are always in a state of being and a state of becoming and ideally, for Piene, expanding.

Piene revisited the raster on numerous occasions in his sketchbooks. In a series of sketches from 1975, he recreated miniaturized versions of previous works, creating an illustrated checklist for inclusion in an upcoming exhibition of paintings, gouaches, and drawings. Using quickly applied dots and arcs of marker, he sketched small versions of *Frequenz* and *Pure Energy, I* (1958) (fig. 2). In addition to translating the images of his *Rasterbilder* to the page, he, more significantly, engaged with the raster-making process as transformed by the marker and its material properties. Piene pressed pigment directly and perpendicularly onto the page, handling the marker as if it were a stamp to create a horizontal row of five red marker dots across the center of the page (cats. 20.1–20.8). Applying varying amounts of pressure for different periods of time, he let the pigment spread and bleed into the paper fiber to create circular dots of differing sizes.[35] He would then use the bleed-through of the pigment to create transitions from page to page, relying on the visibility of the recently drawn sketch, as seen from the verso, to connect with the composition on the abutting page. Drawing atop the pigment traces, Piene could then develop a particular motif with both consistency and variation. The imprints of the red dots transition, with the subsequent application of surrounding blue pen marks, into a row of eyes seen from different vantage points and various states of abstraction.[36] The final sketch in the series consists solely of rows of red dots, stained on the page to create a raster image: a raster sketch made new, without the use of a stencil, through a process of stamping that inverts the relationship of positive and negative space in his previously developed raster paintings (fig. 3).

33 Piene, Otto, «Im Laufe von sechzehn Jahren», in: *Otto Piene*, Starnberg 1973, S. 132.

34 Piene erinnerte sich, dass seine monochromen Rasterbilder ursprünglich mit Zurückhaltung aufgenommen wurden: «So sehr provozierte es, obwohl es doch nur ein harmloses, kleines Stück Leinwand war.» Der Kunsthistoriker und Vielschreiber Karl Ruhrberg, ehemaliger Direktor des Museums Ludwig in Köln, hielt *Frequenz* für «reinen Unfug», als das Werk erstmals in der Galerie Schmela in Düsseldorf ausgestellt wurde. Siehe Meister 2006 (wie Anm. 27), S. 25.

35 Auch das erinnert an Kandinskys Text «O linii», in: *Iskusstvo*, H. 4, 1919, S. 2, Reprint und Übers. in Lindsay, Kenneth C./Vergo, Peter (Hg.), *Kandinsky: Complete Writings on Art*, London 1982 (Neuausgabe (1958), S. 424–427.

36 Das Bild des Auges und jenes der Sonne waren für Piene oft austauschbar, und seine Skizzen offenbaren die Transposition zwischen ihnen, die wegen ihres Bezugs zu Licht und Sehen für ihn sehr wichtig waren. Siehe S. 130 in diesem Katalog.

32 See Tina Rivers Ryan's essay in this catalog for more on Piene's expansion of the raster, 45–61.

33 Otto Piene, "In Sixteen Years," in *Otto Piene* (Starnberg: Josef Keller Verlag, 1973), 132.

34 Piene recalled that his monochromatic *Raster Paintings* were initially received with skepticism: "So provocative it was, even though it was only a harmless, small bit of canvas." Karl Ruhrberg, a widely published art historian and former director of the Museum Ludwig in Cologne, referred to *Frequenz* as "pure monkey business" when first exhibited at Galerie Schmela in Düsseldorf. See Meister, "Otto Piene," 25. Unless otherwise noted, all translations are by the author.

35 This again calls to mind Kandinsky's "On Line." See "Little Articles on Big Questions: On Line," *Iskusstvo* (Moscow) 4 (1919), reprinted and trans. in *Kandinsky: Complete Writings on Art*, ed. Kenneth C. Lindsay and Peter Vergo, rev. ed. (1982; reprint, Cambridge, MA: Da Capo Press, 1994), 424–27.

36 The image of the eye and the sun were often interchangeable for Piene, and his sketches reveal the transposition between the two, both of which held great importance to Piene for their relationship to light and vision. See p. 130 in this catalog.

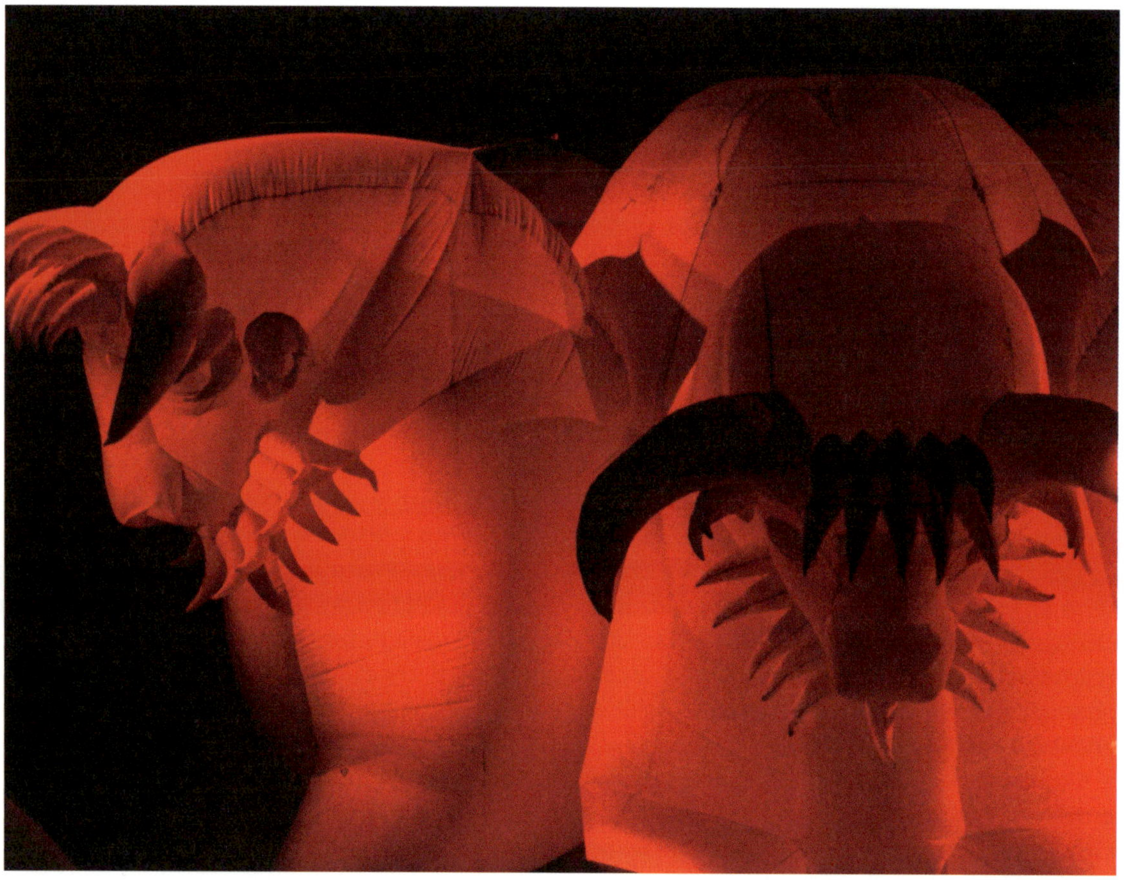

Abb. | Fig. 5: *Minotaur*, 1982, *Icarus: A Sky Opera*, Kresge Auditorium, Cambridge, Massachusetts, 30. Mai | 30 May 1984

Skizzen auf und über die Seite hinaus

Piene nutzte zunächst das Auslaufen der Filzstift-Tinte als Strategie für komplexere, serielle Kompositionen. In einer Abfolge von Skizzen des *Minotaur* (1982) erweiterte er die Formen über den Mittelfalz hinaus, wobei er wieder das Durchdrücken des Pigments als Anhaltspunkt für seine Kompositionen und ihre Übergänge von einer Seite zur nächsten verwendete (Kat. 114.1–114.4). Er begann mit einer Vorderansicht des Minotaurus-Kopfes, dessen Körper in Verkürzung dargestellt ist und dessen Schwanz von hinten hervorlugt, um eine Tiefenwirkung zu erzeugen. Dann blätterte er um und nutzte die durchgedrückten Linien der Vorderansicht (nun von der Rückseite aus gesehen) als ein Bild, mit dem er eine Skizze des Minotaurus-Körpers verbinden konnte. Indem er die Form des Minotaurus quer über den Buchrücken aus der Überbrückung des Abstands zwischen der Vorderansicht mit ihrem Kopf und einem Profil des Körpers bildete, schuf er eine Darstellung, welche den Minotaurus aus

Drawing on and beyond the Page

Piene began employing the marker bleed-through as a strategy to build more complex compositional series. For a sequence of sketches of the *Minotaur* (1982), he extended and bridged forms across the centerfold, letting the pigment bleed-through guide his compositions from one page to the next (cats. 114.1–14.4). He began with a frontal view of the Minotaur's head, its body foreshortened and its tail peeking from behind to suggest depth. He then flipped the page and used the bleed-through of the frontal view (now seen from the verso) as an image to which he could connect a sketch of the Minotaur's body. By bridging the Minotaur's form, linking a frontal view of its head with a profile view of its body, across the book's spine, he created an image of the Minotaur seen as if moving along the figure's form.

These exploratory drawings serve as a playful application of the marker's properties and evolve into designs for a Minotaur inflatable sculpture to be included in a staging of

verschiedenen Perspektiven zeigt, so als bewegten sich die Betrachter:innen um das Tier.

Diese experimentierenden Zeichnungen ergeben sich aus der spielerischen Anwendung des Markers und seiner Eigenschaften. Sie entwickeln sich anschliessend weiter zu Entwürfen für ein Inflatable des Minotaurus als Teil einer Inszenierung von *Icarus: A Sky Opera* (1982). Unmittelbar auf die Vorder-/Seitenansichten des Minotaurus folgend zeichnet Piene schematische Darstellungen zahlreicher Minotaurusköpfe wie in Draufsicht und spielt mit deren Zahl – drei, vier, fünf –, die in der Verbindung eine Plastik ergeben. Er unterteilt 360 Grad in gleiche Segmente und füllt jedes mit einfachen Linienzeichnungen: Ein Teil eines Kreises bedeutet hier den Kopf des Minotaurus, den ein Halbkreis schneidet, der das am besten erkennbare Merkmal des Minotaurus darstellt, nämlich dessen Hörner (Abb. 4). Die Skizzen für den später realisierten und für die *Sky Opera* zum Leben erweckten aufblasbaren Minotaurus zeigen, dass Piene stets medienübergreifend dachte (Abb. 5). Als Vorlage für seine Entwürfe nutzte er die Körperform aus seinem Skizzenbuch. Der fünfeckige Minotaurus entspricht der Gestalt eines grossen, auf seine vertikale Achse gestellten und so weit geöffneten Skizzenbuchs, dass dessen Seiten sich zu einem vollständigen Kreis auffächern.[37] In ähnlicher Weise kehrt das Bild des Skizzenbuchs mit aufgefächerten Seiten in Pienes Skizzen von Figurenkarussellen wieder, die von einem Zentrum mit nach aussen ragenden Gliedern zusammengehalten werden (Abb. 6). Aus diesen Skizzen von 1978 entstanden die Entwürfe für *Grands Rapids Carousel*, ein hellrotes Inflatable mit etwa 13 Metern Durchmesser (Abb. 7).

In einer anderen Skizzenfolge für *Icarus: A Sky Opera* zeichnete Piene Bilder eines geflügelten Ikarus, die in rascher Folge betrachtet ähnlich funktionieren wie ein handgemalter Zeichentrickfilm (Kat. 35.1–35.10). In dieser Serie stellt Piene den abstürzenden Ikarus dar, mit schwarzen Flügeln, die ihre beabsichtigte Funktion verlieren, unkontrolliert herumflattern und sich vom Körper der mythischen Figur lösen. Im weiteren Verlauf der Skizzen kippt der Leib des Ikarus aus einer horizontalen, leichten Abwärtsneigung in eine vertikale, gebogene Form, die kopfüber von der Schwerkraft zu einem unsichtbaren Grund gezogen wird. Piene bedient sich, um die Bewegung der Figur spürbar zu machen, nicht des Hintergrunds – dieser bleibt weiss und unberührt. Stattdessen nutzt er die durchgedrückten Farbpunkte, um die gemeinte Bewegung in einem Moment rasend schnell fortschreitenden Absturzes zu veranschaulichen. Die letzte Skizze in der Serie ist keine eigentliche Zeichnung mehr, sondern ein blasser Fleck Markertinte und dient als poetische Erinnerung an die tragische Hybris des Ikarus; laut Ovids Schilderung wurde die Leiche von Daedalus' Sohn nie aus dem Meer geborgen.

37 Diese Beobachtung von Sandra Beate Reimann habe ich im vorliegenden Aufsatz aufgegriffen.

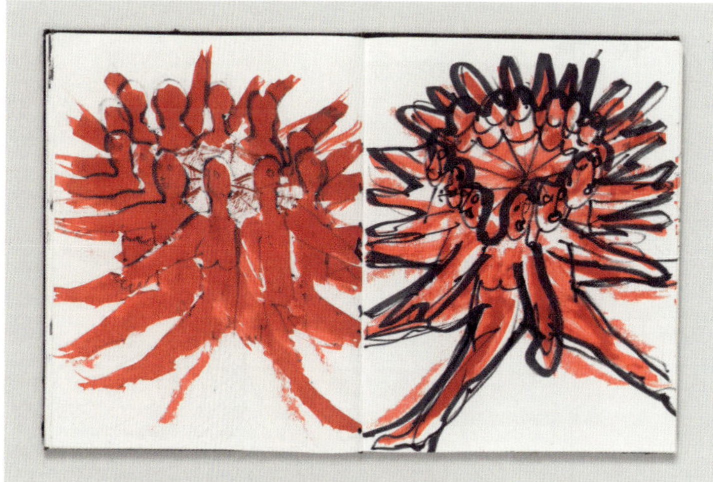

Abb. | Fig. 6: Skizzenbuch | Sketchbook: *Arcosanti/Grand Rapids Carousel*, 1978, Filzstift auf Papier | marker on paper, ca. 35.6 × 56.8 cm, Harvard Art Museums/Busch-Reisinger Museum, Geschenk von | Gift of Elizabeth Goldring Piene, 2019.16.65

Icarus: A Sky Opera (1982). Immediately following the frontal/profile views of the Minotaur, Piene sketches schematic drawings of multiple Minotaur heads, as if seen from above, playing with the number of heads—three, four, five—that connect to make one sculpture. He divides 360 degrees into equal parts and populates each part with simple line drawings: a partial circle signifies the Minotaur's head, which is intersected by a half circle, signifying the Minotaur's most identifiable feature, its horns (fig. 4). The sketches for the Minotaur inflatable, later realized and brought to life for the sky opera, show how Piene was always thinking across media (fig. 5). Here, he applied the physical form of the sketchbook to his design, with the pentagonal Minotaur analogous to the structure of a large sketchbook stood along its vertical axis and opened, such that its pages fan out in a full circle.[37] Similarly, the image of the sketchbook standing with its pages fanning out find resonance in his sketches of carousels of figures, bound together at a central axis with limbs stretching outward (fig. 6). These sketches from 1978 became preparatory drawings for *Grand Rapids Carousel*, a bright red inflatable standing at forty-five feet in diameter (fig. 7).

In another sequence of sketches developed for *Icarus: A Sky Opera* (1982), Piene sketched images of Icarus wearing wings that, when viewed in rapid succession, function similarly to hand-painted cel animation (cats. 35.1–35.10). In this series, Piene depicts Icarus falling, his wings, in black, losing their intended function, flailing unpredictably, and separating from the mythological figure's body. As the sketches proceed, Icarus's body progressively moves from a horizontal, slightly downward

37 Sandra Beate Reimann shared this observation, which I have developed in this essay.

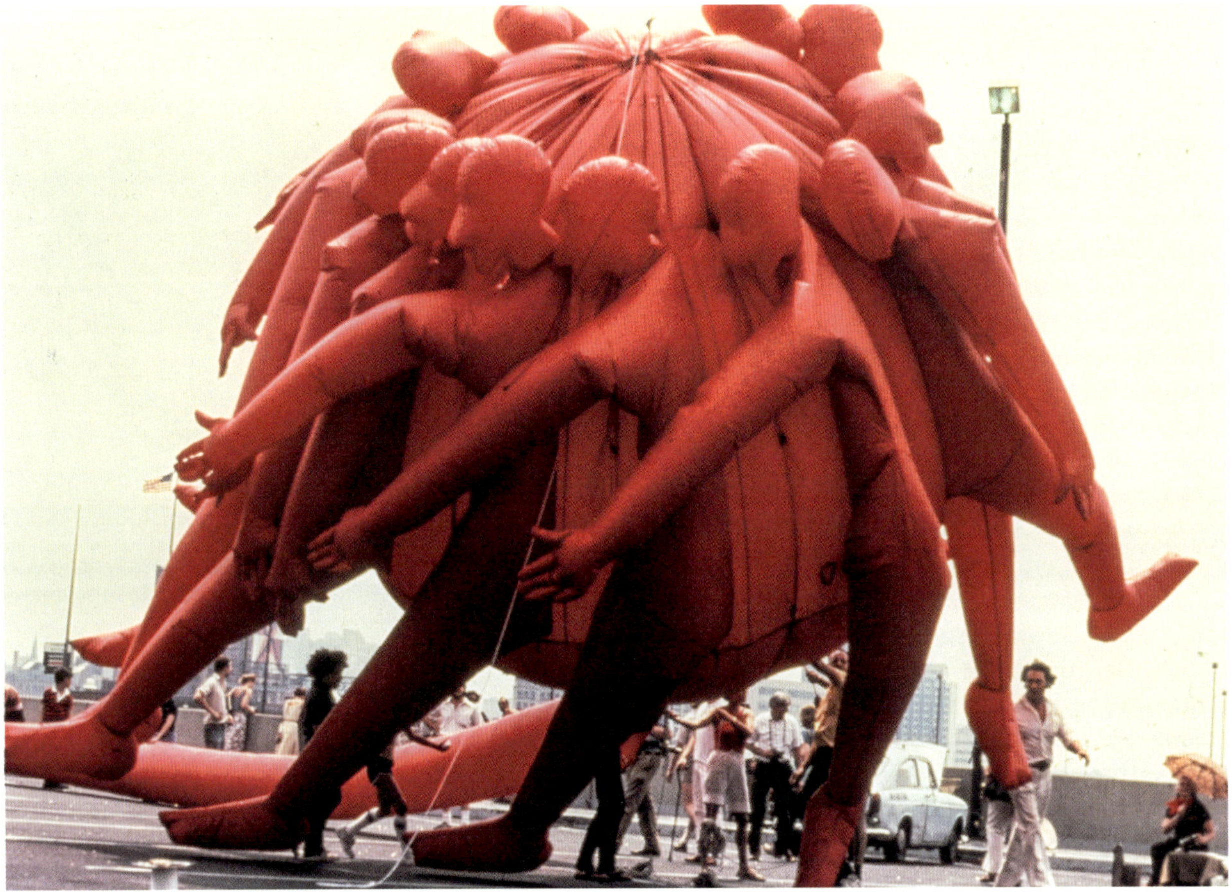

Abb. | Fig. 7: *Grand Rapids Carousel*, 1979, New York Avant Garde Festival, 1980

Pienes seriell angelegte, gestische Zeichnungen erfassen seine Prozesse des Denkens in Bildern in Echtzeit. Die Bilderfolge eines jeweiligen Motivs enthält (und erzeugt von neuem beim Betrachten) ein Erleben der Zeit wie in diesem Beispiel der Serie über den Sturz des Ikarus. Diese Zeichnungen vermitteln ein Bedürfnis, das der Künstler wohl empfand, mit schnellen Filzstiftstrichen das Vergehen der Zeit in seinen Bildern festzuhalten. Beim Betrachten tauchen wir ein in den Schaffensprozess, erlangen Zugang zur vibrierenden Energie, die sich in Pienes physischem Geschehen des Bilderschaffens spürbar verkörpert.

Während Piene mit den Grenzen des Skizzenbuchs experimentierte, nutzte er dieses gleichzeitig zur Ausarbeitung von Formen des Zeichnens jenseits seiner Blätter. In der Zeit seiner Professur am MIT arbeitete Piene gemeinsam mit Paul Earls, Fellow des Center for Advanced Studies (CAVS), einem Multimediakünstler und Laser-Pionier. Als Piene seine ersten Sky Events entwarf, forschte Earls an Laserprojekten und sagte, dass ihn zunächst «der Wunsch, Idiom und Medium [...] des

tilt to a vertical, arced form pulled headfirst by gravity toward an unseen ground. Piene does not use the background of the figure to create a sense of movement—it remains a white, untouched ground. Instead, he exploits the bleed-through to visualize implied movement in a progressive state of collapse. The final sketch in the series, not a drawn image but the faint stain of marker pigment, acts as a poetic reminder of Icarus's tragic hybris; according to Ovid's telling, the body of Daedalus's son, Icarus, was never recovered from the sea.

Piene's serially formatted, gestural sketches capture his processes of visual thinking in real time. The image sequence of a particular motif contains (and re-creates for the viewer) an experience of time, such as in his series of Icarus falling. These drawings convey the sense of urgency the artist might have felt—with rapid marker strokes communicating a need to mark the passage of time in his imagery. In turn, the viewer becomes immersed in the creative process, accessing the vibrant sense of energy embodied by Piene's physical act of making.

interaktiven Arbeitens mit Licht- und Musik zu entwickeln», an das CAVS gelockt habe.[38] In seinem ersten Jahr im (amerikanischen) Cambridge arbeitete Earls mit dem CAVS-Kollegen Ted Kraynick an der Entwicklung seiner *Audio Luminars* – elektronischen Lichtplastiken nach Art von Farborgeln, aus denen bald animierte, mit elektronischer Musik vom Band synchronisierte Laserbilder wurden. Um diese Laserprojektionen herzustellen, übertrug Earls zunächst handgezeichnete Bilder auf Millimeterpapier, worauf «die wesentlichen Punkte bestimmt, berechnet und in hexadezimaler Maschinensprache in den Rechner eingegeben» wurden.[39] Dann nutzte er einen zugeschalteten Mikroprozessor, der «ein ausgefeiltes Programmiersystem» verarbeitete. Es war «hauptsächlich die Arbeit von Alva Couch, einem ehemaligen Studenten, und erlaubte das Generieren von Linienzeichnungen, die damals als Ausgangsinformation für computergenerierte Bearbeitungen und Bildausgaben verwendet wurden»[40].

Entscheidend für die Möglichkeit des Zeichnens mit den ersten rechnergesteuerten Lasern war die hohe Geschwindigkeit, mit der «zweidimensionale Linienmuster» optisch erzeugt wurden, «indem man einen Lichtstrahl nacheinander auf zwei rotierende Spiegel projizierte»[41]. Wie Earls feststellt, «tendiert das Auge dahin, das letzte Bild festzuhalten», und so arbeiten auch die Laserprojektionen mit dem einfachen Prinzip des Nachbildes, um «Punkt-Linien-Zeichnungen als eine ununterbrochene Linie erscheinen zu lassen. Der Laserstrahl ist, um die gespeicherten Koordinaten des Musters gerichtet, dicht genug, damit das Auge das Ereignis als ein ununterbrochenes registrieren kann. Das Vermögen des menschlichen Auges, das ‹Bild› festzuhalten, macht dies möglich.»[42]

Jahre bevor Piene damit begann, Bildmaterial für Earls' Laser- und Tonexperimente zu erstellen, hatte er den Wunsch geäussert, die Tiefen des Weltalls mit Hilfe von Lichtprojektionen zu erschliessen: «Mir scheinen Gummi-Haut, Helium und der Wind, Licht, Feuerwerk und Elektrizität gute Medien zu sein [...]. Unsere Objekte sollten pneumatisch oder pyrotechnisch sein, oder projiziert werden. Und Environments? So weit wie ein Laserstrahl reicht.»[43] In den 1970er Jahren nahm er seine Arbeit für Earls zum Anlass, seine Zeichenpraxis um einfache Linienzeichnungen von Lebewesen – Vögeln, Fischen, usw. – als Bildmaterial für Earls' Laserprojektionen zu erweitern. Diese produktive Zusammenarbeit wurde später auch in Inszenierungen von *Icarus: A Sky Opera* weitergeführt (Abb. 8.1–8.2).

Mit Earls arbeitete Piene etliche Male zusammen, unter anderem für *Aqua Mirage* (1983), wobei er mit Hilfe von Licht Linien erzeugte, das heisst mit Licht zeichnete. Zeichnungen von Fischen, Aalen und anderen Meerestieren entstanden zuerst in Pienes Skizzenbuch und wurden danach umgewandelt und auf Wände aus Wassertropfen projiziert (Kat. 107–108). Laut der

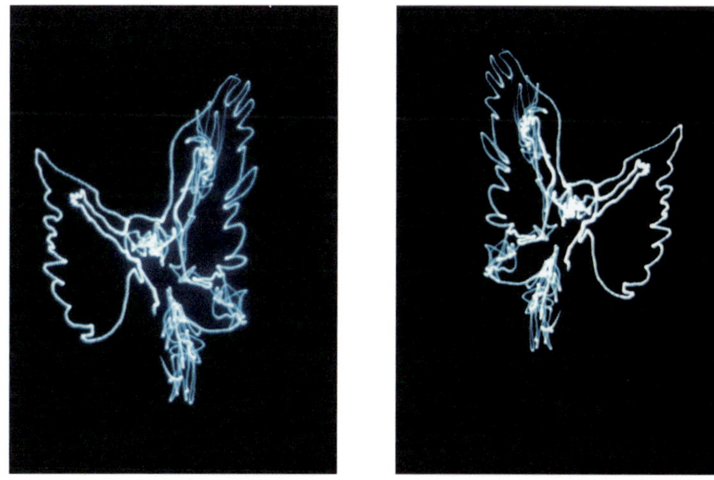

Abb. | Figs. 8.1–8.2: Paul Earls und | and Otto Piene, Laserprojektionen | Laser projections, 1984, *Icarus: A Sky Opera*, MIT, Cambridge, Massachusetts

As Piene experimented within the bounds of the sketchbook, he was simultaneously using it to prepare for modes of drawing beyond its pages. During Piene's tenure at MIT, he collaborated with Center for Advanced Studies (CAVS) fellow Paul Earls, a multimedia artist and pioneer in lasers. While Piene was developing his earliest Sky Events, Earls was pursuing laser projections, proclaiming that a "desire to explore and develop th[e] idiom and medium" of "interactive light and music work" is what initially appealed to him about CAVS.[38] During his first year in Cambridge, Earls collaborated with fellow Ted Kraynick to develop his *Audio Luminars*, electronic light sculptures of the color organ variety, which soon evolved into animated laser images synced to taped electronic music. To create his laser projections, Earls first plotted hand-drawn images on graph paper, with "crucial points determined, calculated, and typed into the computer in hexadecimal machine code."[39] Then he would use an online microprocessor that "decodes an elaborate programming system, largely the work of a former student, Alva Couch, which allows the creation of line drawings then used as the source for computer-generated modifications and display."[40]

Crucial to the possibility of drawing with the earliest computer-programed lasers is the rapid speed at which "two-dimensional line patterns created by directing a beam successively at two rotating mirrors" are optically processed.[41] As Earls notes, "the eye tends to retain its last image," and thus laser projections use the simple principle of the after-image "to make connected-dot line drawings appear to be continuous lines. The laser beam is directed around the stored coordinates of the pattern rapidly enough for the eye to register the event as continuous. The 'persistence of imagery' properties of the human eye makes this possible."[42]

38 Earls, Paul, «Statement 3», in: *5 Artists/5 Technologies: Environmental Light Works by Peter Campus, Harriet Casdin-Silver, Paul Earls, Otto Piene, Alejandro Sina*, Grand Rapids, MI, 1979, o. P. [Übers. HE].
39 Earls, Paul, «Laser and Music/Sound Lines», in: *Centerbeam*, Cambridge, MA, 1980, S. 73 [Übers. HE].
40 Earls, Paul, «Statement 1», in: *5 Artists/5 Technologies*, o. P. [Übers. HE].
41 Ebd. [Übers. HE].
42 Earls, Paul, «The Sight/Sound Relationship in the Hamburg Installation», in: *Mehr Licht: Künstlerhologramme und Lichtobjekte*, hg. v. Achim Lipp und Peter Zec, Hamburg 1985, S. 180.
43 Piene 1965 (wie Anm. 1), o. P., Hervorhebungen von Piene. Sein Umgang mit den handgemalten Dias bildet ebenso eine wichtige Parallele zum frühen Zeichentrickfilm mit seinen handgemalten Einzelbildern auf Zelluloid. Die Verbindung zwischen einer Abfolge geringfügig anderer Bilder und Licht (und dessen Bezug zur Transparenz) ist eine weitere Richtung, in die Piene sein Repertoire an Bildern und Techniken erweiterte.

38 Paul Earls, "Statement 3," in *5 Artists/5 Technologies: Environmental Light Works by Peter Campus, Harriet Casdin-Silver, Paul Earls, Otto Piene, Alejandro Sina* (Grand Rapids, MI: Grand Rapids Art Museum, 1979), unpaginated.
39 Paul Earls, "Laser and Music/Sound Lines," in *Centerbeam* (Cambridge, MA: MIT Press, 1980), 73.
40 Paul Earls, "Statement 1," in *5 Artists/5 Technologies*, unpaginated.
41 Ibid.
42 Paul Earls, "The Sight/Sound Relationship in the Hamburg Installation" in *Mehr Licht: Künstlerhologramme und Lichtobjekte*, ed. Achim Lipp and Peter Zec (Hamburg: Fielmann, 1985), 181.

Kommentarstimmen in Dokumentaraufnahmen des Videokünstlers Vin Grabill bestand die Arbeit aus «einem Wasserleitungssystem mit drei separaten Verteilern, von denen jeder mit einer Reihe von Düsen versehen war». Sie versprühten Wasser, dessen Konsistenz sich von grossen Tropfen bis zu einem «feineren, pudrigen Wassernebel» verändern konnte, während Musik lief und Laserbilder auf diesen Nebel projiziert wurden.[44] Eine Kommentarstimme erläutert, dass «tatsächlich die Musik selbst die Bildprojektion moduliert und im Wesentlichen durch Strecken und Verrenken und Drehen und Rotieren [...] diese von Otto gezeichneten Fische animiert», wodurch am Ende «plastische Formen und Lichtdichten» entstanden, die «beinahe einer festen Form im bewegten Wasser» ähnelten.[45] In diesem Fall nutzte Piene nicht einfach nur die Linienführung (oder die optische Deutung bewegten Lichts als Linie), um die Form einer Plastik herauszuarbeiten, sondern er setzte diese Lichtlinien auch ein, um volumetrische, im Raum aktivierte und in Echtzeit erlebte Formen zu erzeugen.

Sein Interesse an diesem Aktivieren des Raums durch Licht und Zeichnung lässt sich gewiss auf seine frühen *Lichtballette* zurückführen, doch eine Aktivierung von Raum unter Einsatz von Farbe geht bis auf seine Aufführungen der Performance *The Proliferation of the Sun* zurück (Kat. 135, 138).[46] Sie wurde im März 1967 in New York am Black Gate Theater aufgeführt, einem gemeinsam mit Aldo Tambellini gegründeten Ort für «Elektromedien»-Kunst.[47] *Proliferation* war als «immerwährende Lichtkunstaufführung im öffentlichen Raum» konzipiert, die mit fünf Projektoren und mehr als 1.000 handbemalten Glasdias zum Klang einer menschlichen Stimme kugelförmige Bilder projizierte.[48] Wie Piene später schilderte, «ergeben der Text, die Liedtexte, die Worte, das ganze Vokabular von *The Proliferation of the Sun* sowohl einen alten mexikanischen Gesang/ein Bild als auch den Rhythmus des *Kraftwerks*: Die Sonne. Die Sonne. Die Sonne.»[49] Der Kunsthistorikerin Noémi Joly zufolge steht *Proliferation* im Zusammenhang mit einem Begriff des Expanded Cinema durch die «sinnliche Überfrachtung mit dem Zweck, die Menschen [an ein neues Zeitalter] anzupassen»[50]. Pienes Werk lässt sich darüber hinaus mit einer Vorstellung von erweiterter – expanded – Zeichnung verbinden, da man darin ausser den filmischen Dimensionen und Qualitäten der Performance auch noch das Element des Handgemachten, Gezeichneten vorfindet. Der farbenfrohe Überschwang seiner Bilder auf den Glasdias wirkt wie eine Vorwegnahme seiner Experimente mit den durchgedrückten Filzstiftlinien und -punkten in seinem Skizzenbuch. Der Einsatz von Pigmenten zum Durchfärben des Blattes erscheint wie eine Umkehrung der Durchsichtigkeit des Dias, durch dessen Bild das Licht dringt. Aufgrund der Transparenz dieses Trägers erfahren die Bilder beim Gang des Lichts durch die Optik des Projektors eine ge-

44 Grabill, Vin, «Aqua Mirage – Laser Projections on Steam by Paul Earls», digitalisierte Videodokumentation von 1983, https://vimeo.com/30217559 (19.10.2023) [Übers. HE].

45 Ebd. [Übers. HE].

46 Piene definierte die Arbeit als solche in «The Sun – The Sun – The Sun», *Leonardo*, H. 1, 1996, S. 68. Sechs Monate später erlebte sie auf der art intermedia in Köln ihre Deutschlandpremiere.

47 Piene erinnerte sich, dass «Hans und Linda Haacke, Peter Campus und Paola Icaro» bei dieser Premiere die Projektion übernahmen. Siehe ebd.

48 Siehe hierzu den Beitrag von Tina Rivers Ryan in diesem Katalog, zu Einzelheiten über die allererste Fassung und Variante dieses Ereignisses, S. 45–61.

49 Piene, Otto, «The Sun – The Sun – The Sun» (wie Anm. 46), S. 69 [Übers. HE].

50 Joly, Noémi, «Otto Piene, *The Proliferation of the Sun* (1967): La Projection lumineuse dans l'expanded cinema», *Intermédialités: Histoire et théorie des arts, des lettres et des techniques*, Jg. 24–25 (Herbst 2014/Frühjahr 2015) [Übers. HE].

Years before Piene began developing imagery for Earls's laser and sound experiments, he had expressed a desire to access the far reaches of space utilizing the projection of light: "A rubber skin, helium and the wind, light, electricity and fireworks seem to me excellent media . . . . Our *objects* ought to be inflated or ignited or projected. And *environments*? As far as a laser beam reaches."[43] During the 1970s, Piene began developing imagery for Earls's laser and sound experiments, seizing the opportunity to expanding his drawing practice by creating simple line drawings of objects from the natural world—birds, fish, and so forth—as the source material for Earls's laser projections, a productive collaboration that was later also incorporated into stagings of *Icarus: A Sky Opera* (figs. 8.1–8.2).

Using light to create line, that is, drawing with light, Piene collaborated with Earls on numerous occasions, including for *Aqua Mirage* (1983), in which drawings of fish, eels, and other biomorphic sea creatures, sketched first in Piene's sketchbooks, were transformed and projected onto planes of water droplets (cats. 107–08). According to two narrators on documentation by video artist and CAVS fellow Vin Grabill, the work consisted of a "water system . . . composed of three separate manifolds, each with a line of nozzles" spraying water mist, moving from a grainier mist to a "fine, powdery water mist," while music played and laser images were projected onto the mist.[44] One narrator explains that the "music itself is actually modulating the imagery, [and] by stretching and twisting and turning and flipping . . . animates in essence these fish that Otto drew," ultimately creating "sculptural forms and densities of light" that resemble "almost a solid shape within the moving water."[45] In this instance, Piene did not just use line (or the optical interpretation of moving light as line) to guide the form of a sculpture, but he also used lines of light to craft volumetric forms, activated in space and experienced in real time.

His interest in activating space through light and drawing can certainly be traced to his early *Light Ballets*, but an activation of space that incorporates color dates to his "performance series" *The Proliferation of the Sun* (cats. 135, 138).[46] Presented in March 1967 at the Black Gate Theater in New York, a space cofounded with Aldo Tambellini as a site for "electromedia" art,[47] *Proliferation* was conceived as a "perpetual environmental light performance," which projected abstract, orblike images from over one thousand hand-painted glass slides across five projectors as the sound of a human voice rang out.[48] As Piene later described, "The text, the lyrics, the words, the total vocabulary of *The Proliferation of the Sun* is also an ancient Mexican chant/image as well as the rhythm of the *Kraftwerk* (power generator/power station): The Sun. The Sun. The Sun."[49] Scholar Noémi Joly has argued that *Proliferation* relates to a notion of expanded cinema in its "sensory overload, which aims at

43 Piene, "Light Ballet," unpaginated; the emphasis Piene's. His use of hand-painted slides also draws a key parallel to early animation, with its hand-painted celluloid frames. The connection between a sequence of slightly altered images and light (and its relationship to transparency) is yet another way in which Piene expanded his visual and technical repertoire.

44 Vin Grabill, "Aqua Mirage—Laser Projections on Steam by Paul Earls," digitized 1983 video documentation, https://vimeo.com/30217559.

45 Ibid.

46 Piene defined the work as such in "The Sun—The Sun—The Sun," *Leonardo* 29, no. 1 (1996): 68. Six months later the work had its West German premier at art intermedia in Cologne.

47 Piene recalls that "Hans and Linda Haacke, Peter Campus and Paolo Icaro" were the projectionists for this premier; see ibid.

48 See Rivers Ryan's essay in this catalog for more on the earliest version and variation on this performance, 45–61.

49 Piene,"The Sun—The Sun—The Sun," 69.

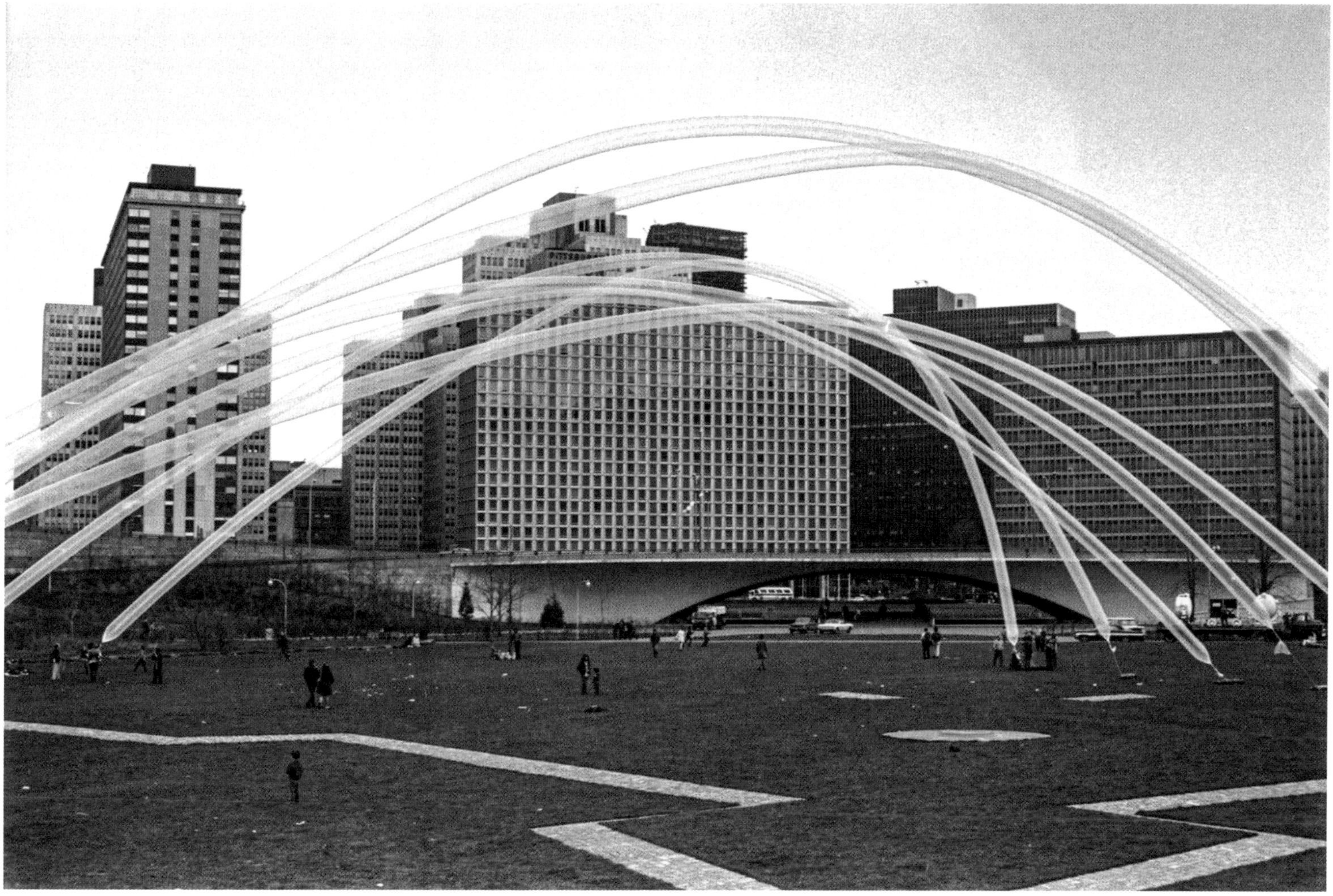

Abb. | Fig. 9: *Citything Sky Ballet*, 18. April | 18 April 1970, Point Park, Pittsburgh, Pennsylvania

waltige Vergrösserung vom Dia, das auf eine Handfläche passt, bis zu einer Überlebensgrösse, die in der Betrachtung den Körper mit einer immersiven, rhythmischen Animation von Farbe und Licht überwältigt.

Indem Pienes Performance die Dias durch die Projektion im dreidimensionalen Raum animiert, knüpft sie an einen Begriff des Zeichnens an, den er 1986 formuliert hat. Er meint an dieser Stelle, dass das englische «to draw» [mit seinen zwei Bedeutungen des Ziehens und des Zeichnens] anders als das deutsche «zeichnen» «darauf hinweist, dass Papierarbeit – wie Linien ziehen – Information versinnlicht ‹ins Sein (Leben, Wirklichkeit) zieht›»[51]. Piene erkennt in diesem Animationsverfahren das, was Zeichnen für ihn eigentlich ausmacht. Sein Skizzieren dient, insbesondere beim prozesshaften Arbeiten in Serien mit farbigen Filzstiften, als eine Art unabgeschlossenes, offenes Denken. Die rasch gezeichnete Linie, das an der verlaufenen Tinte erkennbare Aufdrücken, die schnellen Übergänge von

51 Piene, Otto, «Works on Paper», in: Glibota 2011 (wie Anm. 2), S. 234.

adapting human beings" to a new era.[50] Piene's work can also be seen as relating to a notion of expanded drawing, as in addition to the cinematic scale and quality of the performance, there is also the element of the handmade, of the drawn. The colorful exuberance of his glass slide imagery seems to presage his experimentation with the marker's bleed-through in his sketchbooks. His use of pigment to bleed through the page acts as an inversion of the transparency of the slide, in which light bleeds through the image. Reliant on the translucency of the material in its encounter with light, the images on the slides undergo a radical transformation of scale, moving from the handheld to larger-than-life size, overwhelming the viewer's body in an immersive, rhythmic animation of color and light.

By animating the slides through the projector and into a three-dimensional space, Piene's performance connects with a conception of drawing Piene verbalized in 1986. Positing that the English term *to draw* (in contrast to the German word

50 Noémi Joly, "Otto Piene, *The Proliferation of the Sun* (1967): La Projection lumineuse dans l'*expanded cinema*," *Intermédialités: Histoire et théorie des arts, des lettres et des techniques* 24–25 (Fall 2014/Spring 2015).

einer Skizze zur nächsten erinnern beim Betrachten allesamt an die «versinnlichte» Eigenschaft der farbigen, in die Realität überführten Linie.

Dem Sein Leben einhauchen

Obwohl Piene sich selten über das Skizzieren oder Zeichnen äusserte, hat er sein Verständnis des Zeichnens zumindest einmal in einem Text für eine Ausstellung von Arbeiten auf Papier ausführlich dargelegt:

> [...] der persönliche Übersetzer und Exponent von Subjektivität und Projektion bleibt die Hand. Sie ist der Ideenschreiber [ideographer], Stenograph von Gedankenketten und Bilderfolgen. Sie verknüpft Gesehenes mit Vorgedachtem und Nachdenklichem zu Bildern (compelling images) und Programmen und Zeitfolgen: von links nach rechts, von oben nach unten, Seite nach Seite, Blatt nach Blatt, schwarz-weiss, farbig, sprachlich, bildsprachlich, zeitlich, musikalisch, alphabetisch, «frei» [...][52]

Die Ideografie (Zusammensetzung aus griechisch «Idee, Begriff» und «schreiben») ist nicht so gebräuchlich wie das annähernd gleichbedeutende Ideogramm. Gemeint ist damit die einfache grafische Darstellung eines Gedankens oder Begriffs. Anders als ein Piktogramm, in dem beispielsweise ein Kreis die Sonne darstellen kann, geht die Ideografie vom Illustrativen aus und arbeitet sich ins Begriffliche vor. Der Kreis steht dann für die Vorstellung von Wärme, Licht oder selbst Zeit (Auf- und Untergehen der Sonne im Tagesverlauf).

Piene diente seine Hand zur Übertragung innerer Bilder. Sie schrieb sein Interesse an Bewegung, Licht, Natur und Naturgewalten zu Gestalten und Formen um. Ein Bild von Flügeln ist nicht nur eine Linienzeichnung beziehungsweise ein Piktogramm mit der Bedeutung eines Vogels (oder wie öfter in Pienes Skizzen eines Mannes, der ein Vogel sein möchte), sondern auch ein ideografischer Signifikant der Flucht und der Sehnsucht nach dem Unerreichbaren. Eine aufblühende Knospe einer Blume lässt sich durchaus als das nehmen, was sie ist, doch als Abfolge bewegter Bilder betrachtet, kann sie zu einer Ideografie für den Frühling oder einer Vorstellung von Metamorphose werden oder auch den Prozess des Wachstums bedeuten.

Die Hand als «Ideografin» verweist auf Pienes Prozess der Transformation komplexer Gedanken in leicht erkenn-

52 Ebd.

zeichnen) "indicates that working on paper, as in hand-drawing lines, sensualizes information, 'draws it into our being (life, reality),'" Piene identifies this animating process the essential quality of drawing.[51] Sketching, particularly in the case of Piene's serial processes using colored marker, acts as a kind of unfinished, open thought. The rapidly drawn line, the pressure seen in the marker bleed, the rapid transitions from one sketch to the next all serve to remind the viewer of the "sensualized" quality of the colored line brought into reality.

Breathing Line into Being

Although Piene rarely spoke about sketching or drawing, in a text written for an exhibition of works on paper, he articulated his conception of drawing at length:

> . . . the hand remains the personal interpreter and representative of subjectivity and projection. The hand is the "ideographer," stenographer of trains of thought and images. It connects what has been seen with fore-thought and after-thought to form pictures (compelling images) and sequences of images in time: from left to right, from top to bottom, page after page, sheet after sheet, black and white, colored, lingual, pictorial, temporal, musical, alphabetical, "free" . . .[52]

The ideograph (from *ideo*, or " idea," and *grapho*, or "to write")—which is less frequently used than its close synonym, the ideogram—is the simple, graphic representation of an idea or concept. Unlike a pictograph, in which a circle, for example, can signify the sun, the ideograph expands on the illustrative and into the realm of the conceptual—the circle stands in for the concept of heat, light, or even time (the sun rising and setting over the course of a day).

For Piene, his hand acted as the conduit for his mental pictures, writing into shapes and forms his interest in movement, light, nature, and natural forces. An image of wings is not only a line drawing, or pictograph, that signifies a bird (or, more commonly in Piene's sketches, a man attempting to be a bird), it is also an ideographic signifier of the concept of flight and the desire to achieve the impossible. A blooming flower bud, can, indeed be interpreted rather literally, but taken as a sequence of moving images, it can become an ideograph for spring, signifying a concept of metamorphosis or the process of growth.

51 Piene, "Works on Paper," in Glibota, 234.
52 Ibid.

bare Formen – Ansammlungen lesbarer Linien – und auf die zentrale Bedeutung des Zeichnens für ihn. Sie macht deutlich, welche Auffassung vom Zeichnen in all seinen Projekten zum Tragen kam – von den privaten und persönlichen bis zu den riesenhaften und öffentlichen. Der in seinen Skizzenbüchern (und anderen Räumen) gezeichnete Kreis lässt sich auf verschiedene Arten lesen – als Raster, Auge, Sonne, Scheinwerfer. Doch ob man das Bild nun als Sonne oder Auge sieht: Beide Deutungen entspringen weiter gefassten Vorstellungen von Sehen und Licht. Pienes ideografische Sprache hält sich an eine moderne Auffassung vom Universellen und an die Überzeugung, dass eine Ökonomie der Form ein grösstmögliches Publikum erreicht.[53] In *More Sky* betont er ausdrücklich: «Die Rolle des Künstlers in einer neu zusammengesetzten Gesellschaft und einer damit verbundenen neuen Umwelt wird besser verständlich, wenn wir ihn uns nicht als Künstler, sondern nur als einen versierten Ökonomen der Mittel unserer Sinneswahrnehmung denken. Schönheit kann man als gelungene höchste Sparsamkeit der Mittel verstehen.»[54] Es war das Zeichnen als stenografische Aufzeichnung von Gedanken, das für Piene diese Ökonomie der Mittel bereitstellte. Tatsächlich fungierten die Plastiken im öffentlichen Raum, die Performances und die partizipatorische Sky Art auch als Ideografien. In Arbeiten wie *Citything Sky Ballet* (1970) (Abb. 9) lassen sich die Reihen luftgefüllter, formbarer Plastikschläuche, die an beiden Enden von Mitwirkenden straffgezogen werden, als einfache Linienzeichnungen vor einem leeren Himmel lesen. Krumme Linien folgen in ihren Bewegungen den Launen der Elemente und stehen beispielhaft für eine Praxis der erweiterten Zeichnung, in der solche dreidimensionalen Skizzen sich stets in «einem Prozess des Werdens» befinden. Mit der erweiterten Zeichnung übertrug Piene seine Skizzen und den Prozess des Skizzierens in ein Medium, das beim Betrachten von vielen gemeinsam erlebt werden kann. Indem er die Linie «ins Sein» zeichnete, in die gelebte Erfahrung, betonte Piene in seinem Werk eine Gegenwart, in der die Zukunft eine Skizze bleibt, unfertig und offen.

The hand as "ideographer" indicates Piene's process of distilling complex concepts into easily recognizable forms—collections of legible lines—and the central role of drawing, and his conception of it, across all projects, ranging from intimate and personal to monumental and communal. The drawn circle in his sketchbooks (and other spaces) can be read in different ways—as a raster, an eye, a sun, a spotlight—but no matter if you see the image as a sun or as an eye, both interpretations relate back to larger concepts of vision and light. Piene's ideographic language adheres to a modernist concept of the universal, with a belief that an economy of form could communicate with the largest, possible audience.[53] In fact, as he argues in *More Sky*, "The role of the artist in a reshaped society and a related new environment can be understood more clearly if we think of him not as an artist but merely as an expert economist of sensually perceptible means. Beauty can be understood as the accomplished highest economy of means."[54] And it was drawing, the stenographic record of thoughts, that provided, for Piene, this economy of means. Indeed, the public sculptures, performances, and participatory events that constitute Sky Art also functioned as ideographs. With works like *Citything Sky Ballet* (1970) (fig. 9), rows of air-filled, malleable tubes of plastic, held taught on either end by participants, read as simple line drawings against the empty sky. Arced lines moving according to the whims of the elements exemplify an expanded drawing practice in which such three-dimensional sketches are always in "a process of becoming." Through expanded drawing, Piene translated his sketches and the process of sketching into a medium that could be shared with and experience by the viewer. By drawing line "into being," into lived experience, Piene's work emphasizes a present in which the future remains a sketch, unfinished and open.

53 «Publikum» war hier wohl eher im abstrakten Sinn gemeint. Er scheint mit seinem Projekt keine bestimmte Schicht, Nation oder Rasse ansprechen zu wollen – was seine Arbeit der Kritik aussetzte, zu unspezifisch zu sein oder Vorurteile zu wenig zu benennen.

54 Piene 1973 (wie Anm. 14), o. P. [Übers. HE].

53 "Audience" seems to have been considered in an abstract sense. He does not seem to direct his projects toward a specific class, nation, or race—leaving his work vulnerable to criticism for a lack of specificity or acknowledgment of biases.

54 Piene, *More Sky*, unpaginated.

Ohne Titel (Feuerbild) | Untitled (fire work), n. d. (Detail | detail)

Rasterbilder. Otto Piene und die Entwicklung der Pixel von der Malerei zum Bildschirm

Ein grauer Fernsehapparat, überzogen mit silbrigen Plastikperlen: Auf den ersten Blick wirkt diese Videoskulptur aus dem Jahr 1968 spielerisch absurd und erinnert an Dada oder an den Surrealismus (Abb. 1). Doch zugleich rückt sie ein bestimmendes Merkmal der industrialisierten Nachkriegsgesellschaft in den Blick: die zunehmende Allgegenwart des Fernsehens. Dieses tragbare Gerät – erkennbar an Teleskopantenne und Griff, wie auch an seiner geringen Grösse – ist mit falschen Edelsteinen besetzt und ähnelt somit einer preiswerten, in Massen produzierten Damenhandtasche. So bringt die Plastik zugleich Geschlecht und Klasse mit ins Spiel, um nach unserem Verständnis und unserem Umgang mit Fernsehen und vielleicht auch Technik im Allgemeinen zu fragen. Nicht anders als bei Salvador Dalís aufreizendem *Hummertelefon* (1938) aus der vorangegangenen Generation geht es auch hier um die Ontologie eines Mediums, das das zeitgenössische Leben umkrempelt: Maskulin oder feminin? Privat oder öffentlich? Selbsttätige Maschine oder Hilfsmittel für den Menschen? Nicht nur, dass der Fernsehapparat mit Perlen besetzt ist: Er wurde auch elektrotechnisch so verändert, dass alle 525 Bildzeilen, die normalerweise das Bild auf den Bildschirm zeichnen würden, zu einer einzigen dünnen, flackernden, diagonalen Linie komprimiert wurden – einer Linie, die sich beständig in den Bildschirm eingebrannt hat.[1] Diese Manipulation untergräbt den Anspruch des Fernsehens auf Lebendigkeit und Faktizität und bringt ganz andere Gegensätze ins Spiel: dynamisch oder monoton? Erzählerisch oder abstrakt? Strom der Ereignisse oder elektrischer Strom?

1 Eingehende Untersuchungen im Auftrag des Museum of Modern Art in New York haben ergeben, dass «die diagonale Linie erzeugt wurde, indem man zuerst eine der vertikalen Ablenkschaltungen des Fernsehers abklemmte. Das ergibt die gleichen 525 Zeilen der Bildauflösung, jedoch komprimiert auf eine dünne, waagrecht über den Bildschirm verlaufende Linie. Danach wurde die Ablenkspule um 90 Grad gedreht, und daraus entstand eine diagonale Abtastung.» Media Conservation Report for Object No. 124.2000, MoMA, 13. Dezember 2006 [Übers. HE].

Rasterbilder: Otto Piene and the Evolution of Pixels from Paint to Screen

A gray television covered in silvery plastic pearls: at first glance, this untitled 1968 video sculpture looks playfully absurd, evoking the traditions of Dada or Surrealism (fig. 1). But it also calls attention to one of the defining features of postwar industrialized society: the increasing ubiquity of television. The portable set—identifiable by its folding antenna and carrying handle, as well as its small size—has been encrusted in ersatz gemstones, such that it resembles an inexpensive, mass-produced woman's handbag. The sculpture thus mobilizes gender and class to raise questions about how we understand and experience television, and perhaps even technology more broadly. As in the case of Salvador Dali's salacious *Lobster Telephone* (1938) from a generation earlier, at stake here is the ontology of a communications medium remaking contemporary life: Masculine or feminine? Rational or irrational? Stationary or mobile? Image or object? Private or public? Autonomous machine or accessory to the human? In addition to being covered in pearls, the set was further modified so that all 525 scanlines that would normally draw the image on the screen are compressed into a single thin, flickering diagonal line—a line that is now burned permanently into the screen.[1] This undermines broadcast television's association with both liveness and facticity, suggesting another set of polarities: Dynamic or monotonous? Narrative or abstract? Current events, or electrical current?

This creative and destabilizing approach to technology is at the core of the practices of the two artists who collaborated on the sculpture: Nam June Paik and Otto Piene, both of whom were pioneers of video and other forms of art and technology in the 1960s. Not coincidentally, they both forged their

1 Diagnostic work done at the Museum of Modern Art's behest uncovered that "the diagonal line was obtained by first disabling one of the television's vertical deflection circuits. This yields the same 525 lines of resolution, but compressed into a thin horizontal line across the screen. Then, a turn of the deflection yoke 90-degrees creates a diagonal scan." Media Conservation Report for Object No. 124.2000, MoMA, 13 December 2006.

Rasterbilder

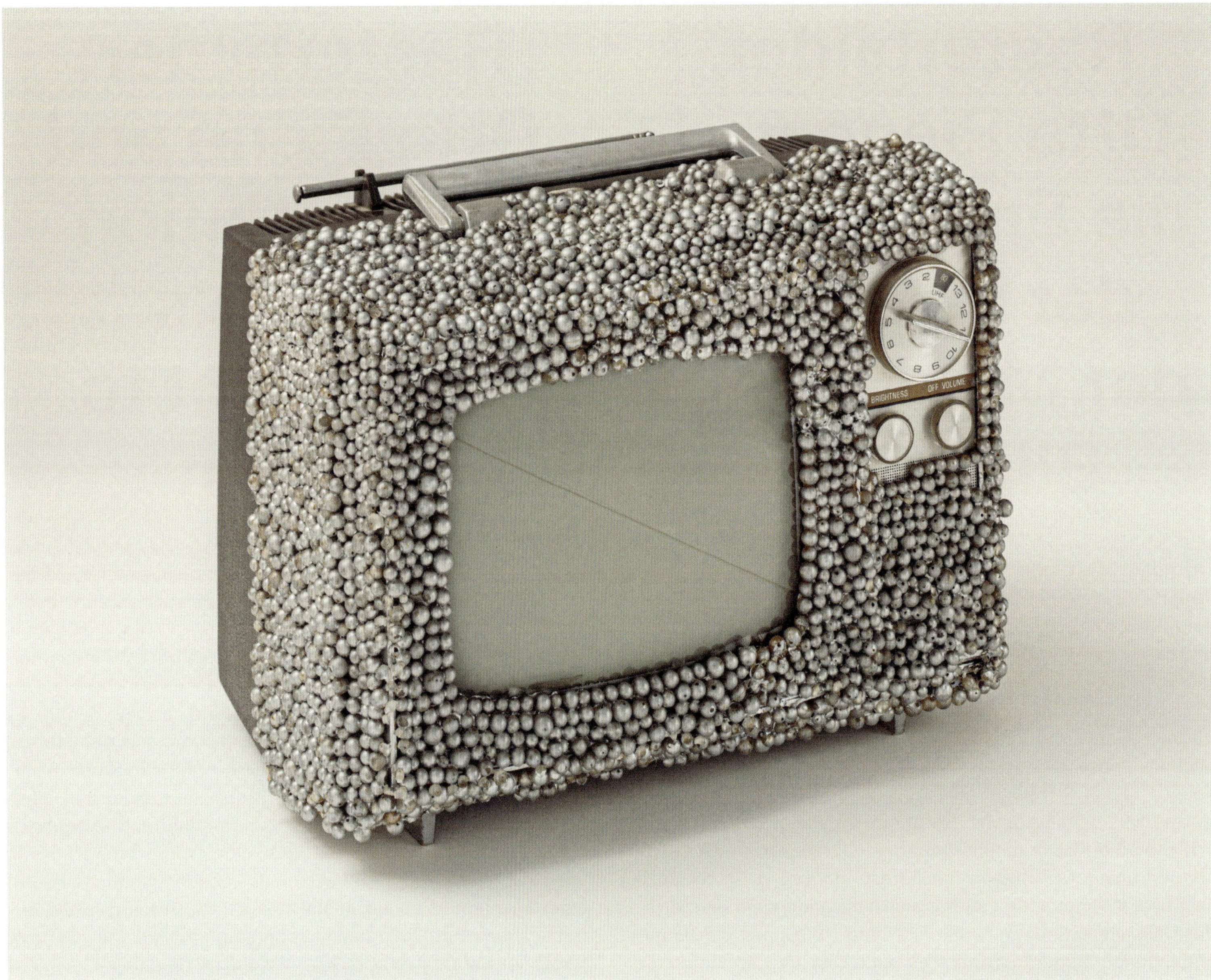

Abb. | Fig. 1: Nam June Paik und | and Otto Piene, *Ohne Titel* | *Untitled*, 1968, manipulierter Fernseher und Plastikperlen | manipulated television set and plastic pearls, 22.9 × 33 × 25.4 cm, Museum of Modern Art, New York, Geschenk von | Gift of The Junior Associates of The Museum of Modern Art, New York, The Greenwich Collection Ltd. Fund, und Geschenk von | and gift of Margot Ernst

Ein ebenso kreativer wie destabilisierender Umgang mit Technik ist charakteristisch für das Lebenswerk zweier Künstler, die sich für diese Arbeit zusammengetan haben: Nam June Paik und Otto Piene, beide Pioniere der Videokunst und anderer Mischformen von Kunst und Technik in den 1960er Jahren. Nicht zufällig fanden beide zu ihrer Ästhetik im Westdeutschland der Nachkriegsjahre, genauer noch in Nordrhein-Westfalen, wo sie sich vom Ausdrucksgestus des europäischen Informel und des Tachismus lösten und stattdessen die Schön-

aesthetics in postwar West Germany and specifically the state of North Rhine–Westphalia, where they rejected the expressive gestures of European Informel and Tachisme, favoring instead the beauty of abstract patterns formed by chance operations and energy flows. In the spring of 1960, Paik attended a staging of one of Piene's *Light Ballets* at artist Mary Bauermeister's atelier in Cologne; as he later recounted, "I was so *begeistert* [wildly enthusiastic] that I wanted to meet that artist . . . it was Otto Piene."[2] (Piene himself later remembered that Paik had

2 Nam June Paik, "Two Rails Make One Single Track," in *Otto Piene: Retrospektive 1952–1996: Raster, Rauch, Feuer, Licht, Sky Art, Inflatables, CAVS, Neue Arbeiten*, ed. Stephan von Wiese and Susanne Rennert (Düsseldorf: Kunstmuseum Düsseldorf im Ehrenhof, 1996), 46.

heit abstrakter, aus Zufallsoperationen und Energieströmen gebildeter Muster für sich entdeckten. Im Frühjahr 1960 sah Paik im Atelier der Künstlerin Mary Bauermeister in Köln die Aufführung eines der *Lichtballette* von Piene. Später berichtete er: «I was so begeistert that I wanted to meet that artist [...] it was Otto Piene.»[2] (Piene erinnerte sich später, Paik habe ihm «einmal gesagt, dass sein Erlebnis meines Lichtballets erst einen bildenden Künstler aus ihm gemacht hat».)[3] Ende der 1960er Jahre waren beide inzwischen zu Bewohnern von New York City geworden und fühlten sich dort unter ihresgleichen, in den Kreisen der dortigen Avantgarde und ihrer Aufgeschlossenheit für Happenings, Performance- und Konzeptkunst, sehr wohl.

Als manipulierter Fernsehapparat steht die unbetitelte Gemeinschaftsarbeit der beiden Künstler offensichtlich in einem Bezug zu Paiks berühmten Skulpturen aus umgebauten Fernsehern, die über Fluxus auf Marcel Duchamps «assisted readymades» und die «Zufallsoperationen» von John Cage zurückgehen.[4] Doch auch Pienes monochromes Malen, sein Aufgreifen von Alltagsdingen und sein Umgang mit Licht und Schatten als solchen, die sich allesamt in seiner Arbeit mit Gitterschablonen verbanden, kommen darin zur Geltung.[5] Das deutsche Wort Raster stammt vom lateinischen rastrum (Harke) und dieses wiederum von dem Verb radere (kratzen) ab; ein Raster kann auch ein Gitternetz oder eine Schablone sein (die als solche nicht unbedingt ein Gittermuster haben muss). Piene bezeichnet mit dem Wort Raster seine lose gitterartig strukturierten, ab den späten 1950er Jahren geschaffenen Arbeiten, beginnend mit den sogenannten *Rasterbildern*. Sie entstanden, indem er Malfarbe durch selbst von Hand perforierte Schablonen auf Leinwände drückte. Seit dem späten 19. Jahrhundert ist das Wort Raster (im Deutschen wie im Englischen) überdies mit Generationen von Medientechniken verbunden – von der Fotografie über das Fernsehen bis zum Computer. (Wie das Raster stammt auch der Begriff des digitalen Pixels – als Abkürzung für «picture element» – ursprünglich aus dem Deutschen, denn er ist eine direkte Übersetzung des «Bildpunkts», der in den 1870er Jahren erstmals mit Bezug auf die Fotografie und in den 1880er Jahren im Zusammenhang mit der allerersten Fernsehtechnik aufkam.)[6] So gerät Pienes Beitrag in der Zusammenarbeit mit Paik auch zu einer Art visuellem und semantischen Wortspiel: Sein «Raster» aus Plastikperlen umrahmt das, was in der Sprache der Technik das «Bildraster» einer Kathodenstrahlröhre im Fernsehapparat heisst. Ein Raster rahmt hier also den

2 Nam June Paik, «Two Rails Make One Single Track», in: *Otto Piene: Retrospektive 1952–1996: Raster, Rauch, Feuer, Licht, Sky Art, Inflatables, CAVS, Neue Arbeiten*, hg. v. Wiese, Stephan von/Rennert, Susanne, Ausst.-Kat. Kunstmuseum Düsseldorf im Ehrenhof, Düsseldorf 1996, S. 46.

3 Hanhardt, John G., «Interview of Artist Otto Piene», 8.5.2014, Nam June Paik Archive, Smithsonian American Art Museum, https://americanart.si.edu/research/paik/resources/piene (26.10.2023) [Übers. HE].

4 Paik lernte Cage 1958 bei den Internationalen Ferienkursen für Neue Musik in Darmstadt kennen. Er widmete Cage später zahlreiche Werke oder nahm auf ihn Bezug – von dem Lied *Hommage à John Cage* (1958–59), das 1968 auch in Bauermeisters Atelier vorgetragen wurde, bis hin zu seiner Videoskulptur *Piano Piece* (1993, Collection Buffalo AKG Art Museum).

5 Die Skulptur ähnelt auch sehr einer Arbeit von Pienes Zero-Kollegen Günther Uecker: *Nailed-Over TV* (1963), einem kleinen Fernsehapparat, in dessen rechte und obere Seiten flächendeckend silbrige, bemalte Nägel getrieben sind. (Uecker produzierte selbst noch vier weitere ähnliche Arbeiten.)

6 «Pixel» tauchte im Englischen erstmals in einer Publikation zur digitalen Videobearbeitung von 1965 auf, womit der «Bildpunkt» von der Fotografie über das Fernsehen bis zu den Rechnern sein logisches Ziel erreichte. Siehe Richard F. Lyon, «A Brief History of ‹Pixel,›» in: *SPIE Proceedings* 6069, Digital Photography II (2006), o. P. Für Verwirrung sorgt, dass das Wort Pixel sowohl eine kleinste Bildheinheit (jeglichen Parameters), als auch eine gerätetechnische Einheit (mit sehr bestimmten Parametern) wie etwa eine Fotozelle einer Kamera sein kann. Siehe Smith, Alvy Ray, *A Biography of the Pixel*, Cambridge, MA 2021.

once "said to me that his experience of my *Lichtballett* turned him, Paik, into a visual artist").[3] By the late 1960s, they both had become denizens of New York City, finding themselves at home with a downtown avant-garde that embraced Happenings, Performance Art, and Conceptualism.

As an altered television set, the two artists' untitled collaboration quite obviously relates to Paik's iconic modified television sculptures, which descend from Marcel Duchamp's "assisted readymades" and John Cage's "chance operations" via Fluxus.[4] But it also reflects Piene's own uses of the monochrome, the everyday object, and real light and shadow—all of which come together in his use of gridded screens.[5] In German, the word for "screen" is *Raster*, from the Latin noun for "rake" (*rastrum*), which itself derives from the Latin verb meaning "to scrape" (*radere*); *Raster* can also be translated as "grid," "grate," or "stencil" (which may or may not be "gridded"). It is a word that Piene used to describe his loosely gridded works from the late 1950s onward, beginning with his paintings called *Rasterbilder* (Raster Paintings), which he produced by pushing paint onto a canvas through his own hand-perforated screens. Since the end of the nineteenth century, the word *raster* (in both German and English) also has been associated with generations of media technologies—from photography to television to computation. (Like *raster*, our concept of digital *pixels*—the shortened word for "picture elements," referring to discrete samples of an image—is of German derivation: it is a translation of *Bildpunkte*, or "picture points," which was first used in the 1870s in reference to photography and in the 1880s in reference to early television.)[6] Thus, in his collaboration with Paik, Piene's contribution results in a kind of visual and semantic pun: his *Raster* of plastic pearls frames what is technically called the "raster screen" of the television's cathode ray tube (CRT) monitor. In other words, a screen frames a screen—suggesting a *mise en abîme* of gridded grids and pixilated pixels.

What could be the point of such a gesture? Yayoi Kusama—an affiliate of the international ZERO network and of the downtown New York art scene in the 1960s—similarly blanketed familiar household items with her "accumulations" of identical or nearly identical objects, such as dot stickers or stuffed pieces of fabric. These uncanny sculptures, which Kusama has claimed emerge from her own visual hallucinations and obsessive tendencies, reflect her avowed desire to obliterate the self by obliterating the boundaries between the subject and object of vision. But in Piene's collaboration with Paik, the pearl dots frame the television as much as they threaten to obliterate it: note how the pearls respect the borders of the screen, clustering around its edges instead of encroaching on its surface.

3 John G. Hanhardt, "Interview of Artist Otto Piene," 8 May 2014, Nam June Paik Archive, Smithsonian American Art Museum, https://americanart.si.edu/research/paik/resources/piene.

4 Paik first met Cage in 1958 at the *Internationale Ferienkurse für Neue Musik* in Darmstadt. Paik would later produce numerous works dedicated to or referencing Cage, from his song *Hommage à John Cage* (1958–59), which was also performed at Bauermeister's atelier in 1960, to his video sculpture *Piano Piece* (1993, Collection Buffalo AKG Art Museum).

5 The sculpture also very closely echoes a work by Piene's Zero colleague, Günther Uecker: *Nailed-Over TV* (1963), a small television set with silvery, painted nails hammered into and blanketing its top and right side. (Uecker would go on to make four additional similar works.)

6 *Pixel* first appeared in English in a publication on digital video processing in 1965, completing the arc of "picture elements" from photography to television to computers. See Richard F. Lyon, "A Brief History of 'Pixel,'" in *SPIE Proceedings* 6069, Digital Photography II (2006), unpaginated. Confusingly, the term *pixel* can be used to describe both a unit of an image (of any parameter) and piece of hardware (with very specific parameters, such as a pixel sensor cell in a camera). See Alvy Ray Smith, *A Biography of the Pixel* (Cambridge, MA: MIT Press, 2021).

anderen ein – zum Bild im Bild eines gerasterten Rasters, gepixelten Pixels.

Welchen Sinn hatte eine derartige Geste? Auch Yayoi Kusama, die zum internationalen ZERO-Netzwerk und auch zur Kunstszene im Downtown-New York der 1960er Jahre gehörte, überzog gewöhnliche Haushaltsgegenstände mit «Akkumulationen» identischer oder fast identischer Dinge, etwa Punktaufklebern oder ausgestopften Stoffwülsten. Ihre unheimlichen Plastiken, von denen Kusama selbst bekannte, dass sie ihren eigenen visuellen Halluzinationen und psychischen Zwängen entsprangen, waren Ausdruck ihres ausgesprochenen Wunsches, das Selbst durch Verwischen der Grenzen zwischen dem Subjekt und dem gesehenen Objekt auszulöschen. In Pienes Zusammenarbeit mit Paik fassen dagegen die Perlen den Fernsehapparat mindestens ebenso sehr ein wie sie ihn auszulöschen oder zu zerstören drohen: auffällig, wie sie sich an den Rand des Bildschirms halten, sich um dessen Ränder drängen, ihn selbst aber nicht überwuchern.

Statt eines An- oder Übergriffs auf das Fernsehen oder auch nur auf die Technik allgemein macht uns Piene – mit dieser Plastik und darüber hinaus in seinem gesamten Werk – ein differenzierteres Angebot. In seiner lebenslangen Auseinandersetzung mit dem Raster hat er uns einen Begriff an die Hand gegeben, der unverwechselbar modern und technologisch zugleich ist. Das Raster ist selbstverständlich eines der massgeblichen Beispiele für modernistische Tropen. Rosalind Krauss nennt es in ihrem einflussreichen Aufsatz zum Thema einen strukturalistischen Urmythos, welcher als solcher «für die Bestrebungen der Moderne in der bildenden Kunst emblematisch geblieben ist»,[7] seit das Raster als Formelement in der Malerei des frühen 20. Jahrhunderts auftauchte. Wie Krauss schreibt, kann das moderne Raster auf den ersten Blick an die Schleier der Renaissanceperspektive erinnern. Das waren rechteckige Rahmen mit einem Drahtgitter, die die Maler zwischen sich und ihr Motiv hielten, «in denen das perspektivische Gitter der dargestellten Welt als Grundgerüst der Organisation eingeschrieben ist».[8] Tatsächlich entfaltet das Raster der Moderne aber eine ganz andere Wirkung, indem es nicht eine Hinwendung zur Natur, sondern die Abwendung von ihr inszeniert: «Anders als die Perspektive bildet das Raster nicht die Räumlichkeit eines Raums oder einer Landschaft oder einer Gruppe von Figuren auf der Oberfläche eines Gemäldes ab. Es ist ein Transfer ohne Ortswechsel.»[9]

Die Raster werden in der Moderne anders angewendet als in der Renaissance, und wiederum wirken die medientechnischen Raster anders als jene der Moderne. Bis ins ausgehende 19. Jahrhundert beruhte die Verbreitung von

7 Krauss, Rosalind, «Grids», in: *October*, H. 9, Sommer 1979, S. 50. Hier zit. nach der deutschen Übersetzung: «Raster», in: Krauss, Rosalind E., *Die Originalität der Avantgarde und andere Mythen der Moderne* (Geschichte und Theorie der Fotografie, hg. v. Wolf, Herta, Bd. 2), aus dem Amerikanischen von Heininger, Jörg, durchgesehen und neu bearbeitet von Prantner, Wilfried, Dresden 2000, S. 51–66, hier S. 51.

8 Ebd., S. 52.

9 Ebd., S. 52. Hannah Higgins weicht in diesem Punkt von Krauss ab und betont, dass «das Raster eine Vergangenheit hat, die viel weiter zurückreicht als die Moderne», was sie an verschiedenen historischen Formen von Rastern ausmacht, die alle für ihre eigene Zeit sprechen: der Backstein, die Landkarte, das Kassenbuch und durchaus auch der Bildschirm und das Netzwerk. Siehe Higgins, Hannah B., *The Grid Book*, Cambridge, MA 2009, S. 6 [Übers. HE]. Für die Zwecke dieses Beitrags ist solche genealogische Forschung zwar wichtig, doch es soll hier eigentlich um die besonderen Eigenschaften jenes Rasters gehen, der sich in seinem spezifisch technologischen Charakter von älteren Formen unterscheidet. Dies betrifft insbesondere die Art und Weise, in der er die Bildebene strukturiert.

Rasterbilder

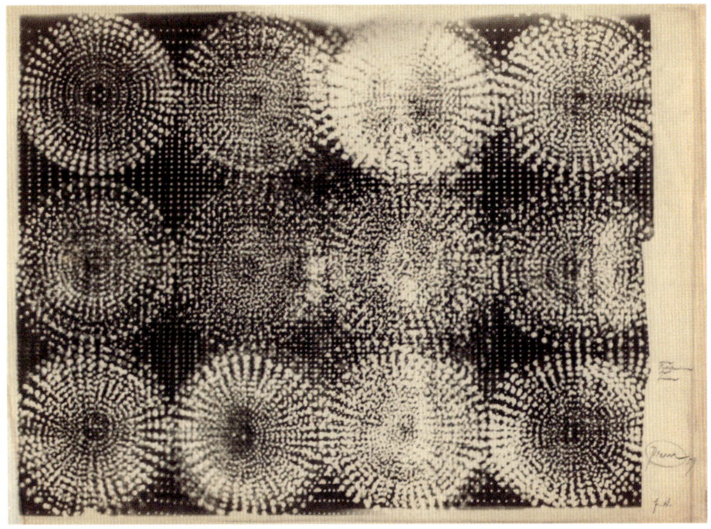

Abb. | Fig. 2: Ohne Titel | Untitled, 1959, Diazotypie | Diazo print, 71 × 99.1 cm, Museum of Modern Art, NY, erworben mit grosszügiger Unterstützung von | acquired through the generosity of Joanne Stern

Instead of an attack on television or even technology more broadly, what Piene offers us—in this untitled sculpture, but also throughout his oeuvre—is something more nuanced. Through his lifelong engagement with the *Raster*, Piene helped introduce a concept of the grid that was not only uniquely modern, but also uniquely technological. Of course, the grid is one of the modernist tropes par excellence: as Rosalind Krauss argues in her influential essay on the topic, the grid is a kind of structuralist ur-myth that has been "emblematic of the modernist ambition within the visual arts" ever since it emerged as a formal device in paintings in the early twentieth century.[7] As Krauss notes, the modernist grid may at first glance seem comparable to the veils of Renaissance perspective—rectangular frames with gridded lines that artists would place between themselves and their subject, allowing them to more systematically map their view onto the surface on which they were working. But in fact the modernist grid operates quite differently, enacting a turn away from, rather than toward, nature: "Unlike perspective, the grid does not map the space of a room or a landscape or a group of figures onto the surface of a painting. Indeed, if it maps anything, it maps the surface of the painting itself. It is a transfer in which nothing changes place."[8]

Just as modernist grids operate differently than Renaissance grids, the raster grids of technological media operate differently than modernist grids. Up until the late nineteenth century, the dissemination of images via print relied on techniques such as mezzotint, aquatint, and lithography, which reproduced gestural lines as continuous marks in various grains. But as Sean Cubitt outlines in his genealogy of vi-

7 Rosalind Krauss, "Grids," *October* 9 (Summer 1979): 50.

8 Ibid., 52. Hannah Higgins departs from Krauss, stressing instead that "the grid, however, has a history that long predates modernity," as evidenced by various kinds of grids that have appeared across history, each speaking to their own time, such as the brick, the map, the ledger, and—yes—the screen and the network; see Hannah B. Higgins, *The Grid Book* (Cambridge, MA: MIT Press, 2009), 6. As noted in this essay, while such genealogical work is important, this study emphasizes the unique qualities of the raster grid, which is specifically technological and distinct from earlier forms of grids, especially in regard to how it structures the picture plane.

Bildern auf grafischen Techniken wie Mezzotinto, Aquatintradierung und Lithografie, die gestische Linien als durchgehende Spuren unterschiedlicher Körnigkeit reproduzierten. Wie Sean Cubitt in seiner Genealogie bildtechnischer Verfahren gezeigt hat, trug die Einführung der Halbton-Fotolithografie zur allgemeinen Verbreitung des Rasterns bei, denn dieses Verfahren erlaubt die Erzeugung von Bildern allein auf Basis diskreter, mehr oder weniger einförmiger oder wiederholbarer Einheiten verschiedener Dichte und/oder Dunkelheit. Insbesondere war die Rasterung eine einheitliche Matrix und gestattete es, Bilder abzutasten und sie über frühe Datenübertragungsnetze wie die ersten Faksimile-(Fax-)Systeme zu versenden und zu empfangen.[10] Aus dem Raster entstand am Ende das Rasterverfahren als technische Grundlage des Kathodenstrahlröhren-Fernsehers und der Rechnerbildschirme, in denen eine Elektronenkanone modulierte Ladung abschiesst und damit den Bildschirm von links nach rechts und von oben nach unten bestreicht, so dass die phosphoreszierende Beschichtung im Inneren der Röhre aufleuchtet. Die Kathodenstrahlröhre ist heute selbstverständlich überholt, doch neuere Verfahren, die sie ersetzt haben, wie Flüssigkristall-, Plasma- und Leuchtdiodenbildschirme oder auch DLP- und LCOS-Projektoren, beruhen ebenfalls auf Rasterdarstellungen. Sogar Tintenstrahl- und Laserdrucker arbeiten mit Rastermatritzen. So argumentiert auch Cubitt, dass «der Aufbau von Farbtönen und Texturen aus separaten Tupfern und Punkten sowie die Automatisierung in der Erzeugung, Übertragung und Ausgabe von Bildern zu einem der allgegenwärtigsten und zugleich am wenigsten sichtbaren Faktoren in den zeitgenössischen Medien gehört».[11]

Während Cubitts ausdrücklich genealogische Darstellung eine Kontinuität technischer Raster über den Verlauf des 20. Jahrhunderts betont, hebt der Computer-Historiker Jacob Gaboury in seiner bewusst archäologisch angelegten Darstellung einen wichtigen Unterschied zwischen analogen Röhrenbildschirmen, wie Paik und Piene ihn verwendeten, und digitalen bildgebenden Systemen, die auf der binären Speicherung diskreter Dateneinheiten beruhen, hervor. «Wir müssen die Besonderheit der technischen Formen unterscheiden, die das Raster angenommen hat, auch wenn wir zugleich dessen Kontinuität als Bestandteil einer umfassenderen Kulturtechnik anerkennen», schreibt er, und hält fest, dass die kontinuierliche (wenngleich lineare und gerasterte) Abtastbewegung der Elektronenstrahlen «sich nicht für die Darstellung rechnergenerierter Bilder eignete, denn letztere entstanden aus komplexen Berechnungen, verfügten als solche über keine äusserliche Zeitlichkeit und mussten auf Speichern abgelegt werden, um sich einer Interaktion zu erschliessen.»[12] Die Inkompatibilität zwischen den Rasterverfahren von Röhrenbildschirmen und digitalen Systemen wurde durch Einführung des Bildspeichers

10 Cubitt, Sean, «Surface», in: *The Practice of Light: A Genealogy of Visual Technologies from Prints to Pixels,* Cambridge, MA 2014, bes. den Abschnitt «The Raster Grid from CRT to Digital Projection», S. 95–100.

11 Ebd., S. 79 [Übers. HE].

12 Gaboury, Jacob, *Image Objects: An Archaeology of Computer Graphics,* Cambridge, MA 2021, S. 67f. [Übers. HE].

sual technologies, the introduction of halftone photolithography helped popularize rasterization, which allows images to be made of nothing more than discrete and more or less uniform or repeatable units of varying density and/or darkness. Importantly, rasterization provided the standardized matrix that allowed images to be scanned, sent, and received via emerging communication networks, including early facsimile (fax) systems.[9] Raster grids eventually evolved into raster scan CRT television sets and computer monitors, in which an electron gun fires a modulated charge while sweeping the screen from left to right and top to bottom, causing the phosphorescent coating on the inside of the screen to glow. CRTs are now obsolete, of course, but the newer technologies that have replaced them, such as LCD, plasma, and LED screens, as well as DLP and LCOS projectors, are also raster displays. Even inkjet and laser printers use raster arrays. Thus, Cubitt argues that "the construction of tone and texture from interrupted spots and dots, and its automation in the production, transmission, and display of images, is one of the most ubiquitous factors, and one of the least visible, in contemporary media."[10]

While Cubitt's explicitly genealogical account argues the continuity of the technological raster across the twentieth century, computer historian Jacob Gaboury's explicitly archaeological account emphasizes an important distinction between analog CRT monitors—like the ones used by Paik and Piene—and digital image systems, which rely on the binary storage of discrete bits of data. Arguing that "we must distinguish the specificity of the technical forms that the grid takes even as we acknowledge its continuity as part of a larger cultural technique," Gaboury notes that the continuous (albeit linear and gridded) scanning motion of electron beams "did not lend itself to the display of computational images, which were produced through complex calculation, had no external temporality per se, and needed to be stored in memory to be accessible for interaction."[11] The incompatibility of raster scan CRTs and digital systems was solved by the introduction of the frame buffer, "a piece of computer memory specialized for holding pictures" that allows the computer to store individual frames of video as a bitmap of rows and columns of what are now commonly known as pixels.[12] "It can thereby display shaded or halftone images in the same manner as a television set while also allowing for quick and interactive access to that display via a light pen, mouse, or other input device," turning raster images into random-access images and inaugurating the history of graphical computer interfaces.[13]

In recent years, some art historians have identified a kind of proto-digital impulse informing "pixilated" images that were not made with (and even predate) modern computers. In her book on digital aesthetics, Meredith Hoy argues that the dig-

9 Sean Cubitt, "Surface," in *The Practice of Light: A Genealogy of Visual Technologies from Prints to Pixels* (Cambridge, MA: MIT Press, 2014); see especially the section "The Raster Grid from CRT to Digital Projection," 95–100.

10 Cubitt, "Surface," 79.

11 Jacob Gaboury, *Image Objects: An Archaeology of Computer Graphics* (Cambridge, MA: MIT Press, 2021), 67, 68.

12 Ibid., 68.

13 Ibid., 69. Recall that Paik himself was extremely aware of the importance of random-access memory: his 1963 exhibition *Exposition of Music—Electronic Television*, which included his first video works, also included an interactive installation called *Random Access*, in which visitors could use a deconstructed tape player head to randomly access the magnetic audiotape that he had collaged on the wall.

behoben. Dabei handelt es sich um «ein Stück Speicher im Rechner, das speziell auf das Vorhalten von Bildern ausgelegt ist» und es ermöglicht, die Einzelbilder eines Videos als Punktegrafik aus Reihen und Spalten der heute allgemein «Pixel» genannten Bildpunkte zu speichern.[13] Der Rechner «kann deshalb verschattete oder Halbton-Bilder auf dieselbe Weise darstellen wie ein Röhrenfernseher und ermöglicht zugleich schnellen, interaktiven Zugriff auf diese Bildausgabe mit dem Lichtgriffel, der Maus oder einem anderen Eingabegerät».[14] Aus gerasterten Bildern wurden Bilder auf einem wahlfreien Zugriffs- beziehungsweise Arbeitsspeicher. Damit hatte die Ära der grafischen Rechnerschnittstellen begonnen.[15]

In den vergangenen Jahren haben einige Kunsthistoriker:innen eine Art proto-digitalen Impuls identifiziert, der bereits «gepixelten» Bildern zugrunde lag, die weder mit modernen Computern erzeugt wurden noch überhaupt aus dem Zeitalter der Elektronenrechnung stammen. So vertritt Meredith Hoy die Ansicht, dass das Digitale als Ästhetik nicht zwingend an die Entwicklung des Elektronenrechners gebunden war. Es handle sich dabei vielmehr um «ein besonderes Konfigurationsschema – einen Modus, in dem die Materialien oder Signale als diskrete Zustände operieren und mit ihnen als solchen operiert wird, im Unterschied zur gleitenden Veränderung im Analogen»[16] (dies bekräftigt Gabourys Unterscheidung zwischen analogen, kontinuierlichen Rasterverfahren und vollständig diskreten digitalen Rastern). Nach Hoys Darstellung sind sowohl die pointillistischen Punkte von Georges Seurat als auch Paul Klees «magische Quadrate» Beispiele für kompositorische Strategien, die Digitalität an die Oberfläche oder zum Vorschein bringen, nämlich sinnlich wahrnehmbar machen. Carol Armstrong erkennt in Seurats Verwendung strukturierten Papiers für seine Zeichnungen eine «gerasterte und/oder gewebte Anmutung», die das Bild in einen «Matritzengrund» (im Gegensatz zu einer perspektivischen Bildebene) einbettet und die spätere pointillistische Maltechnik vorwegnimmt, die «wie ein gepixelter Bildschirm oder ein Tintenstrahldruck» funktioniert.[17] Zuletzt hat Kris Cohen die «gepixelte» Erscheinung von Charles Gaines' «gridworks» in einer Wechselwirkung mit dem rasterbasierten Rechnerbildschirm gesehen: Beide seien als Bildräume definiert durch Akkumulation und durch das dicht gepackte Nebeneinander von Elementen und als solche fester Bestandteil der heutigen Produktion des Menschseins.[18]

In all diesen Deutungen ist das Raster nicht das vertraute moderne Hilfsmittel, Ordnung in Kompositionen zu bringen – seien sie zentripetal oder zentrifugal, das heisst im-

13 Ebd., S. 68.
14 Ebd., S. 69.
15 Ebd. Erinnern wir uns, dass sich auch Paik im höchsten Mass der Bedeutung wahlfreier Zugriffs- bzw. Arbeitsspeicher bewusst war. Seine Ausstellung *Exposition of Music – Electronic Television* von 1963 beinhaltete neben seinen ersten Videoarbeiten auch eine interaktive Installation namens *Random Access*, in der die Besucher:innen einen ausgebauten Tonkopf nach Belieben («wahlfrei») über Magnet-Tonbänder führen konnten, die Paik an die Wand geklebt hatte.
16 Hoy, Meredith, *From Point to Pixel: A Genealogy of Digital Aesthetics*, Hanover 2017, S. 55 [Übers. HE].
17 Armstrong, Carol, «Seurat's Media, or A Matrix of Materialities», in: *Grey Room*, H. 58, Winter 2015, S. 15f.
18 Cohen, Kris, «The Irresolutions of Charles Gaines», in: *Nervous Systems: Art, Systems, and Politics since the 1960s*, hg. v. Gosse, Johanna/Stott, Timothy, Durham, NC, 2022, S. 103–124.

ital as an aesthetic does not necessarily rely on the deployment of electronic computers. Rather, it is "a particular configurative schema—a state in which the materials or signals operate and are operated upon as discrete states, as distinct from the continuous variation of the analog" (echoing Gaboury's distinction between analog continuous raster scanning and fully discrete digital raster grids).[14] In her account, both Georges Seurat's Pointillist dots and Paul Klee's tiles of "magic squares" are examples of compositional strategies that surface or foreground digitality by making it sensorially apprehensible. For Carol Armstrong, Seurat's use of textured paper for his drawings results in a "rasterized and/or woven look" that embeds the image in a "matrixial ground" (as opposed to a perspectival picture plane), anticipating the Pointillist technique that itself functions "like a pixilated screen or an inkjet print."[15] Most recently, Kris Cohen has situated the "pixilated" appearance of Charles Gaines's "gridworks" in dialogue with the raster-based computer screen: both are pictorial spaces that are defined by accumulation and contiguity and caught up in the production of personhood.[16]

In all of these accounts, the grid is not the familiar modernist device for ordering compositions—whether centripetally or centrifugally, implying extension to infinity or an autonomous whole, as Krauss explains.[17] Rather, it is the matrix in which an image is embedded as a series of discrete samples known as pixels. To return to Paik and Piene's untitled sculpture with these arguments in mind: it appears as if the juxtaposition of the field of pearls and the CRT screen helps frame—literally—the CRT screen as itself a pictorial space with the latent potential to become not simply rasterized, but digitized. As Piene quickly developed from a maker of two-dimensional images to a kinetic light sculptor and, finally, intermedia and video artist, his practice increasingly helped define the raster grid as a pixilated, bitmapped form in which images are rendered and stored, anticipating our digital present—even if only when viewed retrospectively.

Piene began making his first perforated screens in 1957. As he stated in an interview he gave shortly before his death, "I spent about four months making raster screens, initially out of cardboard, meaning the cardboard panels were perforated with punches. An average raster screen of about 80 by 100 centimeters would have about ten thousand holes. I made roughly 40 screens in the summer of '57."[18] He then used these screens to produce a series of largely monochromatic *Raster Paintings*, realized in paint on canvas or paper (cats. 6, 7, 10, 13–16). He also used his screens to direct smoke wafted from candles,

14 Meredith Hoy, *From Point to Pixel: A Genealogy of Digital Aesthetics* (Hanover: Dartmouth College Press, 2017), 55.
15 Carol Armstrong, "Seurat's Media, or A Matrix of Materialities," *Grey Room* 58 (Winter 2015): 15, 16.
16 Kris Cohen, "The Irresolutions of Charles Gaines," in *Nervous Systems: Art, Systems, and Politics since the 1960s*, ed. Johanna Gosse and Timothy Stott (Durham, NC: Duke University Press, 2022), 103–24.
17 In his study of the New Tendencies network—with which Piene and the Zero Group were affiliated—Armin Medosch declares "the grid was a major theme in the work of New Tendencies artists": "The artists lift the grid from the background to the foreground and make it the topic and subject matter of their works." See Armin Medosch, *New Tendencies: Art at the Threshold of the Information Revolution (1961–1978)* (Cambridge, MA: MIT Press, 2016), 61, 64–65. Medosch goes on to note that these grids are "not ordering systems used to place graphical elements on the plane," but rather, "hinted at the emerging logic of codes and networks in the new informational paradigm" (ibid., 64, 65). While he does not explicitly discuss rasterization, we may think of the raster grid as a kind of "missing link" between the grids of artists like François Morellet and the "electronic grid" that he names as their legacy.
18 "Otto Piene in Conversation with João Ribas," in *Otto Piene: Lichtballett* (Cambridge, MA: MIT List Visual Arts Center, 2011), 41.

plizit auf Ausdehnung oder als autonomes Ganzes angelegt.[19] Sondern es ist selbst die Matrix, in die ein Bild als Abfolge diskreter Muster namens Pixel eingebettet ist. Wenden wir uns unter Einbeziehung dieser argumentativen Ansätze erneut dem perlenbesetzten Fernseher von Paik und Piene zu, so scheint es, als könne das Nebeneinander von Perlenfeld und Röhrenbildschirm zum Einrahmen – hier ganz im Wortsinn – der Bildröhre als eines Bildraums für sich beitragen, und als berge diese dadurch ein Potenzial, nicht einfach nur gerastert, sondern auch digitalisiert zu werden. Indem Piene sich rasch von einem Erzeuger zweidimensionaler Bilder zum Gestalter kinetischer Lichtplastiken und schliesslich zum Intermedia- und Videokünstler wandelte, trug seine Arbeit dazu bei, das Raster als gepixeltes, punktegrafisches Format zu definieren, in dem Bilder erstellt und gespeichert werden. Er nahm damit – wenngleich sich das nur in der Rückschau erschliesst – unsere digitale Gegenwart schon vorweg.

Piene schuf 1957 seine ersten perforierten Schablonen. In einem kurz vor seinem Tod geführten Interview berichtete er: «[Ich] verbrachte [...] ungefähr vier Monate damit, Rastersiebe herzustellen, zuerst aus Pappe, wofür ich in die Papptafeln Löcher stanzte. Ein durchschnittliches Rastersieb von etwa 80 mal 100 Zentimetern hatte ungefähr 10.000 Löcher. Im Sommer '57 habe ich so ungefähr 40 Siebe erzeugt.»[20] Er verwendete diese Schablonen anschliessend, um eine Serie weitgehend monochromatischer Rasterbilder in Malfarbe auf Leinwand oder Papier herzustellen (Kat. 6, 7, 10, 13–16), und ebenso, um damit wehenden Kerzenrauch auf Bildträger zu dirigieren, woraus die *Rauchbilder* entstanden. Beide Serien weisen voneinander abgesetzte Überlagerungen verschiedener Punktgitter auf, die gelegentlich einen scheinbaren Moiré-Effekt ergeben. In *Rauchzeichnung* von 1959 erstreckt sich ein horizontales Band schwarzer Punkte mit Sfumato-Rändern – Flammenruss einer Kerze – über ein Blatt Papier im Querformat (Kat. 18). Obwohl die Arbeit dadurch dem Landschaftsgenre angenähert wird, ist sie keine ikonische Darstellung der sichtbaren Welt, sondern eine abstrakte Anspielung auf die Metaphysik der Naturmaterialien und -gewalten – einschliesslich der Energieströme, die elektronische Systeme am Laufen halten, wie hier suggeriert anhand der Kombination von Feuer und Raster.

Wie viele Künstler:innen im 20. Jahrhundert wandte sich Piene wohl dem Raster zu, weil es ihm half, die traditionelle Bildkomposition zu überwinden. Während man letztere als Entscheidung über das Verhältnis der Teile zum Ganzen definieren kann, ist im Raster das Verhältnis jedes Bildpunktes zum Ganzen bereits festgelegt. Ein Gemälde oder eine Zeichnung auf dieser Grundlage hat daher etwas von einem fait accompli, der

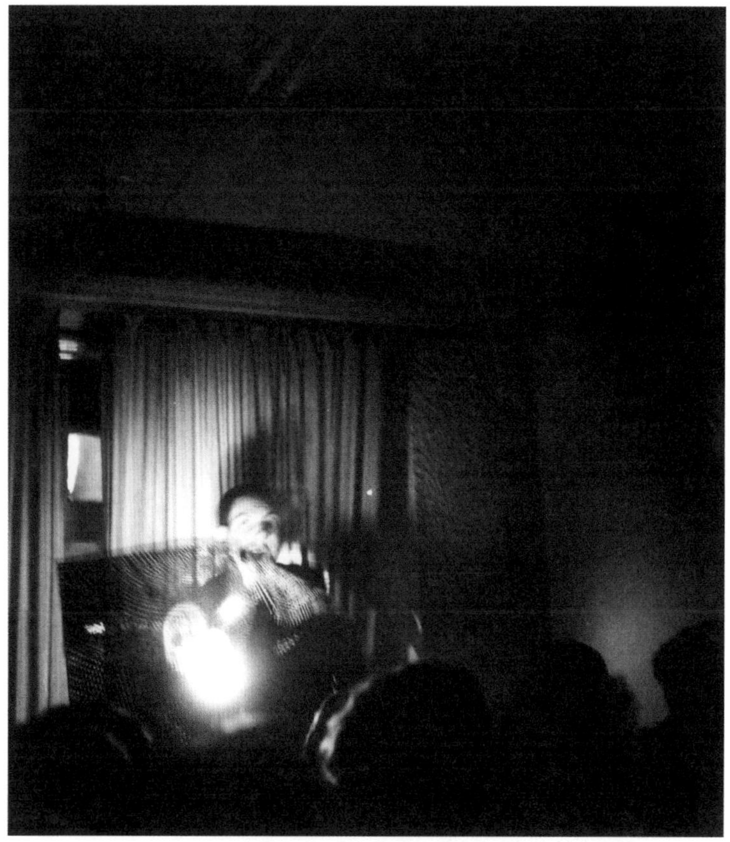

Abb. | Fig. 3: Die erste Aufführung des *Archaischen Lichtballetts* | The first performance of the *Archaic Light Ballet*, 11. Mai | 11 May 1959, Galerie Schmela, Düsseldorf

resulting in the *Rauchbilder*, or Smoke Paintings. Both series feature offset overlays of dotted grids, sometimes resulting in a pseudo-moiré effect. In *Rauchzeichnung* from 1959, a horizontal band of black dots with sfumato edges—literally deposited by soot from a flame—spans a horizontal piece of paper (cat. 18). Although evoking the genre of landscape, the work is not an iconic representation of the visible world but an abstract allusion to the metaphysics of natural materials and forces—including the energy flows that undergird electronic systems, as suggested here by the combination of fire and grid.

Like many artists throughout the twentieth century, Piene appears to have turned to the grid as a means of rejecting traditional pictorial composition, which can be defined as the making of decisions about how to relate parts to the whole: in a raster grid, the relation of each dot to the whole is already determined at the moment of the construction of the screen. The painting or drawing based on the screen is therefore something of a fait accompli, created as much by the physical properties of the materials (as in the accidental seepage of smoke through holes) as by the artist's conscious mind.

19 Siehe Krauss, «Raster» (wie Anm. 7); Armin Medosch erklärt in seinem Buch über die New Tendencies-Szene, in der auch Piene und die Gruppe Zero verkehrten: «Das Raster war ein Leitmotiv in den Arbeiten der New Tendencies-Künstler»: «Die Künstler holen das Raster aus dem Hintergrund hervor und machen es zum Thema und Sujet ihrer Arbeiten.» Siehe Medosch, Armin, *New Tendencies: Art at the Threshold of the Information Revolution (1961–1978)*, Cambridge, MA 2016, S. 61, 64f. [Übers. HE]. Medosch bemerkt im Anschluss daran, dass diese Raster «keine Systeme zum Anordnen von grafischen Elementen auf der Ebene» waren, sondern vielmehr «Andeutungen an die aufkommende Logik der Codes und Netze entsprechend dem neuen Paradigma der Information» (ebd., S. 64f. Obwohl er die Rasterung nicht eingehender erörtert, können wir uns sein Raster als eine Art «missing link» zwischen den Rastern von Künstlern wie François Morellet und dem «elektronischen Raster» vorstellen, das Medosch als ihr Vermächtnis ansieht.).

20 «Otto Piene in Conversation with João Ribas», in: *Otto Piene: Lichtballett*, Cambridge, MA 2011, S. 41 [Übers. HE].

Rasterbilder

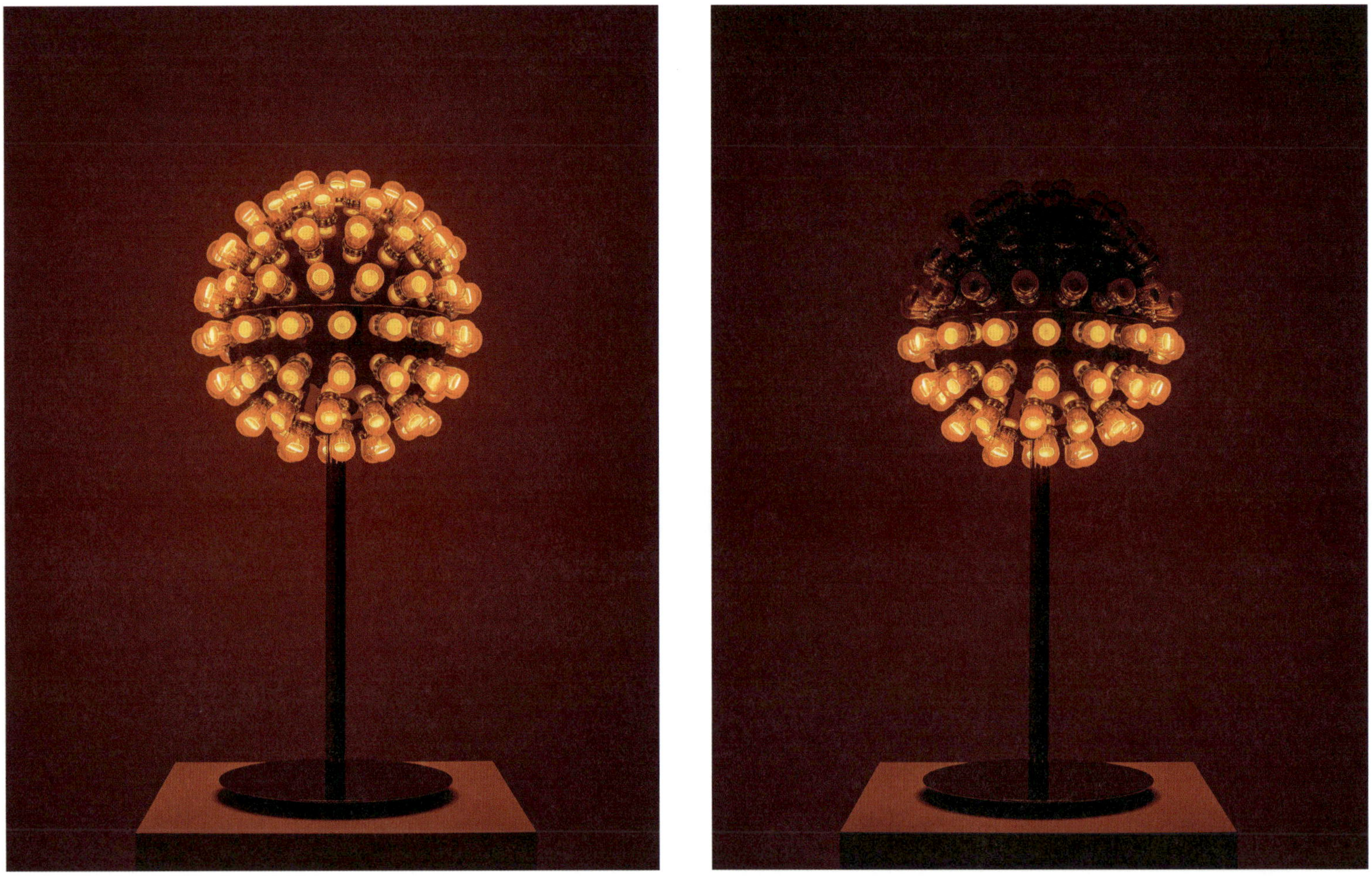

Abb. | Fig. 4: *Electric Flower*, 1968, Stahl, verchromt, Aluminium, Lampen | chromed steel, aluminum, lamps, 105.41 × 45.72 × 45.72 cm, Walker Art Center, Minneapolis, Geschenk von | Gift of Northern States Power Co., 1968

ebenso sehr aus den physischen Merkmalen der Materialien (etwa dem zufälligen Eindringen von Rauch durch Löcher) wie aus dem bewussten Handeln des Künstlers entsteht. Die Komposition ist am Ende sowohl Register eines Rasters – physische Spur, hinterlassen vom Sieb, durch das Farbe gedrückt wurde – als auch ikonische Darstellung eines Rasters (in Umkehrung, da seine leeren Löcher nun als Markierungen hervortreten). Und diese Darstellung ist zugleich selbst Raster in dem Sinn, dass es sich um ein Bild handelt, das als eine Abfolge von wiederholten, diskreten, regelmässigen Markierungen und Lücken zustande kommt. Im Ergebnis bewirkt ein Raster eine vollkommen andere Konfiguration der Bildebene: Cartesische Koordinaten ersetzen orthogonale Linien, Leere wird zum konstitutiven Bestandteil des Bildes (mit greifbarer Körperlichkeit) und ist nicht mehr nur einfach «negativer Raum» zwischen den Zeichen.

Wie sehr man versucht sein mag, Pienes Interesse am chemischen Experimentieren und Umwandeln (beispiels-

The final composition is both an index of a raster—a physical trace left by the screen through which paint was pushed—and an iconic representation of a raster (in negative, with its voids manifesting as marks) that also is itself a raster, in the sense of being an image articulated into a series of repeated, discrete, and regular marks and gaps. As a result, the raster grid effects a total reconfiguration of the picture plane: Cartesian coordinates replace orthogonal lines, and voids become a constitutive part of the image (with a palpable physicality) instead of merely "negative space" between marks.

Although tempting to interpret Piene's interest in chemical experimentation and transformation (as in the case of fire's transformation of materials into ash) as fundamentally analog, or even alchemical, the specter of advanced technology haunts these works. Given Piene's historical context and his own statements such as "seeing is aiming," it is hard not to see these raster images as in dialogue with the technologies of

weise von Materialien in Asche durch Feuer) als grundsätzlich analog oder sogar alchemistisch zu deuten, so sind diese Arbeiten doch vom Geist fortschrittlicher Technologie durchdrungen. Kaum zu übersehen angesichts Pienes Lebensgeschichte und eigener Aussagen wie «Sehen heisst zielen» ist der Bezug zwischen seinen *Rasterbildern* und der Militärtechnik des Zweiten Weltkriegs, als der Himmel selbst durch die glühenden Gitter der Suchscheinwerfer und der Leuchtspursalven eine Verwandlung erfuhr.[21] «Anstatt sich aber als beweiskräftig für erlittene Traumata zu zeigen, wollen die frühen Rasterbilder die Technologie aus Kriegszeiten aufgreifen und durch eine abstrakte Phänomenologie überwinden, damit sich womöglich derart schmerzhafte Manifestationen von militarisierter empirischer Ordnung, explosiver Hitze und Licht gedanklich kauterisieren lassen», schreibt der Kritiker Tom McGlynn. «Anstatt den Gang der historischen Tragödie noch einmal und anschaulicher in die Reflexion der deutschen Nachkriegsjahre einzuschreiben, wie es Jörg Immendorff und Anselm Kiefer und andere jüngere Landsleute taten, vertraute Piene sehr auf die elementare Substanz der Energie als solcher, um seine Vision einer neueren globalen Dynamik voranzubringen.»[22] Insbesondere fand Zero – die Gruppe, von der Piene sagte, dass sie «mit meinen Rasterbildern begonnen»[23] habe – poetische Resonanz mit ihrer Ziffer vom Ende eines Countdowns vor dem Raketenstart: «als Anzeichen einer Zwischenzone des Schweigens und der reinen Möglichkeiten für einen neuen Anfang.»[24] Somit war das Raster vom Beginn der Karriere Pienes an nicht einfach nur ein Kompositionsverfahren, das ausserhalb der Natur stand oder dieser entgegengesetzt wurde. Es war zugleich das Muster, das die Bomben und Granaten in den Himmel zeichnen, und das Muster der Augen, die den Himmel nach ihnen absuchten.[25] In diesem Sinn ist Pienes Raster sogar noch enger als das allgemeine Raster der Moderne mit Technik (oder genauer mit der Technik im Verständnis westlicher Kulturen des 20. Jahrhunderts) eng verbunden, was in seinem Gebrauch zur Rationalisierung, Vereinheitlichung und Effizienzsteigerung – ob für dystopische oder utopische Zwecke – zur Geltung kommt.

Das technische Verständnis des Rasters von Piene schliesst an das Werk von Lucio Fontana an, den Piene als prägende Gestalt für Zero anerkannte. Anfang der 1950er Jahre realisierte Fontana mit dem staatlichen italienischen Rundfunk RAI (Radiotelevisione Italiana) die Ausstrahlung *Buchi* (Löcher) und *Immagini luminose in movimento* (Leuchende Bilder in Bewegung). Obwohl von dieser Arbeit nur Standfotos erhalten sind, erkennt Christine Mehring darauf

World War II, when the sky itself was transformed by the fiery grids of searchlights and tracer rounds, as critic Tom McGlynn notes.[19] "Rather than presenting as evidentiary [*sic*] traumatic, these early raster paintings strive to incorporate and transcend the wartime technological towards an abstract phenomenology that might conceptually cauterize such painful manifestations of militarized empirical order, explosive heat, and light. Rather than redescribe the arc of historical tragedy in postwar German reflection [*sic*] more illustratively, as younger countrymen such as Jörg Immendorff or Anselm Kiefer would, Piene relied strongly upon the elemental substance of energy itself to propel his vision of a newer global dynamic," McGlynn argues.[20] Notably, Zero—which Piene claimed "started with my raster paintings"—found poetic resonance with the number at the end of a countdown to a rocket launch, "indicating a zone of silence and of pure possibilities for a new beginning."[21] Thus, from the very beginning of Piene's career, the raster grid is not merely a compositional device that stands outside of or in opposition to nature. It is also the pattern traced by ballistics, and by the eyes that scan the night sky for them.[22] In this sense, the raster grid—even more so than the modernist grid—is aligned with technology itself (or more properly, technology as it was understood in Western cultures in the twentieth century), manifesting its investments in rationalization, standardization, and efficiency—whether pursued for dystopian or utopian aims.

Furthermore, Piene's understanding of the raster as technological dovetails with the work of Lucio Fontana, whom he cited as a major influence on Zero. In the early 1950s, Fontana was able to work with the Italian broadcaster RAI (Radiotelevisione Italiana) to broadcast *Buchi* (Holes) and *immagini luminose in movimento* (Luminous Images in Movement). Although only photographic stills of these works remain, Christine Mehring explains that they show

> moving light being filtered, at least in one case, through one of the *buchi*, Fontana's signature works initially made [starting around 1949] from paper and then from canvas, respectively pierced from front and back with a stylus to create punctured surfaces. It appears that the one *buco* partially visible must have been handled like a screen to animate light in space and to project it onto a wall.[23]

21 McGlynn, Tom, «Otto Piene: Rasterbilder/Ceramics», in: *The Brooklyn Rail* (Dezember 2020/Januar 2021), https://brooklynrail.org/2020/12/artseen/Otto-Piene-Rasterbilder-Ceramics (26.10.2023) [Übers. HE].

22 Ebd. [Übers. HE].

23 «Otto Piene in Conversation with João Ribas» (wie Anm. 20), S. 41 [Übers. HE].

24 Piene, Otto, «The Development of Group ‹Zero›» (1964), in: *Otto Piene and Heinz Mack, Zero,* Cambridge, MA 1973, S. XX [Übers. HE].

25 Wie Michelle Kuo schreibt, «wiesen diese Schablonenmalereien mehr oder weniger parallele Reihen reliefartig gemalter Punkte auf, die ‚die Bildoberfläche in Vibration versetzten'. Tatsächlich erwecken die von Hand rasterförmig auf die Leinwand gesetzten Tupfen den Eindruck von Halbtonrastern aus dem Siebdruck – und binden so die bestrickende Abstraktion des Werks an ein hochgradig mechanisiertes Verfahren. Insbesondere die Bezeichnungen ‹Sieb› und ‹Raster› entsprechen hier weitgehend dem zeilenweisen Rasterverfahren in der Kathodenstrahlröhre und in weiterer Folge auch der rechteckigen Anordnung von Bildpunkten, die zur Grundlage für digitale Rastergrafiken wurde. Wenn das Auge einen Reiz durch die gesamte ‹Schwingung› des Bildes erfährt, so wird es von diesem auch in eine Abtastbewegung hineingezogen, in ein Lesen Zeile für Zeile, als handle es sich um Information.» Siehe Kuo, Michelle Y., «Specters», in: Piene, Otto: *Lichtballett*, S. 62 [Übers. HE]. Meine Argumentation in diesem Text baut weitgehend auf Kuos hellsichtiger «Verbindung der Tupfen» zwischen Pienes Rasterbildern und seiner Medienkunst auf.

19 Tom McGlynn, "Otto Piene: *Rasterbilder/Ceramics*," *The Brooklyn Rail* (December 2020/January 2021), https://brooklynrail.org/2020/12/artseen/Otto-Piene-Rasterbilder-Ceramics.

20 Ibid.

21 "Otto Piene in Conversation with João Ribas," in *Otto Piene: Lichtballett*, 41; Otto Piene, "The Development of Group 'Zero'" (1964), in Otto Piene and Heinz Mack, *Zero* (Cambridge, MA: MIT Press, 1973), xx.

22 As Michelle Kuo writes, "These stenciled paintings featured roughly parallel rows of painted dots in relief that 'put the picture surface in vibration.' In fact, the manually gridded points deposited onto canvas evoke the registration of a half-tone screen—tying the work's mesmerizing abstraction to a distinctly mechanical process. The words 'screen' and 'raster' more specifically echo the line-by-line raster scan of the cathode ray tube screen and, in turn, the rectangular array of pixels that would become the basis for digital raster graphics. If the eye is stimulated by the allover 'vibration' of the picture, it is also pulled into a scanning motion, tracking the lines as if reading information." See Michelle Y. Kuo, "Specters," in *Otto Piene: Lichtballett*, 62. My argument here very much builds on Kuo's astute "connecting of the dots" between Piene's raster paintings and media works.

23 Christine Mehring, "Television Art's Abstract Starts: Europe circa 1944–1969," *October* 125 (Summer 2008): 42.

> Licht aus beweglichen Quellen, in mindestens einem Fall auch gefiltert durch eines der berühmten *buchi* (Löcher), die Fontana ursprünglich [etwa ab 1949] aus Papier und später aus Leinwand herstellte. Diese Werke waren mit einem Stift von vorne bzw. von hinten gelocht und bekamen so punktierte Oberflächen. Wie es scheint, muss das eine teilweise erkennbare *buco* wie eine Schablone benutzt worden sein, um das Licht im Raum zu bewegen und an eine Wand zu projizieren.[26]

Ob Piene von Fontanas Experimenten mit punktierten Schablonen für Lichtspiele im Fernsehen wusste, ist nicht gesichert. Auf jeden Fall trug Fontanas Konzept des Spazialismo (Raumkunst), das in der Verwendung neuer Leuchtmaterialien und in verschiedenen Manifesten wie dem von Fontana mitunterzeichneten *Manifesto del movimento spaziale per la televisione* von 1952 Gestalt annahm, massgeblich zur Herausbildung von Pienes Ästhetik bei.[27] Von Jaleh Mansoor erfahren wir, dass Fontana – der 1955 schrieb, Malen sei nach Hiroshima und Nagasaki nicht mehr möglich – sich dem Fernsehen zuwandte, um Kunst infolge des «Zusammenbruchs der Legitimität traditioneller Medien nach dem Krieg»[28] neu zu denken. Fontana war also auf der Suche nach «Konzepten», die sich in vielen verschiedenen Medien umsetzen liessen. Er hing keiner modernen Vorstellung von Medienspezifik an. Anstatt aber eine «Entmaterialisierung» des Kunstobjekts herbeizuführen (Fontanas Werke haben im Gegensatz zu den radikalsten Werken der Konzeptkunst immer noch eine stoffliche Grundlage), machte das Fernsehen eine post-mediale (und post-atomare) Dialektik von «Abwesenheit und Anwesenheit, Entmaterialisierung und Verkörperung, Abstraktion und Gerätetechnik»[29] geltend – eine Dialektik, die sich meines Erachtens im Raster und in seiner Neuordnung des Bildraums konkretisierte.

Bedenkt man Fontanas Vorbildwirkung auf Piene, so überrascht es nicht, dass letzterer seine Raster sogleich mit technischen Prozessen und Materialien in Verbindung brachte, wozu auch seine Herstellung fotografischer Abzüge gehörte. In einer Diazotypie von 1959 – entstanden vermutlich in direkter Belichtung des Papiers durch seine perforierten Schablonen und ohne Verwendung einer Kamera oder eines Negativs – ist ein rechteckiges Raster überlagert von weiteren konzen-

26 Mehring, Christine, «Television Art's Abstract Starts: Europe circa 1944–1969», in: *October*, H. 125, Sommer 2008, S. 42 [Übers. HE].

27 Tatsächlich nennt Mehring Piene als ein Beispiel dafür, wie die Zero-Künstler über Rundfunktechnik nachdachten, noch bevor sie damit zu arbeiten begannen. Sie bezieht sich auf seine Arbeit *Frequenz* und auf *Rasterbilder* aus den späten 1950er Jahren, «in denen ‹reliefartige Ausläufer, die an Elektronenbahnen erinnern›, wie ein Kritiker meinte, Spiegelungen natürlichen oder elektrischen Lichts animierten» (Mehring, S. 55). Weiter schreibt sie: «Auf einer tieferen Ebene entspricht das gleichzeitige Streben nach Stofflichkeit und Immaterialität – durch Konkretisieren des Raums und Lichts, oder auch durch den Einsatz neuer Techniken und Industriematerialien, um ein diffuses Empfinden von Transzendenz und Idealismus heraufzubeschwören, – der gleichzeitigen An- und Abwesenheit des Fernsehens, seinem Kastenapparat, der ein flüchtiges Bild einfasst, und seiner Darbietung von Echtzeitgeschehen in räumlich distanzierter Wiedergabe». Mehring führt auch Beispiele für diese Vorform der Televisualität an: «die letzte Ausgabe der Zeitschrift *Zero*, die ein rotierendes Detail von [Heinz] Mack neben einen Radarschirm und Macks Wandmalerei von 1960 aus phosphoreszierender Farbe stellte» (ebd.) [Übers. HE].

28 Mansoor, Jaleh, «Fontana's Atomic Age Abstraction: The Spatial Concepts and the Television Manifesto», *October*, H. 124, Sondernummer «Postwar Italian Art», Frühjahr 2008, S. 140 [Übers. HE].

29 Ebd., S. 139 [Übers. HE].

Rasterbilder

While it is unclear if Piene was aware of Fontana's experiments with using punctured screens to create a light play for television, it is certainly the case that Fontana's concept of Spatialism—as represented by his use of new, luminous materials and also his various manifestoes, including the coauthored 1952 "Manifesto of the Spatialist Movement for Television"—helped shape Piene's aesthetics.[24] As Jaleh Mansoor explains, Fontana—who wrote in 1955 that "painting after Hiroshima and Nagasaki is impossible"—moved toward televisual media in an attempt to rethink art after "the collapse of the legitimacy of traditional mediums after the war."[25] Thus, Fontana pursued "concepts" that could be realized across multiple media instead of a modernist notion of medium-specificity. But rather than lead to the "dematerialization" of the art object (Fontana's works still have a substrate, unlike the most extreme examples of Conceptual art), television foregrounded a postmedium (and postatomic) dialectics of "absence and presence, dematerialization and embodiment, abstraction and technics"—a dialectics arguably concretized by the televisual raster grid and its reconfiguration of pictorial space.[26]

Given his debts to Fontana, it is unsurprising that Piene almost immediately began to connect his rasters to technological processes and materials, including the production of photographic prints. In an untitled Diazo print from 1959—likely made by exposing the paper to light directly through his perforated screens, without use of a camera or negative—a rectilinear raster grid is overlaid with concentric circular raster grids that align and misalign, creating a subtle illusion of movement (fig. 2). But Piene's most significant breakthrough would come when he deployed his screens yet again in the creation of his first *Light Ballets* that same year. ("As someone pointed out, it turned out to be a pretty economic use of my time spent punching holes," he later joked.[27]) The *Light Ballets* in a sense derive from the *Raster Paintings*, and specifically the way that they activate contrasts between light and dark: because the paint was extruded through tiny holes, the surface of the canvases also became textural, as in bas-relief, creating "relief points" that "caught the light and put the picture surface in vibration," as Piene explained in 1965.[28] At first, he used hand-operated lamps to direct light through his raster stencils (fig. 3). His next step was to invite others to join him:

24 In fact, Mehring includes Piene as one example of how the Zero Group was thinking about the technology of television even before they began working with it, citing his *Frequenz* and *Raster* paintings from the late 1950s, "in which 'relief-like protrusions reminiscent of electron paths,' as one critic had it, animated natural or electric light reflections" (Mehring, 55). She continues, "More profoundly, Zero's simultaneous pursuit of materiality and immateriality—by concretizing space and light, or by using new technologies and industrial materials to suggest a vague sense of transcendence and idealism—matches television's simultaneous presence and absence, its physical hardware box framing an evanescent picture, and its offering of actual live events viewed in spatially distanced reproduction." Mehring also cites as examples of this proto-televisuality "the last issue of the *Zero* journal, which juxtaposed a spiraling [Heinz] Mack detail with a radar screen" and "Mack's 1960 wall painting, which was made from phosphorescent paint" (ibid.).

25 Jaleh Mansoor, "Fontana's Atomic Age Abstraction: The Spatial Concepts and the Television Manifesto," in "Postwar Italian Art," special issue, *October* 124 (Spring 2008): 140.

26 Ibid., 139.

27 "Otto Piene in Conversation with João Ribas," in *Otto Piene: Lichtballett*, 41.

28 Otto Piene, "Light Ballet," in *Piene: Light Ballet* (New York: Howard Wise Gallery, 1965), unpaginated.

trischen, kreisrunden, mehr oder weniger aneinander ausgerichteten Rastern, die eine subtile Illusion von Bewegung erzeugen (Abb. 2). Der entscheidende Durchbruch gelang Piene, als er seine Schablonen bei der Arbeit an seinem ersten *Lichtballett* im selben Jahr einsetzte. («Wie irgendjemand angemerkt hat, erwies sich das als eine ziemlich effiziente Nutzung der Zeit, die ich mit dem Bohren von Löchern zugebracht hatte»[30], witzelte er später.) Die *Lichtballette* stammen in gewisser Hinsicht von den *Rasterbildern* ab und übernehmen insbesondere deren Aktivierung von Hell-Dunkel-Kontrasten: Weil die Malfarbe durch winzige Löcher aufgetragen wurde, bildete die Oberfläche der Leinwand eine Textur. Nach Art eines Flachreliefs wies sie «Reliefpunkte» auf, die «das Licht einfangen und die Bildfläche zum Vibrieren brachten»,[31] wie Piene 1965 erläuterte. Zunächst richtete er mit der Hand Lampen auf seine Rasterschablonen (Abb. 3). Im nächsten Schritt lud er andere zur Mitwirkung ein:

> Das Solo wurde zur Gruppenaufführung, wobei jedes Ensemble-Mitglied seine eigenen Lampen hielt und dem Hauptrhythmus der Projektion verschiedene Formen und Farben hinzufügte.[32]

1960 baute Piene seine ersten automatisierten Lichtplastiken. Bei diesen heute berühmten Werken sind die von Hand durchlöcherten Kartonschablonen durch perforierte Metallkugeln als Gehäuse für Fadenglühbirnen ersetzt. Auch seine «Trommeln» und «Satelliten» gehören dazu (Kat. 27). Diese Werke sind offenkundig technischer Art, was man an ihren polierten Aluminiumoberflächen und festgelegten Leuchtmustern erkennt, die im Verborgenen elektronisch gesteuert sind. Piene versammelte oft mehrere dieser Plastiken in Lichträumen, deren Wände er mit Punkten perforierte und rückseitig mit Licht anstrahlte – hierzu gehörte beispielsweise *Lichtraum mit Mönchengladbachwand* (1963/2013) (Kat. 2). In Rosen- und Blumenplastiken wie in *Electric Flower* (1967) verschwindet die Schablonenhülle dann ganz, und das Gittermuster wird in die Form der Glühbirnen übertragen (Abb. 4). Das Lochgitter der Rasterschablone ist hier also durch Raster aus Leuchten ersetzt: Abwesenheit wird zu Anwesenheit, das Negativ zum Positiv.

Oder noch anders gesagt: Aus dem *Loch* wird das *Pixel*. Derselben Logik folgt die Illustration auf dem Einband des Katalogs zur Ausstellung *Light/Motion/Space* von 1967, einer wichtigen amerikanischen Überblicksausstellung kinetischer Lichtkunst, die zunächst am Walker Art Center in Minneapolis präsentiert wurde und danach am Milwaukee Art Museum zu sehen war (Abb. 5). Sie zeigte unter anderem *Electric Flower*, und womöglich gab sie auch das Motiv für den Umschlag ab, auf dem das Wort LIGHT dreimal übereinander in weissen Punkten vor einem schwarzen Hintergrund zu sehen ist (wie am Vordach

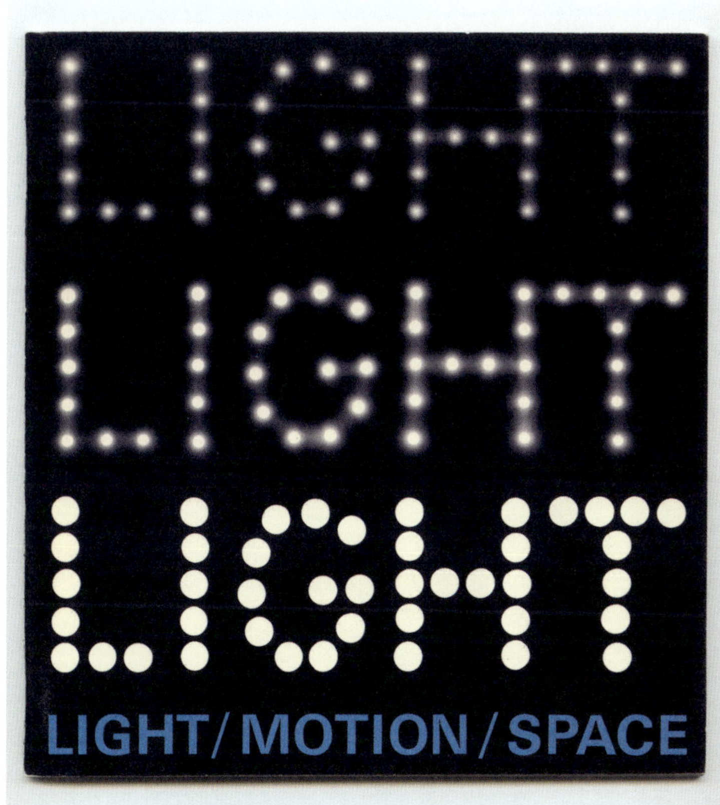

Abb. | Fig. 5: Ausstellungskatalog | Exhibition catalog cover, *Light/Motion/Space*, 1967, Walker Art Center, Minneapolis

> The solo turned into a group performance, with each member of the ensemble holding individual lamps and contributing different shapes and colors to the overall rhythm of the projection.[29]

In 1960 Piene built his first automated light sculptures. In these now-iconic sculptures, his hand-punched cardboard stencils are replaced by perforated metallic orbs encasing filament bulbs, including the "drums" and "satellites" (cat. 27). These works are evidently technological, as indicated by their polished aluminum surfaces and programmed patterns of light, which are dictated by hidden electronic controllers. Piene often gathered these sculptures together in *Lichträume* (Light Rooms) whose walls become essentially punctured by dots through which light shines, as with the *Light Room with Mönchengladbach Wall* (1963/2013) (cat. 2). In his "roses" and "flowers," such as *Electric Flower* (1967), the skin of the stencil disappears entirely, with the raster pattern transferred to the bulbs themselves (fig. 4). In other words, the gridded holes of the stencil have given way to grids of lights: absence becomes presence, negative becomes positive.

30 «Otto Piene in Conversation with João Ribas« (wie Anm. 20), S. 41 [Übers. HE].

31 Piene, Otto, «Light Ballet», in: *Piene: Light Ballet*, Ausst.-Kat. Howard Wise Gallery, New York, New York 1965, o. P., übersetzt in Glibota, Ante, *Otto Piene*, Villorba 2011, S. 534.

32 Ebd. [Übers. HE].

29 Ibid.

Rasterbilder

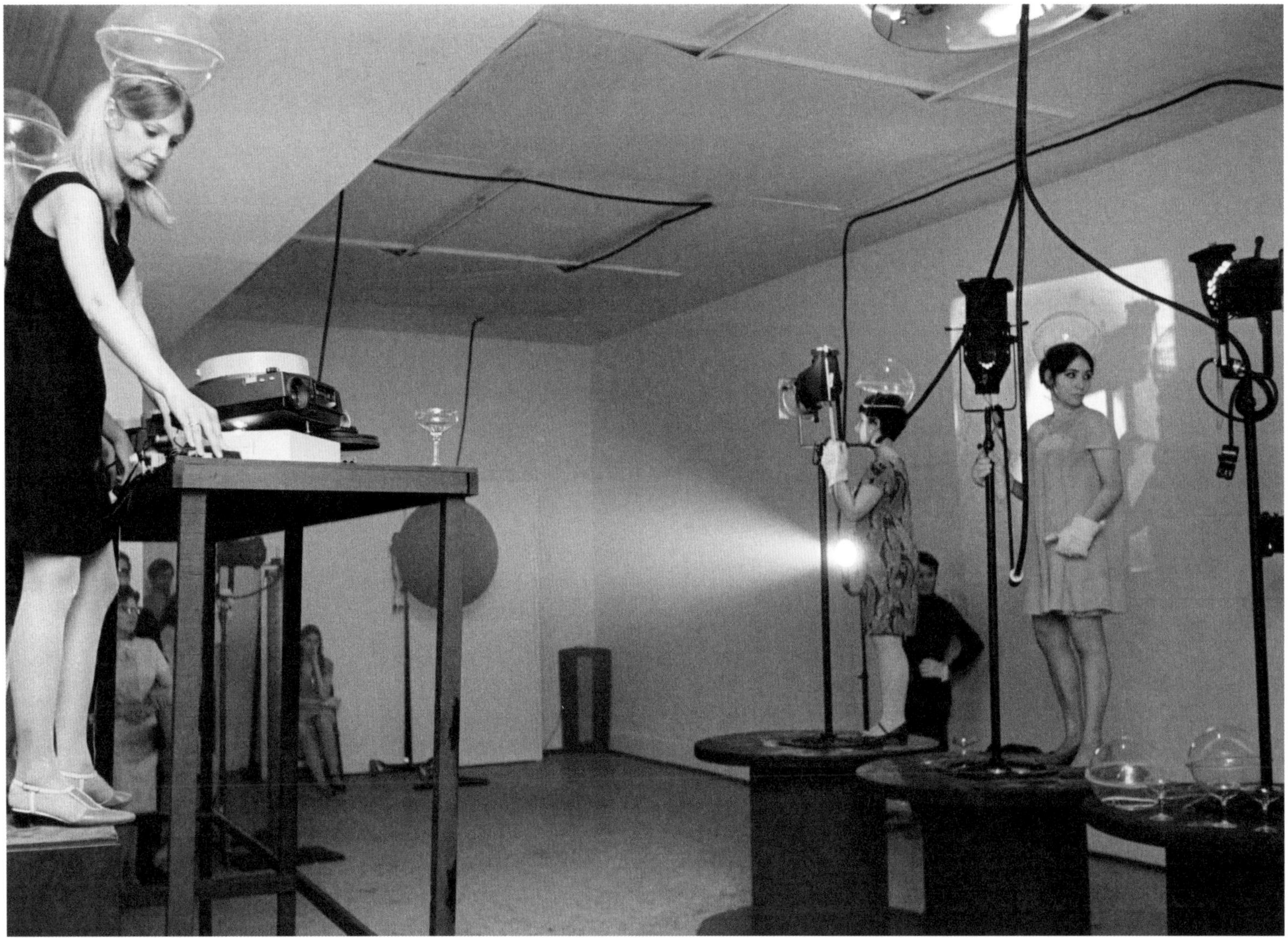

Abb. | Fig. 6: *The Proliferation of the Sun*, 1967, Installationsansicht | installation view *Light/Motion/Space*, Walker Art Center, Minneapolis

eines Theaters oder eben auf einem Rasterbildschirm) und mit jeder Wiederholung schärfer und heller wird.

Bei den Eröffnungsfeierlichkeiten am 8. April führte Piene eine Art Kombination aus Happening und *Lichtballett* mit dem Titel *The Proliferation of the Sun* auf. Eine Lokalzeitung berichtete direkt von der vierstündigen Veranstaltung und schilderte sie als eine «Mischung von Medien» mit der folgenden «Hauptattraktion» des Abends:

> Das «Proliferation»-Spektakel wurde im Zwei-Schicht-Betrieb mit süssen Mädels von der Minneapolis School of Art fabriziert (wo Piene in den Tagen davor gearbeitet hatte). Sie bedienten

Put differently, *hole* becomes *pixel*. The same logic operates on the cover of the catalog of the 1967 exhibition *Light/Motion/Space*, a key American survey of kinetic light art that opened at the Walker Art Center in Minneapolis and traveled to the Milwaukee Art Museum (fig. 5). The show included *Electric Flower*, which may have even inspired the cover of the catalog, on which the word *LIGHT* is spelled out three times in white dots against a black background (as on theater marquees—or a raster screen), getting progressively sharper and brighter with each iteration.

During the opening festivities on 8 April, Piene staged a kind of happening-cum-light ballet called *The Proliferation of the Sun*. A local newspaper provided an eyewitness

> Diaprojektoren, bunte Schweinwerfer und andere Gerätschaften, während Piene über ein Mikrofon Anweisungen erteilte. Seine monoton röhrenden Klangbotschaften («The Proliferation of the Sun. The Sun. The Sun. The Sun. The Sun. The Sun. The Sun.») gaben dem Geschehen eine gute Anmutung verschiedener Medien und machten aus einem Environment ein Spektakel.[33]

Den überlieferten Fotos der Veranstaltung kann man entnehmen, dass die Student:innen dabei auf Podesten standen und ihre Köpfe in durchsichtige Blasen (an Glühbirnen erinnernd) steckten, während sie die Steuerung für an- und ausgehende Leuchten bedienten (Abb. 6). So wurden sie gleichsam selbst zu Glühbirnen, und wie die Glühbirnen in Pienes Plastiken waren sie in parallelen Reihen mit den Gesichtern zueinander angeordnet – als bildeten sie gemeinsam ein lebensgrosses bewegliches Raster.[34]

Nur wenige Wochen vor der Eröffnung von *Light/Motion/Space* hatten Piene und der «Elektromedien»-Künstler Aldo Tambellini einen neuen Raum für Live-Medienhappenings über dem Gate Theatre (Tambellinis Off-Kino) an der Lower East Side in New York gegründet.[35] Wie Piene in einem Artikel für die Sommerausgabe 1967 des *Arts Magazine* schrieb, war «Das Black Gate oberhalb des New York Gate Theater das erste experimentelle Lichttheater, das den ELEKTRO-MEDIEN und ihrer Einbeziehung in andere kinetische Medien technischer oder natürlicher Art gewidmet ist»[36]. Zwar bot das Black Gate am Ende einer ganzen Bandbreite künstlerischer Ansätze Raum, darunter einer Vorführung von Videos durch Paik und einer Performance von Kusama. Doch am 17. März 1967 eröffneten seine beiden Gründer den Ort mit einem Doppelprogramm, bei dem einer Darbietung von Tambellinis *Blackout* und einer Wiederaufnahme von Pienes *The Proliferation of the Sun* folgte, die der Künstler 1967 und 1968 mehrfach zeigte (Kat. 137).[37] In dieser Fassung dauerte die Aufführung etwa 35 Minuten. Fünf Diaprojektoren mit handgemalten Dias warfen Bilder an die Wände und badeten das (auf dem Boden sitzende oder liegende) Publikum in elektrischem Licht.

Piene und Tambellini gingen mit ihrer Schau auch auf Reisen: *Black Gate Cologne* war ein Elektromedien-Gemeinschaftsprojekt der beiden Künstler und wurde am 30. August 1968 vor einem etwa 40-köpfigen Publikum im Fernseh-

account of the four-hour production, describing it as a "mixture of media" and "the major attraction" of the evening:

> The "Proliferation" spectacle was manufactured by two shifts of cuties from the Minneapolis School of Art (where Piene had been working for the previous few days) operating slide projectors, colored spotlights, and other devices as Piene gave them instructions over a microphone. His droning, instructional sound effects ("The Proliferation of the Sun. The Sun. The Sun. The Sun. The Sun. The Sun.") lent the right touch of media mixture to the proceedings, turning an environment into a spectacle.[30]

As evident from extant photographs of the event, the (male and female) students stood on pedestals with their heads inside clear bubbles (reminiscent of incandescent bulbs) while holding onto the controls for lights that would flash on and off (fig. 6). They essentially became lightbulbs themselves, and like the bulbs in Piene's sculptures, they were aligned in parallel rows, facing each other—as if they together made up a life-sized, dynamic raster grid.[31]

Only a few weeks before the opening of *Light/Motion/Space*, Piene and "electromedia" artist Aldo Tambellini had founded a new space for live media happenings above the Gate Theatre (Tambellini's underground cinema) on the Lower East Side in New York.[32] As Piene wrote in an essay in the summer 1967 issue of *Arts Magazine*, "The Black Gate, upstairs at the New York Gate Theater, is the first experimental light theater that is devoted to ELECTRO MEDIA and their incorporation into other kinetic media of technical or natural kind."[33]

Though the Black Gate would eventually host a range of practices—including a screening of videotapes by Paik and a performance by Kusama—the two founders inaugurated the space on 17 March 1967 with a double-bill featuring the first performance of Tambellini's *Blackout* and a reprisal of Piene's *The Proliferation of the Sun*, which he would perform on several occasions between 1967 and 1968 (cat. 137).[34] In this instance, the work was a roughly thirty-five-minute performance in which five slide projectors loaded with hand-painted slides cast images on the walls, immersing the audience (which sat or lay down on the floor) in electric light.

33 Kamerman, Jack, «Art», *Twin Citian*, May 1967, Walker Art Center Archives. Die Kritik fiel am Ende negativ, und wie oben gezeigt, tief sexistisch aus. «Das Piene-Spektakel zeigt jeder Bewertung von Lichtkunst erste Grenzen auf [...] Pienes ‹Proliferation of the Sun›, das am eifrigsten beworbene Ereignis der Voreröffnung, war bestenfalls amüsant wegen der Ernsthaftigkeit der Beteiligten und im schlimmsten Fall dafür zu rügen, dass es ein einfallsloses Sammelsurium darbot, als handle es sich dabei um ein bedeutendes ästhetisches Ereignis» [Übers. HE].

34 Bemerkenswert ist, dass Piene dies in anderen Versionen von *Proliferation* nicht wiederholte, vielleicht als bewusste Entscheidung, von der Objektivierung der Teilnehmer:innen abzurücken.

35 Tambellini definierte «electromedia» als «die Verschmelzung verschiedener Künste und Medien; sie haben die Medien aus ihrer traditionellen Funktion herausgebrochen und auf das Gebiet der neuen Kunst geführt, indem sie die anderen Künste, Dichtung, Klang, Malerei und kinetische Plastik, in eine zeiträumliche Umorientierung hin zu den Medien geholt und damit sowohl die Künste als auch die Medien von Grund auf veränderten.» Siehe Aldo Tambellini, «An Autobiography», in: *Aldo Tambellini: Black Zero*, hg. v. Wronoski, John u. a., New York 2011, S. 61 [Übers. HE].

36 Piene, Otto, «The Proliferation of the Sun: On Art, Fine Arts, Present Art, Kinetic Art, Light, Light Art, Scale, Now and Then», *Arts Magazine*, H. 8, Sommer 1967, S. 30 [Übers. HE].

37 Hier folge ich weitgehend meinem älteren Aufsatz «The Proliferation of the Sun: ZERO and the Medium of Light in Late 1960s America», in: *The Medium of Light and the Neo-Avant-Garde of the 1950s and 1960s*, hg. v. Hülsen-Esch, Andrea von/Pörschmann, Dirk, Düsseldorf 2013, S. 75–109.

30 Jack Kamerman, "Art," *Twin Citian*, May 1967, Walker Art Center Archives. His review was ultimately negative and, as the above indicates, deeply sexist: "The Piene spectacle suggests the first limitation on any evaluation of light art . . . Piene's 'Proliferation of the Sun,' the most publicized effort in the preview, was at best, amusing for the seriousness of its participants, and at worst, reprehensible in treating an unimaginative hodge-podge as though it were a major aesthetic event."

31 Notably, Piene did not repeat this format in other iterations of *Proliferation*, possibly as a conscious decision to move away from the objectification of the participants. Recently found archival photos show men participating too.

32 Tambellini defined "electromedia" as "the fusion of the various arts and media; it broke media away from its traditional role and brought it into the area of a new art by bringing the other arts, poetry, sound, painting, and kinetic sculpture, into a time/space reorientation toward media, transforming both the arts and the media." See Aldo Tambellini, "An Autobiography," in *Aldo Tambellini: Black Zero*, ed. John Wronoski et al. (New York: Boris Lurie Art Foundation, 2011), 61.

33 Otto Piene, "The Proliferation of the Sun: On Art, Fine Arts, Present Art, Kinetic Art, Light, Light Art, Scale, Now and Then," *Arts Magazine* 41 (8) (Summer 1967): 30.

34 My text here borrows from my earlier essay "*The Proliferation of the Sun*: ZERO and the Medium of Light in Late 1960s America," in *The Medium of Light and the Neo-Avant-Garde of the 1950s and 1960s*, ed. Andrea von Hülsen-Esch and Dirk Pörschmann (Düsseldorf: Düsseldorf University Press, 2013), 75–109.

studio des Westdeutschen Rundfunks (WDR) in Köln aufgeführt (Kat. 131–132). Die technisch aufwändige Veranstaltung beinhaltete Film- und Standbildprojektionen, Gedichtvorträge sowie Pienes «blinkende, abstrahlende und atmende Licht- und Luftplastiken»[38], darunter *Electric Rose* (1965) und einen 500 Meter langen, durchsichtigen, luftgefüllten Polyethylenschlauch. Alle das wurde von fünf Fernsehkameras aufgezeichnet und aus dem Studio in einen Kontrollraum übermittelt, wo Tambellini und Piene die Livebilder mit mitgebrachten Videoaufnahmen mischten. Diese Videos enthielten unter anderem «bearbeitete Video-Abstraktionen, von Tambellini elektronisch mit einem Bildfeeder erstellt; Dias und Filmen entnommene Bilder aus Tambellinis Filmreihe ‚Black' sowie Aufnahmen von Karussellprojektionen aus den Lichtspektakeln beider Künstler; Material aus der Fernsehberichterstattung zur Ermordung von Robert Kennedy vor dem Ambassador Hotel; die Stimme von Mahalia Jackson beim Begräbnis von Dr. Martin Luther King Jr.; elektronisch erzeugte Dröhngeräusche von Piene und dem Tontechniker, usw.»[39] Ein 23-minütiger Zusammenschnitt des abschliessenden, 47 Minuten langen Videos wurde am 26. Januar 1969 vom WDR gesendet (und in den folgenden Jahren noch drei Mal wiederholt). Damit ist *Black Gate Cologne* das erste für die Ausstrahlung im Fernsehen entstandene Videokunstwerk.

Nach *Black Gate Cologne* beauftragte der öffentliche Sender WBGH Boston Piene mit dem fast fünfminütigen Video *Electronic Light Ballet* (Kat. 133–134) und übernahm dabei auch die Produktion. Diese Arbeit wurde in eine heute legendäre WGBH-Reihe namens *The Medium Is the Medium* mit Videokunst fürs Fernsehen aufgenommen, in der auch Paik und Tambellini mit Arbeiten vertreten waren.[40] Wie *Black Gate Cologne* erkundete dieser Beitrag Pienes entsprechend seinem Titel das neue Medium Video auf eine Weise, die dessen genealogische Nähe zu Pienes gerasterten *Lichtballetten* hervorhebt. Tatsächlich beruhte das *Electronic Light Ballet* auf Videoaufnahmen von Pienes *Manned Helium Sculpture* (Kat. 41–43, 45), einem vierständigen Multimediaspektakel, das am Abend des 5. Januar 1969 stattgefunden hatte. Bei *Manned Helium Sculpture* wurde eine schmächtige Frau mit Gurten versehen und im grellen Licht zweier umherschweifender, farbiger 20 Kilowatt-Lichtbögen von Heliumballons in die Luft gehoben. Das Ganze verstand sich als eine Art Luft-Licht-Ballett unter freiem Himmel. Die Filmaufnahmen von dem Ereignis wurden anschliessend wie in einer Doppelbelichtung von Bildern einer bewegten Lichtquelle überlagert, die durch eine mit Löchern durchsiebte Sperrholzplatte strahlte, woraus ein schwankendes Lichtgitter weitgehend von der Art entstand, nach der Piene schon seine ersten *Lichtballette* gestaltet hatte.[41] Die Wirkung beschreibt Gene Youngblood in seinem Buch *Expanded Cinema* von 1969 detailreich und suggestiv:

38 Aldo Tambellini Archives, Salem, MA.
39 Diese Aufzählung stützt sich auf eine Seite Text ohne Überschrift (vermutlich von Piene selbst verfasst) in den Howard Wise Gallery Records: Harvard University Art Museum Archives, Series II, Ordner Otto Piene Performances [A] 1 of 3 [Übers. HE].
40 Hier und in den folgenden Absätzen stütze ich mich auf meine unveröffentlichte PhD-Dissertation «McLuhan's Bulbs: Light Art and the Dawn of New Media» an der Columbia University, 2016.
41 Die Verwendung von Sperrholz wird erläutert in McQuaid, Cate, «Pioneering Piene Celebrated at Boston Cyberarts», in: *The Boston Globe*, 3. 2. 2015, http://www.bostonglobe.com/arts/2015/02/03/pioneering-piene-celebrated-boston-cyberarts/ri1xtKJ5nrKA3WsFEzBiAO/story.html (26.10.2023) [Übers. HE].

Rasterbilder

Piene and Tambellini took their show on the road with *Black Gate Cologne*, an electromedia collaboration between the two artists that was staged for an audience of around forty people inside the Westdeutscher Rundfunk (WDR) television studio in Cologne on 30 August 1968 (cats. 131–32). The technologically complex event included film and still projections, spoken poetry, and Piene's "blinking, projecting and breathing light and air sculptures," including *Electric Rose* (1965) and a pneumatic transparent polyethylene hose that was 1,500 feet long.[35] All of these elements were captured by five studio cameras; the signals from the studio were sent to a control room, where Tambellini and Piene mixed the live footage with prerecorded tapes including "manipulated videotape abstractions made by Tambellini electronically with an image-feeder; slide- and film-derived images from Tambellini's 'Black' film series and both artists' Carousel projections from light shows; television news broadcast material of the assassination of Robert Kennedy at the Ambassador Hotel; the voice of Mahalia Jackson at the funeral of Dr. Martin Luther King Jr.; and electronically-produced droning noise made by Piene with the studio sound engineer, etc."[36] A twenty-three-minute edit of the final forty-seven-minute tape was broadcast on WDR Köln on 26 January 1969 (and then three more times over the next few years), making *Black Gate Cologne* the first work of video art created for television broadcast.

After *Black Gate Cologne*, the public television station WGBH Boston commissioned and produced Piene's nearly five-minute video *Electronic Light Ballet* (cats. 133–34). It was included in their now-legendary March 1969 program of made-for-broadcast video art, *The Medium Is the Medium*, which also included new works by Paik and Tambellini, among others.[37] Like *Black Gate Cologne*, Piene's contribution explores the new medium of video in a way that underscores its genealogical relationship to the rasterized *Light Ballets*, as indicated by the work's title. In fact, *Electronic Light Ballet* is based on a video recording of Piene's *Manned Helium Sculpture*, a four-hour intermedia event held on the evening of 5 January 1969. In *Manned Helium Sculpture* (cats. 41–43, 45), a small woman was harnessed to helium balloons that hoisted her into the air under the glare of two roving, colored twenty-kilowatt arc lights—a kind of outdoor, aerial light ballet. The footage of the event was subsequently overlaid, as in double-exposure, with footage of a moving light shining through a piece of plywood riddled with holes, creating a shifting light grid in much the same way that Piene created his first light ballets.[38] The effect is described in evocative detail by Gene Youngblood in his 1969 book *Expanded Cinema*:

35 Aldo Tambellini Archives, Salem, MA.
36 This account relies on one page of untitled text (presumably written by Piene himself) in the Howard Wise Gallery Records, Harvard University Art Museum Archives, Howard Wise Gallery Records, Series II, folder Otto Piene Performances [A] 1 of 3.
37 Here and in the paragraphs that follow, I draw from my unpublished dissertation "McLuhan's Bulbs: Light Art and the Dawn of New Media," PhD dissertation, Columbia University, 2016.
38 The use of plywood is explained in Cate McQuaid, "Pioneering Piene Celebrated at Boston Cyberarts," *The Boston Globe*, 3 February 2015, http://www.bostonglobe.com/arts/2015/02/03/pioneering-piene-celebrated-boston-cyberarts/ri1xtKJ5nrKA3WsFEzBiAO/story.html.

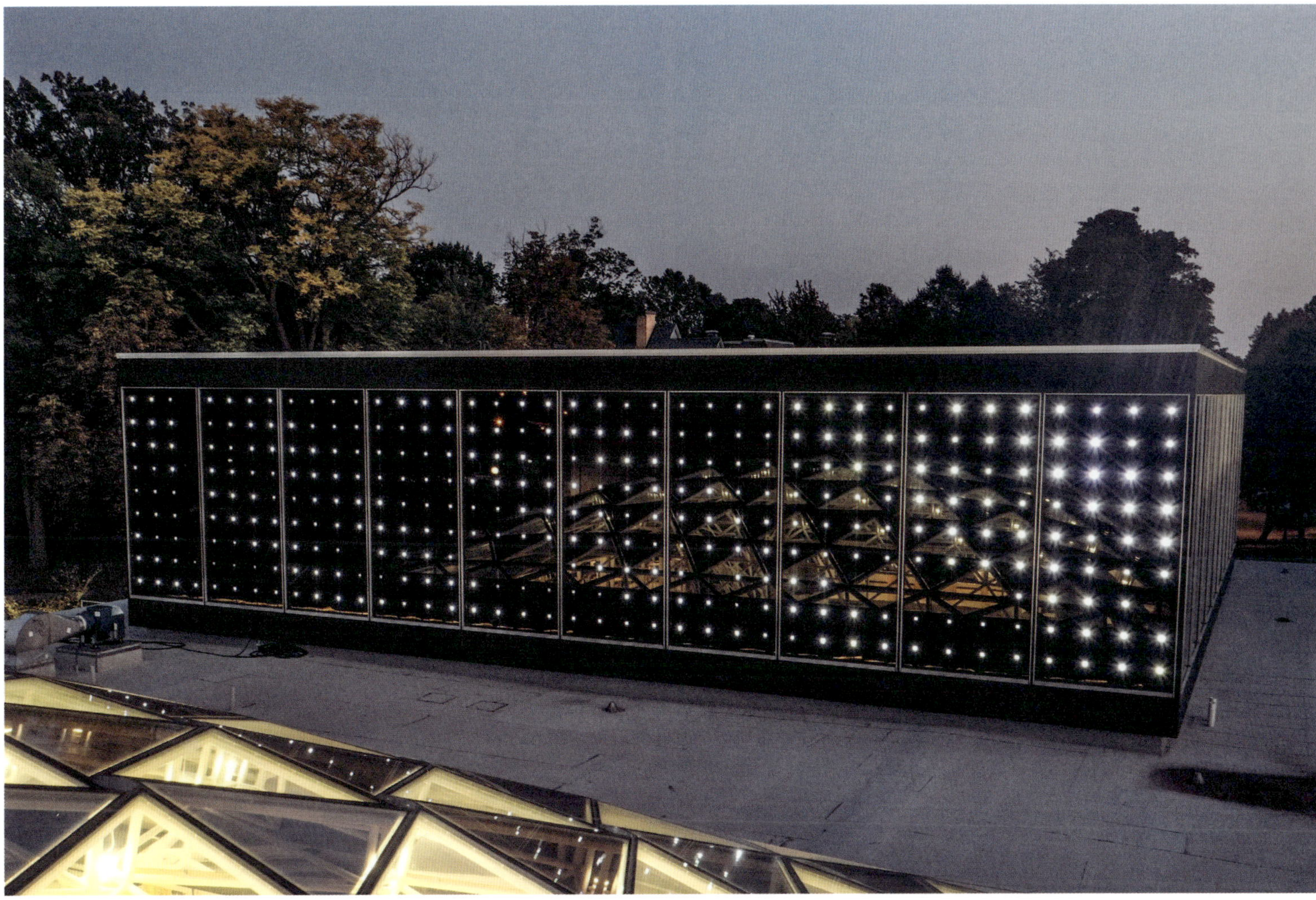

Abb. | Fig. 7: Leo Villareal, *Light Matrix*, 2005, weisse LEDs, kundenspezifische Software und elektrische Hardware | white LEDs, custom software, and electrical hardware, ca. 4.88 × 24.38 m, Sammlung | Collection Buffalo AKB Art Museum, Geschenk von | Gift of Mr. and Mrs. Peter B. Flickinger, 2005:25

Getreu Pienes nüchterner Empfindsamkeit ging das Bildmaterial für dieses Werk auf nur zwei Quellen zurück: ein Raster aus farbigen Punkten, die quer über den Bildschirm zu Regenbogenfarben verliefen; und eine Videoaufnahme von Pienes *Manned Helium Sculpture* – einem von mehreren Versuchen mit Schweben und Gleichgewicht, die der Künstler als Fellow am Center for Advanced Visual Studies am MIT durchgeführt hat [...]. Aufgeführt wurde die Himmelfahrt abends auf dem Parkplatz des WBGH, den man für diesen Anlass mit bunten Flutlichtern erhellt hatte. Über dieses langsame, beschwingte, surreale Geschehen

Typical of Piene's austere sensibility, only two image sources were used in this piece: a grid of colored dots that melted in rainbow colors across the screen; and a videotape of Piene's *Manned Helium Sculpture*, one of a series of experiments with lift and equilibrium that the artist conducted as a Fellow at M.I.T.'s Center for Advanced Visual Studies. . . . The ascension was staged at night in the parking lot of WGBH, which was illuminated by colored floodlights. Over this slow, buoyant, ethereal, surrealistic scene Piene superimposed a geometrical grid of regularly-spaced colored dots similar in effect to the multiple-bulb brilliance

legte Piene in regelmässigen Abständen ein geometrisches Raster aus bunten Tupfen, das eine ähnliche Wirkung entfaltete wie seine funkelnden Lichtplastiken aus unzähligen Glühlampen. Als exquisiter Kontrapunkt zur Erscheinung des Ballons leuchteten die Punkte grell auf, verflüssigten sich, bildeten spermienartige Schwänze und kippten am Ende als triefende Kelche voller Farbe über den Bildschirm. Das Verfahren war täuschend schlicht: Niederstrahlen der einzelnen Pistolen der Farbkamera mit einer starken, heissen Lichtquelle, die durch mehrfach perforierte Schablonen leuchtet. Sowohl die Schablonen als auch die Kamera waren dabei in Bewegung und brannten in der Folge eine farbkräftige, spermienähnliche Form ein. Wenn ein Tupfer ursprünglich gelb erschien und in Bewegung war, so blieb der niedergestrahlte «Schwanz» zwar gelb, doch der «Kopf» des kometenförmigen Lichts war plötzlich rot oder grün. Das wirkte wie alle Arbeiten von Piene still und elegant, und es offenbarte die Potenziale des Mediums in den Händen eines echten Künstlers.[42]

Wie man Youngbloods Schilderung entnehmen kann, verwendete Piene für die Sequenzen mit den gerasterten bunten Leuchten eine Lichtquelle, um die Videokamera «niederzustrahlen» (im gewöhnlichen Sprachgebrauch würde man vielleicht sagen: ihr «die Sicherungen durchbrennen zu lassen»).[43] Das störte ihre Funktion, die Welt fotografisch einzufangen, und löste die Sicht der Kamera auf das physische Lichtergitter in reine, abstrakte Muster von Energie und Licht auf – ähnlich jenen, die auf der Ebene der elektronischen Bildzeile jedes Fernsehbild ausmachen. Obwohl durchgehend analog und noch nicht digital, nimmt das Video am Ende – mit den ständigen Schnitten zwischen dem Lichtergitter und den Aufnahmen von der *Manned Helium Sculpture*, die ineinander verlaufen, als existierten sie auf derselben Realitätsebene – die digitale Welt der gerasterten, punktgrafischen und gepixelten Bilder schon vorweg.

Im selben Jahr entwarf Piene ein *Lichtballett* im Rahmen eines Architekturwettbewerbs. Seine *Lichtwand Silberne Frequenz* legte sich über die Fassade des LWL Landesmuseums für Kunst und Kultur in Münster, an der sie 1972 angebracht wurde (Kat. 11–12). Das Werk bestand ursprünglich aus 635 verspiegelten, zu einem rechteckigen Raster angeordneten und mit silbrig schimmernden Stangen verbundenen Kugeln. In jeder befand sich eine zur Wand gerichtete Leuchte, die auf diesem architektonischen «Bildschirm» Lichtmuster erzeugte. In

42 Youngblood, Gene, *Expanded Cinema*, New York 1969, S. 299, 301 [Übers. HE].
43 Ebd., S. 301 [Übers. HE].

of his light sculptures. In exquisite counterpoint to the balloon scene the dots flared brightly, became liquid, developed spermlike tails, and finally dripped oozing globlets of color across the screen. The technique was deceptively simple: de-beaming the separate guns of the color camera with a strong hot light source shining through multiply-perforated stencils. Both the stencils and the camera were moved, causing a sperm-shaped burn-in of intense colors. If a dot appeared originally as yellow and was moved, the de-beamed "tail" would remain yellow but the "head" of the comet-shaped light would suddenly turn red or green. The effect, as in all of Piene's work, was quietly elegant, revealing the potentials of the medium in the hands of a true artist.[39]

As Youngblood indicates, to create the sequences of gridded, colored lights, Piene used a light to "de-beam" the video camera (or in colloquial parlance, to "blow its circuits").[40] This compromised the camera's ability to capture the world photographically, dissolving the camera's vision of the physical screen into pure pattern and thereby giving form to the similarly abstract patterns of energy and light that comprise every televisual image at the level of the electron scan line. Although fully analog and not yet digital, the final video—with its constant cutting between the grid of lights and the footage of *Manned Helium Sculpture*, which melt into each other as if they existed on the same plane—anticipates the digital world of rasterized, bitmapped, and pixilated images.

That same year, Piene proposed a light ballet as an architectural commission. His *Lichtwand Silberne Frequenz* (Light Wall Silver Frequency) wraps around the façade of the LWL Landesmuseum fur Kunst und Kultur in Münster, where it was installed in 1972 (cats. 11–12). The work originally comprised 635 mirrored balls arranged in a rectilinear grid and connected by silvery bars; each ball housed a light that aimed onto the wall, creating patterns of light on this architectural "screen." In his proposal, Piene himself explained how the title is borrowed from that of one of his Raster paintings he made in 1957, calling the new work "a three-dimensional, kinetic further development of this raster image," while also explaining that it is modular and therefore variable.[41] With this work, Piene created his truest rasterized grid—one that forms images from individual "pixels" of light. (In 2014 the work was reinstalled using 410 programmable LED lights, making it even more fully digital on a material level.[42]) He thereby pioneered an aesthetic that is now readily recognizable from the practices of many contemporary digital

39 Gene Youngblood, *Expanded Cinema* (New York: E. P. Dutton, 1969), 299, 301.
40 Ibid., 301.
41 Otto Piene, competition portfolio, 30 January 1970, LWL-Museum für Kunst und Kultur, Münster, Germany. Unless otherwise noted, all translations are by the author.
42 The reinstallation was not without controversy, given the changes that were made to the dimensions of the work, in part to accommodate the addition of the museum's logo. See, for example, Alex Fiahlo, "Diary: Five and Dime; Alex Fialho at the 5th Skulptur Projekte Münster," Artforum.com, 15 June 2017, https://www.artforum.com/diary/alex-fialho-at-the-5th-skulptur-projekte-muenster-68952.

seinem Projektvorschlag erläuterte Piene, dass sich «der Titel der Lichtwand ‹Silberne Frequenz› [...] auf ein von mir 1957 gemaltes silbernes Rasterbild dieses Titels» bezog. Er nannte die neue Arbeit «eine dreidimensionale, kinetische Weiterentwicklung dieses Rasterbildes»[44]. Mit dem Werk schuf Piene sein ureigenstes Raster: eines, das Bilder aus einzelnen Licht-«Pixeln» zusammensetzt. (2014 wurde die Arbeit unter Verwendung von 410 programmierbaren LED-Leuchten neu installiert und damit auf einer materiellen Ebene noch konsequenter digital realisiert.[45]) Piene erschloss damit eine Ästhetik, die man heute schon auf den ersten Blick in den Arbeiten zahlreicher zeitgenössischer Digitalkünstler:innen von Jim Campbell über Rafael Lozano-Hemmer und Leo Villareal (Abb. 7) bis hin zu Pipilotti Rist wiedererkennen kann.[46]

So kann die Allgegenwart des digitalen Rasters in der Kunst und im Alltag von immer mehr Menschen als Beweis dafür gelten, dass wir uns noch weiter als bisher vom Analogen und vom steten Informationsfluss «unmediatisierter» Erlebnisse entfernen (falls es so etwas überhaupt jemals gegeben hat). Zumindest erscheint das digitale Raster als Symbol und zugleich Agens neuer Machtkonstellationen, während sich ältere Vorformen wohl noch eine Weile halten werden. In diesem Sinn beschreibt Bernhard Siegert das Raster zunächst als westliche «Kulturtechnik», die sowohl etwas darstellt als auch selbst agiert (indem sie eine Ordnung in den Raum und somit auch in die Zeit bringt), und die alle möglichen Formate von den Gitternetzen der Renaissanceperspektive bis zu Karten von Kolonisatoren angenommen hat. Dann aber gelangt Siegert zu dem Schluss, dass der Traum von Utopisten wie Le Corbusier aber auch von Nationalsozialisten wie Ernst Neufert von einem alles erfassenden dreidimensionalen Raster nicht allein durch das Bauen von Stein auf Stein, sondern erst durch die Verknüpfung eines Raumrasters mit digitalen globalen Positionssystemen (GPS) entstehen konnte. Daraus ist nach Siegert eine Mediatisierung des Raums hervorgegangen, der so gut wie nichts mehr entkommen kann.[47] Dagegen ist in Pienes Rastern und in den Lichtballetten von Künstler:innen, die direkt oder indirekt sein Vermächtnis weitertragen, das Raster der eigentliche Grund, auf dem sich das Bild nicht einfach nur einzeichnet, sondern materialisiert. Die Kraft von Pienes Kunst liegt darin, dass sie Immanenz und Flüchtigkeit dieser Materialisierung erhellt – was bis zum heutigen Tag gilt.

44 Piene, Otto, Unterlagen zum Wettbewerbsbeitrag, 30. 1. 1970, LWL-Museum für Kunst und Kultur, Münster.

45 Die Neuinstallation war nicht unumstritten aufgrund Änderungen an den Abmessungen der Arbeit, die zum Teil damit zu tun hatten, dass das Logo des Museums integriert werden sollte. Siehe z. B. Fiahlo, Alex, «Diary: Five and Dime; Alex Fialho at the 5th Skulptur Projekte Münster», Artforum.com, 15. 6. 2017, https://www.artforum.com/diary/alex-fialho-at-the-5th-skulptur-projekte-muenster-68952 (26.10.2023) [Übers. HE].

46 Selbstverständlich ist die Auflösung heute so, dass wir nicht mehr ohne weiteres erkennen können, ob ein gerastertes Digitalbild tatsächlich aus Pixeln besteht, und Künstler:innen, die mit einer Pixelästhetik arbeiten, um auf diese Gegebenheit hinzuweisen, tun das aus unterschiedlichen Motiven. Das kann ein Interesse an Medienarchäologie oder auch der Wunsch sein, sich dem zu öffnen, was Hito Steyerl ein «poor image» genannt hat. Siehe Hito Steyerl, «In Defense of the Poor Image», in: *e-flux*, H. 10 (November 2009), https://www.e-flux.com/journal/10/61362/in-defense-of-the-poor-image/) (26.10.2023) [Übers. HE]. Zur Geschichte der Kunst, die explizit Bezug auf Raster und – auch dies ein digitales Bildformat – Vektoren Bezug nimmt, siehe Gaboury, Jacob, «Grids and Vectors: The Aesthetics of the Digital», in: *Electric Op*, hg. v. Rivers Ryan, Tina, Buffalo 2024 (erscheint demmnächst).

47 Siegert, Bernhard, *Kulturtechniken. Rastern, filtern, zählen und andere Artikulationen des Realen*, München 2023.

artists, ranging from Jim Campbell to Rafael Lozano-Hemmer, Leo Villareal (fig. 7), and Pipilotti Rist.[43]

On the one hand, the ubiquity of the digital raster grid—not just in art, but in the everyday lives of an increasing number of people—can be taken as evidence of our increasing distance from the analog and continuous information flows of "unmediated" experience (if ever such a thing existed). At the very least, the raster grid seems to be both symbol and agent of new constellations of power, even as earlier grids continue to persist. For example, Bernhard Siegert describes the grid as a Western "cultural technique" that is both representational and operational (in the sense that it orders space and therefore time), ranging in format from the veils of Renaissance perspective to the maps of colonizers. He concludes that the early twentieth-century dream of a totalizing three-dimensional grid—shared by utopianists such as Le Corbusier as well as National Socialists such as Ernst Neufert—were realized not through brick-and-mortar architecture, but through the interfacing of a spatial grid with digital global positioning systems (GPS), resulting in what Siegert describes as "a mediatization of space from which hardly anything can escape."[44] But in Piene's rasters and in the light ballets of those artists who are his direct or indirect legacy, the grid is the very ground in which the image is not simply mapped, but materialized. The power of Piene's art is that it illuminates both the immanence and evanescence of that materialization—which obtains even to this day.

43 Of course, resolutions today are such that we typically cannot see that the rasterized digital image is in fact made of pixels, and the artists who choose to work with a pixilated aesthetic that draws attention to this fact have varying motivations, ranging from an interest in media archaeology to a desire to embrace what Hito Steyerl has called "the poor image;" see Hito Steyerl, "In Defense of the Poor Image," *e-flux* 10 (November 2009), https://www.e-flux.com/journal/10/61362/in-defense-of-the-poor-image/). On the history of artists making explicit use of both rasters and vectors—another digital image format—see Jacob Gaboury, "Grids and Vectors: The Aesthetics of the Digital," in *Electric Op*, ed. Tina Rivers Ryan (Buffalo: Buffalo AKG Art Museum/Giles, forthcoming 2024).

44 Bernhard Siegert, *Cultural Techniques: Grids, Filters, Doors, and Other Articulations of the Real*, trans. Geoffrey Winthrop-Young (New York: Fordham University Press, 2015), 120.

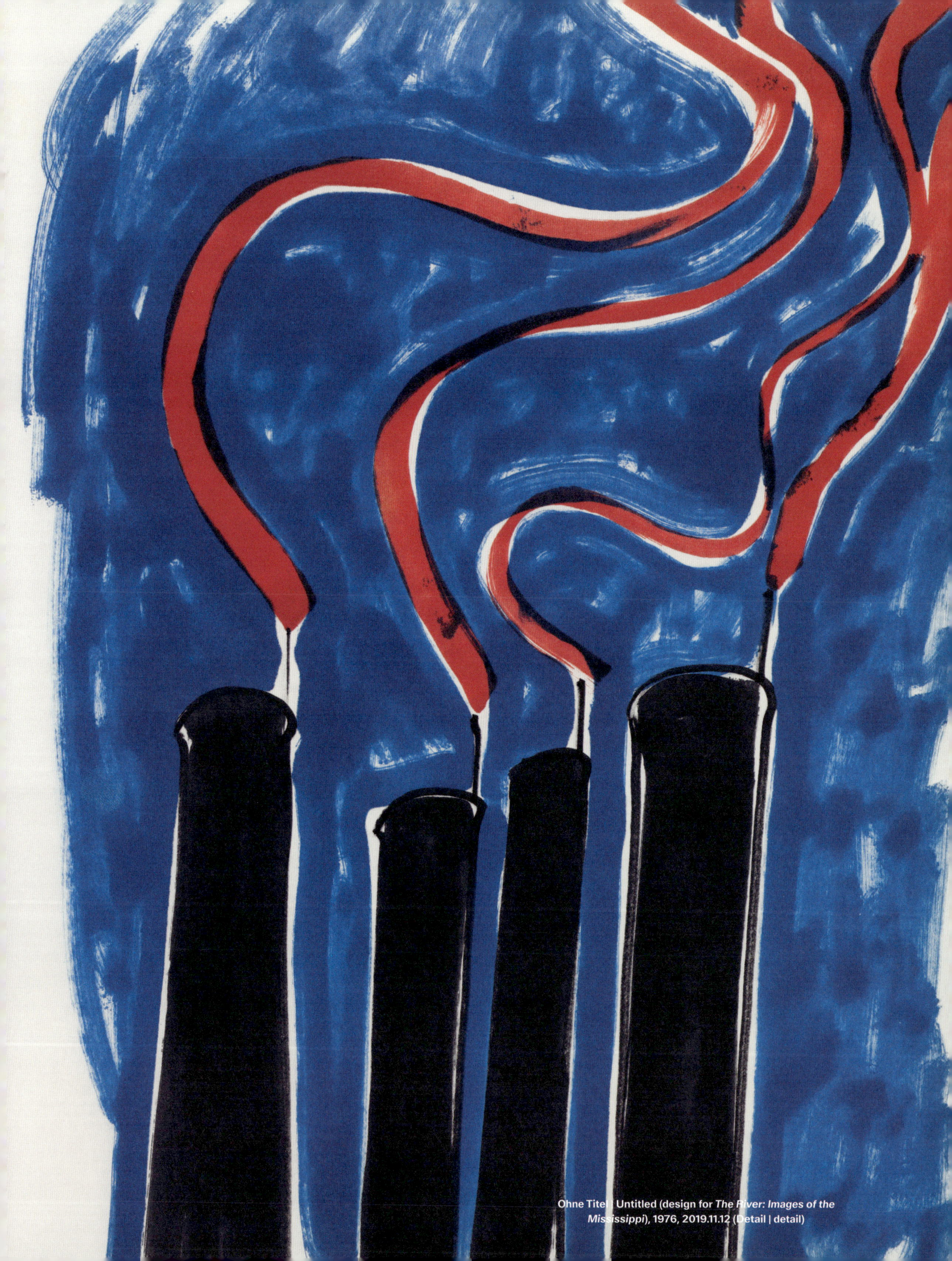

Ohne Titel | Untitled (design for *The River: Images of the Mississippi*), 1976, 2019.11.12 (Detail | detail)

Von Zero zur Environmental Art. Pienes Post-Nature-Moment

Es gibt ein Werk in Otto Pienes Œuvre, welches in gewisser Hinsicht singulär ist: *Black Stacks Helium Sculpture* von 1976 (Kat. 62–64).[1] Die temporäre Installation bestand aus vier etwa 90 Meter langen, heliumgefüllten roten Polyethylen-Schläuchen von circa 90 cm Durchmesser und war Teil der Ausstellung *The River: Images of the Mississippi* des Walker Art Center.[2] Otto Piene realisierte das Werk am 30. Oktober 1976 an den vier Schloten der Southeast Steam Plant in Minneapolis. Fotos zeigen, dass Piene die Installation der Arbeit vor Ort selbst betreute und dabei von Helfern unterstützt wurde (Abb. 1.1–1.2). Anmutig, vom Wind in sanfte Wellenbewegungen versetzt, schwebten die roten Schläuche über den stillgelegten Schornsteinen des Kraftwerks und hoben sich gut sichtbar vom Blau des Himmels ab. Die Arbeit war ebenso monumental wie elegant. Geplant war, dass sie über zwei Wochen bis zum 13. November 1976 bestehen sollte. Doch noch am Tag der Installation wurde *Black Stacks Helium Sculpture* Opfer von Vandalismus: Drei der vier Schläuche wurden durch Schüsse durchlöchert und das Werk danach nicht reinstalliert.[3]

Die Genese des Projekts kann gut in einem der Skizzenbücher Pienes von 1976–1977 nachvollzogen werden.[4] Der Künstler fügte seine Notizen für einen Brief und auch die finale Version des Schreibens vom 2. August 1976 an den damaligen Direktor des Walker Art Center, Martin Friedman, in das Skizzenbuch ein. Der Brief umfasst insgesamt neun Vorschläge (und Kostenschätzungen). Während diese von «‹blue waves› windsock flown from a mast on the sculpture terrace, visible symbol of water and winds» auf der Skulpturenterrasse über Installationen mit Neonregenbögen bis hin zu «helium-filled streamers on trains» reichen, machte der Künstler in seinem Brief zugleich unmissverständlich klar, dass er *Black Stacks Helium Sculpture* favorisiert: «I have favorites, one clearly Black Stacks Helium Sculpture.»

1 Dieser erste Teil des Texts, die Überlegungen zur Arbeit *Black Stacks Helium Sculpture*, beruht auf früheren Recherchen der Autorin, die in kürzerer Version bereits publiziert wurden: *Territories of Waste. Über die Wiederkehr des Verdrängten/On the Return of the Repressed*, Ausst.-Kat. Museum Tinguely, Basel 2022–2023, Basel 2022, S. 39.

2 3.10.1976–9.1.1977. Für eine Beschreibung der Ausstellung siehe: Friedman, Martin, «The River: Images of the Mississippi, Walker Art Center, Minneapolis, United States of America», in: *Museum* (Unesco, Paris), Jg. 32, H. 1/2 («Museums and interdisciplinarity»), 1980, S. 15–21.

3 Vgl. Economon, Barb, «In 1976, a Dystopian River and Inflatable 'Plumes of Fire'», 7.11.2014, in: *Walker Reader*, https://walkerart.org/magazine/otto-piene-trevor-schoonhoven-mississippi (20.12.2020).

4 Otto Piene, *Sketchbook: Walker Art Center*, 1976–1977, Busch-Reisinger Museum, Harvard Art Museums, https://hvrd.art/o/363141 (20.12.2020).

From Zero to Environmental Art: Piene's Postnature Moment

Black Stacks Helium Sculpture (1976) occupies a singular position within Otto Piene's oeuvre (cats. 62–64).[1] This temporary installation, consisting of four helium-filled tubes made of red polyethylene, about three hundred feet in length and nearly three feet in diameter, was part of the exhibition *The River: Images of the Mississippi* at the Walker Art Center.[2] Piene realized the work on the four smokestacks of the Southeast Steam Plant in Minneapolis on 30 October 1976. Photographs show that he supervised the installation of the piece himself, working with a team of assistants (figs. 1.1–1.2). In graceful undulating movements created by the wind, the tubes floated above the power plant's disused smokestacks, their red color in striking contrast to the blue of the sky. This work, as monumental as it was elegant, was supposed to remain in place for two weeks, until 13 November, but on the day of its installation *Black Stacks Helium Sculpture* fell victim to vandalism: three of the tubes were punctured by bullets, and the work was not reinstalled.[3]

The genesis of the project is well documented in one of Piene's sketchbooks (dated 1976–77), in which the artist also placed both the draft and the final version of a letter to Martin Friedman, then director of the Walker Art Center, dated 2 August 1976.[4] The letter includes nine proposals and accompanying cost estimates. While his ideas ranged from a "'blue waves' windsock flown from a mast on the sculpture terrace, visible symbol of water and winds" to installations with neon rainbows and "helium-filled streamers on trains," Piene made it very clear where his personal preference lay: "I have favorites, one clearly Black Stacks Helium Sculpture."

The first sketch for the project, dated 28 August 1976, shows a blue wind sock attached to a flagpole. The hint of a building suggests a location close to the Walker Art Center itself. The following sketches, too, feature the sculpture swaying

1 The first part of this text with my remarks on *Black Stacks Helium Sculpture* is based on earlier research that has recently been published in shorter form: *Territories of Waste: Über die Wiederkehr des Verdrängten/On the Return of the Repressed* (Basel: Museum Tinguely, 2022), 39.

2 The exhibition ran from 3 October 1976 to 9 January 1977. For a description of the exhibition, see Martin Friedman, "The River: Images of the Mississippi, Walker Art Center, Minneapolis, United States of America," *Museum* (UNESCO, Paris) 32 (1/2) (1980): 15–21.

3 See Barb Economon, "In 1976, a Dystopian River and Inflatable 'Plumes of Fire,'" *Walker Reader*, 7 November 2014, https://walkerart.org/magazine/otto-piene-trevor-schoonhoven-mississippi.

4 Otto Piene, *Sketchbook: Walker Art Center*, 1976–77, Busch-Reisinger Museum, Harvard Art Museums, https://hvrd.art/o/363141.

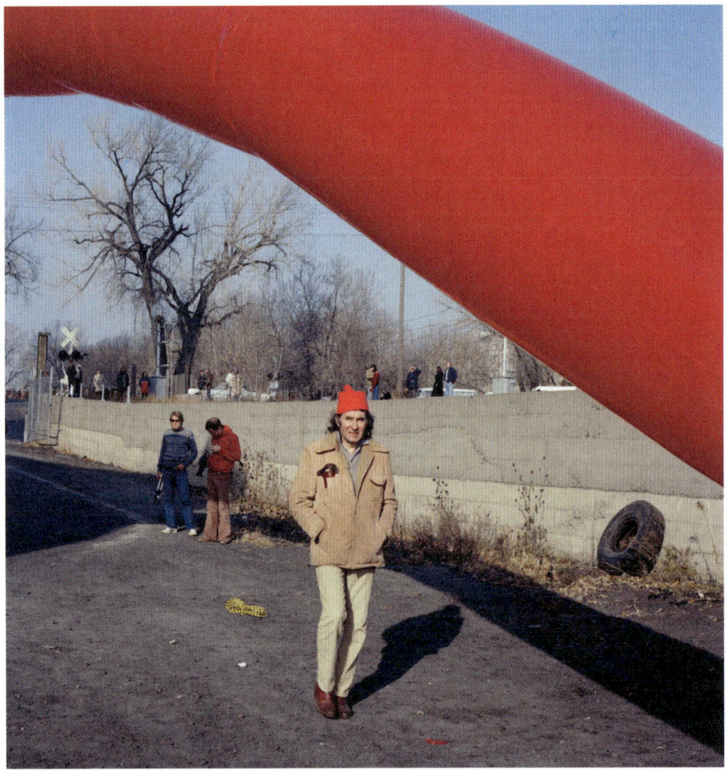

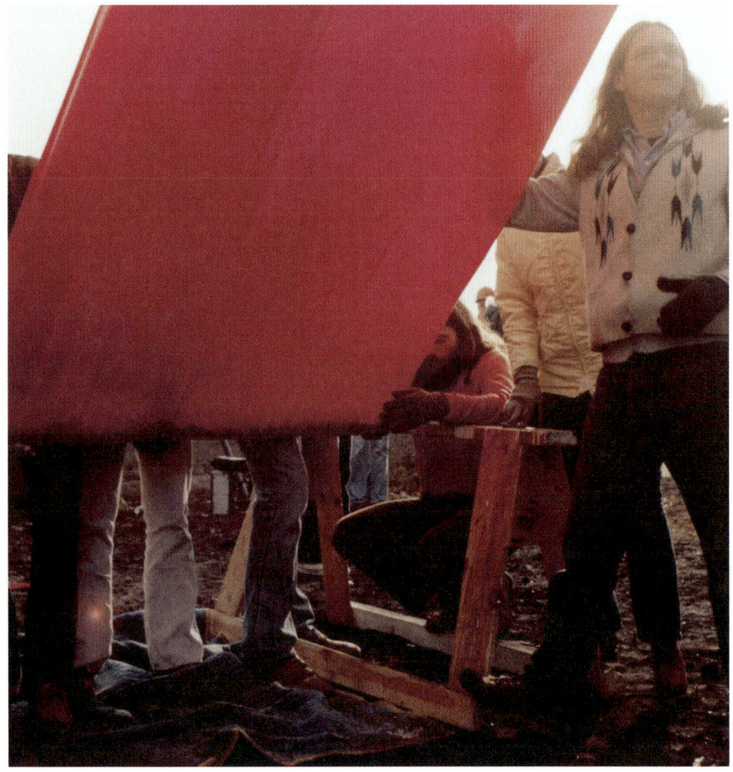

Abb. | Figs. 1.1–1.2: Installation von | Installation of *Black Stacks Helium Sculpture*, 30. Oktober | 30 October 1976, Minneapolis (Details | details)

Die erste Skizze zum Projekt, datiert 28. August 1976, zeigt eine blaue Windhose, montiert an einem Fahnenmast. Die Andeutung eines Gebäudes lässt einen Ort direkt am Walker Art Center selbst vermuten. Der lange, wellenförmige Schlauch der Windskulptur bewegt sich imaginär – auch auf den folgenden Skizzen – wie ein mäandernder Fluss im Wind. In manchen Versionen ist die Windhose in zwei Farben, in einem dunklen und einem helleren Blau, gefasst (Kat. 65.1–65.5). In den nächsten Entwürfen wehen zunächst vier blaue Windhosen an schwarzen Schornsteinen, werden dann ersetzt durch schlauchförmige, blaue Ballons, bis Piene schliesslich ein leuchtendes Rot für seine Idee favorisierte (Kat. 65.6–65.8). Zudem zeichnete Piene auch zweimal seinen Projektvorschlag eines «Neon Rainbow on railroad bridge». Piene pickte also für seine Zeichnungen einzelne seiner Vorschläge heraus: «Wind Sculpture on the Terrace», «Black Stacks Helium Sculpture» und «Neon Rainbow on railroad bridge». In der Abfolge der Zeichnungen im Skizzenbuch erscheint die Projektentwicklung jedoch als kontinuierlicher Prozess, bei dem sich *Black Stacks Helium Sculpture* sukzessive aus seinem Vorschlag für eine Windskulptur am Fahnenmast des Museums entwickelt zu haben scheint. Mit der Wahl der roten Farbe entschied er sich nicht nur für einen stärkeren Kontrast, sondern auch für die Signalfarbe von Feuer und Gefahr. So

in the wind like a meandering river. In some versions, the wind sock is in two shades of blue, one dark and one light (cats. 65.1–65.5). The next sketches have four blue wind socks attached to black smokestacks, which are then replaced by elongated blue balloons, until Piene finally settled on bright red as the color for his concept (cats. 65.6–65.8). In addition to these, Piene also drew two versions of his proposal for a "Neon Rainbow on railroad bridge." For his drawings, Piene picked out individual proposals: "Wind Sculpture on the Terrace," "Black Stacks Helium Sculpture," and "Neon Rainbow on railroad bridge." In the sequence of drawings in the sketchbook, however, the development of the project seems to have been a continual process during which *Black Stacks Helium Sculpture* evolved out of his proposal for a wind sculpture on the museum's own flagpole. By switching to red he chose not only a stronger contrast, but also a color signaling fire and danger. Thus, he highlighted the chimneys and created a link to smoke and pollution. This did not escape the attention of Northern States Power, the owner of the power plant, who, having been shown Piene's sketches, initially expressed reservations but ultimately did not obstruct the project.[5]

In formal terms, this work recalls the early phase of Piene's Sky Art in which he often used simple polyethylene tubes.[6] In 1970, for *Red Helium Sky Line*, he attached a long red

5 According to assistant curator Lisa Lyons, see Economon, "In 1976, a Dystopian River and Inflatable 'Plumes of Fire.'"

6 Examples are *Light Line Experiment*, Briggs Field, MIT, Cambridge, MA, 22 May 1968, and *Washington Sky Ballet*, as part of the CAVS/MIT exhibition *Explorations*, National Mall, Washington, DC, 16 May 1970.

akzentuierte er die Schornsteine und erzeugte Assoziationen zu Rauch und Umweltverschmutzung. Dies entging übrigens auch der Firma Northern States Power, der Besitzerin des Kraftwerks, nicht, die nach der Begutachtung von Pienes Skizzen deshalb zunächst Bedenken äusserte, sich aber schliesslich nicht gegen das Projekt stellte.[5]

Formal knüpft die Arbeit an die frühe Phase von Pienes Sky Art an, in der der Künstler häufig mit einfachen Polyethylen-Schläuchen arbeitete.[6] In Pittsburgh hatte er 1970 einen langen roten Schlauch an einem Hochhaus installiert, sodass die *Red Helium Sky Line* weithin sichtbar im Wind flatterte (Abb. 2).[7] Besonders ist hingegen, dass *Black Stacks Helium Sculpture* eine starke ökologische Symbolik entwickelt. Aus den Schornsteinen kam kein gesundheitsgefährdender und umweltverschmutzender Rauch mehr, sondern es entfaltet sich ein schön anzusehender Tanz aus roten Linien, eine animierte, kinetische Zeichnung am Himmel oder gar ein anmutiges Himmelsballett. Wie Piene in seiner Beschriftung der als Dank an Mildred und Martin Friedman adressierten Zeichnung zusammenfasste, wies die Arbeit einen sowohl lebhaften als auch lyrischen Charakter auf, darüber hinaus wollte er sie aber auch als «significant» (bedeutsam) verstanden wissen (Abb. 3). Keiner der anderen Projektvorschläge Pienes für das Walker Art Center hätte eine derartige ökologische und politische Aussagekraft entwickelt. Damit steht *Black Stacks Helium Sculpture* nicht nur im Kontext des wachsenden ökologischen Bewusstseins der 1970er Jahre, sondern nimmt konkret Bezug auf die Industrialisierung und Veränderung des Landschaftsbilds am Mississippi, die Martin Friedman – auch in Abgrenzung zu den in der Ausstellung gezeigten romantischen Landschaftsdarstellungen des 19. Jahrhunderts – folgendermassen beschrieb:

> Den mächtigen «Vater der Gewässer» hat man nicht nur gezähmt, sondern auf beinahe schon tödliche Weise missbraucht. [...] Industriebetriebe haben sich ausgebreitet und in ausbeuterischer Weise seiner Ufer bemächtigt. Die Flusslandschaft, die den naturalistischen Künstlern im frühen 19. Jahrhundert einen Überfluss an eindrücklichen Motiven der Wildnis bescherte, ist inzwischen weitestgehend von Stahl und Beton als dem grimmigen Beiwerk des städtischen Fortschritts vernichtet worden.[8]

Black Stacks Helium Sculpture unterscheidet sich aber auch klar von dystopischen Visionen, wie sie beispielsweise Terry Schoonhoven mit seinem Mural *No River Wall Painting* für die Ausstellung präsentierte – einem Wandgemälde, das eine industrielle Mondlandschaft mit ausgetrocknetem und

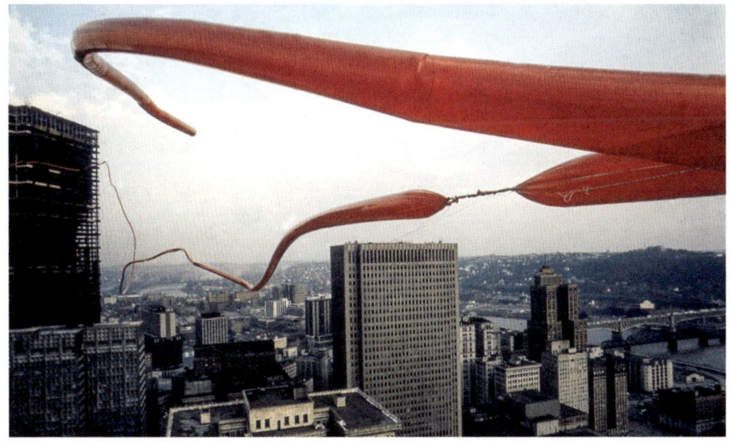

Abb. | Fig. 2: *Red Helium Sky Line*, 17. April | 17 April 1970, *Cityhing Sky Ballet*, One Oliver Plaza, Pittsburgh, Pennsylvania

tube to a tower block in Pittsburgh that could be seen fluttering in the wind from afar (fig. 2).[7] What sets *Black Stacks Helium Sculpture* apart, however, is its strong ecological symbolism. Instead of chimneys spewing toxic, polluting smoke, a beautiful dance of red lines unfolded against the sky, an animated kinetic drawing, or even a graceful sky ballet. As Piene summarized on a drawing he gave to Mildred and Martin Friedman, the work was both lively and lyrical in character, but he also wished it to be understood as "significant" (fig. 3). None of Piene's other proposals for the Walker Art Center had such an ecological and political message. In this way, *Black Stacks Helium Sculpture* is not only associated with the growing ecological movement of the 1970s, but also refers directly to the industrialization and reshaping of the landscape of the Mississippi, described by Martin Friedman (in contrast to the Romantic nineteenth-century landscapes also included in the exhibition) as follows:

> The powerful "Father of Waters" has not only been domesticated, he has been almost fatally misused. . . . Industries that evolved along its banks did so through an exploitive relationship with it. The river landscape that provided early nineteenth-century artist-naturalists with a memorable profusion of images of wilderness has been largely obliterated by the grim steel and concrete appurtenances of urban progress.[8]

Clearly, however, *Black Stacks Helium Sculpture* differs from the kind of dystopian vision presented in works such as Terry Schoonhoven's *No River Wall Painting*, a mural made for the exhibition that shows a desolate industrial landscape with a dried-out, polluted riverbed (fig. 4). Piene's project, on the other hand, goes beyond its inherent reference to air pollution as a

5 So erinnerte sich die damalige Assistenzkuratorin Lisa Lyons, vgl. Economon 2014 (wie Anm. 3).

6 Z. B. *Light Line Experiment*, Briggs Field, MIT, Cambridge, MA, 22. Mai 1968 oder *Washington Sky Ballet*, im Rahmen der CAVS/MIT-Ausstellung *Explorations*, National Mall, Washington DC, 16. Mai 1970.

7 Sky Event für *Cityhing Sky Ballet*, One Oliver Plaza, Pittsburgh, 17. April 1970.

8 Friedman 1980, S. 17 u. 20 (wie Anm. 2) [Übers. HE].

7 Sky Event for *Cityhing Sky Ballet*, One Oliver Plaza, Pittsburgh, 17 April 1970.

8 Friedman, "The River: Images of the Mississippi," 17, 20.

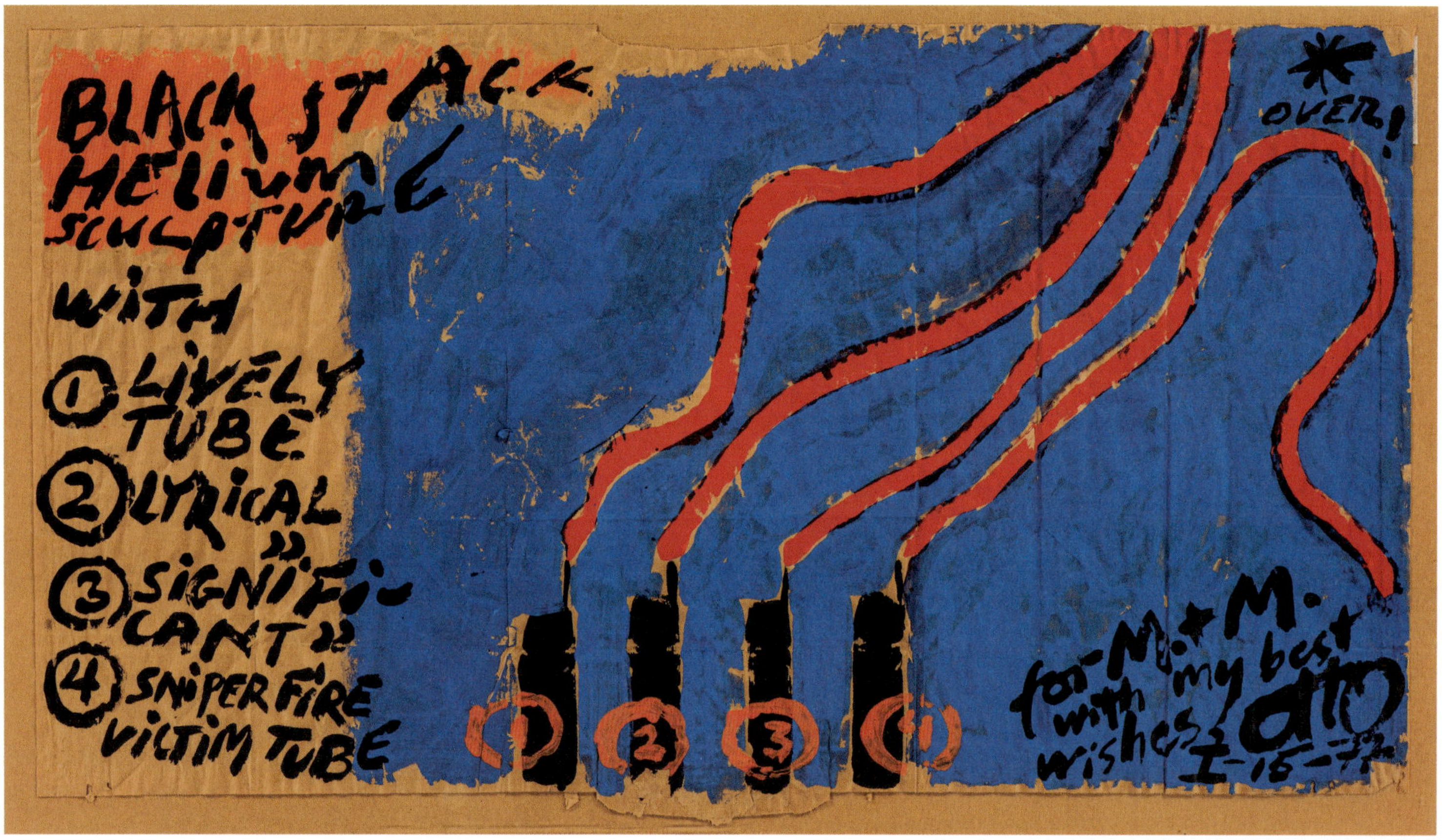

Abb. | Fig. 3: *Black Stacks Helium Sculpture*, 1977, Gouache auf Papier | gouache on paper, 61 × 106.7 cm, Walker Art Center, Minneapolis, Geschenk von | Gift of Mildred und | and Martin Friedman, 1993

verschmutztem Flussbett zeigt (Abb. 4). Pienes Projekt hingegen lässt sich über den inhärenten Hinweis auf Luftverschmutzung hinaus bereits als Entwurf einer post-industriellen Zukunft begreifen. Eine ähnliche Stossrichtung kam auch in den in der Ausstellung präsentierten architektonischen Ansätzen, die den Fluss als «major urban asset»[9] verstanden, zum Ausdruck. Aber nicht nur Pienes Kunstwerk war von kurzer Dauer. Von einer Renaturierung ist bis heute keine Rede, vielmehr befindet sich der Fluss in einem beklagenswerten ökologischen Zustand.[10]

Ökologische Kunst

Bereits 1970 hatte Otto Piene in seinem Manifest *More Sky* seine Sky Art mit umweltpolitischen und ökologischen Anliegen verbunden. Die Rolle und Funktion des Künstlers[11] sah Piene hier unter anderem in der Auseinandersetzung mit der räumlichen Umgebung, in der Allgemeinbildung, dem Durchführen von Festen oder dem Eröffnen neuer Räume. Zusätzlich beschrieb er eine «relativ neu hinzugekommene Aufgabe»: das «Verstehen der Phänomene, Regeln und ästhetisch-

design for a postindustrial future. A similar position was also expressed by the architectonic approaches featured in the exhibition that viewed the river as a "major urban asset."[9] But Piene's was not the only short-lived work—even today, there is still no sign of rewilding, with the river in a lamentable ecological state.[10]

Ecological Art

In his manifesto *More Sky* (1970), Piene had already connected his Sky Art with ecological and political issues, identifying the role and function of the artist, among others, as engaging with the environment, contributing to general knowledge, organizing celebrations, and opening up new spaces.[11] He also saw a "relatively new function" that involved "understanding the phenomena, rules, and aesthetic-sociological consequences of ecology—a dialectic exchange between man and his environment," as well as "rediscovering nature and the elements as a fund of forces that support man, that are not inexhaustible, that can be coordinated with the seemingly adverse effects of technology."[12]

9 Ebd., S. 20.

10 So verschmutzte beispielsweise die Petrochemie am südlichen Mississippi Luft, Boden und Fluss derart, dass dieser Abschnitt als «Cancer Ally» bezeichnet wird. Der Zustand wurde unter anderem von Fotograf Richard Misrach und Landschaftsarchitektin Kate Orff in ihrer Publikation *Petrochemical America* (New York 2012) thematisiert und sichtbar gemacht.

11 Piene verwendete, bezeichnend für die damals eindeutig männlich dominierte Kunstwelt, das generische Maskulinum «Künstler», ebenso wie er immer vom «Betrachter» in der männlichen Form sprach und schrieb. Diese Schreibweise wird hier beibehalten, um nicht fälschlich zu suggerieren, dass mit dem Anspruch einer «Kunst für Alle» auch tatsächlich «alle» gleichberechtigt inkludiert waren.

9 Ibid., 20.

10 For example, the petrochemical industry has polluted the air, the soil, and the water of the southern Mississippi so badly that this stretch of the river is known as "Cancer Alley." This situation was addressed and visualized, among others, by photographer Richard Misrach and landscape architect Kate Orff in their book *Petrochemical America* (New York: Aperture, 2012).

11 In his German texts, Piene always used the generic masculine form for words such as *Künstler* ("artist") and *Betrachter* ("viewer"), as was customary in the male-dominated art world at the time.

12 Quoted in Otto Piene, *More Sky* [1970] (Cambridge, MA: MIT Press, 1973), reprinted as *Otto Piene: More Sky* (Berlin: Neue Nationalgalerie—Staatliche Museen zu Berlin/Deutsche Bank KunstHalle; Cologne: Walther König, 2014), unpaginated [xiv].

gesellschaftlichen Konsequenzen der Ökologie – einen dialektischen Austausch zwischen den Menschen und ihrer Umwelt» sowie die «Wiederentdeckung der Natur und der Elemente als grundlegende Kräfte, die die Menschheit erhalten, die nicht unerschöpflich sind und die durch Technologie und ihre scheinbar negativen Auswirkungen koordiniert werden können».[12]

Die in Lemmata geordneten Texte des Manifests enthalten etliche Einträge mit Ideen für eine ökologische Kunst. Sie umfassen auch verhältnismässig klassische Vorschläge wie die Begrünung der Städte mit Pflanzen,[13] das Recycling von Abfallmaterialien für Skulpturen und Spielplätze[14] oder Skulpturen, die auf die Elemente, wie beispielsweise Wind, reagieren und diese damit sichtbar machen.[15]

Stark betonte Piene die Überformung der Landschaft durch die Industrialisierung und das Bedürfnis der Menschen nach Natur.[16] Er plädierte dafür, die noch verbliebenen natürlichen Landschaften vor der «beständig vertilgenden und profitorientierten, kompromisslosen Industrie»[17] zu schützen und nicht durch Flächennutzung, für Abfallentsorgung oder gar für Atomtests zu missbrauchen. Dafür seien Personen mit künstlerischem Talent nötig. Piene hatte dabei nicht nur die Erde im Blick, sondern das ganze Universum. Auch die Oberfläche des Mondes sei schutzbedürftig.[18] Sein Ansatz setzte sich damit auch deutlich von seiner heute verstörend und grotesk naiv wirkenden Formulierung aus «Wege zum Paradies» von 1961 ab, als er vorschlug, alle Atombomben der Welt zum Vergnügen in die Luft zu schicken.[19]

Einige der Ideen in *More Sky* sind Ausdruck eines neuen und innovativen Skulpturenbegriffs. So dachte der Künstler an «Vogelfütter-Inseln in der Stadt, auf dem Land und auf offener See», die als «living sculptures» fungieren würden.[20] Piene imaginierte bereits futuristische biotechnologische Kunstwerke, wenn er von wunderbaren Skulpturen-Pflanzen schrieb, die mit Hilfe von Botanikern und induzierter Mutation geschaffen werden[21] oder von wachsenden und essbaren Skulpturen, die in Zusammenarbeit mit Mikrobiologen entstehen könnten.[22] Als Ziel künstlerischer Bestrebungen proklamierte er die Verbesserung der Lebensbedingungen[23], betonte den gesellschaftlichen Aspekt von Kunst[24] und strebte an, zwischen der Natur, der modernen, menschengemachten Umgebung und dem heutigen Menschen wieder ein harmonisches Verhältnis herzustellen.[25]

Ganz konkret an *Black Stacks Helium Sculpture* erinnert der Eintrag unter dem Stichwort «Ökologie», in dem Piene vorschlug, den luftverschmutzenden Rauch aus den Schloten der Stahlwerke für «schöne Himmels-Rauch-Plastiken»[26] zu nutzen.

> Idealerweise nutzt ein Künstler, der sich mit der Ökologie seiner Region, seines Bundestaates oder Landes befasst hat, den verdreckenden Rauch,

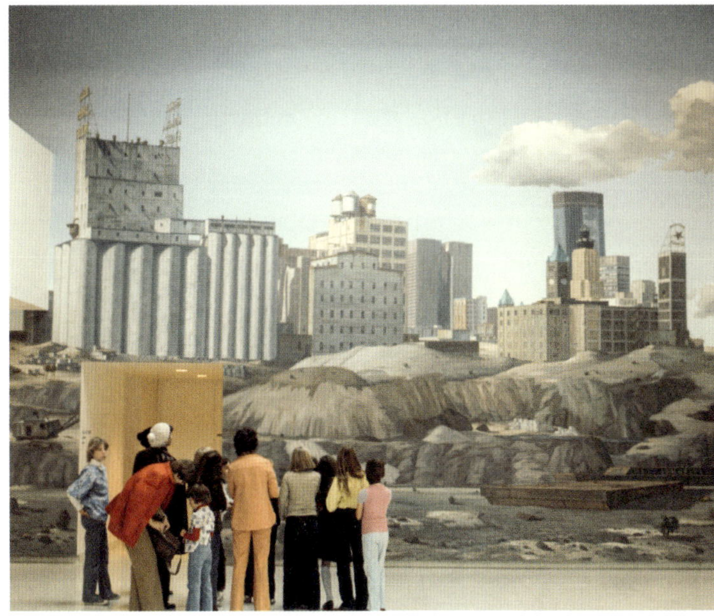

Abb. | Fig. 4: Terry Schoonhoven, *No River Wall Painting*, 1976, Installationsansicht | installation view, *The River: Images of the Mississippi*, Walker Art Center, Minneapolis (Detail | detail)

Under a series of headings, the manifesto presents numerous ideas for ecological art. They include relatively conventional suggestions such as the greening of cities,[13] the recycling of waste for sculptures and playgrounds,[14] and sculptures that respond to the elements such as the wind and render them visible.[15]

Piene emphasized industrialization's reshaping of the landscape and the human need for nature.[16] He appealed for "remaining landscapes" to be saved "from the devouring and perennially profit-motivated tough-minded industries"[17] and not misused for land utilization, waste disposal, or even atomic bomb tests. Making this happen, he claimed, called for people with artistic talent. Piene focused not just on the earth, but on the universe as a whole, arguing that the surface of the moon also needed protection.[18] This approach was also in stark contrast to his now disturbing and grotesquely naive suggestion in *Paths to Paradise* (1961) that all of the world's atom bombs should be fired off in a display of pure pleasure.[19]

Some of the ideas in *More Sky* reflect a new, innovative definition of sculpture. He imagined "bird-feeding islands in cities, in the country, in the open sea" that would act as "living sculptures."[20] He also envisaged futuristic biotechnological artworks, writing about wonderful plant sculptures created with the help of botanists and induced mutation,[21] or sculptures that could be grown and eaten, created in partnership with microbiologists.[22] He declared that artistic activities should aim to "enhance life,"[23] stress the societal aspect of art,[24] and seek to

12 Zit. n. Piene, Otto, *More Sky*, [1970] Cambridge, MA 1973, neu aufgelegt anlässlich der Ausstellung *Otto Piene. More Sky*, Neue Nationalgalerie – Staatliche Museen zu Berlin/Deutsche Bank KunstHalle 2014, Köln 2014, o. P. [S. XIV, Übers. SBR].
13 Ebd., S. 20, 34 u. 61.
14 Siehe bspw. ebd., S. 42, 90, 111 u. 131.
15 Ebd., S. 58 u. 108.
16 Ebd., o. P. [S. XII], 121.
17 Ebd., S. 121 [Übers. SBR].
18 Ebd., S. 135 u. 137.
19 Vgl. S. 13.
20 Piene 1970, S. 21 (wie Anm. 12) [Übers. SBR].
21 Ebd., S. 97.
22 Ebd., S. 20.
23 Ebd., S. 61.
24 So charakterisierte er beispielsweise kinetische Kunst als soziale Kunst (ebd., S. 117).
25 Ebd., S. 67.
26 Ebd., S. 61 [Übers. SBR].

13 Ibid., 20, 34, 61.
14 See, for example, ibid., 42, 90, 111, 131.
15 Ibid., 58, 108.
16 Ibid., unpaginated [xii], 121.
17 Ibid., 121.
18 Ibid., 135, 137.
19 See 13.
20 Piene, *More Sky*, 21.
21 Ibid., 97.
22 Ibid., 20.
23 Ibid., 61.
24 As one example, he characterizes kinetic art as social art (ibid., 117).

> der aus den imposanten Schloten der Stahlwerke quillt, um daraus wunderschöne Himmels-Rauch-Plastiken zu kreieren, die zugleich als Filter dienen und am Ende die Luft sauber und gesund hinterlassen.[27]

In der zugehörigen Illustration überstülpte er die drei Schornsteine mit ballonartigen Säcken, die den Rauch sammeln und reinigen sollen (Abb. 5). Seine Idee ging somit noch weit über die spätere Realisierung von *Black Stacks Helium Sculpture* hinaus. Ziel war nicht nur ein symbolischer Hinweis auf Luftverschmutzung durch Industrie und Kraftwerke, sondern eine funktionale Skulptur, die mit einer Filterfunktion effektiv zur Verbesserung der Luftqualität beitragen und damit die Umweltverschmutzung – zumindest an dieser Stelle – beheben und somit ein Lösungsmodell anbieten sollte.

Weitreichender und fantastischer ist sein Vorschlag unter dem Lemma «Luftverschmutzung»:

> Jede Kunst, die Rauch, Feuer, Dämpfe oder Gase nutzt, sollte schön sein, ohne die bereits verschmutzte Atmosphäre noch weiter zu belasten.
>
> Eine wichtige Aufgabe für Künstler und künstlerisch-planerisch Tätige besonders in industrialisierten Gebieten liegt darin, elementare, skulpturale und ökologische Mittel und Wege zur Neutralisierung der Verschmutzung zu finden, und aus dem, was Gefahr war, etwas Nützliches oder sogar Erbauliches zu machen. Beispielsweise könnten farbige Dämpfe von riesigen transparenten Filterbeuteln in der Luft gesammelt, in Flüssigkühlanlagen kondensiert und gereinigt und dann ins Meer geleitet werden, wo sie als ‹saubere› Quellen oder farbige Strömungen wieder auftauchen.[28]

Mit diesem technologischen Ansatz, der auf radikale Weise Kunst, Technik und Natur vereint und sogar soweit geht, das Meerwasser mit farbigen Strömungen zu durchziehen und damit zum Malgrund zu deklarieren, präsentierte Piene Entwürfe, die sehr deutlich keiner romantisch verklärten Naturvorstellung entspringen, sondern fast schon als Science-Fiction oder besser Eco-Fiction anmuten und manche heutigen Post-Nature-Ideen zu überflügeln vermögen.[29]

27 Ebd. [Übers. HE].
28 Ebd., S. 5 [Übers. HE]. Die erwähnten farbigen Strömungen könnten möglicherweise durch Nicolás García Uriburus radikale Aktion 1968 auf der Biennale von Venedig inspiriert sein. Er färbte damals das Wasser des Canal Grande mit einer «giftgrünen» Farbe ein. Im Rahmen seiner Serie der *Hidrocromías* kolorierte er in den folgenden Jahren Flüsse, Seen und Brunnen, darunter auch 1970 New Yorks East River. https://www.malba.org.ar/dia-de-la-tierra-el-arte-ecologico-de-nicolas-garcia-uriburu/ (15.8.2023).
29 Damit sind erstens Ansätze gemeint, die Vorschläge potenzieller Welten angesichts eines versehrten Planten entwerfen (siehe bspw.: *Potential Worlds: Planetary Memories & Eco-Fictions*, hg. v. Garayeva-Maleki, Suad/Munder, Heike, Ausst.-Kat Migros Museum für Gegenwartskunst, Zürich/YARAT Contemporary Art Space, Baku, 2020–2021, Zürich 2020; Tsing, Anna et al. (Hg.), *Arts of Living on a Damaged Planet*, Minneapolis/London 2017) sowie zweitens Kunst, die der Tendenz wiedersteht, ‹Natur› als etwas vom Menschen separates und ihm äusserliches zu objektivieren, die den Begriff der Natur gänzlich verwirft und anerkennt, dass lebende und nichtlebende Objekte in ein Netz sozialer, politischer und phänomenaler Beziehungen eingebettet sind (vgl. Demos, T. J., *Decolonizing Nature. Contemporary Art and the Politics of Ecology*, Berlin 2016, S. 115, siehe ausserdem: *Post-Nature – A Museum as an Ecosystem*, Ausst.-Kat. Taipei Biennial 2018, Taipei 2019; Morton, Timothy, *Ökologie ohne Natur. Eine neue Sicht der Umwelt*, Berlin 2016.

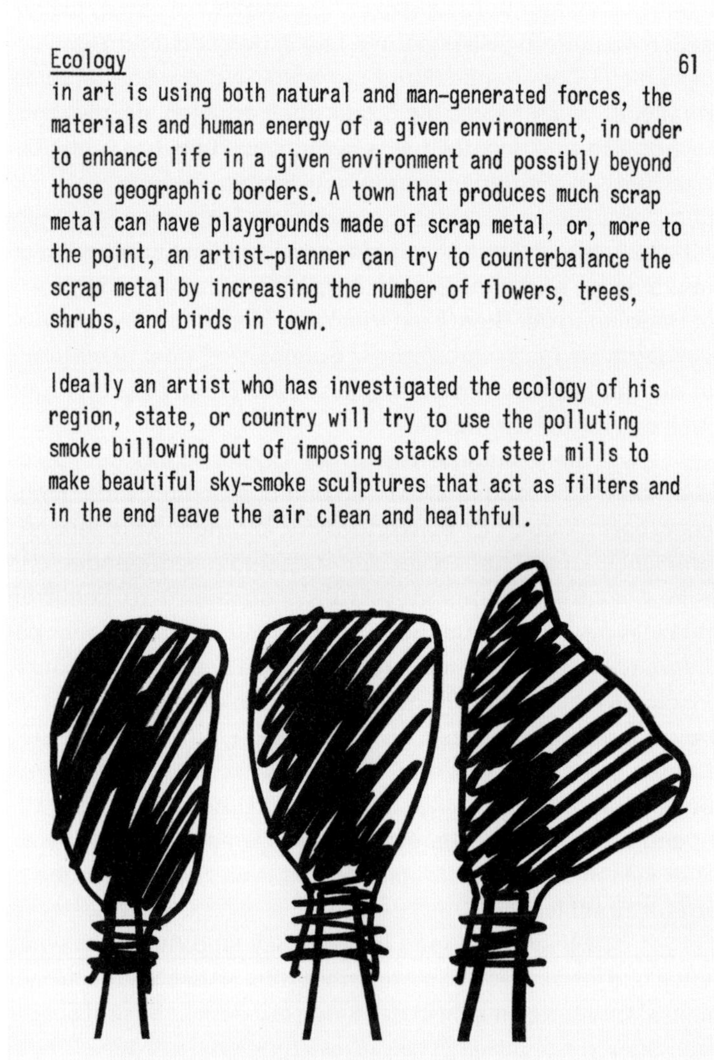

Ecology 61

in art is using both natural and man-generated forces, the materials and human energy of a given environment, in order to enhance life in a given environment and possibly beyond those geographic borders. A town that produces much scrap metal can have playgrounds made of scrap metal, or, more to the point, an artist-planner can try to counterbalance the scrap metal by increasing the number of flowers, trees, shrubs, and birds in town.

Ideally an artist who has investigated the ecology of his region, state, or country will try to use the polluting smoke billowing out of imposing stacks of steel mills to make beautiful sky-smoke sculptures that act as filters and in the end leave the air clean and healthful.

Abb. | Fig. 5: Seite aus| Page from *More Sky*, 1970

"reestablish a rapport among nature, the modern made environment, and latter-day man."[25]

A specific link to *Black Stacks Helium Sculpture* can be found in the entry headed "Ecology," where Piene suggests using factory emissions for "beautiful sky-smoke sculptures:"[26]

> Ideally an artist who has investigated the ecology of his region, state, or country will try to use the polluting smoke billowing out of imposing stacks of steel mills to make beautiful sky-smoke sculptures that act as filters and in the end leave the air clean and healthful.[27]

In the accompanying illustration, balloon-like sacks are placed over the three chimneys to collect and clean the smoke (fig. 5). In

25 Ibid., 67.
26 Ibid., 61.
27 Ibid.

Trotz der zahlreichen in *More Sky* geäusserten ökologischen Ideen gibt es neben *Black Stacks Helium Sculpture* nur eine weitere Arbeit Pienes, die explizit eine ökologische Thematik aufgreift. So zeugt sein Plakatentwurf für die *Food Show* am Massachusetts Institute of Technology (MIT) von 1975 mit dem Slogan «Support the Economy. Waste Food» in einer zerlaufenden Schrift, die wahlweise an Ketchup oder an Blut erinnert und im Entwurf unter einem Hot Dog platziert wurde, von einer ökologischen und konsumkritischen Haltung des Künstlers (Kat. 66–67). Mit dem sarkastischen Slogan griff Piene den strategischen Zusammenhang von Verschwendung und Wirtschaftswachstum, wie ihn Vance Packard in seinem Bestseller *The Waste Makers* (1961) analysiert hatte, auf. Darüber hinaus beginnt der zweite Teil seiner Publikation *Wind Manual* ebenfalls mit Ideen, die einen Recycling-Gedanken erkennen lassen und ökologische Ideen visualisieren (Kat. 72–74). Doch auch diese Ideen blieben lediglich Entwürfe und wurden nie umgesetzt. Damit handelt es sich bei *Black Stacks Helium Sculpture* um die einzige realisierte skulpturale Arbeit, in der Piene mit seiner «Environmental Art» – ein Begriff, der im weiteren Verlauf dieses Essays noch diskutiert wird – einen ökologischen Anspruch visualisierte.

Künstlerisches Umfeld

Wie kommt es, dass Otto Piene 1970 verhältnismässig unvermittelt – so scheint es – einen starken ökologischen Anspruch für seine Kunst entwarf? Wieso blieb dieser Anspruch schliesslich aber nahezu uneingelöst? Wie kam Piene von Zero zur Environmental Art und wie ist dieser Begriff zu verstehen? Um diese Fragen zu beleuchten, fokussiert der Text im Folgenden auf das künstlerische Umfeld Pienes zu dieser Zeit, das geprägt war von Hans Haacke, Jack Burnham und György Kepes. Im Blick ist sozusagen Pienes eigenes intellektuelles «Environment» in dieser Transitionsphase, die durch das offizielle Ende von Zero 1966 und seine künstlerische Neuausrichtung gekennzeichnet ist.

Hans Haacke war Teil des ZERO-Netzwerks und partizipierte zwischen 1962 und 1966 an zahlreichen ZERO-Ausstellungen.[30] Erst jüngst wurde Haackes frühes Werk, insbesondere seine *Rheinwasseraufbereitungsanlage* (1972), im Rahmen des gegenwärtigen Interesses an ökologischen Fragestellungen als «Paradebeispiel einer der politischen Ökologie verpflichteten Kunst» erneut ins Zentrum kunsthistorischer Reflexionen gerückt.[31] Und tatsächlich liess sich Piene für sein Manifest *More Sky*, insbesondere für jene Ideen, die lebende Skulpturen implizieren, von Haacke inspirieren. Zu den Referenzwerken zählen ganz offensichtlich die Vogel-

30 Zur Bedeutung der (Re-)Kontextualisierung von Haackes Arbeiten in Verbindung mit ZERO siehe: Churner, Rachel, «Hans Haacke's Zero Hour», in: *Athanor*, Bd. 26, 2008, S. 107–115. Eine genauere Untersuchung der wechselseitigen Inspiration zwischen Haacke und Piene, darunter auch die Bedeutung von Haackes Werken *White Waving Line* (1967) und *Sky Line* (1967) für Pienes Sky Art, steht hingegen noch aus.

31 Kwastek, Katja, «‹Umweltkunst› am Center for Advanced Visual Studies. György Kepes' Vision einer technoökologischen Kunst», in: Effinger, Maria et al. (Hg.), *Von analogen und digitalen Zugängen zur Kunst: Festschrift für Hubertus Kohle zum 60. Geburtstag*, Heidelberg 2019, https://doi.org/10.11588/arthistoricum.493.c6567 (10.8.2023), S. 249–262, hier S. 259. Siehe hierzu insb.: Ströbele, Ursula, «Skulpturale Rhetoriken der Natur. Das Erbe Hans Haackes und die Skulptur als Real Time System heute», in: *kritische berichte*, H. 2, 2017, S. 74–83.

this way, his concept actually went far beyond what was eventually realized as *Black Stacks Helium Sculpture*, aiming not only to symbolically highlight toxic emissions from factories and power plants, but also to create a functional sculpture whose filters would contribute to improved air quality, offering a solution (locally at least) to the problem of air pollution.

His proposal under the heading "Air Pollution" is more far-reaching and more fantastical:

> Any art that deals with smoke, fire, vapors, gases ought to be beautiful without additionally polluting the already polluted atmosphere.
>
> An important task for artists and artist-planners is to find elemental, sculptural, and ecologically responsive means of neutralizing pollution, especially in industrial areas, and of transforming what was threat into something useful or, ideally, delightful. For instance, colored vapors could be collected by huge transparent filterbags in the air, condensed and purified in liquid cooling systems, then led into the sea to reappear as "clean" fountains or colored currents.[28]

With this approach to radically combine art, technology, and nature, even going so far as to pervade water with colorful currents and thus declare the sea a ground on which to paint, Piene presented designs that were clearly not inspired by a romanticized vision of nature, hinting instead at science fiction or even eco fiction, going further than some of the postnature concepts in circulation today.[29]

In spite of the many ecological ideas expressed in *More Sky*, there is only one work by Piene besides *Black Stacks Helium Sculpture* that deals explicitly with an ecological theme. With its slogan "Support the Economy: Waste Food" in a melting typeface recalling ketchup or blood, positioned beneath a hot dog, his poster design for the 1975 *Food Show* at the Massachusetts Institute of Technology (MIT) reflected an ecological stance critical of consumerism (cats. 66–67). With this sarcastic text, Piene summed up the strategic link between waste and economic growth, as analyzed by Vance Packard in his bestseller *The Waste Makers* (1961). The second part of *More Sky*, titled *Wind Manual*, also begins with ideas inspired by recycling that visualize ecological concerns (cats. 72–74). But these thoughts, too, remained in the realm of ideas. As a result, *Black Stacks Helium*

28 Ibid., 5. The colored currents may have been inspired by Nicolás García Uriburu's radical action at the 1968 Venice Biennale, when he colored the water of the Canal Grande with "toxic green" dye. For his *Hidrocromías* series, he then colored rivers, lakes, and fountains, including New York's East River in 1970. See "Día de la Tierra: El arte ecológico de Nicolás García Uriburu, Fundación Malba, accessed 15 August 2023, https://www.malba.org.ar/dia-de-la-tierra-el-arte-ecologico-de-nicolas-garcia-uriburu/.

29 By which I mean firstly approaches that imagine potential worlds in the face of a damaged planet (see, for example, Suad Garayeva-Maleki and Heike Munder, eds., *Potential Worlds: Planetary Memories & Eco-Fictions* [Zurich: Migros Museum für Gegenwartskunst; YARAT Contemporary Art Space, Baku, 2020]; and Anna Tsing et al., eds., *Arts of Living on a Damaged Planet* [Minneapolis: University of Minnesota Press, 2017]), and secondly art that resists this tendency to objectify "nature" as something separate from and external to humans, rejecting the concept of nature completely and recognizing that animate and inanimate objects are embedded in a network of social, political, and phenomenal relations (see T. J. Demos, *Decolonizing Nature: Contemporary Art and the Politics of Ecology* [Berlin: Sternberg, 2016], 115; *Post-Nature—A Museum as an Ecosystem* [Taipei: Taipei Fine Arts Museum, 2019]; Timothy Morton, *Ecology without Nature: Rethinking Environmental Aesthetics* [Cambridge, MA: Harvard University Press, 2009]).

fütterung *Live Airborne System* (1968) und *Grass Grows* (1967), ein im Ausstellungsraum installierter, grün bewachsener Erdhügel: ebenso Pflanzenskulptur wie «Growing Art»[32]. Das Werk *Directed Growth* (1970/1972) mit linear und diagonal wachsenden Bohnenstauden bot darüber hinaus sogar noch potenziell essbare Resultate. Allerdings steht bei diesen Werken die Verwirklichung eines (biologischen) Systems im Vordergrund.[33] Sie sind Ausdruck eines «antihumanistischen» Naturverständnisses, ein «techno-utopisches staging von Natur»[34] und vor allem eine klare Abkehr vom skulpturalen Objekt. Anders als die etwas später datierten Arbeiten Haackes, *Monument to Beach Pollution* (1970) und die bereits erwähnte *Rheinwasseraufbereitungsanlage*, sind diese Werke noch nicht Ausdruck eines ökologischen Ansatzes (im engeren, politischen Sinne) oder gar einer umweltpolitischen Fragestellung.

Einen wichtigen Einfluss für Haackes Hinwendung zu systemtheoretischen Überlegungen hatte seine Bekanntschaft mit Jack Burnham, die er 1961 während seines Fulbright-Stipendiums in den USA machte. Umgekehrt war Burnham für die Entwicklung seiner «System Esthetics»[35] (1968) von den ZERO-Künstlern, darunter namentlich Piene und auch Haacke beeinflusst.[36] Burnham, selbst Künstler, spezialisierte sich auf Lichtskulpturen, erlangte aber vor allem durch seine Schriften zur Systemtheorie und Kunst grössere Bekanntheit. Auf Pienes Empfehlung hin wurde Burnham 1968 als Fellow an das Center for Advanced Visual Studies (CAVS) berufen, nur kurz zuvor, 1967, hatte Haacke wiederum eine wichtige frühe Ausstellung am MIT.[37] Anders als Haacke sah Burnham durchaus – und bereits 1968 – in der System-Ästhetik die Möglichkeit, die Kunstpraxis für dringende gesellschaftliche und ökologische Problemstellungen zu öffnen:

> «Produkte» werden – sei es in der Kunst oder im Leben – zunehmend irrelevant, stattdessen treten andere Anliegen in den Vordergrund: so etwa die Bewahrung der biologischen Lebensfähigkeit der Erde, das Erstellen zutreffenderer Modelle sozialer Interaktion, ein besseres Verständnis für die zunehmende Symbiose in Mensch-Maschine-Beziehungen, Prioritätensetzungen für die Nutzung und Bewahrung natürlicher Ressourcen und die Definition alternativer Modelle von Bildung, Produktivität und Freizeit.[38]

Besonders umfassend propagierte György Kepes, der Gründer und Direktor des CAVS am MIT eine ökologische, insbesondere

32 Piene 1970, S. 97 (wie Anm. 12).
33 Zu Hans Haackes biologisch-systemischen Werken siehe u. a.: Jones, Caroline A., «Haacke, Systems and 'Nature' around 1970: An Art of Systems / Systemic Art», in: Skovbjerg Paldam, Camilla/Wamberg, Jacob (Hg.), *Art, Technology and Nature. Renaissance to Postmodernity*, Farnham/Burlington 2015, S. 211–223.
34 Ebd., S. 211 [Übers. SBR].
35 Burnham, Jack, «Systems Esthetics», in: *Artforum*, Jg. 7, H. 1 (September 1968), S. 30–35.
36 Zur wechselseitigen Beeinflussung zwischen Burnham und den ZERO Künstlern siehe: Skrebowski, Luke, «Jack Burnham, ZERO, and Art from Field to System», in: Caianiello, Tiziana/Könches, Barbara (Hg.), *Between the Viewer and the Work: Ecounters in Space; Essays on ZERO Art*, Heidelberg 2019, S. 53–67.
37 Ein Zusammentreffen, das Caroline A. Jones als den «Haacke/Piene/Burnham moment» bezeichnete und mit dem das MIT 1967/1968 zum Nexus der «System Art» avancierte. Jones 2015, S. 212 (wie Anm. 33) und Jones, Caroline A., «Artist/System», in: Dutta, Arindam et al. (Hg.), *A Second Modernism. MIT, Architecture, and the ‹Techno-Social› Moment*, Cambridge, MA/London 2013, S. 506–549, hier S. 508.
38 Burnham 1968, S. 31 (wie Anm. 35) [Übers. HE].

Sculpture is the only realized sculptural work in which Piene used his "Environmental Art"—a term discussed in greater detail below—to visualize an ecological issue.

Artistic Environment

Why, in 1970, did Piene abruptly (or so it seems) start making strong ecological claims for his art? And why did this claim ultimately remain almost unfulfilled? What was his path from Zero to Environmental Art, and how should this term be understood? To answer these questions, I will now focus on Piene's contemporaneous artistic milieu, including Hans Haacke, Jack Burnham, and György Kepes, key figures who shaped Piene's own intellectual "environment" during his transitional phase from Zero's official end in 1966 to a new artistic orientation.

Hans Haacke was part of the ZERO network, taking part in many ZERO exhibitions between 1962 and 1966.[30] In the context of the current interest in ecological issues, Haacke's early work, especially his *Rhine Water Purification Plant* (1972), has recently received renewed art-historical interest as a "perfect example of art devoted to political ecology."[31] And Piene really did draw on Haacke for his manifesto *More Sky*, especially for those ideas that imply living sculptures. Obvious sources of inspiration include *Live Airborne System* (1968), a bird feeder, and *Grass Grows* (1967), a grassy knoll installed in the exhibition space that was both a plant sculpture and an example of "Growing Art."[32] *Directed Growth* (1970–72), a work with bean plants growing in diagonal lines, even produced potentially edible results. In these works, however, Haacke's emphasis was on creating a (biological) system.[33] They reflect an "antihumanist, techno-utopian staging of Nature,"[34] and above all a clear rejection of the sculptural object. Unlike Haacke's slightly later works *Monument to Beach Pollution* (1970) and the abovementioned *Rhine Water Purification Plant*, these works are not yet based on an ecological approach (in the narrow, political sense) or an environmental agenda.

Haacke's turn toward systems theory was influenced by his acquaintance with Jack Burnham, whom he met in 1961 while on a Fulbright Scholarship in the United States. Conversely, Burnham had been influenced by the ZERO artists in the development of his "System Esthetics"[35] (1968), and he mentions Piene and Haacke by name.[36] Burnham, an artist himself, specialized in light sculptures but came to prominence due

30 On the significance of (re-)contextualizing Haacke's works in connection with ZERO, see Rachel Churner, "Hans Haacke's Zero Hour," *Athanor* 26 (2008): 107–15. How Haacke and Piene inspired one another, including the significance of Haacke's *White Waving Line* (1967) and *Sky Line* (1967) for Piene's Sky Art, has yet to be examined in more depth.
31 Katja Kwastek, "'Umweltkunst' am Center for Advanced Visual Studies: György Kepes' Vision einer technoökologischen Kunst," in Maria Effinger et al., eds., *Von analogen und digitalen Zugängen zur Kunst: Festschrift für Hubertus Kohle zum 60. Geburtstag* (Heidelberg: arthistoricum.net, 2019), 259, https://doi.org/10.11588/arthistoricum.493.c6567; trans. Nicholas Grindell. See also Ursula Ströbele, "Skulpturale Rhetoriken der Natur: Das Erbe Hans Haackes und die Skulptur als Real Time System heute," *kritische berichte* 2 (2017): 74–83.
32 Piene, *More Sky*, 97.
33 On Hans Haacke's biological-systemic works, see, among others, Caroline A. Jones, "Haacke, Systems and 'Nature' around 1970: An Art of Systems/Systemic Art," in Camilla Skovbjerg Paldam and Jacob Wamberg, eds., *Art, Technology and Nature: Renaissance to Postmodernity* (Burlington, VT: Ashgate, 2015), 211–23.
34 Ibid., 211.
35 Jack Burnham, "Systems Esthetics," *Artforum* 7 (1) (1968): 30–35.
36 On the mutual influencing between Burnham and the ZERO artists, see Luke Skrebowski, "Jack Burnham, ZERO, and Art from Field to System," in Tiziana Caianiello and Barbara Könches, eds., *Between the Viewer and the Work: Ecounters in Space; Essays on ZERO Art* (Heidelberg: arthistoricum.net, 2019), 53–67.

eine technoökologische Kunst. Kepes war Fotograf, vor allem aber Hochschullehrer und durch seine Zeit am New Bauhaus in Chicago und von dessen Gründer László Moholy-Nagy geprägt. Er hatte Piene 1964[39] kennengelernt und zunächst als Fellow (1968–1971), dann als Professor (ab 1972) ans CAVS geholt, bis dieser schliesslich 1974 seine Nachfolge als Direktor antrat. Seine Visionen publizierte Kepes 1972 in dem von ihm herausgegebenen Sammelband *Arts of the Environment*. Angesichts der menschengemachten und durch Wissenschaft und Technik beförderten Naturzerstörung – der Verschmutzung von Gewässern mit privatem wie industriellem Müll, der Kontaminierung von Himmel, Meer und Land mit radioaktiven Abfällen, und der Vernichtung von Lebensräumen für Pflanzen und Tiere – sah Kepes unsere physische ebenso wie die geistige oder poetische Lebensgrundlage vernichtet. «Wir haben es heute mit Zerstörungskräften ganz anderer Art zu tun: menschengemacht, kumulativ und von beinahe kosmischer Grössenordnung.»[40] Vor diesem Hintergrund konstatierte und propagierte er zugleich eine neue gesellschaftliche Funktion der Kunst: «Es ist offenkundig, dass die Sensibilität des Künstlers in eine neue Phase der Orientierung eingetreten ist, in der es das primäre Ziel ist, ein Format für das aufkommende ökologische Bewusstsein zu schaffen.»[41] Des Weiteren präsentierte er mögliche künstlerisch-technische Lösungsansätze und erste Versuche mit Studierenden des CAVS, die auf einer Schärfung des Bewusstseins und Erziehung sowie auf «ökologischen Feedback-Maschinen» beruhen.[42] Als Beispiel nannte Kepes unter anderem eine kinetische Brunneninstallation, die zugleich als Wasserreinigungsanlage dienen könnte.[43] Dies lässt unweigerlich an Haackes *Rheinwasseraufbereitungsanlage* denken und zeigt, wie eng die Beziehungen zwischen den Künstlern waren.

Katja Kwastek hat die Entwicklung von Kepes' Vision einer technoökologischen Kunst – als ein neben der Medienkunst bisher weitgehend übersehenen Aspekt des CAVS – umfassend rekonstruiert.[44] Kepes griff – möglicherweise auch durch seine Begegnung mit Piene inspiriert[45] – schon im Gründungsstatement des CAVS die Einbindung natürlicher Prozesse auf und bezog sich – parallel zu Pienes Entwicklung – in den folgenden Jahren zunehmend konkreter auf aktuelle Umweltprobleme.[46] 1969 forderte er im *MIT Bulletin*, dass Kunstschaffende mittels «Dramatisierung der ökologischen Tragödien» zur Förderung des

39 «Ich weiss noch, wie 1964 ein ernster und seriöser Herr meine erste Ausstellung in den Vereinigten Staaten betrat, in der ich Lichtkunst und Malerei zeigte. Es war György Kepes, der damals am MIT lehrte und dort ein neues Institut für Kunst, Wissenschaft und Technik gründen wollte.» Kaplan, Cheryl, Interview with Otto Piene, «Light Years Ahead», in: *Art in America*, 13.4.2010, https://www.artnews.com/art-in-america/interviews/otto-piene-sperone-westwater-56091/ (24.8.2023) [Übers. HE]. Piene bezieht sich hier höchstwahrscheinlich auf die Ausstellung *Zero: Mack, Piene, Uecker* in der Howard Wise Gallery in New York (2.11.–5.12.1964).

40 Kepes, Gyorgy, «Art and Ecological Conciousness», in: ders. (Hg.), *Arts of the Environment*, New York 1972, S. 1–12, hier S. 1 [Übers. HE].

41 Ebd., S. 9 [Übers. HE].

42 Kepes, Gyorgy «The Artist's Role in Environmental Self-Regulation», in: ebd., S. 167–185 [Übers. SBR].

43 Ebd., S. 171–178.

44 Kwastek 2019 (wie Anm. 31). Eine – von Kwastek referierte – Ausnahme ist T. J. Demos, der in seinem kurzen historischen Überblick zu «The Art and Politics of Sustainability» auch auf die «Systems Ecology» von Kepes, Haacke und der Pulsa Gruppe eingeht: Demos 2016, S. 45–52 (wie Anm. 29).

45 Bei Piene finden wir diesbezügliche Äusserungen bereits 1964: «Eine unserer wichtigsten Absichten war die Reharmonisierung des Verhältnisses zwischen Mensch und Natur – wir sehen in der Natur Möglichkeiten und Impulse, die Wirkung der Elemente und ihre stoffliche Gestalt: Himmel, Meer, Arktis, Wüste; Luft, Licht, Wasser, Feuer als Gestaltungsmedien; der Künstler ist nicht der Flüchtling aus der ‹modernen Welt›, nein, er verwendet neue technische Mittel ebenso wie die Kräfte der Natur.» Piene, Otto, «The Development of the Group 'Zero'», in: *Times Literary Supplement*, London, 3.9.1964, dt. Übers. zit. n. Piene, Otto, «Die Entstehung der Gruppe «Zero», in: Ante Glibota, *Otto Piene*, Villorba 2011, S. 276–278, hier S. 277.

46 Vgl. Kwastek 2019, S. 250 (wie Anm. 31).

to his writing on systems theory and art. In 1968, on Piene's recommendation, Burnham was awarded a fellowship at the Center for Advanced Visual Studies (CAVS), only a year after Haacke's own major early exhibition at MIT.[37] Unlike Haacke, and as early as 1968, Burnham saw system aesthetics as a way of opening art practice up to urgent social and ecological issues:

> Increasingly "products"—either in art or life—become irrelevant and a different set of needs arise: these revolve around such concerns as maintaining the biological livability of the Earth, producing more accurate models of social interaction, understanding the growing symbiosis in man-machine relationships, establishing priorities for the usage and conservation of natural resources, and defining alternate patterns of education, productivity, and leisure.[38]

György Kepes, founder and director of the CAVS at MIT, was an especially ardent champion of ecological and especially techno-ecological art. Kepes was a photographer, but he focused mainly on teaching, influenced by his time at the New Bauhaus in Chicago and its founder László Moholy-Nagy. Kepes had met Piene in 1964,[39] appointing him first as a fellow (1968–71), and then, from 1972, as a professor at the CAVS. Finally, in 1974, Piene succeeded him as director. Kepes published his visions in 1972 in his edited anthology *Arts of the Environment*. Faced with humankind's destruction of nature abetted by science and technology—the pollution of water with private and industrial refuse; the contamination of sky, sea, and land with radioactive waste; the destruction of habitats for plants and animals—Kepes saw the physical, spiritual, and poetic basis of our life under threat. "What we face now are destructive forces of a completely new kind—man-generated, cumulative, and of almost cosmic proportion."[40] Against this backdrop, he noted and advocated a new social function for art: "Clearly, the artist's sensibility has entered a new phase of orientation in which its prime goal is to provide a format for the emerging ecological consciousness."[41] He also presented potential artistic-technical solutions and initial experiments with CAVS students based on honing awareness and training and on "ecological feedback machines."[42] One example Kepes named was a kinetic fountain installation that could also serve as a water purification plant.[43] This clearly recalls Haacke's *Rhine Water Purification Plant* and shows how close the relationship between the two artists was.

37 An encounter described by Caroline A. Jones as "the Haacke/Piene/Burnham moment," making MIT the nexus of "system art" in 1967/68. Jones, "Haacke, Systems and 'Nature' around 1970," 212 and Caroline A. Jones, "Artist/System," in Arindam Dutta et al., eds., *A Second Modernism: MIT, Architecture, and the 'Techno-Social' Moment* (Cambridge, MA: MIT Press, 2013), 508.

38 Burnham, "Systems Esthetics," 31.

39 "I remember in 1964, a solemn gentleman walked into my first exhibition in the United States. I was showing works of light art and painting. It was György Kepes, who was then teaching at MIT and wanted to create a new institute of art, science and technology." See Cheryl Kaplan, interview with Otto Piene, "Light Years Ahead," *Art in America*, 13 April 2010, https://www.artnews.com/art-in-america/interviews/otto-piene-sperone-westwater-56091/. Piene is probably referring to the exhibition *Zero: Mack, Piene, Uecker* at Howard Wise Gallery in New York (2 November–5 December 1964).

40 Gyorgy Kepes, "Art and Ecological Consciousness," in Kepes, ed., *Arts of the Environment* (New York: George Braziller, 1972), 1.

41 Ibid., 9.

42 Gyorgy Kepes, "The Artist's Role in Environmental Self-Regulation," in ibid., 167–85.

43 Ibid., 171–78.

Bewusstseins von sozialen und ökologischen Verflechtungen und Problemen beitragen können.[47] Ausführlicher propagierte Kepes dann ein ökologisches Engagement der Kunst in seinem Beitrag zu der von ihm organisierten Ausstellung *Explorations – Toward Civic Art*.[48] Der Text war der Vorläufer seiner zwei Jahre später veröffentlichen Ausführungen in *Arts of the Environment*. Die Ausstellung, ursprünglich als offizieller US-amerikanischer Beitrag der São Paulo Biennale von 1969 geplant, musste aufgrund des Protests der eingeladenen Künstler:innen, der sich aus der Ablehnung der von den USA unterstützten Militärdiktatur speiste, abgesagt werden. Sie wurde dann 1970 zunächst in Cambridge in der Hayden Gallery des MIT und im Anschluss in Washington, DC, in der National Collection of Fine Arts (jetzt Smithsonian American Art Museum) mit einer reduzierten Auswahl an Künstler:innen gezeigt.[49] Die Beteiligten, darunter auch Jack Burnham, Otto Piene, Les Levine und Newton Harrison[50] präsentierten hingegen keine ökologische Kunst, sondern im Wesentlichen Werke der Kinetik, der Lichtkunst und Installationen, die auf das Publikum reagierten.[51] Die Kritik geisselte daher auch die Bezüge zu den «gegenwärtigen globalen Problemen ökologischen Überlebens» als «nicht überzeugende Rhetorik»[52].

Diese ideengeschichtliche Analyse zeigt, dass für Burnham und besonders für Kepes ökologische Fragestellungen in ihrer Theoriebildung und Lehre bereits Ende der 1960er Jahre relevant waren. Aber auch von Kepes wurde dieser Ansatz erst ab 1970/1972 und vor allem im Rahmen seiner Veröffentlichung von *Arts of the Environment* prononciert vertreten. Gleichzeitig manifestierte sich dieser Anspruch aber kaum in Kunstwerken. Die sich relativ zeitgleich und parallel formierenden Ideen in Schriften und (wenigen) künstlerischen Projekten lassen hier also keine Rückschlüsse auf einen einzelnen, zentralen Impulsgeber zu.[53] Vielmehr formierten sich im Kreis des CAVS und seiner Associates – insbesondere bei Burnham, Haacke, Kepes und Piene – aus (1) einem Interesse an Natur und Prozessen der Natur, (2) der Rezeption von Systemtheorie und Kybernetik, (3) einer Faszination für die Möglichkeiten der Medien, (4) zusammen mit dem allgemeinen Erstarken der Umweltbewegung in den USA[54], ein ökologisches Bewusstsein und ein techno-ökologischer Anspruch.

47 Kepes zit. n. ebd., S. 252 [Übers. SBR].

48 Kepes, Gyorgy «Toward Civic Art» (1970), Wiederabdruck in: *Leonardo*, Jg. 4, 1971, S. 69–73.

49 Für eine detaillierte Aufarbeitung der Akte «Political Issues Sao Paulo» siehe: Blakinger, John R., «The Aesthetics of Collaboration: Complicity and Conversion at MIT's Center for Advanced Visual Studies», in: *Tate Papers*, H. 25, https://www.tate.org.uk/research/tate-papers/25/aesthetics-of-collaboration (14.7.2023).

50 Helen Meyer-Harrison und Newton Harrison zählen neben Haacke ebenfalls zu den Pionieren der ökologischen Kunst im weiteren Umfeld Otto Pienes. Das Künstlerpaar entschied sich 1970 keine Werke mehr zu produzieren, von denen das Ökosystem nicht profitieren würde. Aber auch Newton Harrison zeigte in der *Explorations*-Ausstellung noch reaktive Lichtkunst (vgl. Kwastek 2019, S. 259 [wie Anm. 31]).

51 Ebd., S. 252. Haacke, der ursprünglich eingeladen war, nahm nach seinem Protest nicht mehr teil. Das Ereignis führte zur Distanzierung zwischen dem Künstler und dem CAVS, respektive zu Otto Piene. Hans Haacke im Gespräch mit der Autorin am 7.5.2022 in New York.

52 Emily Wasserman, «Washington», in: *Artforum*, Jg. 8, H. 10 (Juni 1970), S. 87–89, hier S. 87 [Übers. SBR].

53 Nicht weiter analysiert werden können in diesem Rahmen die deutlich parallel verlaufenden konzeptuellen Entwicklungen bei Kepes und Piene. Diese können nicht nur in Bezug auf das Thema der Ökologie ausgemacht werden, sondern auch im Hinblick auf ihr Interesse an Prozessen der Natur und der Elemente, ebenso wie in Fragen der Stadtplanung.

54 Für einen umfassenden, tabellarischen Überblick wichtiger Ereignisse der «Ökologischen Revolution» um 1970 siehe: Radkau, Joachim, *Die Ära der Ökologie. Eine Weltgeschichte*, München 2011, S. 124–131. In Kepes' Schriften zeigt sich beispielsweise die Rezeption der Diskussion über die «Grenzen des Wachstums», wenn er schrieb: «Solche Grenzen bestehen auch, was die Wachstums- oder Entwicklungsrate angeht.» Kepes 1972, S. 3 (wie Anm. 40). Bereits oben im Artikel (siehe S. 69) habe ich beschrieben, dass Piene mit seinem Slogan für die *Food Show* am MIT Packards Kritik an der Konsumgesellschaft aufgriff.

Katja Kwastek has reconstructed the development of Kepes's vision of techno-ecological art, which, alongside media art, is an aspect of CAVS history that has thus far been largely overlooked.[44] In his founding statement for the CAVS (possibly inspired by his encounter with Piene), Kepes referred to the involvement of natural processes,[45] and in the years that followed (parallel to Piene's own development) he increasingly mentioned specific environmental problems.[46] In 1969, writing in *MIT Bulletin*, he called on artists to "dramatize our ecological tragedies and celebrate the qualities of our social and environmental interdependence."[47] Kepes then promoted ecological engagement in art at greater length in his contribution to the exhibition he organized under the title *Explorations—Toward Civic Art*.[48] This text in turn prefigured his remarks printed two years later in connection with *Arts of the Environment*. This exhibition, originally planned as the official United States contribution to the 1969 São Paulo Biennial, had to be cancelled due to protests by the invited artists fueled by their rejection of the military dictatorship supported by the United States. In 1970 it was shown at MIT's Hayden Gallery and then in Washington, DC, at the National Collection of Fine Arts (now the Smithsonian American Art Museum) with a reduced number of artists.[49] In fact, rather than focus on ecological art, the remaining artists, who included Jack Burnham, Otto Piene, Les Levine, and Newton Harrison,[50] showed mainly kinetic sculptures, light art, and interactive installations,[51] prompting critics to attack the show's references to "current global problems of ecological survival" as "unconvincing rhetoric."[52]

This analysis of the history of ideas shows that from the late 1960s ecological concerns played an important part for Burnham and especially for Kepes, both in the development of their own ideas and in their teaching. But it was only after 1970 that Kepes openly promoted this approach, mainly in his publication *Arts of the Environment*. During this period, however, his claims barely manifested themselves in artworks. Thus the ideas taking shape at this time and in parallel in writings and (a very few) art projects cannot be traced back to a single, central source of inspiration.[53] Instead, the ecological awareness and techno-ecological agenda that took shape in the milieu

44 Kwastek, "'Umweltkunst' am Center for Advanced Visual Studies." One exception mentioned by Kwastek is T. J. Demos, whose brief historical overview of "The Art and Politics of Sustainability" deals with the "systems ecology" of Kepes, Haacke, and the Pulsa group. See Demos, *Decolonizing Nature*, 45–52.

45 Piene made statements on the subject as early as 1964: "One of our most important aims proved to be the attempt to reharmonize the relationship between man and nature—nature offers enormous impulses, from the elements: the sky the sea, the Arctic, the desert, air light, water, fire as means of expression and form—not putting the artist into the position of a fugitive from the 'modern world' but rather having the artist use the tools of actual technical invention as well as those of nature." Otto Piene, "The Development of the Group 'Zero,'" in *Times Literary Supplement*, 3 September 1964; reprinted in Ante Glibota, *Otto Piene* (Villorba: Delight, 2011), 276–78, here 277.

46 Kwastek, "'Umweltkunst' am Center for Advanced Visual Studies," 250.

47 Kepes quoted in ibid., 252.

48 Gyorgy Kepes, "Toward Civic Art" (1970), reprinted in *Leonardo* 4 (1) (1971): 69–73.

49 For a detailed study of the "Political Issues Sao Paulo" folder, see John R. Blakinger, "The Aesthetics of Collaboration: Complicity and Conversion at MIT's Center for Advanced Visual Studies," *Tate Papers* 25 (Spring 2016), https://www.tate.org.uk/research/tate-papers/25/aesthetics-of-collaboration.

50 Alongside Haacke, Helen Meyer-Harrison and Newton Harrison were also pioneers of ecological art loosely associated with Piene. In 1970 the couple decided to cease making works that would not benefit the ecosystem. But in the *Explorations* exhibition, Newton Harrison, too, showed reactive light art (see Kwastek, "'Umweltkunst' am Center for Advanced Visual Studies," 259).

51 Ibid., 252. Haacke, who had been among the artists originally invited, no longer took part in the project after his protest. This event led to a cooling of Haacke's relations with the CAVS and Piene. Hans Haacke in conversation with the author, 7 May 2022, New York.

52 Emily Wasserman, "Washington," *Artforum* 8 (10) (1970): 87.

53 Further analysis of the obvious parallels in the conceptual development of Kepes and Piece is beyond the scope of this essay. Such parallels concern their interests not only in ecological issues, but also in natural processes and urban planning.

In der graduellen Emergenz der ökologischen Thematik kann dennoch und insbesondere in Bezug auf die spätere Arbeit *Black Stacks Helium Sculpture* von Piene, aber auch für Haackes Hinwendung zu «living sculptures», ein signifikanter früher Ausgangspunkt benannt werden: Es handelt sich um die von den deutschen ZERO-Künstlern eingereichten Projektvorschläge für *Zero on Sea* (*Zero op Zea*).[55] Für die Freilichtausstellung an der Pier von Scheveningen, die zunächst für 1965 geplant, dann auf das nächste Jahr verschoben und schliesslich aufgrund von Finanzierungsschwierigkeiten abgesagt wurde, waren Projektvorschläge von rund 50 internationalen Künstler:innen aus über 10 Ländern (darunter bspw. auch Japan) angefragt worden.[56] Aus Deutschland war die Zero-Kerngruppe mit Heinz Mack, Otto Piene, Günter Uecker sowie darüber hinaus Hans Haacke und Ferdinand Spindel beteiligt. Die Projekte für insgesamt 17 Stationen, die die deutschen ZERO-Künstler entwickelt hatten, reichten unter anderem von einem vibrierenden Lichtmast (Heinz Mack) über Inseln aus silbernen Bojen und silbernem Stoff (Günther Uecker) bis hin zu auf dem Wasser schwimmenden Schaumstoff-Seerosen (Ferdinand Spindel). Haacke beteiligte sich mit zahlreichen Vorschlägen. Bekannt ist vor allem sein Projekt einer fliegenden «Mövenskulptur» im Himmel, wofür ein Boot mit Futter auf das Meer entsendet werden sollte.[57] Der Künstler sollte sie wenige Jahre später, am 30. November 1968, umsetzen. Unter dem Titel *Live Airborne System* streute Haacke Weissbrot auf dem Meer bei Coney Island aus (Abb. 6).

Piene sah eine Installation von drei grossen Clustern von Heliumballons vor: in Rot, Schwarz und Silber. Das rote hätte den Eindruck einer roten Wolke erwecken, das schwarze an eine Brombeere und das kleinste, silberne, an einen künstlichen Planeten erinnern sollen.[58] Die Ballons sollten an den verschiedenen Armen der Pier platziert werden und so wirken, als würden sie auf Rauchsäulen stehen. Zu diesem Zweck wollte Piene Öl in Kanistern auf dem Wasser verbrennen. Bei Nacht sah er vor, die Ballons aus verschiedenen Winkeln mit Suchstrahlern zu beleuchten.[59] Mehr noch als die konkrete Projektbeschreibung lässt besonders Pienes Zeichnung seinen Entwurf für *Zero on Sea* bereits als Vorläufer von *Black Stacks Helium Sculpture* erscheinen (Abb. 7). Er platzierte in der Zeichnung die Rauchsäulen teilweise über Kuben, welche als Gebäude mit Schornsteinen gelesen werden können. Darunter erinnert eine schlank-hochrechteckige Form besonders an einen Turm oder Fabrikschlot.

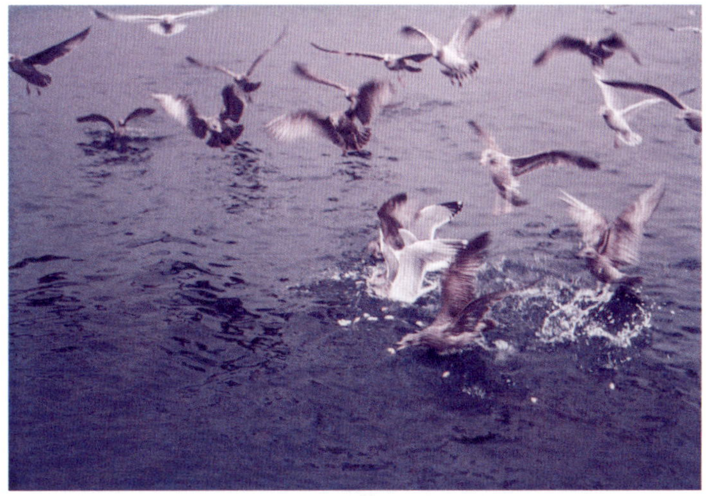

Abb. | Fig. 6: Hans Haacke, *Live Airborne System*, 1968–2014, UV-matt-laminierter Farbdruck auf Aluminium | UV matte laminated color inkjet photo mounted on aluminum, 83.8 × 139.7 × 2.5 cm, courtesy the artist and Paula Cooper Gallery, New York

of the CAVS and its associates (especially Burnham, Haacke, Kepes, and Piene) drew on a combination of (1) an interest in nature and natural processes, (2) reception of systems theory and cybernetics, (3) a fascination with the possibilities of media, and (4) the broader growth of the environmental movement in the United States.[54]

Within this gradual emergence of ecological themes, however, a significant early pointer to Piene's later work *Black Stacks Helium Sculpture* and to Haacke's turn toward "living sculptures" can be identified in the proposals submitted by German ZERO artists for *Zero on Sea* (*Zero op Zea*).[55] For this open-air exhibition—originally planned to take place on the pier in Scheveningen, the Netherlands, in 1965, before being postponed until the following year and then ultimately cancelled due to financial difficulties—around fifty artists from ten countries (including Japan) were invited to submit proposals.[56] From Germany, the core Zero Group artists Heinz Mack, Otto Piene, and Günter Uecker took part, as well as Hans Haacke and Ferdinand Spindel. The projects developed by the German ZERO artists for a total of seventeen locations ranged from a vibrating light mast (Mack) and islands made of silver buoys and silver fabric (Uecker) to foam water lilies floating on the water (Spindel). Haacke contributed numerous proposals, the best known being a flying "seagull sculpture" in the sky, for which a boat with food was to

55 Diese bestanden aus Gemeinschaftswerken und individuellen Beiträgen. Vgl. von Wiese, Stephan, «Piene in Amerika: Der Weg zur Sky Art», in: Rennert, Susanne/von Wiese, Stephan (Hg.), *Otto Piene. Sky Art 1968–1996*, Köln 1999, S. 21–30, hier S. 24. Eine exakte Rekonstruktion der kollektiven und individuellen Beiträge steht – wenn überhaupt möglich – noch aus. Die Zuschreibung einzelner Projekte ist daher in der Literatur nicht durchgehend einheitlich.

56 Westenholz, Caroline de, «Zero on Sea», in: Caianiello, Tiziana/Visser, Mattijs, *The Artist as Curator: Collaborative Initiatives in the International ZERO Movement 1957–1967*, Düsseldorf 2015, S. 370–395 und Wiehager, Renate, «ZERO-Geist als Aktion, Demonstration und Teamwork», in: *ZERO aus Deutschland 1957–1966. Und heute*, hg. v. Wiehager, Renate, Ausst.-Kat. Galerien der Stadt Esslingen. Villa Merkel, 1999–2000, Ostfildern-Ruit 2000, S. 20–22, hier S. 21f.

57 Stephan von Wiese weist das Projekt als Gemeinschaftsprojekt aus. Vgl. von Wiese 1999, S. 24 (wie Anm. 55). Ein Brief Günther Ueckers an Heinz Mack vom 8.8.1965 belegt, dass auch Uecker «Möwenfütterplätze auf dem Meer» einrichten wollte. Vgl. Wiehager 2000, S. 21 (wie Anm. 56). Soweit bekannt liegt eine Zeichnung zu dieser Idee jedoch nur von Haacke vor (siehe Westenholz 2015, S. 379 [wie Anm. 56]).

58 Piene in einem Brief vom 24.8.1965 aus New York, referiert durch von Wiese 1999, S. 24 (wie Anm. 55). Umgesetzt hat Piene eine Konstellation von drei Ballontrauben in den Farben Rot, Schwarz und Silber 1966 beim *Künstlerfestival* in Büdingen (Hessen) (vgl. ebd., S. 25).

59 Westenholz 2015, S. 376–378 (wie Anm. 56).

54 For a comprehensive overview of important events in the "ecological revolution" around 1970, see Joachim Radkau, *Die Ära der Ökologie: Eine Weltgeschichte* (Munich: C. H. Beck, 2011), 124–31. In Kepes's writings, for example, discussions around "the limits of growth" are clearly reflected in statements like: "Such limits also exist in the rate of growth or of development." Kepes, "Art and Ecological Consciousness," 3. And, as mentioned above, Piene drew on Packard's critique of consumer society for the slogan for his *Food Show* at MIT; see 69.

55 These consisted of joint and individual works. See Stephan von Wiese, "Piene in Amerika: Der Weg zur Sky Art," in Susanne Rennert and Stephan von Wiese, eds., *Otto Piene: Sky Art 1968–1996* (Cologne: Wienand, 1999), 24. Those responsible for the various contributions have yet to be identified, so that the attribution of individual works is not consistent in the literature.

56 Caroline de Westenholz, "Zero on Sea," in Tiziana Caianiello and Mattijs Visser, *The Artist as Curator: Collaborative Initiatives in the International ZERO Movement 1957–1967* (Düsseldorf: AsaMER, 2015), 370–95 and Renate Wiehager, "The Zero Spirit: Action, Demonstration and Teamwork," in Renate Wiehager, ed., *ZERO aus Deutschland 1957–1966: Und heute* (Esslingen: Galerien der Stadt Esslingen, Villa Merkel; Ostfildern-Ruit: Hatje Cantz, 2000), 25–26.

Etwas später, 1969, bündelte Piene in seinem *Sky Art* Portfolio nochmals die gemeinsamen Ideen von *Zero on Sea* und erneuerte sie als Vorschlag an Kepes für das *Boston Harbor Project*, das ebenso utopisch-ambitioniert war und gleichfalls nicht realisiert wurde. Haackes «Birds Sculpture» fand darin Eingang. Seinen eigenen Vorschlag teilte er auf: Die Ballons wurden zur «Sky Flower» und die Rauchsäule zu einer weissen Dampfsäule «The White Smoke Beam». Schädliche Abgase von Raffinerien hingegen sollten über eine Rohrleitung aufs offene Meer geleitet werden, um dort in einer einzigen Flamme («The Flame») zu verbrennen.[60]

Zero on Sea erweist sich damit im Rückblick als eine Art Keimzelle für die weitere Entwicklung der Kunst sowohl Haackes in Richtung «living sculptures» und System-Kunst, ebenso wie für Piene im Hinblick auf Sky Art und Ökologie. Rauch fungierte hier nicht mehr als Zeichenmittel wie in seinen Rauchzeichnungen auf Papier, sondern wurde zu einer Zeichnung am Himmel und in der Folge darüber hinaus als Zeichen der Luftverschmutzung problematisiert.

Umweltkunst

Nach seiner Zeit als einer der ersten Fellows am CAVS von 1968 bis 1971 hatte Piene eine Professur für Umweltkunst inne. Ab 1972 war er «Professor of Visual Design for Environmental Art, School of Architecture and Planning» am MIT und ab 1974 in Personalunion auch Direktor des CAVS. Das mag zunächst verblüffen. Wichtig ist, dass die Begriffe «Environment», «Environmental Art» (und ebenso die gebräuchliche deutsche Übersetzung «Umweltkunst»[61]) deutlich weiter gefasst waren, als unsere heutige rein ökologische Fokussierung des Begriffs. Eine frühe Beschreibung und Begriffsprägung stammt aus dem Jahr 1967 von Stephen Bann, der hierbei von Werken der kinetischen Kunst, insbesondere von Werken der Gruppe G.R.A.V. im Pariser Stadtraum ausging.[62] Environmental Art war für ihn charakterisiert durch die «Herstellung einer künstlichen Umwelt, die das Publikum durch seine Handlungen beeinflussen und sogar verändern kann».[63] Zentral war für ihn also die Partizipation des Publikums, welche eine neue Kategorie von Kunst hervorbringt. Erst später – wahrscheinlich Anfang der 1980er Jahre – verschob sich der Begriff und bezeichnete Kunst, die in der Natur respektive der nicht-urbanen Landschaft stattfindet und/oder die einen deutlichen Bezug zur Natur aufweist.[64]

Pienes Verständnis von Environmental Art entsprach eher der frühen Definition des Begriffs. Es manifestiert sich insbesondere in einem Einleitungstext, den er 1976 für

60 *Sky Art*, 1969, Mappe mit 25 Lithographien, je 88.9 × 63.5 cm, hier der Druck «20. The Boston Harbor Project», Abdruck und Übersetzung in: Glibota 2011, S. 625–628, hier S. 627 (wie Anm. 45).

61 Siehe bspw. Stachelhaus, Heiner, «Otto Piene, Umweltkünstler», in: *Otto Piene.* Ölbilder und Gouachen aus 5 Jahren (1972–1977), Ausst.-Kat. Galerie Heimeshoff, Essen 1977, S. 6–12.

62 Bann, Stephen, «Environmental Art», in: *Studio International,* Bd. 173, H. 886, Februar 1967, S. 78–81. Vgl. auch Kwastek 2019, S. 262 (wie Anm. 31).

63 Bann 1967, S. 80 (wie Anm. 62) [Übers. SBR].

64 Sonfist, Alan (Hg.), *Art in the Land: A Critical Anthology of Environmental Art,* New York 1983. Die Liste der aufgeführten Künstler:innen wird vor allem von Positionen der Earth Works/Land Art dominiert, umfasst aber auch stärker umweltpolitisch orientierte Ansätze wie Haackes System-Ökologie sowie die Urban Farming-Projekte der Harrisons. Darin insb. zur Ethymologie: Friedman, Kenneth S., «Words on the Environment», S. 253–256. Auch wenn Friedman sich gegen die enge Verwendung des Begriffs aussprach, fasste er die damals aktuelle Begriffsverwendung folgendermassen zusammen: «Mit den zunehmenden Sorgen um die Biosphäre als politischem Anliegen der ‹Ökologie- und Umweltbewegung› kam es zu einem unpassenden, weil fast ausschliesslich auf ‹Natur› verengten Gebrauch des Begriffs.» Ebd., S. 255 [Übers. HE].

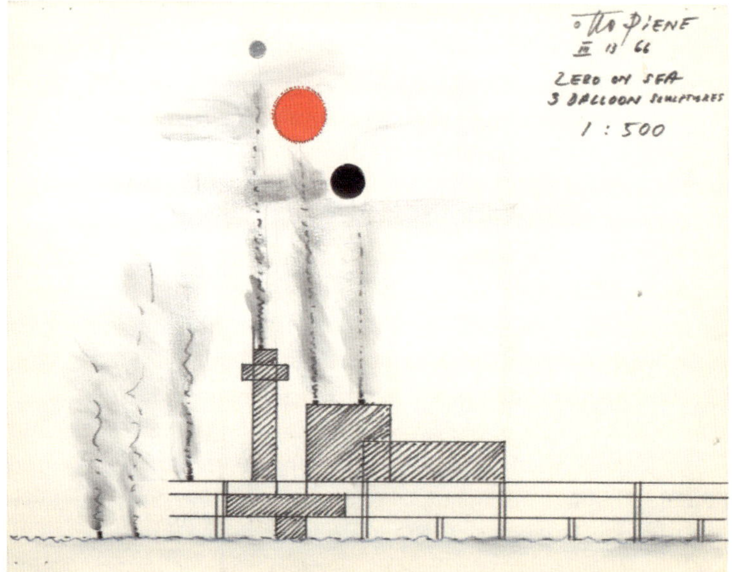

Abb. | Fig. 7: Skizzen für | Sketches for *Zero on Sea*, 1965, Fineliner auf Karton | fineliner on cardboard, 8.5 × 11 cm, Haags Gemeentearchief, Den Haag | The Hague

be sent out to sea.[57] This work was realized several years later, on 30 November 1968: under the title *Live Airborne System*, Haacke scattered white bread into the sea near Coney Island (fig. 6).

Piene proposed an installation of three large clusters of helium balloons, in red, black, and silver, intended to resemble a cloud, a blackberry, and an artificial planet respectively.[58] The balloons were to be installed on the various arms of the pier, appearing to stand on pillars of smoke, an effect Piene planned to achieve by burning oil in canisters floating on the water. At night, the balloons were to be lit from different angles by searchlights.[59] Even more clearly than its specific description, Piene's drawing for *Zero on Sea* marks this project as a precursor to *Black Stacks Helium Sculpture* (fig. 7), with his placement of some pillars of smoke above cubes, which can be read as chimneys, and a tall rectangular shape that recalls a tower or smokestack.

Soon after this, in 1969, Piene brought together ideas from *Zero on Sea* in his *Sky Art* portfolio and submitted them to Kepes in revised form as a proposal for the *Boston Harbor Project*, another similarly ambitious utopian project that was also not realized. Haacke's "Birds Sculpture" was submitted. Piene divided his own proposal in two: the balloons became "Sky Flower," and the pillars of smoke became a column of steam, "The White Smoke Beam," while hazardous emissions from oil refineries were to be channeled through a pipe out onto the open sea, where they would be burned as a single flame, entitled "The Flame."[60]

57 Stephan von Wiese identifies this as a joint project. See von Wiese, "Piene in Amerika," 24. A letter from Günther Uecker to Heinz Mack dated 8 August 1965 shows that Uecker, too, wished to create "seagull feeding spots on the sea." See Wiehager, "The Zero Spirit," 21. The only existing drawing of this idea, however, was made by Haacke (see Westenholz, "Zero on Sea," 379).

58 Piene in a letter from New York dated 24 August 1965, quoted in von Wiese, "Piene in Amerika," 24. Piene realized a constellation of three bunches of balloons in red, black, and silver in 1966 at the *Künstlerfestival* in Büdingen, Germany (see ibid., 25).

59 Westenholz, "Zero on Sea," 376–78.

60 *Sky Art*, 1969, portfolio with 25 lithographs, 88.9 by 63.5 centimeters each, in this case "20. The Boston Harbor Project," reproduced in Glibota, *Otto Piene*, 627.

den Katalog zu einer Ausstellung mit Projektentwürfen für die Boston Celebrations verfasste: Unter Umwelt verstand er allgemein den den Menschen umgebenden Raum ebenso wie den gesellschaftlichen Kontext, in dem sich die Menschen bewegen, insbesondere aber (teilweise sogar exklusiv) bezog er sich auf den urbanen Raum. Kennzeichen von Environmental Art sind nach Pienes Entwurf: Partizipation, ein spezifischer Grössenmassstab, den er «öffentlichen Massstab» nennt, Interdisziplinarität, Ortsbezug (historisch, gesellschaftlich, kulturell und klimatisch), Einsatz von Technologie sowie mediale Vermittlung. Realisiert werden könne die Umweltkunst heute – da wir die Zeiten des Universalgenies lange verlassen hätten – nur mehr von interdisziplinären Teams.[65]

Ökologische Kunst, genauer «ökologische Plastik» war für Piene eine Form der «Kunst des Environment», die darüber hinaus auch «skulpturale Architektur», die «Kunst der Naturelemente» und Sky Art umfasst.[66] Vor allem hatte Piene den Stadtraum im Blick, den «grauen Mittelgrund», der eine «mittelmässige Bühne» bildet «für das tägliche Undrama in Zeiten, die nicht zählen»[67]. Fast schon sarkastisch analysierte Piene das menschliche Bedürfnis nach Natur bei gleichzeitiger Entfremdung und kritisierte Formen von romantischem Eskapismus in die vermeintlich unberührte Natur.

> Wir interessieren uns auch für die Natur – und die Natur sollte ‹pur› sein. Sie sollte uns Naturliebenden möglichst wenig menschliche Einmischung verraten, während wir ihre Unberührtheit von kommoden Posten beobachten – Aussichten und Ansichten, die modernen Bedürfnissen angepasst sind. Dem Reisendenden wie dem Anwohner – beide gleich abhängig vom Zivilisationsangebot des 24-Stunden-Tages – ist die Präsenz der Natur hinreichend besorgt durch Guckfenster und gelegentliche Wahrnehmungen von Wetter und Klima zwecks Sport- und Ausflugsveranstaltung.[68]

Schon 1963 definierte Piene als sein Hauptbetätigungsfeld explizit nicht die unberührte Natur, sondern vor allem die menschengemachte Landschaft:

65 Piene, Otto «You are Here: Environmental Art», in: *You Are Here/ Environmental Art, Boston Celebrations Part 2. Long Wharf Projects by the Fellows of the Center of Advanced Visual Studies. Massachusetts Institute of Technology*, Ausst.-Kat. Institute of Contemporary Art, Boston 1976, Boston 1976, S. 4–11, http://act.mit.edu/cavs/item/CAVS_You_Are_Here?image=3e2c4683a372 (14.8.2023), Wiederabdruck und dt. Übers.: «Wir sind hier: Umweltkunst» in: Glibota 2011, S. 481–487 (wie Anm. 45).

66 Piene, Otto «Technologie als neues Grundelement der Kunst — am Beispiel der Künstler des Center for Advanced Visual Studies am Massachusetts Institute of Technology in Cambridge, Massachusetts, USA», Ausst.-Kat. *Ars Electronica. Im Rahmen des internationalen Brucknerfestes Linz*, Linz 1980, Linz 1980, https://archive.aec.at/print/showmode/2/ (14.8.2023), o. P. (S. 1).

67 Piene 1976, S. 481 (wie Anm. 65) [Übers. SBR].

68 Ebd.

In retrospect, *Zero on Sea* appears as the germ both of Haacke's turn toward "living sculptures" and system art and of Piene's development toward Sky Art and ecology. Smoke no longer functioned as a means of making drawings, as in his smoke drawings on paper, but became instead a drawing in the sky and subsequently also a symbol that addressed the problem of air pollution.

Environmental Art

After his time as one of the first fellows at CAVS (1968–71), Piene was Professor of Visual Design for Environmental Art at MIT's School of Architecture and Planning (from 1972), before additionally taking on the directorship of CAVS (from 1974). This may come as a surprise, but it is important to remember that the terms *environment* and *Environmental Art* (as well as the German translation *Umweltkunst*[61]) were then defined in terms far broader than today's exclusive focus on the ecological dimension. In 1967, Stephen Bann proposed an early description and definition that referenced works of kinetic art, especially those by the GRAV group in urban public spaces around Paris.[62] In his view, Environmental Art was characterized by the creation of "an artificial environment which the spectator is able of affect, and even transform, by his own actions." This indicates the importance for him of audience participation, which brought forth a new category of art.[63] Only later, probably in the early 1980s, did the term's meaning shift to cover art that takes place in nature or in nonurban landscapes and/or refers clearly to nature.[64]

Piene's understanding of Environmental Art was more in line with the earlier definition, particularly evident in his introduction to the catalog for a 1976 exhibition of projects proposed for the Boston Celebrations: he understood environment to mean the space surrounding humans in general and the social context in which people move, especially (and sometimes even exclusively) urban space. In Piene's view, Environmental Art is characterized by participation, what he calls "public scale," interdisciplinarity, site-specificity (historical, social, cultural, and climatic), use of technology, and media communication. Environmental Art, he argued, could only today be realized by interdisciplinary teams, the age of the universal genius having long since ended.[65]

In Piene's view, ecological art, or, to be more precise, "ecological sculpture," was a form of the "art of the environment" that also included "sculptural architecture," the "art of

61 See, for example, Heiner Stachelhaus, "Otto Piene, Umweltkünstler," in *Otto Piene: Ölbilder und Gouachen aus 5 Jahren (1972–1977)* (Essen: Galerie Heimeshoff, 1977), 6–12.

62 Stephen Bann, "Environmental Art," in *Studio International* 173 (886) (1967): 78–81. See also Kwastek, "'Umweltkunst' am Center for Advanced Visual Studies," 262.

63 Bann, "Environmental Art," 80.

64 Alan Sonfist, ed., *Art in the Land: A Critical Anthology of Environmental Art* (New York: Plume, 1983). The list of artists is dominated by Earthworks/Land Art, but also includes more strongly political ecological approaches such as Haacke's system ecology and the Harrisons' urban farming projects. Regarding terminology, see in particular Kenneth S. Friedman, "Words on the Environment," 253–56. Although he rejected the narrow usage of the term, he summarized the way it was used at the time as follows: "With the growth of concern for the biosphere as a political issue of the movements identified with 'ecology' and 'environmental activism,' the term began to be inappropriately and almost exclusively applied to 'nature.'" Ibid., 255.

65 Otto Piene, "You are Here: Environmental Art," in *You Are Here/Environmental Art, Boston Celebrations Part 2: Long Wharf Projects by the Fellows of the Center of Advanced Visual Studies; Massachusetts Institute of Technology* (Boston: Institute of Contemporary Art, 1976), 4–11, http://act.mit.edu/cavs/item/CAVS_You_Are_Here?image=3e2c4683a372.

> Mack versucht, von der Zivilisation möglichst unberührte Landschaften zu verändern, sie «schön» zu machen, d. h. human, bevor sie hässlich «zivilisiert» werden. Ich versuche dagegen, die «menschliche Landschaft» durch das Lichtballett und meine Stücke und Texte zu beeinflussen.[69]

Piene positionierte seine Konzeption von Environmental Art sowohl in Abgrenzung zur Land Art[70] als auch gegenüber der Kunst im öffentlichen Raum, wie sie für die 1960er und 1970er Jahre prägend war.[71]

> Obwohl die Wüste ein dankbarer Hintergrund ist, ist sie bereits an sich wunderschön. Und offensichtlich benötigen Städte und die Menschen ausserhalb der Wüste die Kunst dringender: bewusste und umsichtige Bemühungen, menschenwürdige Umwelten zu schaffen.[72]

Hier spiegeln sich verbreitete Gedanken zur Re-Humanisierung der Stadt, die zuvor bereits auf dem internationalen Architekturkongress CIAM 8 unter anderem von Sigfried Giedion und Josep Lluís Sert formuliert wurden. Sowohl der Architekt Sert als auch der Architekturhistoriker Giedion waren in Harvard und am MIT tätig.[73] Sie plädierten für eine Präsenz zeitgenössischer Kunst in städtischen Gemeinschaftszentren und traten für eine Wiederaufnahme der Zusammenarbeit von Künstlern, Bildhauern und Architekten ein.[74] Einzelne Passagen in Serts Text, in denen dieser beschreibt, dass die Stadt nur noch ein Ort des Arbeitens sei, den man nur aushalte und so schnell wie möglich wieder verlasse, fanden eine direkte Resonanz bei Piene.[75]

Das Anliegen der Re-Humanisierung des Stadtraums verfolgte Piene mit seiner Kunst sehr konsequent. Mit wenigen Ausnahmen (etwa Aktionen und Performances auf Maui, Hawaii, festgehalten im Film *Lichtspur im Haus der Sonne*, 1974; *Sun Valley Neon Rainbow*, 1985; Sky-Art-Konferenz *Desert Sun/Desert Moon* 1986 am Rande der Mojave-Wüste) konzentrierte sich demgemäss Pienes Sky Art durchweg auf die städtische Umgebung. Mit teilweise grossem technischem Aufwand und medial vermittelt liess er dort mit seinen Inflatables Symbole der Natur (u. a. Blumen) sowie von Wetter- oder Himmelsphänomenen (Regenbogen, Sterne) aufsteigen.

Besonders spannend ist in dieser Hinsicht die Installation *Anemones: An Air Aquarium* (1976) (Kat. 102–106). Mitten im Finanzdistrikt der Metropole New York, unweit der Wall Street, in einem weitgehend verglasten, hohen Raum kreierte Piene eine komplett artifizielle und doch vermeintlich lebende Umwelt. Der Raum war angefüllt mit insgesamt 21 aufblasbaren, überlebensgrossen Figuren aus rotem Spinnakertuch, Nylon

69 Piene 1964, S. 278 (wie Anm. 45).
70 Piene kritisierte Land Art regelrecht polemisch in seinem Eintrag in *More Sky*: Piene 1970, S. 120 (wie Anm. 12).
71 Piene 1976, S. 487 (wie Anm. 65).
72 Piene 1970, S. 120 (wie Anm. 12) [Übers. HE]. Siehe auch ebd., S. 112.
73 Josep Lluís Sert war von 1953 bis 1969 Dekan der Harvard Graduate School of Design. 1938/1939 lehrte Giedion an der Harvard University und von 1946 bis in die 1960er Jahre unterrichtete er im Wechsel an der ETH in Zürich und am MIT in Cambridge, MA.
74 Tyrwhitt, Jaqueline/Sert, Josep Lluís/Rogers, Ernesto (Hg.), *The Heart of the City. Towards the Humanisation of Urban Life*, London 1952. Darin die Texte von Josep Lluís Sert «Centers of Community Life», S. 3–16 und Sigfried Giedion «Historical Background to the Core», S. 17–25. Vgl. auch Sölch, Brigitte, «Struggle for Democracy? Das Museum auf dem Weg in die Stadt», in: Minta, Anna/Schweizer, Yvonne (Hg.), *Das Museum als Wirkraum*, in: *kritische berichte*, Jg. 46, H. 2, 2018, S. 18–29, hier S. 19.
75 Sert 1952, S. 4 (wie Anm. 74). Vgl. mit Piene 1976, S. 481 (wie Anm. 65).

the natural elements," and Sky Art.[66] Piene's main focus was on urban space, the "gray middle-ground" that "appears to provide a mediocre stage for our daily un-drama in times that do not count."[67] In an almost sarcastic tone, Piene analyzed humankind's need for nature and its alienation, criticizing forms of romantic escapism in supposedly untouched nature:

> We are interested in nature too—and nature should be pure. It should show as little human interference as possible to the nature lover observing this purity comfortably from accommodations tailored to modern needs. To the traveler or dweller, who is strongly addicted to civilization's 24 hour services, nature's presence is sufficiently assured by picture windows and occasional observations of climate and weather in regard to sports and Sunday outings.[68]

In 1963 Piene had already explicitly defined his main field of activity as not untouched nature but the human-made landscape:

> While Mack longs to alter vast landscapes, I try to influence the "human landscape" by the Light Ballet and my plays.[69]

Piene set his concept of Environmental Art apart both from Land Art[70] and from the typical public art of the 1960s and 1970s.[71]

> Although the desert is an easy backdrop, it is obvious that it is quite beautiful in itself and that the urban scene and man outside the desert more urgently need art—conscious and circumspect attempts to create a dignified human environment.[72]

This echoes widespread ideas on the rehumanization of the city previously formulated by Sigfried Giedion and Josep Lluís Sert, among others, at the international architecture congress CIAM 8. Both the architect Sert and the architectural historian Giedion worked at Harvard and MIT.[73] They appealed for contemporary art to be present in shared urban spaces and advocated a return to cooperation between artists, sculptors, and architects.[74] Specific passages in Sert's text, describing how the city is now "a place to work in and to endure—a place you have to go to but want to leave as soon as you can," would have resonated directly with Piene.[75]

66 Otto Piene, "Technologie als neues Grundelement der Kunst—am Beispiel der Künstler des Center for Advanced Visual Studies am Massachusetts Institute of Technology in Cambridge, Massachusetts, USA," in *Ars Electronica: Im Rahmen des internationalen Brucknerfestes Linz* (Linz: LIVA, 1980), unpaginated, https://archive.aec.at/print/showmode/2/; trans. Nicholas Grindell.
67 Piene, "You are Here: Environmental Art," in Glibota, *Otto Piene*, 481.
68 Ibid.
69 Piene, "The Development of the Group 'Zero,'" in Glibota, *Otto Piene*, 278.
70 Piene made a positively polemic criticism of Land Art in an entry in Piene, *More Sky*, 120.
71 Piene, "You are Here: Environmental Art," 11.
72 Piene, *More Sky*, 120. See also ibid., 112.
73 Josep Lluís Sert was Dean of Harvard Graduate School of Design from 1953 to 1969. Sigfried Giedion taught at Harvard University from 1938 to 1939 and later, from 1946 into the 1960s, alternated between ETH Zürich and MIT.
74 Jaqueline Tyrwhitt, Josep Lluís Sert, and Ernesto Rogers, eds., *The Heart of the City: Towards the Humanisation of Urban Life* (London: Lund Humphries, 1952), in particular the texts by Josep Lluís Sert, "Centers of Community Life," 3–16, and Sigfried Giedion, "Historical Background to the Core," 17–25. See also Brigitte Sölch, "Struggle for Democracy? Das Museum auf dem Weg in die Stadt," in "Das Museum als Wirkraum," ed. Anna Minta and Yvonne Schweizer, *Das Museum als Wirkraum, kritische berichte* 46 (2) (2018): 19.
75 Sert, "Centers of Community Life," 4. Cf. Piene, "You are Here: Environmental Art," 4.

und transparenten Polyethylenfolien. Die Meeresbewohner wie Seeanemonen, Hummer, Fische und Seesterne schwebten im begehbaren Raum und bewegten sich mit dem Luftzug. Das An- und Abschalten von Gebläsen erzeugte eine intrinsische Bewegung der Figuren, die sie lebendig, atmend oder sich aufrichtend und entfaltend erscheinen liessen. Ein wichtiges vergleichbares ökologisches Projekt ist Alan Sonfists *Time Landscape*, das der Künstler bereits 1965 konzipierte und vorschlug, jedoch erst 1978 realisieren konnte (Abb. 8). Sonfist, der zeitgleich mit Piene von 1969 bis 1974 Fellow am CAVS war, bepflanzte für *Time Landscape* einen halben Block von New Yorks Greenwich Village mit endemischer Flora. Er kreierte so eine vorkoloniale Umwelt und versetzte den Ort sozusagen in seinen vor-urbanen «Urzustand» zurück. Beide Künstler schufen innerhalb der urbanen Situation eine alternative Umwelt. Während jedoch Piene ostentativ die Künstlichkeit ausstellte, präsentierte Sonfist eine künstliche Natürlichkeit. Neben den verwendeten Kunststoffen betonten auch farbige Folien an den Fenstern und farbige Scheinwerfer den artifiziellen Charakter dieser Umgebung. Die überdimensional grossen maritimen Figuren hatten einen ebensolchen Effekt und ermöglichten zusätzlich auch die Begehbarkeit der Installation, eröffneten eine neue Perspektive und liessen die Besucher:innen in eine fremde Umwelt eintauchen. Wie bereits der Begriff «Eintauchen» zeigt, ist Immersion gedanklich aufs Engste mit einer aquatischen Umgebung und dem Element Wasser verknüpft. Piene kommentierte das Projekt wie folgt:

> Gemessen am Tagesgeschäft der umliegenden Firmen mag das Anemones-Projekt belanglos erscheinen. Aber es führt in eine im Wesentlichen städtische Umgebung einen Hauch der Elemente der Natur ein. Aus Sicht von Passanten ist Anemones ein unerwartetes Luftaquarium zur Mittagszeit. Das Thema des Vorhabens ist Grössenordnung, ausserdem Bewegung.[76]

Damit fasste er die Funktion des *Air Aquariums* – präzise platziert an einem paradigmatischen Ort der städtischen Büro- und Finanzwelt – im Sinne seiner Environmental Art zusammen.

Am Ende lässt sich nur spekulieren, warum Piene seine ambitionierten Ideen ökologischer Kunst nicht weiterverfolgte. Ein wichtiges Hindernis war sicherlich die technische und/oder finanzielle Realisierbarkeit der Ideen. Wie erwähnt scheiterten bereits *Zero on Sea* und das *Boston Harbor Project* an der Finanzierung. Bezeichnenderweise konnten unter Kepes am CAVS ebenfalls kaum ökologische Projekte umgesetzt werden oder sie blieben weit hinter den Ansprüchen der Entwürfe zurück. Zudem geriet Kepes' technokratischer Ansatz vor allem

76 Otto Piene zit. n.: https://creativetime.org/projects/anemones-an-air-aquarium/ (24.8.2023) [Übers. HE].

In his art, Piene consistently pursued this cause of rehumanizing the city. With few exceptions (including actions and performances on Maui, Hawaii, captured in the film *Lichtspur im Haus der Sonne* [Light Trail in the House of the Sun, 1974], *Sun Valley Neon Rainbow* [1985], and the Sky Art conference *Desert Sun/Desert Moon* on the edge of the Mojave Desert in 1986) his Sky Art always took place in urban settings. With sometimes considerable technical effort and media coverage, his inflatables sent symbols of nature (including flowers) or weather and celestial phenomena (rainbows, stars) into the sky.

The installation *Anemones: An Air Aquarium* (1976) is especially interesting in this regard (cats. 102–06). In the middle of New York's financial district, not far from Wall Street, in a tall, mainly glass-sided space, Piene created a completely artificial but supposedly living environment. The space was filled with twenty-one inflatable, larger-than-life figures made of red sailcloth, nylon, and transparent polyethylene sheeting. The ocean creatures such as sea anemones, lobsters, fish, and starfish floated in the walk-in space and moved in the wind. Fans switched on and off, creating an intrinsic movement of the figures, making them appear alive, breathing, rising up, and unfolding. An important comparable ecological project is Alan Sonfist's *Time Landscape*, conceived and proposed as early as 1965 but not realized until 1978, for which the artist, who was a fellow at CAVS at the same time as Piene (1969–74), planted half a block in Greenwich Village with endemic flora (fig. 8). In this way, he created a precolonial world and returned the site to it preurban "primal" state. Both artists created an alternative environment within the urban situation. But whereas Piene made an ostentatious show of artificiality, Sonfist presented an artificial naturalness. In addition to the plastics used to make the figures, colored sheeting over the windows and colored lights further emphasized the artificial character of this setting. The scale of the figures had a similar effect, as well as making it possible to enter the installation, offering a different viewpoint and allowing visitors to immerse themselves in a strange environment. As the term itself already suggests, *immersion* is closely associated with an aquatic setting and the element of water. Piene commented on the project as follows:

> When measured against the daily concerns of surrounding businesses, the Anemones project may seem frivolous, but it brings to an essentially urban situation a whiff of nature's elements. For the passersby, Anemones is an unexpected lunchtime air aquarium. The theme of this venture is scale, along with movement.[76]

76 Piene quoted in "Otto Piene, Anemones: An Air Aquarium," Creative Time, https://creativetime.org/projects/anemones-an-air-aquarium/.

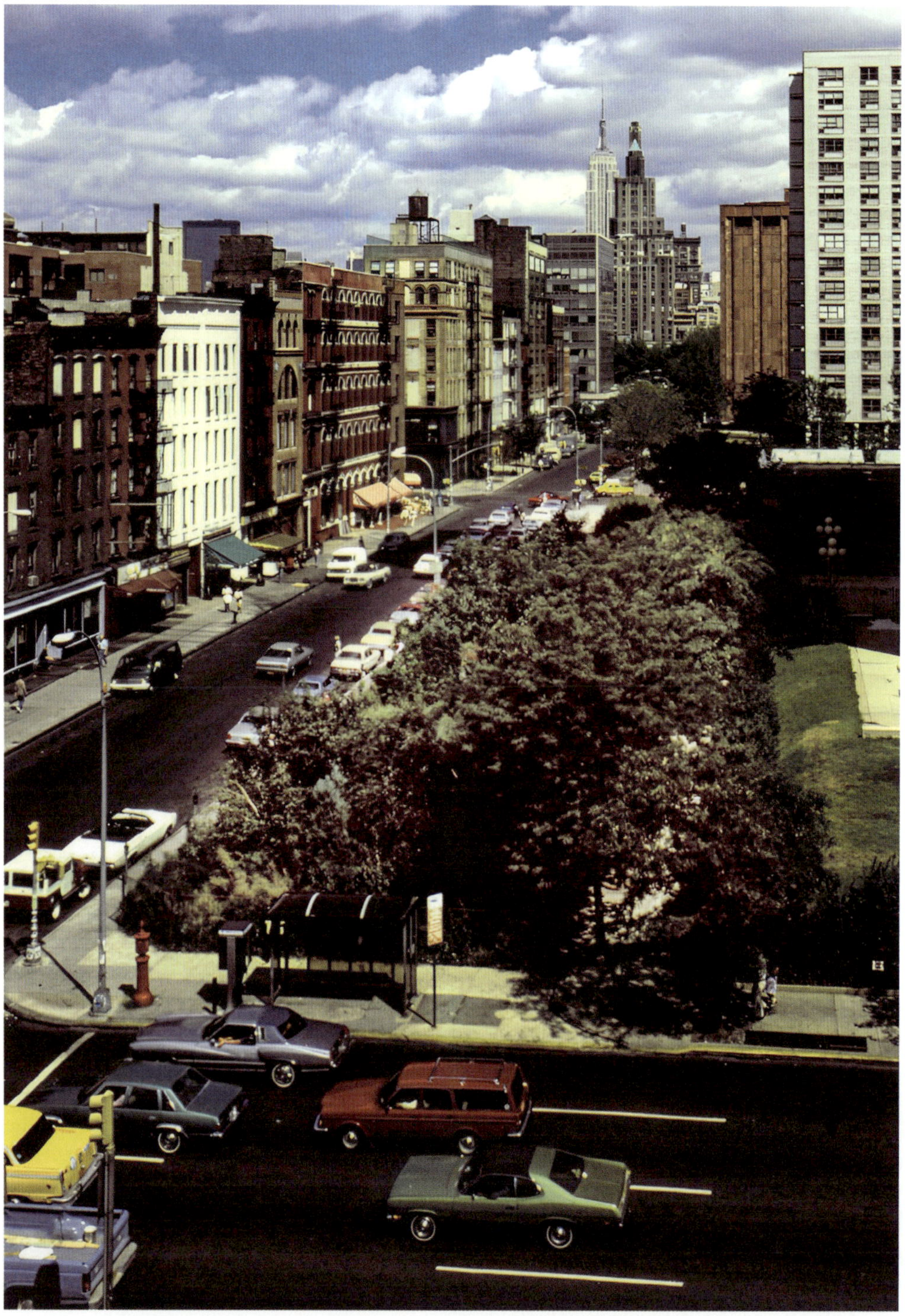

Abb. | Fig. 8: Alan Sonfist, *Time Landscape Laguardia and Houston Street*, geplant | planned: 1965, realisiert | completed: 1978–, Wiederherstellung des vorkolonialen Waldes von New York City | recreation of precolonial forest of New York City, 13.7 × 61 m

auch vor dem Hintergrund der enormen, vom Verteidigungsministerium finanzierten militärischen Forschung und Entwicklung am MIT in Kritik.[77]

Das Manifest *More Sky* ist darüber hinaus Ausdruck von Pienes Neuorientierungsprozess nach dem Ende von Zero. Es weist nicht nur einen, sondern mehrere mögliche Wege. Vielleicht setzte Piene aufgrund seiner Abneigung gegen den romantisierenden Eskapismus in die Natur und eine Tendenz zu «restaurierender Öko-Ästhetik», welche die Kunst der 1970er Jahre durchaus auch kennzeichnete[78], schlicht andere Prioritäten. Gleichzeitig stellte die von ihm angestrebte Harmonisierung von Mensch, Natur und Technik auch eine enorme Herausforderung für die Vorstellungskraft dar. Die Trennung zwischen Natur und Kultur ist einer der am tiefsten verankerten Dualismen des westlichen Denkens seit der Aufklärung und prägt das Allgemeinwissen trotz aller philosophischen und künstlerischen Anstrengungen bis heute. Das Bedürfnis der Menschen nach einer reinen, unberührten Natur ist ungebrochen gross. Mit seiner Kunst im öffentlichen Raum und seinen persönlichen Skizzenbüchern bewegte sich Piene selbst in diesem Spannungsfeld. Die zahlreichen Zeichnungen Pienes von Landschaften, Pflanzen und Blumen zeugen davon, wie stark er sich von der Natur angezogen fühlte und wie wichtig sie für ihn als Inspirationsquelle war. Einzelne Werke, etwa die oben erwähnten Aktionen und Performances auf Hawaii, nutzen explizit die elementare «Urlandschaft» – wie es im Filmkommentar von *Lichtspur im Haus der Sonne* heisst. Wobei andererseits die Aktionen nicht auf ein Publikum vor Ort ausgerichtet waren, sondern bereits als mediatisiertes Kunstwerk und Fernsehproduktion des Saarländischen Rundfunks ihren eigentlichen Ort im Fernsehgerät des heimischen Wohnzimmers fanden.

Otto Pienes Entwürfe einer ökologischen Kunst, seine damaligen radikal-utopischen Ideen einer Fusion von Mensch, Technik und Natur wurden zwar nicht realisiert. Gleichwohl sind sie heute, insbesondere mit Blick auf aktuell virulente posthumanistische Theorien und Post-Nature-Konzepte, hochgradig interessant.[79] Wäre die Zeit heute reif für eine Installation, welche die Abgase von Fabriken kühlt, neutralisiert und in Flüssigkeiten verwandelt, die dann ins Meer oder Grundwasser geleitet würden, um schliesslich an Quellen oder im Ozean als farbige Strömungen wieder sichtbar zu werden? Es ist zu bezweifeln. Pienes Ideen sind auch unserer heutigen Zeit noch voraus.

This summed up the function of the *Air Aquarium*—placed at an emblematic spot within the urban world of offices and finance—in the spirit of his Environmental Art.

Ultimately, one can only speculate on why Piene did not further pursue his ambitious ideas for ecological art. One important obstacle was certainly the technical and/or financial realizability of these ideas. As mentioned above, *Zero on Sea* and the *Boston Harbor Project* both failed for financial reasons. Tellingly, under Kepes's directorship few ecological projects were realized at the CAVS, and those that were fell far short of the original vision. In addition, Kepes's technocratic approach faced growing criticism, especially in the context of the huge scale of military research and development at MIT funded by the US Department of Defense.[77]

Moreover, the manifesto *More Sky* is an expression of Piene's process of reorientation after the end of Zero. It points not just to one possible path, but to several. Perhaps Piene's aversion to romantic escapism, and to the "restorationist eco-aesthetics"[78] that certainly also characterized the art of the 1970s, simply prompted him to define other priorities. At the same time, the harmonization of humankind, nature, and technology he advocated presents a huge challenge to the imagination. The separation between nature and culture is one of the most deeply anchored dualisms in post-Enlightenment Western thought, continuing to shape general knowledge in spite of the efforts of philosophers and artists. Humankind's desire for pure, untouched nature is as great as ever. With his art in public spaces and his personal sketchbooks, Piene himself navigated these tensions. His many drawings of landscapes, plants, and flowers bear witness to the appeal nature exerted on him, and how important it was for him as a source of inspiration. Individual works, like the above-mentioned actions and performances in Hawaii, made explicit use of the elementary "primal landscape"—as it is called in a commentary on the film *Lichtspur im Haus der Sonne*. On the other hand, these were not addressed to an audience in Hawaii itself but were instead transmitted as a media artwork and television production by state broadcaster Saarländischer Rundfunk, destined for TV screens in Germany.

Otto Piene's proposals for ecological art, his radically utopian ideas for a fusion of humankind, technology, and nature, may not have been realized, but today, especially with a view to the current boom in posthumanist theories and post-nature concepts, they are highly topical.[79] Has the time finally come for an installation that cools and neutralizes emissions from factories and converts them into liquids that can then be channeled into seas or water tables, eventually becoming visible again in rivers and oceans as colored currents? Probably not. Even today, Piene's ideas are ahead of the times.

77 Vgl. Kwastek 2019, S. 257f. (wie Anm. 31). Für eine nuancierte Betrachtung von Kepes' Positionierung am MIT und seine Zusammenarbeit mit Laboratorien, die aktiv im militärisch-industriellen-Komplex engagiert waren, siehe: Blakinger 2015 (wie Anm. 49).

78 Demos 2016, S. 39 (wie Anm. 29).

79 Vgl. Kwastek 2019, S. 259f. (wie Anm. 31). So kam bspw. Tina Rivers Ryan in ihrem Aufsatz – nicht im Hinblick auf Natur, aber in Bezug auf die Verwendung von Technik und Medien, insbesondere Licht – zum Schluss, dass Arbeiten wie Pienes *The Proliferation of the Sun* eine «Preview der posthumanistischen Gesellschaft anbieten, in der Menschen und Technologie zu einer komplexen, rhizomatischen Ökologie verbunden sind» (Rivers, Tina, «*The Proliferation of the Sun*: Group ZERO and the Medium of Light in 1960s America», in: von Hülsen-Esch, Andrea/Pörschmann, Dirk (Hg.), *The Medium of Light in the Context of the Neo-Avant-Garde of the 1950s and 1960s*, Düsseldorf 2013, S. 75–109, hier S. 105f. [Übers. SBR]).

77 See Kwastek, "'Umweltkunst' am Center for Advanced Visual Studies," 257–58. For a nuanced look at Kepes's position at MIT and his cooperation with laboratories actively engaged with the military-industrial complex, see Blakinger, "The Aesthetics of Collaboration."

78 Demos, *Decolonizing Nature*, 39.

79 See Kwastek, "'Umweltkunst' am Center for Advanced Visual Studies," 259–60. Tina Rivers Ryan, for example, comes to the conclusion, with regard not to nature but to the use of technology and media, especially light, that works like Piene's *The Proliferation of the Sun* "offer a preview of a posthumanist society, one in which humans and technology are bound together in a rhizomatic ecology." See Tina Rivers, "*The Proliferation of the Sun*: Group ZERO and the Medium of Light in 1960s America," in Andrea von Hülsen-Esch and Dirk Pörschmann, eds., *The Medium of Light in the Context of the Neo-Avant-Garde of the 1950s and 1960s* (Düsseldorf: Düsseldorf University Press, 2013), 105–06.

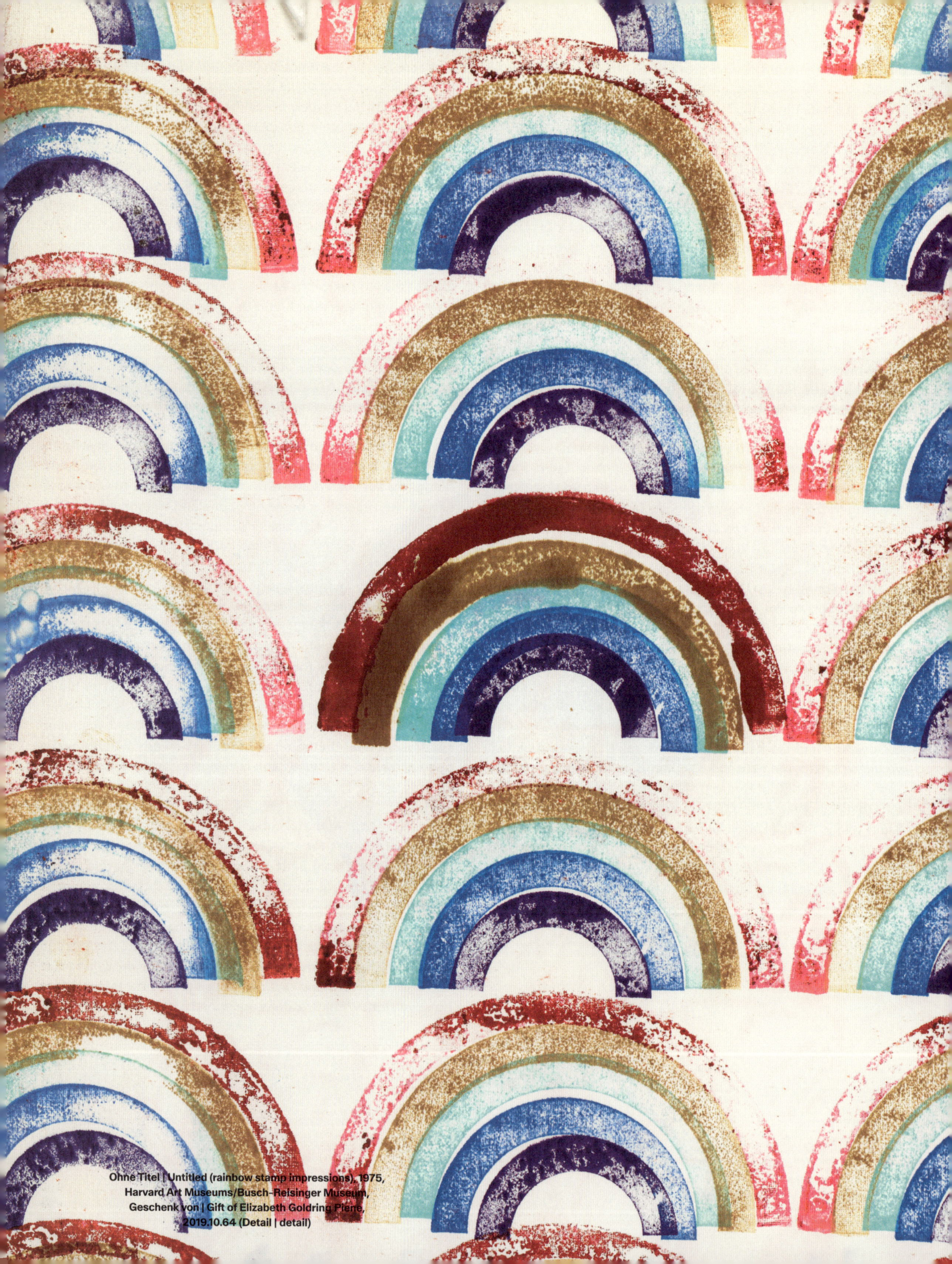

Ohne Titel | Untitled (rainbow stamp impressions), 1975,
Harvard Art Museums/Busch-Reisinger Museum,
Geschenk von | Gift of Elizabeth Goldring Piene,
2019.10.64 (Detail | detail)

Otto Pienes «Rainbow in the Sky», München 1972

Ein Farbband aus fünf durch Lamellen verbundenen Stratofilm[1]-Schläuchen in den olympischen Farben der XX. Spiele in Orange, Gelb, Grün, Hell- und Violettblau schwang sich gefüllt mit Helium in einer weiten Parabel dem dunklen Nachthimmel entgegen (Abb. 1). Angestrahlt von grossen Scheinwerfern, doch auch selbst illuminiert durch ein an den äusseren Rändern aufgewickeltes Lichtband, leuchtete der künstliche *Regenbogen* von Otto Piene aller schrecklichen Ereignisse – der Entführung und Ermordung der israelischen Sportler[2] – zum Trotz in ein hoffnungsvolles Morgen hinüber.[3] Wenngleich der *Regenbogen* später als Friedenszeichen zum Abschluss dieser Olympischen Spiele 1972 in München gelesen wurde, so war dieses Sinnbild von Otto Piene – sicherlich nicht in antizipierender Vorausahnung des Terrorakts –, dennoch als aussagekräftige Metapher konzipiert worden[4], denn sowohl er selbst als auch die Organisatoren wussten um die besondere Bedeutung der Olympischen Spiele im bundesrepublikanischen München nach der Austragung des Wettbewerbs im nationalsozialistischen Berlin 1936.[5]

Nach dem Terrorakt vom 5. September hatten sich die fröhlichen, weltoffenen Spiele – wie sie sich zunächst darstellten[6] – in eine Tragödie verwandelt. Die Sportwettkämpfe waren unterbrochen worden, das Olympische Komitee beriet über viele Stunden hinweg, ob man die Spiele fortsetzen oder abbrechen solle. Jürgen Claus, Künstler und Kunsttheoretiker, damals im ‹Büro Piene› mit Filmemacherin Murri Selle für die

1 Das Material Stratofilm wurde ausschliesslich von der US-amerikanischen Firma Winzen Research hergestellt. Professor Dr. Walter Lewin, geboren 1936 in Den Haag, Astrophysiker am Center for Space Research and Department of Physics war ein Kollege von Otto Piene am Massachusetts Institute of Technology (MIT) in Cambridge, MA. Lewin hatte im Rahmen seiner Strahlen-Forschung am 5. April 1972 im australischen Alice Springs in Zusammenarbeit mit der Firma Winzen Research Inc., Entwickler des 0,0005 Inch dünnen StratoFilms, einen Ballon-Rekord aufgestellt und Otto Piene mit der Firma Winzen Research zusammengebracht. Die Farben des Polyäthylen-Stratofilms waren Eigenfarben.

2 Am 5.9.1972 wurde das israelische Team von der Terrorgruppe Schwarzer September überfallen, beim Befreiungsversuch wurden elf Mitglieder der israelischen Delegation und ein Polizeibeamter getötet, vgl. Deininger, Roman/Ritzer, Uwe, *Die Spiele des Jahrhunderts. Olympia 1972, der Terror und das neue Deutschland*, München 2021, S. 335–372.

3 Zu Konzeption, Aufbau, Organisation siehe Könches, Barbara, «Zum Regenbogen von Otto Piene: Ein Hoffnungszeichen in Orange, Gelb, Grün, Hellblau und Violett», in: Biebl, Anton/Hartung, Elisabeth (Hg.), *Kunst und Gesellschaft 1972–2022–2072. Von der Kunst für die Olympischen Spiele in München 1972 zu künstlerischen Gestaltungskonzepten des 21. Jahrhunderts*, Berlin 2023 (erscheint im Oktober 2023).

4 Der *Regenbogen* wurde in der Literatur zu den Olympischen Spielen und zu Pienes Œuvre bislang kaum beachtet oder unzureichend dargestellt, vgl. Schiller, Kay/Young, Christoph, *München 1972. Olympische Spiele im Zeichen des modernen Deutschland*, Göttingen 2012, S. 157.

5 Otto Piene an Willi Daume, München, 19.9.1972:«Sie haben alles Menschenmögliche getan, um die Spiele Regenbogenspiele werden zu lassen. Mit einem solchen Ideal können Sie nicht alles Böse verhindern – und der Wunsch und Wille zu heiteren Spielen bleiben so ehrenhaft wie vordem.» Archiv der ZERO foundation, Nachlass Otto Piene. Vgl. Deininger/Ritzer 2012, S. 67–114 (wie Anm. 2); Schiller/Young 2012, S. 91–126, 157 (wie Anm. 4).

6 https://www.bisp.de/SharedDocs/Downloads/Publikationen/Muenchen1972.pdf?__blob=publicationFile&v=2 (12.7.2023)

Otto Piene's 1972 "Rainbow in the Sky" in Munich

A ribbon of color consisting of five linked helium-filled Stratofilm tubes in the colors of the 1972 Olympic Games—orange, yellow, green, pale blue, violet—formed a broad arc rising into the night sky (fig. 1).[1] Lit by spotlights and additionally illuminated by strip lighting attached to its outer edges, Otto Piene's artificial *Rainbow* shone out—in spite of the horrific kidnapping and murder of Israeli team members[2]—as a sign of hope for tomorrow.[3] Although at the close of the Games, the *Rainbow* was interpreted as a sign of peace, it had been designed in advance as a meaningful metaphor,[4] not in anticipation of terrorism, but based on an awareness of the special significance of holding the Games in Munich, in a democratic West Germany, following the Nazi Olympics held in Berlin in 1936.[5]

The terrorist act of September 5 turned the cheerful, open-minded event—as the Games were initially portrayed—into a tragedy.[6] The sporting events came to a halt, and the Olympic Committee discussed for many hours whether to cancel or carry on. Jürgen Claus, an artist and theorist who was responsible, together with filmmaker Murri Selle, for documenting the *Rainbow* in Piene's office, recorded his impressions and thoughts during these dramatic hours on tape:

1 Stratofilm was produced exclusively by the American company Winzen Research. Professor Walter Lewin (an astrophysicist at the Center for Space Research and Department of Physics who was born in 1936 in The Hague, the Netherlands) was a colleague of Piene's at MIT. On 5 April 1972, in Alice Springs, Australia, as part of his research into radiation, Lewin had set a balloon record in cooperation with the company Winzen Research Inc., developer of the 0.0005-inch StratoFilm, introducing Piene to the company. The colors of the polyethylene Stratofilm were intrinsic colors.

2 On 5 September 1972, the Israeli team was attacked by the Black September terrorist group; during the operation to free them, eleven members of the Israeli team and one policeman were killed. See Roman Deininger and Uwe Ritzer, *Die Spiele des Jahrhunderts: Olympia 1972, der Terror und das neue Deutschland* (Munich: DTV, 2021), 335–72.

3 On the work's conception, installation, and organization, see Barbara Könches, "On *Rainbow* by Otto Piene: A Sign of Hope in Orange, Yellow, Green, Indigo, and Violet," in Anton Biebl and Elisabeth Hartung, eds., *Art and Society 1972–2022–2072: From the Art for the Olympic Games in Munich in 1972 to Artistic Design Concepts of the Twenty-First Century* (Berlin: Hatje Cantz, 2023).

4 In the literature on the Olympic Games and on Piene's oeuvre, the *Rainbow* has to date been overlooked or paid insufficient attention. Cf. Kay Schiller and Christoph Young, *München 1972: Olympische Spiele im Zeichen des modernen Deutschland* (Göttingen: Wallstein, 2012), 157.

5 Otto Piene to Willi Daume, Munich, 19 September 1972, ZERO foundation Archive, Otto Piene Estate: "They did everything in their power to make the games rainbow games. Such an ideal won't allow them to prevent all evil—and the desire and determination to have cheerful games remain as honorable as before." See Deininger and Ritzer, *Die Spiele des Jahrhunderts*, 67–114; and Schiller and Young, *München 1972*, 91–126, 157.

6 Robin Streppelhoff, ed., *München 1972: Olympische Spiele in Deutschland; Eine Bibliografie mit einführenden Beiträgen* (Bonn: Bundesinstitut für Sportwissenschaft, 2022), https://www.bisp.de/SharedDocs/Downloads/Publikationen/Muenchen1972.pdf?__blob=publicationFile&v=2.

Dokumentation des *Regenbogens* verantwortlich, hielt seine Eindrücke und Gedanken in jenen dramatischen Stunden auf Tonband fest:

> Sollte es zum *Regenbogen* kommen, was in dem Augenblick niemand weiss, so wird er anderes sein als künstlerisches Ereignis.[7]

Claus überliefert darüber hinaus, wie Piene die Situation empfand:

> «Unter den Hunderten, ja Tausenden von Regenbogen, die ich in meinem Leben gesehen habe – und wer immer in Hawaii für einige Zeit gelebt hat, kann gar nicht umhin, Tausende von Regenbogen zu sehen –, war der prächtigste der in dem Moment, als meine Mutter starb.» Ottos Stimme ist hilflos und zittert.[8]

Zur Vorgeschichte des Werks

Im Jahr 1970 hatte Klaus Bieringer, beim Münchner Kulturreferat für das Kulturprogramm der Spiele zuständig, Otto Piene angeschrieben und ihn um seine künstlerische Mitarbeit bei der Abschlussfeier in Form eines *Lichtballetts* gebeten.[9] Offenbar hatten Bieringer, der zuständige Ausschuss und der Präsident des Nationalen Olympischen Komitees, Willi Daume, zunächst andere Vorstellungen von einer in diesem Kontext zu realisierenden künstlerischen Arbeit.[10] Piene jedoch entwickelte ganz selbstverständlich aus seinem Werkzusammenhang heraus ein Sky-Art-Objekt in Form eines Regenbogens, wobei dieser als Lichterscheinung für den Künstler fraglos in die Linie seines *Lichtballetts* eingeordnet werden konnte. Im Ergebnis zählte nicht das atmosphärisch-optische Phänomen des Regenbogens, sondern dessen metaphorische Darstellung. Im Folgenden wird daher das Motiv und die Wirkung des über München schwebenden *Regenbogens* im Kontext des Piene'schen Œuvres untersucht.

Piene startete sein Olympia-Abenteuer mit einem von ihm entworfenen Briefpapier, auf dem bereits das Motiv des Regenbogens zu finden war (Abb. 2.1–2.2). Sogar die Techniker und die Aufbau-Mannschaft trug auf ihren Jacken und Mänteln das aufgesteppte Motiv eines Regenbogens (Abb. 3). Doch wann hatte Pienes Begeisterung für dieses Symbol begonnen, das er in zahlreichen weiteren Kunstwerken, so etwa bei der Fassadengestaltung der Porzellanfabrik Rosenthal in Selb, Bayern, 1972/1973 nutzte und das im Laufe der Zeit zu einer Art persönlichem Icon für ihn wurde?

> Should the *Rainbow* take place, which no one knows at the moment, it will be something other than an artistic event.[7]

Claus also reports how Piene felt about the situation:

> "Of the hundreds and thousands of rainbows I've seen in my life—and anyone who spends any time in Hawaii can't help seeing thousands of rainbows—the most magnificent of all was the one I saw the moment my mother died." Otto's voice was helpless, trembling.[8]

On the Background of the Work

In 1970 Klaus Bieringer, tasked by Munich's office of culture with organizing the cultural program for the Games, wrote to Piene asking him to contribute a *Light Ballet* to the closing ceremony.[9] Bieringer, the commission responsible, and Willi Daume, the president of Germany's National Olympic Committee, initially had different ideas about the kind of artwork they wanted.[10] For Piene, however, it was perfectly natural to develop a Sky Art object in the shape of a rainbow, which, as a light phenomenon, could undoubtedly be placed in connection to his *Light Ballets*. Ultimately, what counted was not the atmospheric or optical phenomenon of the rainbow, but its metaphorical portrayal. In the following section, I examine the motif and the impact of the *Rainbow* floating over Munich in the context of Piene's oeuvre.

Piene began his Olympic adventure by designing a letterhead that already featured the motif of the rainbow (figs. 2.1–2.2). Even the technicians and the installation team had rainbows embroidered on their coats and jackets (fig. 3). But when did Piene's enthusiasm for this symbol begin—a symbol that he used in numerous other artworks, such as the façade design for the Rosenthal porcelain factory in Selb, Bavaria (1972–73), and that over the course of time became a kind of personal icon?

Piene's *Rainbow* Rises

In the early and middle years of the ZERO movement, from 1957 through 1965, Piene, like the other ZERO artists, used a reduced formal repertoire, not least in terms of color: he tended to use only black, white, silver, and gold, with just a few touches of red or yellow. Then, in early 1966, his palette exploded, refracting

7 Claus, Jürgen, «Der Regenbogen, 1972. Ein Protokoll» In: Stachelhaus, Heiner (Hg.), *Otto Piene. Kunst, die fliegt*, Köln 1998, S. 34–39, hier S. 35.
8 Ebd.
9 Klaus Bieringer an Otto Piene, München, 17.11.1970, Archiv der ZERO foundation, Nachlass Otto Piene.
10 Piene und Bieringer hatten sich 1968 in Kiel kennengelernt anlässlich des Musiktheaterstück *Geschichte eines Feuers (Story of A Fire)* von Dieter Schönbach, an dem auch Piene mitgewirkt hatte.

7 Jürgen Claus, "Der Regenbogen, 1972: Ein Protokoll," in Heiner Stachelhaus, ed., *Otto Piene: Kunst, die fliegt* (Cologne: DuMont, 1998), 35. Unless otherwise noted, all translations are by Nicholas Grindell.
8 Ibid., 36.
9 Klaus Bieringer to Otto Piene, Munich, November 17, 1970, ZERO foundation Archive, Otto Piene Estate.
10 Piene and Bieringer met in 1968 in Kiel at Dieter Schönbach's musical *Geschichte eines Feuers* (Story of a Fire) in which Piene had been involved.

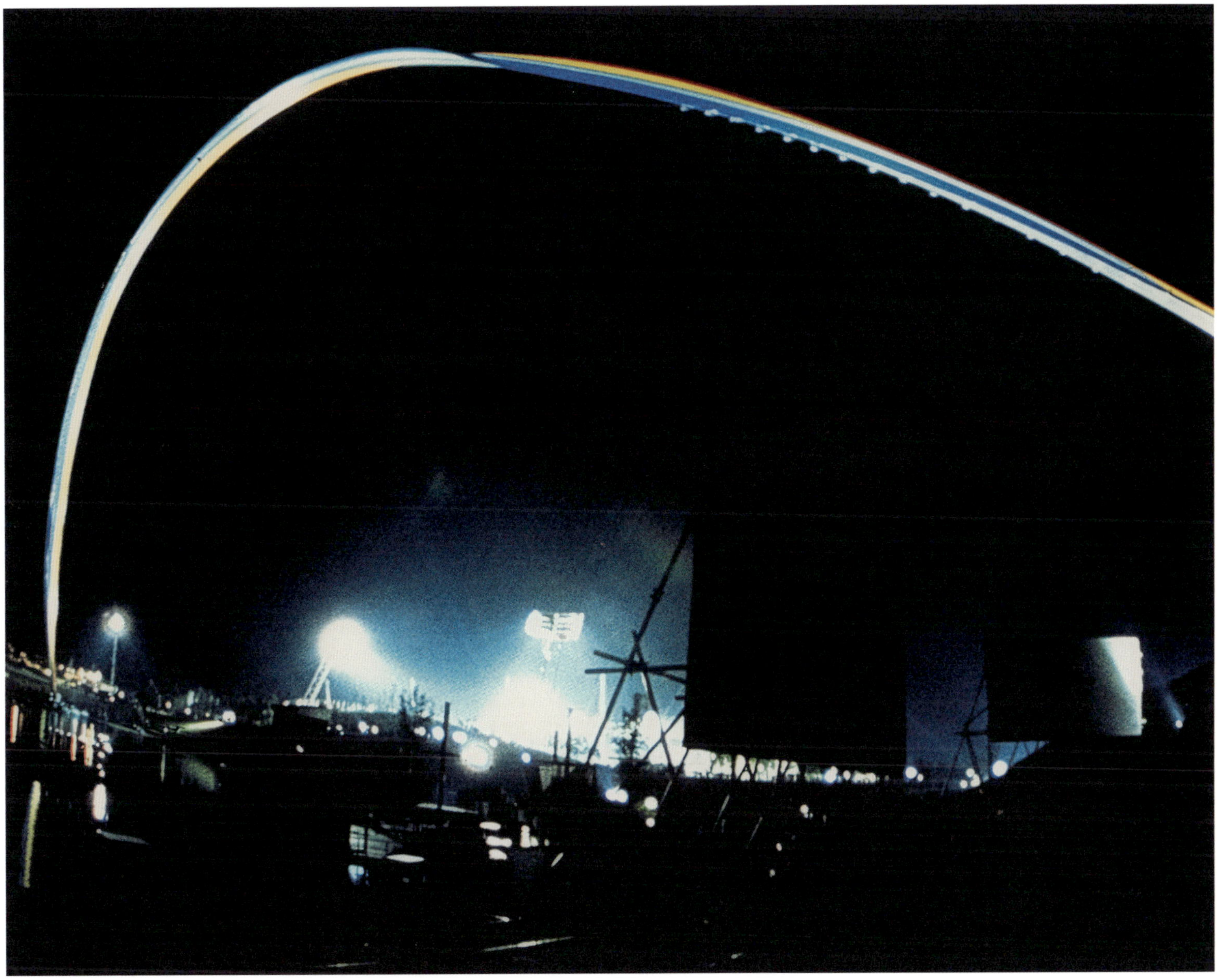

Abb. | Fig. 1: ***Olympischer Regenbogen*** | ***Olympic Rainbow***, 1972, Abzug von Farbdia | print from color slide, 15 × 10 cm, Nachlass Otto Piene | Otto Piene Estate, ZERO foundation, Düsseldorf

Pienes *Regenbogen* steigt auf

In den frühen und mittleren Jahren der ZERO-Bewegung von 1957 bis 1965 hatte Piene wie die anderen ZERO-Künstler:innen sein Formenrepertoire reduziert, nicht zuletzt in farblicher Hinsicht: Er beschränkte sich vorzugsweise auf Schwarz, Weiss, Silber und Gold; nur wenige Farbtöne wie Gelb oder Rot wur-

the colors out of the colorlessness, like the sun taking countless microscopic raindrops to cast an arc of red, orange, yellow, green, blue, indigo, and violet into the sky.

On 20 January 1966, Piene gave a lecture at the Carpenter Center for the Visual Arts at Harvard University entitled "Tomorrow and the Rainbow: About Light, Art and Light Art."[11] He began with a fictitious "cultural history of humanity... published in 2800," addressing space travel, the arts, and wartime experiences before turning to light art. [12] On page fifteen of seventeen pages, the rainbow appears in connection with the

11 Otto Piene, *Morgen und der Regenbogen: Über Licht, Kunst und Lichtkunst*, 20 January 1966. Portions published in *KunstLichtKunst* (Eindhoven: Stedelijk van Abbemuseum, 1966), and *ZERO in Bonn* (Bonn: Städtische Kunstsammlungen, 1966). (Revised manuscript, ZERO foundation Archive, Otto Piene Estate).

12 Ibid.

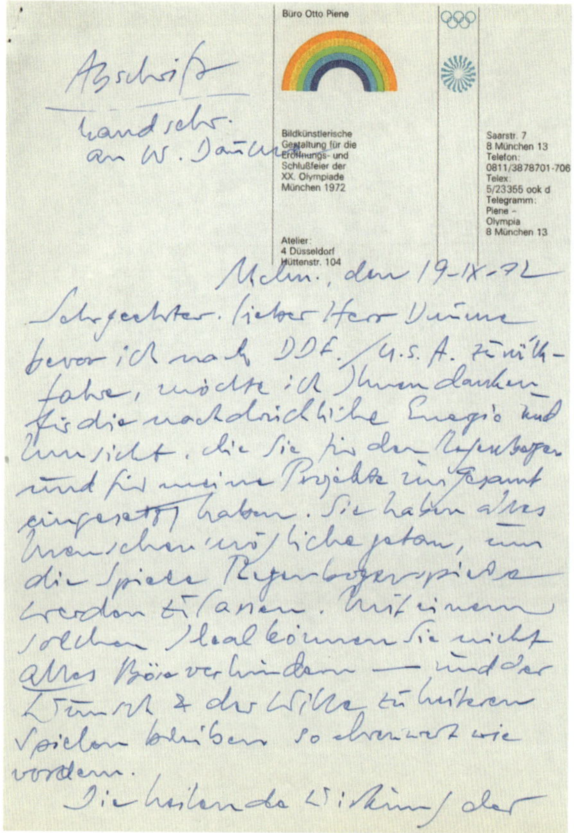

Büro Otto Piene

Bildkünstlerische Gestaltung für die Eröffnungs- und Schlußfeier der XX. Olympiade München 1972

Saarstr. 7
8 München 13
Telefon:
0811/3878701-706
Telex:
5/23355 ook d
Telegramm:
Piene -
Olympia
8 München 13

Atelier:
4 Düsseldorf
Hüttenstr. 104

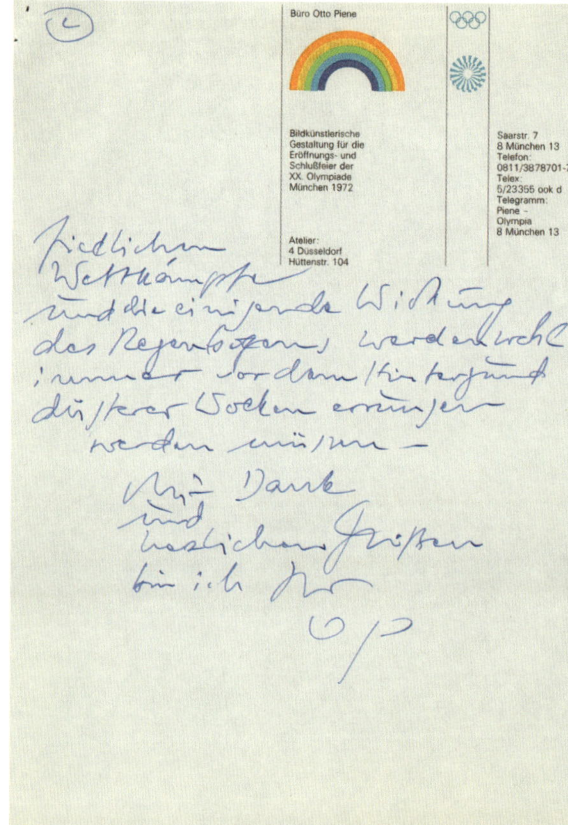

Büro Otto Piene

Bildkünstlerische Gestaltung für die Eröffnungs- und Schlußfeier der XX. Olympiade München 1972

Saarstr. 7
8 München 13
Telefon:
0811/3878701-706
Telex:
5/23355 ook d
Telegramm:
Piene -
Olympia
8 München 13

Atelier:
4 Düsseldorf
Hüttenstr. 104

Abb. | Figs. 2.1–2.2: Brief von | Letter from Otto Piene, 19. September | 19 September 1972, Nachlass Otto Piene | Otto Piene Estate, ZERO foundation, Düsseldorf

den benutzt. Doch Anfang 1966 explodierte die Farbpalette von Piene geradezu und er sprengte, so mag es erscheinen, die bunten Lichtwellen aus der transparenten Strahlung, ganz so wie es die Sonne vermag, wenn sie aus unendlich vielen mikrokleinen Regentropfen einen Bogen in Rot, Orange, Gelb, Grün, Blau, Indigo und Violett in den Himmel stellt.

Am 20. Januar 1966 hielt der Künstler einen Vortrag am Carpenter Center for the Visual Arts der Harvard University in Cambridge, Massachusetts, mit dem Titel *Morgen und der Regenbogen: Über Licht, Kunst und Lichtkunst*.[11] Seine Rede begann er mit einer fiktiven «Kulturgeschichte der Menschheit [...] herausgegeben im Jahre 2800»[12]. Darin behandelte Piene zunächst die Mondfahrt, die Künste sowie Kriegserlebnisse, um dann auf die Lichtkunst einzugehen. Erst auf der 15. von 17 Seiten taucht der Regenbogen im Zusammenhang mit dem Ideal des Künstlers auf, der die Welt von morgen formen will und nicht «um Spiegelung bemüht» ist, womit Piene sicherlich Strömungen wie die Pop-Art und den Nouveau Réalisme vor Augen hatte.[13] *Morgen und der Regenbogen* ist ein lebhaftes Plädoyer für den romantischen Künstler, der an die ethische Qualität ästhetischer Erfahrungen glaubt.

artist's ideal to shape the world of tomorrow, rather than being interested in "mirroring," surely a reference to currents such as Pop Art and Nouveau Réalisme.[13] "Tomorrow and the Rainbow" is a lively appeal for Romantic art that believes in the ethical quality of aesthetic experiences.

A few days later, Piene ended a letter to his Berlin-based friend, actor Günter Meisner, with the words: "Greetings to Claudia, Berlin, and the rainbows."[14] What had happened in January 1966 to prompt the artist to cheerily send his regards to the rainbows in this nonchalant manner?

Any attempt to answer this question cannot exclude speculations about his personal situation in the years 1965 and 1966, but it is essentially based on historical facts.

Having traveled to the United States for a guest professorship in 1964 at the age of thirty-six, the art world of New York must have made a big impression on him. Suddenly he found himself in the eye of the storm, the hotspot where trends like Pop Art, Land Art, and Minimal Art were being discussed, and where sculpture and painting were being influenced by new technologies such as video and slide projection.

11 Piene, Otto, *Morgen und der Regenbogen: Über Licht, Kunst und Lichtkunst*, 20.1.1966. Teilweise publiziert in: *kunstlichtkunst*, Ausst.-Kat. Stedelijk van Abbemuseum, Eindhoven 1966, Eindhoven 1966 und *ZERO in Bonn*, Ausst.-Kat. Städtische Kunstsammlungen, Bonn 1966 (überarbeitetes Manuskript, Archiv der ZERO foundation, Nachlass Otto Piene).

12 Ebd.

13 Vgl. Otto Piene, Eröffnungsrede zur Ausstellung *Mack, Piene, Uecker*, Kaiser-Wilhelm-Museum, Haus Lange, Krefeld 19.1.1963. Typoskript mit handschriftlichen Korrekturen im Archiv der Adolf-Luther-Stiftung, Krefeld.

13 See Otto Piene, speech at the opening of the exhibition *Mack, Piene, Uecker*, Kaiser-Wilhelm-Museum, Haus Lange, Krefeld, 19 January 1963. Typescript with handwritten corrections in the archive of the Adolf-Luther-Stiftung, Krefeld.

14 Typewritten letter from Piene to Günter Meisner, New York, 27 January 1966, ZERO foundation Archive, Otto Piene Estate.

Wenige Tage später beschloss Piene einen Brief an seinen Berliner Freund, den Schauspieler Günter Meisner, mit den Worten: «gruess Claudia, Berlin und die Regenbogen».[14] Was war passiert, dass der Künstler sich im Januar 1966 mit einer nonchalanten Leichtigkeit mit den Regenbogen empfahl?

Der Versuch diese Frage zu beantworten, kann Spekulationen um seine persönliche Situation in den Jahren 1965/1966 nicht ausschliessen, dennoch beruht er wesentlich auf historischen Fakten.

Nachdem der damals 36-jährige Piene 1964 in die USA gereist war, um dort eine Gastprofessur anzutreten, muss insbesondere die Kunstwelt New Yorks einen starken Eindruck auf ihn gemacht haben. Plötzlich befand er sich im Auge des Orkans, mitten im Hot Spot der Kunstszene, wo Trends wie Pop-Art, Land-Art oder Minimal diskutiert wurden und neue Techniken wie Video oder Diaprojektionen Skulptur und Malerei beeinflussten.

New York veränderte Pienes Leben nicht nur in beruflicher, sondern auch in privater Hinsicht. Während der Eröffnung der Gruppenausstellung *Zero. Mack, Piene, Uecker* in der Howard Wise Gallery im Winter 1964 lernte er die New Yorker Kunstkritikerin Nan Rosenthal kennen[15] und verliebte sich Hals über Kopf in sie. Innerhalb von nicht einmal einem Jahr, am 9. September 1965, waren sie miteinander verheiratet. Dazwischen lag für Piene jedoch die schwierige Zeit der Trennung von seiner ersten Frau und seinen Kindern.[16] Man kann sich leicht vorstellen, wie emotional belastend diese Phase für alle Beteiligten war.

Wenige Wochen nach der Hochzeit, im November 1965, traf Piene in seiner ersten Einzelausstellung – wiederum bei Howard Wise[17] – auf den zweiten Menschen, der sein Leben in den USA beeinflussen sollte, den Künstler und Hochschullehrer György Kepes:

> In einer meiner New Yorker Ausstellungen mit dem *Light-Ballet* bei Howard Wise [...] kam György Kepes herein. Er erzählte mir, dass er gerade dabei war, das ‹Center for Advanced Visual Studies› [CAVS] am Massachusetts Institute of Technology [MIT] in Cambridge [...] zu gründen und fragte mich, ob ich sein erster ‹Fellow› sein wolle[18],

so Piene rückblickend.

Nach einem emotional und beruflich aufregenden Jahr befand sich Piene Anfang 1966 an einem Neustart: Er lebte mit Nan Rosenthal in New York, hatte eine Einzelausstellung in einer angesagten Galerie und bekam das Angebot, an einer der weltweit renommiertesten Universitäten zu forschen.

14 Maschinengeschriebener Brief von Otto Piene an Günter Meisner, New York, 27.1.1966, Archiv der ZERO foundation, Nachlass Otto Piene.

15 Nan Rosenthal: «Und er [Otto Piene] und zwei Kollegen [...] hatten eine Ausstellung bei Howard Wise. Und sie hatten einen Galeristen in London, der mit einer sehr engen Freundin meiner Mutter befreundet war, und meine Mutter schickte mich zu dieser Eröffnung bei Howard Wise, damit ich mich um ihre Freundin kümmerte, und dort lernte ich Otto Piene kennen.» https://www.aaa.si.edu/collections/interviews/oral-history-interview-nan-rosenthal-15845 (12.7.2023) [Übers. HE].

16 Die Briefe von Otto Piene an Nan Rosenthal aus der Zeit zwischen Dezember 1964 und März 1965, heute in den Archives of American Art, Smithsonian Institution, belegen die schwierige Situation. Dank an Lauren Elizabeth Hanson für diesen Hinweis.

17 *Piene. Light Ballet*, Ausst.-Kat. Howard Wise Gallery, New York, 4.–20.11.1965.

18 Weitemeier, Hannah, Maschinengeschriebenes Skript mit Korrekturen von Otto Piene, Berlin 1996, Archiv CAVS, Scan im Archiv der ZERO foundation.

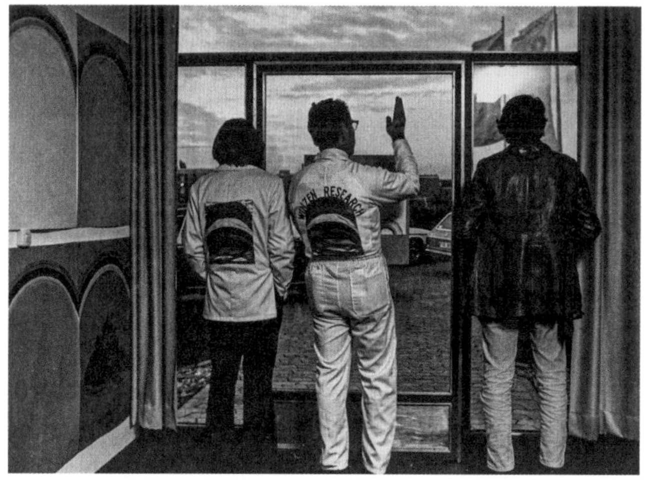

Abb. | Fig. 3: Mitarbeiter in der von Piene entworfenen Arbeitskleidung mit Regenbogen, rechts im Bild Piene | Assistants with Piene's rainbow-designed workwear, with Piene on right, 1972, Nachlass Otto Piene | Otto Piene Estate, ZERO foundation, Düsseldorf

New York changed Piene's life in both professional and private terms. At the opening of the group show *Zero: Mack, Piene, Uecker* at Howard Wise Gallery in the winter of 1964, he met New York art critic Nan Rosenthal and fell head over heels in love with her.[15] Less than year later, on 9 September 1965, they were married. Between the two events lay Piene's difficult separation from his first wife and their children.[16] It's not hard to imagine the emotional impact of this period for all involved.

A few weeks after the wedding, in November 1965, during his first solo show, again at Howard Wise Gallery,[17] Piene met the second person who would shape his life in the United States, artist and university lecturer György Kepes:

> During one of my New York exhibitions with *Light Ballet* at Howard Wise . . . György Kepes came in. He told me he was in the process of founding the Center for Advanced Visual Studies [CAVS] at the Massachusetts Institute of Technology [MIT] in Cambridge . . . and he asked me whether I wanted to be his first "fellow."[18]

At the beginning of 1966, after an emotionally and professionally turbulent year, Piene made a new start: living with Rosenthal in New York, he had a solo show at a fashionable gallery and had been asked to conduct research at one of the world's most prestigious universities.

What better symbol of happiness to express this than the rainbow? Rosenthal reported, "Otto is always making rainbows."[19] Under these words she drew a large rainbow of her own, with a large red sun in the middle, and in the margin she

15 Nan Rosenthal: "And he [Otto Piene] and two colleagues . . . had a show at Howard Wise. And they had a dealer in London [who] . . . was a friend of a very close friend of my mother's, and my mother made me go to this opening at Howard Wise to be nice to her friend, and that's where I met Otto Piene." See Elizabeth Murray Oral History of Women in the Visual Arts Project, 28 June–12 July 2010, https://www.aaa.si.edu/collections/interviews/oral-history-interview-nan-rosenthal-15845.

16 The letters from Piene to Nan Rosenthal from the period between December 1964 and March 1965, now held by the Archives of American Art, Smithsonian Institution, document this difficult situation. Thanks to Lauren Elizabeth Hanson for bringing this to my attention.

17 *Piene: Light Ballet*, Howard Wise Gallery, New York, 4–20 November 1965.

18 Hannah Weitemeier, typewritten script with corrections by Piene, Berlin 1996, CAVS Archive, scan in the ZERO foundation Archive.

19 Nan Rosenthal papers, ca. 1940–2013, Archives of American Art, Smithsonian Institution. Thanks to Lauren Elizabeth Hanson.

Welches Glückssymbol hätte dies besser ausdrücken können als der Regenbogen? Rosenthal berichtete: «Otto is always making rainbows.»[19] Darunter malte sie selbst einen grossen Regenbogen, in dessen Mitte eine dicke rote Sonne prangte und an den Rand kritzelte sie den Umriss eines *White Ghost (Lichtgeist)* mit der Bemerkung, dass Otto sehr beschäftigt damit sei.[20] Auch Piene selbst zeichnete in einem Brief an den Kunstverleger Wolfgang Haake einen breiten bunten Regenbogen.[21]

Den erwähnten *Lichtgeist* entwarf Piene für die Ausstellung *KunstLichtKunst* im niederländischen Stedelijk van Abbemuseum Eindhoven 1966 (Abb. 4).[22] Dort inszenierte er geradezu ein ‹Regenbogen-Fest›: Für den Aussenraum plante er eine *Regenbogen-Mühle* und für den Innenraum einen *Indoor Rainbow*. Erstere bestand aus zwei horizontalen Propellerflügeln, welche ein Luft-Wassergemisch versprühten, so dass aus der feinen Wolke im Sonnenlicht ein Regenbogen entstehen konnte (Kat. 55).[23] Der Regenbogen im Innenraum kam ohne Wasser aus und entstand durch ein sich drehendes 20 cm hohes Glasprisma, das angestrahlt durch die starke Lichtquelle eines Projektors das weisse Licht in seine Spektralfarben auffächerte und einen farbigen Bogen auf die Wände zauberte.[24]

Als sich im Winter 1966 die Wege der Düsseldorfer ZERO-Künstler Heinz Mack, Otto Piene und Günther Uecker mit einer Abschiedsausstellung in den Städtischen Kunstsammlungen Bonn trennten, präsentierte Piene in der damaligen deutschen Hauptstadt seine Arbeit *Lichtballett «Hommage à New York»*, in einem 6.20 × 6.20 Meter grossen Raum (Abb. 5). In dieser Arbeit zeigte Piene sein ganzes Können: Er kombinierte handbemalte Dias mit Fotoaufnahmen aus New York im rhythmisierten Staccato, projizierte diese ‹Lichtbilder› auf die weissen Wände und illuminierte zusätzlich das tanzende Licht des automatisierten *Lichtballetts* auf Rahmen, die mit blauen, grünen, gelben oder roten Stoffen bespannt waren – den Farben des Regenbogens (Kat. 125–130). Vier Lichtmaschinen befeuerten die Lichtbilderprojektionen mit zusätzlicher Helligkeit wie einen nächtlichen Sternenregen. Des Weiteren brachte er vier Scheinwerfer, zwei davon mit farbigen Vorsatzscheiben, in die Installation ein – sicherlich nicht zufällig eine Reminiszenz an die Zeilen: «Ich habe schon 12 Scheinwerfer, sie gehören mir. [...] sie sollen so stark sein, dass sie bis zum Mond leuchten» aus seinem Text *Wege zum Paradies* von 1961.[25] Eine Audioaufnahme mit Geräuschen aus New York liess in der Installation die Umtriebigkeit und Rastlosigkeit der Weltstadt für den Besucher physisch erfahrbar werden.

19 Nan Rosenthal papers, ca. 1940–2013, Archives of American Art, Smithsonian Institution. Dank an Lauren Elizabeth Hanson.
20 Da Otto Piene Skizzen des *Lichtgeists* mit März 1966 datiert, kann man davon ausgehen, dass Nan Rosenthals Brief auch in dieser Zeit verfasst wurde, vgl. Archiv der ZERO foundation, Nachlass Otto Piene, mkp.ZERO.2.IV.110.
21 Otto Piene an Wolfgang Haake, Düsseldorf, 20.7.1966, Kopie im Archiv der ZERO foundation, Nachlass Otto Piene.
22 Ausst.-Kat. *KunstLichtKunst*, Stedelijk van Abbemuseum Eindhoven, 25.9.–4.12.1966.
23 Siehe die Planungen für die Ausstellung *LichtKunstLicht*, Archiv der ZERO foundation, Nachlass Otto Piene, bzw. Flyer mit Gedicht *Wie alt ist das Licht* von Mack, Piene, Uecker, 18.9.1966, Archiv der ZERO foundation, Nachlass Otto Piene, mkp.ZERO.2.VII.77_1/2.
24 Siehe Archiv der ZERO foundation, Nachlass Otto Piene. Auch auf einem Brieftelegrammentwurf von Otto Piene an Jan Leering, Düsseldorf, 19.11.1966, haben sich Halbkreise in Rot, Gelb und Blau erhalten, die Piene mit Filzschreibern auf ein darüber liegendes Papier malte, Archiv der ZERO foundation, Nachlass Otto Piene.
25 Piene, Otto, «Wege zum Paradies», in: *ZERO* vol. 3, Düsseldorf 1961, wiederabgedruckt in *ZERO 4321*, hg. von der ZERO foundation (Pörschmann, Dirk/Visser, Mattijs), Düsseldorf 2012, o. P., siehe auch S. 11–13.

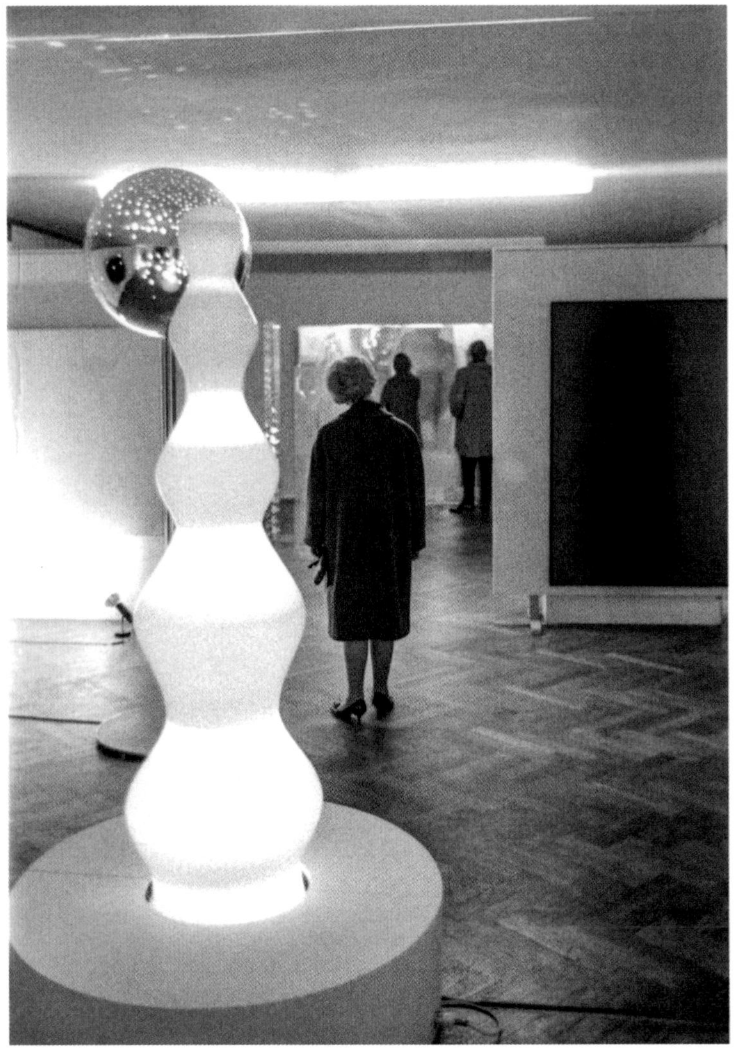

Abb. | Fig. 4: *Weisser Lichtgeist* | *White Light Ghost*, 1966, Ausstellungsansicht | exhibition view, Kunstsammlungen Bonn, 1966

scribbled the outline of a *White Light Ghost*, commenting that Otto was very occupied with it.[20] In a letter to art publisher Wolfgang Haake, Piene himself also drew a broad, colorful rainbow.[21]

The above-mentioned *White Light Ghost* was designed by Piene for the exhibition *KunstLichtKunst* at the Stedelijk van Abbemuseum Eindhoven, the Netherlands, in 1966 (fig. 4).[22] The show was a veritable festival of rainbows: for the museum's outdoor area he planned *Rainbow Mill* and for the interior *Indoor Rainbow*. *Rainbow Mill* consisted of two horizontal propeller blades spraying a mix of air and water, a fine cloud that created a rainbow when the sun shone (cat. 55).[23] *Indoor Rainbow* did not involve water but was created by a revolving glass prism twenty centimeters tall lit by a powerful lamp, whose white light it broke up into the colors of the spectrum, conjuring a bright arc onto the walls.[24]

20 Since there are sketches of the *White Light Ghost* dated March 1966, it can be assumed that Nan Rosenthal's letter was also written around this time. See ZERO foundation Archive, Otto Piene Estate, mkp. ZERO.2.IV.110.
21 Piene to Wolfgang Haake, Düsseldorf, 20 July 1966, copy in ZERO foundation Archive, Otto Piene Estate.
22 *KunstLichtKunst*, Stedelijk van Abbemuseum Eindhoven, 25 September–4 December 1966.
23 See plans for the exhibition *LichtKunstLicht*, ZERO foundation Archive, Otto Piene Estate, and the flyer with poem *Wie alt ist das Licht* by Mack, Piene, Uecker, 18 September, 1966, ZERO foundation Archive, Otto Piene Estate, mkp. ZERO.2.VII.77_1/2.
24 See ZERO foundation Archive, Otto Piene Estate. A draft for a telegram from Piene to Jan Leering, dated Düsseldorf, 19 November, 1966, also features semicircles in red, yellow, and blue, drawn on a superimposed sheet with felt-tip pens. ZERO foundation Archive, Otto Piene Estate.

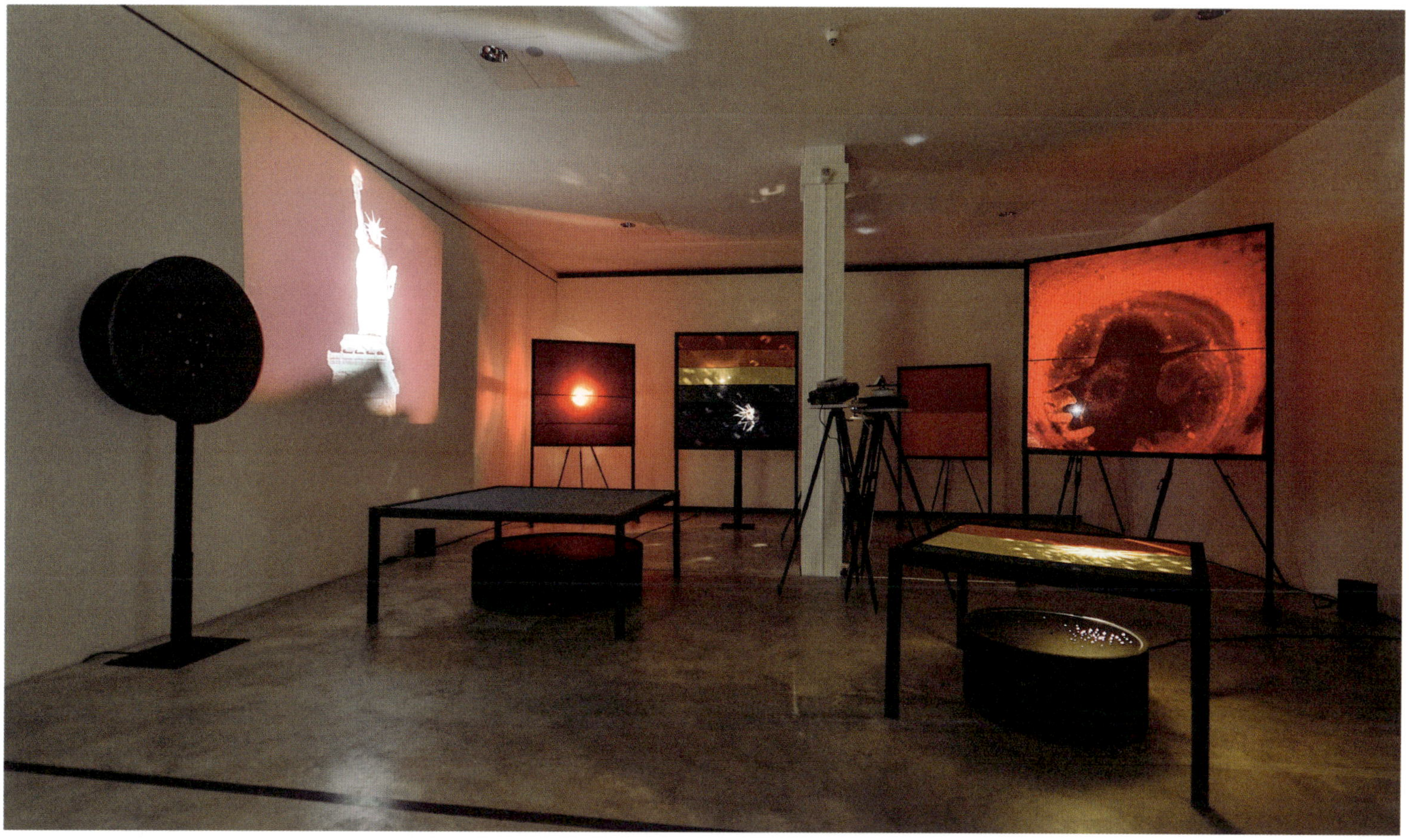

Abb. | Fig. 5: ***Lichtballett «Hommage à New York»*****, 1966/2016, Sammlung | collection ZERO foundation, Düsseldorf, Donation Elizabeth Goldring Piene**

Im gleichen Jahr überliess Piene dem Kunstverein für die Rheinlande und Westfalen in Düsseldorf die Farbserigrafie *Lichtbogen,* die er 1977 bei der Aufnahme in das Werkverzeichnis der Druckgrafik mit dem Untertitel *(Regenbogen für Hering)* [26] versah.

Im Laufe des Jahres 1966 war das Motiv des Regenbogens in das künstlerische Werk von Otto Piene diffundiert. Ein Grund dürfte in den persönlichen und beruflichen Umständen gelegen haben. Vielleicht entscheidender war aber die Tatsache, dass der Regenbogen sowohl eine alte kulturelle Symbolkraft besitzt als auch auf stabilen naturwissenschaftlich-optischen Grundlagen beruht. So konnte der Künstler hier sein starkes Interesse an Naturphänomenen mit seiner humanistisch-künstlerischen Bildung verbinden.

In the winter of 1966, when the Düsseldorf Zero artists Heinz Mack, Otto Piene, and Günther Uecker marked their parting of ways with a farewell exhibition at Städtische Kunstsammlungen Bonn, Piene showed his *Light Ballet "Hommage à New York"* (fig. 5) in a space measuring 20½ by 20½ feet. This work showcased the whole range of Piene's skill: hand-painted slides of scenes from New York were projected in a staccato rhythm onto the white walls as "light pictures," while the dancing light of the automated *Light Ballet* was captured on frames stretched with blue, green, yellow, and red fabric—the colors of the rainbow (cats. 125–30). Four light machines added extra brightness to the projections like a shower of shooting stars. The installation also included four spotlights, two of them with colored gels—likely a deliberate reference to the lines from his text "Paths to Paradise" (1961): "I already have my 12 spotlights, they belong to me. . . . They must be strong enough to light up the moon."[25] An audio recording of sounds from New York gave visitors to the installation a direct sense of the bustle and restlessness of the metropolis.

26 *Otto Piene: Werkverzeichnis der Druckgraphik 1960–76*, Edition Rottloff, Karlsruhe 1977, Kat.-Nr. 23, siehe Brunner, Anette, *Otto Piene. ZERO: Werke von 1957–1966*, hg. von Galerie Koch, Hannover 2013, S. 48. Karl-Heinz Hering war von 1955–1986, ab 1961 als Direktor, für den Kunstverein tätig und zeigte dort 1961 die erste deutsche Einzelausstellung von Piero Dorazio, von dem Piene 1964 die Gastprofessur in den USA übernommen hatte.

25 Otto Piene, "Paths to Paradise," *ZERO* 3 (1961), reprinted in Otto Piene and Heinz Mack, eds., *ZERO* (Cambridge, MA: MIT Press, 1973), 148–49; also reprinted in this catalog, 11–13.

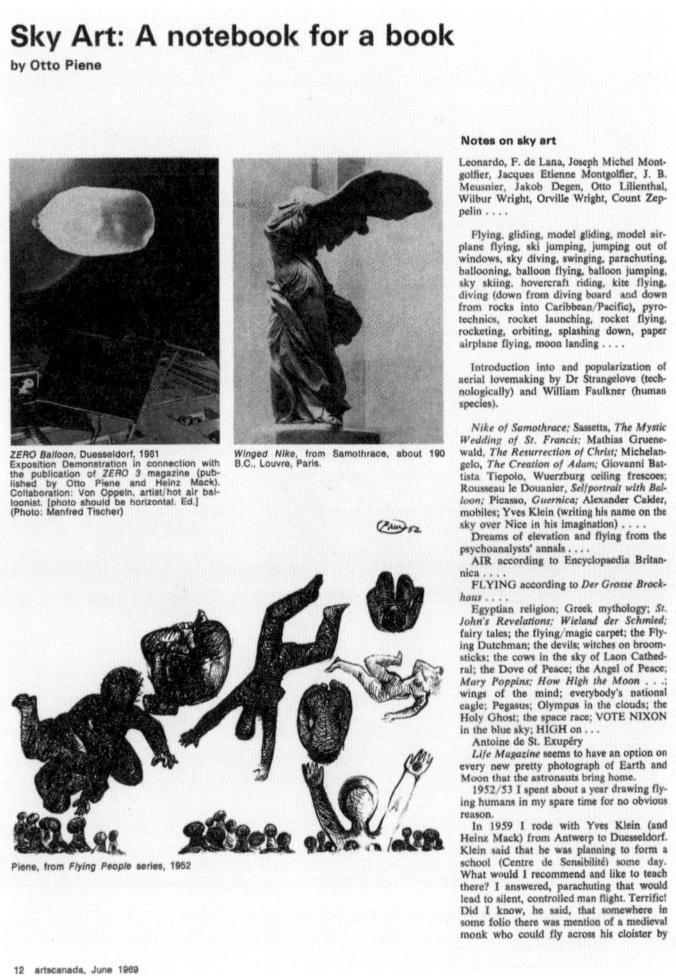

Sky Art: A notebook for a book

by Otto Piene

ZERO *Balloon*, Duesseldorf, 1961
Exposition Demonstration in connection with the publication of *ZERO 3* magazine (published by Otto Piene and Heinz Mack). Collaboration: Von Oppeln, artist/hot air balloonist. [photo should be horizontal. Ed.]
(Photo: Manfred Tischer)

Winged Nike, from Samothrace, about 190 B.C., Louvre, Paris.

Piene, from *Flying People* series, 1952

Notes on sky art

Leonardo, F. de Lana, Joseph Michel Montgolfier, Jacques Etienne Montgolfier, J. B. Meusnier, Jakob Degen, Otto Lilienthal, Wilbur Wright, Orville Wright, Count Zeppelin . . . .

Flying, gliding, model gliding, model airplane flying, ski jumping, jumping out of windows, sky diving, swinging, parachuting, ballooning, balloon flying, balloon jumping, sky skiing, hovercraft riding, kite flying, diving (down from diving board and down from rocks into Caribbean/Pacific), pyrotechnics, rocket launching, rocket flying, rocketing, orbiting, splashing down, paper airplane flying, moon landing . . . .

Introduction into and popularization of aerial lovemaking by Dr Strangelove (technologically) and William Faulkner (human species).

Nike of Samothrace; Sassetta, *The Mystic Wedding of St. Francis;* Mathias Gruenewald, *The Resurrection of Christ;* Michelangelo, *The Creation of Adam;* Giovanni Battista Tiepolo, Wuerzburg ceiling frescoes; Rousseau le Douanier, *Selfportrait with Balloon;* Picasso, *Guernica;* Alexander Calder, mobiles; Yves Klein (writing his name on the sky over Nice in his imagination) . . . .

Dreams of elevation and flying from the psychoanalysts' annals . . . .

AIR according to Encyclopaedia Britannica . . . .

FLYING according to *Der Grosse Brockhaus* . . . .

Egyptian religion; Greek mythology; *St. John's Revelations; Wieland der Schmied;* fairy tales; the flying/magic carpet; the Flying Dutchman; the devils; witches on broomsticks; the cows in the sky of Laon Cathedral; the Dove of Peace; the Angel of Peace; *Mary Poppins; How High the Moon* . . .; wings of the mind; everybody's national eagle; Pegasus; Olympus in the clouds; the Holy Ghost; the space race; VOTE NIXON in the blue sky; HIGH on . . .

Antoine de St. Exupéry

Life Magazine seems to have an option on every new pretty photograph of Earth and Moon that the astronauts bring home.

1952/53 I spent about a year drawing flying humans in my spare time for no obvious reason.

In 1959 I rode with Yves Klein (and Heinz Mack) from Antwerp to Duesseldorf. Klein said that he was planning to form a school (Centre de Sensibilité) some day. What would I recommend and like to teach there? I answered, parachuting that would lead to silent, controlled man flight. Terrific! Did I know, he said, that somewhere in some folio there was mention of a medieval monk who could fly across his cloister by

12 artscanada, June 1969

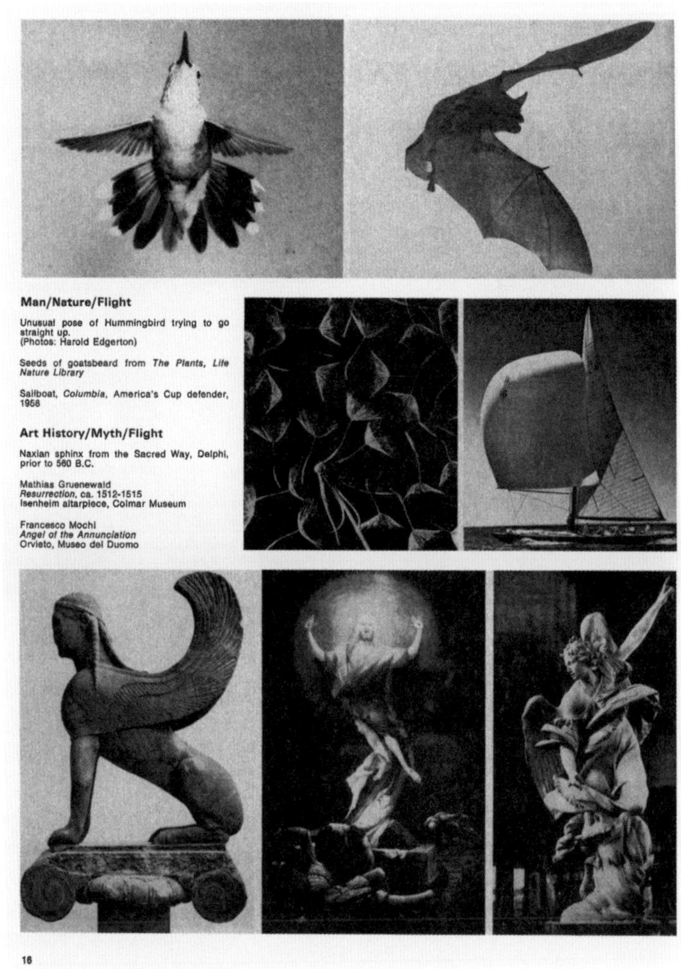

Man/Nature/Flight

Unusual pose of Hummingbird trying to go straight up.
(Photos: Harold Edgerton)

Seeds of goatsbeard from *The Plants, Life Nature Library*

Sailboat, *Columbia*, America's Cup defender, 1958

Art History/Myth/Flight

Naxian sphinx from the Sacred Way, Delphi, prior to 560 B.C.

Mathias Gruenewald
Resurrection, ca. 1512-1515
Isenheim altarpiece, Colmar Museum

Francesco Mochi
Angel of the Annunciation
Orvieto, Museo del Duomo

16

Abb. | Figs. 6.1–6.2: Erste Seite und Seite mit *Isenheimer Altar* | First page and page with *Isenheim Altarpiece*, Otto Piene, «Sky Art—A Notebook for a Book», aus: | from *artscanada*, 1969

Archetypus Regenbogen

Welche künstlerische Botschaft verband Piene nun mit dem Regenbogen? Archive erzählen über die dort aufbewahrten Dokumente hinaus viel über die Arbeitsweise desjenigen, der es ‹verursachte›.[27] So charakterisiert es den Nachlass von Otto Piene, dass er ein Papier auf das nächste stapelte, sich offensichtlich schwer von etwas trennen konnte. Seine Briefe, Skizzen, Memos usw. liegen bis heute so beieinander, wie sie damals durch seine Hände gingen. Unterlagen, die sich wie Baumrinden von innen nach aussen verjüngen.

Wir finden dort ein stark vergilbtes Blatt, auf dem neun maschinengeschriebene Zeilen eines Gedichts von William Wordsworth (1770–1850), einem Vertreter der englischen Romantik, zu lesen sind.

The same year, Piene donated his color screen print *Lichtbogen* [Arc of Light] to the Kunstverein für die Rheinlande und Westfalen in Düsseldorf, giving it the subtitle *"Rainbow for Hering"* when he listed it in his 1977 catalogue raisonné of printed works.[26]

Over the course of 1966, the motif of the rainbow permeated Piene's work. One reason for this can be found in his personal and professional circumstances. Perhaps more important, however, was the fact that the rainbow is both an ancient cultural symbol and an optical phenomenon based on known scientific facts, allowing the artist to combine his strong interest in natural phenomena with his humanistic, artistic background.

27 Siehe Magers, Ruth/Welkens, Rebecca, *Die Entwurfszeichnungen und Skizzen von Otto Piene im Archiv der ZERO foundation*, Düsseldorf 2023, S. 13.

26 *Otto Piene: Werkverzeichnis der Druckgraphik 1960–76* (Karlsruhe: Edition Rottloff, 1977), cat. no. 23, see Anette Brunner, *Otto Piene: ZERO; Werke von 1957–1966* (Hannover: Galerie Koch, 2013), 48. Karl-Heinz Hering worked for the Kunstverein from 1955 through 1986, from 1961 as its director. In 1961 he organized the first German solo show on Piero Dorazio, whom Piene was to succeed as guest lecturer in the United States in 1964.

My Heart Leaps Up, 1802

My heart leaps up when I behold
A rainbow in the sky:
So was it when my life began:
So is it now I am a man;
So be it when I shall grow old,
Or let me die!
The child is father of the Man:
And I could wish my days to be
Bound each to each by natural piety.[28]

Auf das Wordsworth-Papier kam schliesslich eine ‹Things to Do in D.land I-II ʹ72›-Liste[29] zur Ablage mit Notizen zum Münchner Projekt. Der unmittelbare Blick ins Archiv zeigt ein weiteres Mal, wie präsent für Piene das Motiv des Regenbogens generell war, das er auch mit seinem Interesse an der Literatur und Poesie verfolgte.

1969 veröffentlichte der Künstler den Aufsatz *Sky Art – A Notebook for a Book*[30], in dem er die ‹Geschichte vom Fliegen› aus einer künstlerischen Sichtweise erzählte (Abb. 6.1–6.2). Unter anderem bezog er den spätgotischen rechten Altarflügel mit der *Auferstehung Christi* vom *Isenheimer Altar* von Matthias Grünewald (1470–1528) in seine Argumentation mit ein. Nicht zu übersehen ist dort die in Spektralfarben aufgelöste Lichterscheinung Christi.

Doch nicht nur in bekannten Werken der Literatur und Kunstgeschichte fand Piene das Motiv wieder. Ebenso war ihm offenbar die Bibelstelle aus Gen 9, 13 vertraut, stammte er doch mütterlicherseits aus einer Pfarrerfamilie. «Meinen Bogen habe ich gesetzt in die Wolken; der soll das Zeichen sein des Bundes zwischen mir und der Erde». Mit diesen Worten endete auch die von Murri Selle im Auftrag von Otto Piene angefertigte Dokumentation über die Realisierung des *Olympischen Regenbogens* 1972. [31] Was wollten Piene und Selle den Zuschauenden am Ende mit diesem Bibelzitat mitgeben? In den zahlreichen Dokumenten über das Zustandekommen des *Olympischen Regenbogens*[32] finden wir keinen Hinweis auf diese oder eine andere Bibelstelle. Es ist also gut denkbar, dass Piene beziehungsweise Selle das Zitat aus der Genesis erst während der Anfertigung bzw. dem Schnitt und somit nach dem Attentat einfügten. Jedenfalls wurde der Film von Piene autorisiert, das heisst, es muss ihm wichtig gewesen sein, dass diese Zeilen aus dem ‹Friedensbund› die Filmdokumentation über den *Regenbogen* beenden.

Im Alten Testament ist es Gott beziehungsweise Jahwe, der in Gen 9, 16 verspricht: «Wenn der Bogen in den Wolken steht, dann werde ich ihn ansehen, um des immerwährenden Bundes zu gedenken, der zwischen Gott und allen Lebewesen jeglicher Art auf Erden besteht.» Bemerkenswert und für heutige

28 Siehe Archiv ZERO foundation, Nachlass Otto Piene.
29 Ebd.
30 Piene, Otto, «Sky Art – A Notebook for a Book», in: *artscanada*, H. 3, 1969, S. 12–22.
31 *Der Regenbogen*, ein Film von Murri Selle, Kamera und Schnitt Peter Ettengruber, Musik Dieter Schönbach, Peter Schamoni Filmproduktion, München 1972.
32 Ein Grossteil der Korrespondenz, Pläne und Aufzeichnungen finden sich im Archiv der ZERO foundation im Nachlass von Otto Piene.

The Rainbow as an Archetype

Which artistic message did Piene associate with the rainbow? Beyond the documents they contain, archives can tell us a great deal about the way the person in question worked.[27] Piene's estate in the ZERO foundation is characterized by sheets of paper stacked on top of each other, marking the artist as someone who found it hard to throw things away. Today, his letters, sketches, notes, and so forth still remain as he piled them up: bundles of documents that get younger and younger from the inside out, like layers of wood in a tree.

Among them lies a yellowed sheet of paper with nine typewritten lines by the English Romantic poet William Wordsworth (1770–1850):

My Heart Leaps Up, 1802

My heart leaps up when I behold
A rainbow in the sky:
So was it when my life began:
So is it now I am a man;
So be it when I shall grow old,
Or let me die!
The child is father of the Man:
And I could wish my days to be
Bound each to each by natural piety.[28]

On top of this document Piene laid a to-do list headed "Things to Do in D.land I-II '72" with notes on the Munich project.[29] Once again, direct access to the archive shows how present the rainbow was for Piene in general, a motif he also pursued through his interest in literature and poetry.

In 1969 Piene published the essay "Sky Art—A Notebook for a Book" (figs. 6.1–6.2), in which he retold the "Story of Flying" from an artistic perspective.[30] He referred to such works as the Resurrection from the right wing of the late Gothic *Isenheim Altarpiece* by Matthias Grünewald (1470–1528), where Christ features prominently as a figure of light refracted into spectral colors. It was not just in famous works of literature and art that Piene found the rainbow motif, however. He clearly also knew the verse from Genesis (9:13), coming as he did, on his mother's side, from a pastor's family: "I do set my bow in the cloud, and it shall be for a token of a covenant between me and the earth." These words also come at the end of Selle's documentary film, commissioned by Piene, about the realization of the *Olympic Rainbow* in 1972.[31] What did Piene and Selle want to tell the public with this citation? In the many documents relating to the project, we find no reference to this or any other Bible quote.[32]

27 See Ruth Magers and Rebecca Welkens, *Drafts and Sketches by Otto Piene in the Archive of the ZERO foundation* (Düsseldorf: ZERO foundation, 2023), 13.
28 See ZERO foundation Archive, Otto Piene Estate.
29 Ibid.
30 Otto Piene, "Sky Art—A Notebook for a Book," *artscanada* (June 1969): 12–22.
31 *Der Regenbogen*, a film by Murri Selle, camera and editing by Peter Ettengruber, music by Dieter Schönbach, produced by Peter Schamoni Filmproduktion, Munich 1972.
32 Most of the correspondence, plans, and recordings is to be found in the Otto Piene Estate at the ZERO foundation Archive.

Lesende ungewöhnlich mag die Perspektive erscheinen, die diese biblische Textstelle eröffnet. Das sprechende Ich ist Jahwe/Gott selbst, das bedeutet, wenn der Regenbogen am Himmel erscheint, denkt Jahwe/Gott an die Menschen.

Der Regenbogen begegnet den christlichen Bibellesenden ein zweites Mal, nämlich im Neuen Testament in der *Offenbarung des Johannes*. Dort jedoch heisst es: «Und ich sah einen anderen mächtigen Engel vom Himmel herabsteigen; er war in eine Wolke gehüllt, über seinem Haupt hatte er den Regenbogen, und sein Antlitz war wie die Sonne und seine Beine wie Feuersäulen» (Offb 10, 1). Visuell erinnert diese Passage stark an den *Isenheimer Altar*, wenn man sich ein Wesen wortwörtlich in der Bewegung zwischen Himmel und Erde vorstellt, von Wolken und Regenbogen eingerahmt. Im Neuen Testament steht der Regenbogen jedoch nicht für einen performativen Sprechakt, sondern er gehört zur blossen Beschreibung einer Himmelserscheinung.

Piene selbst dürfte das Zitat aus dem für Christen und Juden gleichermassen verbindlichen Alten Testament mit Bedacht gewählt haben, um Solidarität auszudrücken, vielleicht aber auch um daran zu erinnern, dass Jahwe/Gott mit dem Erscheinen des Regenbogens seinen Bund jedes Mal aufs Neue bestätigt.

1961 war eine Flagge in den Regenbogenfarben mit der Aufschrift ‹Pace› von Aldo Capitini bereits für eine kleine italienische pazifistische Bewegung benutzt worden[33], doch das Symbol war bei weitem nicht so populär wie heute oder gar eine internationale Flagge der Friedensbewegung.[34] Wir wissen nicht, ob Otto Piene das italienische Friedensbanner kannte. Er selbst fertigte um 1969/1970 für die Galerie Rottloff in Karlsruhe eine Mappe mit elf Farbserigrafien an. Darin versammelte er unter dem Titel *PAX*[35] zahlreiche Regenbogen vor roter, blauer oder orangener Stadtlandschaft (Abb. 7).[36]

Der *Regenbogen* spricht

Otto Piene, der sich spätestens seit 1966 intensiv mit dem Motiv des Regenbogens befasste, konzipierte für die Abschlussveranstaltung der XX. Olympischen Spiele in München ein Sky-Art-Objekt bzw. ein Sky-Art-Event, mit dem er die von den Veranstaltern gewünschten ‹heiteren Spiele›[37] mit einem *Regenbogen* beenden wollte.

Der plakative, farbig grosse Ballon im Münchner Himmel erschien fast wie ein Objekt der von Piene viel gescholtenen Pop-Art. Auf jeden Fall hatte er mittlerweile die ‹amerikanische› Vorliebe für Grösse, ja Monumentalität über-

33 Friedensmarsch von Perugia nach Assisi, siehe Catarci, Marco, «Education and Nonviolence in the work of Aldo Capitini [La pedagogia della nonviolenza di Aldo Capitini]» in: Studium Educationis, Jg. 13, H. 1, 2012, S. 38–50.

34 In Deutschland war zunächst ab den 1960er Jahren das britische ‹Peace›-Zeichen geläufig. International wie auch in der amerikanischen Friedensbewegung ist lange Zeit die weisse Fahne als Friedenszeichen verbreitet gewesen. Das erst ab 1978 eingeführte Regenbogenbanner der LGBTQ+-Bewegung trägt keine Aufschrift und unterscheidet sich in der Abfolge der Farben. Siehe hierzu Campbell, Andy, *Queer X Design: 50 Years of Signs, Symbols, Banners, Logos, and Graphic Art of LGBTQ+*, New York 2019 und Klapeer, Christine M./Laskar, Pia, «Transnational ways of belonging and queer ways of being. Exploring transnationalism through the trajectories of the rainbow flag», in: *Global Studies in Culture and Power*, Jg. 25, H. 5, 2018, S. 524–554.

35 Werkverzeichnis Piene 1977, Nr. 58–68 (wie Anm. 26).

36 Im Dokumentarfilm *Der Regenbogen* von Murri Selle (vgl. Anm. 31) ist zu erkennen, dass im Münchner ‹Headquarter› des Büro Piene diese Serigrafien aufgehängt waren.

37 Vgl. Deininger/Ritzer 2012, S. 255–333 (wie Anm. 2).

It is thus conceivable that Piene or Selle only inserted the verse from Genesis during the editing process—after the terror attack. In any case, the film was authorized by Piene, so it must have been important to him that these lines from the "pledge of peace" should conclude the film documenting his *Rainbow*.

In the Old Testament, it is God, or Yahwe, who promises, "And the bow shall be in the cloud; and I will look upon it, that I may remember the everlasting covenant between God and every living creature of all flesh that is upon the earth" (Genesis 9:16). For readers today, the viewpoint taken in this passage may seem remarkable: the speaker is Yahwe/God himself, meaning that when a rainbow appears in the sky, Yahwe/God is thinking of humankind.

The rainbow makes a second appearance in the Bible, in Revelation in the New Testament, where we read, "And I saw another mighty angel come down from heaven, clothed with a cloud: and a rainbow was upon his head, and his face was as it were the sun, and his feet as pillars of fire" (Revelation 10:1). In visual terms, this passage strongly recalls the *Isenheim Altarpiece*, if one imagines a being literally moving between Heaven and Earth, framed by clouds and rainbows. In the New Testament, then, rather than standing for a performative speech act, the rainbow is simply part of the description of an apparition in the sky.

Piene likely chose the quotation from the Old Testament, a text of equal importance to Christians and Jews, as a deliberate expression of solidarity, but perhaps also as a reminder that Yahwe/God reaffirms his covenant afresh every time a rainbow appears in the sky.

A rainbow flag with the word *PACE* designed by Aldo Capitini had already been used for a pacifist movement in Italy in 1961,[33] but the symbol was nowhere near as popular as it is today, and it was not used internationally by the peace movement.[34] We do not know whether Piene was familiar with the Italian peace banner. Around 1969–70, he made a portfolio of eleven screen prints for Galerie Rottloff in Karlsruhe; entitled *PAX*,[35] it contained numerous rainbows against red, blue, and orange urban landscapes (fig. 7).[36]

The *Rainbow* Speaks

Having engaged in depth with the rainbow motif since 1966, if not before, Piene designed a Sky Art object and event for the closing ceremony of the 1972 Munich Olympics that aimed to mark the end of what the organizers hoped would be a "cheerful Games" with a *Rainbow*.[37]

33 Peace march from Perugia to Assisi, see Marco Catarci, "Education and Nonviolence in the Work of Aldo Capitini [La pedagogia della nonviolenza di Aldo Capitini]," *Studium Educationis* 13 (1) (2012): 38–50.

34 Initially, from the 1960s, the British CND logo was widespread in Germany. Internationally and in the US peace movement, a white flag was long used as a peace sign. The rainbow flag of the LGBTQ+ movement, first used in 1978, has no text and has a different sequence of colors. See Andy Campbell, *Queer X Design: 50 Years of Signs, Symbols, Banners, Logos, and Graphic Art of LGBTQ* (New York: Black Dog, 2019) and Christine M. Klapeer and Pia Laskar, "Transnational Ways of Belonging and Queer Ways of Being: Exploring Transnationalism through the Trajectories of the Rainbow Flag," *Global Studies in Culture and Power* 25 (5) (2018): 524–54.

35 Otto Piene, *Catalogue raisonné*, nos. 58–68.

36 In Selle's documentary, the screen prints can be seen hanging on the wall at Piene's Munich office.

37 See Deininger and Ritzer, *Die Spiele des Jahrhunderts*, 255–333.

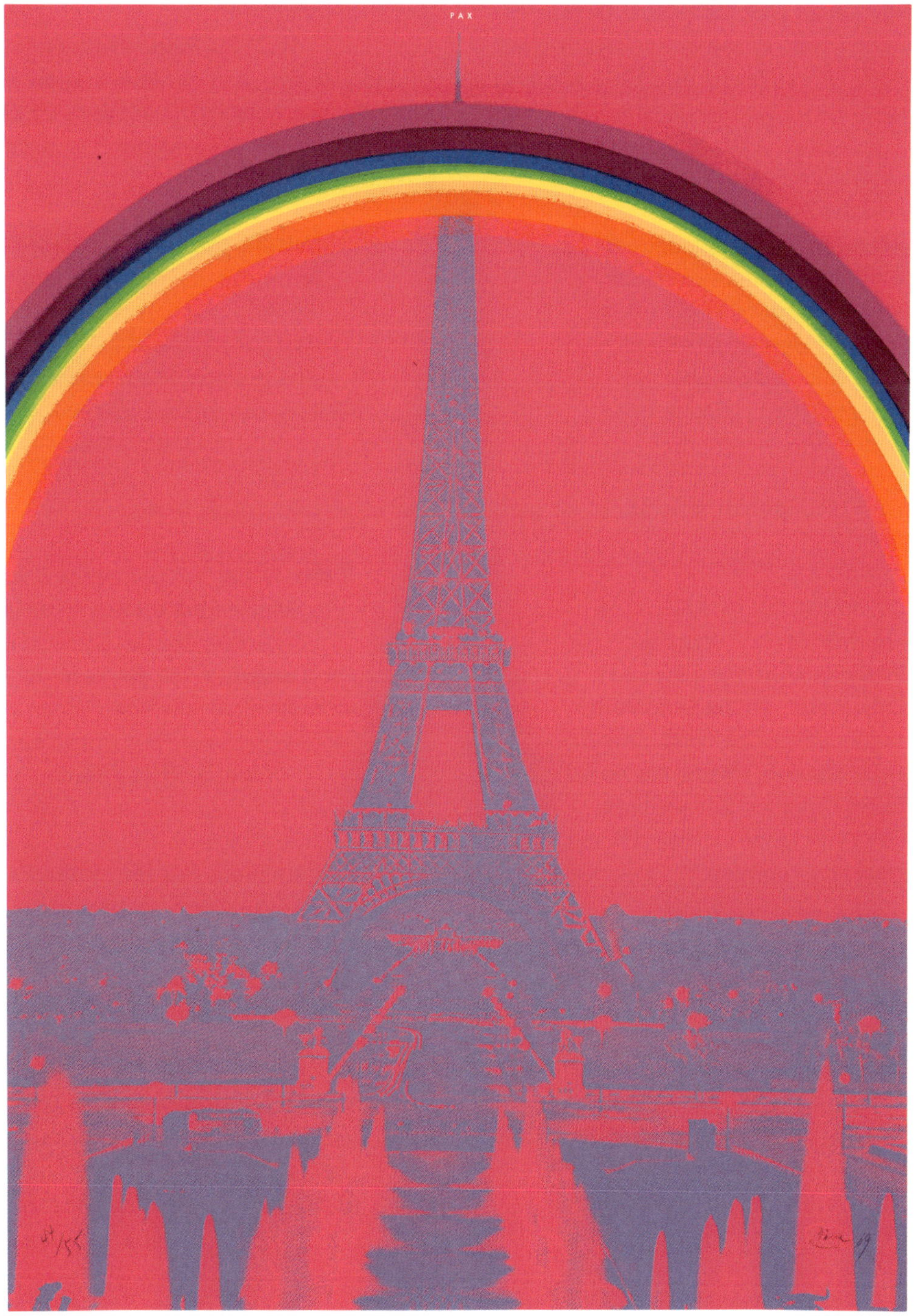

Abb. | Fig. 7: *Paris*, aus der Mappe PAX | from the *PAX* portfolio, 1970, Siebdruck | screenprint, 89.1 × 63.6 cm, Edition Rottloff, Karlsruhe, LWL-Museum für Kunst und Kultur, Westfälisches Landesmuseum, Münster

nommen und hatte gelernt Lichterscheinungen, aber noch stärker auch deren künstlerische Metaphern wie in den Sky-Art-Objekten als Kommunikationsmittel zwischen Künstler:innen und Publikum einzubinden.

Am CAVS erlebte Otto Piene die enge Verbindung zwischen Kunst, Wissenschaft und Design beziehungsweise Kommunikation. Für György Kepes war das ‹Visual Design› für die allgemeine Akzeptanz von Kunst, Wissenschaft und Technik in der Gesellschaft essentiell.[38] Piene fasste dies 1969 wie folgt zusammen:

> Der Wunsch zu kommunizieren ist eine der treibenden Kräfte der Sky Art. Der grosse Massstab, den schwebende oder fliegende Objekte, Phänomene und Erscheinungen am Himmel verlangen, erlaubt es ihnen, dass sie wahrgenommen werden. Es ist derselbe Massstab, den auf eine andere, aber verwandte Weise alles «on air» – Radio- oder Fernsehsendungen – einnimmt.[39]

Der Medientheoretiker Gene Youngblood schwärmte im gleichen Jahr über den Künstler:

> Wenn der Mensch jemals Frieden finden soll, dann nicht durch Politiker, sondern durch hochsensible Radarantennen wie die von [Künstlern wie] Otto Piene, die die Schönheit in den Elementen des physischen und metaphysischen Universums finden. «Wenn die Kunst heute kommuniziert», sagt er, «ist sie nicht so sehr ein Übermittler von Ideen als vielmehr ein Übermittler von Energie».[40]

Nach dem grausamen Attentat auf die israelischen Sportler hatte Otto Piene die Presseerklärung zum Regenbogen ergänzen lassen:

> Am Schluss dieser XX. Olympiade wird neben der technischen und künstlerischen Wirkung besonders die Bedeutung des REGENBOGENS hervortreten: von jeher ist er als Ausdruck des Friedens und völkerverbindender Energien verstanden worden. Im gegenwärtigen Zeitpunkt kann er ausserdem als Aufruf zur Einigung der internationalen Friedenskräfte und als Symbol der Hoffnung verstanden werden, das bewusst und mit Nachdruck den zerstörerischen Gewalten entgegengestellt wird.[41]

38 «In Kepes' Verständnis sollte, wer Kunst schafft und lehrt, die Künstler (und insbesondere die Architekten am MIT) so erziehen, dass sie in der Folge ihrerseits durch Neugestaltung der Städte das Empfinden der allgemeinen Öffentlichkeit heranbilden konnten. Aufgabe des Künstler-Wissenschaftlers war es demnach, diese Funktion für eine umfassendere ästhetische Bildung nutzbar zu machen. In Aufdeckung der Grundsätze visuellen Wahrnehmens konnten auch diese der Betonung eines harmonischen Bezugs zur Natur dienen, woraus sich eine Art teleologischer Entwicklung im Einklang mit ihr ergeben sollte.» Ridlen, Timothy Michael, *The Research and Teaching of Art Despite Its Disappearance: Art in Academia, 1957–1977*, San Diego 2018, S. 207 [Übers. HE].

39 Piene 1969, S. 14 (wie Anm. 30).

40 Youngblood, Gene, «Intermedia», in: *Los Angeles Free Press*, 18. Juli 1969, S. 26.

41 Archiv ZERO foundation, Nachlass Otto Piene.

The eye-catching balloon in the sky over Munich resembled Pop Art, a movement much maligned by Piene. In any case, he had by this point adopted the "American" love of all things large, of monumentality, and he had learned to deploy light phenomena and the metaphors they transport in his Sky Art objects as a means of communication between artist and audience.

At CAVS, Piene experienced close ties between art, science, design, and communication. For György Kepes, visual design was crucial to the acceptance of art, science, and technology in society as a whole.[38] In 1969 Piene summed up this position as follows:

> The desire to communicate is one of the driving forces behind sky art. The grand scale that floating or flying objects, phenomena and apparitions in the sky demand permits them to be noticed. It is the same scale that in a different but related way everything "on air"—radio or TV broadcasts—takes.[39]

The same year, media theorist Gene Youngblood enthused:

> If man is ever to face peace it will not be through politicians but through ultra-sensitive radar antennae like the Otto Piene's [sic] who find beauty in the elements of the physical and metaphysical universe. "When art communicates today," he says, "it is not so much a transmitter of the ideas as a sender of energy."[40]

Following the attack on the Israeli team, Piene added a new passage to the press release for the *Rainbow*:

> At the close of these 20th Olympic Games, in addition to the technical and artistic impact, it will be the meaning of the RAINBOW that stands out: it has always been understood as an expression of peace and of energies linking the peoples of the world. At the current time, it can also be understood as an appeal to unify international efforts for peace and as a symbol of hope that is deployed deliberately and emphatically against the forces of destruction.[41]

The Otto Piene Estate at the ZERO foundation contains no newspaper articles dealing with the event, but Piene did keep the letters he sent to journalists after the Games. He thanked Günter Schlichting from *Welt am Sonntag* "for your

38 See Timothy Michael Ridlen, *The Research and Teaching of Art Despite Its Disappearance: Art in Academia, 1957–1977* (San Diego: University of California, 2018), 207: "For Kepes, the artist-teacher was supposed to educate the future artists (and architects in particular at MIT) so that they could go and educate the sensibilities of the public at large through their redesign of the city. The artist-researcher, then, was to harness this role for a broader aesthetic education. In discovering the fundamental principles of visual perception, they could be harnessed to emphasize the harmonious relationship with nature that would result in a kind of teleological progression towards evolution with nature."

39 Piene, "Sky Art—A Notebook for a Book," 14.

40 Gene Youngblood, "Intermedia," *Los Angeles Free Press*, 18 July, 1969, 26.

41 ZERO foundation Archive, Otto Piene Estate.

Im Nachlass von Otto Piene in der ZERO foundation befinden sich keine Zeitungsartikel, die auf das Ereignis eingehen, aber Piene hat hier seine Briefe aufbewahrt, die er an Journalisten nach der Olympiade versendete. So bedankte er sich bei Günter Schlichting von der *Welt am Sonntag* «[...] herzlich für Ihren persönlichen Einsatz und Ihren Enthusiasmus in Sachen Regenbogen [...]. Offensichtlich hats geholfen – bisher habe ich noch nicht einmal ein bisschen Negatives gehört.»[42] Und an den Fernsehsender ABC schrieb er: «Sehr geehrter Mr. Bader, durch Telegramme und Telefonanrufe von Freunden und Verwandten in den USA habe ich erfahren, dass die Berichterstattung von ABC über den Regenbogen im Zusammenhang mit der Abschlusszeremonie der XX. Olympiade angemessen, ausführlich und inspiriert ausgefallen ist.»[43]

Wie und ob der monumentale Piene'sche *Regenbogen* zur Verbreitung dieses Friedenssymbols beigetragen hat, unterliegt der puren Vermutung. Aber angesichts der Tatsache, dass ein Sportereignis wie die Olympiade durch die Massenmedien Fernsehen, Radio und Zeitungen ein weltweites Millionenpublikum erreicht[44], darf die Annahme als plausibel gelten (Kat. 56–61). 1979 resümierte der Künstler selbst:

> Während ich – irgendwie logischer Progression – und analytisch und synthetisch – anerkannte, dass schliesslich «weisses Licht» der rotierte Regenbogen und «alle (Spektral-)Farben» der nächste Schritt nach Weiss sind (d. h. nach weisser Farbe und weissen Bildern) – «entdeckte» ich, dass der Regenbogen und verwandte Phänomene am Himmel erstaunlich komplex sind – und wissenschaftlich schwer erklärlich – und «reale Metaphysik»; und ich übersetzte diese Themen in öffentlich zugänglichen Massstab, der Publikumsbeteiligung gestattete und Vergleiche mit den Grössenordnungen von Wolken und Architektur anregte.[45]

personal commitment and your enthusiasm concerning the rainbow.... It clearly helped—so far I haven't heard a single negative thing."[42] And to ABC television, he wrote, "Dear Mr. Bader, from telegrams and telephone calls from friends and relatives in the USA I have learned that the ABC coverage of the rainbow in connection with the closing ceremony of the XX Olympiade has been fair, extensive and inspired."[43]

Whether and how Piene's monumental *Rainbow* contributed to the spread of this symbol of peace is a matter of pure speculation. But considering the fact that a sporting event such as the Olympic Games reaches a global audience of millions via the media of television, radio, and newspapers, one can assume that it did make a certain impact (cats. 56–61).[44] In 1979 the artist gave his own account:

> While I recognized—some kind of logical progression—and analytically and synthetically—that finally "white light" of the rotating rainbows and all (spectral) colors are the next step after white (i.e., after white paint and white pictures)—I "discovered" that rainbows and related phenomena in the sky are surprisingly complex—and hard to explain scientifically—and "real metaphysics"; and I translated these themes into a publicly accessible scale that permitted audience involvement, prompting comparison with the scales of clouds and architecture.[45]

42 Otto Piene an Günter Schlichting, München, 14.9.1972, Archiv ZERO foundation, Nachlass Otto Piene.

43 Otto Piene an Marvin Bader, München, 16.9.1972, Archiv ZERO foundation, Nachlass Otto Piene [Übers. HE].

44 «Fast eine Milliarde Menschen schaut regelmässig zu, ein Viertel der Weltbevölkerung», resümieren Deininger/Ritzer 2012, S. 257 (wie Anm. 2). Und Schiller/Young 2012, S. 14 (wie Anm. 4): «Nach Berechnung der Organisatoren hätte das Olympiastadion mit seinen 80.000 Plätzen 34 Jahre lang jeden Tag voll besetzt sein müssen, um dieselbe Anzahl an Zuschauern zu erreichen wie allein mit der weltweiten Fernsehübertragung der Eröffnungsfeier.» Schiller/Young 2012, S. 85 (wie Anm. 4): «Die Spiele waren schliesslich mit 4,5 Millionen Besuchern nicht nur nahezu vollständig ausverkauft, sondern es waren auch 1.1 Millionen Eintrittskarten allein an Besuchern aus dem Ausland verkauft worden.»

45 Geschrieben für das Magazin des Koninklijk Museum voor Schone Kunsten in Antwerpen aus Anlass der Ausstellung *ZERO International* 1979. Siehe Archiv ZERO foundation, Nachlass Otto Piene.

42 Piene to Günter Schlichting, Munich, 14 September, 1972, ZERO foundation Archive, Otto Piene Estate.

43 Piene to Marvin Baden, Munich, 16 September, 1972, ZERO foundation Archive, Otto Piene Estate.

44 See Deininger and Ritzer, *Die Spiele des Jahrhunderts*, 257: "Almost a million people watched regularly, a quarter of the world's population." See also Schiller and Young, *München 1972*, 14: "According to the organizers' calculations, the Olympic Stadium with its 80,000 seats would have had to be full every day for 34 years to reach the same number of viewers as just the global TV broadcast of the opening ceremony." Ibid., 85: "Not only were the games almost totally sold out, with 4.5 million visitors, but 1.1 million tickets were sold to foreign visitors."

45 Written for the magazine of the Koninklijk Museum voor Schone Kunsten, Antwerp, on the occasion of the exhibition *ZERO International* 1979. See ZERO foundation Archive, Otto Piene Estate.

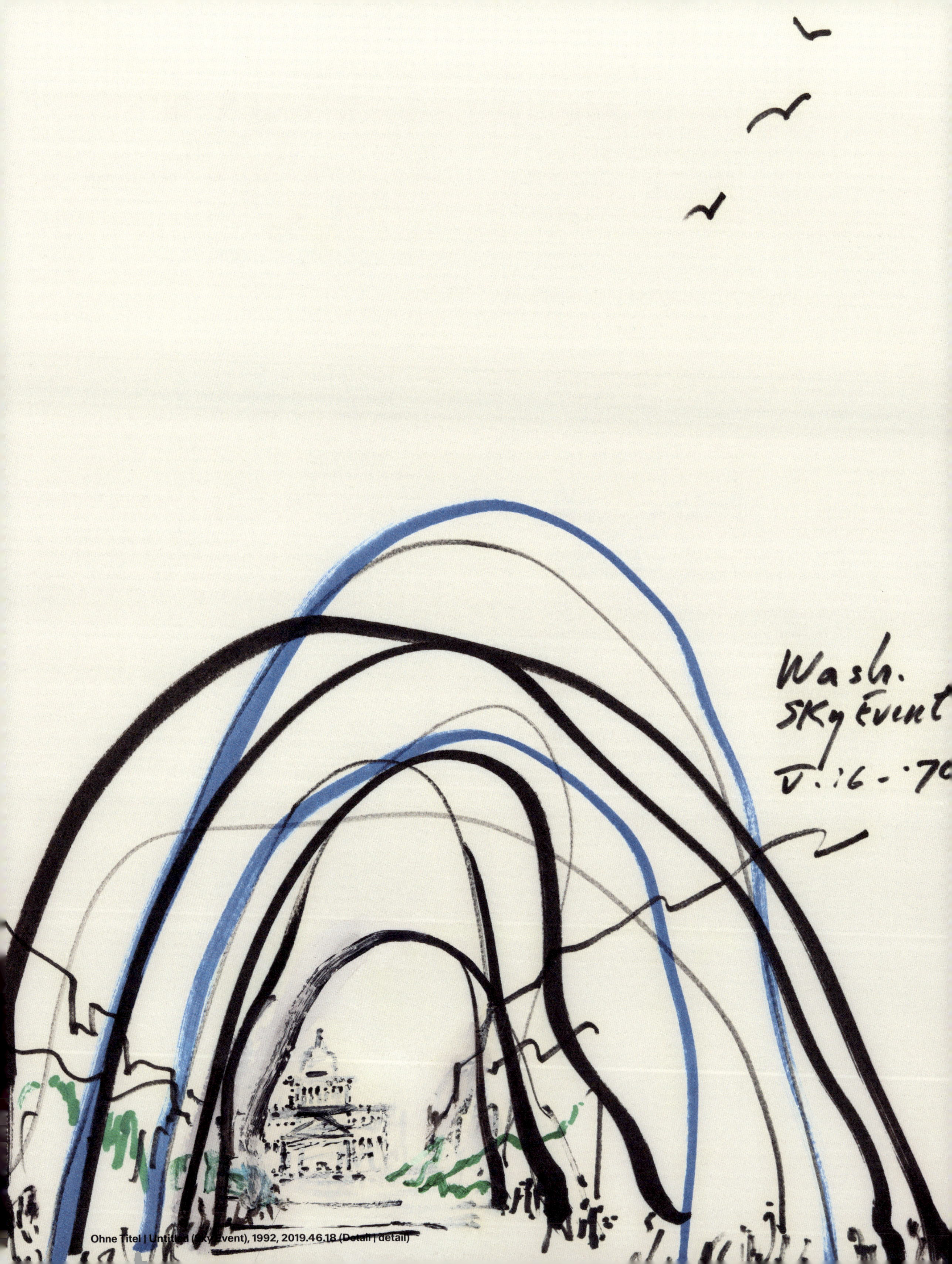

Ohne Titel | Untitled (Sky Event), 1992, 2019.46.18 (Detail | detail)

Tradition und Vermächtnis in Otto Pienes Sky Art

An einem klaren Maiabend des Jahres 2011 fand sich vor dem Great Dome des Massachusetts Institute of Technology (MIT) in Cambridge, Massachusetts, eine grosse Menschenmenge ein. Musik und Stimmen erzeugten eine fröhlich-gesellige Geräuschkulisse und erfüllten den Kolleghof mit seiner nüchternen klassizistischen Architektur und dem Blick auf den Charles River sowie die Skyline von Boston. Die Rotunde des Great Dome, errichtet nach dem Vorbild des Pantheons in Rom und am Ende einer weitläufigen Rasenfläche gelegen, ist seit jeher das Postkartenmotiv des MIT. Als nun genau hier geschmeidige, zarte, durchscheinende Bögen vom Boden abhoben und in die Dämmerung entschwebten, erfuhr die berühmte Vedute einige Augenblicke lang eine Verwandlung. Die Bögen schwankten in der Luft hin und her, während Helfer ihre ausgefransten Enden quer über die breite Promenade spannten und sie in gleiche Abstände manövrierten. Kaum war es völlig dunkel, wurden die geblähten Formen von unten angestrahlt und erzeugten nun den Eindruck tragender Bögen in einem riesigen vergänglichen Dom, dessen Gewölbe der Nachthimmel bildete.

Nachdem die Bögen im Boden verankert waren und anmutig in der leichten Brise schaukelten, begannen zwei andere Schemen nicht von dieser Welt nacheinander aufzusteigen (Abb. 1). Industriegebläse füllten endlos lange Stängel, die sich langsam blähten und entfalteten. Am Ende eines dieser Stängel wuchsen zwei weisse, dreidimensionale Sterne: Paris und Sirius. Bekränzt von durchscheinenden Schleifen – heliumgefüllten Polyethylenschläuchen – hoben sich die Sterne sachte in den Himmel, und dabei tanzten ihre Wedel anmutig langsam wie Tentakel einer Seeanemone, die unsichtbaren Strömen nachgeben. Indem diese Himmelskörper zu ihren Positionen fanden, liessen sie eine Pforte vom Charles River zum Kolleghof erahnen, die das Motiv des bekannten Portals ins Riesenhafte überhöhte und beim Publikum ein Gefühl ehrfürchtigen Staunens hervorrief (Abb. 2.1–2.2).

Lineage and Legacy in Otto Piene's Sky Art

On a clear May night in 2011, a large crowd gathered before the Great Dome at the Massachusetts Institute of Technology (MIT). Music and voices mingled in a convivial din, filling the quadrangle framed on three sides by sober Neoclassical architecture and open on the fourth to the Charles River and the Boston skyline. This is the postcard shot of MIT: the university's signature building, a rotunda in emulation of the Pantheon in Rome, at the head of a great lawn. For a brief period, this iconic view underwent a transformation as soft, delicate, translucent arches ascended into a dark sky. They swayed as performers secured their tethered ends across the wide mall, moving them into an even spacing. As night fell and they were lit from below, these inflated forms created the appearance of structural bays in a giant, ephemeral cathedral, the night sky vaulting the voids in between.

Once the arches were anchored, swaying gracefully in the breeze, two otherworldly forms began their ascent in succession (fig. 1). Industrial blowers pressurized endlessly long stems, which slowly inflated and unfurled. At the end of these stems grew two white, three-dimensional stars: Paris and Sirius. Crowned by translucent loops—helium-filled polyethylene tubes—the stars gently levitated into the sky, their fronds dancing in slow-motion like the tentacles of a sea anemone passively registering invisible currents. As these celestial bodies rose into place, they suggested a gateway from the Charles River into the quad, reinvigorating the familiar portal, engendering a sense of awe in participants below (figs. 2.1–2.2).

Their awe was borne in part by the transformation of familiar monumental architecture, with playful, lightweight forms countering the scale and weighty Neoclassical references to order and tradition. More profoundly however, they witnessed the teamwork and care employed by dozens of collaborators to create this transformation. Its parts were hoisted not by one artist alone, but by many participants who then actively tended to the inflatables throughout the event, their caregiving a visible

Das Staunen galt zum Teil der Verwandlung des vertrauten Architekturdenkmals in verspielte, schwerelose Formen, die einen markanten Gegensatz zur Dimension und Wucht klassizistischer Berufungen auf Ordnung und Tradition bildeten. Noch mehr beeindruckt haben dürfte die Zuschauer:innen die eingespielte Zusammenarbeit und Sorgfalt, mit der Dutzende Mitwirkende diese Verwandlung bewerkstelligten. Denn deren Bestandteile wurden nicht von einem Künstler allein nach oben gehievt, sondern von vielen weiteren Beteiligten, die sich auch im Verlauf des Ereignisses um die luftgefüllten Elemente kümmerten, so dass ihre Tätigkeit sichtbarer Teil der Arbeit wurde. Ihre Präsenz verlieh dem gelingenden Ganzen ein menschliches Mass und hob sich auch darin von dem architektonischen Umfeld ab, in dem nichts greifbar auf die Hundertschaften verwies, die einst an seiner Entstehung gearbeitet hatten.

Als dieselben Assistierenden am Ende die Luft wieder aus den Formen entweichen liessen, tat sich eine Leere auf, die im Nachhinein noch greifbarer wurde. Die betörende Raumverwandlung durch Otto Piene, den führenden Kopf und die gestaltende Hand dieses Sky Events, hinterliess Spuren nicht nur auf dem Gelände, sondern auch in den Köpfen des Publikums, dem die Botschaft des Künstlers – die Ermunterung zu Kreativität, Zusammenarbeit, gemeinsamem Entzücken und Hoffnung – zu denken gegeben hatte.

Pienes Sky Art war eine von mehreren eigens für den Ort kreierten Installationen im Rahmen des Festival of Art + Science + Technology (FAST) – «einer Reihe von Veranstaltungen zum 150. Jahrestag des MIT, die dem Institut und seiner Kultur der Kreativität und Erfindung gewidmet sind»[1]. Andere Installationen bedienten sich blendender Lichtschauen, Sensoren oder des Rapid Prototyping und anderer brandneuer technischer Verfahren. Wenn auch Pienes Sky Art nicht ohne die Auseinandersetzung mit den Feinheiten der Niederdruck-Ballontechnik denkbar war, galt sein vorrangiges Interesse nicht den technischen Aspekten des Mediums. In seinem Werk allgemein und insbesondere bei seiner Sky Art im öffentlichen Raum, ausserhalb traditioneller Kunstinstitutionen, stand die Technik im Dienst einer umfassenderen Vision: Kunst, die die grösste aller Leinwände füllt, den Himmel, unter dem Menschen aller Herkunft und Überzeugungen am Werk Anteil nehmen und sich darunter gemeinsam einem fröhlichen Möglichkeitssinn hingeben können.

Den physischen Mittelpunkt dieses Werks bildete eine aufblasbare Form, die so eindrucksvoll war, dass sie den Blick selbst des zerstreutesten und medial übersättigten Publikums bannen konnte. Anknüpfend an seine Experimente der 1960er Jahre mit der Gruppe Zero und seine spätere Tätigkeit als Fellow des Center for Advanced Visual Studies (CAVS) am MIT erarbeitete Piene seine Sky Art in einer Zeit intensiver

1 «FAST Arts Festival kicks off», in: *MIT News*, 2. 2. 2011, https://news.mit.edu/2011/fast-arts-festival-kicks (16.10.2023).

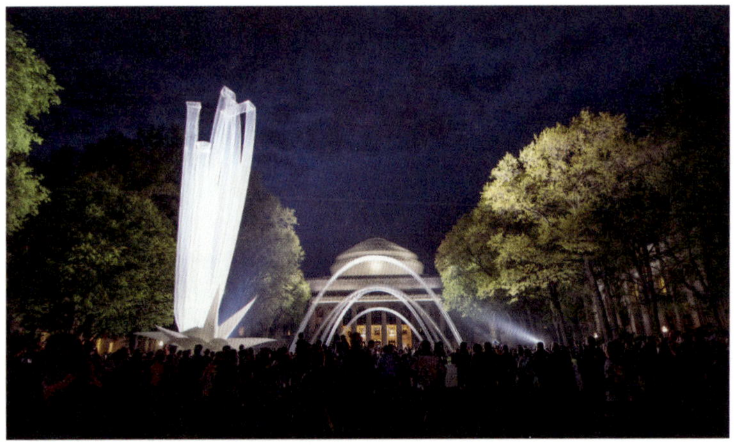

Abb. | Fig. 1: ***Sky Event*, MIT 150 Festival of Art, Science, and Technology (FAST), Cambridge, Massachusetts, 2011**

part of the works. Their visibility then provided a human scale to the achievement, in relief to its architectural surroundings that lacked any tangible reference to the hundreds who labored in its creation.

Once these participants deflated the forms, a void took their place, one made palpable in the wake of the sublime spatial transformation achieved by Otto Piene, the mastermind of this Sky Event. This event left its traces not on the land, but in the mind's eye of the participating public, who would now reflect on the artist's messages: propositions for creativity, collaboration, delight, and hope.

Piene's Sky Event was one of several site-specific installations created for the Festival of Art + Science + Technology (FAST), "a series of events for MIT's 150th anniversary, celebrating the Institute's culture of creativity and invention."[1] Other installations made use of dazzling lighting displays, sensors, rapid prototyping, and varied cutting-edge technologies. And although Piene's Sky Art necessarily engages the technology of the low-pressure inflatable, the technological aspects of this medium were not the artist's sole concern. In Otto Piene's work, particularly in his Sky Events, which occur in public spaces outside traditional art institutions, technology serves a larger vision: art filling its largest possible canvas, the sky, where humans of any background and persuasion can participate in the work together and commune in a jubilant spirit of possibility.

At the physical heart of this work, the inflatable form holds the power to arrest the gaze of even the most distracted, media-saturated audiences. Tracing his Sky Art to experiments in the 1960s, first with the Zero Group and later as a fellow at MIT's Center for Advanced Visual Studies (CAVS), Piene's practice emerged during a time implicated by Guy de Bord in *La Société du spectacle* (The Society of the Spectacle,

1 "FAST Arts Festival kicks off," MIT News, 2 February 2011, https://news.mit.edu/2011/fast-arts-festival-kicks.

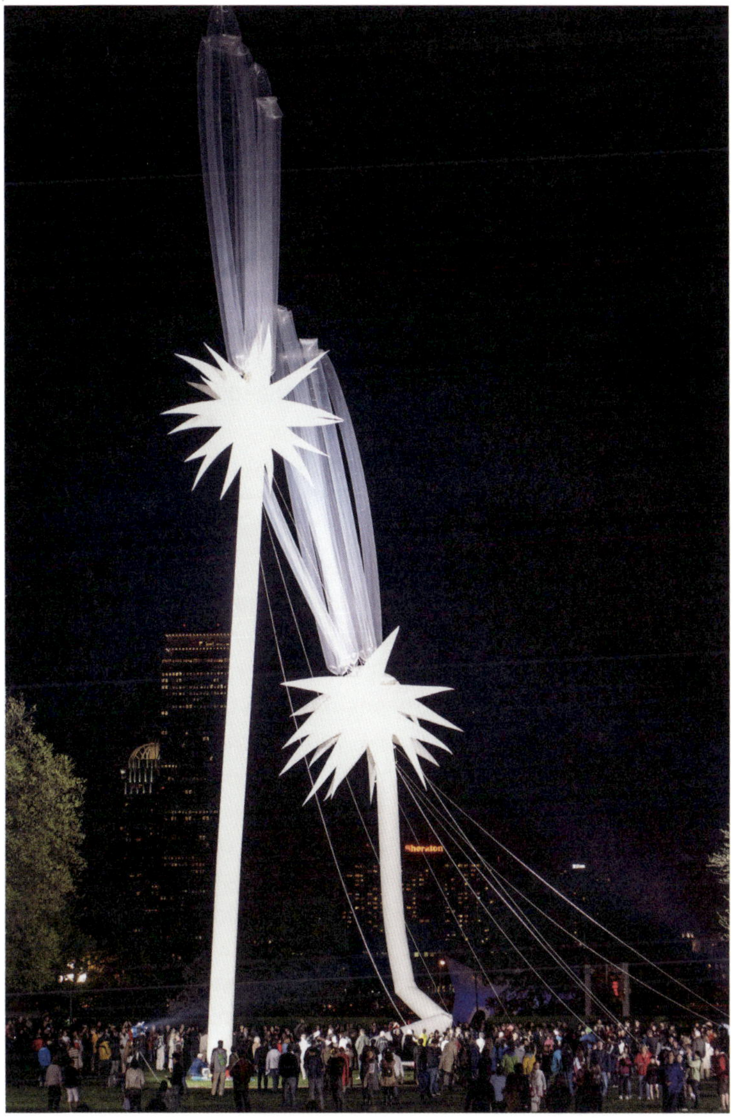

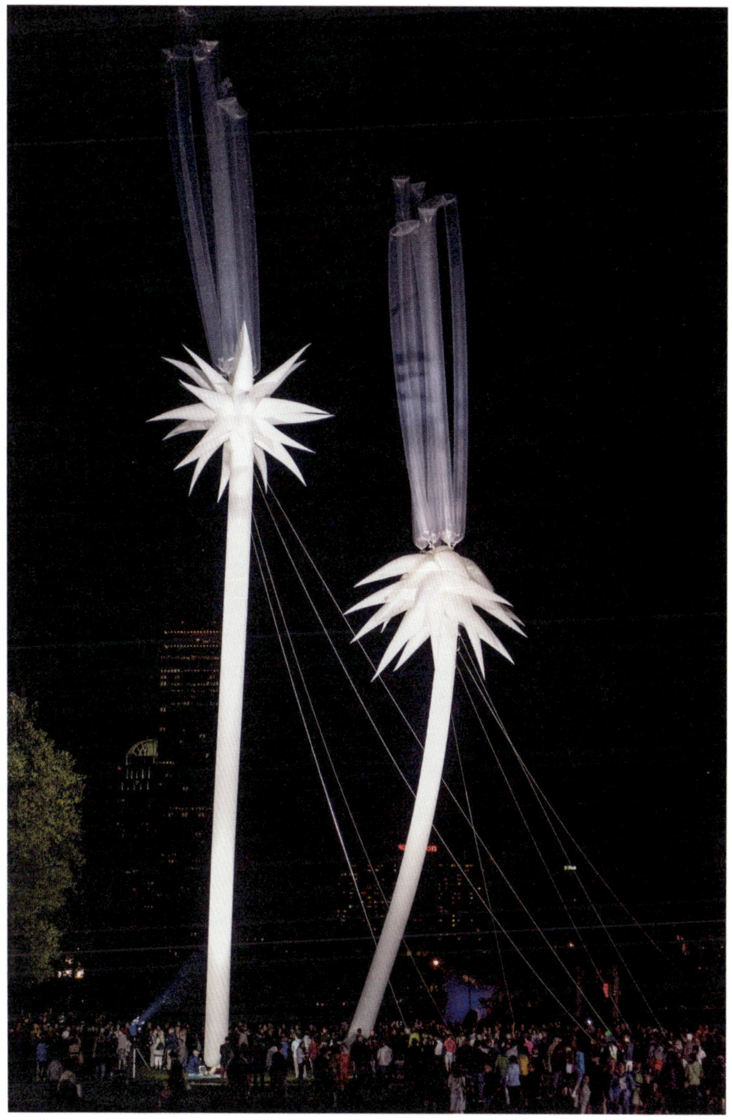

Abb. | Figs. 2.1–2.2: *Sky Event*, MIT 150 Festival of Art, Science, and Technology (FAST), Cambridge, Massachusetts, 2011

Auseinandersetzung mit dem 1967 erschienenen Buch *La société du spectacle* (*Die Gesellschaft des Spektakels*) von Guy Debord, einer Kritik der hochgradig mediatisierten, von Werbebildern, Filmen und Starruhm geprägten Konsumkultur.[2] Das Inflatable sicherte sich – rasch erscheinend, eindrucksvoll und wenig später wieder verschwunden – in einer von Reklame und bewegten Bildern gefluteten Gesellschaft gebieterisch Aufmerksamkeit und konnte sich in diesem Wettbewerb behaupten. Es wurde deshalb seither auch vereinnahmt und banalisiert für kommerzielle Zwecke. Nicht zufällig locken heute an allen Ecken und Enden der Vereinigten Staaten Ballons und menschenförmige Windsäcke Kundschaft auf die Gelände von Gebrauchtwagenhändlern.

2 Morgan, Tiernan/Purje, Lauren, «An Illustrated Guide to Guy Debord's 'The Society of the Spectacle'», *Hyperallergic*, 10. 8. 2016, https://hyperallergic.com/313435/an-illustrated-guide-to-guy-debords-the-society-of-the-spectacle/ (16.10.2023).

1967) as a heavily mediated consumer culture, dominated by marketing imagery, film, and celebrity.[2] The inflatable form, with its attention-grabbing qualities—quickly emerging, impressing onlookers, and then disappearing—could compete for attention against other distractions in a culture inundated with advertisements and moving images. Its form has been co-opted and cheapened for commercial uses: balloons and human-shaped wind socks now lure would-be customers into car dealership lots across the United States.

Piene too made use of the inflatable's attention-grabbing qualities, speaking a visual language that could arrest the masses in a momentary experience. However, unlike these commercial spectacles, his inflatables represented a critique of

2 Tiernan Morgan and Lauren Purje, "An Illustrated Guide to Guy Debord's 'The Society of the Spectacle,'" *Hyperallergic*, 10 August 2016, https://hyperallergic.com/313435/an-illustrated-guide-to-guy-debords-the-society-of-the-spectacle/.

Piene nutzte ebendiese Aufmerksamkeit heischenden Eigenschaften für eine Bildsprache, die Menschenansammlungen für ein Augenblickserlebnis in Beschlag nehmen konnte. Im Gegensatz zu den Werbespektakeln verkörperten seine Luftplastiken aber eine Kritik der Kommerzialisierung, die sich in seinem Fall direkt auf die Kunst bezog. Piene erläuterte dies in seinem Buch *More Sky* (1970), in dem er dazu aufrief, die Schauplätze der Kunst aus den privaten Institutionen heraus- und in die Weite des öffentlichen Raums zu holen. Er ordnete sein Schaffen zudem in eine Kategorie des Unverkäuflichen ein, weil Kunstkonsumenten «gewöhnlich nichts kaufen wollen, das sie als blossen Geist, als flüchtige Erscheinung einstufen ... [als] nur irgendeine Lichtumgebung, die keines der üblichen Objekte beinhaltet.» Und er begegnete hier auch Vorurteilen gegenüber spektakulärer Breitenwirkung:

> So sehr man am Wert des physischen und emotionalen Einbezugs [Zuschauerbeteiligung in der Kunst] zweifeln kann, so sehr kann man den Wert elitärer Einstellungen zur Kunst und zum Leben fragwürdig finden [...]. Herausragendes sollte in unserer Umwelt sichtbar werden und nicht in einem privaten Schmuckkästchen verborgen bleiben.[3]

So wurde die Luftplastik zu einem Verfahren, eine Öffentlichkeit ausserhalb der Kunstgalerien zu erreichen. Piene perfektionierte seine Verwendung aufblasbarer Formen über Jahrzehnte künstlerischen Experimentierens; zugleich konnte er dabei auf eine Vielzahl historischer Erfindungen in der Herstellung von Ballonen und Windsäcken zurückgreifen, die viele Anwendungsbereiche von der Technik bis zur Kunst umfasst und sich entlang zweier korrespondierender Entwicklungsverläufe zurückverfolgen lässt: Erstens, die technische Entwicklung für praktische, insbesondere militärische, industrielle und kommerzielle Zwecke; Zweitens, eine Nutzung im gesellschaftlichen und politischen Bereich, die kraft Befreiung der Fantasie und utopischer Potenziale Wandel bewirkt. Erstere folgt einer steten Kurve unabhängig von der Aufmerksamkeit der Allgemeinheit. Letztere manifestiert sich sporadisch, wenn technische Meisterleistungen von der Öffentlichkeit wahrgenommen wurden und Menschen sich von der Begeisterung dafür so sehr anstecken liessen, dass sie empfänglich für andere Weltsichten wurden, die mit Ballons oder Luftschiffen einhergingen.

Im Katalog zu Pienes wichtiger Ausstellung *The Inflatable Moment* schildert der Historiker, Theoretiker und Kurator Marc Dessauce, wie sehr die ersten Ballonflüge die Öffentlichkeit faszinierten:

3 Piene, Otto, Vorwort zu *More Sky*, Cambridge, MA 1970, unpaginiert [Übers. HE].

commercialization, in his case, of art. Piene addressed this in his book *More Sky* (1970), in which he called to expand the venues for art out of private institutions and into vast public space. He further situated his art outside a category that is salable, "because [art consumers] usually do not want to buy something considered mere spirit, a fugitive phenomenon .... Some light environment that did not incorporate the usual objects.'" As a rejoinder, Piene continues,

> as much as one can doubt the validity of physical and emotional involvement [of public participation in art], one can equally doubt the validity of an elitist attitude toward art and life.... Excellence ought to be apparent in the environment rather than hidden in a private jewel box.[3]

Thus, the inflatable became a modus operandi to reach the public beyond the confines of galleries. Piene honed his use of inflatables throughout decades of artistic experimentation; however, his practice also anchored onto a history of inflatable-making that crosses multiple disciplines from the technological to the artistic and can be traced along two historical, interrelated trajectories: 1) technological development toward practical application, particularly for military, industrial, and commercial use; and 2) sociopolitical application that offers transformation through imaginative and utopian potential. The first tracks along a steady curve, regardless of the attention provided by a general public. The second manifests episodically, when feats of engineering enter public view and those publics are eager for and receptive to the alternative visions that inflatables can offer.

Touching on these histories, in the catalog for his seminal exhibition *The Inflatable Moment*, historian, theorist, and curator Marc Dessauce describes the inflatable's unique power to capture the public imagination:

> Pneumatics and revolution agree well. Both are fueled by wind and the myth of transcendence, as the balloon enraptures the child, they animate and transport us on the promise of an imminent passage into a perfected future.[4]

Dessauce references an early public infatuation with inflatables that arose in eighteenth-century France on the eve of the French Revolution. He points to the first hot-air balloon launches and the rapture that swept a crowd of more than 130 thousand French spectators who gathered on 19 September 1783 at the court of Versailles to watch Joseph-Michel and Jacques-Étienne Montgolfier's hot-air balloon take flight.[5] One can imag-

3 Otto Piene, preface to *More Sky* (Cambridge, MA: MIT Press, 1970), unpaginated.

4 Marc Dessauce, *The Inflatable Moment: Pneumatics and Protest in '68* (New York: Princeton Architectural Press, 1999), 11.

5 The crowd included the king, courtiers, scientists, and academicians, but there was also a general audience. The balloon lifted from Versailles and touched down several kilometers away, making it clearly visible to a large public beyond that of the privileged few. This balloon trial involved not only releasing the balloon into the sky but also transporting live cargo consisting of three animals: a duck, a sheep, and a cockerel. See also Sean Topham, *Blow Up: Inflatable Art, Architecture and Design* (Munich: Prestel, 2002), 15–16.

> Pneumatik und Revolution gehen gut zusammen. Beide werden vom Wind und vom Mythos der Transzendenz entfacht, wie der Luftballon das Kind entzückt. Sie beleben und versetzen uns mit der Verheissung einer unmittelbar bevorstehenden vollkommenen Zukunft in ganz andere Sphären.[4]

Dessauce bezieht sich hier auf die Begeisterung der Öffentlichkeit für Luftgefährte, die im Frankreich des 18. Jahrhunderts am Vorabend der Revolution aufkam, insbesondere auf die ersten Steigversuche mit Heissluftballons und den Taumel der Begeisterung, der mehr als 130.000 vor dem Hof in Versailles versammelte französische Zuschauer:innen am 19. September 1783 erfasste, als Joseph-Michel und Jacques-Étienne Montgolfier in ihrem Ballon vom Boden abhoben.[5] Man mag die Erregung, die Ahnung von Freiheit, das Versprechen der Befreiung von der Mühsal der Erdgebundenheit erahnen, die solche Experimente den Massen unter dem damaligen Ancien Régime bescherten. Der Historiker Simon Schama stellt sich eine Demokratie des Schauens vor, die dieses Ereignis angestossen haben muss:

> Alles andere als ein Gegenstand privilegierter Betrachtung – also dessen, worauf Versailles als Ganzes ausgerichtet war – war der Ballon unvermeidlich Schaubesitz aller Menschen in der Menge. Auf dem Boden war auch das in gewissem Mass immer noch ein aristokratisches Schauspiel; in der Luft erst wurde es demokratisch.[6]

Belegt werden seine Behauptungen von einer Radierung, die zur Dokumentation des 19. September 1783 angefertigt wurde. Indem sie die Montgolfière beim Abheben in die Luft zeigt und die Menschenmenge im Verhältnis verkleinert darstellt, vermittelt sie beim Betrachter ein Gefühl von Ehrfurcht. Ihre Bildlegende vermerkt die gewaltigen Ausmasse des Ballons: «[…] von 57 Fuss Höhe und 41 Fuss im Durchmesser» (Abb. 3).

Der Architekt Augustin-Charles Piroux schildert in seinem Buch *L'art de voyager dans les airs* voller Begeisterung die Erregung, die die Menschenmenge erfasste:

> Das Staunen der Menge tritt zur Bewunderung der Gelehrten; die Versuche häufen sich, zu allem entschlossene Männer steigen in die Luft, und die Globen, die sie tragen, werden eins mit den Gestirnen.[7]

4 Dessauce, Marc, *The Inflatable Moment: Pneumatics and Protest in '68*, New York 1999, S. 11 [Übers. HE].

5 Unter dieser Menge waren auch der König, Höflinge, Wissenschaftler und Akademieangehörige, aber überwiegend handelte es sich um eine allgemeine Öffentlichkeit. Die Montgolfière hob in Versailles ab und setzte in einigen Kilometern Entfernung wieder auf, wodurch sie ins Blickfeld vieler Menschen gelangte, statt nur von einem kleinen Kreis von Privilegierten wahrgenommen zu werden. Zum Ballonversuch gehörte ausser dem bemannten Flug selbst noch die Mitnahme einer aus drei Tieren – einer Ente, einem Schaf und einem jungen Hahn – bestehenden Lebendbesatzung. Vgl. Topham, Sean, *Blow Up: Inflatable Art, Architecture and Design*, München 2002, S. 15.

6 Schama, Simon, *Der zaudernde Citoyen. Rückschritt und Fortschritt in der Französischen Revolution*, München 1989, hier zit. n. Dessauce 1999 (wie Anm. 4), S. 21 [Übers. HE].

7 Piroux, Augustin-Charles, *L'art de voyager dans les airs* [1784], hier zit. n. Saclolo, Michael P./Tou, Erik R., «Things Certain and Uncertain: Popular Accounts of Balloon Flights», https://www.maa.org/book/export/html/3574896 (16.10.2023) [Übers. HE].

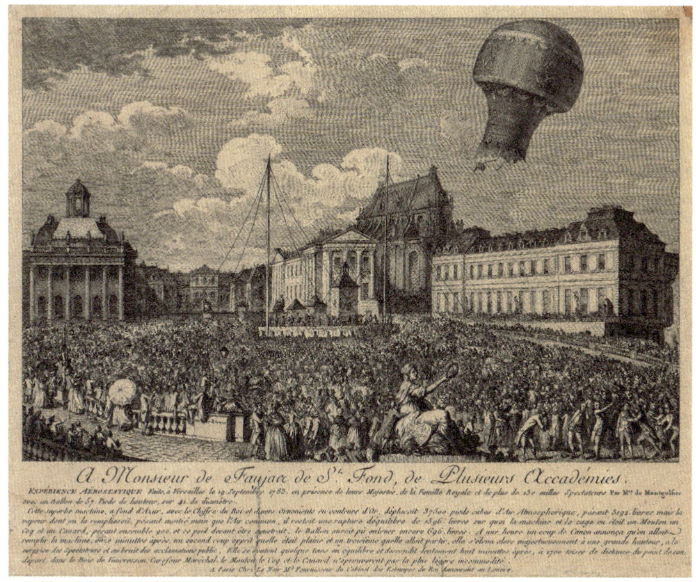

Abb. | Fig. 3: Erster Ballonflug mit Passagieren (Schaf, Hahn und Ente) | First balloon flight with passengers (a sheep, a rooster, and a duck), 1783, Radierung | etching, Library of Congress, Prints & Photographs Division, Washington, DC

ine the thrill, the glimpse of freedom, the promise of escape from earthbound challenges that such trials represented for the masses then under rule by the *ancien régime*. Historian Simon Schama reflected on the visual democracy that the event must have prompted:

> Instead of being an object of privileged vision—the specialty of Versailles—the balloon was necessarily the visual property of everyone in the crowd. On the ground it was still, to some extent, an aristocratic spectacle; in the air it became democratic.[6]

Supporting these assertions, an etching made to document the 19 September 1783 flight from Versailles depicts the balloon lifting into the air, rendering the crowds diminutive by comparison and encapsulating a sense of awe in the viewer. The accompanying caption notes the enormous scale of the balloon: "57 feet high, 41 in diameter" (fig. 3).

Architect Augustin-Charles Piroux provides an enthusiastic account of the excitement that swept the masses in his book *L'Art de voyager dans les airs*:

> The astonishment of the multitude joins the admiration of the scholars; experiments multiply, intrepid men rise into the air, and the globes that carry them merge with the stars.[7]

6 Simon Schama, *Citizens: A Chronicle of the French Revolution* (New York: Vintage, 1990); quoted in Dessauce, *The Inflatable Moment*, 21.

7 Augustin-Charles Piroux, *L'Art de voyager dans les airs* [1784]; quoted in Michael P. Saclolo and Erik R. Tou, "Things Certain and Uncertain: Popular Accounts of Balloon Flights," https://www.maa.org/book/export/html/3574896.

Ebendieses Erstaunen, das von den Flügen nicht nur der Gebrüder Montgolfier, sondern auch anderer, mit ihnen wetteifernder Ballonfahrer ausgelöst wurde, äusserte sich im Einfliessen von Ballonmotiven in viele Bereiche des Kunsthandwerks und der Mode. «La mode au ballon» erfasste alles Mögliche – von Tapeten über Geschirr mit Bildern von Heissluftballons bis hin zu Kleidern und Frisuren mit ballonartigen Ausbeulungen. Die Ballonbegeisterung setzte fast unmittelbar nach den ersten Flügen im Jahr 1783 ein, verflog aber schon bald darauf wieder. Keine zwei Jahre später hatte sich das Publikum an Bildern von Montgolfièren sattgesehen.[8]

Unterdessen wurden die Ballons von der Wissenschaft weiterentwickelt und kamen nach der Französischen Revolution auch beim Militär zum Einsatz. Doch 1798 bewegte das Versagen eines Ballons in der Seeschlacht bei Abukir Napoleon dazu, sie wieder auszumustern. Das französische Militär vernachlässigte Ballons danach 40 Jahre lang, und auch in der öffentlichen Wahrnehmung spielten sie so gut wie keine Rolle mehr.[9] Erst mit der Pariser Weltausstellung von 1867 kehrten sie ins öffentliche Bewusstsein zurück. Der Schausteller Henri Giffard bot zur Freude der Ausstellungsbesucher:innen Flüge mit einem im Boden verankerten Fesselballon an. Bei der Weltausstellung von 1878 hatte er einen neuen Ballon im Angebot, der alle Rekorde brach. 50 Passagiere auf einmal konnten darin 200 Meter hoch in den Himmel steigen.

In den Jahren dazwischen nutzte ein weiterer begeisterte Amateur, der Künstler Félix Tournachon (besser bekannt als Nadar), während des Deutsch-Französischen Krieges 1870/1871 Heissluftballons, um Millionen Briefe, Passagiere und Brieftauben aus dem von preussischen Truppen belagerten Paris herauszubringen. Dank der bald so genannten «Freiheitsballons» gelang es, trotz Abriegelung die Verbindung zwischen Paris und dem übrigen Frankreich aufrechtzuerhalten.[10] Nadar hatte bereits früher – lange bevor Piene auf die Bezeichnung Sky Art kommen konnte – Ballons eingesetzt, um seiner Fotografie neue Möglichkeiten zu erschliessen. Bereits 1857 hatte er sowohl gefesselte als auch ungebundene Ballonflüge unternommen, um erste Versuche mit Luftaufnahmen anzustellen.[11] Ballone bemächtigten sich auch der Fantasie noch anderer fin-de-siècle-Künstler aller Gattungen. Ein Beispiel dafür ist die berühmte Kohlezeichnung *Oeil-ballon* (Ballonauge) von Odilon Redon (1878). Darin sind die Motive des Ballons, des Fliegens und des menschlichen Auges zur Tagträumerei eines «Aufstiegs zur Unendlichkeit» (Abb. 4) vereint. Die Verschmelzung von Auge und Ballon findet einen deutlichen Widerhall in Pienes späterer Zusammenführung von Auge, Sonne und Sternen als Himmelskörpern des Lichts und des Sehens.

8 Topham 2002 (wie Anm. 5), S. 22. Ihm zufolge erwies sich die zu- und abnehmende Begeisterung für den Heissluftballon auch als Vorbote anderer Schwankungen in der öffentlichen Interessenlage.

9 US Centennial of Flight Commission, «Military Use of Balloons during the Napoleonic Era», https://www.centennialofflight.net/essay/Lighter_than_air/Napoleon%27s_wars/LTA3.htm (16.10.2023).

10 Topham 2002 (wie Anm. 5), S. 26f.

11 Hambourg, Maria Morris, «A Portrait of Nadar», in: *Nadar*, Ausst.-Kat. Metropolitan Museum of Art, New York, New York 1995, S. 29.

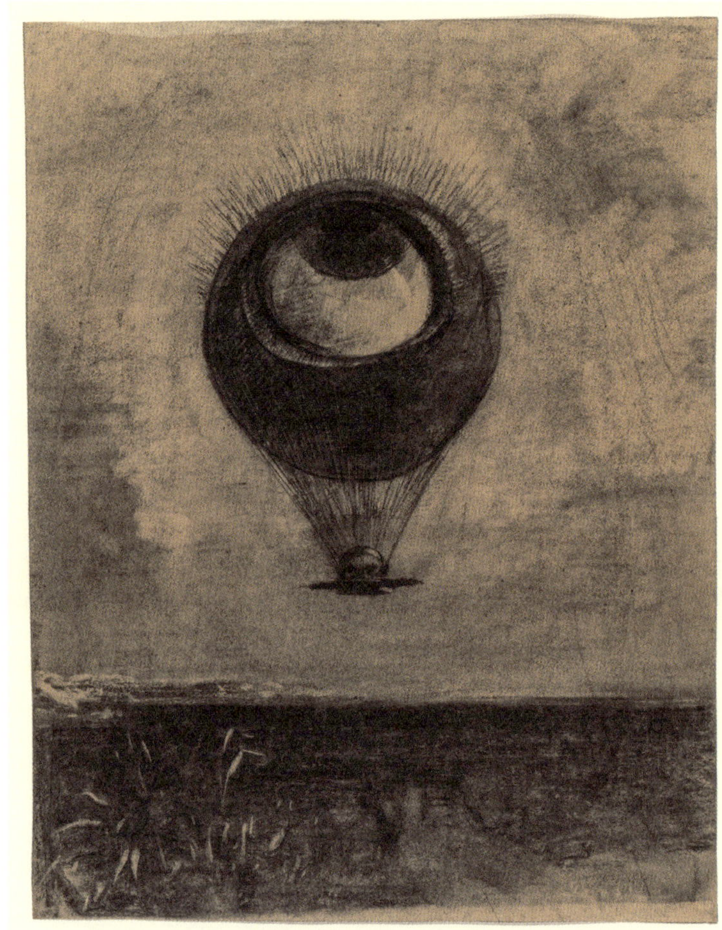

Abb. | Fig. 4: Odilon Redon, *Ballonauge* | *Eye-Balloon (Œil-ballon)*, 1878, Kohle und Kreide auf farbigem Papier | charcoal and chalk on colored paper, 42.2 × 33.3 cm, Museum of Modern Art, New York, Geschenk von | Gift of Larry Aldrich

Indeed this astonishment, emanating from the balloon launches not only by the Montgolfiers but by many competing balloonists, was evidenced by the introduction of inflatable motifs into a wide variety of decorative arts and fashions called *la mode au ballon*. These fashionable designs ranged from wallpaper and plates decorated with images of hot-air balloons to clothing and hairstyles derived from balloon-like bulges. This public craze began almost immediately following the first flights in 1783 and then diminished rapidly. By 1785 the public was oversaturated in balloon imagery.[8]

Balloons continued to be developed by scientists and implemented by the French military following the French Revolution until 1798, when a balloon failure at the Battle of Aboukir in Egypt led Napoleon to abandon their use. They would be neglected by the French military for forty years and would remain largely out of a vast public imagination even longer.[9]

8 Topham, *Blow Up*, 22. As Topham notes, the rising and rapidly falling interest in the balloon foreshadowed future ebbs and flows of public interest.

9 US Centennial of Flight Commission, "Military Use of Balloons during the Napoleonic Era," https://www.centennialofflight.net/essay/Lighter_than_air/Napoleon%27s_wars/LTA3.htm.

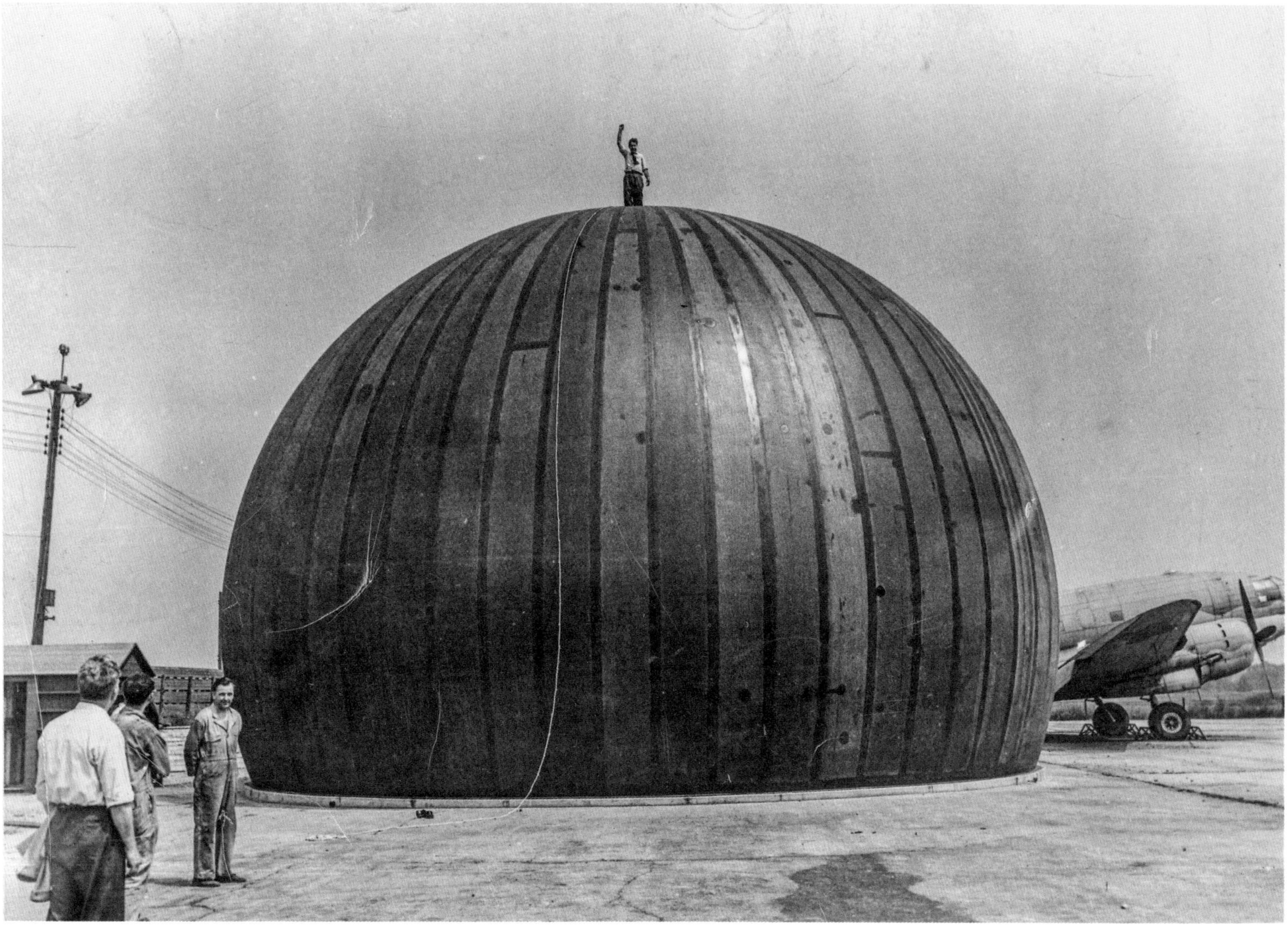

Abb. | Fig. 5: Walter Bird auf seiner | atop his "Radome," 1948, University Archives, University at Buffalo, State University of New York

Während sich die Beliebtheit der Ballons im Lauf der Jahrhunderte und auch ihre Bedeutung in der Populärkultur immer wieder veränderten, litt die utopische Verheissung, die Künstler und Publikum zunächst gebannt hatte, unter den sehr realen dystopischen Einsätzen von Luftschiffen aller Art im Krieg. Der neue Blickwinkel, den die Ballons ermöglichten, wurde nach dem Vorbild von Nadars Luftaufnahmen und Redons freischwebenden Fantasien fast unmittelbar für die militärische Überwachung eingesetzt. Ab dem späten 18. Jahrhundert dienten Ballons als Beobachtungsposten im Krieg und später auch als Zerstörer. Manövrierbare Luftschiffe, erfunden 1852 von Henri Giffard, wurden in den Jahrzehnten bis zum Ersten Weltkrieg so weit optimiert, dass sie mit grosser Genauigkeit Bomben auf Bodenziele abwerfen konnten.[12] Bis zum Zweiten Weltkrieg wurden Luftschiffe weitgehend durch die

Balloons returned to the public eye at the 1867 Paris Exposition, where showman Henri Giffard deployed a balloon as an attraction, providing tethered rides to the delight of expo visitors. At the Paris Exposition of 1878, Giffard offered a new, record-breaking balloon ride, flying fifty passengers at once to the height of six hundred meters.

Between these two events, from 1870 to 1871 another balloon enthusiast, artist Félix Tournachon (better known as Nadar), used balloons to lift millions of letters, passengers, and homing pigeons from Paris, then under siege by the Prussian Army. These balloons, known as "liberty balloons," provided a connection between Paris and the rest of France.[10] Nadar himself had used the balloon as a way to expand his practice of photography, well before Piene could devise the term *Sky Art*. As early as 1857, Nadar engaged in both tethered and unteth-

12 Topham 2002 (wie Anm. 5), S. 34.

10 Topham, *Blow Up*, 26–27.

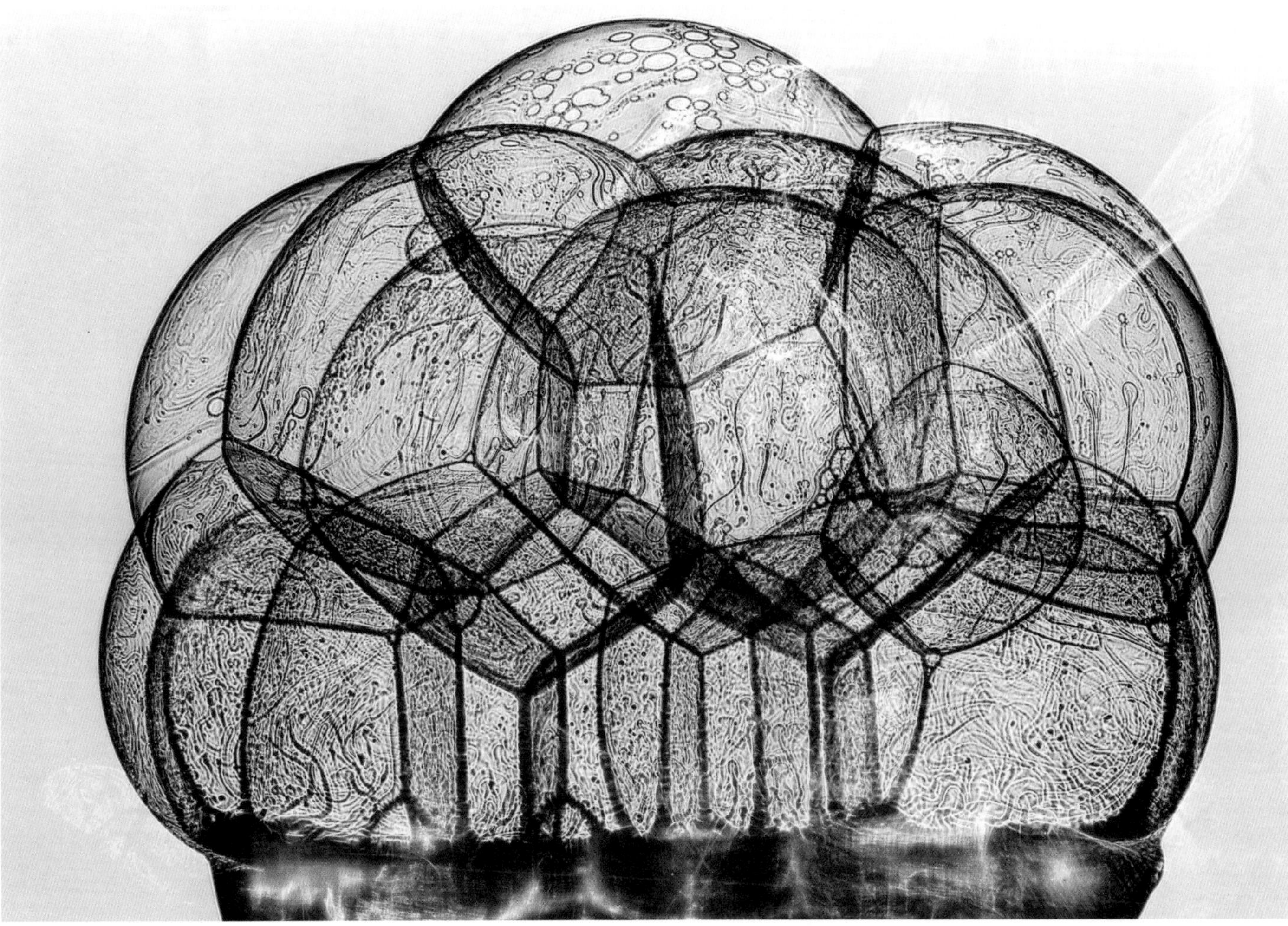

Abb. | Fig. 6: Frei Otto, *Polyederschaum* | *Polyhedron Foam*, 1973, Institut für Leichte Flächentragwerke (IL), Universität Stuttgart

beweglicheren und weniger auffälligen Flugzeuge ersetzt, doch Streitkräfte fanden weiterhin viele andere Einsatzmöglichkeiten für diese Technik.

Da sie leicht, transportabel und schnell einsetzbar waren, erwiesen sich aufblasbare Formen als ideale Requisiten im Dienst der militärischen Täuschung. Die 23rd Headquarters Special Troops des amerikanischen Militärs, weniger förmlich als «Geisterarmee» bekannt, waren eine Truppe von Künstlern und Kreativen, darunter der Modedesigner Bill Blass, der Maler Ellsworth Kelly und der Fotograf Art Kane. Sie inszenierten scheinbare Aufmärsche mit Hilfe von Geräuschkulissen, Funkverkehr und Attrappen, um die Einheiten der Achsenmächte in die Irre zu führen. Dazu gehörten gezielt über Funksprüche und in öffentlicher Kaffeehausplauderei gestreute Falschinformation und eben auch blosse Lufthüllen von Flugzeugen und Panzern, die so bemalt waren, dass sie aus der Sicht von Aufklärungsfliegern echt wirkten. Diese Taktiken und Täuschungsmanöver

ered balloon rides, creating the first aerial photography experiments.[11] Balloons captured the imaginations of *fin-de-siècle* artists across disciplines. One example, Symbolist Odilon Redon's iconic charcoal drawing *Eye-Balloon* (1878), conflates the balloon, flight, and the human eye in a fantasy of "mounting toward infinity" (fig. 4). This confluence of the eye and the balloon resonates with Piene's later conflation of the eye, the sun, and the star as orbs of light and vision in his work.

As the prevalence of balloons in popular culture ebbed and flowed over the centuries, their utopian promise captivating artists and the public alike would be subverted through real-world dystopian applications in warfare. The new point of view provided by balloons, as demonstrated by both Nadar's photographs and Redon's fantastical imaginings, was almost immediately channeled into military projects of surveillance. Beginning in the late eighteenth century, balloons served as wartime observation posts and later as vehicles of destruction.

11 Maria Morris Hambourg, "A Portrait of Nadar" in *Nadar* (New York: Metropolitan Museum of Art, 1995), 29.

schwächten in 21 Missionen entlang der Westfront erfolgreich die Truppen der Deutschen.[13]

Nach 1945 finanzierte das amerikanische Militär weiter die Erforschung von Einsatzmöglichkeiten, unter anderem für Tragluftkonstruktionen in der Architektur. Je wichtiger Radaraufklärung und -kommunikation in militärischen Einsätzen wurden, umso grösser wurde auch der Bedarf an verlegefähigen Unterständen zum Schutz empfindlicher Ausrüstung unter rauen klimatischen Bedingungen. Die Unterstände mussten eine so dünne Membran haben, dass Radarsignale sie durchdringen konnten, sowie einen offenen Grundriss, damit sich die Geräte darin um 360 Grad drehen konnten. 1948 nutzte der amerikanische Ingenieur Walter Bird technische Neuerungen in der Gewebeherstellung zum Bau der ersten Tragluft-Schutzhülle aus neoprenbeschichteter Glasfaser und gab ihr den Namen «Radom». Ein berühmtes Foto zeigt ihn oben auf der pneumatischen Kuppel stehend, um die Tragfähigkeit seines Prototyps zu veranschaulichen (Abb. 5).

Obwohl das Radom nicht die erste Tragluftkonstruktion überhaupt war, erzielte es grosse Werbewirkung und veranlasste Architekt:innen und Bauingenieur:innen sich mit Entwurf und Erprobung derartiger Strukturen für menschliche Behausungen mit geringem Gewicht zu beschäftigen.[14] Unter dieser Schar hoffnungsvoller Experimentator:innen war auch der deutsche Architekt Frei Otto. Auf der Suche nach leichten und zuglastfähigen Bauformen unternahm er Versuche mit Seifenblasen, um Form und Verhalten natürlicher, physikalisch optimaler Tragluftkonstruktionen zu ermitteln. Eine Studie von möglichen Gehäusen, die sich aus einer Traube von Seifenblasen im Modell ergaben, veranschaulicht dies (Abb. 6). Otto beteiligte sich insbesondere an Kunst- und Bauvorhaben im Zusammenhang mit der Olympiade von 1972 in München und entwarf die Dachkonstruktion der Sportstätten für die Spiele, bei denen auch der *Olympische Regenbogen* von Otto Piene zu sehen war.

Obwohl Piene sich etwa zeitgleich mit Otto für die aufblasbare Form zu begeistern begann, rührte sein Interesse daran mehr von eigenen Kriegserlebnissen her. Mit 15 Jahren hatte man ihn zum Kriegsdienst eingezogen. In diesem zarten, empfindsamen Alter war er dem ausgesetzt, was er später als die Erfahrungen von Grauen und Schönheit bezeichnete, die am Ursprung seines künstlerischen Werdegangs gestanden hätten. Über diese beiden Aspekte äussert er sich in seinem autobiografischen Text *Rainbows* (1971), wo er in sinnlich erfassten Einzelheiten beschreibt, wie es war, der Choreografie silberner Bomben zuzusehen:

> ein kunstvoll ausgeführter Bombenangriff, ein
> Unheil in grossem Massstab, in dem menschliche

13 Beyer, Rick/Sayles, Elizabeth, *The Ghost Army of World War II: How One Top-Secret Unit Deceived the Enemy with Inflatable Tanks, Sound Effects, and Other Audacious Fakery*, Hudson 2015.

14 Banham schreibt den allerersten Tragluftbau F. W. Lawrence 1917 zu. Siehe Banham, Reyner, «Monumental Windbags», in: Dessauce 1999 (wie Anm. 4), S. 31.

Maneuverable airships, invented by Giffard in 1852, were further developed so that by World War I they offered the capability of dropping bombs on targets with great precision.[12] By World War II, airships were often replaced by more agile and discreet airplanes, but militaries found many other uses for inflatables.

Lightweight, transportable, and rapidly deployable, inflatables provided an ideal medium for set pieces in a theater of deception. The Twenty-Third Headquarters Special Troops of the United States military, informally known as "The Ghost Army," was composed of artists, including fashion designer Bill Blass, painter Ellsworth Kelly, and photographer Art Kane. They staged interventions using sonic, radio, and visual means to deceive Axis forces such as fake radio broadcasts, misinformation shared during public café conversations, and trompe l'oeil airplanes and inflatable tanks painted to appear real when viewed aerially. These tactics and decoys successfully deterred German forces in twenty-two deception missions on the western front.[13]

After 1945 the US military continued funding research into the architectural possibilities of inflatable structures. As radar detection and communication became increasingly important tools in military operations, the need for a deployable, transportable shelter to protect the delicate equipment in harsh climates developed. The shelter would need a membrane thin enough to permit the passage of radar signals and an unobstructed floor plan over which equipment could rotate 360 degrees. In 1948 American engineer Walter Bird, using technological advances in fabric, erected the first air-supported protective structure, known as a radome, out of a neoprene-coated fiberglass fabric. Bird famously stood atop his inflated radome to demonstrate his prototype's tensile strength (fig. 5).

Although the radome was not the first inflatable work of architecture, this well-publicized achievement signaled architects and engineers to turn their attention to designing and testing inflatables for lightweight human habitats.[14] Among this group of burgeoning experimenters, German architect Frei Otto, in his pursuit of lightweight and tensile architectural possibilities, conducted soap bubble experiments to study the form and behavior of naturally formed and physically ideal inflatable structures as shown in this study of the enclosures formed by a cluster of soap bubbles (fig. 6). Otto notably contributed to artistic and architectural commissions for the 1972 Munich Olympics, designing the lightweight canopy structures for the games, which also hosted Piene's *Olympic Rainbow*.

Although Piene turned his attention to inflatables concurrent with Otto, his interest resulted from his early war experiences: at the age of fifteen he was drafted into the German military. During this tender and impressionable time he was exposed to what he later described as the atrocities and beauties that seeded his artistic formation. He reflects on these

12 Topham, *Blow Up*, 34.

13 Rick Beyer and Elizabeth Sayles, *The Ghost Army of World War II: How One Top-Secret Unit Deceived the Enemy with Inflatable Tanks, Sound Effects, and Other Audacious Fakery* (Hudson: Princeton Architectural Press, 2015).

14 Banham credits the first inflatable building to F. W. Lawrence in 1917. See Reyner Banham, "Monumental Windbags," in Dessauce, *The Inflatable Moment: Pneumatics and Protest in '68*, 31.

Energie, Forschung, Wissenschaft, technisches Können und ungeheure Mengen an Material auf ein Ziel hinarbeiteten, hinter dem kein ästhetischer Gedanke stand – sondern die Vernichtung von Menschen und Gütern.[15]

Als er am Ende des Krieges aus dem Militärdienst entlassen wurde, nahm der nunmehr 17-jährige Piene unterwegs nach Hause einen Umweg, um sich zum allerersten Mal das Meer anzusehen. Dort beeindruckte ihn «die spiegelblanke Nordsee im Gegenlicht [...] glitzernd wie Quecksilber, reines Licht auf der Wasseroberfläche, eine blendende, atmende, kaltheisse Fläche»[16]. Er beschreibt auch, wie ihm dieser Anblick zu einer Offenbarung geriet:

> Es war das Gegenbild der unmittelbar vorangegangenen Erlebnisse. Der blaue Himmel war bis dahin Sinnbild des tödlichen Schreckens des Luftkriegs gewesen. Er hatte bestes Flugwetter bedeutet, Angriffe herabstürzender Kampfflugzeuge und Bombenabwürfe. Als Schütze an einer Vierlingsflak, umgeben von Detonationen, sah ich nachts oft die Leuchtspurgeschosse ihre hektisch-schönen Linien ziehen. Aber vor der Schönheit kam die Furcht; Sicht gewinnen hiess zielen. Die anonyme Gewalt des Krieges ist völlig unbeeindruckt von den faszinierenden Bildern, die sie erzeugt. Die explodierende Atombombe wäre die vollkommene kinetische Skulptur, wenn wir sie ohne Zittern betrachten könnten. Furcht regt an zu erfinderischem Streben und bringt gigantische Ungeheuer hervor. Wie gross ist Kunst? Wie klein ist Kunst?[17]

Eine Faszination für das Riesige und Schöne, für Gemeinschaftsarbeit und Kunst als utopischer Gegenentwurf zur Dystopie, die er im Krieg erlebt und die sich in sein Bewusstsein eingebrannt hatte, zieht sich erkennbar durch Pienes gesamte spätere künstlerische Laufbahn. In den Sky Events kam sie am stärksten zur Geltung.

Fast ein Vierteljahrhundert nach seinen prägenden Erfahrungen als Kindersoldat formulierte Piene den Gedanken der Sky Art in einem Aufsatz von 1969 mit dem Titel «Sky Art: A Notebook for a Book». Er bringt darin seine künstlerischen Anliegen in einen interdisziplinären Zusammenhang mit den Heissluftballons der Gebrüder Montgolfier, der Statue der Nike von Samothrake (geschaffen um 190 v. Chr.), dem ZERO Ballon von 1961,[18] Piero Manzonis Placentarium,[19] den Zukunftserzählungen

15 Piene, Otto, *Rainbows*, Cambridge, MA 1971, S. 11 [Übers. HE].
16 Ebd. [Übers. HE].
17 Ebd., S. 12 [Übers. HE].
18 Dieser Ballon entstand in Zusammenarbeit mit Friedrich-Karl von Oppeln für die *Edition, Exposition, Demonstration* (1961) anlässlich der Veröffentlichung von *ZERO* 3.
19 Zeichnungen und Pläne für eine pulsierende eiförmige Pneumatik-Konstruktion namens *Placentarium*, erschienen in: *ZERO* 3 (Juli 1961).

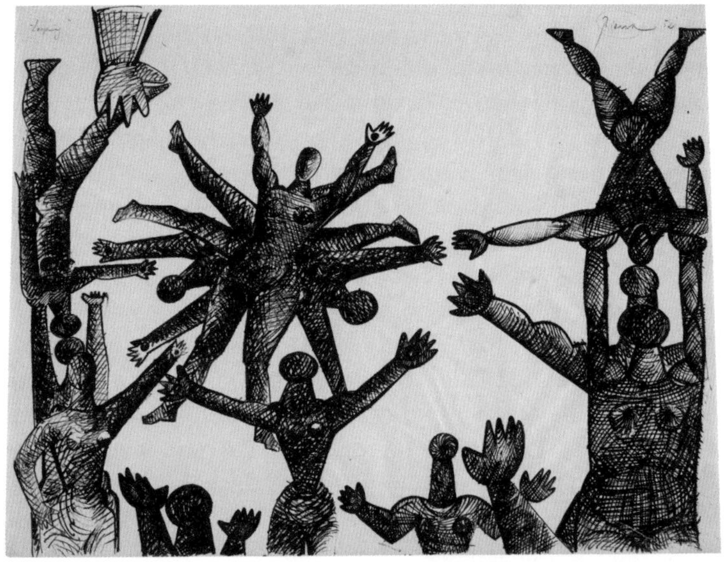

Abb. | Fig. 7: *Fliegende Menschen* | *Flying People*, 1952, Rohrfederzeichnung auf Papier | reed pen drawing on paper, 50 × 65 cm, Sammlung | collection Elizabeth Goldring Piene

moments in his autobiographical text *Rainbows* (1971), in which he describes, in sensory detail, watching the overhead choreography of silver bombs:

> an artfully executed bombardment, an evil happening on a large scale in which human energy, research, science, technical experience, and large masses of matter were involved in an aim that was not aesthetically conceived—the destruction of men and goods.[15]

Once released from military service at the culmination of the war, seventeen-year-old Piene took a detour from his path home to see the sea for the first time. There, impressed by "the glass smooth North Sea against the light . . . sparkling like quicksilver, pure light on the water surface, a blinding breathing cold hot plane,"[16] Piene described experiencing an epiphany:

> It was the counterpicture of immediately earlier experiences. The blue sky had been a symbol of terror in the aerial war. It had meant flying weather, attacks by low-diving fighter planes and bombardments. As gunner at a four-barrel flak, surrounded by detonations, at night I used to see tracers draw their lines, hectically beautiful. But fear came before beauty; seeing was aiming.

15 Otto Piene, *Rainbows* (Cambridge, MA: Migrant Apparition, 1971), 11.
16 Ibid.

von Jules Verne sowie Flugzeugen, Vögeln, Fledermäusen, Raketenschiffen und gotischen Domen. Als Teil dieser breiten Palette an Bezugnahmen und Vorläufern betrachtet er auch seine eigene Serie *Fliegende Menschen* (1952): Darstellungen menschlicher Körper, die durch die Luft schweben und rotieren, während eine Menge darunter zusieht oder vielleicht wartet, bis sie selbst an die Reihe kommt (Abb. 7).[20] Dass Piene seine Arbeit in eine lose Traditionslinie stellte, widersprach seiner eigenen Haltung, lehnte er doch Kunstschaffen im Elfenbeinturm ab. Das gleiche gilt für sein Ansinnen, in den Himmel zu wachsen und erhebliches technisches Wissen und Können zu mobilisieren für «das Bedürfnis des Menschen, die physischen Grenzen der Schwerkraft zu überwinden, seinen Geist und seine Seele der Schmierigkeit und den Schmerzen des Alltags und seiner Verstrickungen zu entheben»[21]. Er stellt (1969) die Frage: «Werden die Menschen im Juli auf dem Mond spazieren?», ergeht sich in Spekulationen über die brillanten Geister, die eine solche Errungenschaft bewerkstelligen könnten, und fragt sich zugleich: «Wie viel Geist ist dabei mit im Spiel?» Denn nur wo Geist wohnt, dort wohnt für ihn auch die Kunst, dort paart sich das künstlerische Feinempfinden des Menschen mit dem Fortschritt der Technik.

Piene hätte für seine Zusammenführung von Kunst und Technik unter dem Zeichen der Sky Art keine bessere Umgebung finden können als das CAVS, an dem er zunächst von 1967 bis 1971 als Fellow wirkte. Hier standen ihm Raum, Materialien, künstlerische und technische Mitwirkende und auch ein Publikum zur Verfügung, so dass er hier seine Vision umsetzen konnte. Auf den Rasenplätzen des MIT liess er mit dem *Light Line Experiment* von 1968 (S. 31) sein erstes Sky Event steigen.[22] Mit einer Gruppe von Assistierenden befüllte er dabei Schläuche aus Polyethylen mit Helium. Sie wurden zuerst von den Beteiligten im Boden verankert, und als man sie abheben liess und alle bei der eigentlichen Entstehung des Werks selbst mit Hand anlegten, wurde seine Vision zur Vision aller.

Die Beteiligung anderer und die Energie, die diese Mitschaffenden in die Realisierung eines Werkes einbrachten, zog sich als Motiv durch Pienes Sky Art.[23] Er sorgte sogar dafür, dass diese Helfer:innen auf Werbeplakaten für die Sky Art an prominenter Stelle genannt wurden. Beispielsweise finden sich auf dem Plakat für *Lift and Equilibrium* von 1969 die Namen seiner wichtigsten Mitarbeiter:innen: «Frank Carlton, Edward Franklin, Walter Lewin, Gary Rieveschi, Susan Peters, Vera Simons und 25 freiwillige Helfer», wobei nichts auf deren jeweilige Rollen – oder seine eigene – in der Entstehung des Werks hinweist. Zugleich bezog Piene auch das Publikum ins Werk mit ein, indem er eine der gezeigten skulpturalen Arbeiten «Y-O-U» betitelte. Während des Ereignisses schwebten riesige Y-O-U-Lettern über den Köpfen, sodass auch zufällige Passant:innen mit angesprochen waren. Ätherisch, zart und durchscheinend

> The anonymous war force is smugly undisturbed
> by the fascinating pictures its activity creates.
> The exploding atom bomb would be the most
> perfect kinetic sculpture, could we observe it
> without trembling. Fright inspires inventiveness
> and gives birth to giant monsters. How big is art?
> How small is art?[17]

A fascination with scale, beauty, collaboration, and art as a utopian counter proposition to the dystopia he witnessed at war and which was seared into his consciousness, can then be traced through his ensuing artistic career, reaching its zenith in his Sky Art.

Nearly a quarter-century after these formative experiences, Piene invoked Sky Art through a 1969 essay entitled "Sky Art: A Notebook for a Book." He situated his artistic preoccupations within an interdisciplinary assortment of references, some of which include the Montgolfier brothers' balloons, the *Nike of Samothrace* sculpture from around 190 BC, the 1961 ZERO Balloon,[18] Piero Manzoni's *Placentarium*,[19] Jules Verne's literary visions, airplanes, birds, bats, rocket ships, and Gothic cathedrals. Amid this assortment, he places his own *Flying People* series (1952) through which he depicts human bodies floating and somersaulting through the air while a crowd below watches or perhaps waits for their turn (fig. 7).[20] That he situates his work within this assortment of precedents belies his rejection of art as a siloed discipline. His motives to reach the sky would require engineering and technological know-how at the service of "man's need to go beyond the physical limitations of his physical gravity, to let his mind and soul lead him away from grease, grief and the network of everyday entanglement."[21] He raises the question "Will men walk on the moon in July?" and then muses about the brilliant minds that could bring about such an accomplishment, while wondering "How much spirit is involved?" For him, spirit is where art resides, lending human artistic sensibility to technological advancement.

Piene's fellowship at CAVS from 1968 to 1971 could not have provided a better environment to pursue this marriage of art and technology in the service of Sky Art. There he found the space, materials, and collaborators, both artistic and technical, and the audiences to achieve his visions. On MIT's playing fields, he launched his first Sky Event, *Light Line Experiment* (1968) (p. 31), working with a group of collaborators to fill polyethylene tubes with helium.[22] Anchored first by participants and then launched into the air, his vision became their vision, as they shared in the creation of the work.

The involvement of participants and the energy they would bring to the realization of a work would become a motif in Piene's Sky Events.[23] He would even provide prime billing to

20 Piene, Otto, «Sky Art: A Notebook for a Book», in: *artscanada*, H. 3, 1969, S. 2.
21 Ebd., S. 14 [Übers. HE].
22 Siehe den Beitrag von Lauren Elizabeth Hanson in diesem Katalog, S. 27–43.
23 «Air Time», Sprüth Magers, 2021, https://spruethmagers.com/exhibitions/otto-piene-air-time/ (16.10.2023).

17 Ibid., 12.
18 This balloon was created by Friedrich-Karl von Oppeln for *Edition, Exposition, Demonstration* (1961) on occasion of the publication of *ZERO* 3.
19 Drawing and plans for *Placentarium*, a pulsating egg-shaped, pneumatic structure, published in *ZERO* 3 (July 1961).
20 Otto Piene, "Sky Art: A Notebook for a Book" *Artscanada* 26 (3) (1969): 2.
21 Ibid., 14.
22 See Lauren Elizabeth Hanson's essay in this catalog, 27–43.
23 "Air Time," Sprüth Magers, 2021, https://spruethmagers.com/exhibitions/otto-piene-air-time/.

wirkten diese Buchstaben subtil und eindringlich zugleich, als hätten die Wolken sie geboren.

Die Lettern waren aus Polyethylen gefertigt, einem erdölbasierten, thermoplastischen Kunststoff, der 1933 entdeckt und 1935 erstmals als Harz mit geringer Dichte synthetisiert worden war.[24] Polyethylen wurde, wie so viele andere in dieser Zeit entdeckte Kunststoffe, seit dem Zweiten Weltkrieg in bis dahin unvorstellbaren Mengen hergestellt, um den kriegsbedingten Mangel an natürlichen Rohstoffen zu kompensieren.[25] Nachdem es sich im Krieg bewährt hatte und nun preisgünstig zur Verfügung stand, eroberte es die Konsumgüterindustrie und ermöglichte unter anderem die Mode der Tragluftkonstruktionen, die Ende der 1960er Jahre neben der Kunst auch Architektur- und Designkreise in Pienes Umfeld erfasste.

Preiswerte Kunststoffe kamen damals einer Gesellschaft entgegen, die einen freien Lebensstil pflegte, sich für bewusstseinserweiternde psychedelische Drogen ebenso interessierte wie für alles Verspielte und Absurde und die überdies geprägt war von ihrer Ablehnung der etablierten Politik, welche sie für den Vietnamkrieg verantwortlich machte.[26] In der Gesellschaft regierte das Spektakel, und man ging daran, überholte Lebensmodelle umzustürzen. Die Zeit war reif für eine neue «mode au ballon», nur dass sich diese nun weit jenseits von Tafelbild und Kunsthandwerk abspielte. Bis Mitte der 1960er Jahre ermöglichten es Materialkunde, Herstellungskapazitäten und öffentliche Aufmerksamkeit, dass der Ballon in völlig anderer Form wiederkehrte: als Gehäuse für eine ganze Stadt, als Haus oder sogar als Sessel.[27] Kühne Tragluftwerke kamen auf verschiedensten Gebieten zum Einsatz, insbesondere in der Architektur. Während Piene der Meinung war, dass Architekten «oft die natürliche Ausweitung der Kunst und das in ihr angelegte Wachstum zum Licht des Tages behindert haben», hielt er dennoch grosse Stücke auf «praktische Visionäre» wie R. Buckminster Fuller und Frei Otto.[28]

So ist durchaus denkbar, dass Piene auch Fullers fantastische Vision einer schwebenden Stadt, das *Project for Floating Cloud Structures: Cloud Nine,* bewunderte. Dieses bestand aus einer geodätischen Kugel, die nach Fullers Vorstellung mit 10.000 Bewohner:innen im Inneren dank derselben physikalischen Prinzipien, die auch einen Heissluftballon zum Abheben bringen, frei am Himmel schweben sollte.[29]

these collaborators on event posters. For example, on the poster for his 1969 Sky Event, *Lift and Equilibrium*, he included the names of his key collaborators: "Frank Carlton, Edward Franklin, Walter Lewin, Gary Rieveschi, Susan Peters, Vera Simons, and 25 volunteers" without indicating their roles—or even his own—in the creation of the works. Moreover, he implicates spectators by listing one of the sculptural works on display: "Y-O-U." At the event, giant letters spelling YOU floated overhead further implicating any passerby. Ethereal, soft, and translucent, the letters appeared to emerge from the clouds, subtle yet poignant.

The letters were made of polyethylene, a petroleum thermoplastic discovered in 1933 and first synthesized as a low-density resin in 1935,[24] was, like many other plastic variations discovered concurrently, manufactured to an unprecedented extent during World War II to fill gaps left by limited natural resources.[25] Due to its proven utility during wartime and its affordability, it subsequently proliferated in consumer marketplaces and enabled an inflatable movement that would pulse through the art, architecture, and design circles that surrounded Piene at the end of the 1960s.

At that time, inexpensive plastics met a population characterized by its free lifestyle, its embrace of mind-expanding psychedelic drugs, play and the absurd, and its rejection of the political establishment responsible for the Vietnam War.[26] Society was dominated by the spectacle and was reaching to overturn outmoded models of living. The conditions were ripe for a new *mode au ballon*, only now the trend appeared far beyond flat imagery in decorative arts. By the mid-1960s materials science, manufacturing prowess, and public interest enabled the balloon to physically manifest itself in a radical way: as the enclosure for a city, a house, or even a chair.[27] Experimental inflatable works emerged from across disciplines, but they were most prolific in the realm of architecture, and while Piene believed that architects "have often hindered the natural expansion of art and its inherent growth toward the light of day," he held "practical visionaries" such as R. Buckminster Fuller and Frei Otto in high regard.[28]

It is thus possible that Piene admired Fuller's radical vision for a floating city, *Project for Floating Cloud Structures: Cloud Nine*, in which a geodesic sphere could purportedly levitate with ten thousand inhabitants inside thanks to the same physical principles that enable a hot-air balloon to take flight.[29]

24 Als Erfinder gelten Reginald Gibson und Eric Fawcett, zwei Chemiker am Winnington Laboratory von ICI in Grossbritannien. Siehe Andrady, Anthony L./Neal, Mike A., «Applications and Social Benefits of Plastics», in: «Plastics, the Environment and Human Health», Sondernummer der *Philosophical Transactions of the Royal Society B: Biological Sciences,* Bd. 364, H. 1526, 2009, S. 1977.

25 Beispielsweise wurde auch Nylon 135 erfunden (von Wallace Carothers) und diente als synthetische Seide für Fallschirme, Helmfütterungen, Seile und andere Zwecke; Plexiglas ersetzte Glas bei Sichtfenstern in Flugzeugen. Siehe «History and Future of Plastics», Science History Institute Museum & Library, https://sciencehistory.org/education/classroom-activities/role-playing-games/case-of-plastics/history-and-future-of-plastics/ (16.10.2023).

26 Rinder, Lawrence, «Hippie Modernism», in: Jian, Zhang/Robertson, Bruce, *Complementary Modernisms in China and the United States: Art as Life/Art as Idea,* Santa Barbara 2020, S. 511f.

27 Beispiele für städtebauliche Entwürfe sind die *Instant City* von José Miguel de Prada Poole (1971), der *Dome over Manhattan* (1960, nicht realisiert) von Buckminster Fuller und die *City in the Arctic* (1970/71, nicht realisiert) von Frei Otto, Kenzo Tange und Ove Arup; für Häuser das *Rubber Village Fiberthin Airhouse* (1956) von Frank Lloyd Wright und der *Pneu Dome* (1972) von Chrysalis; für Möbel der stilbildende *Blow Inflatable Armchair* (1967) von Paolo Lomazzi, Donato D'Urbino und Jonathan De Pas. Eine bedeutende Ausstellung von Tragluftkonstruktionen war die Schau *Structures gonflables* der interdisziplinären Gruppe Utopie im Jahr 1968.

28 Piene 1969 (wie Anm. 20), S. 15 [Übers. HE].

29 Baldwin, James T., *BuckyWorks: Buckminster Fuller's Ideas for Today,* New York 1996, S. 190.

24 The inventors are noted as Reginald Gibson and Eric Fawcett, research chemists employed by ICI's Winnington Laboratory in the United Kingdom, in Anthony L. Andrady and Mike A. Neal, "Applications and Social Benefits of Plastics" in "Plastics, the Environment and Human Health," special issue, *Philosophical Transactions of the Royal Society B: Biological Sciences* 364 (1526) (27 July 2009), 1977.

25 Nylon, for example, which was invented in 1935 by Wallace Carothers, served as a synthetic silk and was used for parachutes, helmet liners, ropes, and more; plexiglass replaced glass in aircraft windows. See "History and Future of Plastics," Science History Institute Museum & Library, https://sciencehistory.org/education/classroom-activities/role-playing-games/case-of-plastics/history-and-future-of-plastics/.

26 Lawrence Rinder, "Hippie Modernism" in Zhang Jian and Robertson Bruce, *Complementary Modernisms in China and the United States: Art as Life/Art as Idea* (Santa Barbara: Punctum Books, 2020), 511–12.

27 For examples of cities, see *Instant City* by José Miguel de Prada Poole (1971), *Dome over Manhattan* (1960, unbuilt) by Buckminster Fuller, and *City in the Arctic* (1970–71, unbuilt) by Frei Otto, Kenzo Tange, and Ove Arup; for houses, see *Rubber Village Fiberthin Airhouse* (1956) by Frank Lloyd Wright and *Pneu Dome* (1972) by Chrysalis; for furniture, see the iconic *Blow Inflatable Armchair* (1967) by Paolo Lomazzi, Donato D'Urbino, and Jonathan De Pas; and for a key exhibition of inflatables, see *Structures Gonflables*, mounted by the interdisciplinary Utopie Group in 1968.

28 Otto Piene, "Sky Art: A Notebook for a Book," 15.

29 James T. Baldwin, *BuckyWorks: Buckminster Fuller's Ideas for Today* (New York: John Wiley & Sons, Inc, 1996), 190.

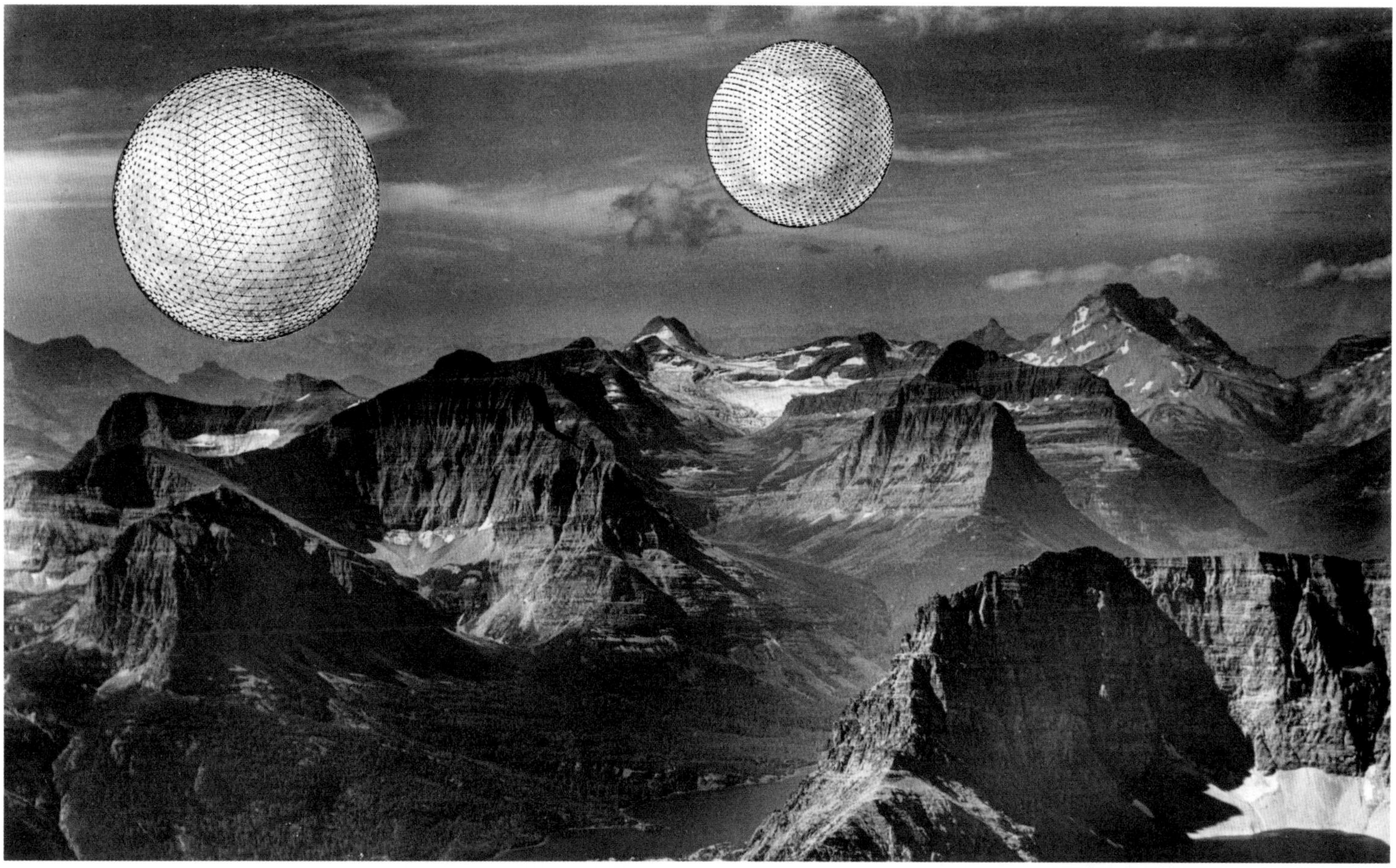

Abb. | Fig. 8: R. Buckminster Fuller, Shoji Sadao, *Project for Floating Cloud Structures (Cloud Nine)*, 1960, S/W-Fotografie auf Pappe | b/w photograph mounted on board, 40.3 × 50.2 cm, Department of Special Collections, Stanford University Libraries

Von Fuller in Collagen visualisiert, wurde der Ballon nun zu einer Architektur, mit der Menschen nicht nur den Himmel befahren, sondern auch in ihm wohnen konnten (Abb. 8). Diese Verheissung löste unter den damaligen Architektur- und Kunstschaffenden grosse Begeisterung aus, wobei diese nicht zuletzt von Fullers leidenschaftlichen Präsentationen vor zahlreich erschienenem Publikum, darunter vielen jungen Leuten, befeuert wurde. Seine Vorträge waren berühmt für ihre Langatmigkeit und seine Abschweifungen, aber auch für ihre Interaktivität.

Zu den Avantgarde-Kreisen, die von Fullers Ideen beeinflusst waren, gehörte mit der Architectural Association School of Architecture (AA) in London auch die älteste private Architekturhochschule des Vereinigten Königreichs. Hier entstand in den Jahren nach dem Krieg der Nährboden für Versuche mit Tragluftkonstruktionen. Der englische Architekt und Kritiker Cedric Price trugen dazu mit Entwürfen wie dem *Fun Palace for Joan Littlewood Project* (1959–1961) bei, an dem Fuller als Beirat beteiligt war. Price' Projektpartnerin, die Avantgarde-Theatermacherin Joan Littlewood, sprach von einem «Labor des Ver-

As shown in Fuller's collaged rendering, the balloon represented the structure that would enable humans to not merely tour but to inhabit the skies (fig. 8). Fuller's visions resonated widely with architects and artists at the time; his influence coming in part from his engagement with large groups of students and young people through famously long, rambling but interactive lectures.

Among the avant-garde circles influenced by Fuller's ideas, the Architectural Association School of Architecture (AA) in London, the oldest private architectural school in the UK, became a breeding ground for experimentation with inflatables during the postwar era. English architect and critic Cedric Price contributed to these trends through proposals such as the *Fun Palace for Joan Littlewood Project* (1959–61), for which Fuller was a trustee. Price's collaborator, avant-garde theater producer Joan Littlewood, called it a "laboratory of pleasure, providing room for many kinds of action,"[30] a dynamic stage "where people could experience the transcendence and transformation of the theater not as audience but as players."[31] Price designed a scaffolding-like structural armature to house the fluid

30 Cedric Price and Joan Littlewood, "The Fun Palace," *The Drama Review: TDR* 12 (3) (Spring 1968): 130.

31 Stanley Mathews, "The Fun Palace as Virtual Architecture: Cedric Price and the Practices of Indeterminacy," *Journal of Architectural Education* 59 (3) (February 2006): 40.

gnügens, das Raum für allerhand Tätigkeiten schafft»[30], einer dynamischen Bühne, «auf der Menschen die Transzendenz und Verwandlung im Theater nicht als Publikum, sondern als Mitspielende erleben könnten»[31]. Price entwarf eine gerüstartige Struktur, um die ineinander übergehenden und wechselnden Nutzungen des *Fun Palace* unterzubringen. Raumdefinierende Elemente konnten innerhalb dieser Struktur auftauchen und verschwinden. Auffällig lugt dabei auf Augenhöhe, aber etwas seitlich versetzt eine ballonartige aufblasbare Form zwischen den rechteckigen Elementen hervor und definiert einen Raum für Tagungen. Die gesamte Gestaltung lässt sich als Schaubühne beschreiben, wobei die schnell anwachsende und wieder verschwindende Tragluftkuppel im Inneren das spektakulärste Element darstellte. Erstmals wurde hier die seit den frühen Flügen der Heissluftballons so augenfällige Sensation gestalterisch genutzt, um Aufmerksamkeit zu erzeugen und ein Publikum zu Veranstaltungen im Inneren eines Gebäudes zu locken.

Zwar kam es nie zum Bau des *Fun Palace,* doch viele der darin enthaltenen Vorstellungen wurden in der Folge von anderen weitergeführt. Das galt besonders für eine von Price als Mentor zusammengehaltene lose Gruppe von Architekturstudierenden, zu denen auch Angehörige des Avantgarde-Kollektivs Archigram gehörten. Deren Magazin war eine Fundgrube für zerleg-, verleg- und aufblasbare, mobile, wandernde und sogar Wegwerf-Architekturentwürfe – allesamt Gegenpositionen zum damals in der gesamten Architekturlehre und -praxis vorherrschenden Leitbild der zeitlos soliden Moderne.[32] Die Zeitschrift erreichte mit ihren suggestiv-verführerischen Illustrationen eine umfangreiche Leserschaft weit über das Vereinigte Königreich hinaus.

Für Archigram waren Tragluftkonstruktion die Entsprechung einer schnelllebigen Konsumkultur, in der Architektur selbst zur Ware werden musste. So sollte die *Instant City* (1968–1970) als Bausatz rasch zu Land und Luft an die Ränder einer bestehenden Metropole verlegbar sein. Anders als die Grossstadt, an die sie andockte, war die *Instant City* eine höchst mobile Siedlung ohne vorgegebene Gestalt und ohne bauliches Fundament, dafür überreich an audiovisuellen Elementen, Bildschirmen und Projektoren, die Bilder aufflackern liessen. Sie beinhaltete bewegliche Elemente wie Ballons und Luftschiffe, in die Wohnmobile. Zelte und andere mobile Behausungen eingehängt waren. Wie Fullers *Cloud 9* und der *Fun Palace* von Price machte die *Instant City* den Ballon zu einem Teil der utopischen Vision vom neuen, befreiten Leben.

Unterdessen strebten Piene und andere Angehörige der Gruppe Zero wie Heinz Mack und Günther Uecker ebenfalls nach einer Art von Befreiung, und auch sie verwendeten dafür auf dem Markt verfügbare aufblasbare Formen aller Art. Sie stellten ausserdem selbst Ballons her, um

30 Price, Cedric/Littlewood, Joan, «The Fun Palace», in: *The Drama Review,* H. 3, 1968, S. 130 [Übers. HE].
31 Mathews, Stanley, «The Fun Palace as Virtual Architecture: Cedric Price and the Practices of Indeterminacy», in: *Journal of Architectural Education,* H. 3, 2006, S. 40 [Übers. HE].
32 Cook, Peter, «Some Notes on the Archigram Syndrome», in: *Perspecta,* H. 11, 1970, S. 133.

and changing uses of the *Fun Palace*. Space-defining elements could appear and disappear within this structure. Notably at eye level but off-center in his one-point perspective of the interior space, a round inflatable peeks from behind rectilinear elements and defines a space for conferences. The whole design could be described as a spectacle; however, the inflatable within it, with its rapid rise and disappearance, was its most spectacular element. For the first time, the eye-catching qualities so evident in the early launches of hot-air balloons were now being used by a designer to deliberately grab attention and sell audiences on the Happenings inside.

Though unbuilt, many of the overt ideals expressed through the *Fun Palace* would be emulated, most notably by a group of architecture students loosely under Price's mentorship, including members of the avant-garde collective Archigram. Their zine was filled with demountable, deployable, inflatable, moving, itinerant, and even disposable architectural propositions that challenged the overarching modernist paradigm then dominating architectural pedagogy and practice.[32] The zine and its enticing visual imagery reached a wide public far beyond the United Kingdom.

For Archigram, the inflatable structure suited a fast-moving consumer culture in which architecture itself would become a commodity. For example, *Instant City* (1968–70) traveled by ground and by air as a kit of parts for rapid deployment at the edge of an existing metropolis. Unlike the metropolis to which it would attach itself, *Instant City* was a city in rapid motion without a predetermined form or a foundation, replete with audiovisual elements, screens, and projectors upon which images play. It encompassed mobile elements such as balloons and airships from which dangled mobile homes, tents, and other itinerant living structures. Like Fuller's *Cloud 9* and Price's *Fun Palace*, *Instant City* incorporated the balloon into a utopian vision for a new, liberated existence.

Also striving toward a liberation of sorts, Piene and fellow members of the Zero collective Heinz Mack and Günther Uecker were already engaging inflatable objects from the consumer marketplace, manufactured balloons, to assist them in forging new artistic territory. As early as 1961, Piene, Mack, and Uecker held evening vernissages, as described by artist, educator and 1968–69 CAVS fellow Jack Burnham, "where spectators were given white, helium-filled balloons to release as gestures of liberation, symbols of the fact that art had finally broken its traditional constraints of frame and plinth."[33] Piene was aware of the peculiar power balloons have to enter the human psyche:

> Balloons have an advantage over heavy bronze sculptures. Balloons are light and can be handled easily, and can fly. The disadvantages are also

32 Peter Cook, "Some Notes on the Archigram Syndrome" *Perspecta* 11 (1967): 133.
33 Jack Burnham, "Ritual Dimension in Otto Piene's Sky Performances" in Ante Glibota, *Otto Piene* (Wichita: Delightotto, 2011), 379.

sich künstlerisches Neuland zu erschliessen. Schon 1961 veranstalteten Piene, Mack und Uecker abendliche Vernissagen, bei denen «die Besucher weisse, mit Helium gefüllte Ballons erhielten und sie fliegen lassen sollten als Geste der Befreiung, aber auch als Versinnbildlichung der Tatsache, dass die Kunst endlich ihre traditionellen Beschränkungen des Rahmens und Sockels hinter sich gelassen hatte», wie der Künstlerkollege, Lehrer und CAVS-Kollege Jack Burnham schrieb.[33] Piene war sich der eindringlichen Wirkung von Ballons auf die menschliche Psyche bewusst:

> Ballons haben Vorteile gegenüber schweren Bronzeplastiken. Sie sind leicht und einfach zu handhaben, ausserdem können sie fliegen. Ebenso offensichtlich sind die Nachteile: Ein Ballon platzt leicht und ist kurzlebig. Diese Eigenschaft verleiht ihm seine Anmut und macht daraus ein Mittel eingängiger Botschaften ebenso wie ein Symbol für die Intensität des Augenblicks [...]. Wenn sie ihren Zweck erfüllt haben, lassen sie alles so zurück, wie es vorher war – Parks, Gebäude, Städte, Himmel – und haben mitunter doch die Seelen bleibend verändert.[34]

Pienes Erforschung der aufblasbaren Form als Medium ging nicht nur dem Trend zu Tragluftkonstruktionen ab Ende der 1960er Jahre voraus, sondern überlebte diesen auch. Für Piene waren aufblasbare Gebilde das Mittel, sich nach der endlosen Weite des Himmels zu strecken, und somit Ausdruck eines aus frühen persönlichen Erfahrungen geborenen, authentischen Strebens, das sich wesentlich von den Motivationen hinter architektonischen Entwürfen aufblasbarer Städte, Häuser und Unterstände unterschied. Piene ging es weder um praktisch anwendbare noch um bewusst ungewöhnliche Wohnkonzepte. Seine Ballons luden vielmehr Menschen ein, sich gemeinsam in einen Moment zu versetzen, der ihnen, ähnlich wie beim Aufstieg der Montgolfièren im Frankreich des 18. Jahrhunderts, das Erlebnis einer energetischen Aufladung, ein Gefühl der Freude, der Hoffnung und vielleicht auch des Staunens bescherte. Zum Zeitpunkt der Weltausstellung Expo '70 im japanischen Osaka (1970), für Dessauce das letzte Aufbäumen der architektonischen Tragluftutopien, war Pienes fünf Jahrzehnte umspannende Sky Art erst in ihren Anfängen.

Nach den Erfolgen seiner frühen Sky Events, während seiner Zeit als CAVS-Fellow, veranstaltete Piene grössere Spektakel abseits des Universitätsgeländes. 1970 wurde er von Citything, einer aus Pittsburgh stammenden Initiative für Kunst im öffentlichen Raum, mit dem *Citything Sky Ballet* beauftragt (1970). Dieses setzte sich aus einer Vielzahl von Einzelereig-

33 Burnham, Jack, «Ritual Dimension in Otto Piene's Sky Performances» in: Glibota, Ante, *Otto Piene*, Wichita 2011, S. 379 [Übers. HE].

34 Piene 1970 (wie Anm. 3), S. 17 [Übers. HE].

> obvious: a balloon is breakable and short-lived. Its being short-lived gives it grace and makes it a means for direct communication as well as a symbol of the intensity of the moment... When they have done their service, they leave things the way they were—parks, buildings, cities, skies—but they may have changed spirits.[34]

Piene's exploration of the inflatable medium not only predated the inflatable-making trend that emerged in the late 1960s; it far outlasted it. For him, the inflatable structure was a means of reaching the sky's vast canvas, an authentic ambition that emerged from early life experiences and was distinct from the architectural propositions of the inflatable era. Instead of being about practical or even absurdist solutions for habitation in inflatable cities, buildings, or shelters, his inflatables invited audiences to inhabit a moment together that—similar to the launches of the Montgolfier balloons in eighteenth-century France—allowed them to experience a charge, an energy, a sense of jubilance and hope, and perhaps even a sense of awe. By the time of the Japan World Exposition in Osaka (1970), described by Dessauce as the last gasp of the inflatable moment, Piene's five-decade long Sky Art practice was just beginning.

Following his successful early Sky Events as a fellow at CAVS, Piene would launch grander events off campus. In 1970 he was commissioned by Citything, a Pittsburgh-based public arts organization, to create his *Citything Sky Ballet* (1970). This sky ballet involved multiple participatory Sky Events, which took place over three days. In one he collaborated with local high school students to create "'wind things': inflatables, banners and kites" to fly over the East Liberty Mall, which he happily described as "joyous."[35] He also mounted *Red Helium Sky Line*, a 1,500-foot-long red polyethylene tube with which the wind could draw "in infinite space," highly visible atop of the roof of a thirty-seven-floor downtown office building.[36] Perhaps his most spectacular event included his *Manned Helium Sculpture* involving the human flight of seventeen-year-old Susan Peters. In the same year Piene also launched his *Washington Sky Ballet* on the National Mall before one of the nation's most iconic symbols of democracy, the Washington Monument.

Through these projects Piene gained the experience necessary to embark on his most momentous early Sky Event: *The Olympic Rainbow* (1972) at the XX Olympic Games, Munich (cat. 61). Consisting of five one-meter-wide tubes, the *Olympic Rainbow* formed a two-thousand-foot-long arch that ascended into the sky and danced in the breeze for onlookers. The project engaged the effort of technical collaborators such as MIT physicist Walter Lewin, who was also an expert on balloon-borne X-ray technology[37] and over two hundred partic-

34 Piene, *More Sky*, 17.

35 "Next The Sun," *Time*, 4 May 1970. Accessed through MC745, Box 28, Folder 3. Department of Distinctive Collections, MIT Libraries, Cambridge, MA.

36 Ibid. See also Sandra Beate Reimann's essay in this catalog, 63–79.

37 "Otto Piene" MIT List Visual Arts Center, 3 November 2011, https://listart.mit.edu/calendar/otto-piene.

nissen über drei Tage zusammen. In einem davon arbeitete Piene mit Highschool-Schüler:innen aus der näheren Umgebung zusammen, um «‹Wind-Dinge›: Inflatables, Spruchbänder und Drachen» zu schaffen, die über die East Liberty Mall fliegen sollten, was er rundweg als «fröhlich» deklarierte.[35] Er montierte die *Red Helium Sky Line* auf dem Dach eines 37-stöckigen innerstädtischen Bürohauses – einen 500 Meter langen Polyethylenschlauch, mit dem der Wind «in den unendlichen Raum» schreiben konnte.[36] Das vielleicht spektakulärste Ereignis war die Luftplastik *Manned Helium Sculpture*, welche die damals 17-jährige Susan Peters mit sich in die Luft hob. Im selben Jahr liess Piene sein *Washington Sky Ballet* auf der National Mall und somit vor dem bedeutendsten Denkmal der amerikanischen Demokratie – dem Washington Monument – in die Höhe steigen.

Mit all diesen Projekten sammelte Piene die nötigen Erfahrungen, um sich an das eindrucksvollste seiner frühen Sky Events zu wagen: den *Olympischen Regenbogen* für die Olympiade in München 1972 (Kat. 61). Dieser bestand aus fünf Schläuchen von jeweils einem Meter Durchmesser und bildete einen rund 700 Meter langen Bogen, der in den Himmel stieg und für die Zuschauer:innen im Wind tanzte. Für das Projekt sicherte Piene sich die Mitarbeit von Technikern wie dem Physiker Walter Lewin am MIT, einem Fachmann für ballongetragene Röntgentechnik.[37] Mehr als 200 Beteiligte arbeiteten an Herstellung, Aufbau und laufender Wartung der Installation (Kat. 57–60).[38] Gesehen wurde sie von über 60.000 Besucher:innen, die nur wenige Tage nach der Tragödie des Terroranschlags auf israelische Athleten darin ein überwältigendes Symbol der Hoffnung erkannten: den flüchtigen Moment zwischen einem Gewitter und einem klaren Himmel, wenn die atmosphärischen Umstände das Licht zum Regenbogen brechen.[39]

Hier wurde Piene seinen höchsten künstlerischen Ansprüchen gerecht. Ausserhalb traditioneller Kunstinstitutionen nahm seine Vision in einer Grössenordnung Gestalt an, die sie in unmittelbare Sichtweite von tausenden Menschen rückte und mit der Fernsehübertragung noch sehr viele mehr erreichte. Dieses Zeichen der Zuversicht füllte den Himmel, in Pienes persönlicher Wahrnehmung ein Bereich der Welt, der mit prägenden Erinnerungen an den Luftkrieg, an dessen perverse Schönheit und an das Trauma der Gewalt angefüllt war – und all das in einem Moment der kollektiven Trauer, als die Öffentlichkeit vielleicht besonders empfänglich für die alternative Sicht der Welt war, die diese Luftschlangen in den Himmel über ihren Köpfen zeichneten: als fragile Symbole der Hoffnung, deren andauernde Wirkung sich in verwandelten Seelen ihrer Betrachter:innen niederschlug.

In den folgenden Jahrzehnten vervollkommnete Piene sein Sky-Art-Œuvre, sei es in Form weiterer Installationen, sei es als Leiter des CAVS von 1974 bis 1994. Seine Ziele in dieser Position formulierte er wie folgt:

35 «Next The Sun», in: *Time*, 4. 5. 1970; MC745, Box 28, Folder 3, Department of Distinctive Collections, MIT Libraries, Cambridge, MA [Übers. HE].
36 Ebd. [Übers. HE]. Siehe auch den Beitrag von Sandra Beate Reimann in diesem Katalog, S. 63–79.
37 «Otto Piene», MIT List Visual Arts Center, 3. 11. 2011, https://listart.mit.edu/calendar/otto-piene (16.10.2023).
38 «Air Time» Sprüth Magers.
39 Siehe den Beitrag von Barbara Könches in diesem Katalog, S. 81–93.

ipants to fabricate, launch, and manage the installation (cats. 57–60).[38] It was presented to a crowd of over sixty thousand viewers who, only days after tragic terrorist attacks on Israeli athletes, observed a monumental symbol of hope: that fleeting moment between a rainstorm and a clear sky when the conditions bend light into a rainbow.[39]

Here Piene achieved his highest artistic ambitions. Outside of traditional art institutions his vision manifested at a scale within view of thousands of people in person and even more via televised broadcasts. This optimistic sign filled the sky, an environment charged with Piene's personal memories of aerial warfare and its perverse beauty and trauma, in a moment of collective grief, when perhaps the public would be receptive to what alternatives this inflatable had to offer: a fragile symbol of hope whose lasting impact would be in the changed spirit of spectators.

In the decades to follow, Piene would unceasingly hone his Sky Art oeuvre through events and also through his role as CAVS director from 1974 to 1994. His stated objectives as director of CAVS were:

> 1) environmental art and design on a large scale to enhance the physical and psychic environment; 2) developmental media work which attempts to expand the influence and accessibility of art; 3) the interaction of art and technology to master the increased scale of communication; 4) the art of celebration; 5) education toward the new arts and general education toward a broader environmental understanding.[40]

These objectives so inherent to his work also underpinned the artistic formation of hundreds of fellows and students who participated in his courses, projects, and many international Sky Art conferences he collaboratively convened at MIT and abroad. His legacy lives on through these people.

Given his impact at MIT, it seems appropriate that Piene's work would figure prominently in the 2011 FAST celebration of MIT's 150th anniversary and its culture of creativity and invention. His Sky Event, staged aptly within the campus's oldest and most iconic quadrangle, portrayed messages as relevant in the contemporary moment as they were in 1968. As we look to the sky, to our eroding atmosphere damaged by the industries fed through our insatiable consumerism, to the burning sun that feels closer and closer every day, will the sun cast us to our demise like Icarus, who dared to fly too close? As Piene prompts us to look up, we may delight in the view, but could we not also imagine our fall? His inflatables float there, swaying, dancing,

38 "Air Time," Sprüth Magers.
39 See Barbara Könches's essay in this catalog, 81–93.
40 "Subjects, Spring 1984," MC745, Box 58, Folder 7, CAVS Courses Spring + Fall, 1984. Department of Distinctive Collections, MIT Libraries, Cambridge, MA.

> 1) Umweltkunst und -gestaltung in grossem Massstab zur Aufwertung der physischen und psychischen Lebensumgebung; 2) entwicklungsorientierte Medienprojekte mit dem Ziel, Wirkung und Zugänglichkeit der Kunst zu steigern; 3) Zusammenwirken von Kunst und Technik, um die zunehmende Kommunikation zu bewältigen; 4) die Kunst des Feierns; 5) erzieherische Heranführung an die neuen Kunstformen und Bildungstätigkeit für ein umfassenderes Verständnis der Umwelt.[40]

Diese Anliegen standen so stark im Zentrum seiner eigenen Arbeit, dass sie die künstlerische Ausbildung von hunderten akademischen oder studentischen Teilnehmer:innen seiner Lehrveranstaltungen, Projekte und zahlreichen internationalen Sky-Art-Konferenzen am MIT und im Ausland prägten. In all diesen Menschen lebt sein Erbe weiter.

Pienes Wirkung am MIT macht verständlich, warum sein Werk beim FAST 2011 zum 150. Jahrestag des MIT, einem Fest für dessen Kultur der Kreativität und des Erfindungsreichtums, eine so herausragende Rolle spielte. Sein Sky Event, sinnfällig inszeniert auf dem ältesten und berühmtesten Kolleghof des gesamten Universitätsgeländes, verbreitete Botschaften, die in der Gegenwart um nichts weniger relevant sind, als sie es 1968 waren. Schauen wir heute in den Himmel und in eine sich auflösende Atmosphäre, die zersetzt wird von Industrien, die von unserer unersättlichen Konsumgier am Laufen gehalten werden, und schauen wir in die brennende Sonne, die uns jeden Tag näher zu rücken scheint: Wird sie uns eines Tages ins Unglück stürzen wie Ikarus, der ihr zu nahe gekommen ist? Wenn Piene unsere Augen nach oben lenkt, geniessen wir vielleicht den Blick in die Ferne, aber könnte uns dabei nicht auch der Gedanke unseres Absturzes ins Unheil kommen? Seine Ballonwunder schweben, schaukeln, tanzen und führen uns eine hoffnungsvolle Alternative vor. Wir können über Disziplinen, Grenzen, Kulturen und Klassen hinweg zusammenarbeiten, und wir können unsere menschliche Erfindungsgabe und unseren Geist dafür einsetzen, um einen besseren Weg in die Zukunft zu finden – oder wir können unseren Blick senken, abwenden vom Licht.

presenting a hopeful alternative. We can work together, across disciplines, boundaries, cultures, and classes, to engage human ingenuity and spirit to achieve a better way forward, or we can look down away from the light.

40 «Subjects, Spring 1984», MC745, Box 58, Folder 7, CAVS Courses Spring + Fall, 1984. Department of Distinctive Collections Repository, Cambridge, MA [Übers. HE].

Katalog

Catalog

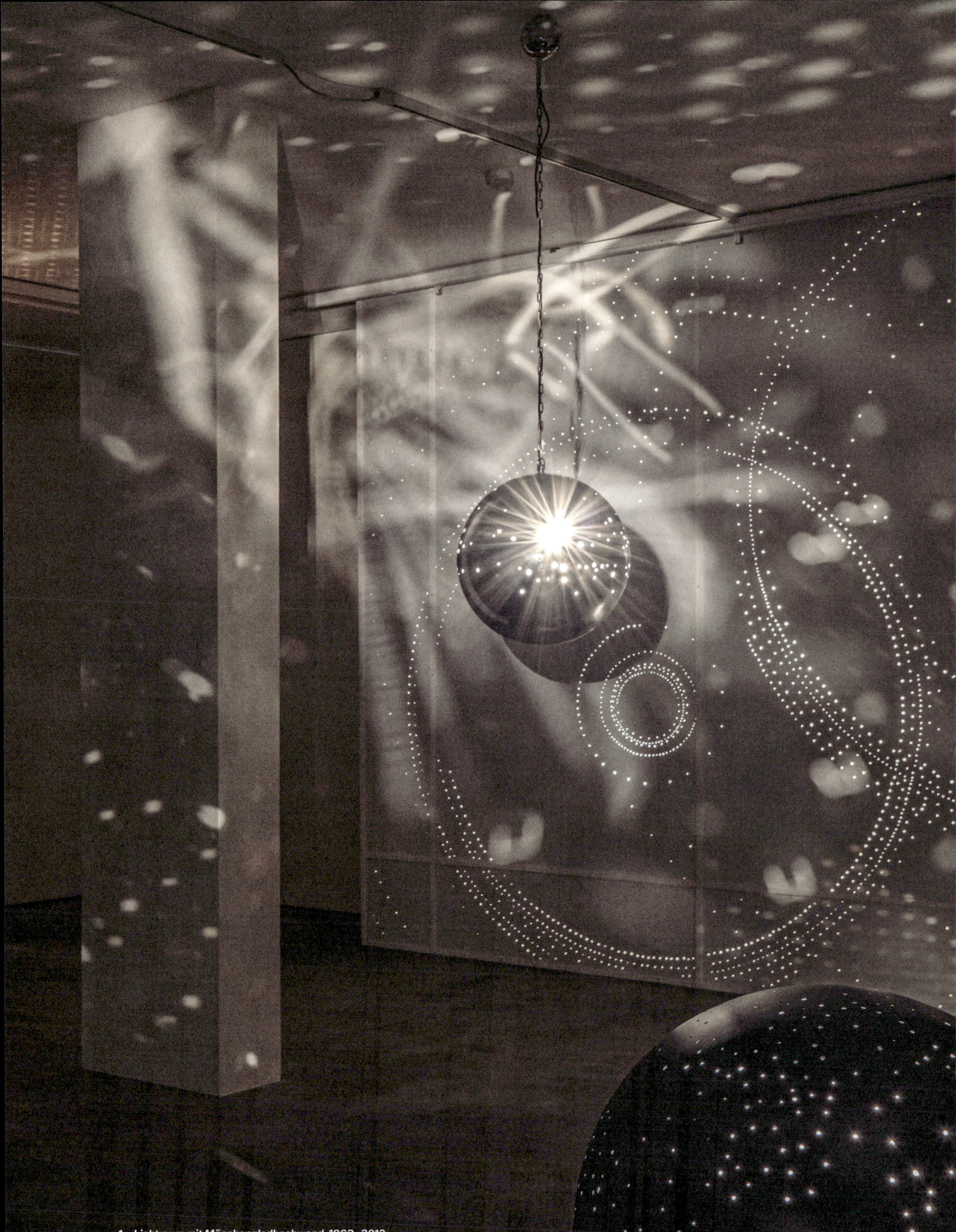

1 *Lichtraum mit Mönchengladbachwand*, 1963–2013

Licht, Raster, Vibration

Ein Bild hat mich selten losgelassen: die spiegelglatte Nordsee im Gegenlicht, am 7. Mai 1945. Eigentlich war es die Elbe, der unendlich weite Fluss in Glückstadt bei Hamburg. Nach der Auflösung unserer Arbeitsdienst-Infanterie-Division, der ich angehört hatte – ich war erst zwei Wochen zuvor 17 geworden – befand ich mich auf dem Weg nach Hause, aber nicht gleich südwärts. Ich nahm an, dass das Kriegsende auch das Ende aller Gefahren bedeuten würde, und so machte ich einen Umweg, um zum ersten Mal in meinem Leben das Meer zu sehen. Um die Mittagszeit ging ich von Osten her auf den Deich zu und dann durch ein Tor: Da war es und funkelte wie Quecksilber, reines Licht auf der Wasseroberfläche, eine blendende, atmende, heisskalte Fläche.

Zitat: Piene, Otto, «Light Ballet», in: *Piene: Light Ballet*, Ausst.-Kat. Howard Wise Gallery, New York, New York 1965, zit. n. Glibota, Ante, *Otto Piene*, Villorba 2011, S. 533–535, hier S. 533.

Light, Raster, Vibration

A picture that has left me rarely: the glass-smooth North Sea against the light on 7 May 1945. Actually it was the Elbe, the wide, wide river at Glückstadt near Hamburg. After the Labor Corps Infantry Division to which I was attached had been disbanded—I had just turned seventeen two weeks earlier—I was on my way home, but not straight away southwards. The end of the war, I supposed, was also the end of all perils, and I made a detour to see the sea for the first time in my life. At noon I walked from the east up toward the dike and then through a gate: there it was, sparkling like quicksilver, pure light on the water surface, a blinding breathing coldhot plane.

Quotation from Otto Piene, "Light Ballet," in *Piene: Light Ballet* (New York: Howard Wise Gallery, 1965); quoted in Ante Glibota, *Otto Piene* (Villorba: Delight, 2011), 533–35, here 533.

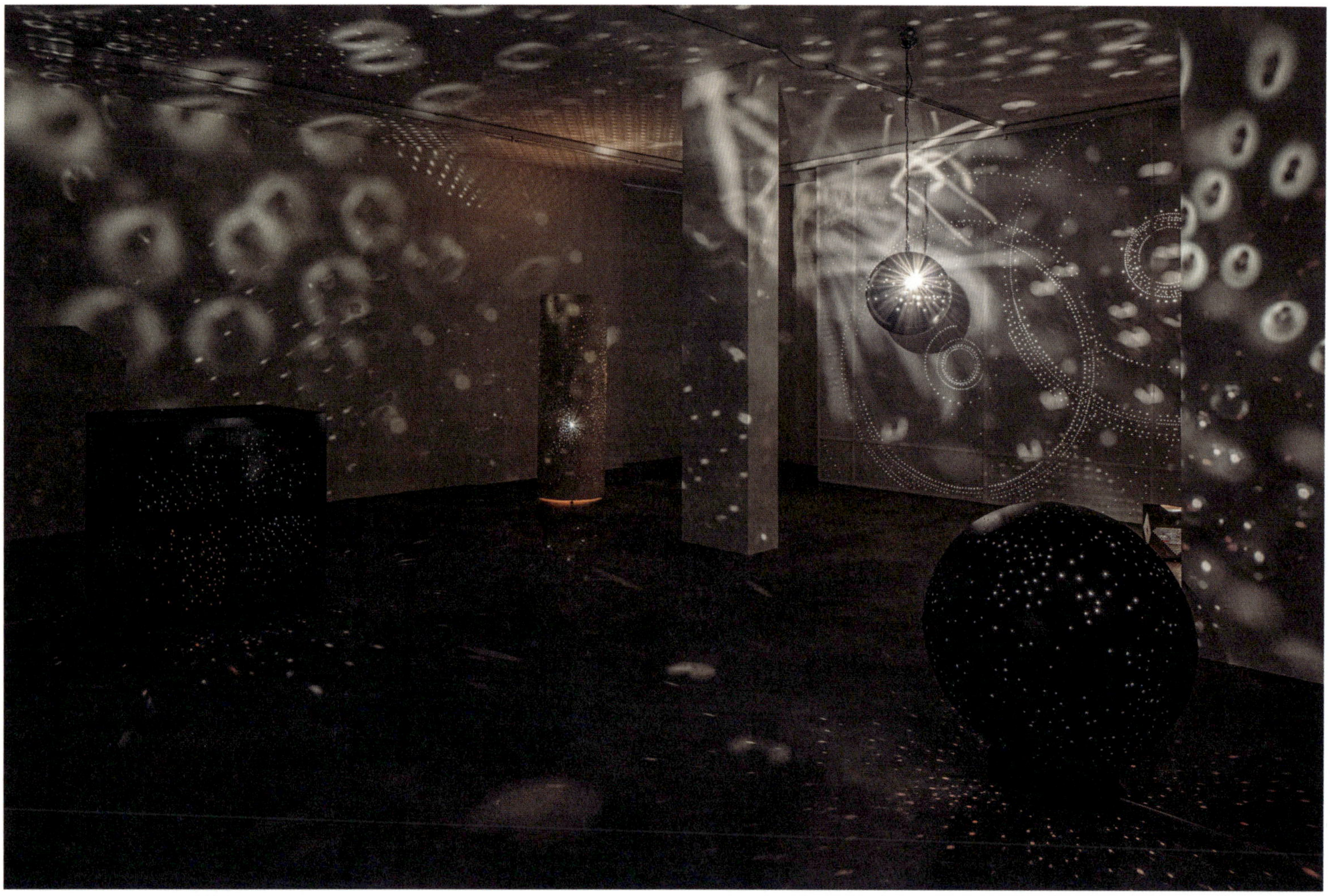

2 *Lichtraum mit Mönchengladbachwand*, 1963–2013

Sein erstes *Lichtballett* realisierte Piene 1959 als Performance, bei der das Lichtspiel mit Scheinwerfern und perforierten Tafeln manuell erzeugt wurde. Im Anschluss an seine Begegnung mit Tinguely mechanisierte er den immersiven Erfahrungsraum 1960, indem er die Lichtquellen mit Elektromotoren antrieb, um einen kinetischen Tanz des Lichtes in einer Choreographie variierender Muster und Rhythmen im Raum zu erzeugen. Den Fluss aufleuchtender und verglimmender Lichtpunkte und -schlieren erzeugte Piene mit hängenden und stehenden Lichtplastiken und ab 1999 auch durch von hinten beleuchtete Wände mit Lochmustern. Die hier gezeigte Wand entstand für eine Ausstellung in der Galerie Löhrl in Mönchengladbach. In Abgrenzung zu Theater und Film betonte Piene bereits 1960 die mit den *Lichtballetten* erreichte «umfassende Raumerfüllung». Darüber hinaus hielt er die Effekte auch in Lichtgrafiken auf photosensitivem Papier fest.

Piene realized his first *Light Ballet* in 1959 as a performance, manually creating the play of light using flashlights and perforated panels. Following his encounter with Tinguely, he mechanized the immersive, experiential space in 1960 by electrically motorizing the light sources to create a kinetic dance of light based on a choreography of varying patterns and rhythms. Piene generated a current of glowing and fading points and streaks of light through hanging and freestanding light sculptures, and, after 1999, backlit walls with patterns of holes. The wall shown here was made for an exhibition at Galerie Löhrl in Mönchengladbach. In contrast to theater and film, Piene emphasized as early as 1960 the "all-encompassing spatial realization" achieved by the *Light Ballets*. In addition to the performances themselves, he captured these effects in light graphics on photosensitive paper.

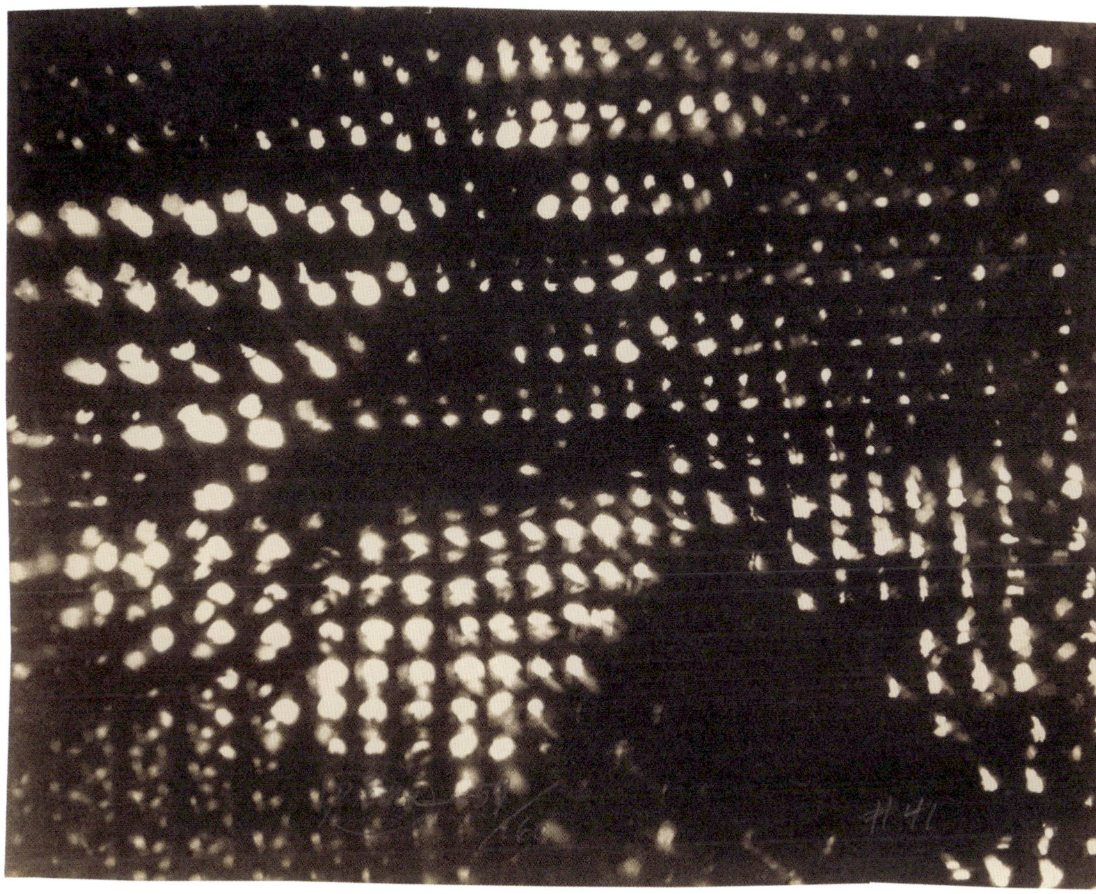

3 Ohne Titel | Untitled, #41, 1959/1960

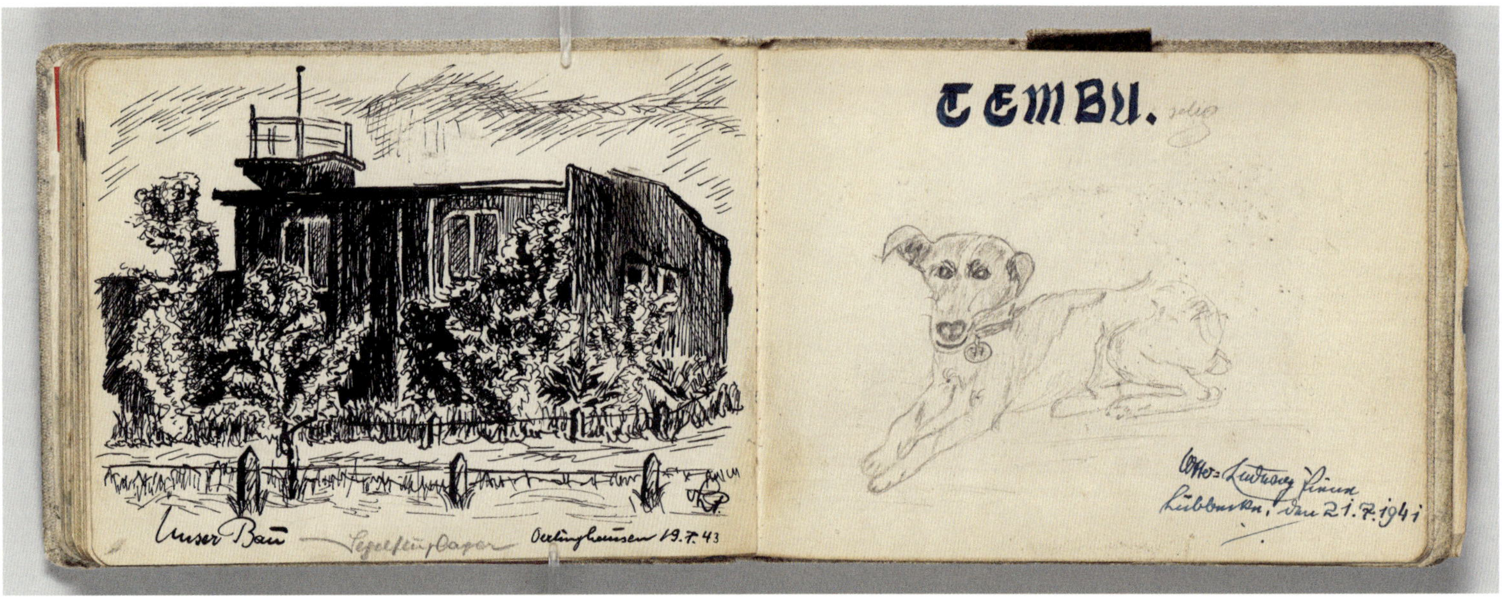

4 Ohne Titel («Unser Bau») | Untitled ("Our Building"), 1943

Als Piene mit 15 Jahren als Flakhelfer zum Kriegsdienst einrücken musste, wurde sein Skizzenbuch zu seinem wichtigsten Besitztum. Wie viel es ihm während des Krieges bedeutete, offenbarte er Jahrzehnte später, als er erzählte, dass er 1945 ausser seinem Skizzenbuch und einer kleinen Schachtel mit Wasserfarben so gut wie nichts mehr besass, nicht einmal mehr eine Zahnbürste. Die frühen Skizzenbücher waren für Piene ein geschützter Raum, in dem er die Welt rundherum festhalten konnte und zu verstehen versuchte: Lager, Panzer im Nebel oder Schnee, Felder in der Abend- und Morgendämmerung. Als Erwachsener verwandelte Piene diese prägenden Erlebnisse des Lichts und des Himmels – klare blaue Panoramen voll banger Erwartungen eines Luftangriffs, finstere Nacht, aufgehellt von Suchscheinwerfern oder Explosionen – vom Traumatischen zur Bekräftigung des Lebens.

When Piene was conscripted at age fifteen to serve as an anti-aircraft warfare helper in World War II, his sketchbook became his most prized possession. Decades later Piene would share how much he valued it during the war, noting that by 1945 he didn't have any remaining possessions, not even a toothbrush, except his sketchbook and a small box of watercolors. Piene's early sketchbooks provided a controlled space in which he could record and try to make sense of the world around him—encampments, tanks in fog or snow, fields at dusk and again at dawn. As an adult, Piene transformed his formative experiences of light and the sky—clear blue vistas heavy with the anticipation of an aerial attack, the darkness of night punctured by searchlights or explosions—from the traumatic to the life-affirming.

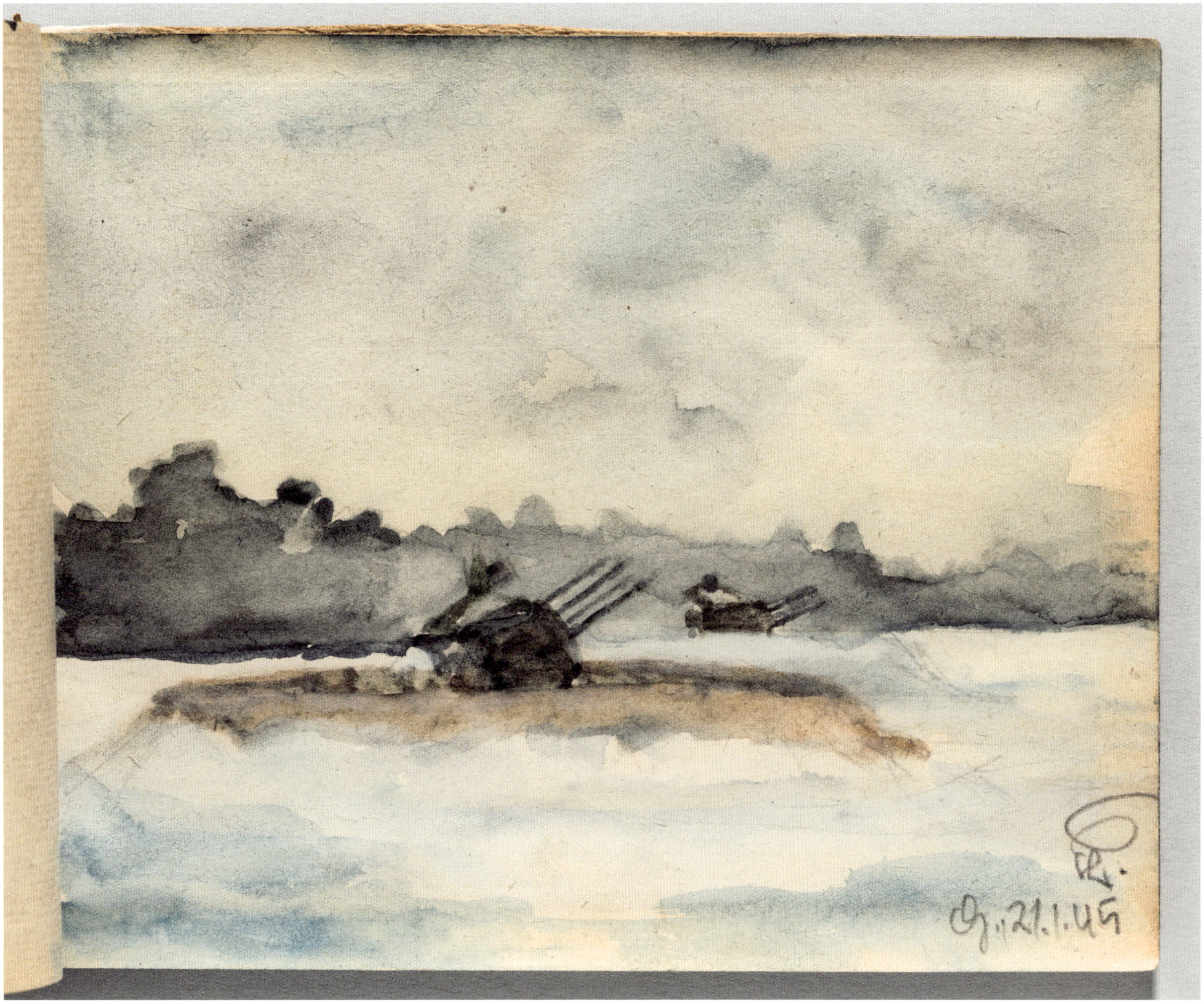

5 Ohne Titel (Flugabwehrkanonen) | Untitled (antiaircraft guns), 1945 (Detail | detail)

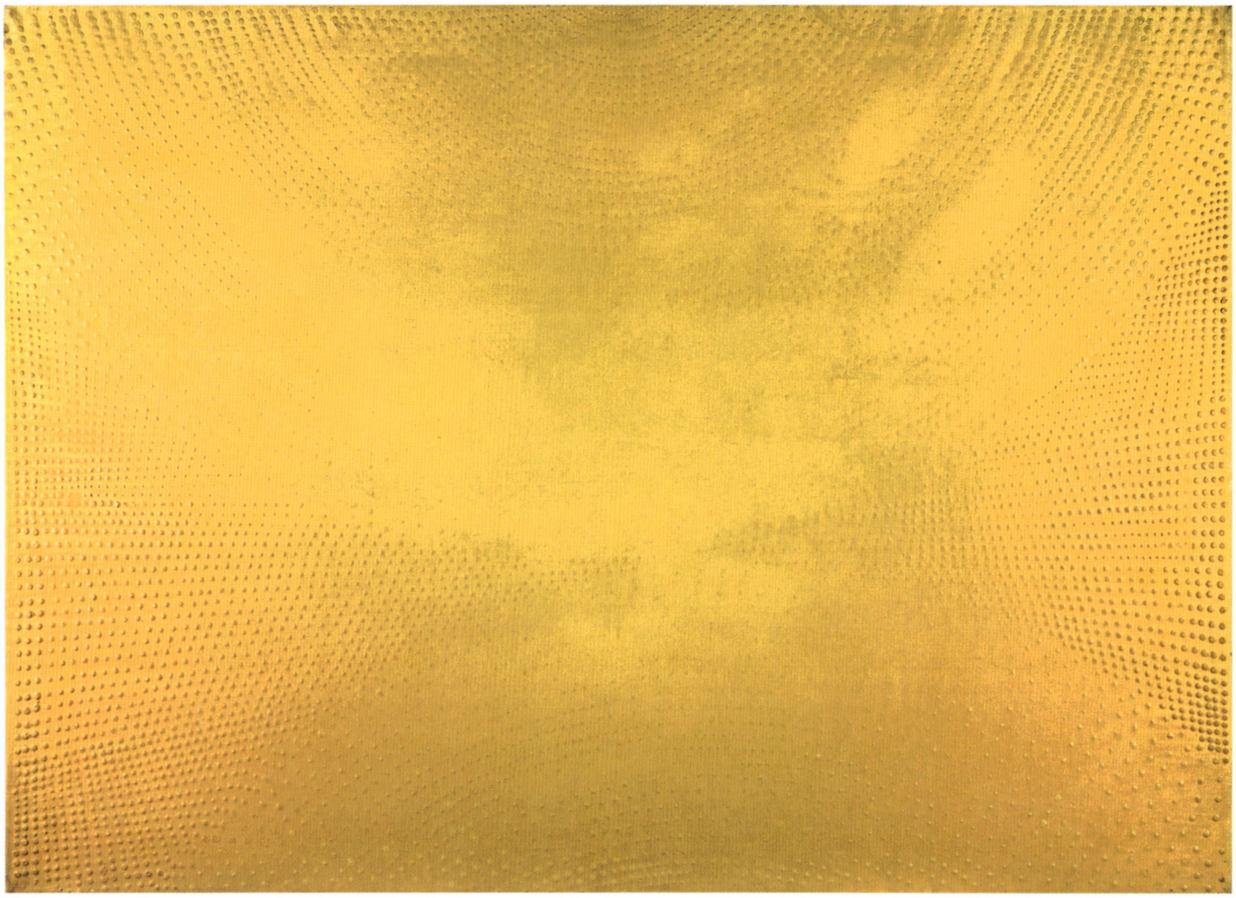

6 *Gelbes Bild*, 1958

Piene verstand seine *Rasterbilder* als «Kraftfelder». Ihre in hellen, reflektierenden Farbtönen gehaltenen Oberflächen erzeugen in der Rezeption durch sich bewegende Betrachter:innen Effekte von Vibration und Dynamik. Für *Ein Fest für das Licht* applizierte er gelbe Punkte auf weissem Grund und darüber hinaus auch weisse Punkte entlang einer Horizontlinie. Während die ersten *Rasterbilder* von 1957 durch eine regelmässige Anordnung gekennzeichnet sind, öffnet sich bei etwas späteren Arbeiten mit spezifischen Formationen ein motivischer Assoziationsraum: Sie erinnern an Landschaftsmalerei, die Sonne oder an gleissendes Licht auf einer spiegelnden Wasseroberfläche. Pienes Landschaftsskizzen, die während einer Reise nach Marokko 1987 entstanden und in denen sich eine Stadtansicht in ein gelbes Feld vibrierenden Lichts auflöst, unterstützen diese Lesart. Sie zeigen ausserdem, dass der Künstler sein Interesse an visuellen Phänomenen auch Jahre nach der Entstehung der *Rasterbilder* beibehielt.

Piene considered his *Raster Paintings* "force fields." When perceived by viewers moving by or toward them, their surfaces of light, reflective color generate effects of vibration and dynamism. For *Ein Fest für das Licht* he applied yellow dots over a white ground, to which he added white dots forming a horizon line. Whereas the first *Raster Paintings* of 1957 are characterized by regular arrangement, slightly later works with specific formations open up an associative space reminiscent of landscape painting, the sun, or a dazzling reflection of light on water. The landscape sketches Piene made in 1987 during a trip to Morocco, in which views of a city dissolve into a yellow field of vibrating light, underpin this reading. They also show that the artist retained an interest in such visual phenomena years after creating his *Raster Paintings*.

7 *Ein Fest für das Licht*, 1958

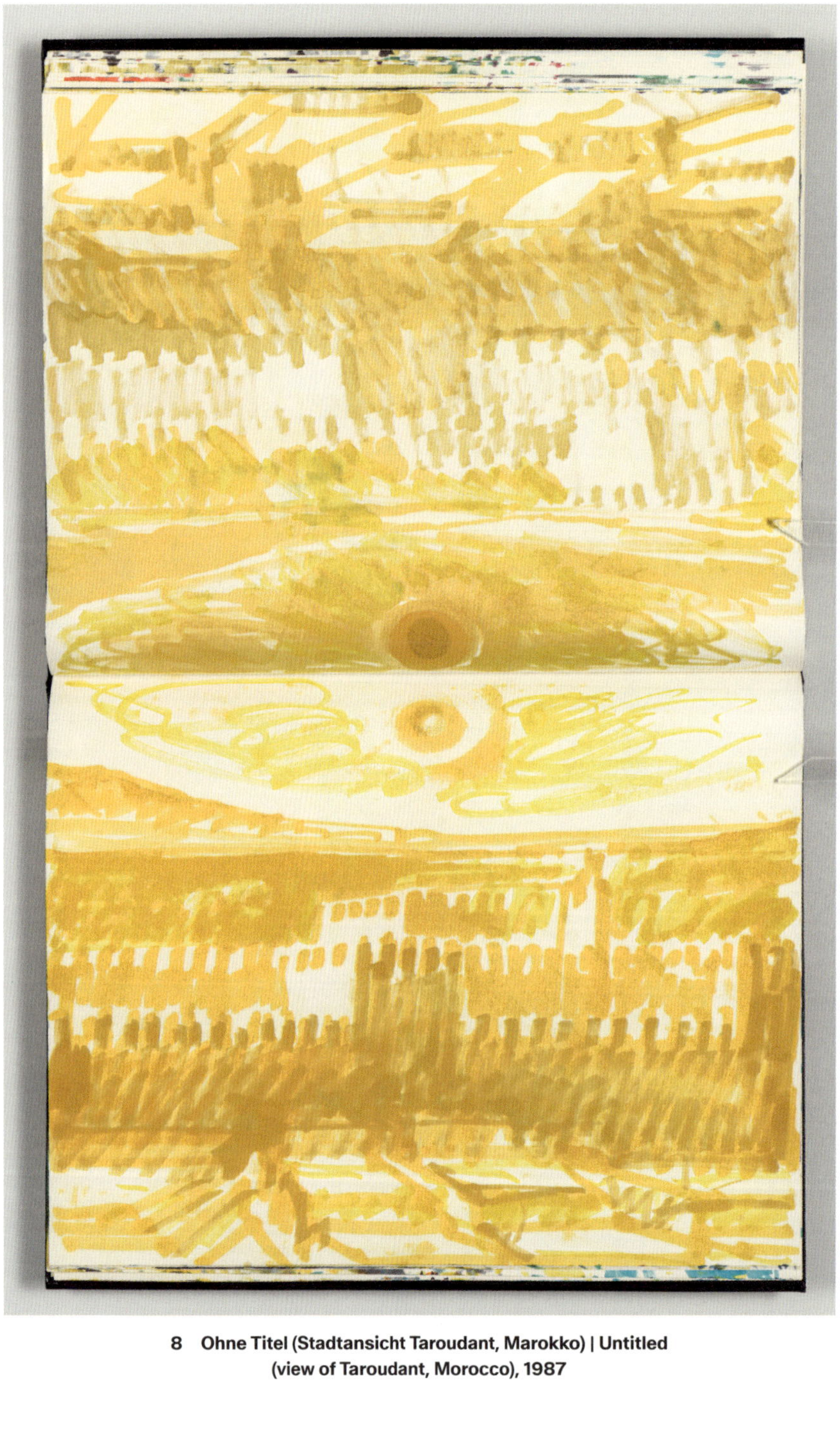

8 Ohne Titel (Stadtansicht Taroudant, Marokko) | Untitled (view of Taroudant, Morocco), 1987

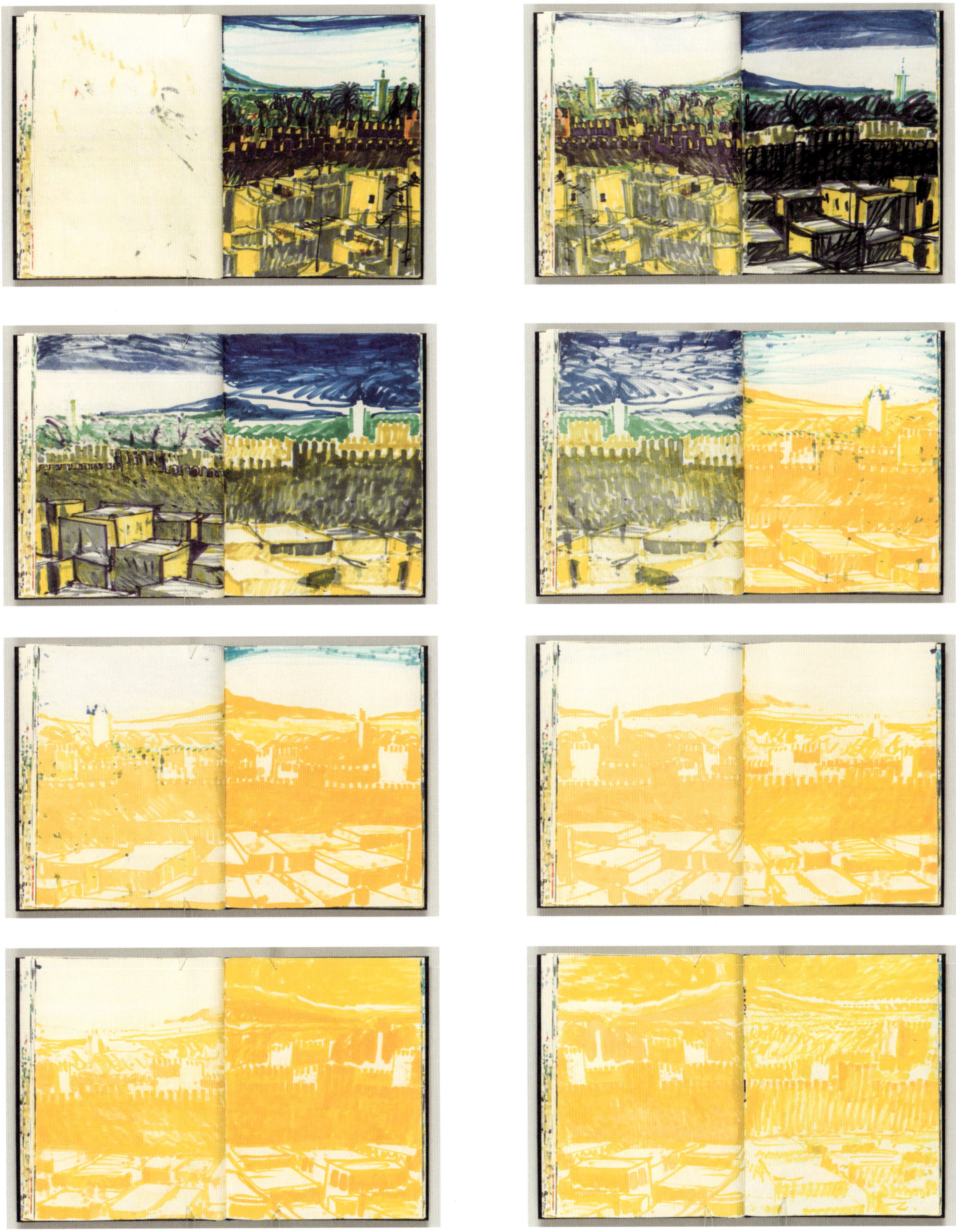

9.1–9.8 Sequenz (Stadtansichten Taroudant, Marokko) | Sequence (views of Taroudant, Morocco), 1987

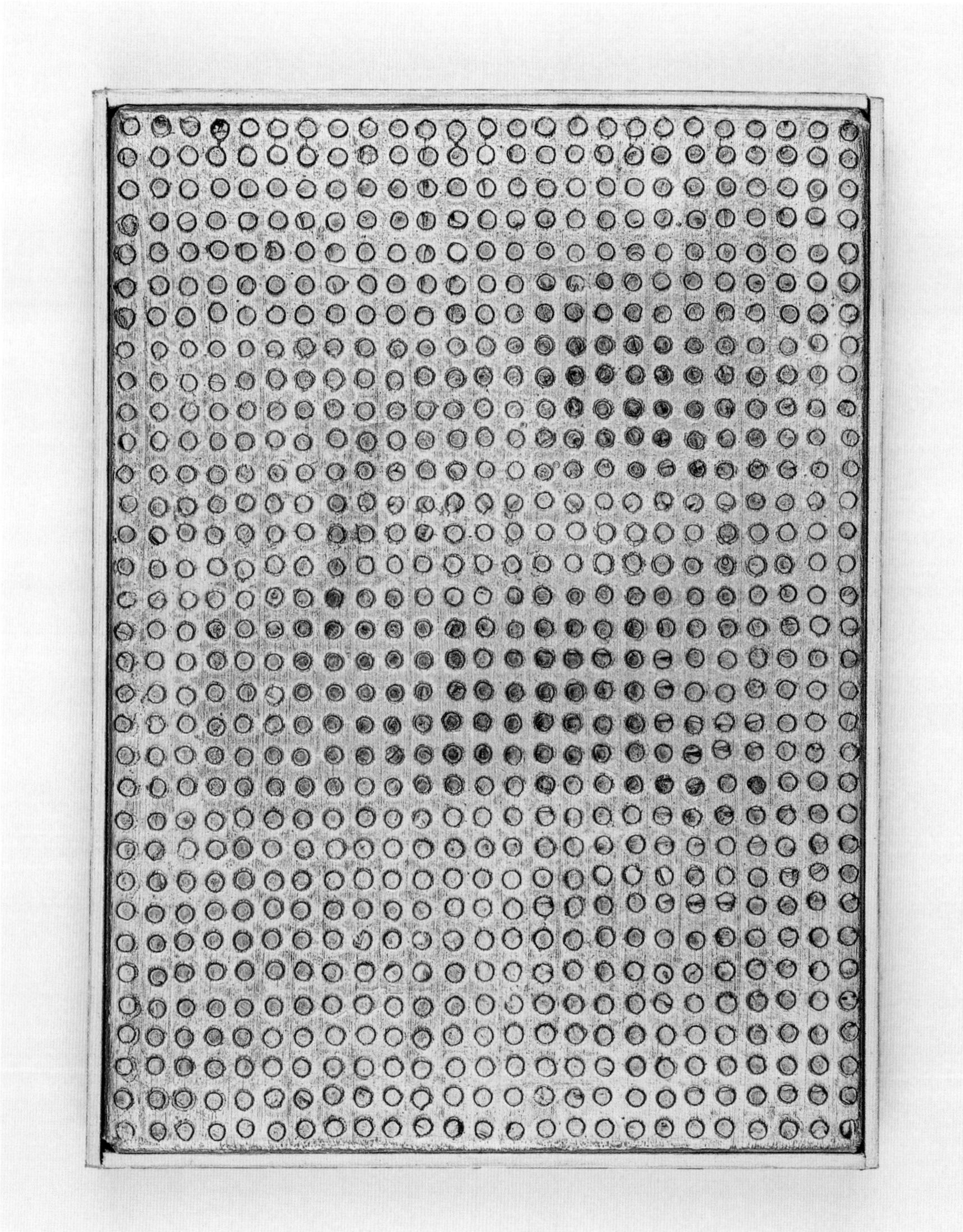

10 *Frequenz*, 1957

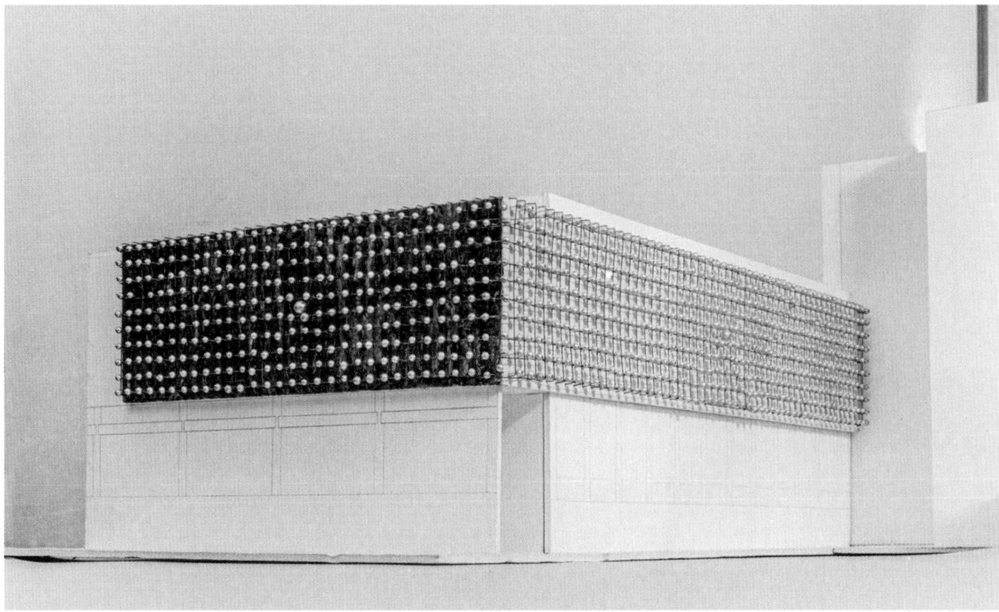

11 Westfälisches Landesmuseum für Kunst und Kulturgeschichte Münster, Architekturmodell für den Neubau | architectural model for the new building, *Silberne Frequenz* an der Fassade | on façade, vor | before 1973

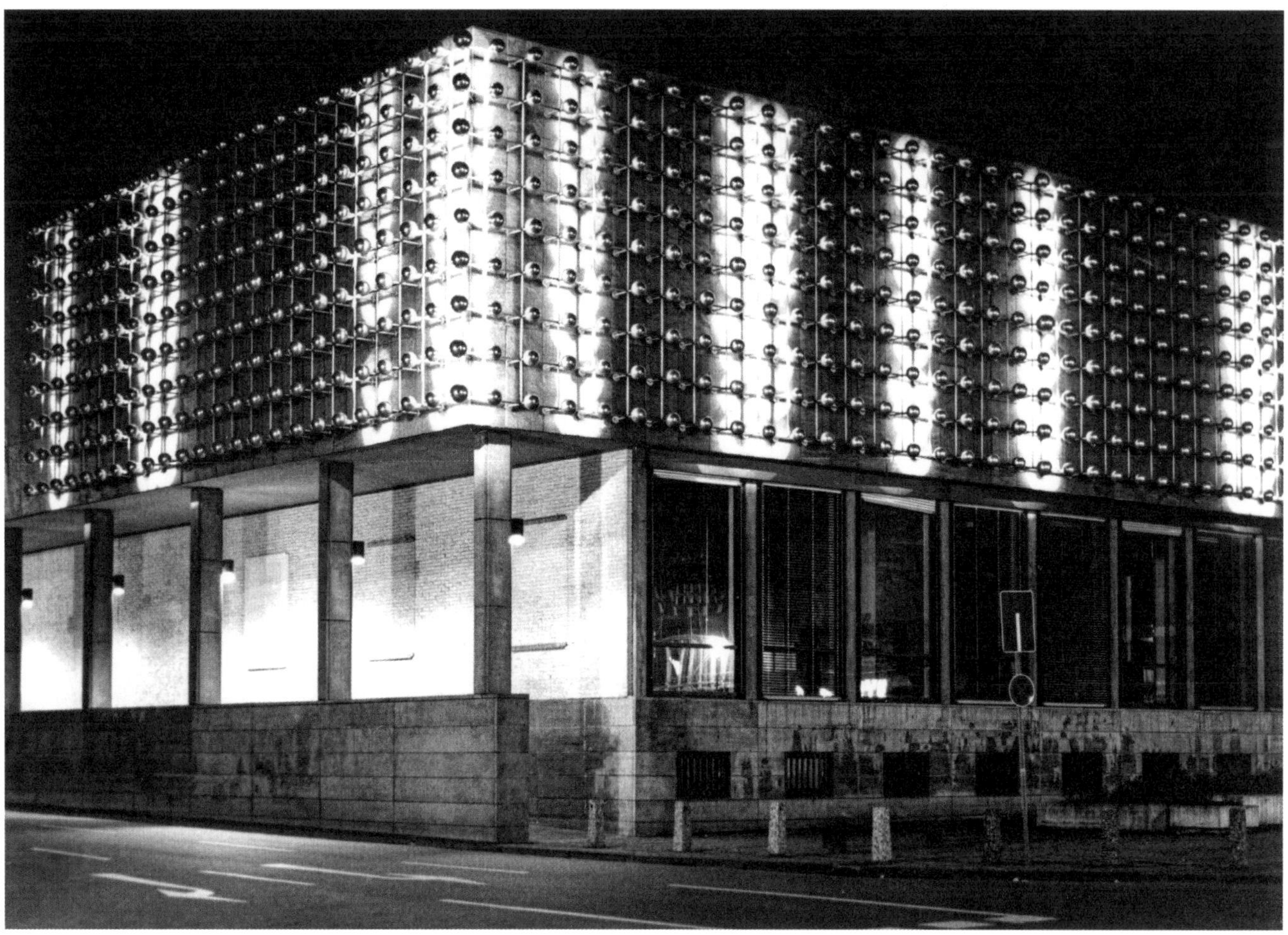

12 *Lichtwand Silberne Frequenz*, 1973

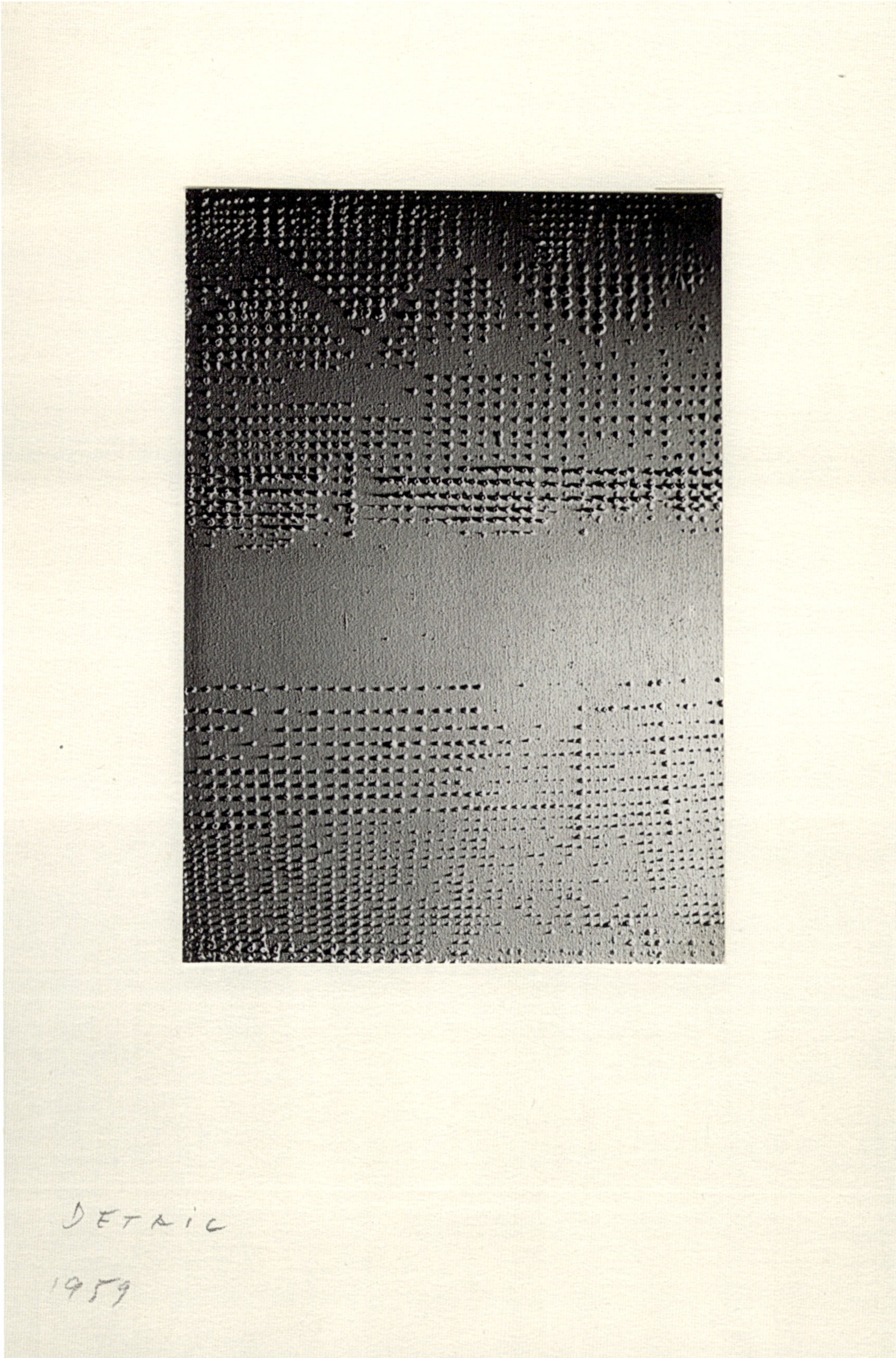

13 *Rasterbild* (Detail | detail), 1959

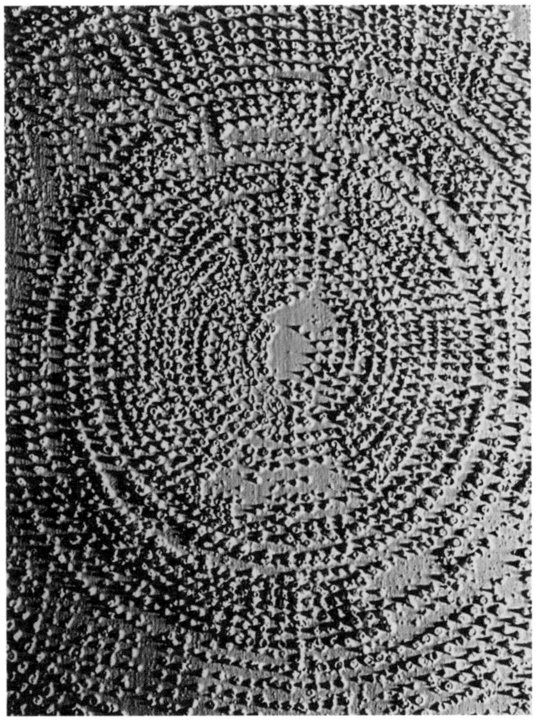

14 *Rasterbild* (Detail | detail), n. d.

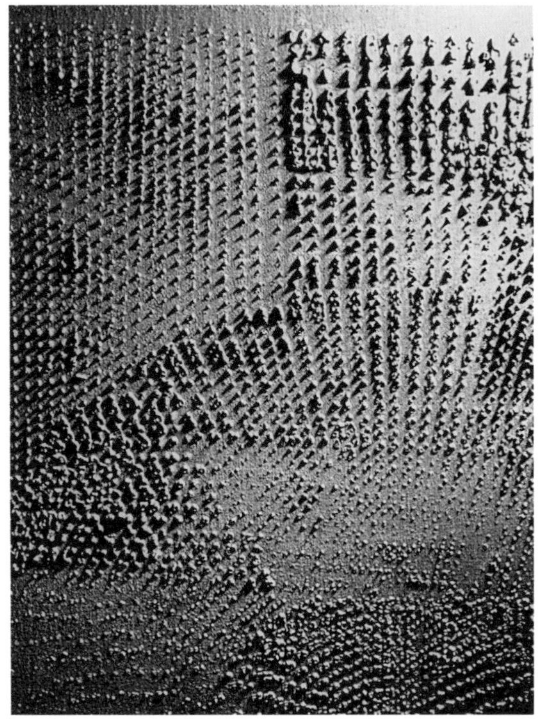

15 *Rasterbild* (Detail | detail), n. d.

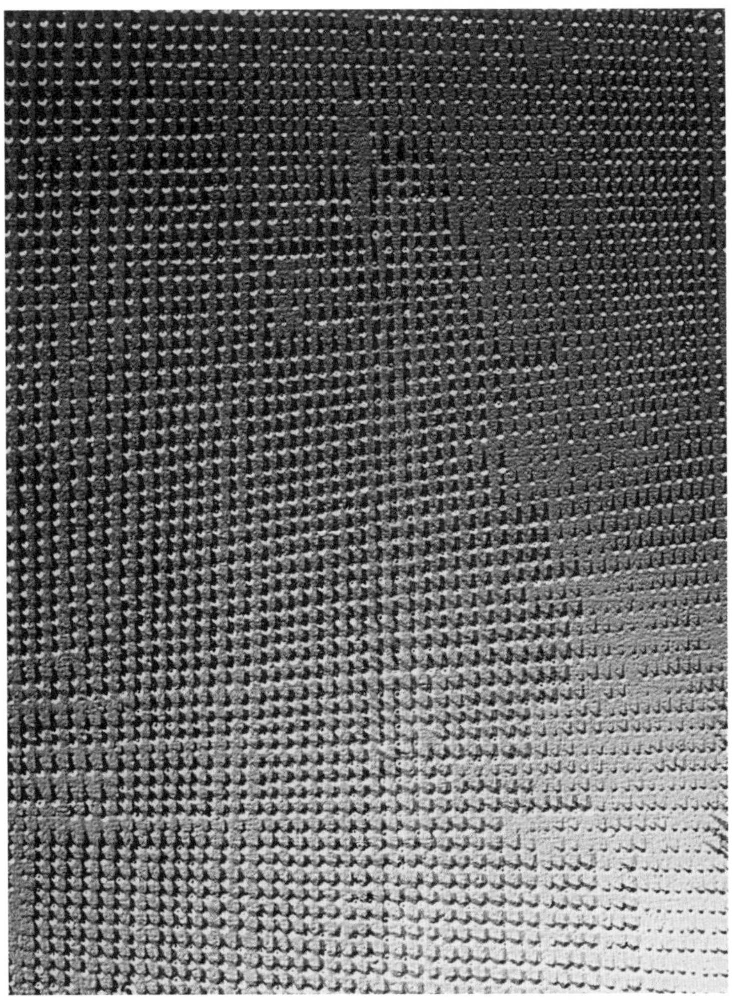

16 *Rasterbild* (Detail | detail), n. d.

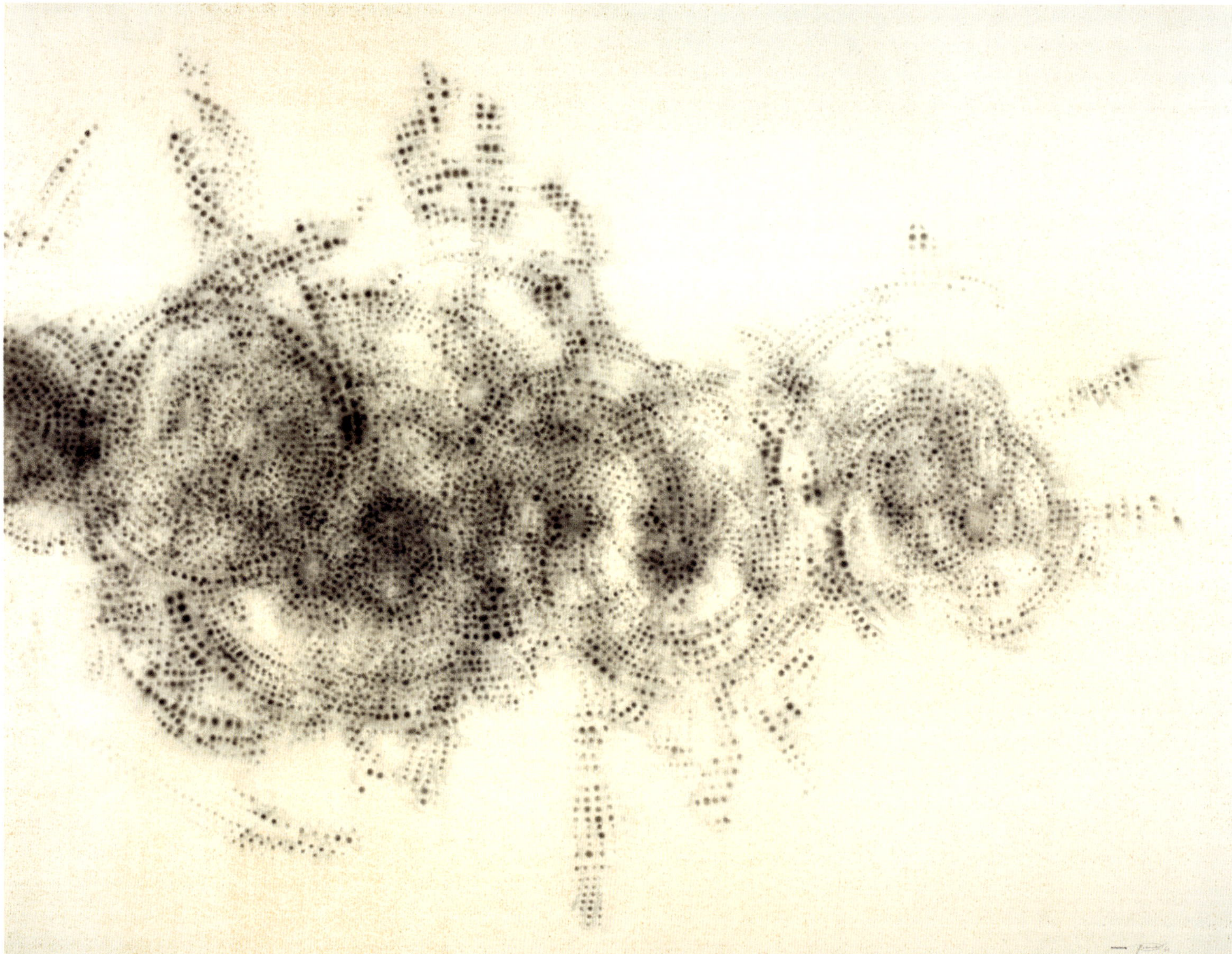

17 *Rauchzeichnung 1*, 1960

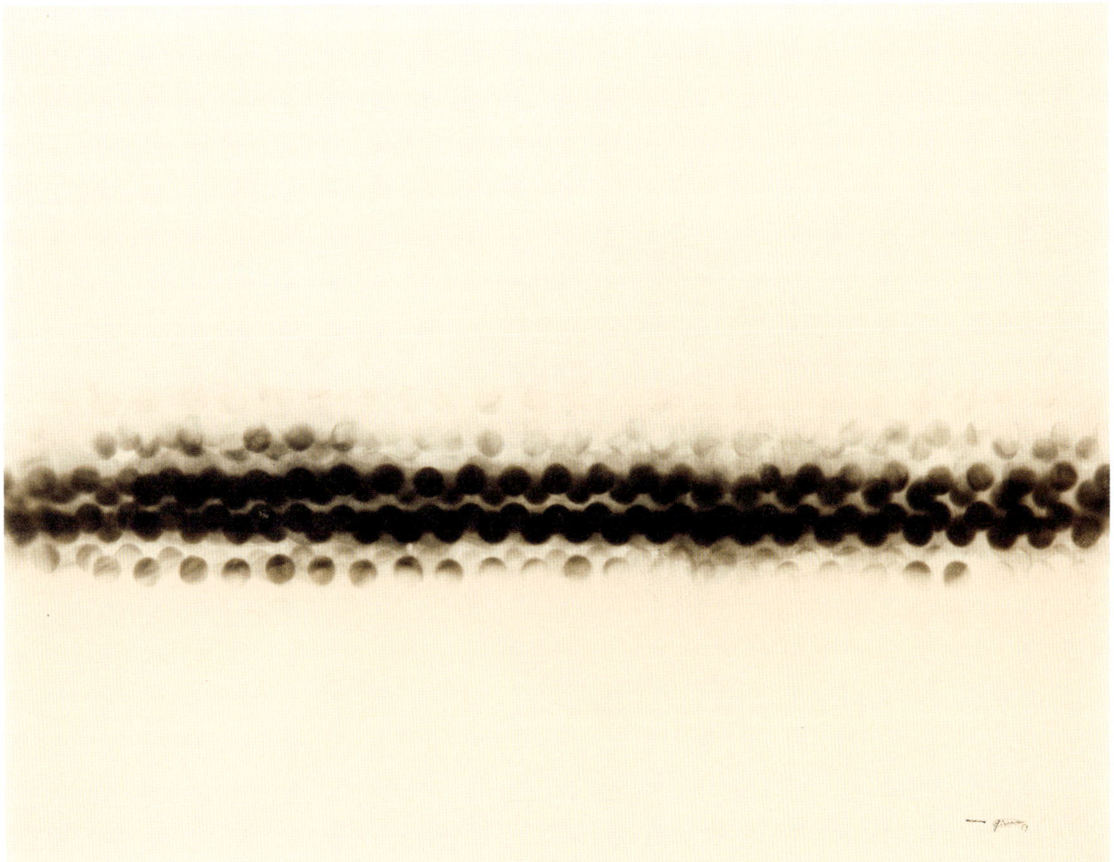

18 *Rauchzeichnung*, 1959

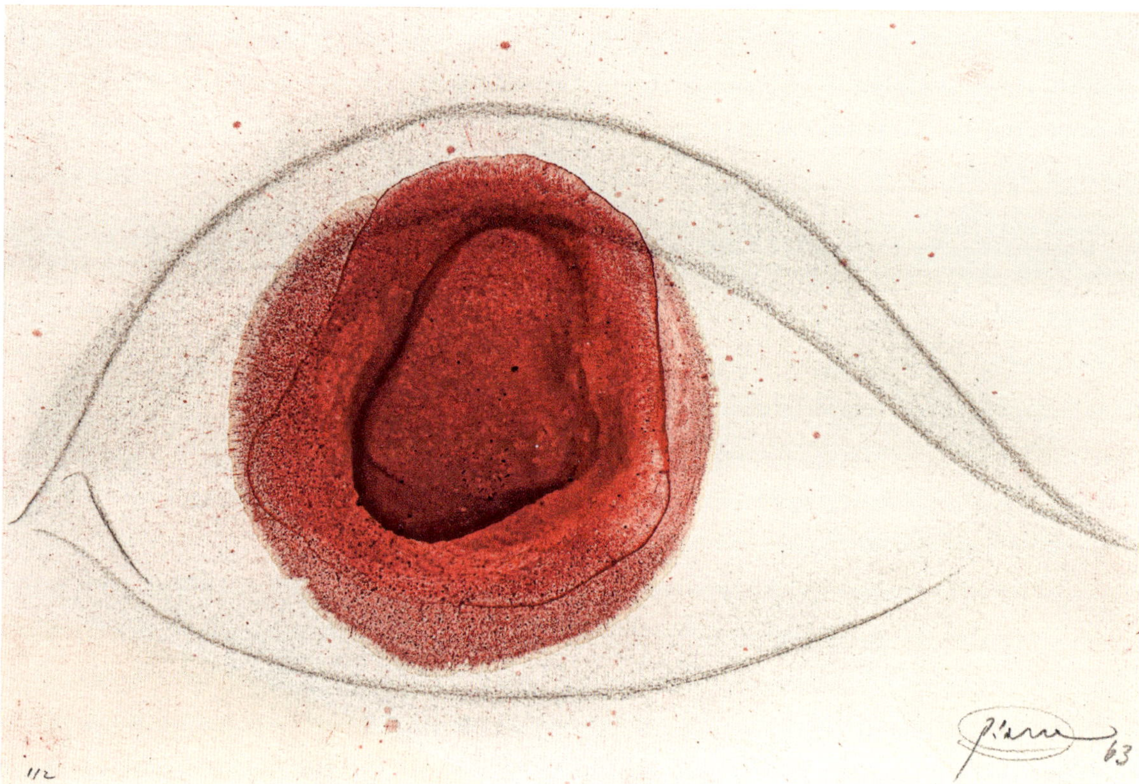

19 Ohne Titel | Untitled, 1963

Piene fand heraus, dass er den Filzstift beim Zeichnen zum Durchfärben des Blattes verwenden konnte. Mit dem Filzstift konnte er verbinden, was er in seiner Jugend über die Transparenz der Wasserfarbe gelernt und später in seinen Versuchen mit *Rasterbildern* über Muster, druckvollen Farbauftrag und optische Wirkung herausgefunden hatte. Bei der «Rasterskizze», wie man sie vielleicht nennen könnte, drückte er anders als bei seinen charakteristischen *Rasterbildern* die Farbe nicht durch eine Schablone, sondern direkt mit dem Filzstift wie mit einem Stempel auf das Blatt. Indem er unterschiedlich lange und fest aufdrückte, liess er mehr oder weniger Farbe von der Papierfaser aufsaugen. Die roten Kreise ergänzte er mit Tintenstrichen und machte so Augen daraus. Die Bedeutung des roten Kreises changierte bei Piene zwischen Auge, Sonne oder auch Sternennebel. Damit beschwor er das Zusammenspiel von Licht (natürlich oder künstlich), Farbe und Sehen.

Piene discovered he could use marker as a staining tool while sketching. Through marker, he could pair what he learned in his adolescence about the transparency of watercolor with his experience in experimenting with the patterns, pressure, and optical effects of his *Raster Paintings*. In what might be considered a "raster sketch," created, unlike his typical raster works, without the use of a stencil, Piene pressed pigment from the marker onto the page like a stamp. With varying pressure and time, he allowed the pigment to spread and bleed into the paper fiber. Adding ink lines around the red circles, he transformed the stamped pigment into eyes. Piene used the red circle interchangeably—at times representing an eye, other times a sun or a starburst—thereby conjuring the inextricable relationship between light (natural or artificial), color, and vision.

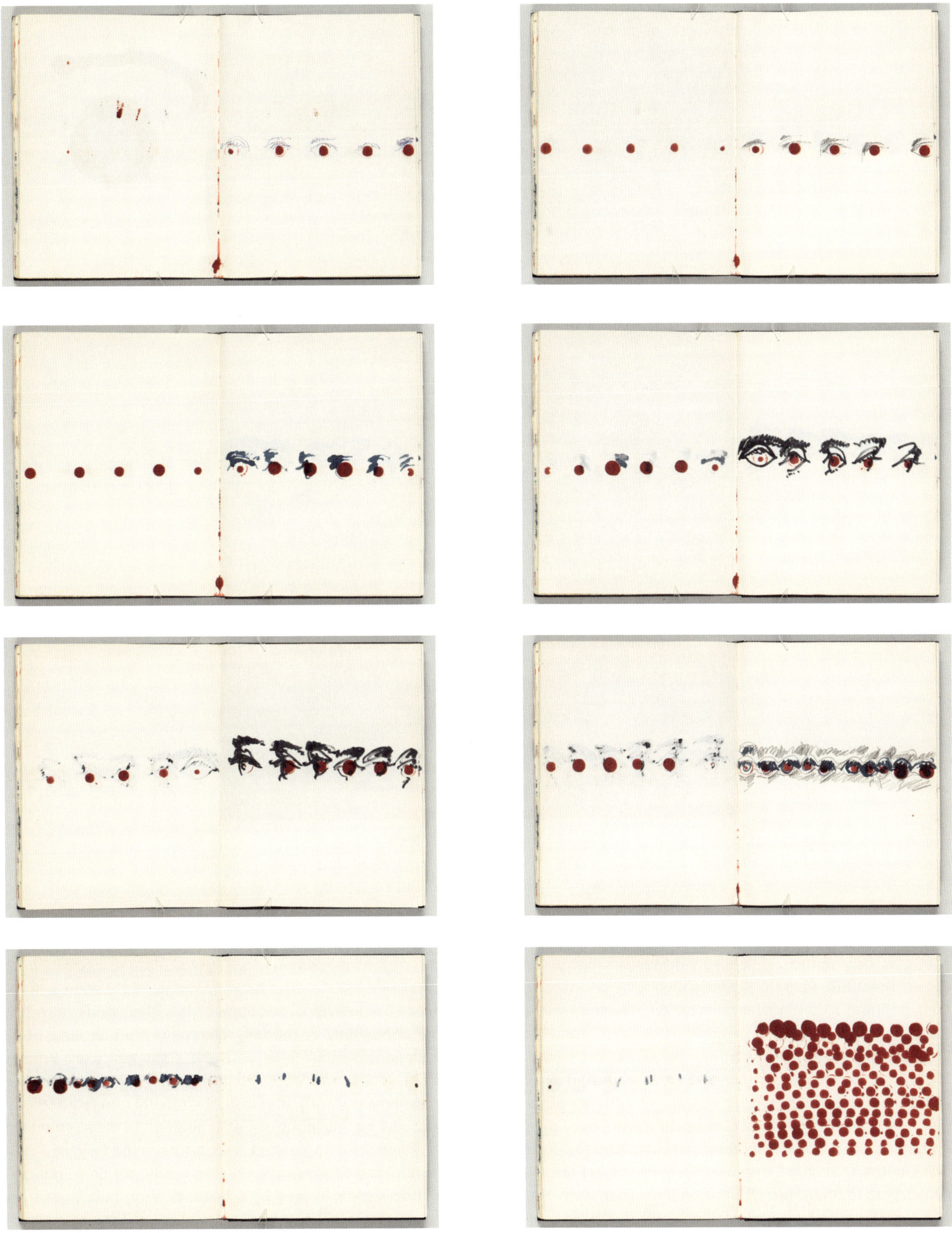

20.1–20.8 Sequenz (Augen/Raster) | Sequence (eyes/raster), 1976

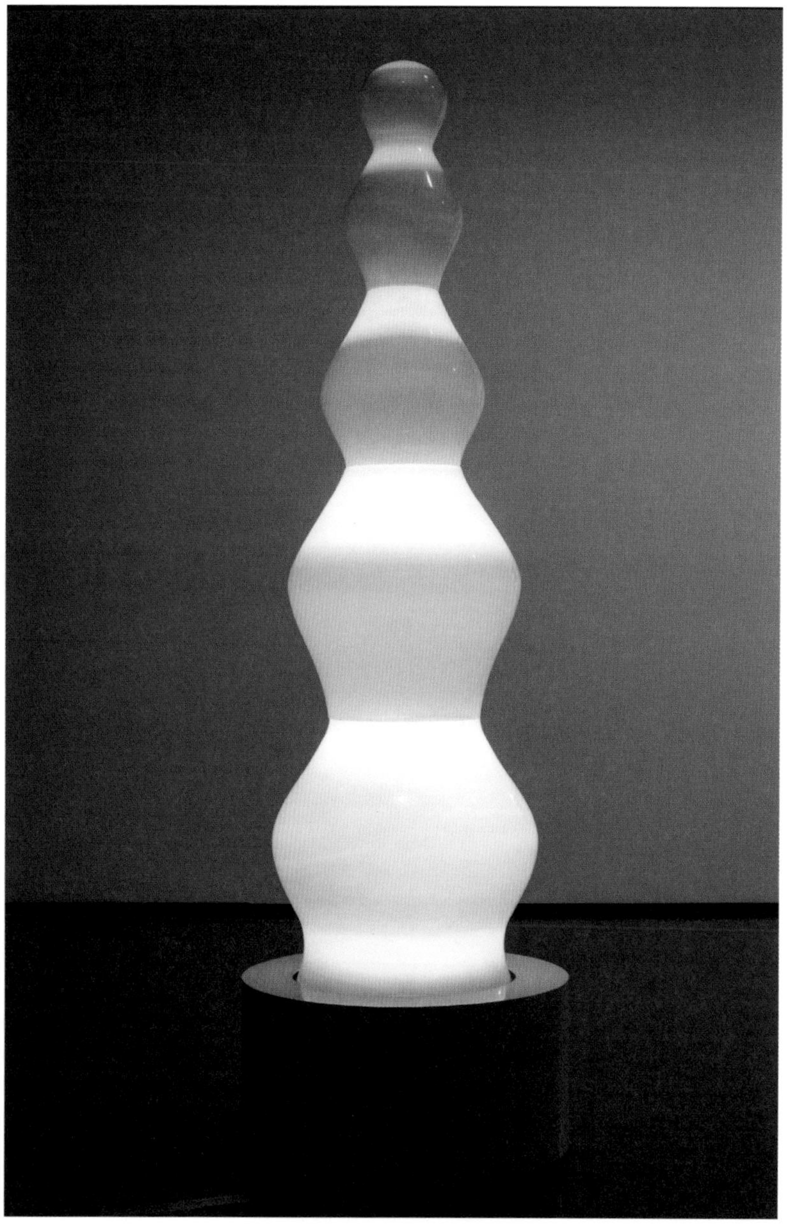

21 *Weisser Lichtgeist*, 1966

Weisser Lichtgeist aus der Sammlung der ZERO foundation stammt aus der ersten Edition von insgesamt sechs Lichtplastiken, die 1966 in den Niederlanden produziert wurden. Im Fuss befindet sich ein Leuchtmittel, das die einzelnen Abschnitte des Glaskörpers entweder ganz oder partiell von unten beleuchtet. Mit dem Dimmen der Glühbirne schwellen die Lichtringe an und ab. So scheint es, als würde der *Lichtgeist* atmen. Entwurfsskizzen für *KunstLichtKunst* im Stedelijk Van Abbemuseum Eindhoven (1966) geben Einblick in die Genese des Werks für diese Gruppenausstellung. Neben dem abstrakten *Lichtgeist* schlug Piene noch eine Plastik in Form eines Frauenkörpers unter dem Titel *Glowing Venus* vor, die nicht nur leuchten, sondern heiss glühen sollte – erhitzt von einer brennenden Flamme im Sockel. Neben den weissen liess er – viel später, ab 2013 – auch rote und blaue *Lichtgeister* produzieren. Dieses Farbspektrum spiegelt sich bereits in einer weiteren frühen Entwurfsskizze von 1966 wieder.

Weisser Lichtgeist from the collection of the ZERO foundation is part of the first edition of six light sculptures produced in the Netherlands in 1966. The base contains a light source that illuminates the individual sections of the glass body from below, either completely or partially. Dimming the bulb causes rings of light to glow and fade, as if the *Lichtgeist* were breathing. Sketches for *KunstLichtKunst* at the Stedelijk Van Abbemuseum Eindhoven (1966) offer insights into the genesis of the work developed for this group show. In addition to the abstract *Lichtgeist*, Piene also suggested a sculpture in the form of a female body, entitled *Glowing Venus*, that would not only light up but also incandesce, heated by a flame burning in the base. Much later, starting in 2013, he had red and blue *Lichtgeister* produced in addition to the white ones. This range of colors is already present in another early design from 1966.

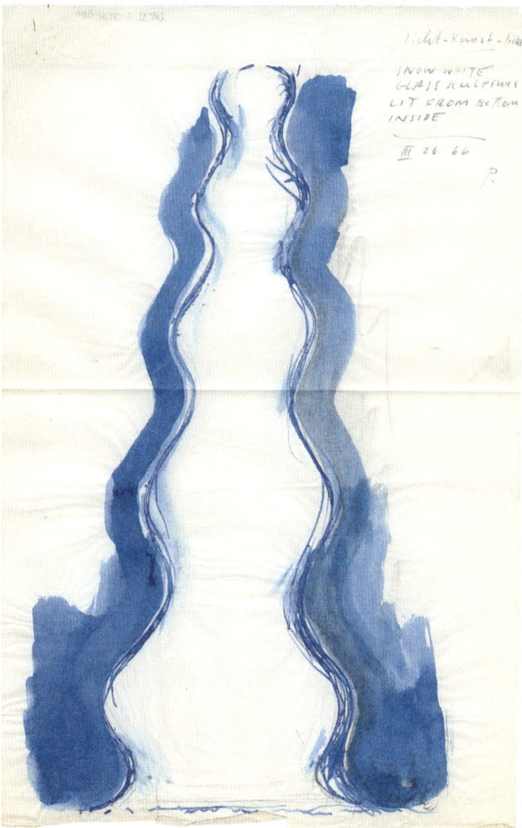

22 *Weisser Lichtgeist* (Entwurf | design), 1966

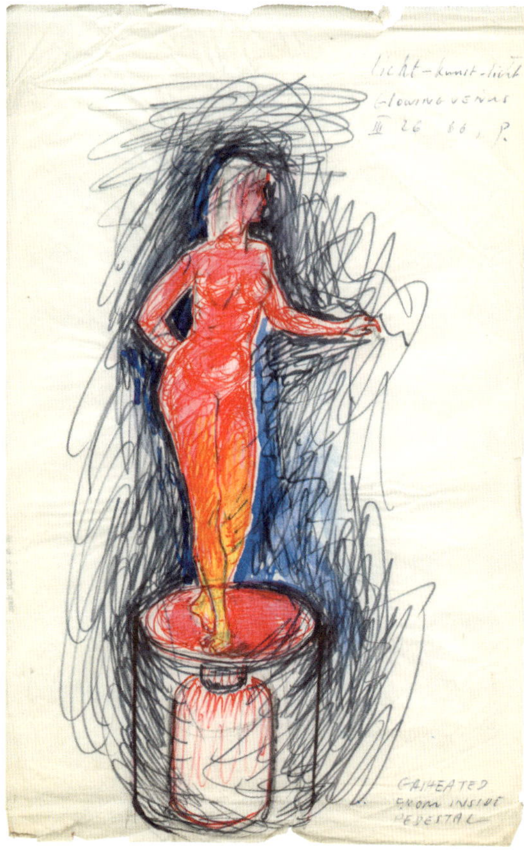

23 *Glowing Venus* (Entwurf | design), 1966

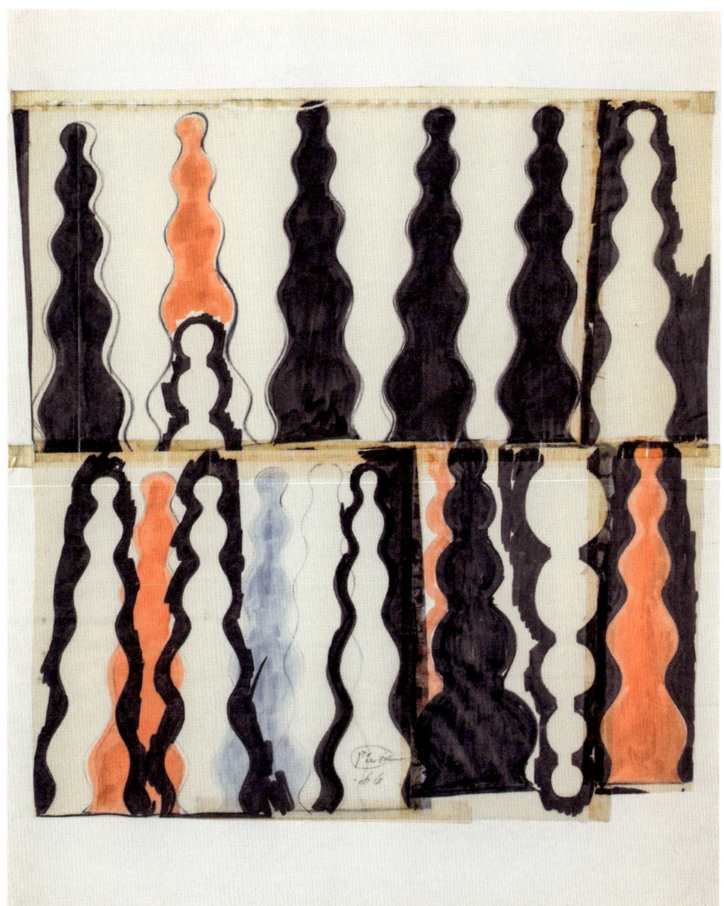

24 *Weisser Lichtgeist* (Entwurf | design), 1966

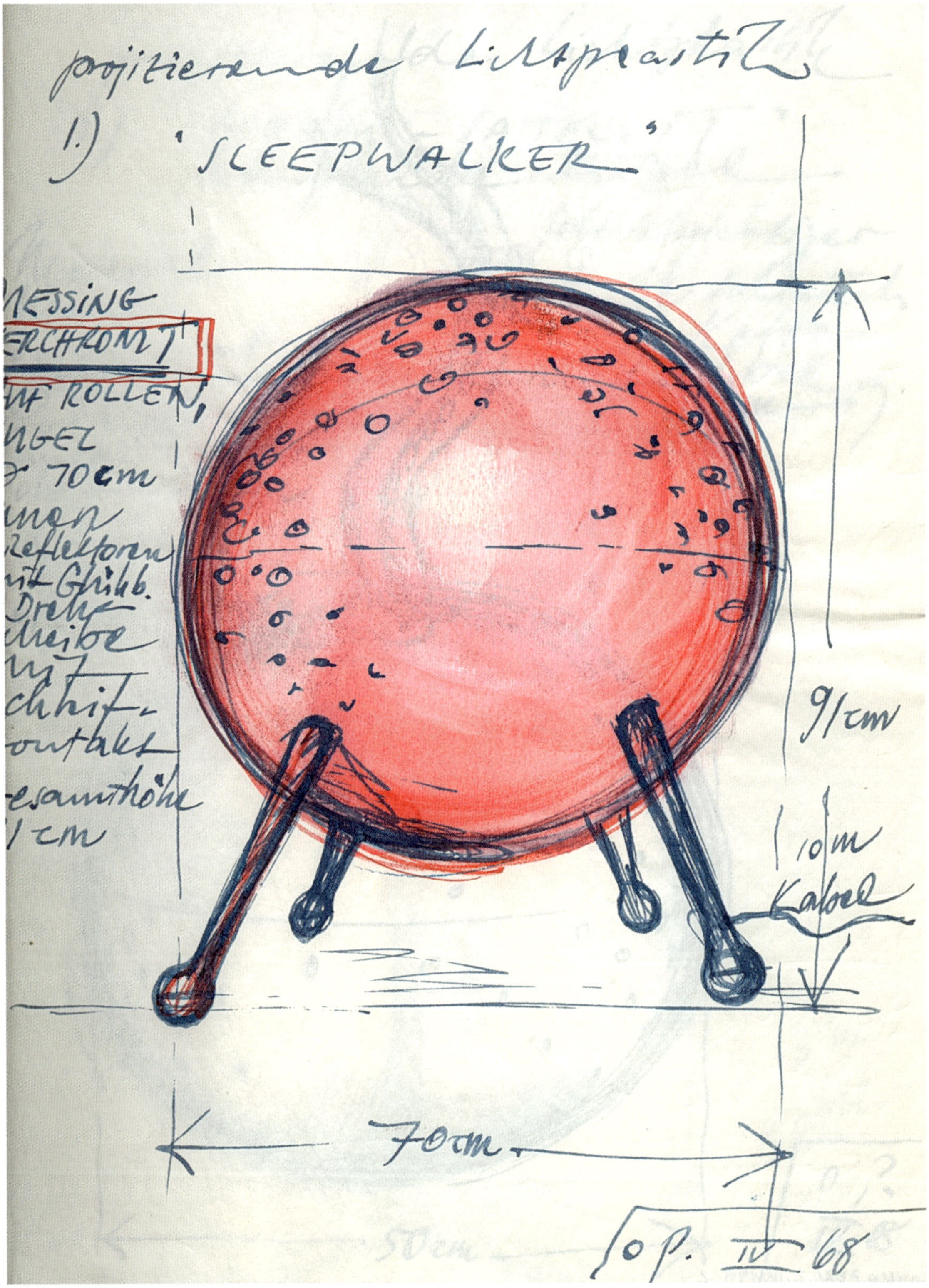

25 *Sleepwalker*, 1968, Entwurf für das Multimediastück *Geschichte des Feuers* | design for the multimedia piece *History of Fire*

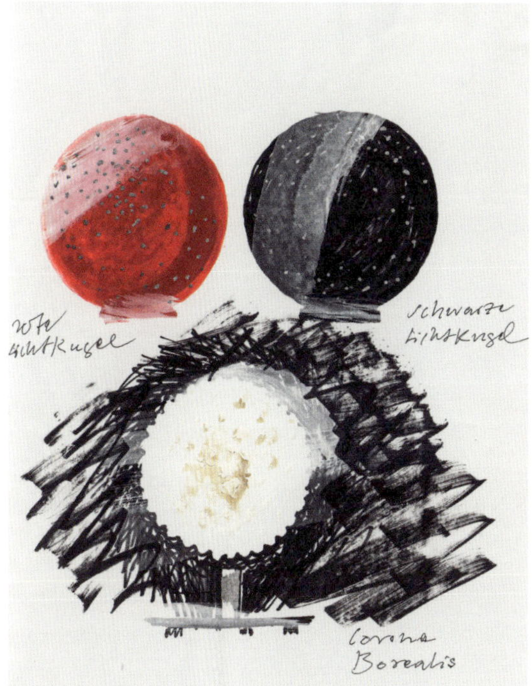

26 Ohne Titel (Lichtplastiken) | Untitled (light sculptures), 1972 (Detail | detail)

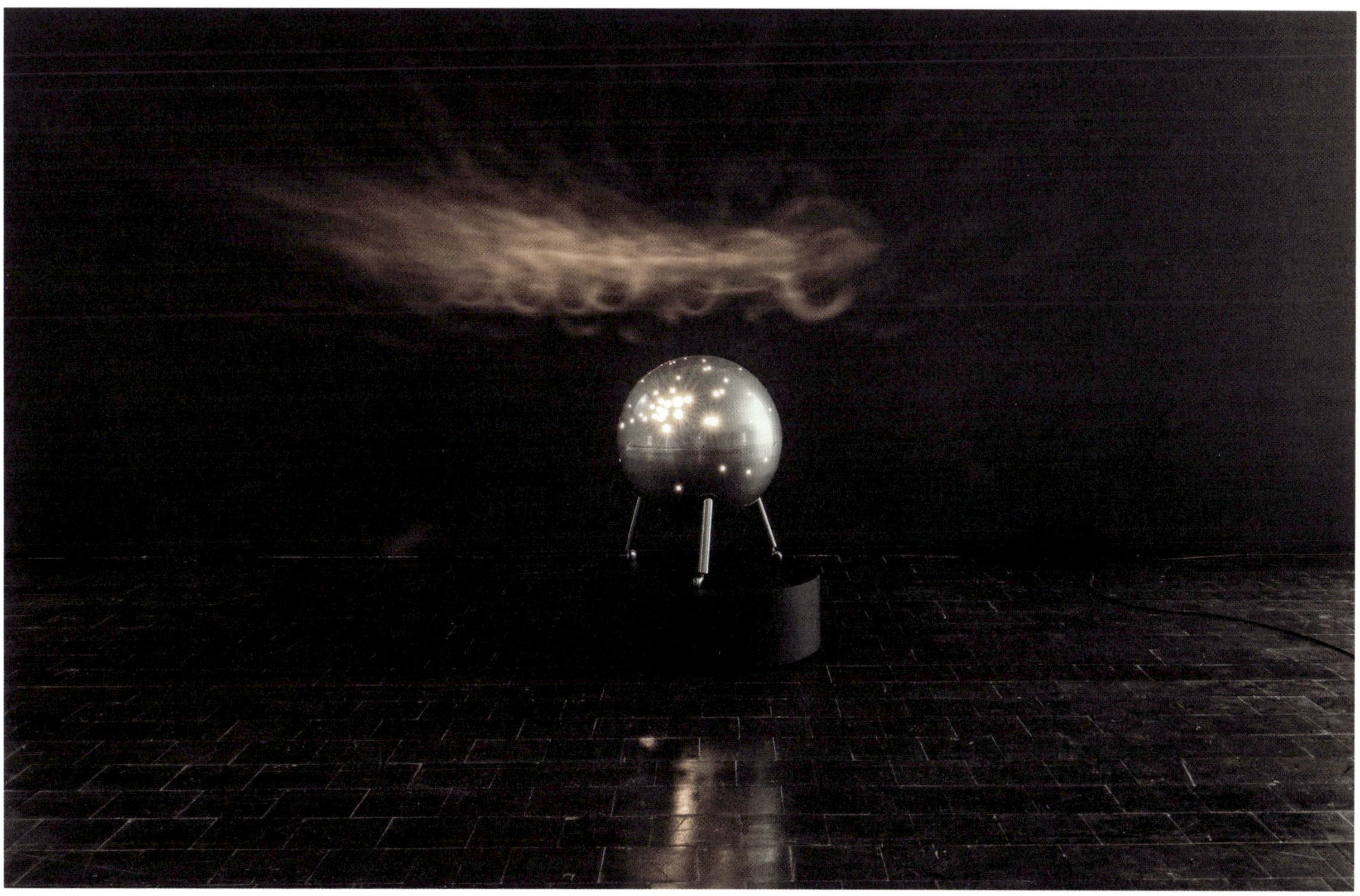

27 *Sleepwalker*, 1966/1967

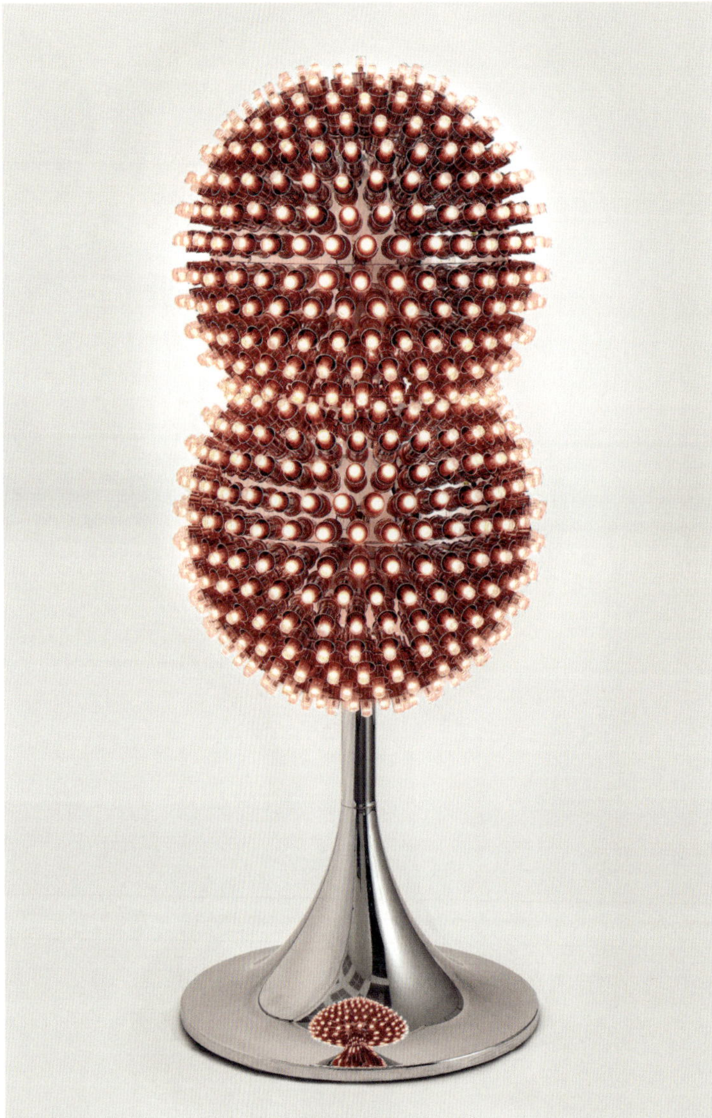

28 *Double Neon*, 1972

Am Beginn von Pienes Lichtplastiken aus dem Jahr 1959 stand die Verwendung von Licht und seiner Übertragung und damit das Spiel mit plastischen Volumen. Die ab 1960 automatisierten Werke wurden in der Regel gemeinsam ausgestellt und erschienen als Protagonisten seiner *Lichtballette*. Pienes erste Einzelausstellungen in den USA beinhalteten «elektromechanisch voreingestellte» Lichtplastiken. Sie waren «so programmiert, dass sie gemeinsam agieren, spielen und sich darstellen konnten». Skizzen von 1972 veranschaulichen, wie Piene die zeitliche Steuerung derartiger Arbeiten anlegte. Er spielte mit unterschiedlichen Mustern, um eine Sequenz aufleuchtender Neonlampen in potenzieller Endlosschleife zu erzeugen, was Arbeiten wie *Double Neon* unmittelbar und eindringlich wirken liess. Piene strebte explizit danach, die Betrachter:innen selbst über den Umgang mit seinen Plastiken entscheiden zu lassen; indem er ursprünglich die Möglichkeit einräumte, sie nach Belieben ein- oder auszuschalten.

Using light and its transmission to play with sculptural volume, Piene first developed his light sculptures in 1959. Fully automated by 1960, light sculptures were typically installed together, acting as the main protagonists in his *Light Ballets*. Piene's first solo show in the US featured "electromechanically timed" light sculptures, "programmed so they would act and perform [and] display together." Sketches from 1972 show how Piene planned the timing for these kinds of works, playing with different patterns to construct a sequence of flashing, neon bulbs glowing on a potentially endless loop, imbuing the experience of works like *Double Neon* with immediacy and vibrancy. Piene articulated a desire to give viewers control over their interactions with his sculptures by switching the sculpture on or off at will.

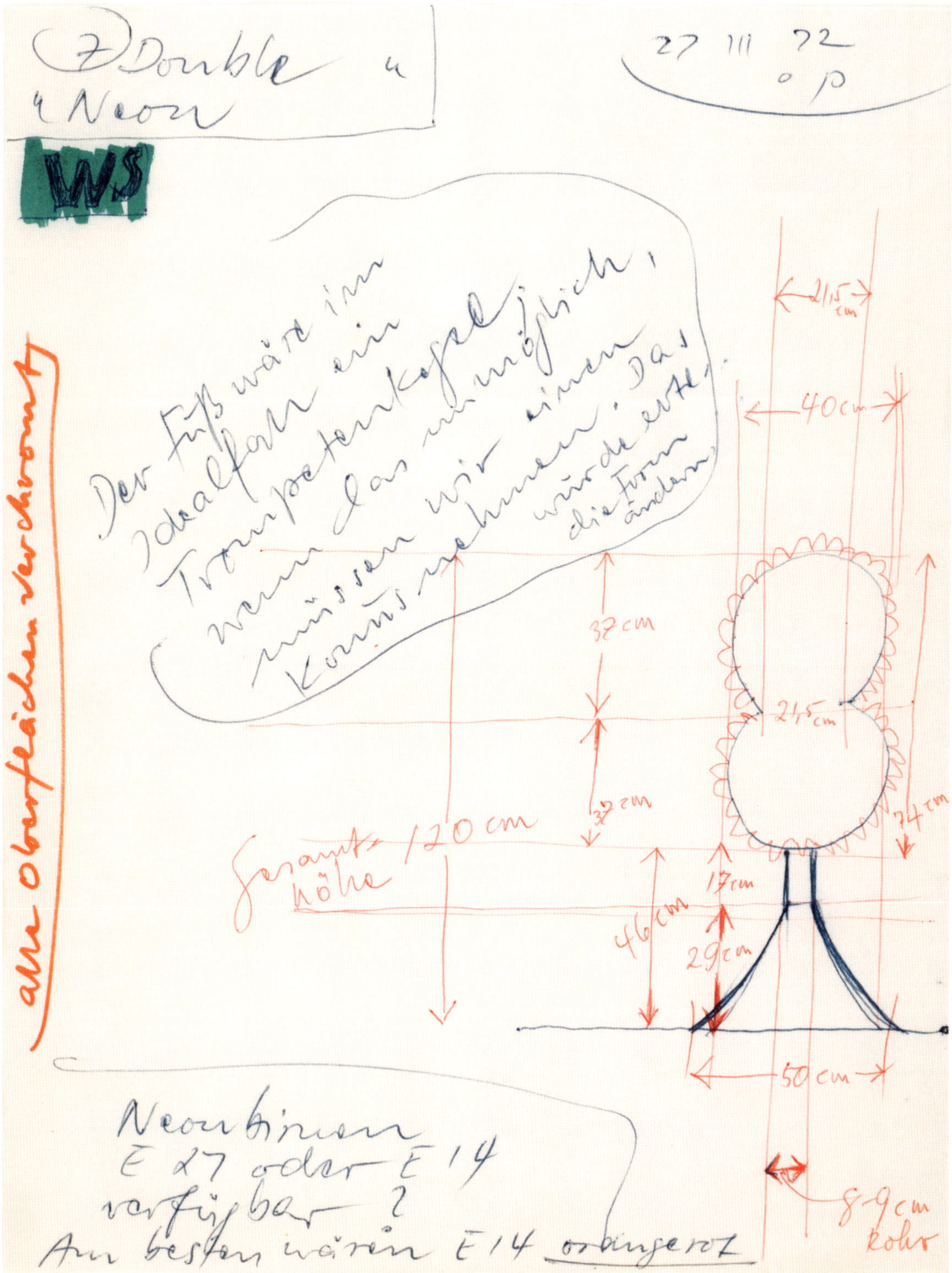

29 *Double Neon* (Entwurf | design), 1972

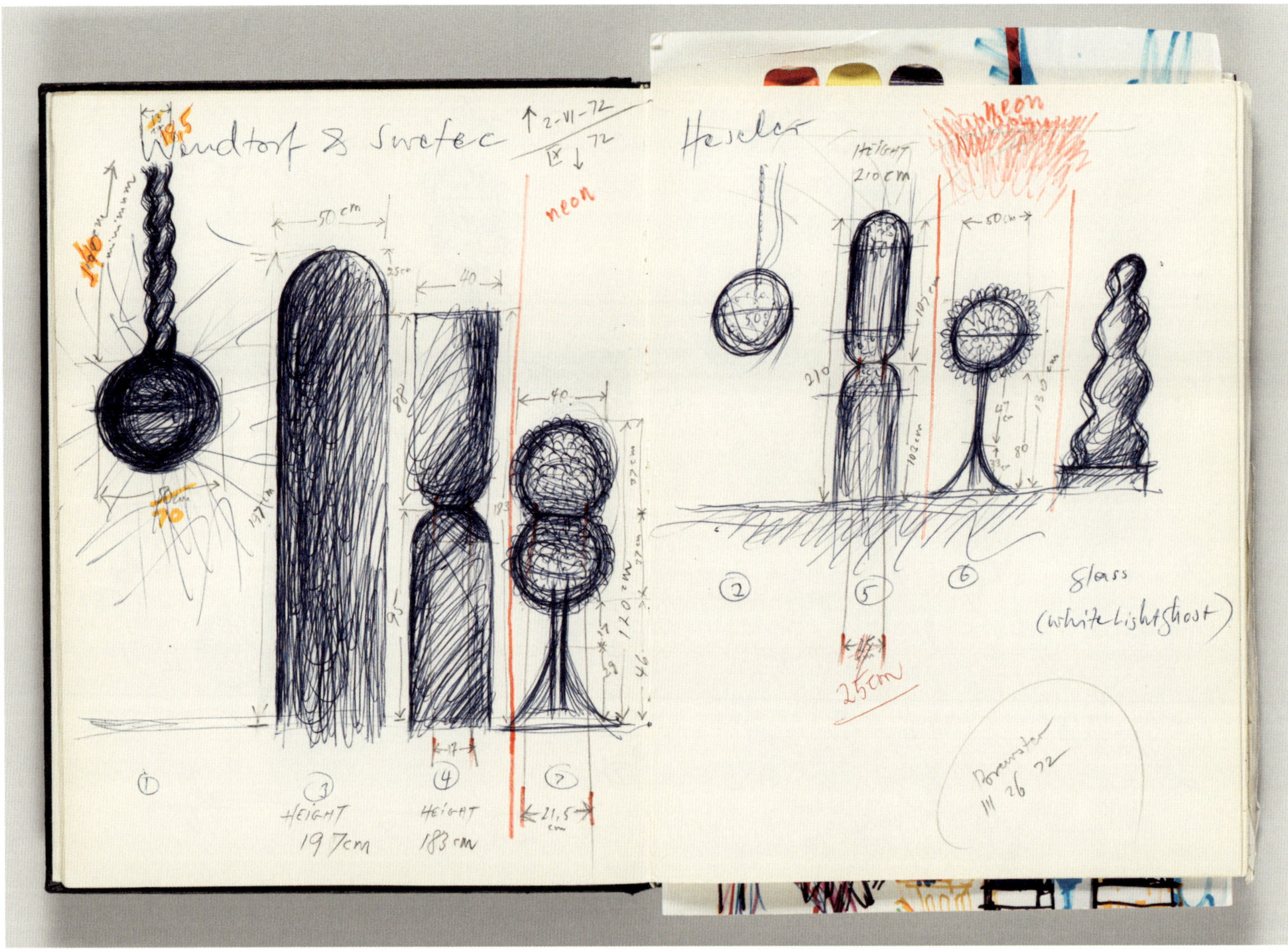

30 Ohne Titel (Entwürfe) | Untitled (designs for "neon sculptures"), 1972

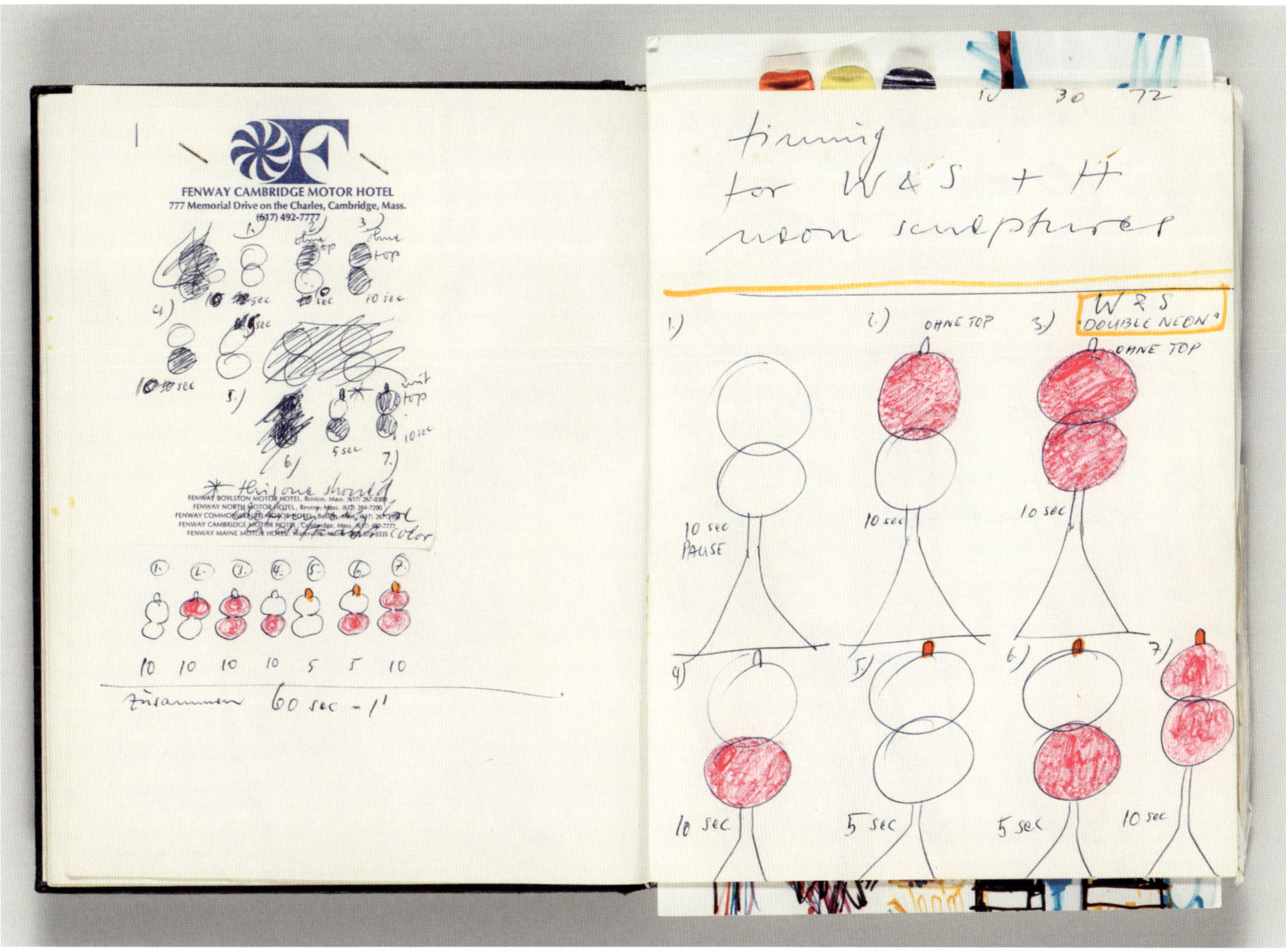

31 Ohne Titel (Entwürfe) | Untitled (designs for "neon sculptures"), 1972

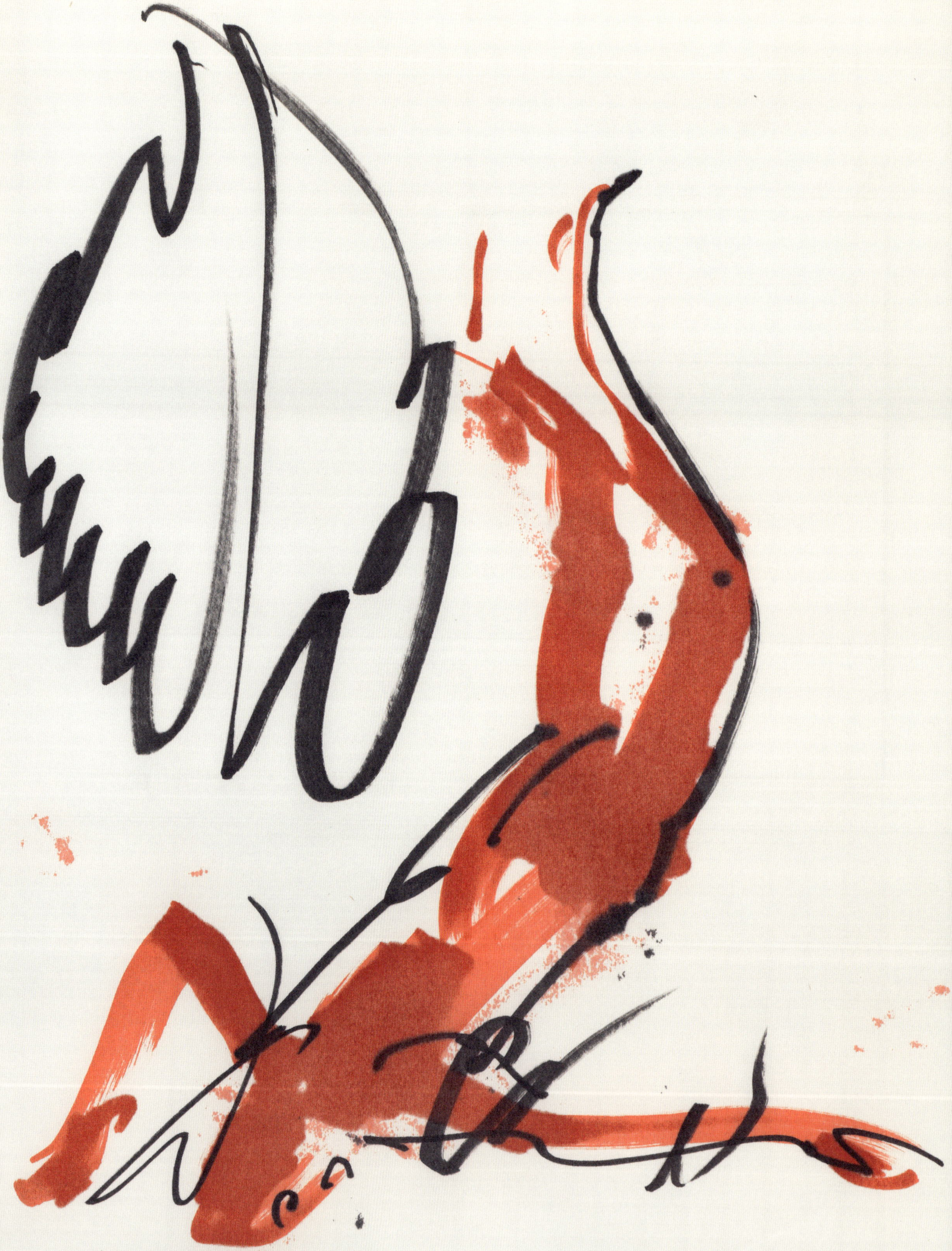

32 Ohne Titel (Fall des Ikarus) | Untitled (fall of Icarus), 1982
(Detail | detail)

Traum vom Fliegen

Fliegen ist die einzige wesentliche Errungenschaft des Menschen seit Ägypten. Kunst, die sich nicht selbst zum Fliegen bringt und den Menschen nicht besser fliegen lässt, wird dieser neuen Essenz des Lebens nicht gerecht. Als Folge der menschlichen Befähigung zum Fliegen wird ein Teil der Menschheit irgendwann die Erde verlassen, wie die Auswanderer, die den Atlantik überquerten, um nach Amerika zu gelangen.

Zitat: Piene, Otto, *More Sky*, Cambridge, MA, 1973, S. 83 [Übers. HE].

Dream of Flight

Flight is man's only essential accomplishment since Egypt. Art that does not fly itself and does not make man fly better is not on a level with this new essence of life. As a consequence of man's ability to fly, one part of mankind will eventually leave the earth like the emigrants who crossed the Atlantic to go to America.

Quotation from Otto Piene, *More Sky* (Cambridge, MA: MIT Press, 1973), 83.

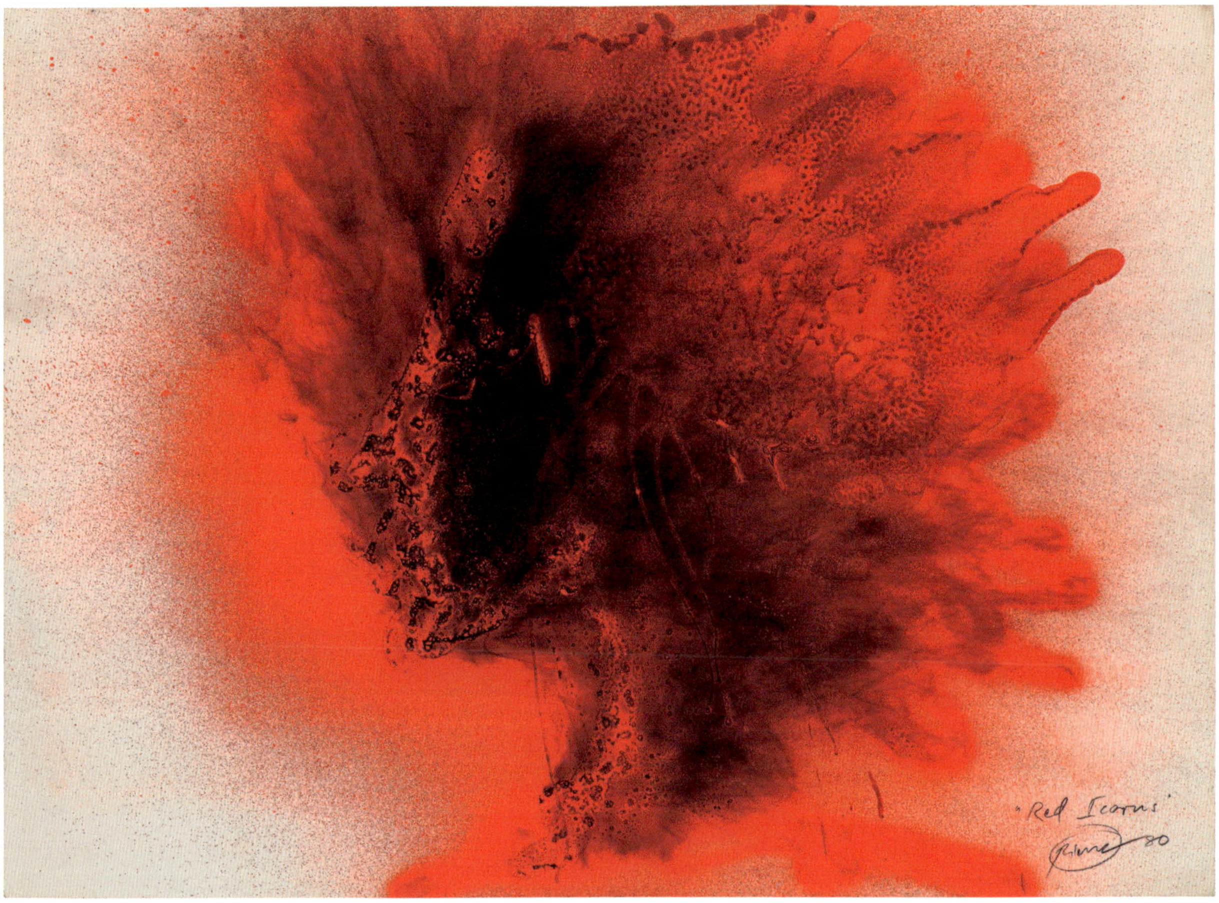

33 ***Red Icarus***, 1980

Pienes Begeisterung für das Fliegen verkörperte sich in der mythischen Gestalt des Ikarus, einer «Art von poetischem Maskottchen» der Sky Art. Seine Skizzenbücher enthalten zahlreiche Ikarus-Darstellungen: Entwürfe für Kostüme mit genau abgemessenen Flügeln, Bildfolgen des aufsteigenden und abstürzenden Ikarus, Studien für Laserprojektionen, Skizzen von Gestalten wie Daidalos, Pasiphaë und dem Minotaurus, die in unmittelbarem Bezug zu Ikarus stehen. Viele dieser Zeichnungen entstanden im Zuge der Vorarbeiten für *Icarus: A Sky Opera*, die erstmals 1978 aufgeführt und danach für die Sky-Art-Konferenzen gemeinsam mit Paul Earls und Ian Strasfogel bearbeitet wurde. Für Piene symbolisierte Ikarus den Wunsch nach Ausdehnung und Erkundung mit innovativen Mitteln.

Piene's interest in human flight was embodied by the mythological figure of Icarus, a "kind of poetic mascot" for Sky Art. His sketchbooks are full of Icaruses: designs for costumes with meticulously measured wings, sequences of Icarus ascending and falling, studies for laser projections, sketches of related figures Daedalus, Pasiphae, and the Minotaur. Many of these sketches were made in preparation for *Icarus: A Sky Opera*, first staged in 1978 and then adapted for Sky Art Conferences in collaboration with Paul Earls and Ian Strasfogel. For Piene, Icarus symbolized the artist as an explorer, charged with the desire for expansion through innovation.

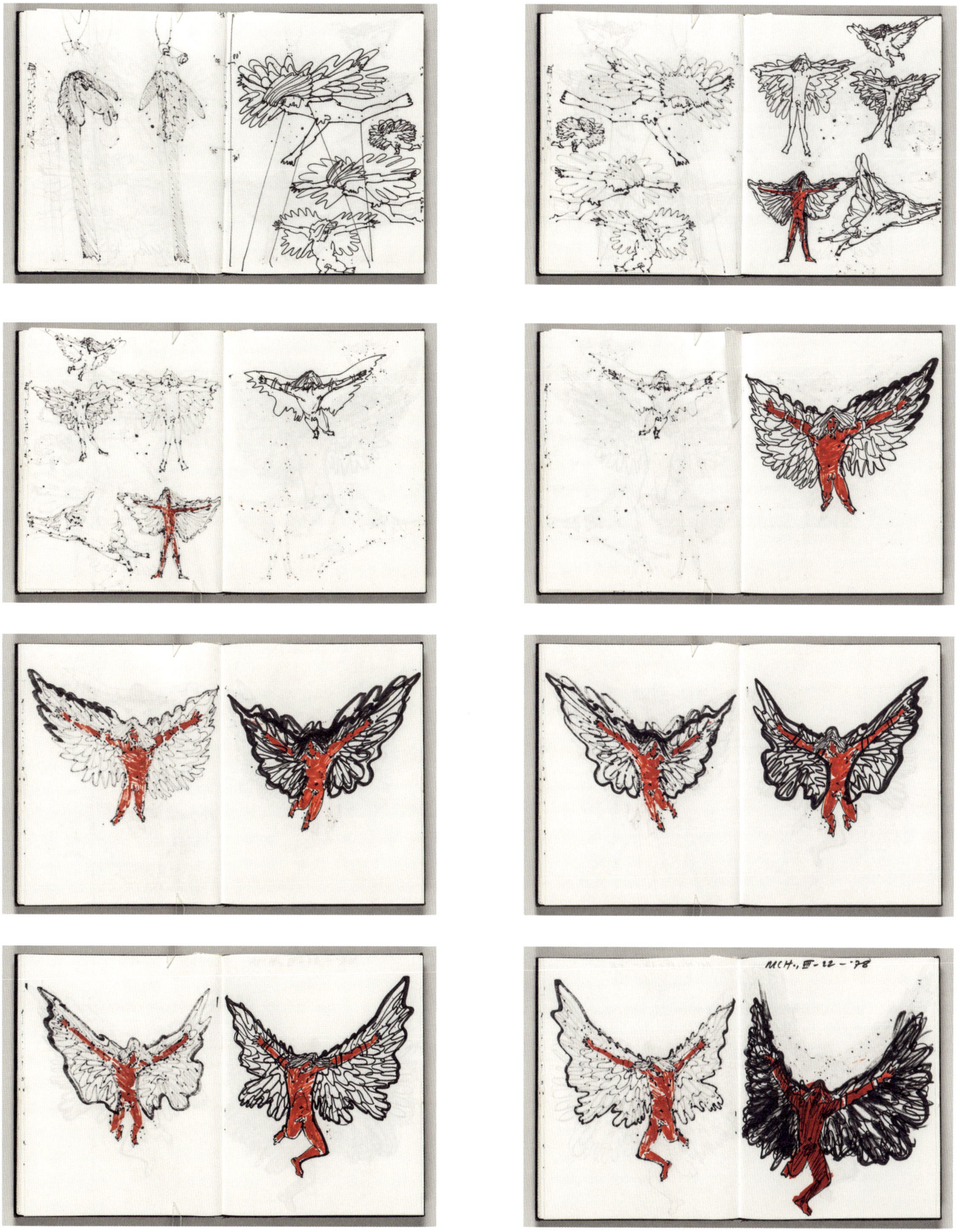

34.1–34.8 Sequenz (Ikarus) | Sequence (Icarus), 1978

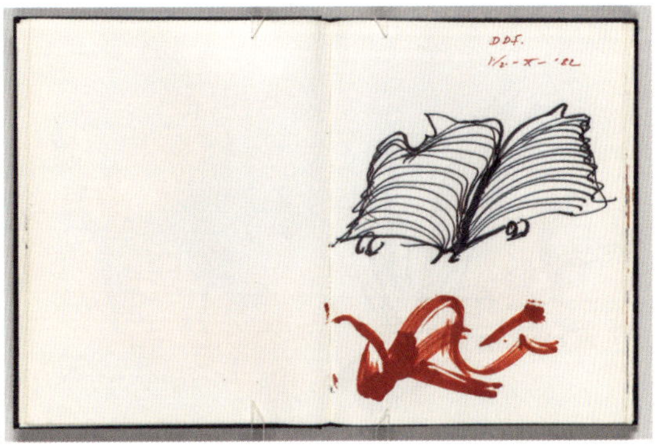
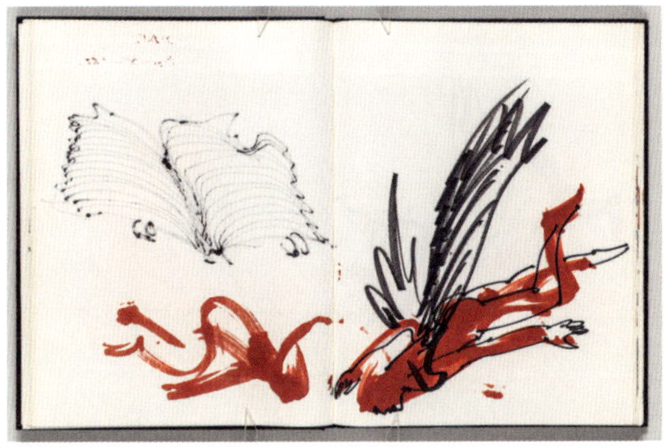
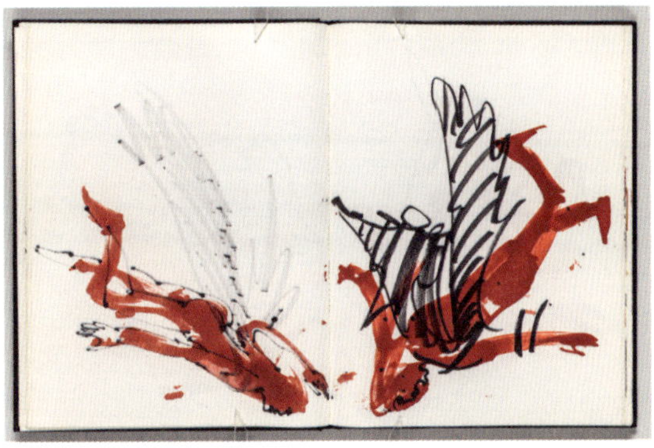
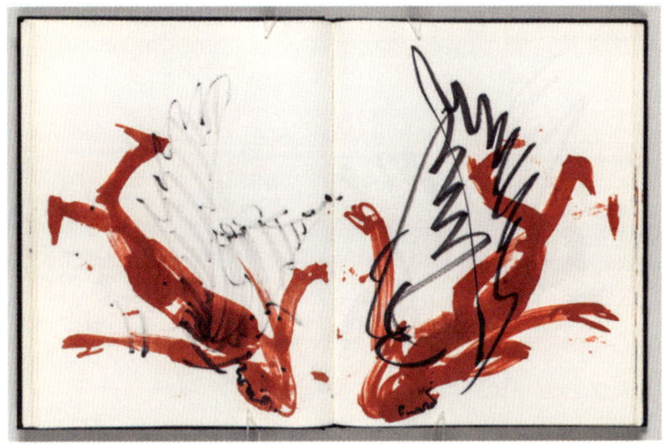
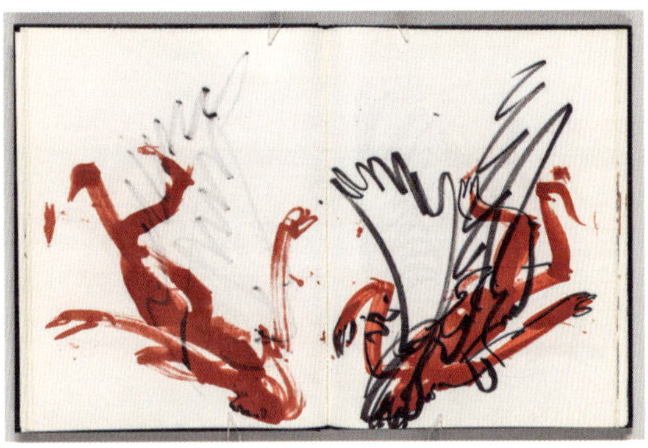
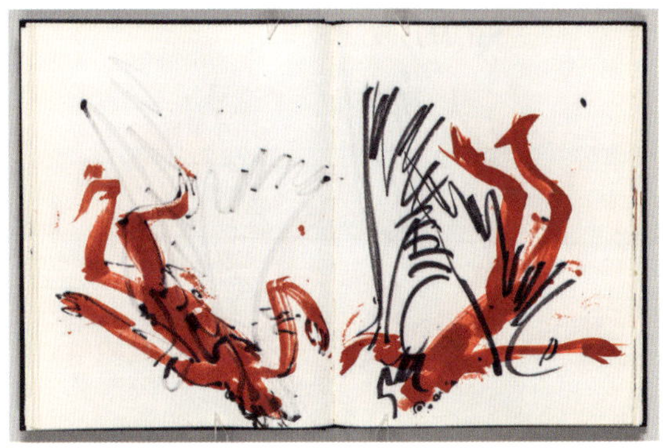
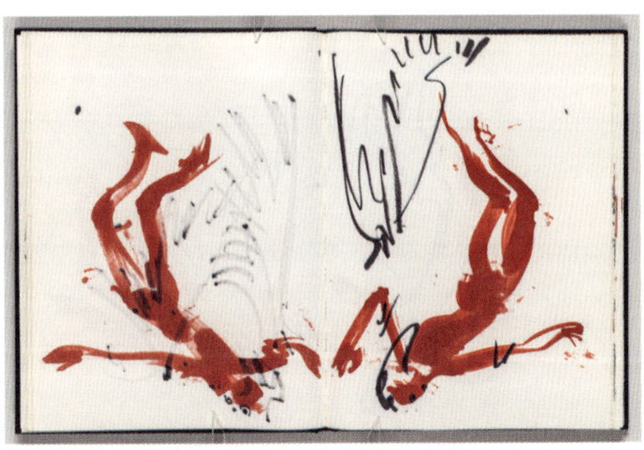
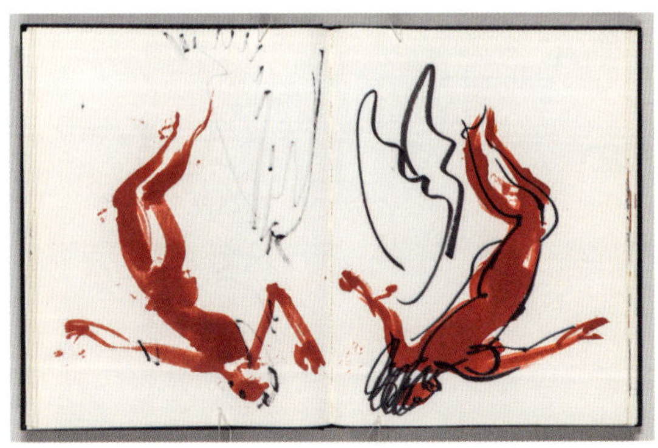
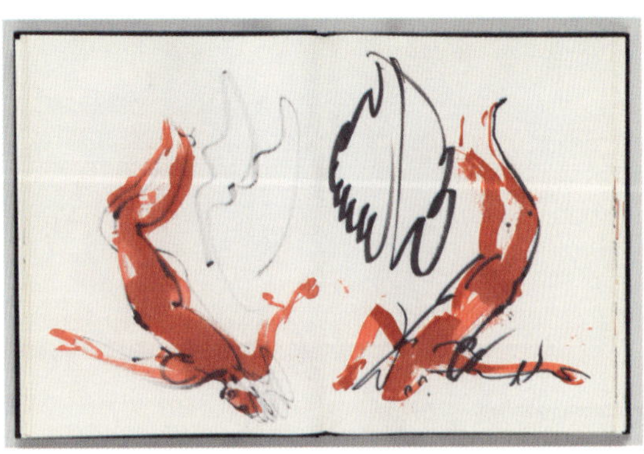
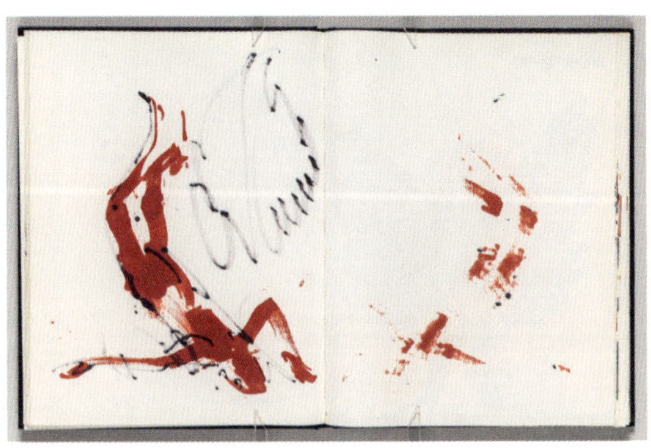

35.1–35.10 **Sequenz (Fall des Ikarus) | Sequence (fall of Icarus), 1982**

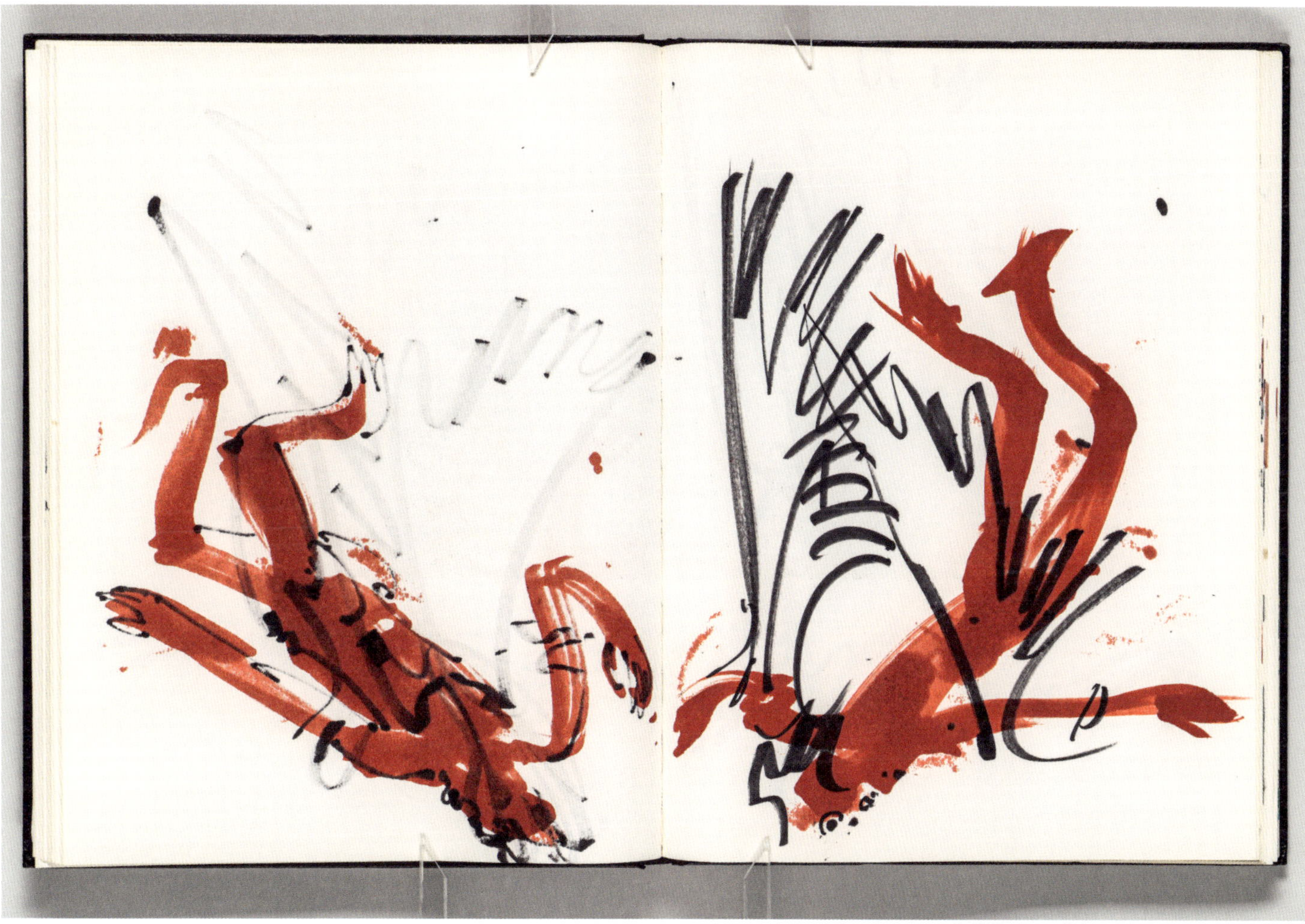

36 Ohne Titel (Fall des Ikarus) | Untitled (fall of Icarus), 1982

37 ***Die Sonne brennt*, 1966**

Pienes Schritt von den *Rauch-* zu den *Feuerbildern* lässt sich gut anhand der Arbeiten *Rauchbild auf Rot/1 Volumen* und *Die Sonne brennt* nachvollziehen. Die inneren Zonen der halbkreisförmigen «schwarzen Sonne» sind vom angezündeten Fixativ intensiv gefärbt und weisen teils Spuren von Gel- oder gar Blasenbildung auf. Die Ränder der Form hingegen werden nur von Russablagerungen gebildet und fliessen sanft in Übergängen aus. Der Künstler war fasziniert vom Element Feuer als Medium der Malerei, das sich zwischen Zerstörung und Schöpfung bewegt. Häufig nutzte er für *Rauch-* und *Feuerbilder* einen roten Grund und wählte so eine Farbe mit starker Metaphorik von Feuer, Wärme oder Gefahr. In späteren *Feuerbildern* ab den 1970er Jahren liess Piene die verwendeten Fixative und Lacke fliessen und arbeitete mit sich überlagernden Schichtungen.

Piene's step from *Smoke Paintings* to *Fire Paintings* is well illustrated by the works *Rauchbild auf Rot/1 Volumen* and *Die Sonne brennt*. The inner zones of the semicircular "black sun" are intensely colored by the ignited fixative, with traces of gel formation or even blistering. The edges of the shape, on the other hand, are formed by soot deposits only, fading out in soft transitions. The artist was fascinated by the element of fire as a medium in painting that moves between destruction and creation. For the *Smoke* and *Fire Paintings*, he often chose a red ground—a color with strong metaphorical links to fire, heat, and danger. In later *Fire Paintings*, beginning in the 1970s, he allowed the fixatives and varnishes to run and worked with their overlapping layers.

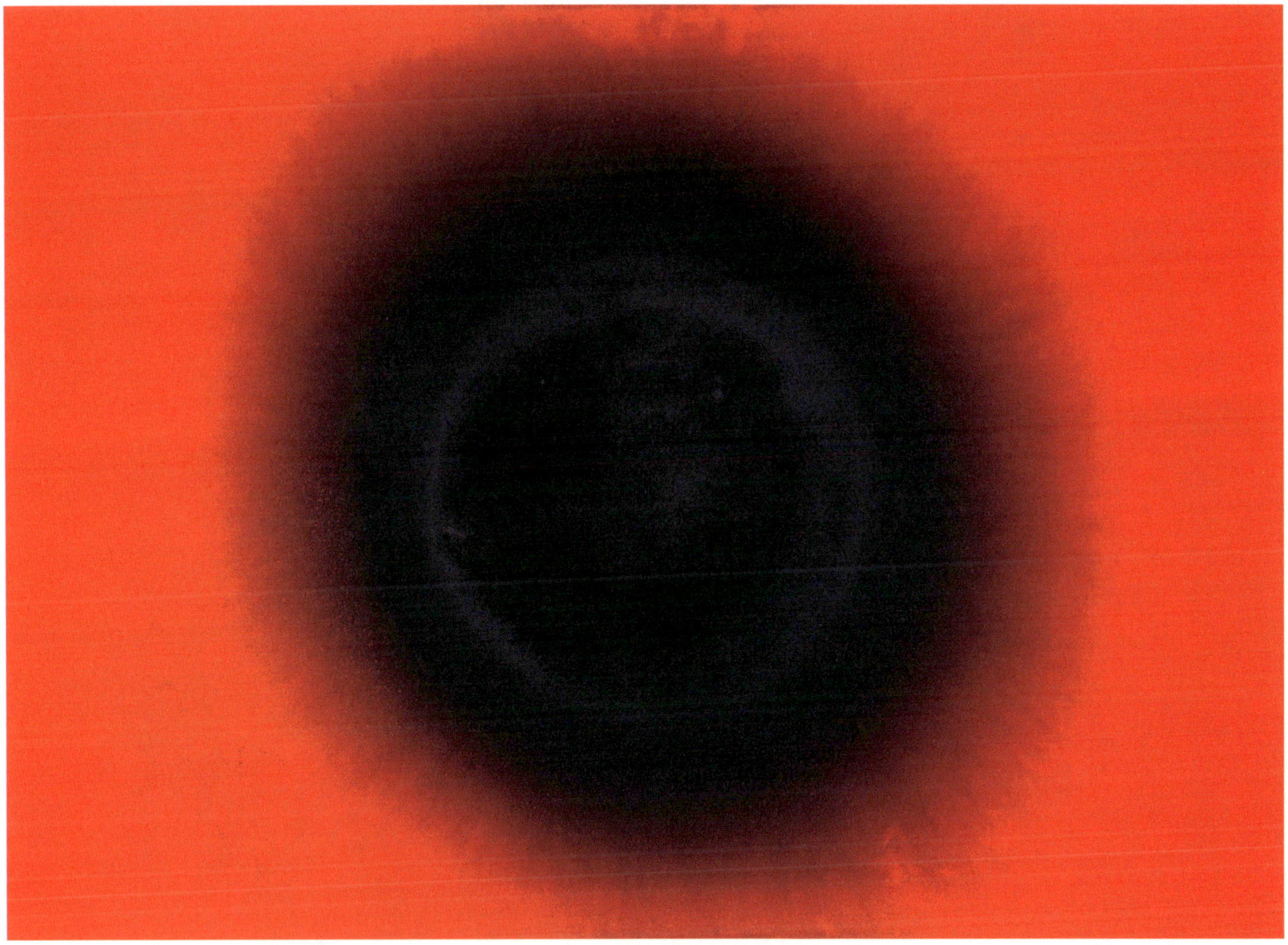

38 *Rauchbild auf Rot / 1 Volumen*, 1962

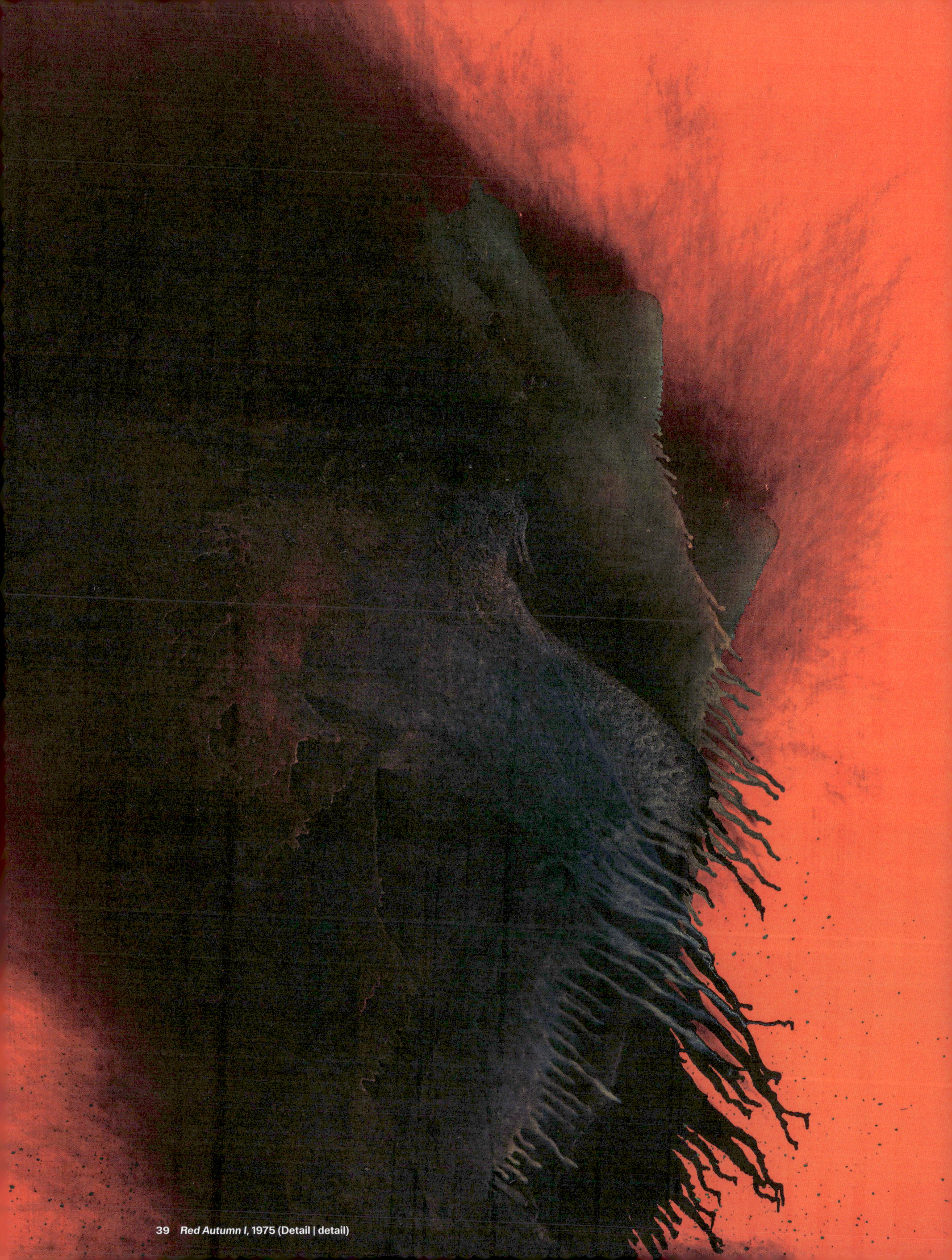

39 *Red Autumn I*, 1975 (Detail | detail)

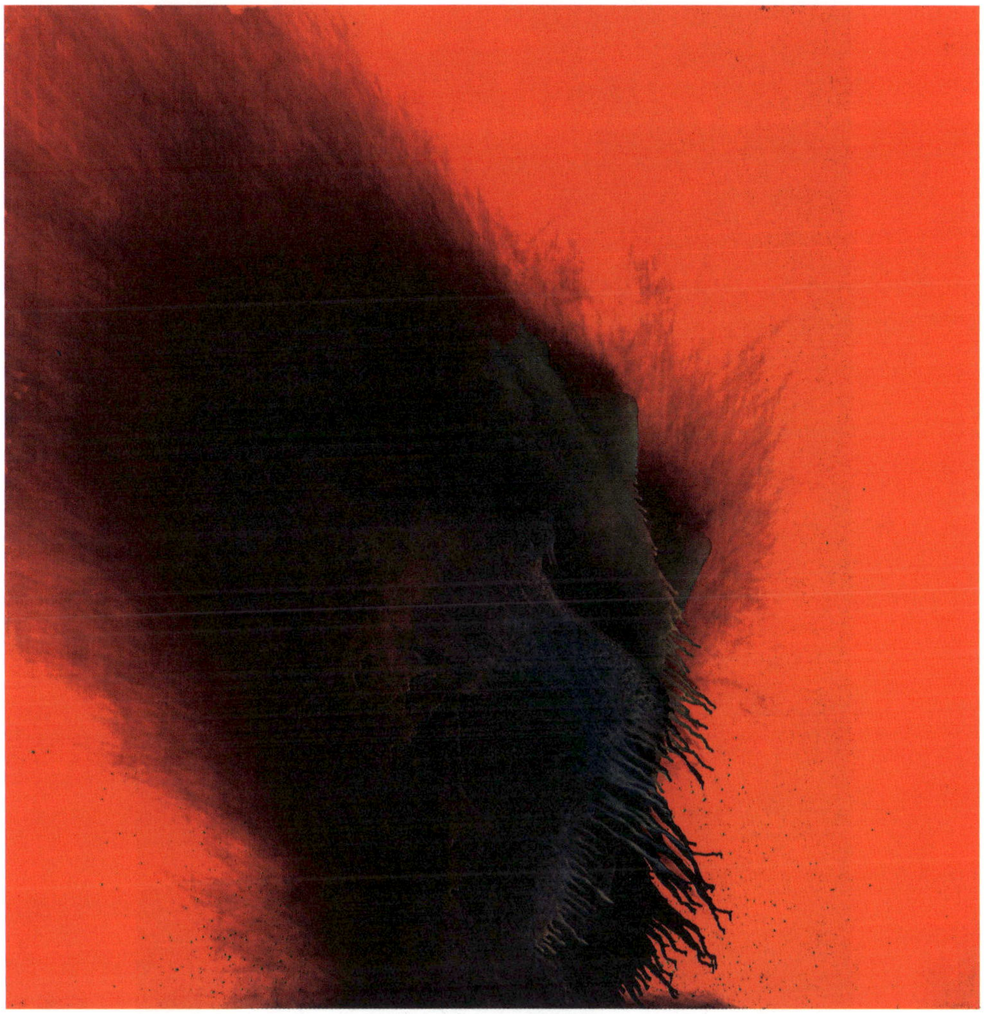

40 *Red Autumn I*, 1975

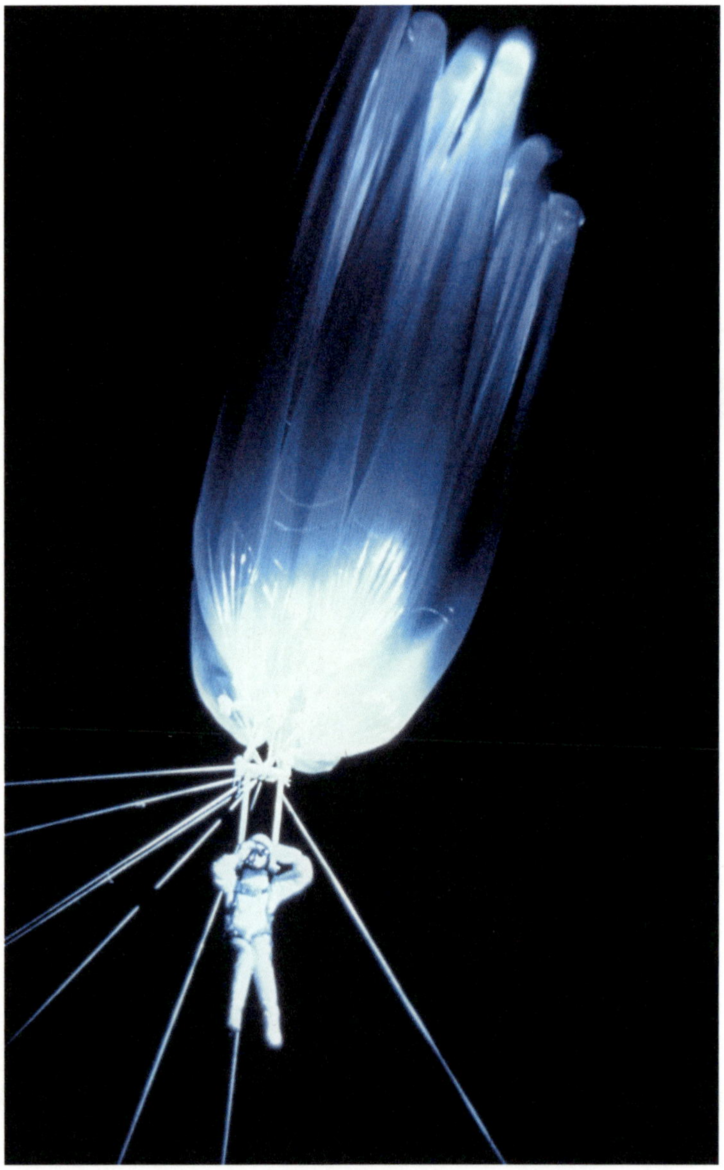

41 *Manned Helium Sculpture*, 5. Januar | 5 January 1969, Boston, für | for *The Medium Is the Medium*, WGBH-TV

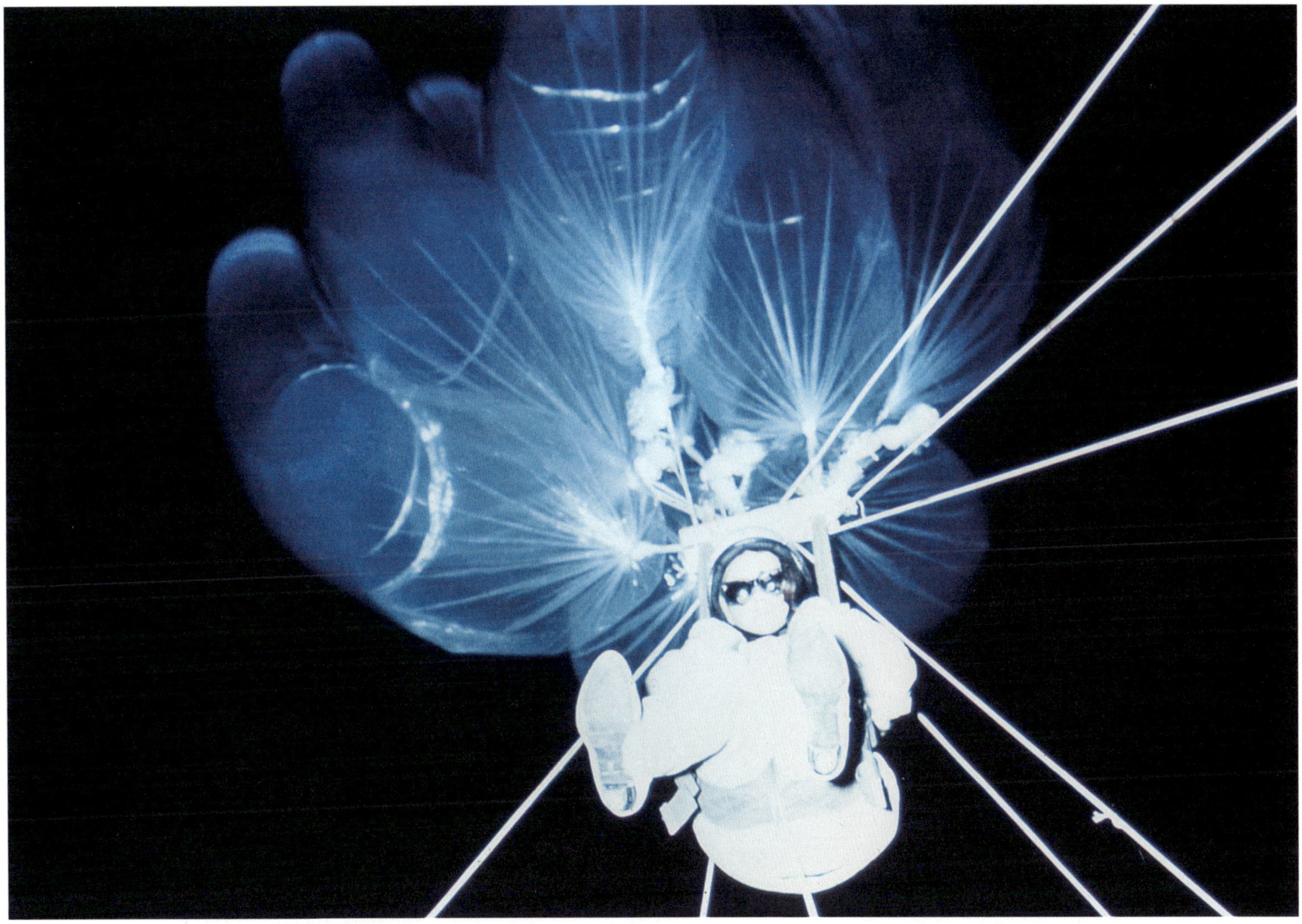

42 *Manned Helium Sculpture*, 5. Januar | 5 January 1969, Boston, für | for *The Medium Is the Medium*, WGBH-TV

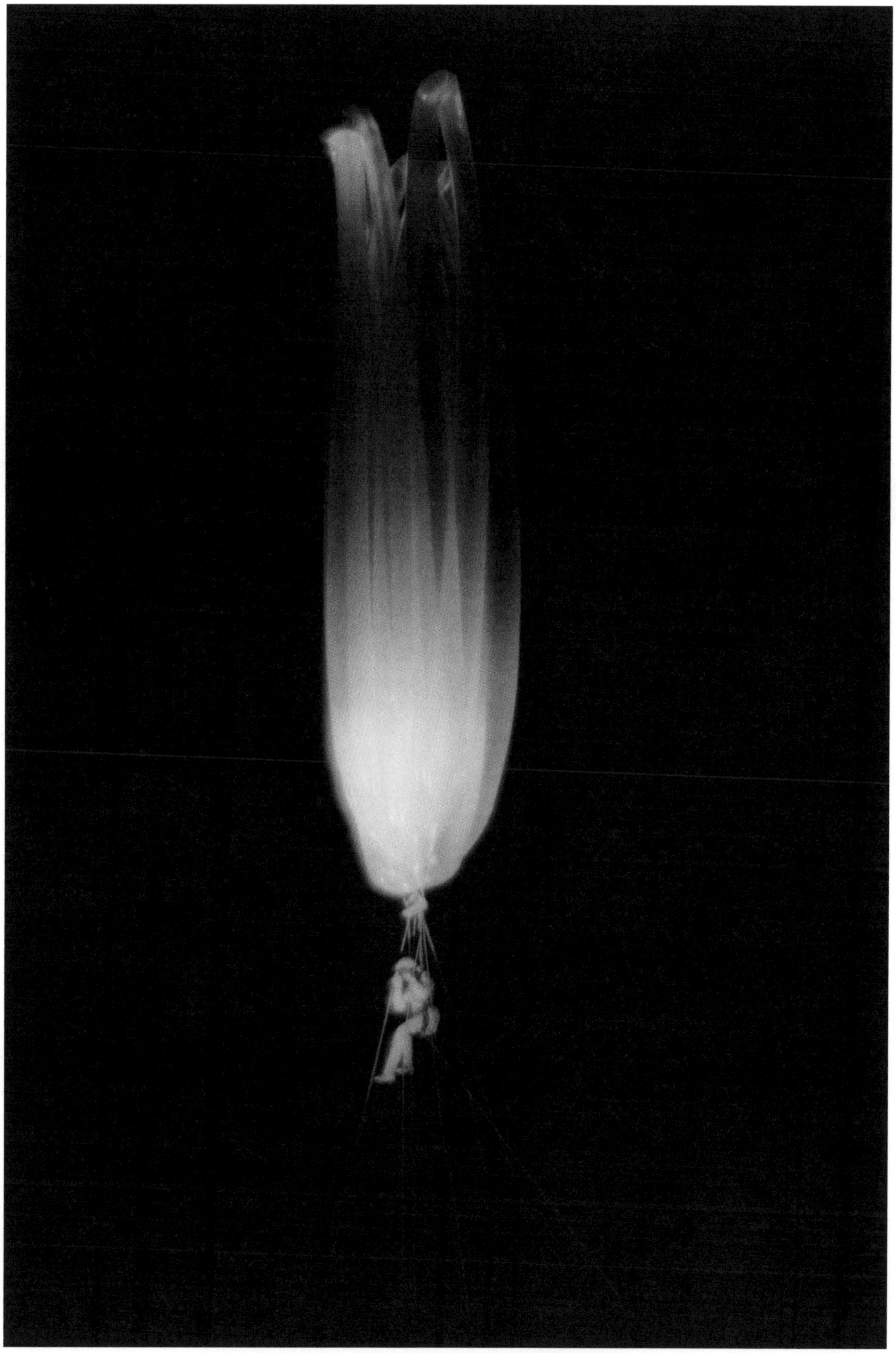

43 *Manned Helium Sculpture*, 5. Januar | 5 January 1969, Boston,
für | for *The Medium Is the Medium*, WGBH-TV

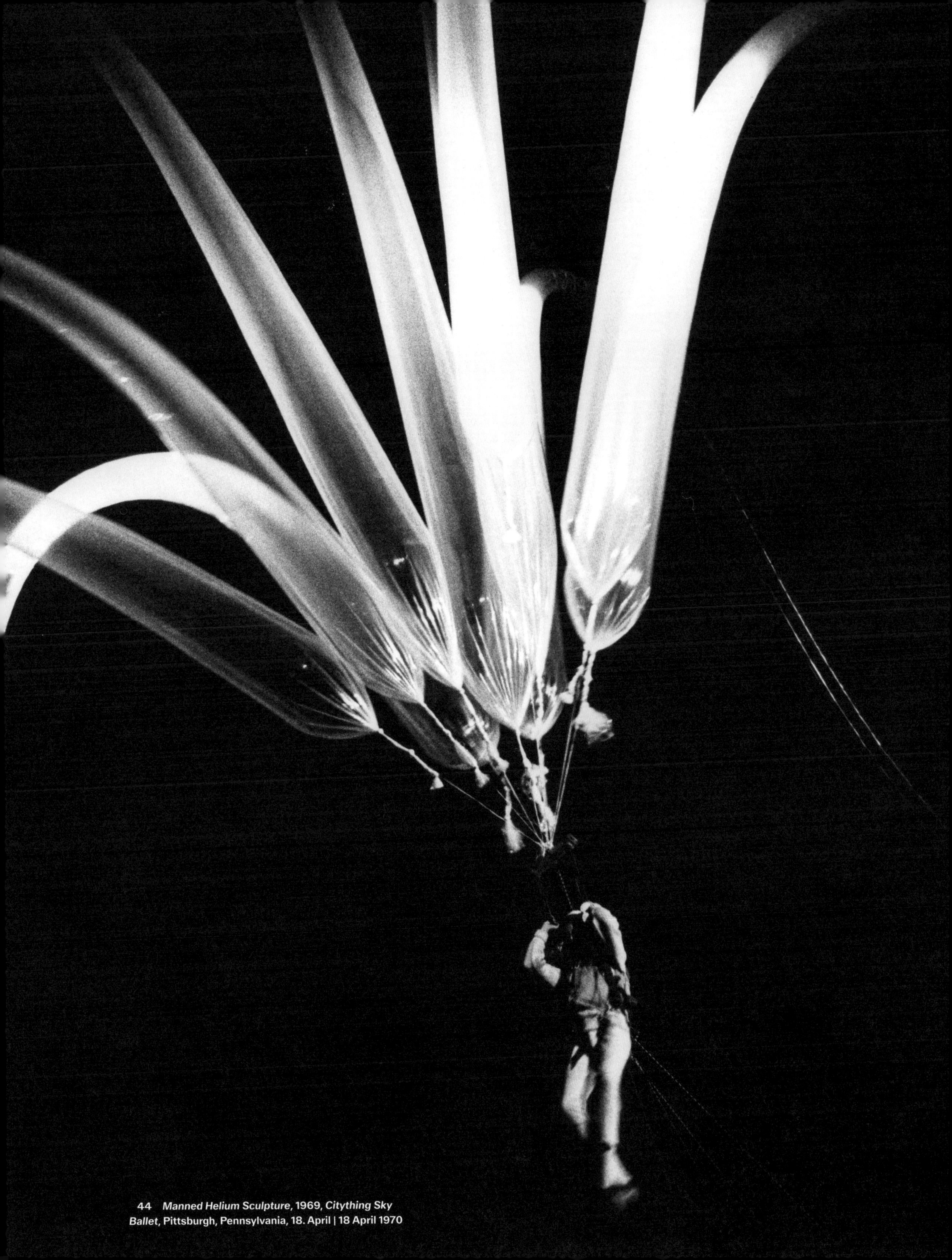

44 *Manned Helium Sculpture*, 1969, *Citything Sky Ballet*, Pittsburgh, Pennsylvania, 18. April | 18 April 1970

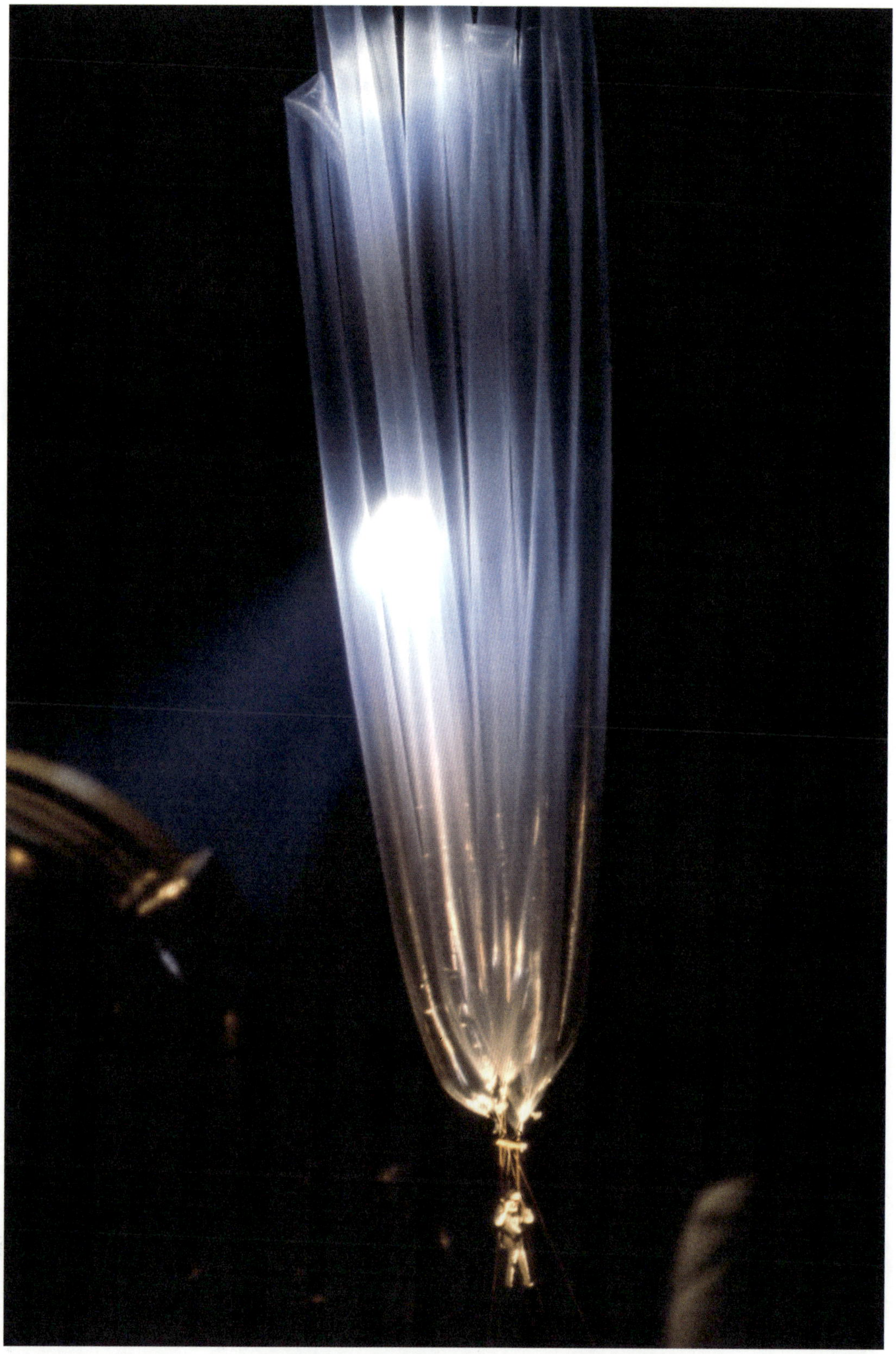

45 *Manned Helium Sculpture*, 5. Januar | 5 January 1969, Boston, für | for *The Medium Is the Medium*, WGBH-TV

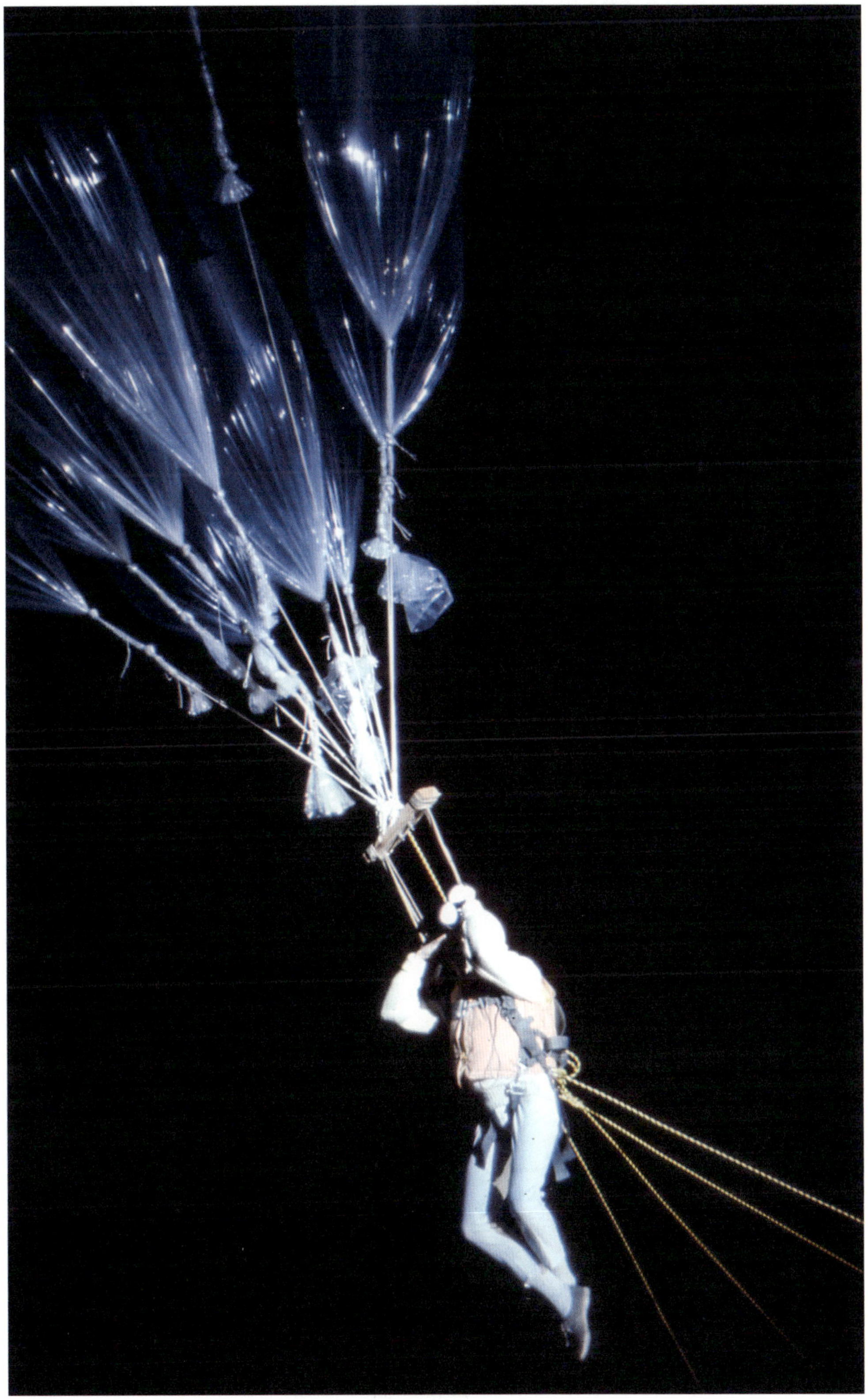

46 *Manned Helium Sculpture*, 1969, *Citything Sky Ballet*, Pittsburgh, Pennsylvania, 18. April | 18 April 1970

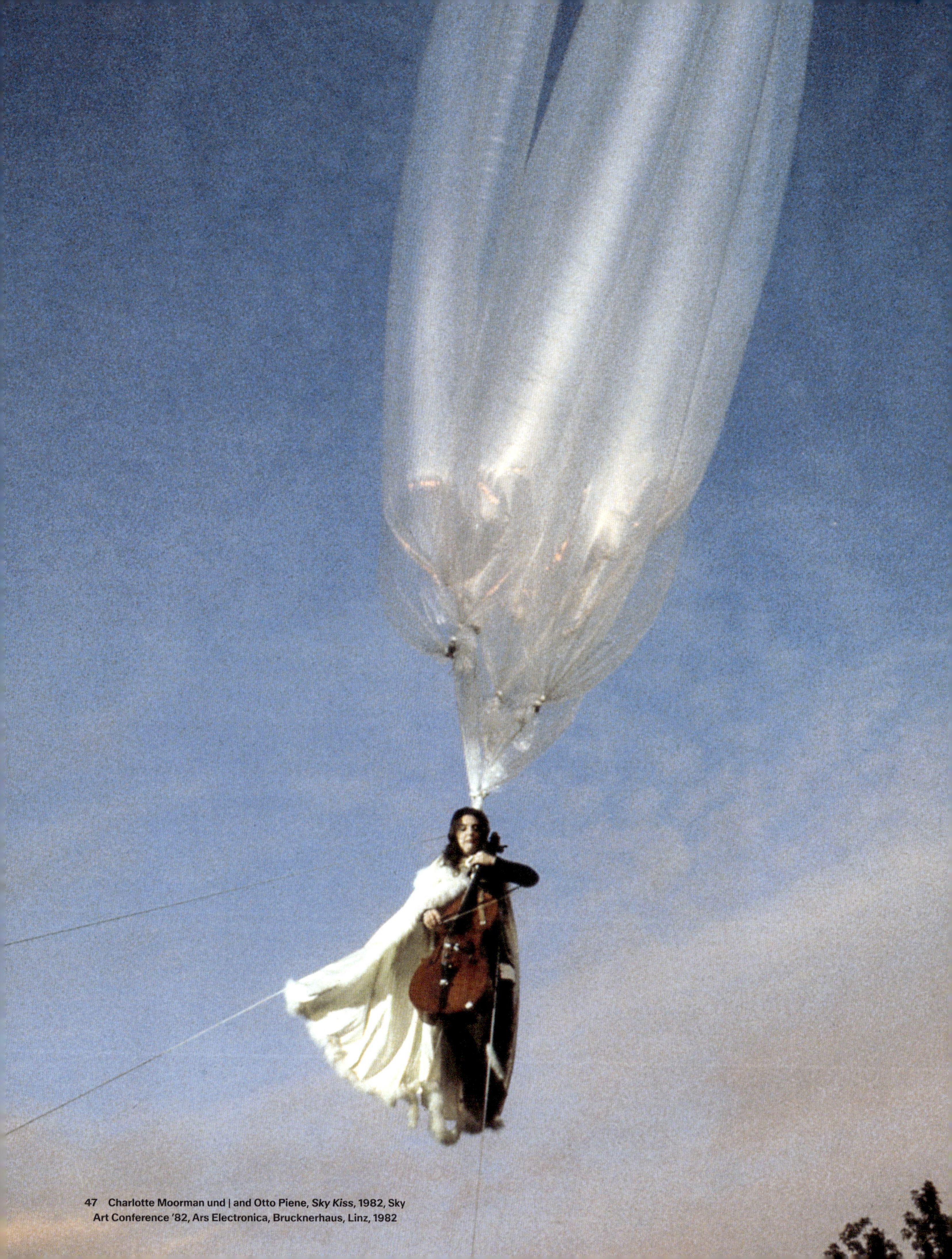

47 Charlotte Moorman und | and Otto Piene, *Sky Kiss*, 1982, Sky Art Conference '82, Ars Electronica, Brucknerhaus, Linz, 1982

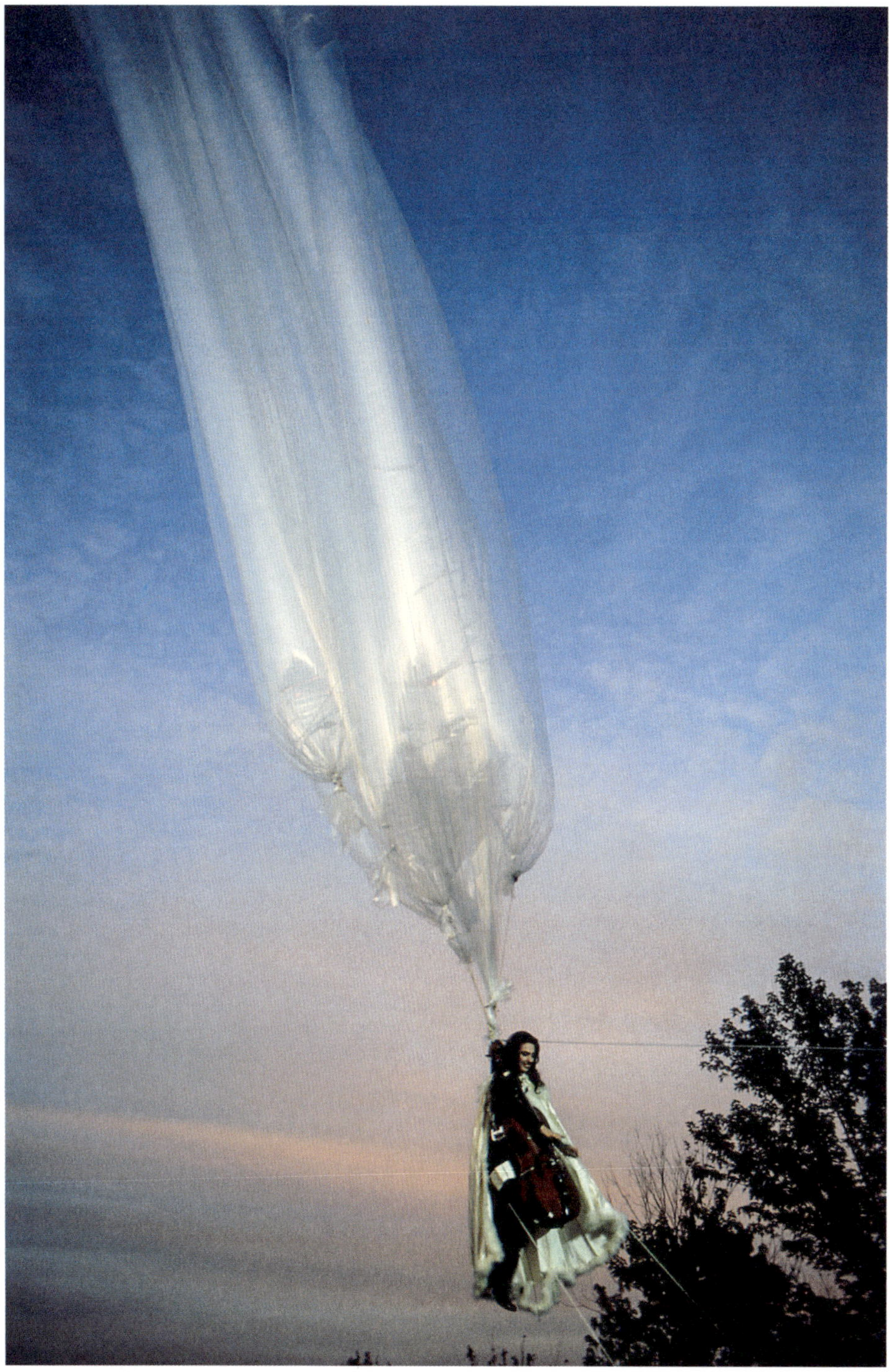

48 Charlotte Moorman und | and Otto Piene, *Sky Kiss*, 1982, Sky Art Conference '83, München | Munich, 1983

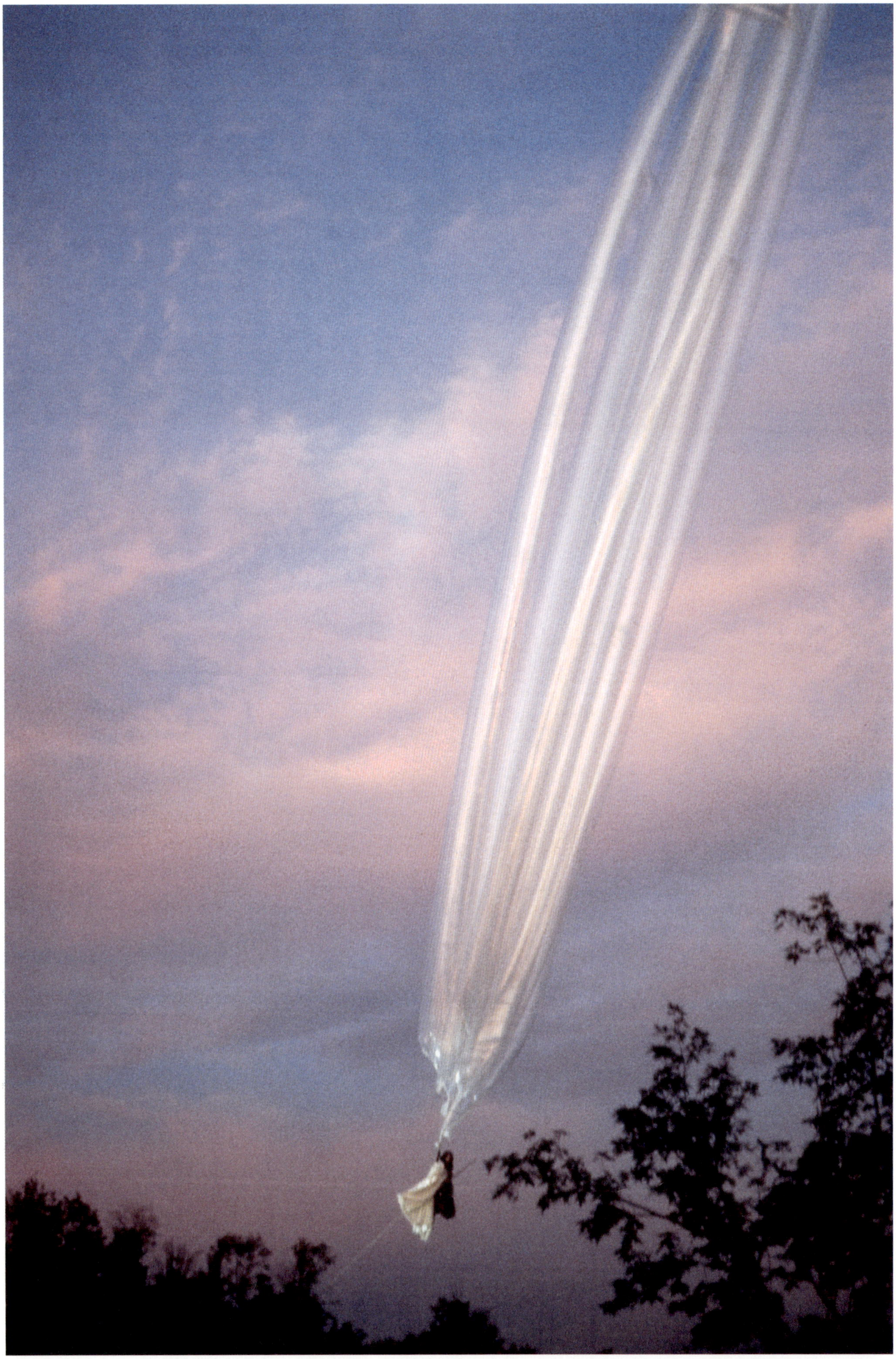

49 Charlotte Moorman und | and Otto Piene, *Sky Kiss*, 1982, Sky Art Conference '83, München | Munich, 1983

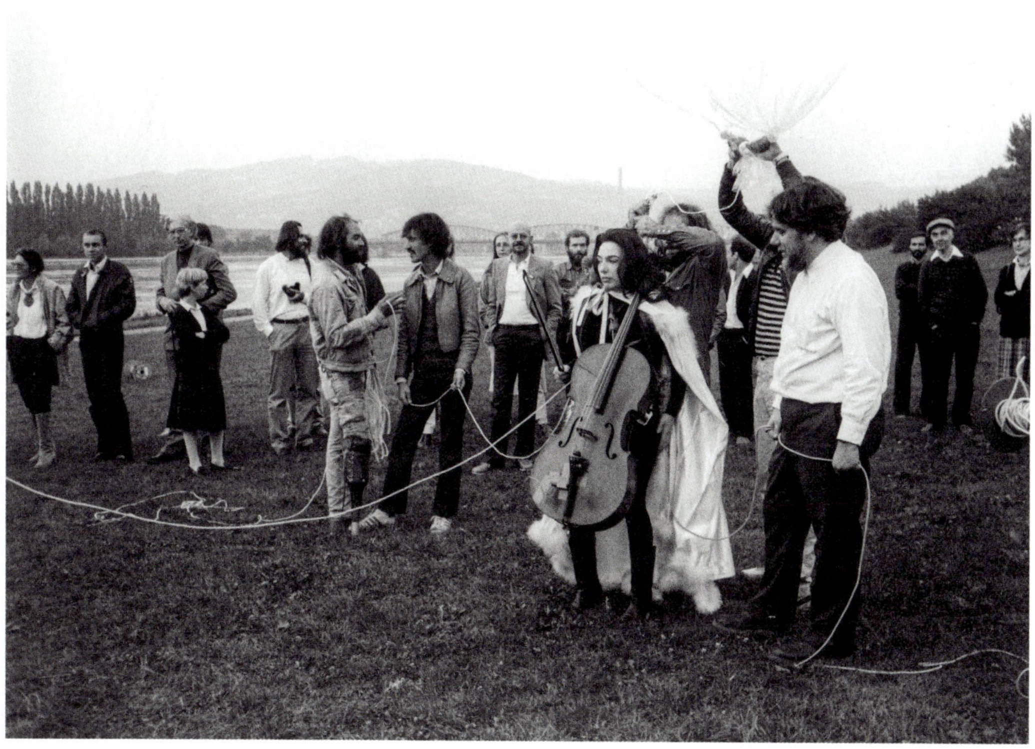

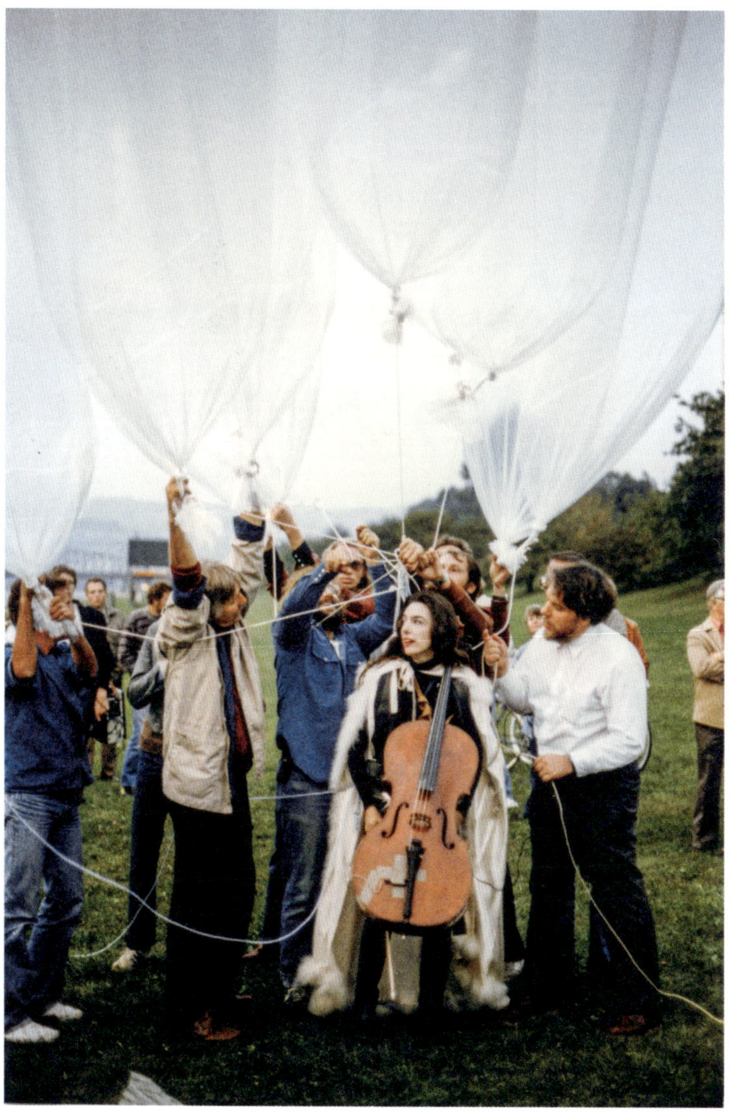

50.1–50.2 Charlotte Moorman und | and Otto Piene,
Sky Kiss, 1982, Sky Art Conference '82, Ars Electronica,
Brucknerhaus, Linz, 1982

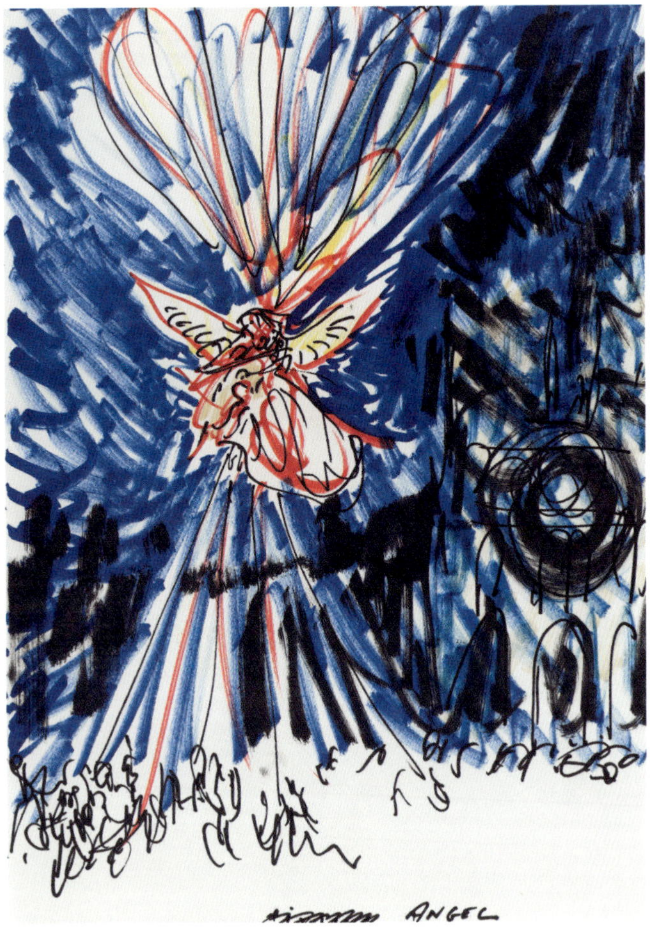

51 Ohne Titel | Untitled ("Angel"), 1990

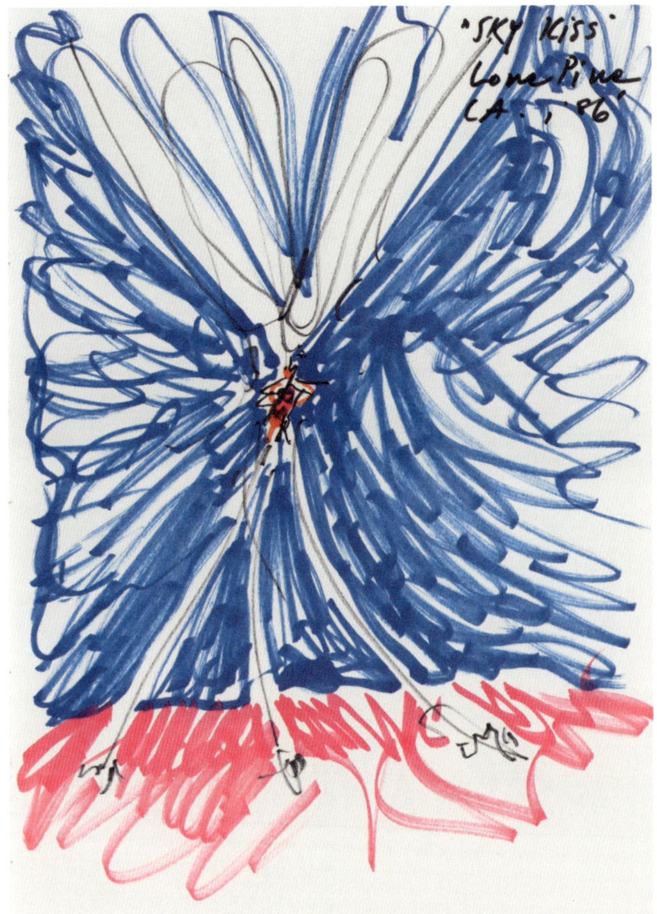

52 Ohne Titel | Untitled (*Sky Kiss*), 1992

Sky Kiss schuf Piene gemeinsam mit der Avantgarde-Cellistin Charlotte Moorman, die mitsamt ihrem Instrument von Schleifen durchscheinender, heliumgefüllter Polyethylenschläuche in die Luft gehoben wurde. Angegurtet und gesichert durch von Helfer:innen am Boden gehaltene Seile spielte sie in über 30 Metern Höhe atonale Improvisationen, die den Himmel beschallten. Es handelte sich um die Neuauflage einer Aktion des Komponisten Jim McWilliams, der schon 1968 versucht hatte, Moorman mit Ballons in den Himmel zu heben. Das Sky Event von Moorman und Piene fand 1982 im Rahmen des Festivals Ars Electronica für Kunst, Technologie und Gesellschaft in Linz statt. 1983 wurde es erneut in München und 1986 vor einer beeindruckenden Naturkulisse in der Wüste Kaliforniens inszeniert. Die Arbeit hatte etwas entschieden Optimistisches. Piene sah darin «promise, the future and uncorrupted molecular life». *Sky Kiss* und seine Freundschaft mit Moorman beeindruckten Piene tief, wie sich in den vielen Skizzen zeigt, in denen er ihren mutigen Auftritt am Himmel festgehalten hat.

Avant-garde cellist Charlotte Moorman and Otto Piene collaborated to create *Sky Kiss*, in which Moorman, strapped into a harness, was lifted with her instrument into the air by loops of translucent, helium-filled, polyethylene tubes. Secured below with ropes held by volunteers as she ascended upwards of one hundred feet, she played atonal improvisations that reverberated across the sky. A reimagining of composer Jim McWilliams attempt to lift Moorman with balloons in 1968, this sensational Sky Event premiered in 1982 at the Ars Electronica Festival for Art, Technology, and Society in Linz, Austria, and occurred again in 1983 in Munich and in 1986 against the dramatic backdrop of the California desert at night. Their work was decidedly optimistic, with Piene proclaiming it provided a sense of "promise, the future and uncorrupted molecular life." *Sky Kiss*, and his friendship with Moorman, left a deep impression on Piene, evident in numerous sketches memorializing her daring performance in the sky.

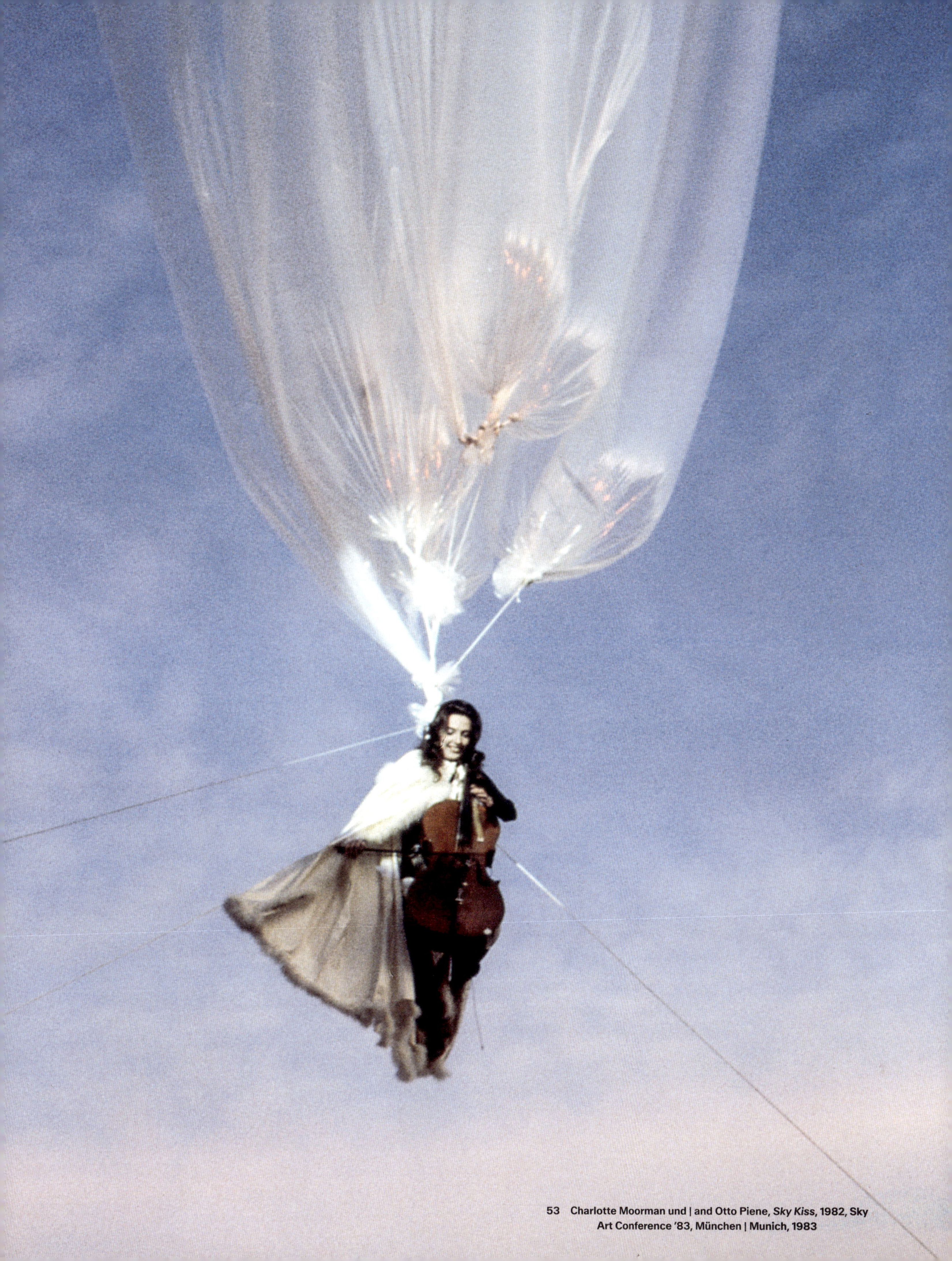

53 Charlotte Moorman und | and Otto Piene, *Sky Kiss*, 1982, Sky Art Conference '83, München | Munich, 1983

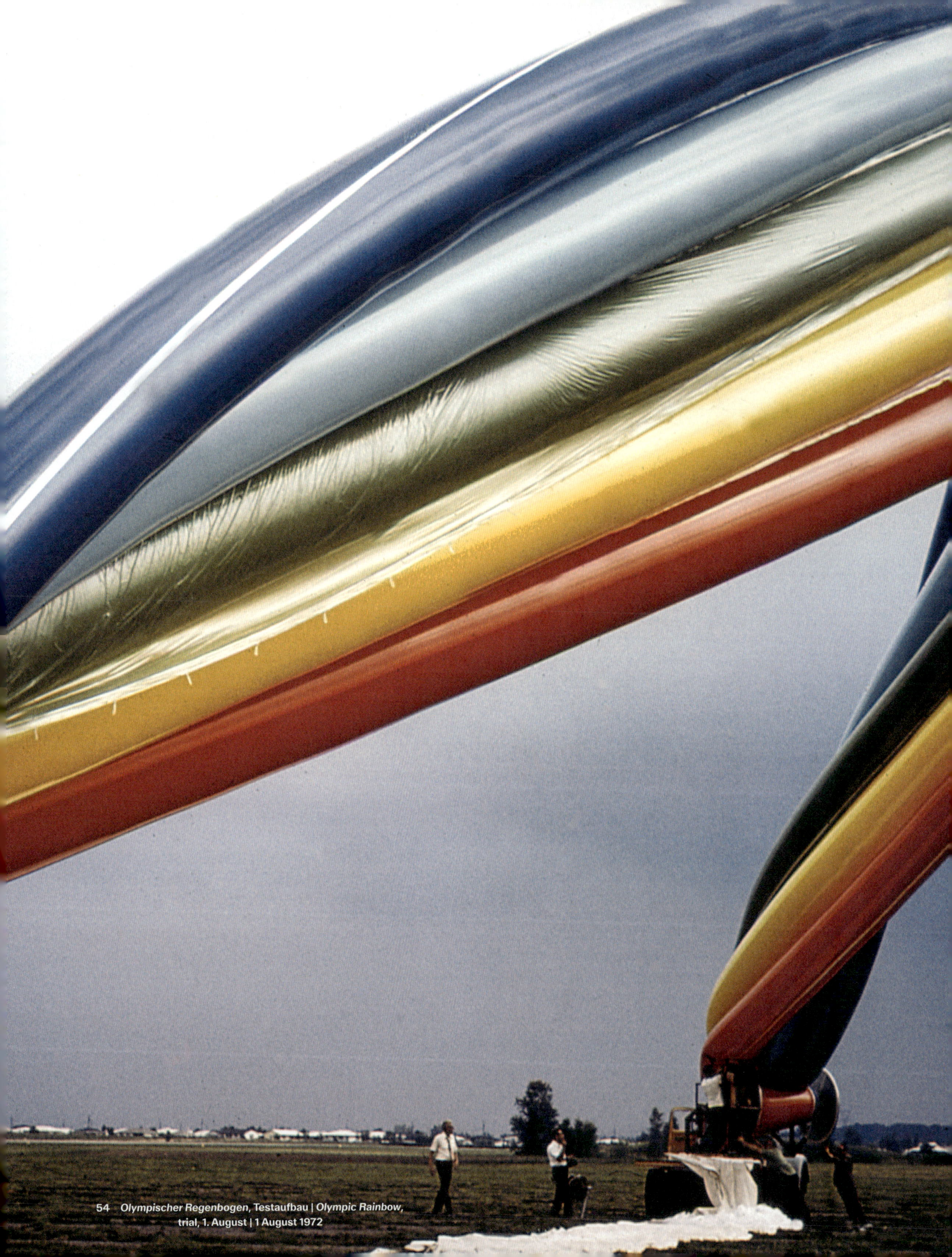

54 *Olympischer Regenbogen*, Testaufbau | *Olympic Rainbow*, trial, 1. August | 1 August 1972

Frieden und Umwelt

Der Regenbogen war ein machtvolles Symbol des Friedens, ein biblisches Symbol, das sich anfangs einfach daraus ergab, dass ich damals mit Inflatables und Helium arbeitete, und an künstlerischen Ausdrucksformen. Dass der Regenbogen zum symbolträchtigen Ereignis wurde und Menschen ihn bis heute in Erinnerung behalten, ist historischen Faktoren geschuldet, die da mit hereinspielten und dagegen arbeiteten: den Gewalten, die damals aufeinanderprallten. Die Olympiade setzte ein neues Thema, sie änderte das, worum es ging. Die Olympischen Spiele sind das letzte noch übrige friedliche Grossereignis in der Welt. Es gibt kein anderes *mondiales* Ereignis derselben Grössenordnung und Symbolkraft.

Zitat: Piene, Otto/Bauer, Ute Meta/Schrade, Fender, «Light, Energy, Life: Otto Piene 85», in: *Mousse*, Jg. 38, April–Mai 2013, S. 69 [Übers. HE].

Peace and Environment

The Rainbow was a powerful symbol of peace, a biblical one, which initially emerged just because I'd worked with inflatables and helium at the time, and I worked with artistic forms of expression. That the Rainbow became this symbolic event people still remember is essentially a result of historical factors that played into it or against it; the forces attacking each other and the Olympics changed the theme, changed the topic. The Olympics are the last remaining peaceful large-scale event in the world. There is no other *mondial* event of the same scale and symbolic power.

Quotation from interview with Otto Piene; Ute Meta Bauer and Fender Schrade, "Light, Energy, Life: Otto Piene 85," *Mousse* 38 (April–May 2013): 69.

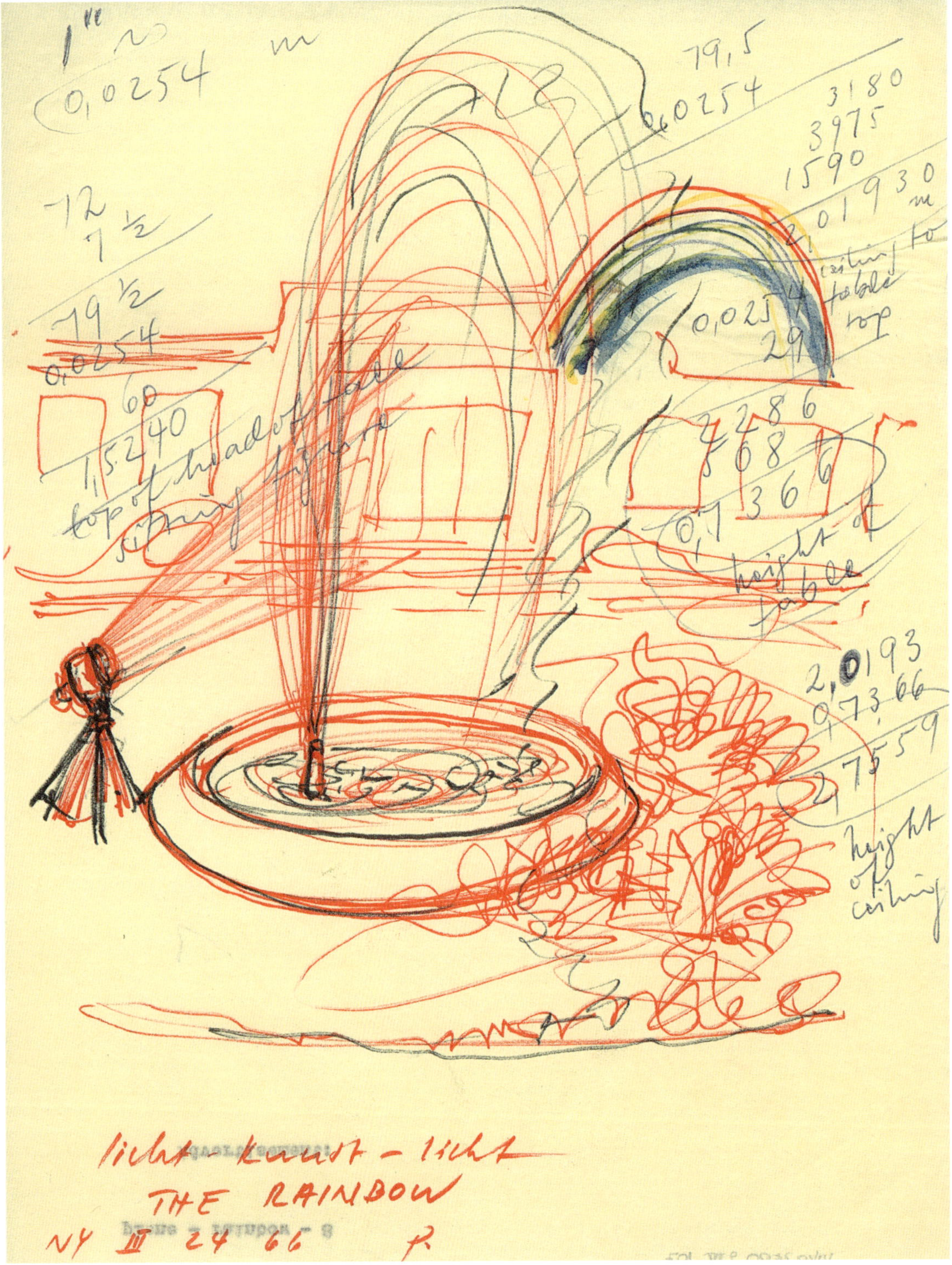

55 *The Rainbow* (Entwurf | design), 24. März | 24 March 1966

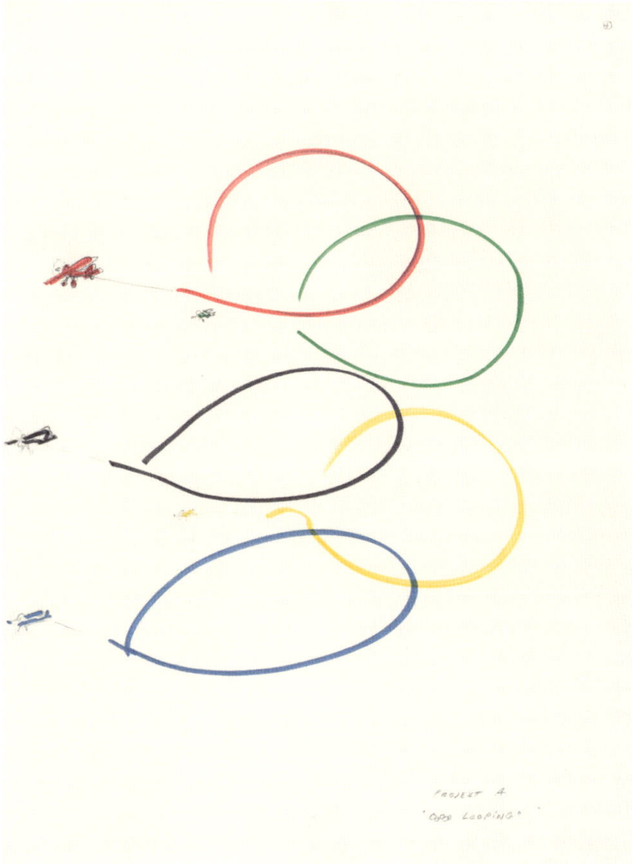

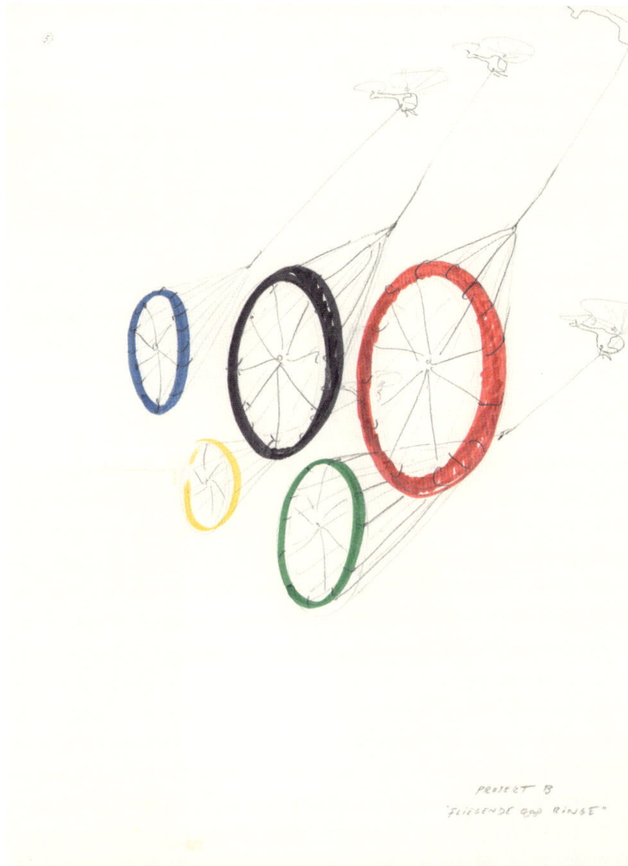

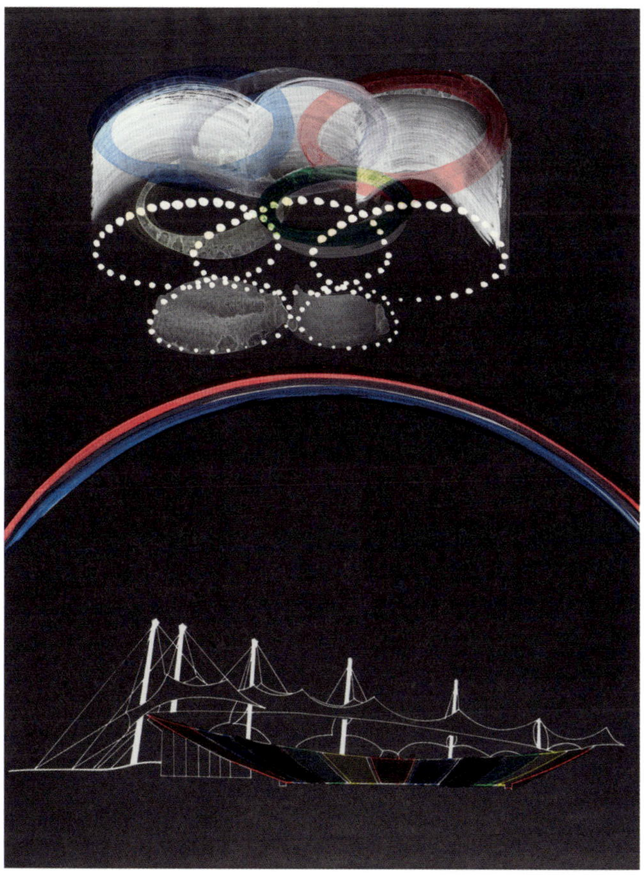

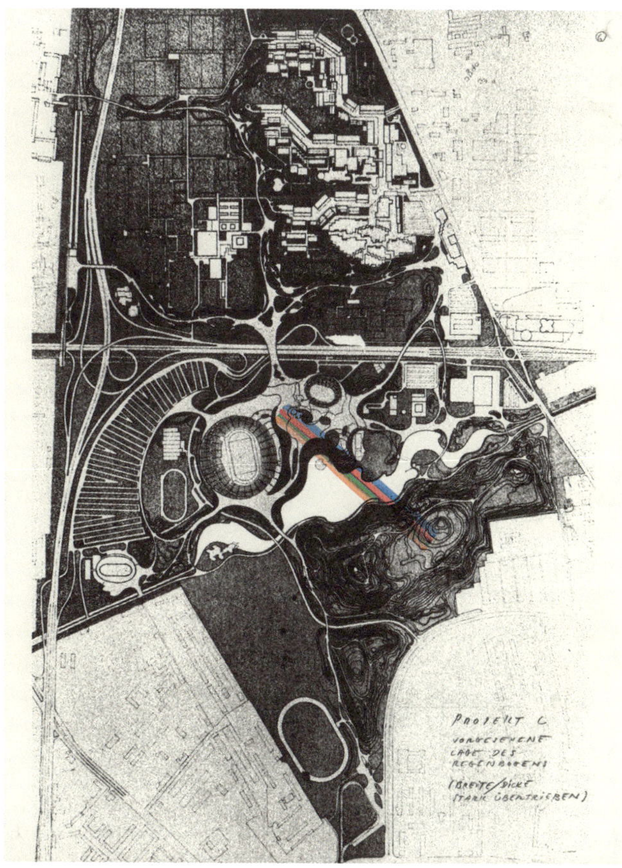

56.1–56.4 ***Visuelles Skizzenbuch zu den Eröffnungs- und Schlussfeiern der Olympiade 1972 München | Visual Sketchbook for the Opening and Closing Ceremonies of the 1972 Munich Olympics,*** **1971**

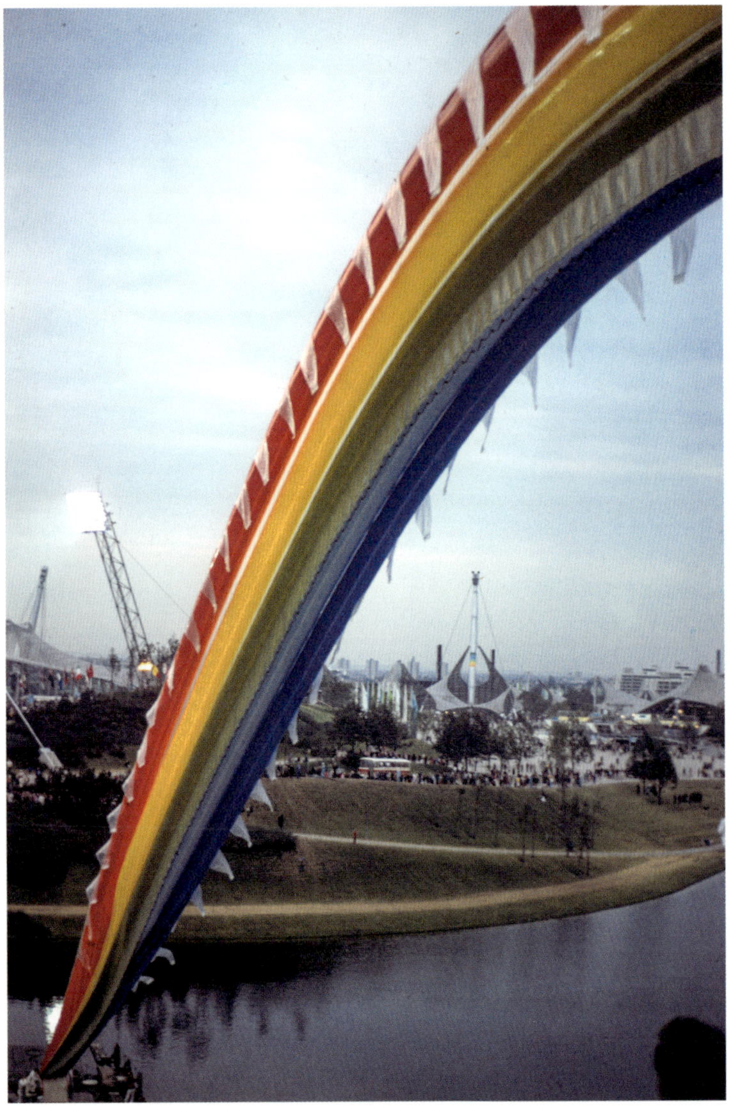

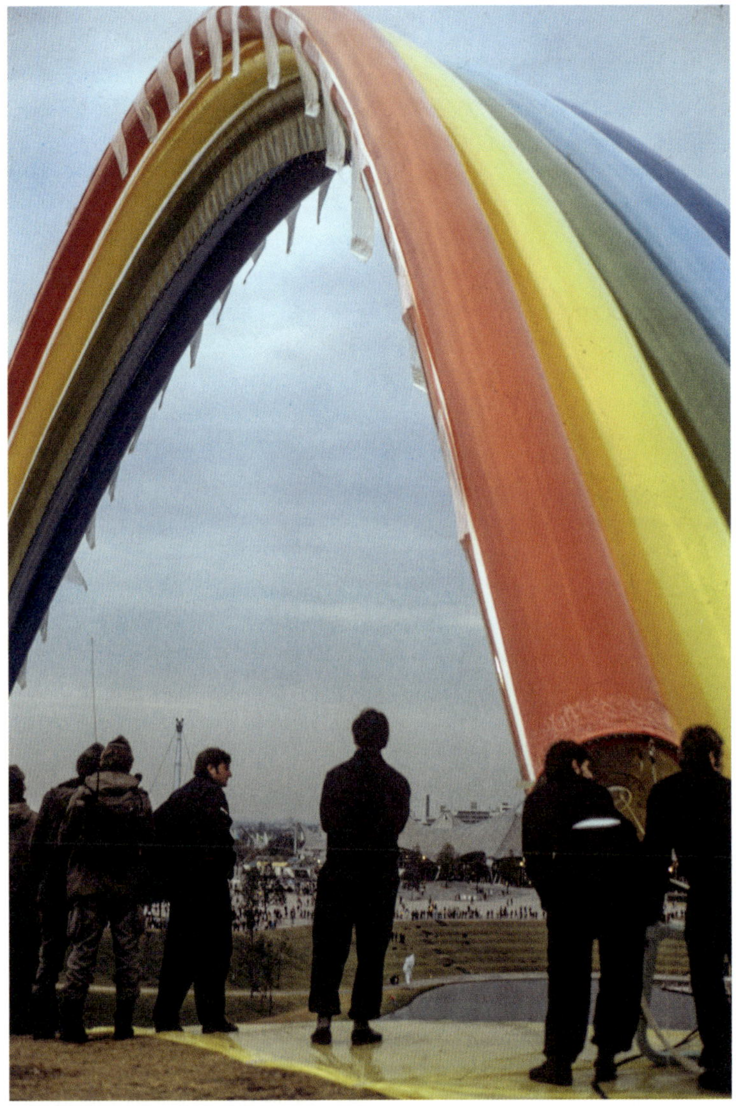

57.1–57.2 Mira Cantor, *Otto Pienes Olympischer Regenbogen* | *Otto Piene's Olympic Rainbow*, Aufbau | construction, 11. September | 11 September 1972

Der Regenbogen ist ein Naturphänomen, besitzt aber auch kulturelle Symbolkraft und weist einen biblischen Bezug auf. In Pienes Kunst ist er ein zentrales Motiv. Bekannt ist besonders sein *Olympischer Regenbogen*, den er bei der Schlusszeremonie 1972 in München aufsteigen liess. Die von vielen Menschen vor Ort ebenso wie im Fernsehen verfolgten Spiele boten ihm die Möglichkeit, Kunst von grosser Reichweite zu verwirklichen. Für seine bis dahin grösste Luftplastik füllte er fünf 460 Meter lange Schläuche in den Münchner Olympiafarben mit Helium und liess sie zusammen mit einem 230-köpfigen Team weit über dem Boden schweben, sodass sie vom Stadion aus sichtbar war. Bei Dunkelheit wurde der Bogen über dem Olympiasee, der mit einem Lichtband aus Glühbirnen illuminiert war, zusätzlich von zahlreichen Scheinwerfern angestrahlt. Die Rezeption des Projekts ist nicht zu trennen vom Attentat auf das israelische Nationalteam, ein Ereignis, welches die Wahrnehmung des Regenbogens als Visualisierung friedlichen Miteinanders und Zusammenlebens umso mehr in den Vordergrund treten liess.

Although the rainbow is a natural phenomenon, it is also a powerful cultural symbol and biblical reference. In Piene's art, the rainbow is a central motif, the best-known example being the *Olympic Rainbow*, launched during the closing ceremony of the 1972 Olympic Games in Munich. This event, watched by large numbers of people both in Munich and on television, gave him an opportunity to realize art that would reach a huge audience. For his largest air sculpture to date, he filled five 460-meter tubes in the colors of the Munich Games with helium and, with a 230-person team, flew them high in the air, visible from the stadium. As night fell, the arch over the Olympic Lake, which had its own integrated band of lightbulbs, was also illuminated by several spotlights. The reception of this project cannot be separated from the attack on the Israeli national team, an event that further foregrounded perceptions of the rainbow as a visualization of peaceful coexistence.

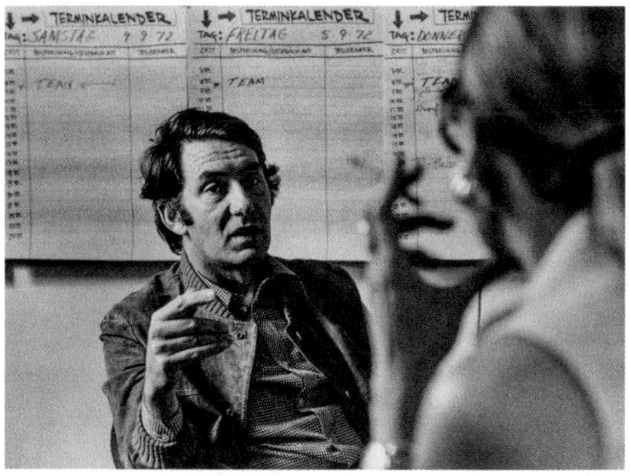

58 *Olympischer Regenbogen*, Vorbereitung | *Olympic Rainbow* preparation, Otto Piene (l.), Renate Haberland (r.), n. d. (1972)

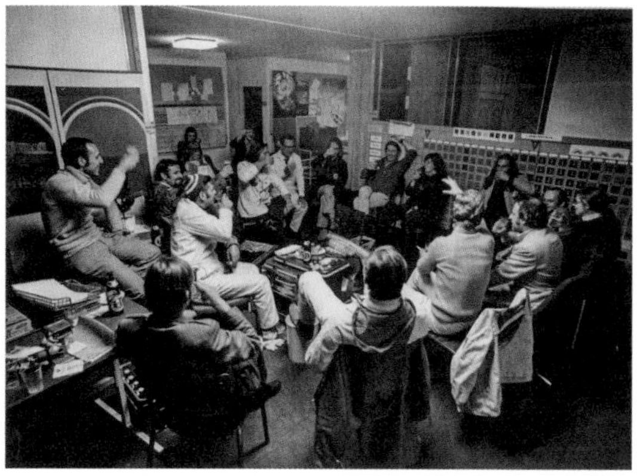

59 *Olympischer Regenbogen*, Teamfeier nach der erfolgreichen Aufspannung | *Olympic Rainbow*, team celebration after successful installation, 1972

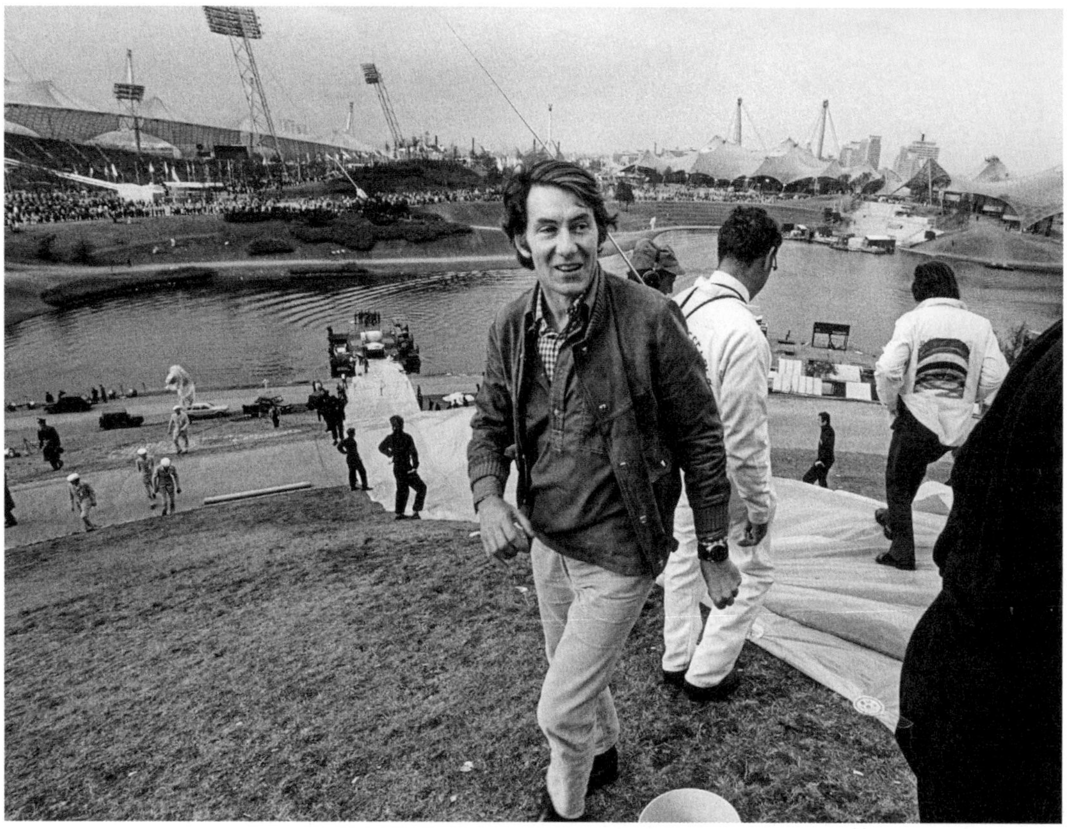

60 *Olympischer Regenbogen* | *Olympic Rainbow*, Piene während des Aufbaus | during construction, n. d. (11. September | 11 September 1972)

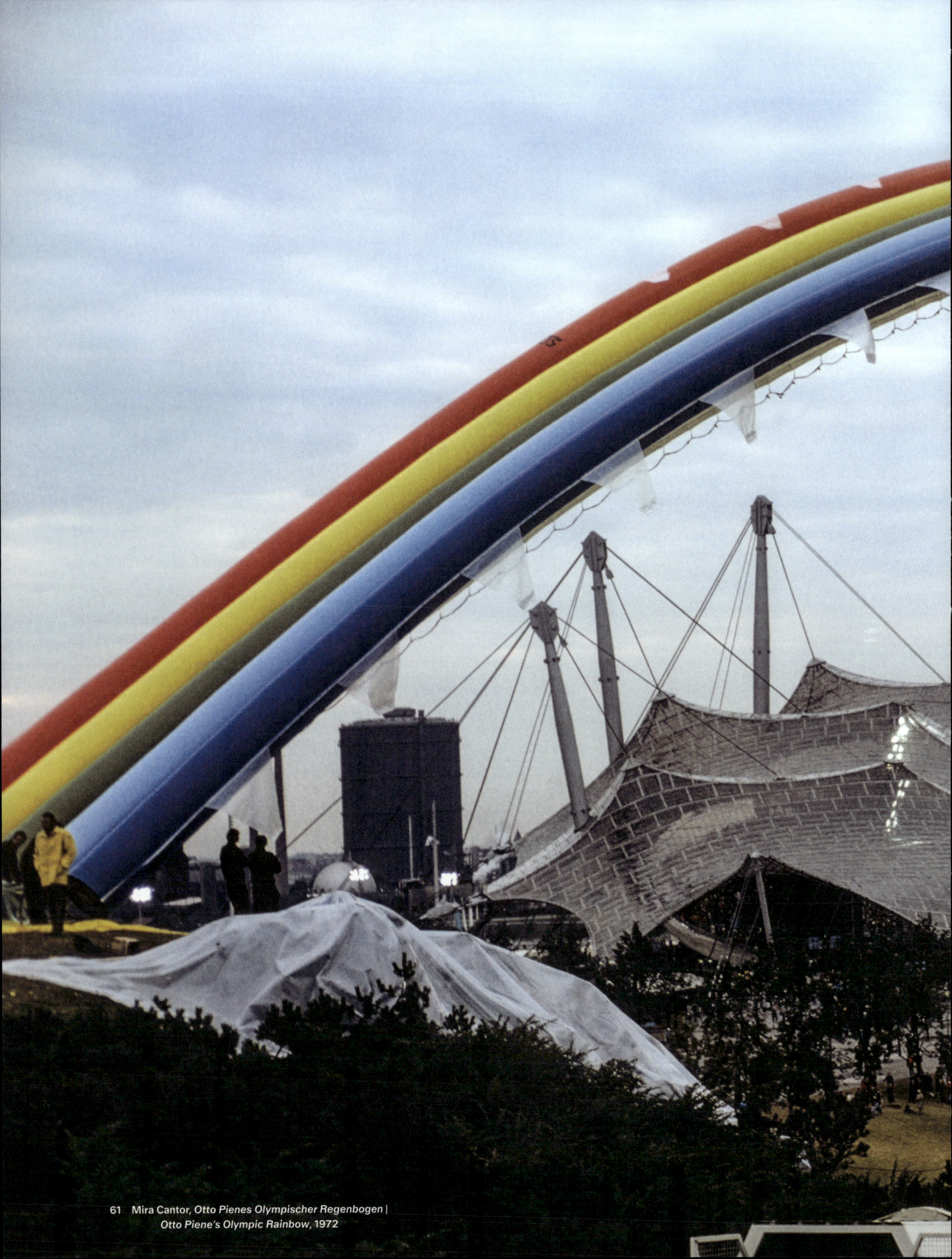

61 Mira Cantor, *Otto Pienes Olympischer Regenbogen* | *Otto Piene's Olympic Rainbow*, 1972

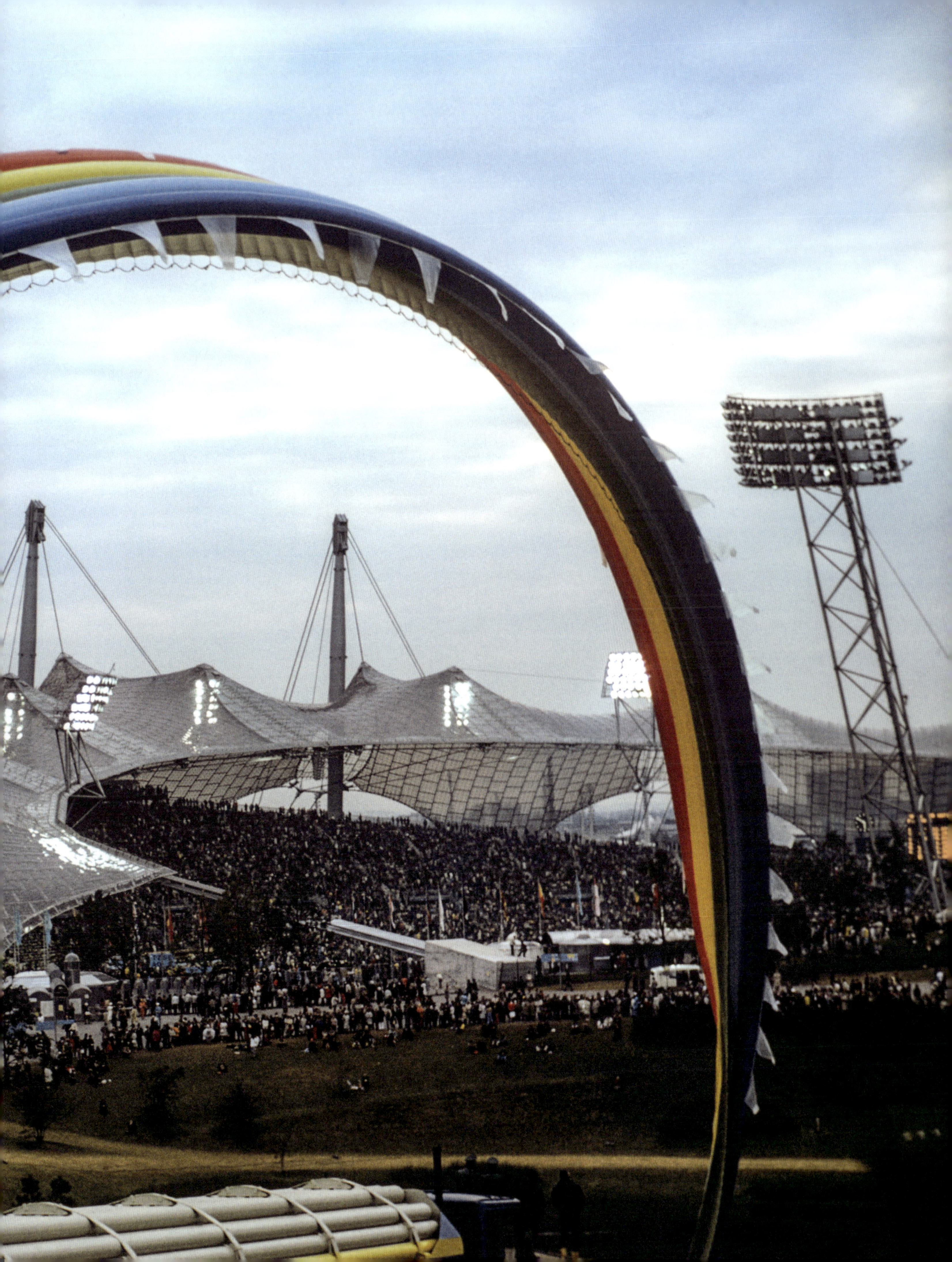

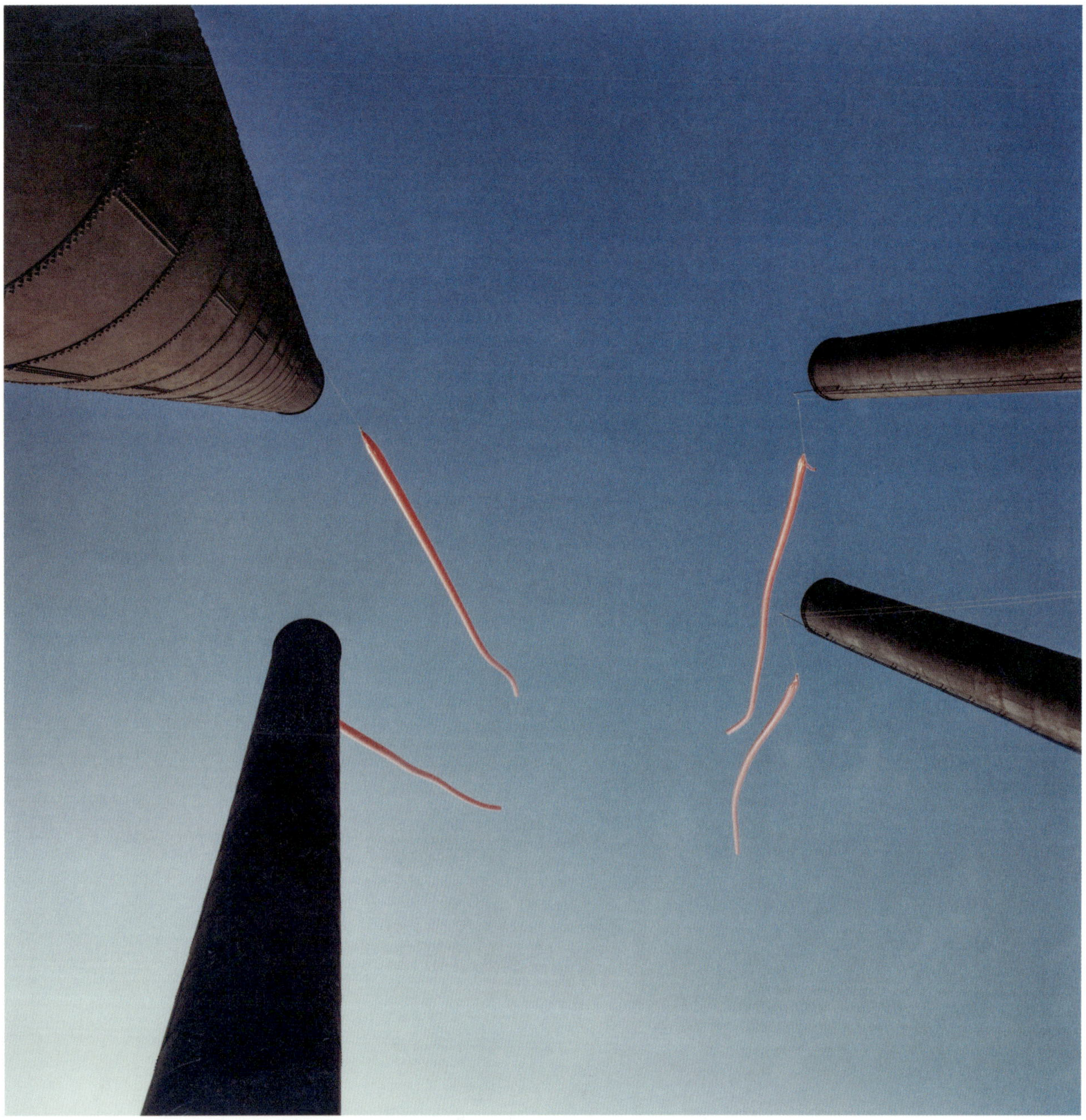

62 ***Black Stacks Helium Sculpture*, 30. Oktober | 30 October 1976, Minneapolis**

Im Rahmen der Ausstellung *The River: Images of the Mississippi* des Walker Art Center in Minneapolis installierte Piene am 30. Oktober 1976 an den vier Schloten der dortigen Southeast Steam Plant rote, heliumgefüllte Polyethylen-Schläuche. Sie stiegen mit einer Länge von etwa 90 Metern hoch in den Himmel und hatten einen Durchmesser von circa 90 Zentimetern. Seine Skizzen ermöglichen es, die Entwicklung des Projekts nachzuvollziehen. Sie zeigen, dass er zunächst an eine blaue Farbgebung dachte, sich dann aber für ein leuchtendes Rot entschied. So akzentuierte er die Schornsteine und erzeugte Assoziationen zu Rauch und Umweltverschmutzung.

On 30 October 1976, as part of the exhibition *The River: Images of the Mississippi* at the Walker Art Center in Minneapolis, Piene attached red, helium-filled polyethylene tubes to the four chimneys of the nearby Southeast Steam Plant. Around ninety centimeters in diameter, they rose ninety meters into the sky. The artist's sketches allow us to trace the development of the project, showing that he was originally thinking of a blue color scheme, before settling on bright red. The red drew attention to the chimneys and created associations with smoke and pollution.

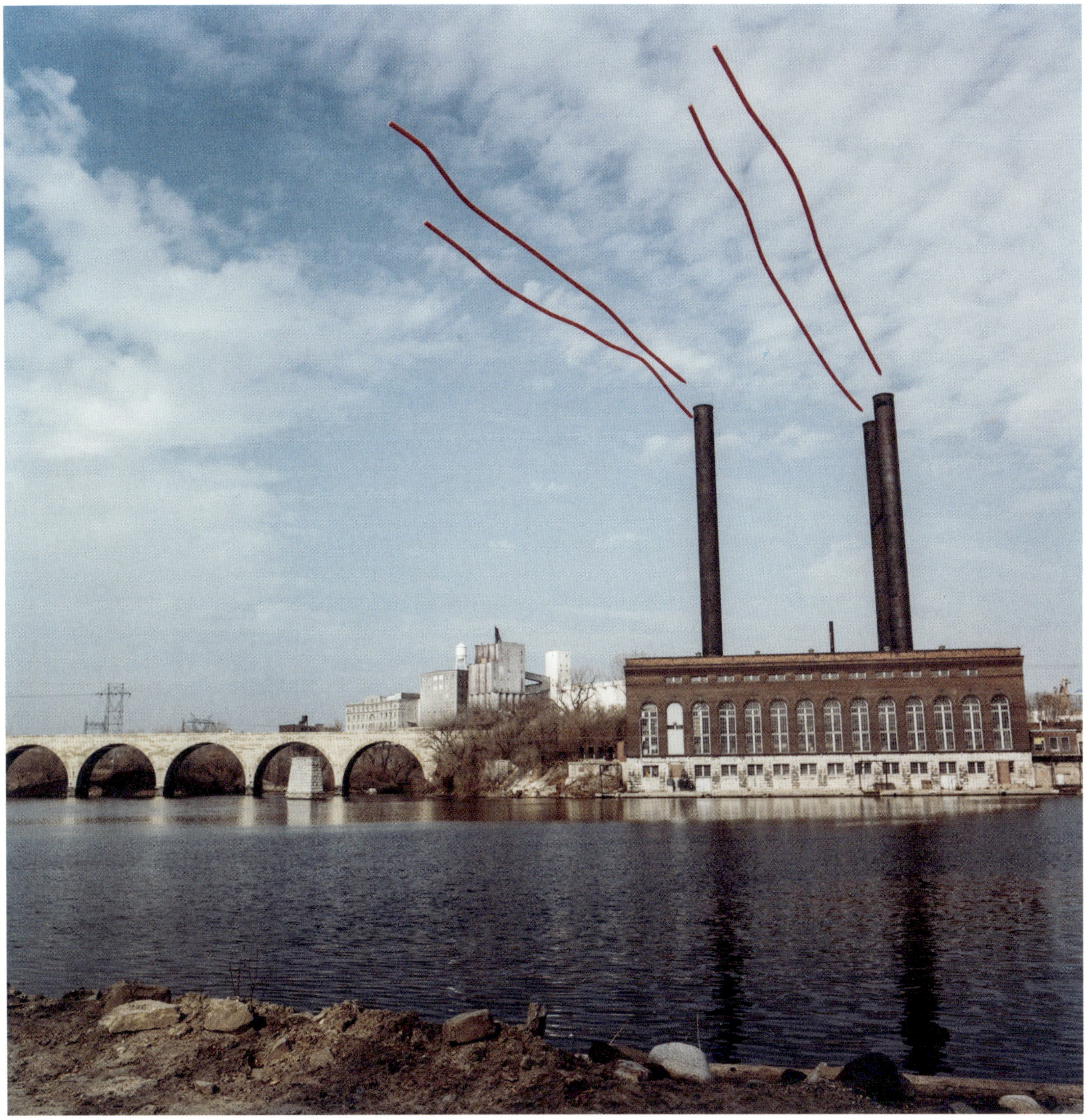

63 *Black Stacks Helium Sculpture*, 30. Oktober | 30 October 1976, Minneapolis

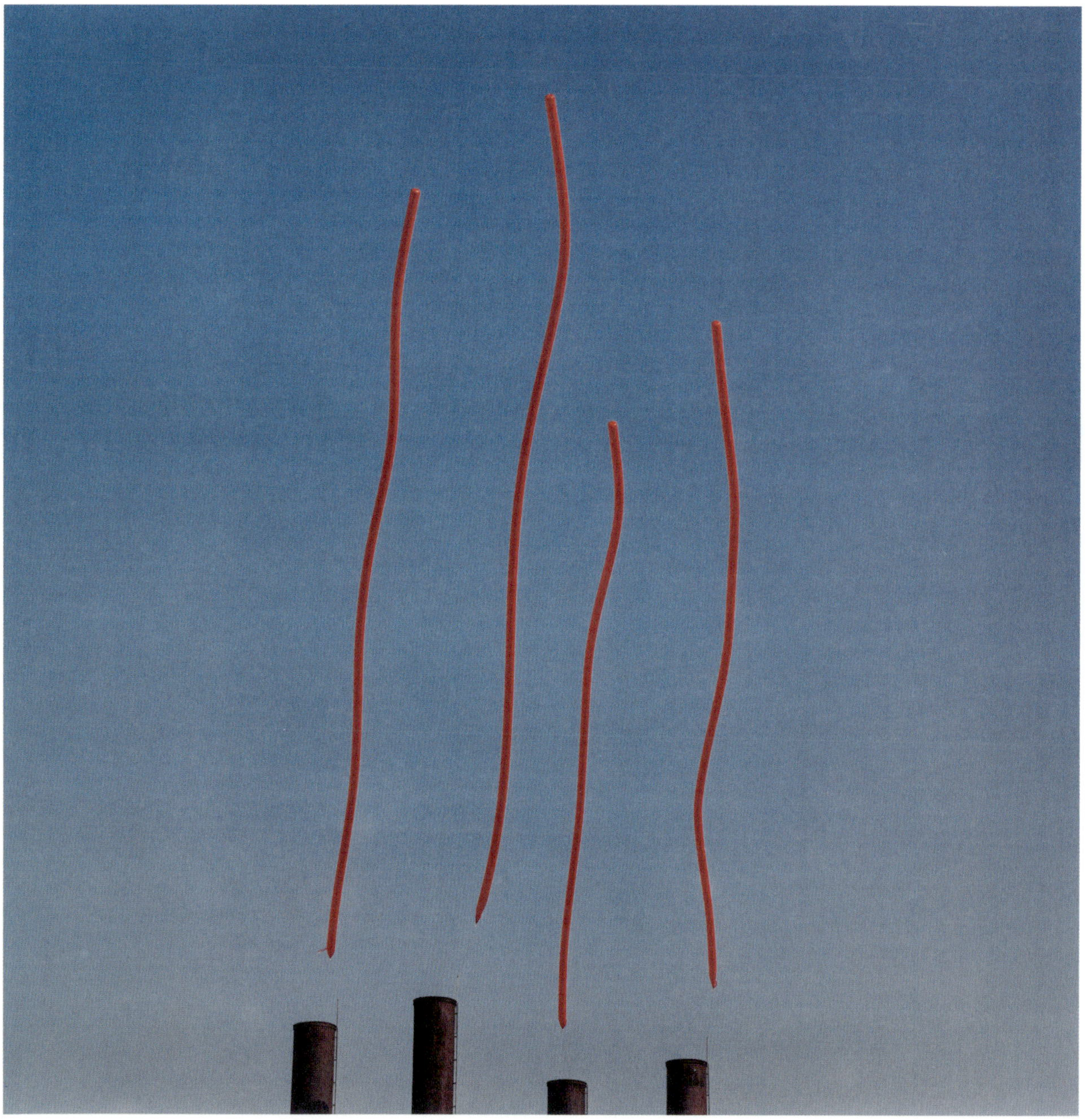

64 *Black Stacks Helium Sculpture*, 30. Oktober | 30 October 1976, Minneapolis

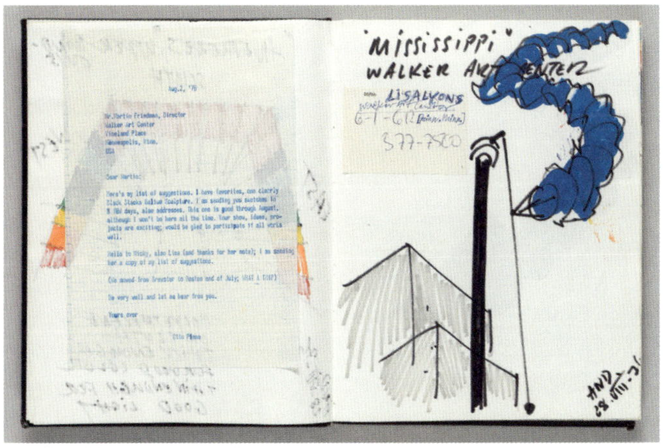

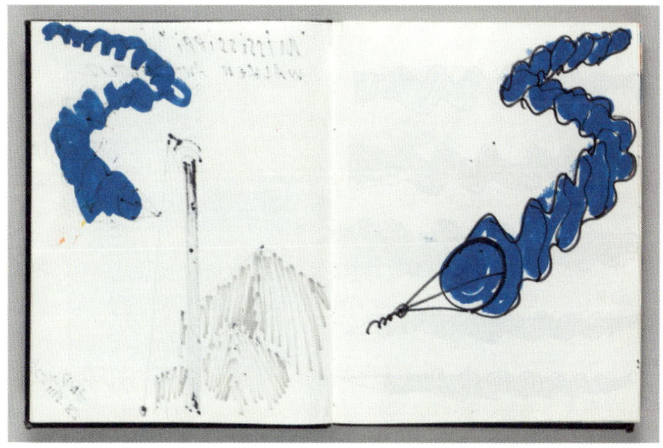

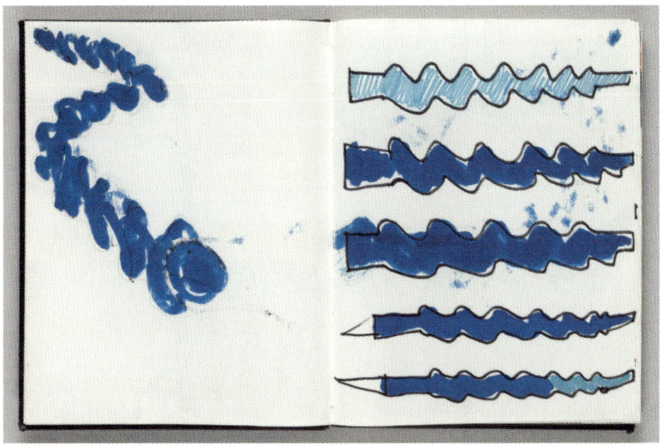

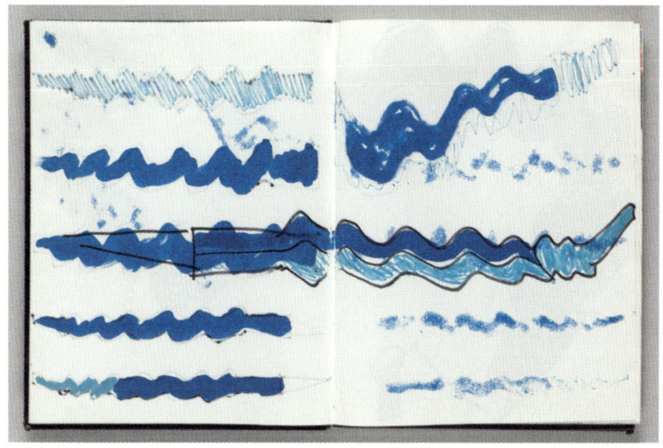

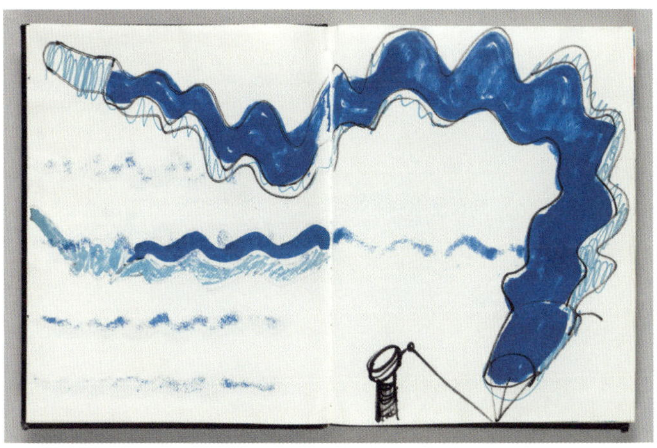

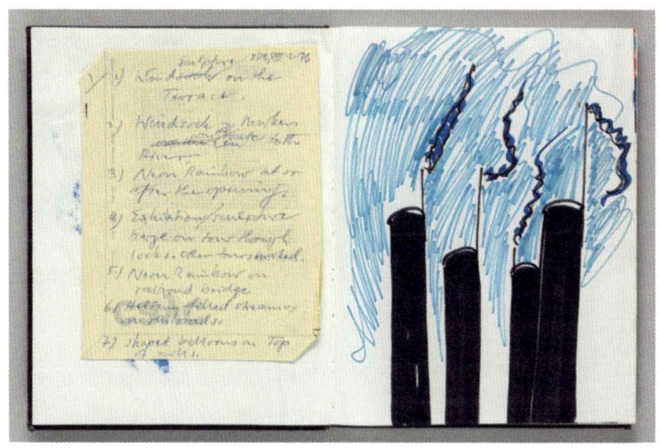

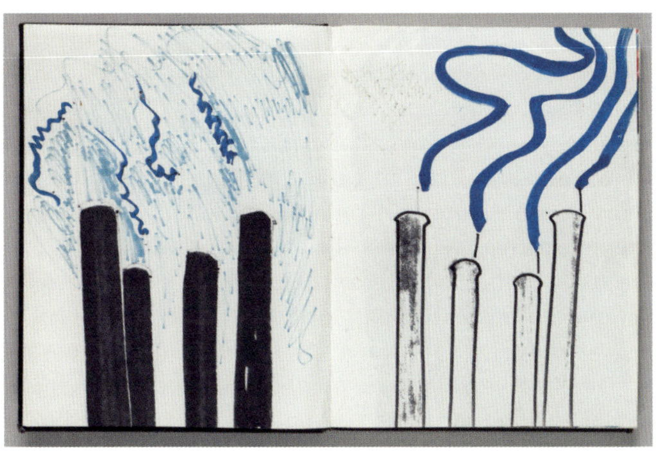

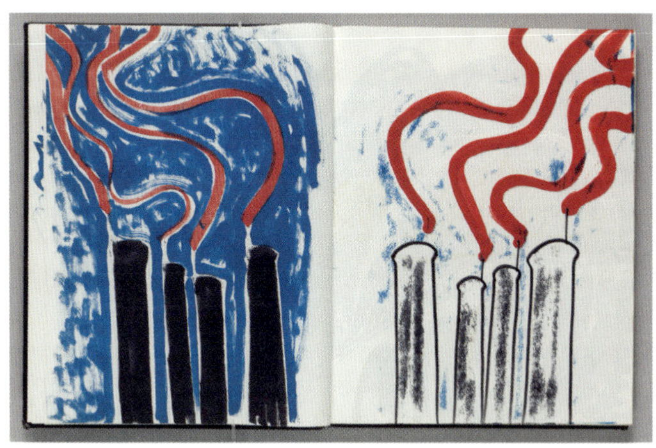

65.1–65.8 Sequenz (Entwürfe für *The River: Images of the Mississippi*) | Sequence (designs for *The River: Images of the Mississippi*), 1976

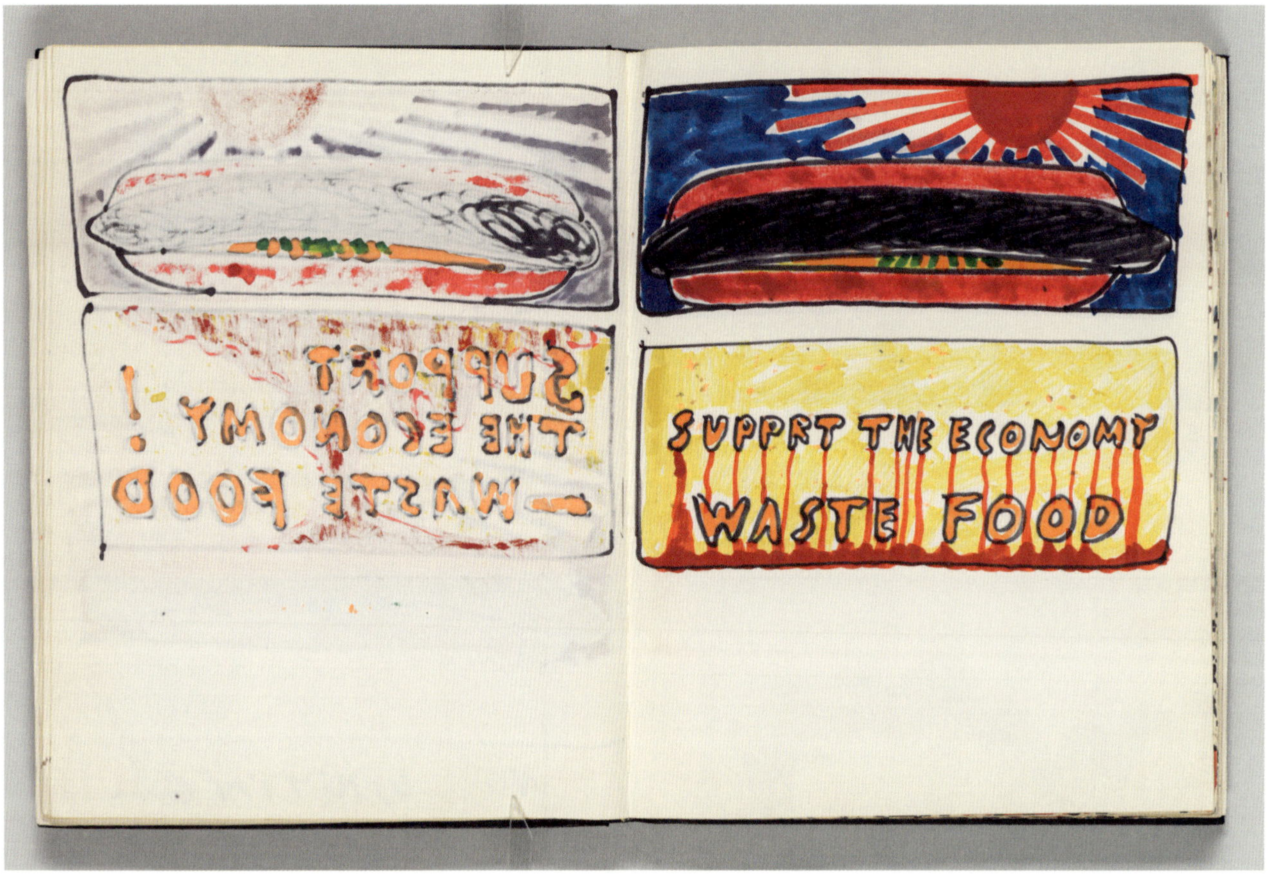

66 Ohne Titel | Untitled (*Food Show* poster), 1975

In der Tradition seines Vorgängers György Kepes organisierte auch Piene als Direktor des CAVS am MIT zusammen mit Doktoranden und Fellows Ausstellungen mit einem Schwerpunkt auf zivilgesellschaftlichem Engagement und Umweltkunst. Die ersten dieser öffentlichen Ereignisse behandelten weit gefasste, offene Themen wie «Wetter» oder «Nahrung». Obwohl von der Show zum Thema Nahrung kaum Aufzeichnungen erhalten sind, finden sich in Pienes Skizzenbüchern zahlreiche Entwürfe für Plakate, unter anderem mit knapp gerahmten Hotdogs und ironischen Sprüchen wie «Support the Economy – Waste Food». Die Endfassung des Plakats wurde in gewaltiger Grösse gedruckt und behielt dennoch die Anmutung der händischen Entwurfsskizze: schnell gezeichnete Ballonbuchstaben, Farbe, die über die Konturen der Formen hinausläuft, gestische Spuren des Arbeitens mit dem Filzstift.

As director of CAVS at MIT, Piene followed in the tradition of his predecessor György Kepes by organizing exhibitions with graduate students and fellows that emphasized civic engagement and Environmental Art. The earliest of these collaborative, celebratory public events were organized around large, open-ended themes such as *Weather Show* or the *Food Show*. Although few records of the *Food Show* exist, Piene's sketchbooks contain numerous poster designs, including tightly framed hot dogs and slogans such as the ironic "Support the Economy—Waste Food." The final version of the poster, produced on a monumental scale, retained the handmade quality of Piene's exploratory sketches: slapdash bubble letters, color spilling across outlined forms, and gestural evidence of the marker's application.

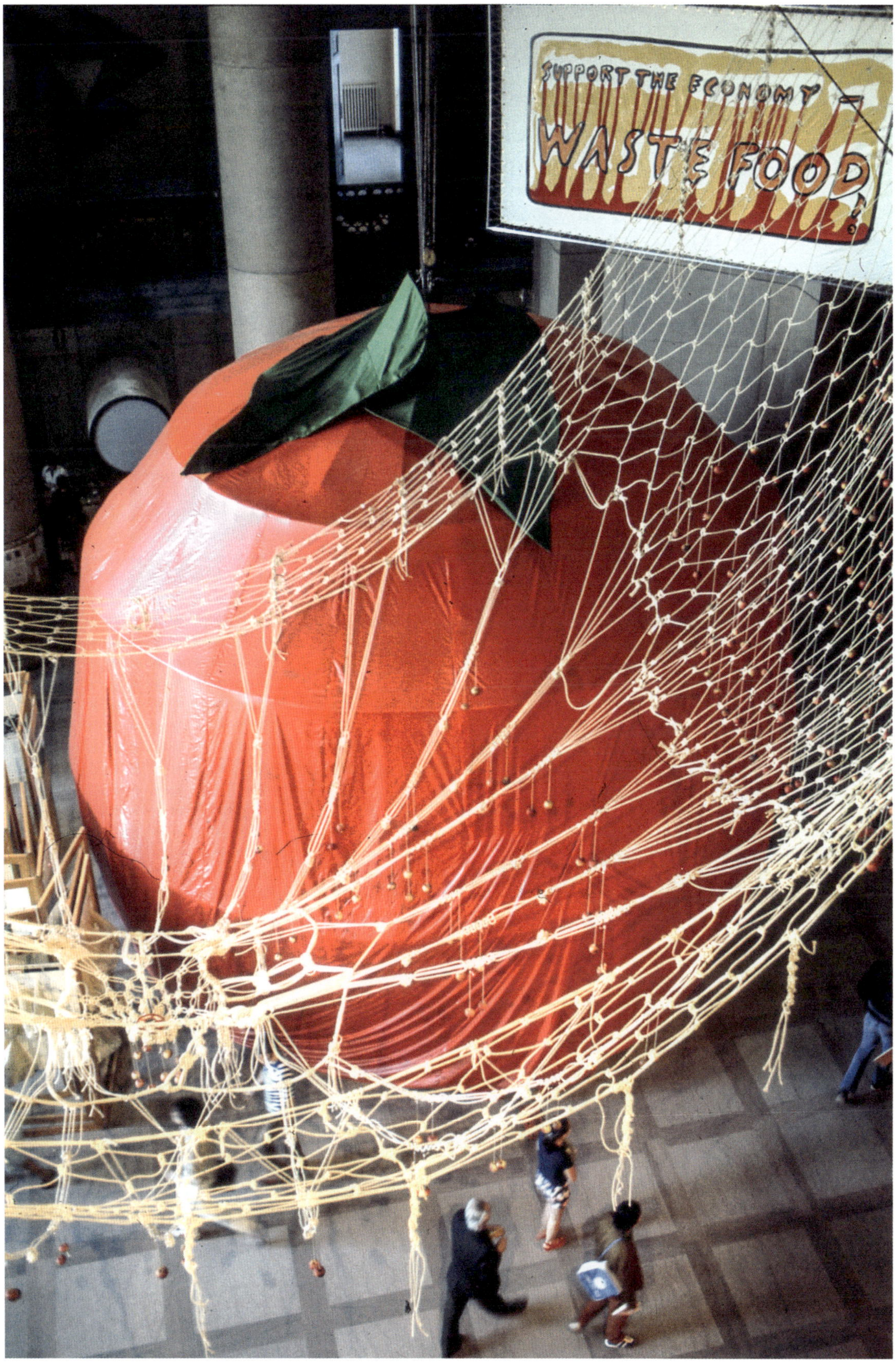

67 CAVS/MIT, *Food Show*, April 1975

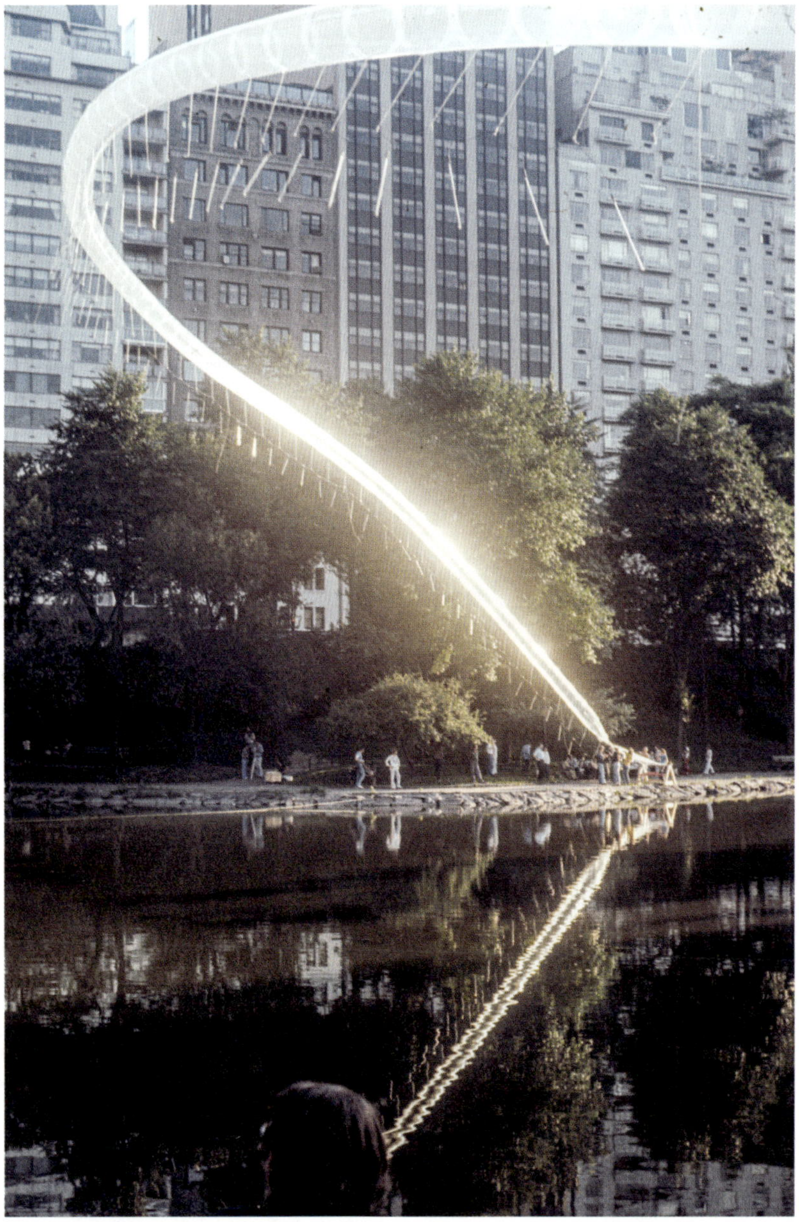

68 Otto Piene/Alejandro Siña, *Neon Rainbow*, 1976, Central Park, New York

1976 führte Piene neben *Anemones: An Air Aquarium* für die New Yorker Nonprofit-Kunstorganisation Creative Time auch Sky Events überall in New York City auf, unter anderem die *East Harlem Sky Events* und *Neon Rainbow*, eine Kooperation mit dem Lichtkünstler Alejandro Siña. Ein hundert Meter langer durchsichtiger Polyethylenbogen überspannte den 59th Street Pond im Central Park. 75 rote Neonröhren hingen in regelmässigem Abstand von diesem Inflatable herab und bildeten einen Regenbogen aus Lichtern, der noch in mehreren Kilometern Entfernung zu sehen war. 1985 schuf Piene eine grössere, dreifarbige Version dieses künstlichen Regenbogens für das Sun Valley Center for the Arts and Humanities in Idaho: ein monumentales, neonbeleuchtetes Inflatable, das sich über der malerischen Landschaft der Rocky Mountains erhob. *Sun Valley Neon Rainbow* unterstreicht Pienes anhaltende Auseinandersetzung mit zwei Hauptmotiven in seinem Werk – Lichtplastik und Sky Art – ebenso wie den Drang zur Grösse in seiner visionären Kunst.

Developed for Creative Time in 1976 along with *Anemones: An Air Aquarium*, Piene showcased Sky Events throughout New York City, including *East Harlem Sky Events* and *Neon Rainbow*, a collaboration with light artist Alejandro Siña. A three-hundred-foot, transparent polyethylene arc soared across the 59th Street Pond in Central Park. Seventy-five red neon tubes dangled from the inflatable at regular intervals, shaping a rainbow of light visible for miles. In 1985 Piene constructed a larger, tricolored version of his artificial rainbow for the Sun Valley Center for the Arts and Humanities, creating a monumental, neon-lit inflatable to span this picturesque landscape in the Rocky Mountains. *Sun Valley Neon Rainbow* underscores Piene's ongoing exploration of two major strains of his oeuvre—light sculpture and Sky Art—and the grand scale of his visionary work.

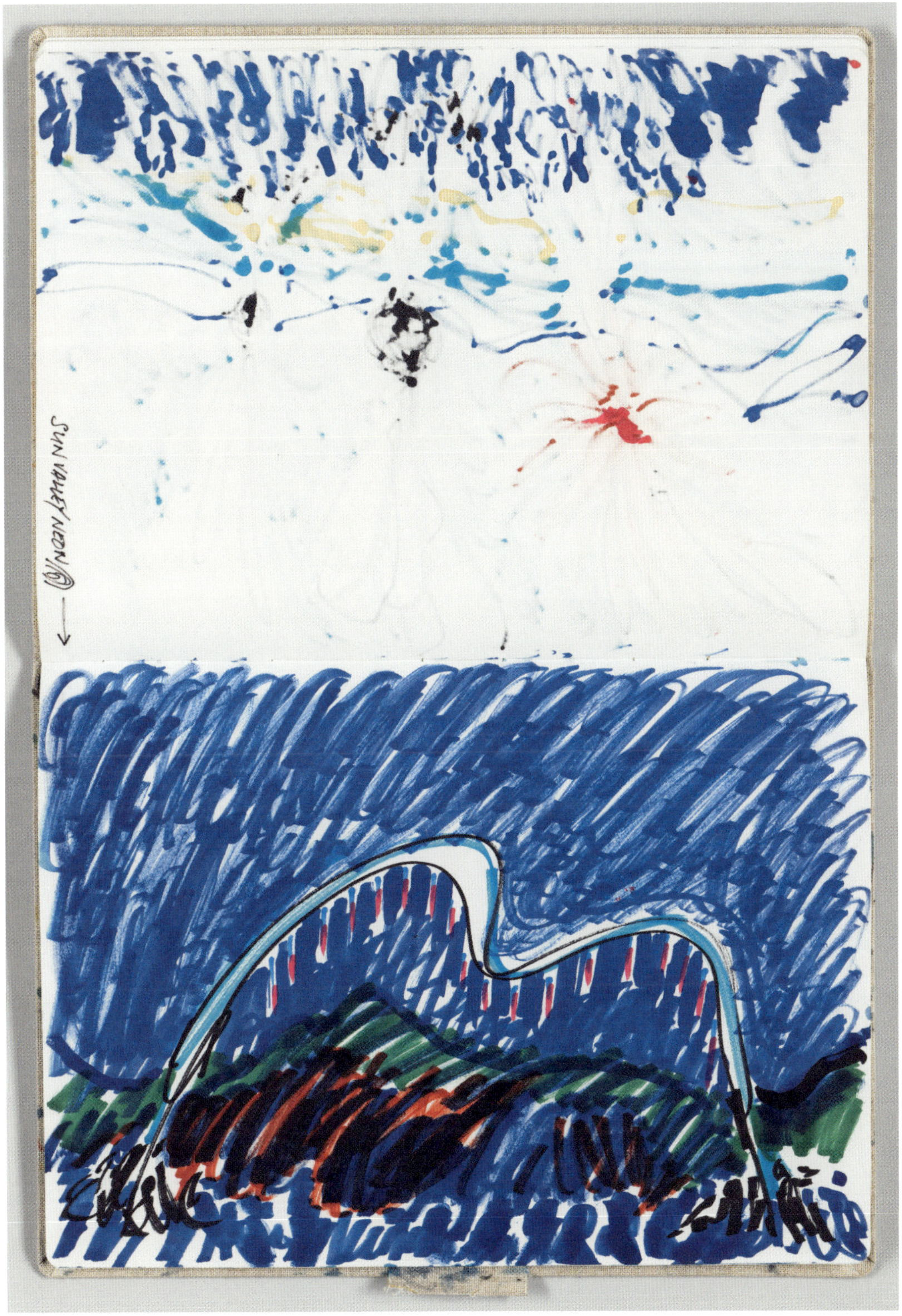

69 Ohne Titel | Untitled (*Sun Valley Neon Rainbow*), 1985

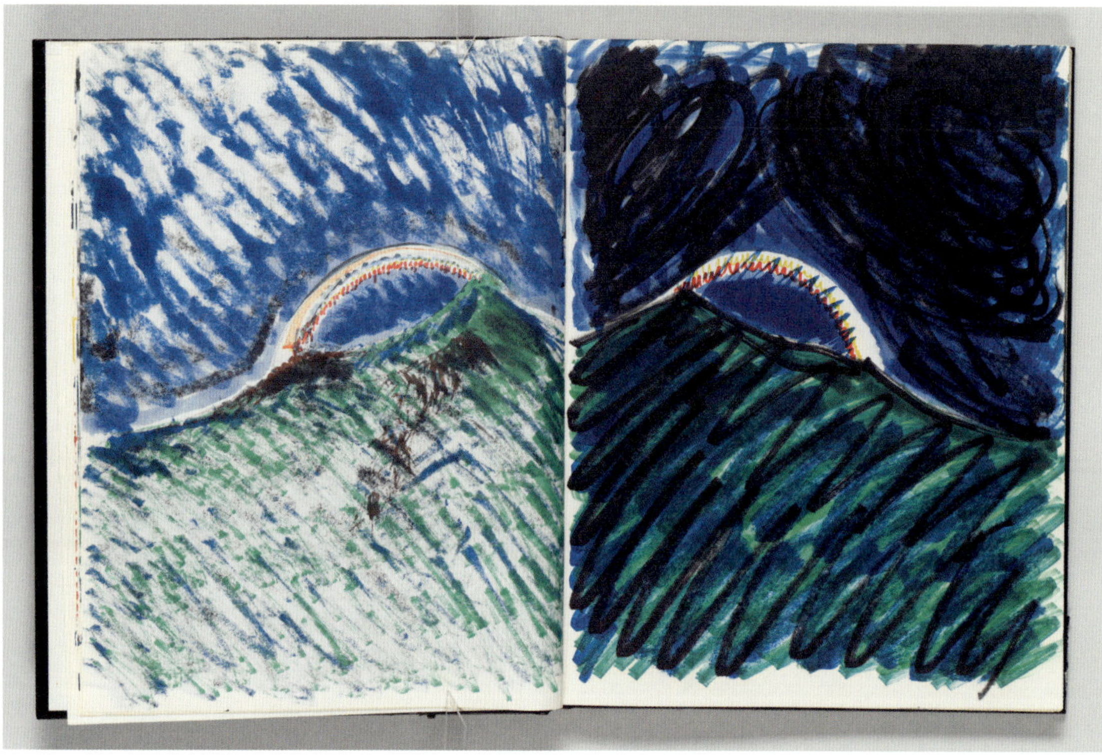

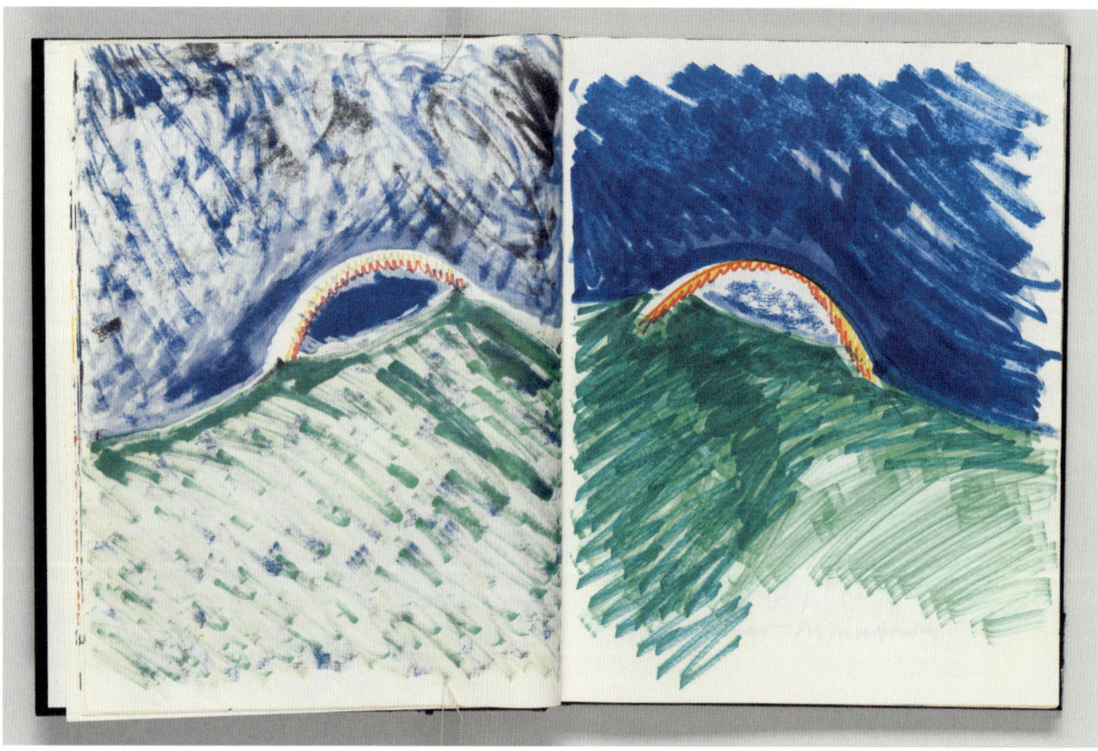

70.1–70.2 Sequence | Sequence (*Sun Valley Neon Rainbow*), 1985

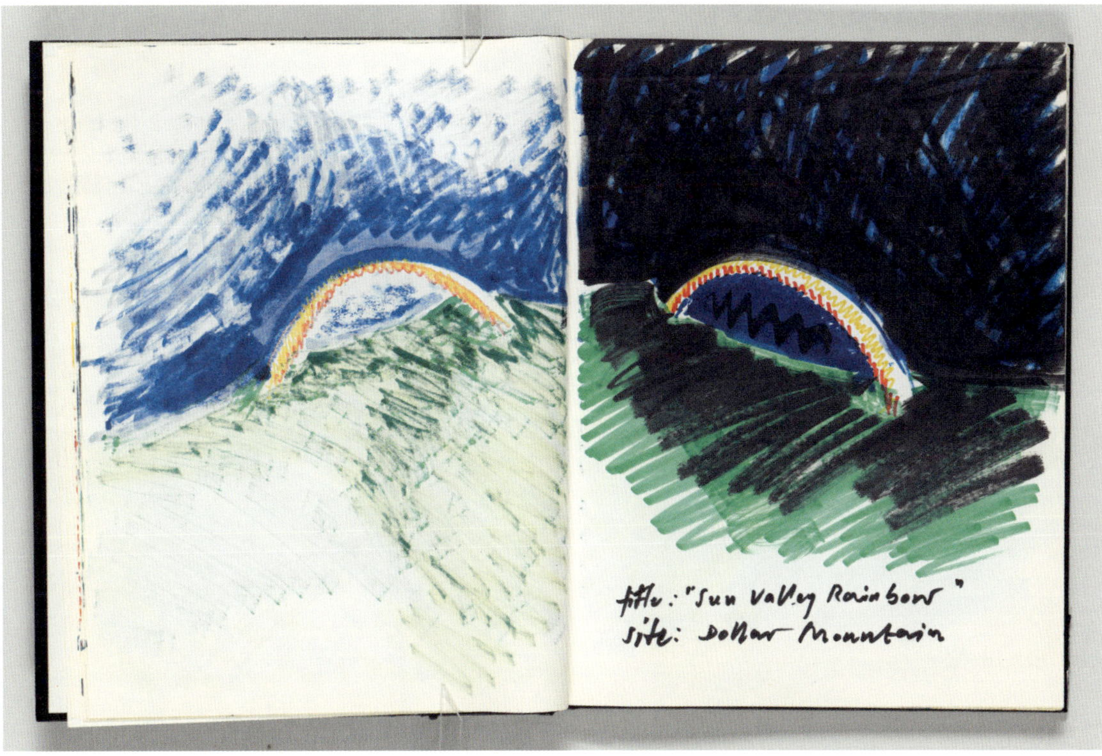

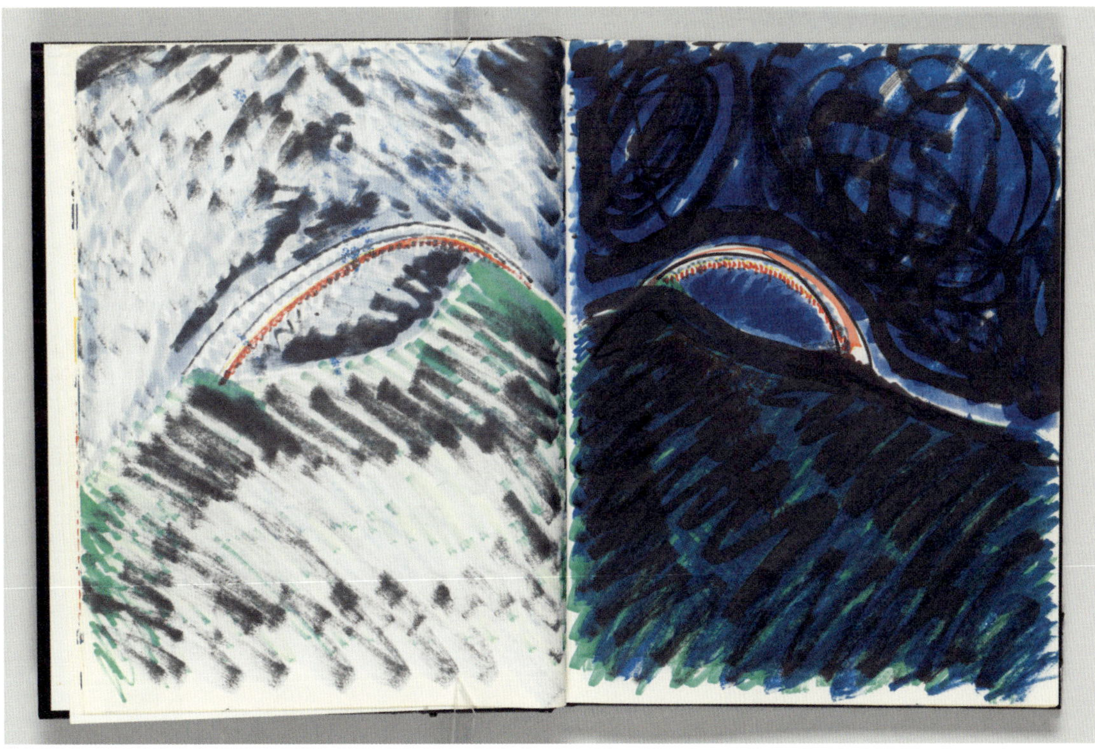

71.1–71.2 **Sequence | Sequence (*Sun Valley Neon Rainbow*), 1985**

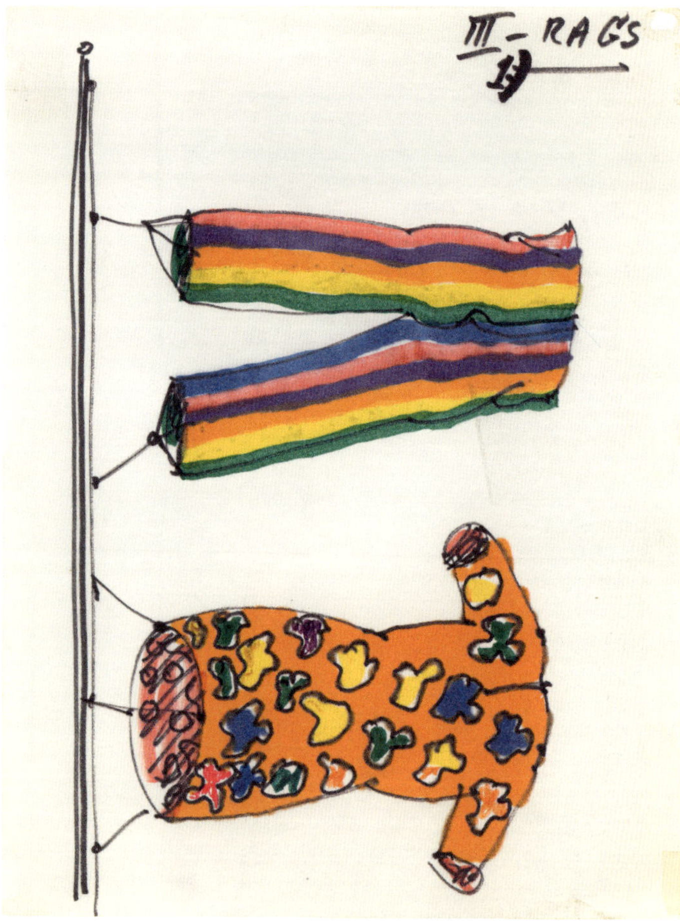

72 *Wind Manual, III Rags & Bags / 1), 1970*

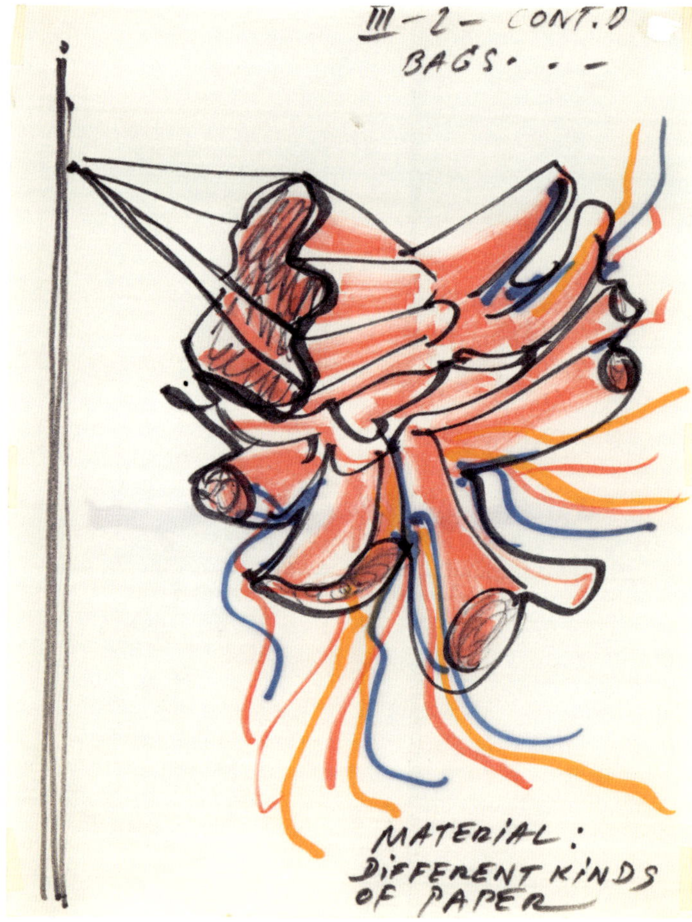

73 *Wind Manual, III Bags / 2)* Cont. D. Bags, 1970

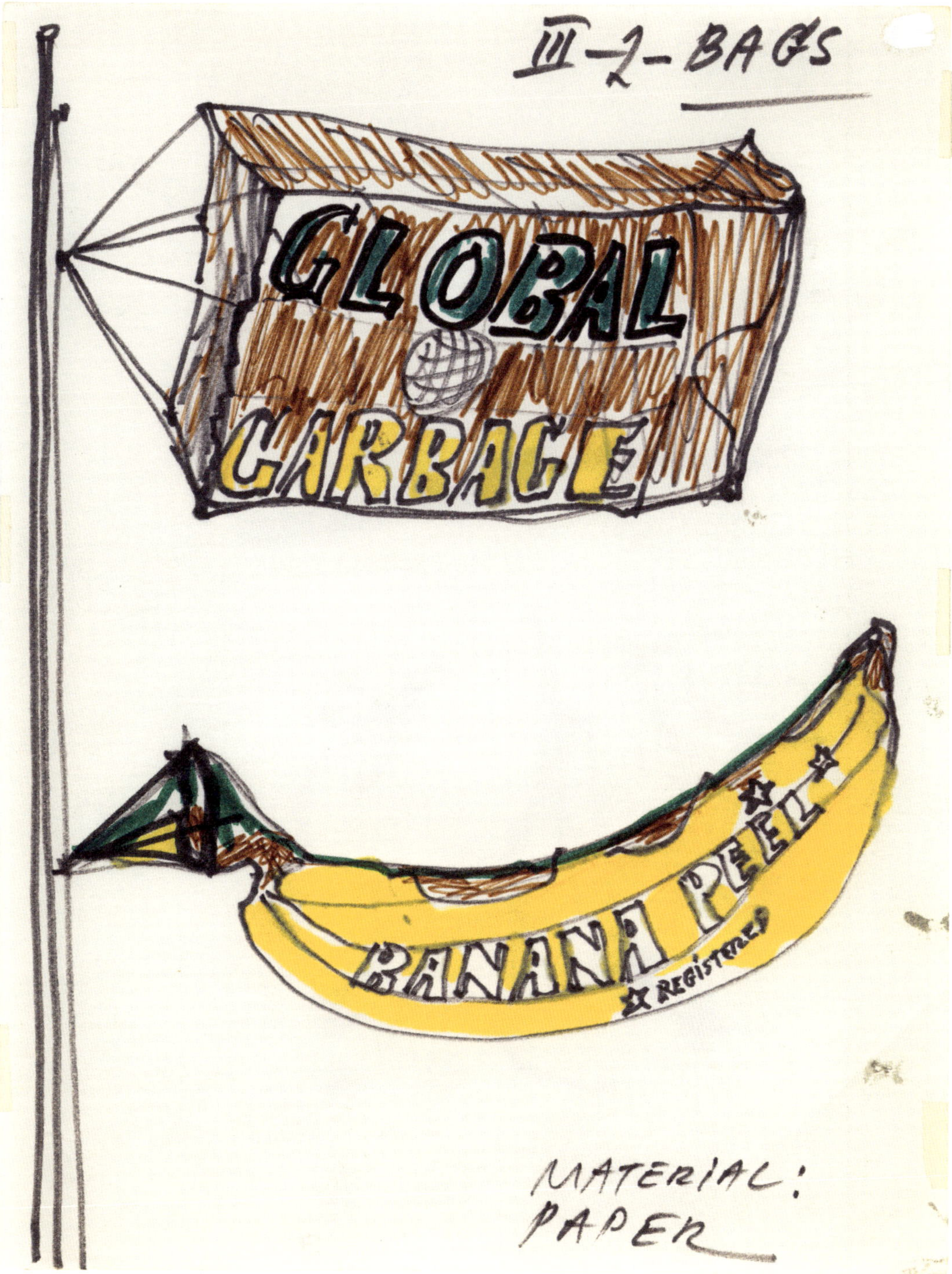

74 *Wind Manual, III Rags & Bags / 2 Bags*, 1970

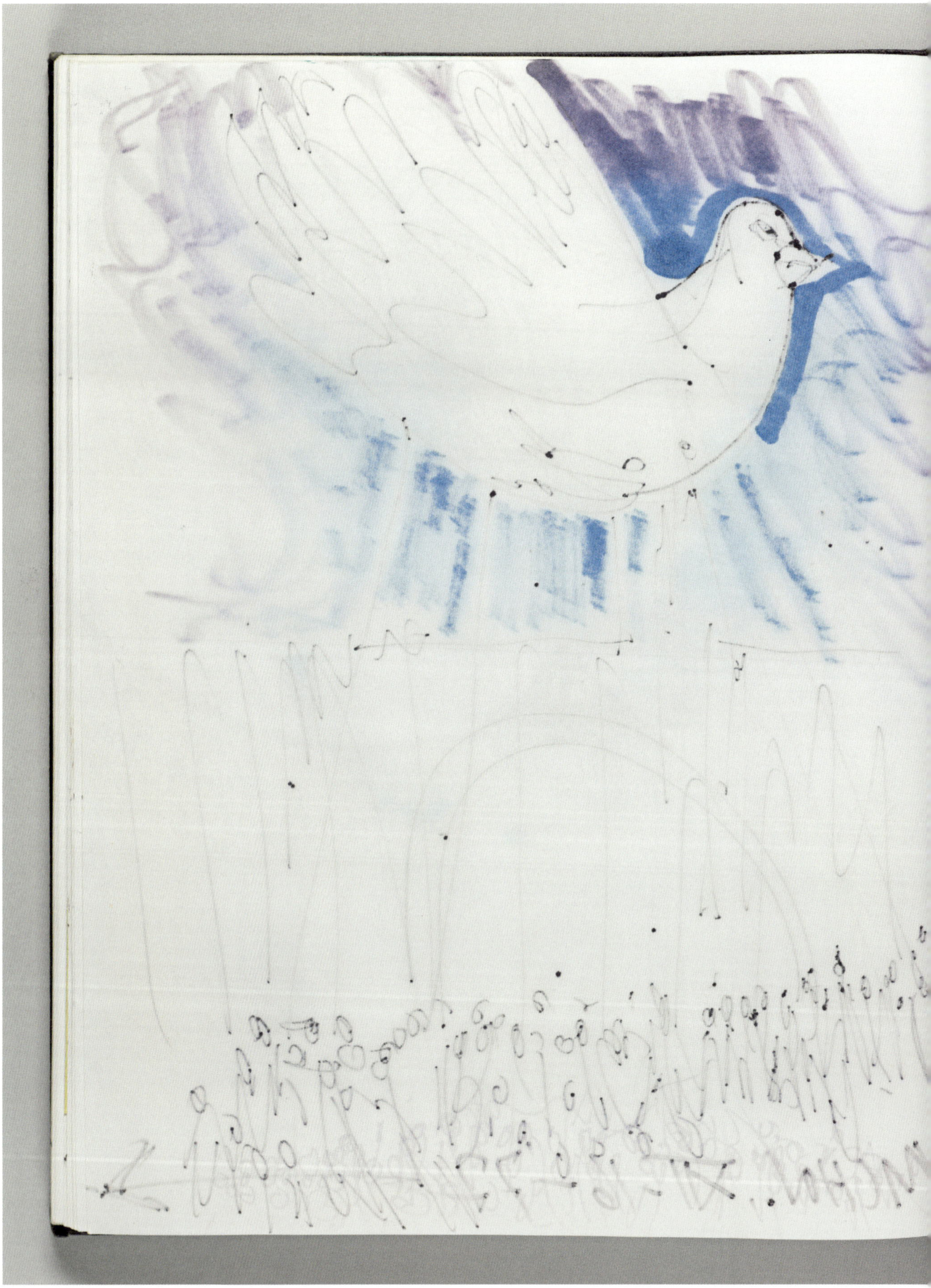

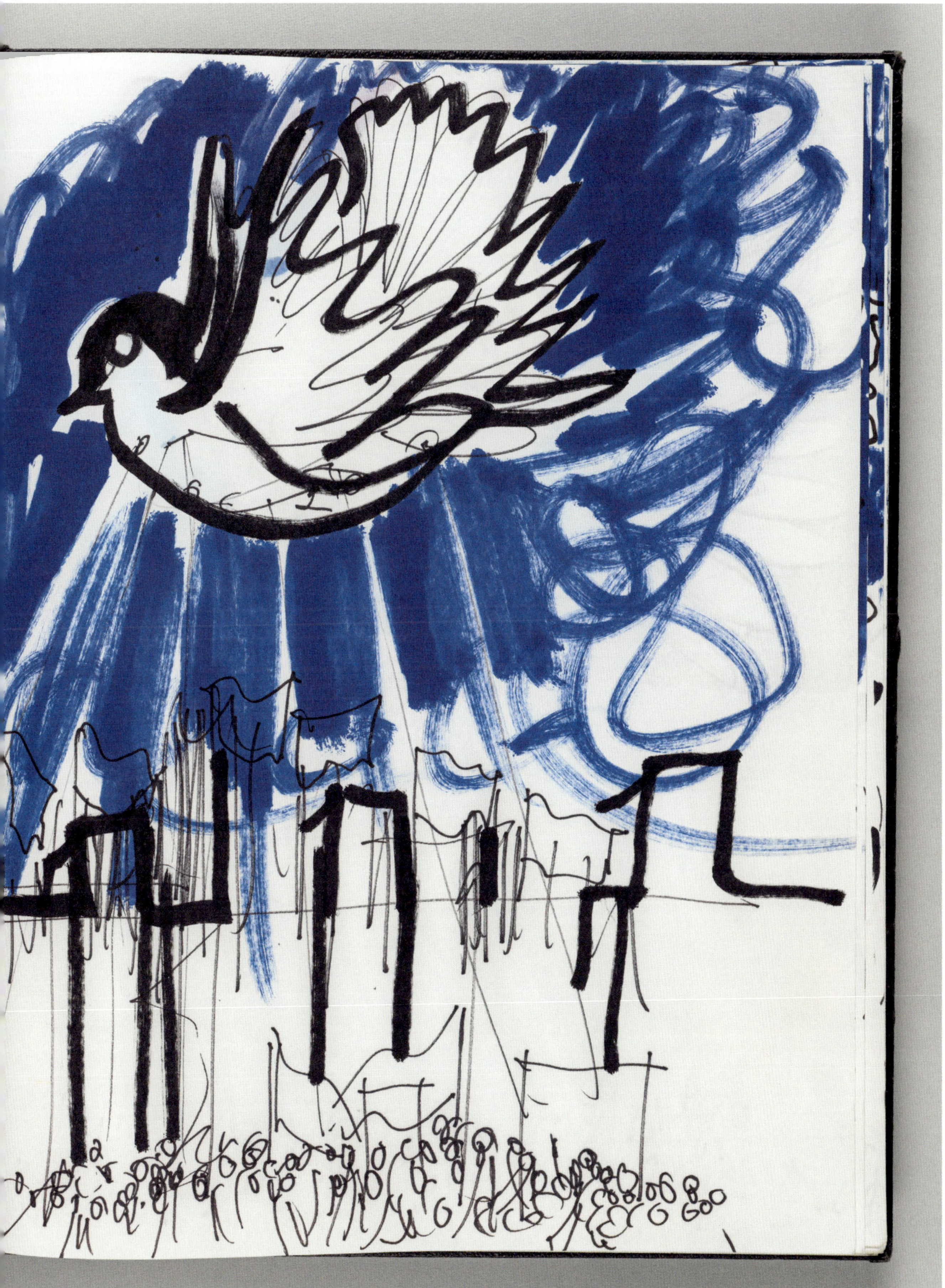

75 **Ohne Titel (Vogel-Inflatable) | Untitled (bird inflatable), 1977**

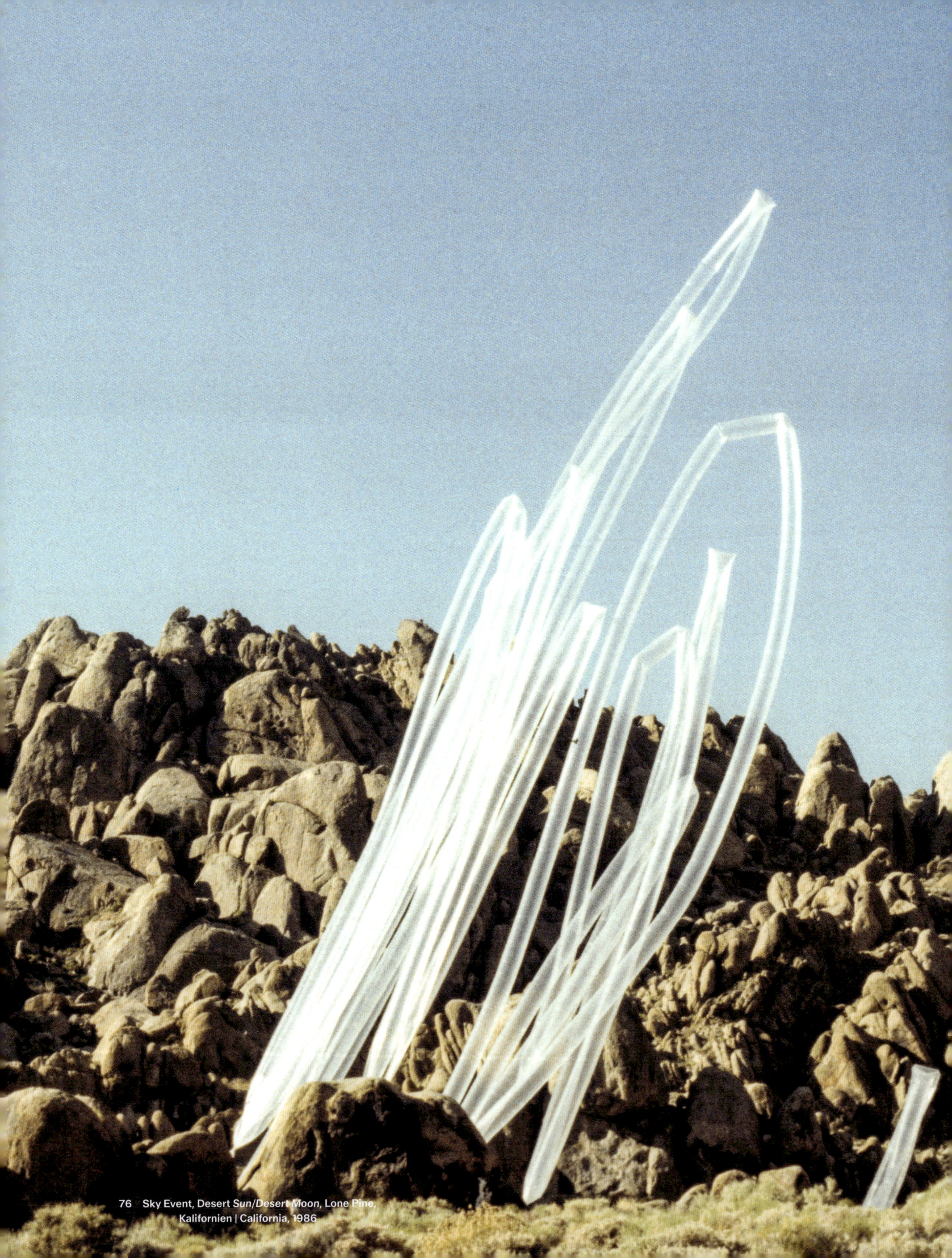

76 Sky Event, Desert *Sun/Desert Moon*, Lone Pine, Kalifornien | California, 1986

Sky Art und Natur

Eine Windhose als Skulptur verrät mehr über das Wetter als ein Brancusi; ausserdem ist Wind billiger als Bronze. Wenn das unser Ausgangspunkt ist und wir unsere Recherchen zur Umwelt und zu uns selbst fortführen, dann müssen wir uns keine Sorgen um die Beständigkeit der Kunstwerke machen. Der Dialog mit den Elementen bringt uns weiter. Er erfrischt und ersetzt. Meine Beziehung zur Natur ist mir wichtiger als all meine Habe.

Zitat: Piene, Otto, *More Sky*, Cambridge, MA, 1973, S. 67 [Übers. SBR].

Sky Art and Nature

A wind-sock sculpture tells us more about the weather than a Brancusi; also, wind is cheaper than bronze. If we start from here and keep the research into ourselves and our environment going, we will not have to worry about durability of works of art, because our dialog with the elements will proceed, refreshing and replacing. My rapport with nature is more important to me than my possessions.

Quotation from Otto Piene, *More Sky* (Cambridge, MA: MIT Press, 1973), 67.

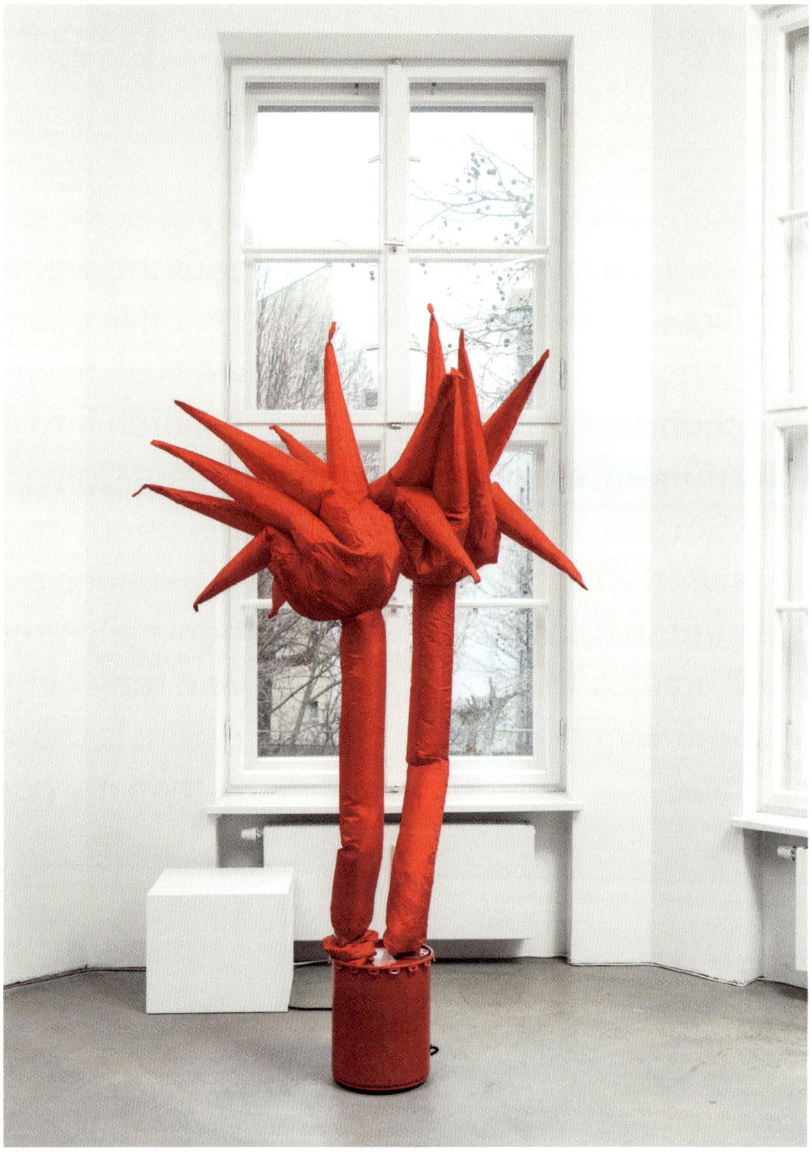

77 *Fleur du Mal*, 1968–1970

Die *Fleurs du Mal* (1969), in der Betitelung angelehnt an Charles Baudelaires Gedichtbuch *Les Fleurs du mal* (*Die Blumen des Bösen*, 1857), gehören zu Pienes frühesten Luftplastiken – die beiden einzigen bekannten Vorläufer sind *Pneumatische Lichtblume* (Dortmund, 1967) und *Pneumatic Garden of Eden* (Buffalo, 1968). Es handelt sich um ein luftplastisches Environment: Die schwarzen Blumen richten sich auf und fallen in sich zusammen. Mithilfe von Ventilatoren und getaktetem Stroboskoplicht bewegen sie sich und werfen Schatten. Mit dieser Arbeit kehrten ein von der Natur abstrahiertes Motiv ebenso wie der natürliche Prozess des Werdens und Vergehens in Pienes Œuvre zurück. Das Werk nimmt somit eine Schlüsselrolle ein, denn es verbindet seine *Lichtballette* mit den ebenfalls floral inspirierten Inflatables seiner Sky Art. Transparente, farblose *Fleurs du Mal* setzte er darüber hinaus auch im Medienkunstwerk *Black Gate Cologne* ein.

The *Fleurs du Mal* (1969), named after Charles Baudelaire's book of poems from 1857 (published in English as *The Flowers of Evil*), are among Piene's earliest air sculptures, the only known precursors being *Pneumatische Lichtblume* (Dortmund, 1967) and *Pneumatic Garden of Eden* (Buffalo, 1968). In this inflatable sculptural environment, the black flowers rise and fall, moving and casting shadows with the help of fans and time-switched strobe lights. With this work, a motif abstracted from nature and the natural processes of growth and decay returned to Piene's oeuvre. *Fleurs du Mal* thus plays a central role in his oeuvre, creating a link between his *Light Ballets* and the florally inspired inflatables of his Sky Art. In addition, he also included transparent, colorless *Fleurs du Mal* in the media artwork *Black Gate Cologne*.

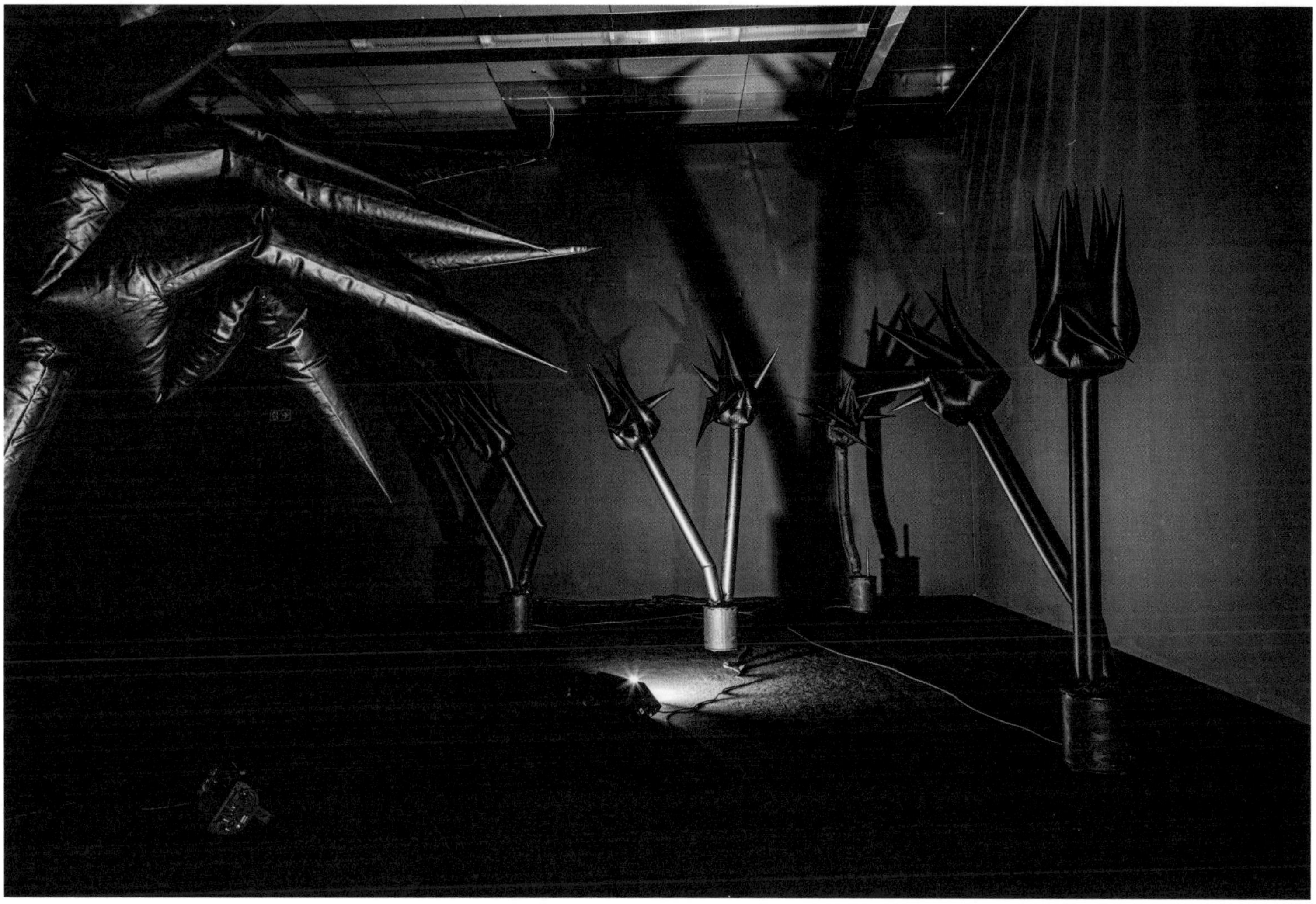

78 *Fleurs du Mal*, 1969, Installationsansicht | installation view, Kunstmuseum Wolfsburg, 2023

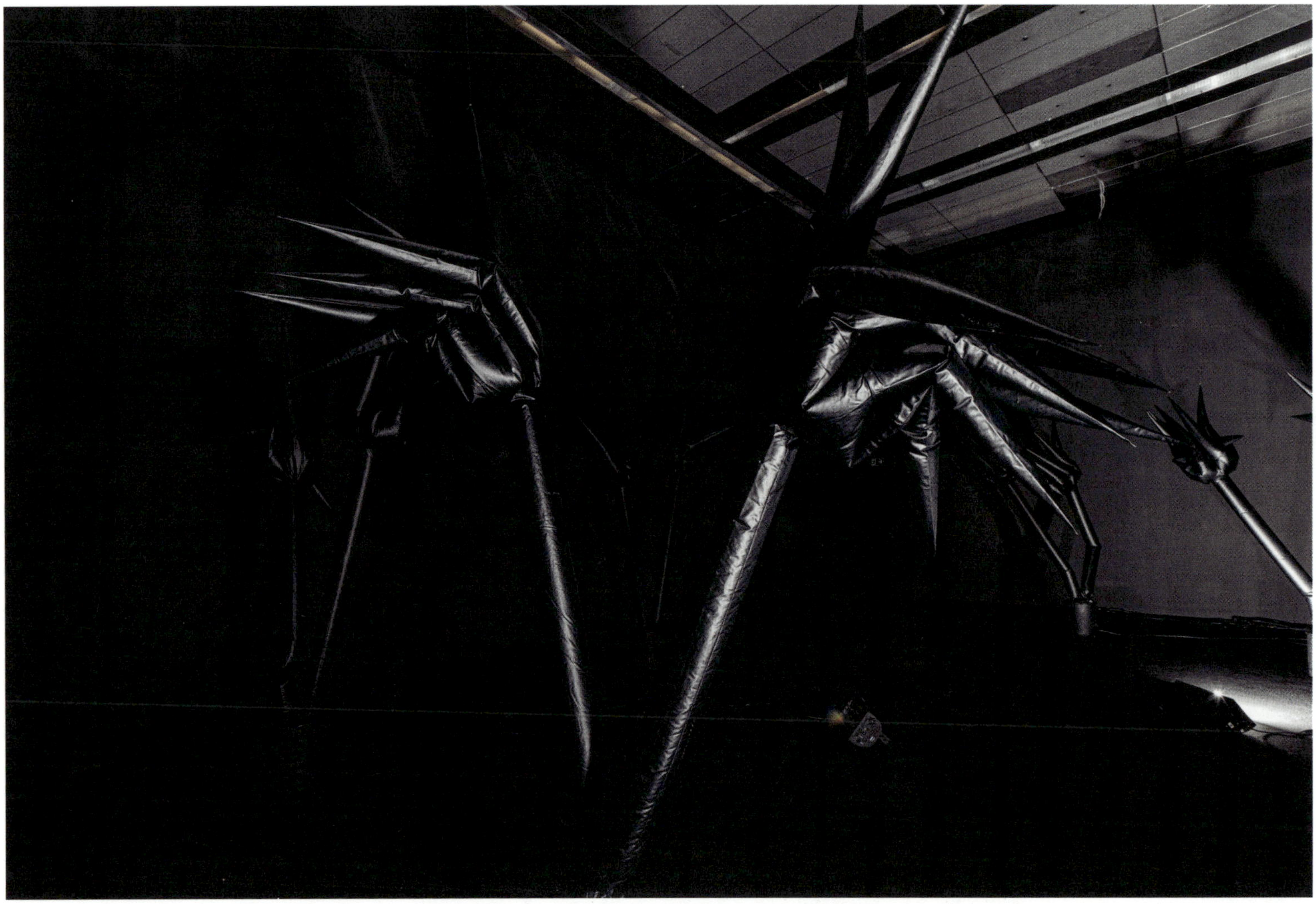

79 *Fleurs du Mal*, 1969, Installationsansicht | installation view, Kunstmuseum Wolfsburg, 2023

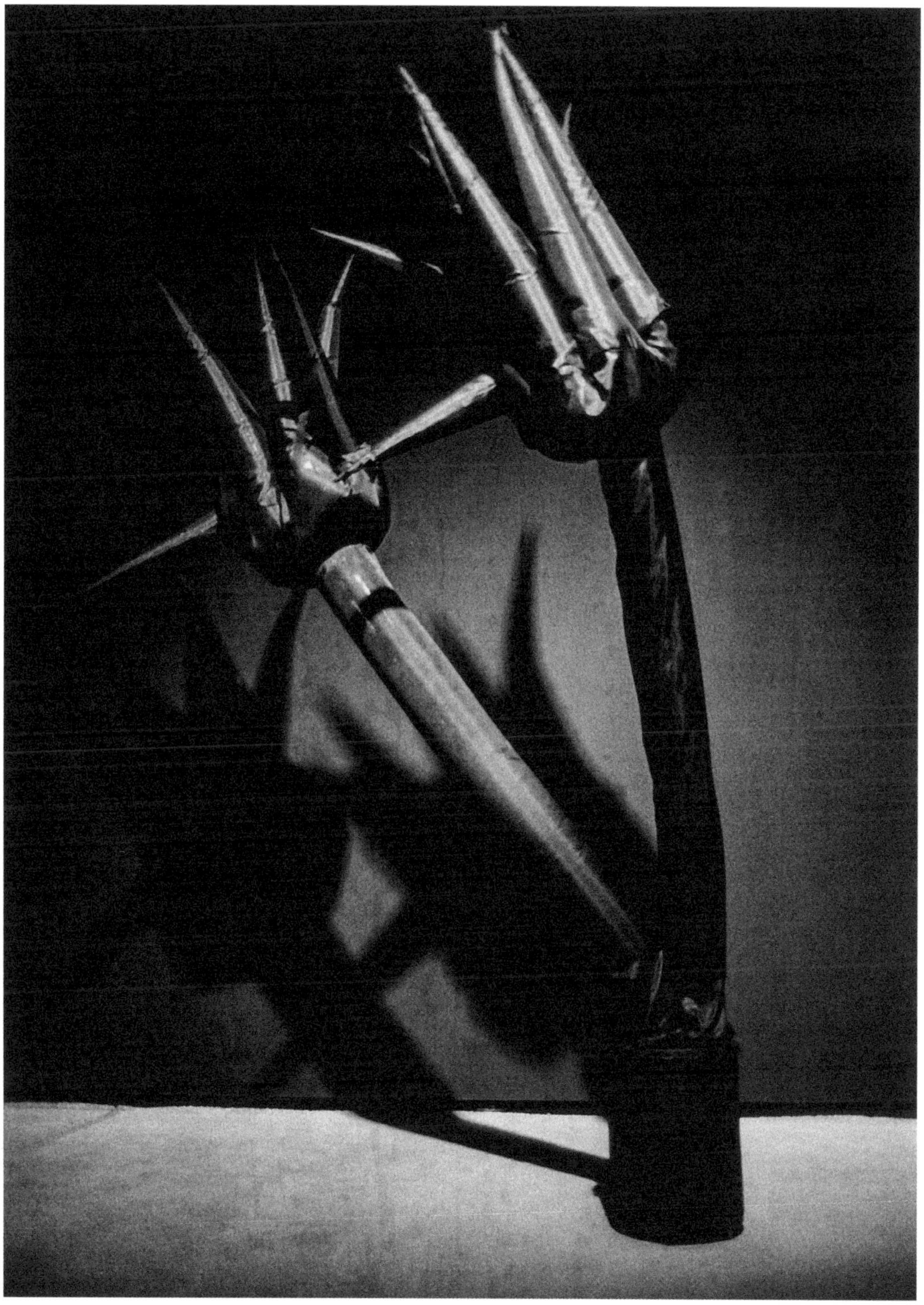

80 *Fleurs du Mal*, 1969, Installationsansicht | installation view,
Howard Wise Gallery, New York, 1969

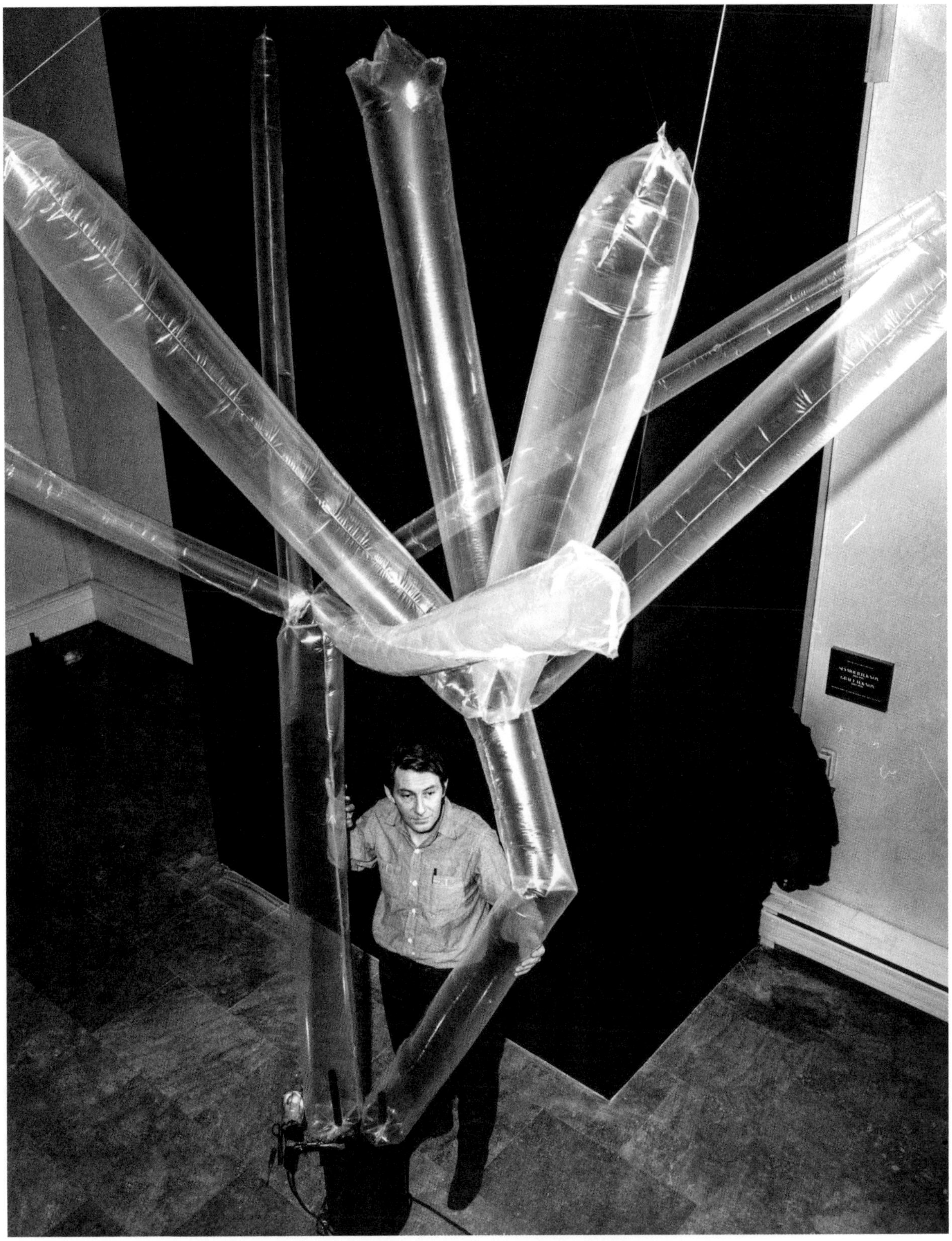

81 Piene mit | with *Pneumatic Garden of Eden*, 1968, Installationsansicht | installation view, Albright-Knox Gallery, Buffalo, New York, 1968

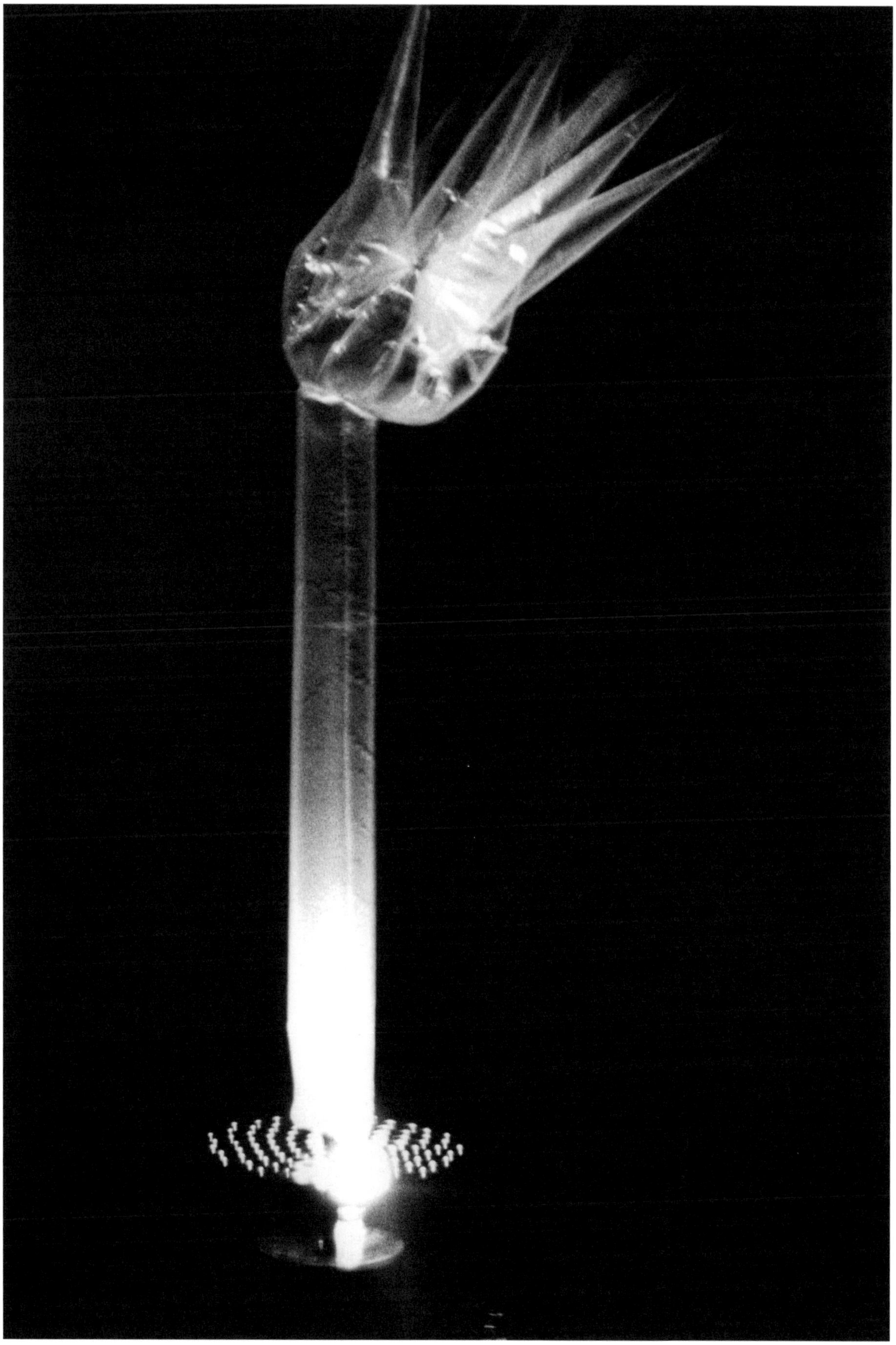

82 *Pneumatische Lichtblume*, 1967, Museum am Ostwall, Dortmund, 1967

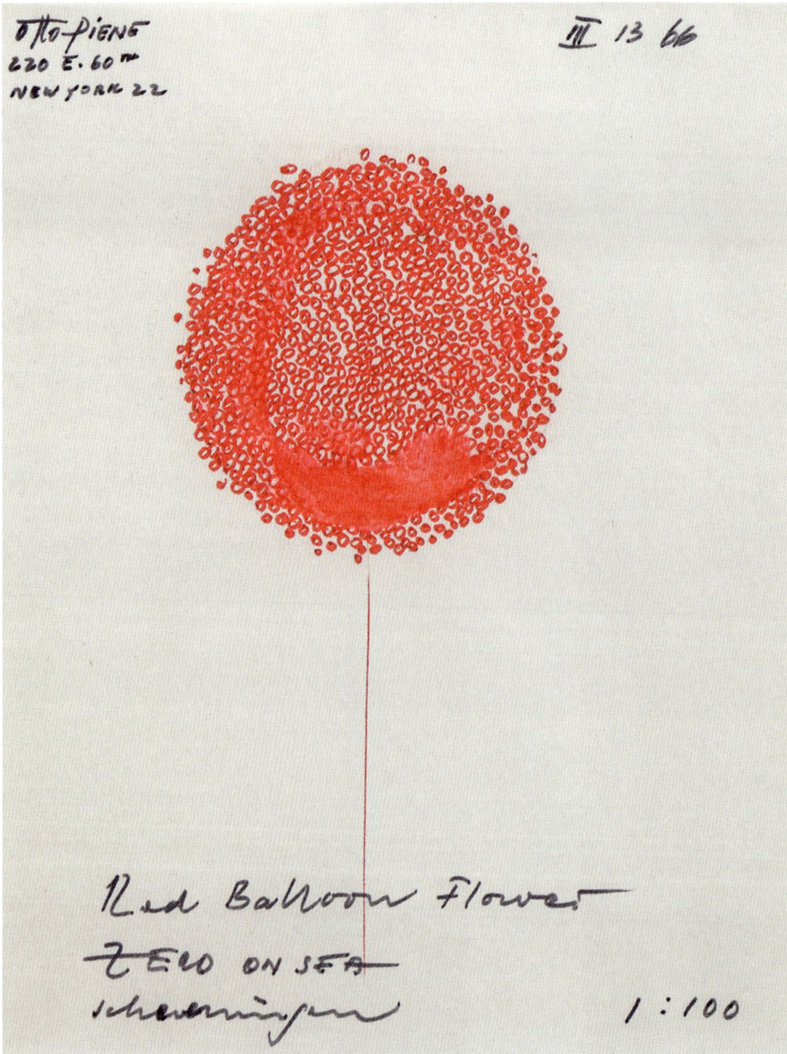

83 Ohne Titel | Untitled (zero), 1966

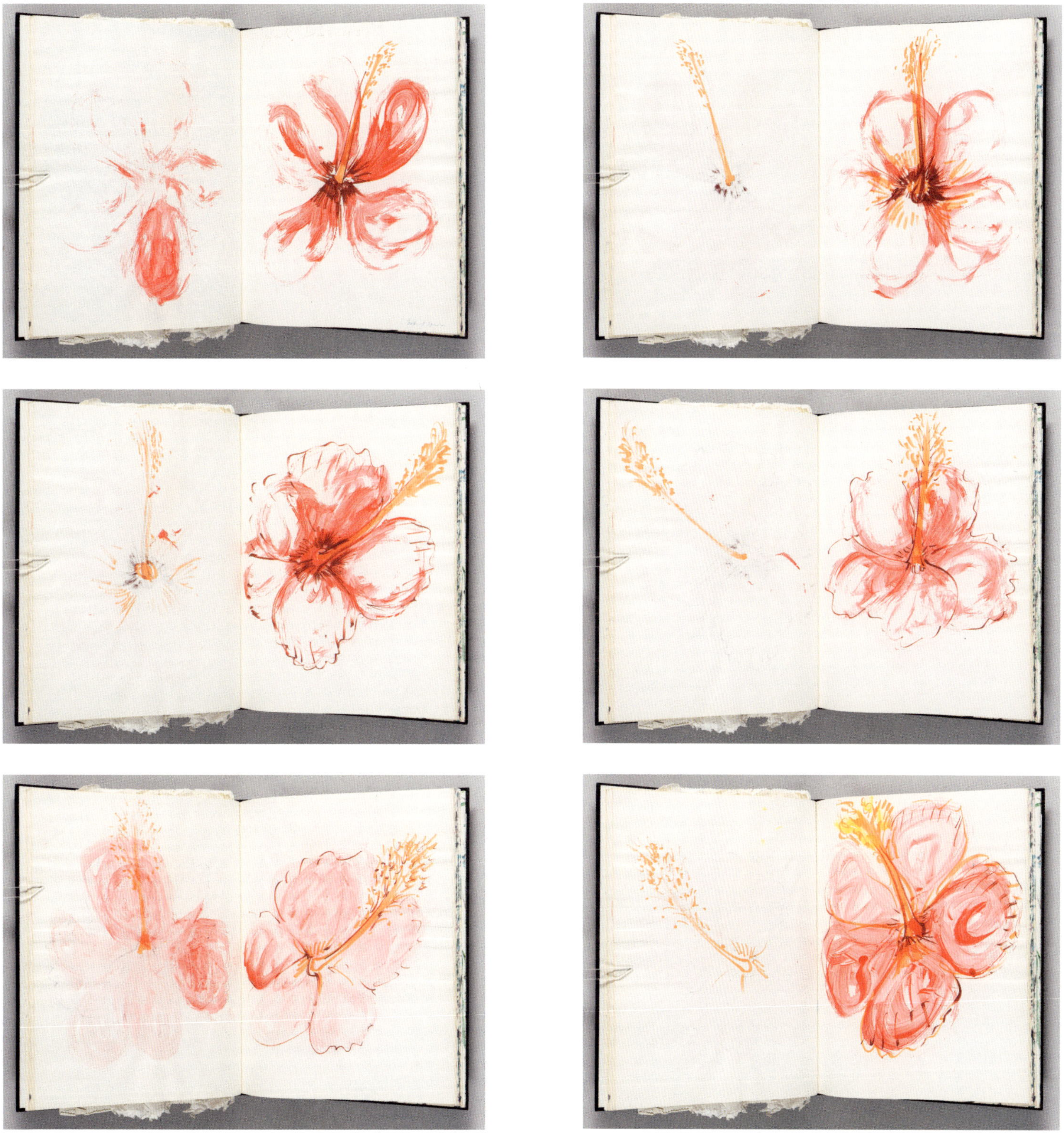

84.1–84.6 Sequenz (Hibiskus) | Sequence (hibiscus), 1981

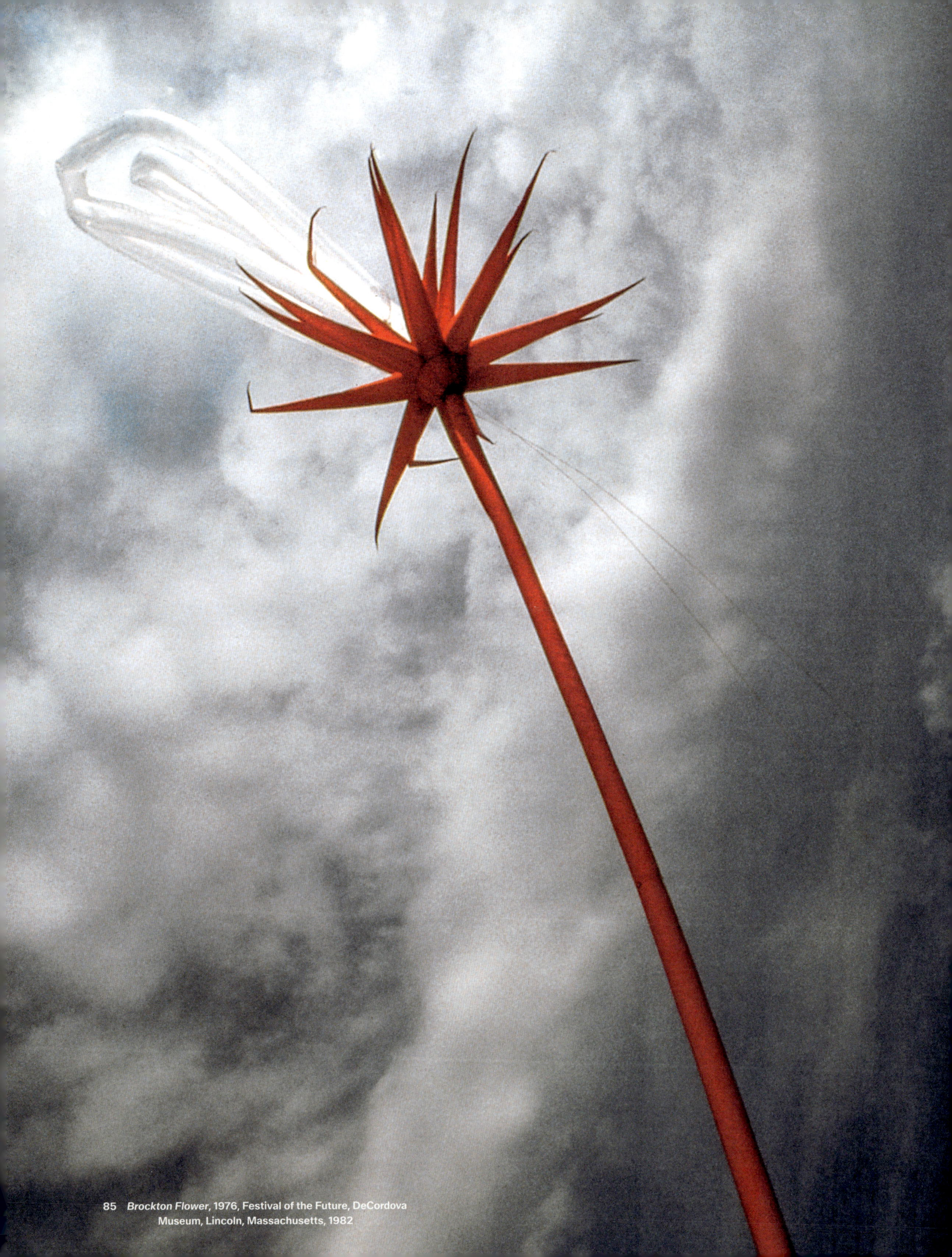

85 *Brockton Flower*, 1976, Festival of the Future, DeCordova Museum, Lincoln, Massachusetts, 1982

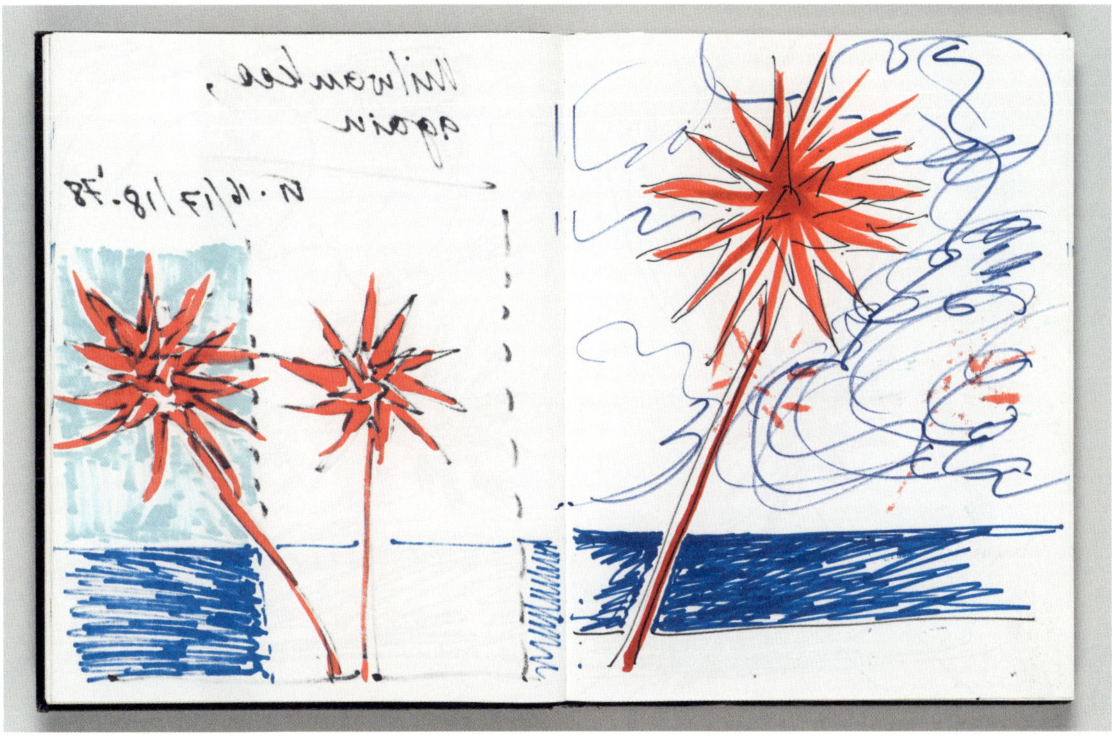

86 Ohne Titel | Untitled ("Lakefront Anemone"), 1978

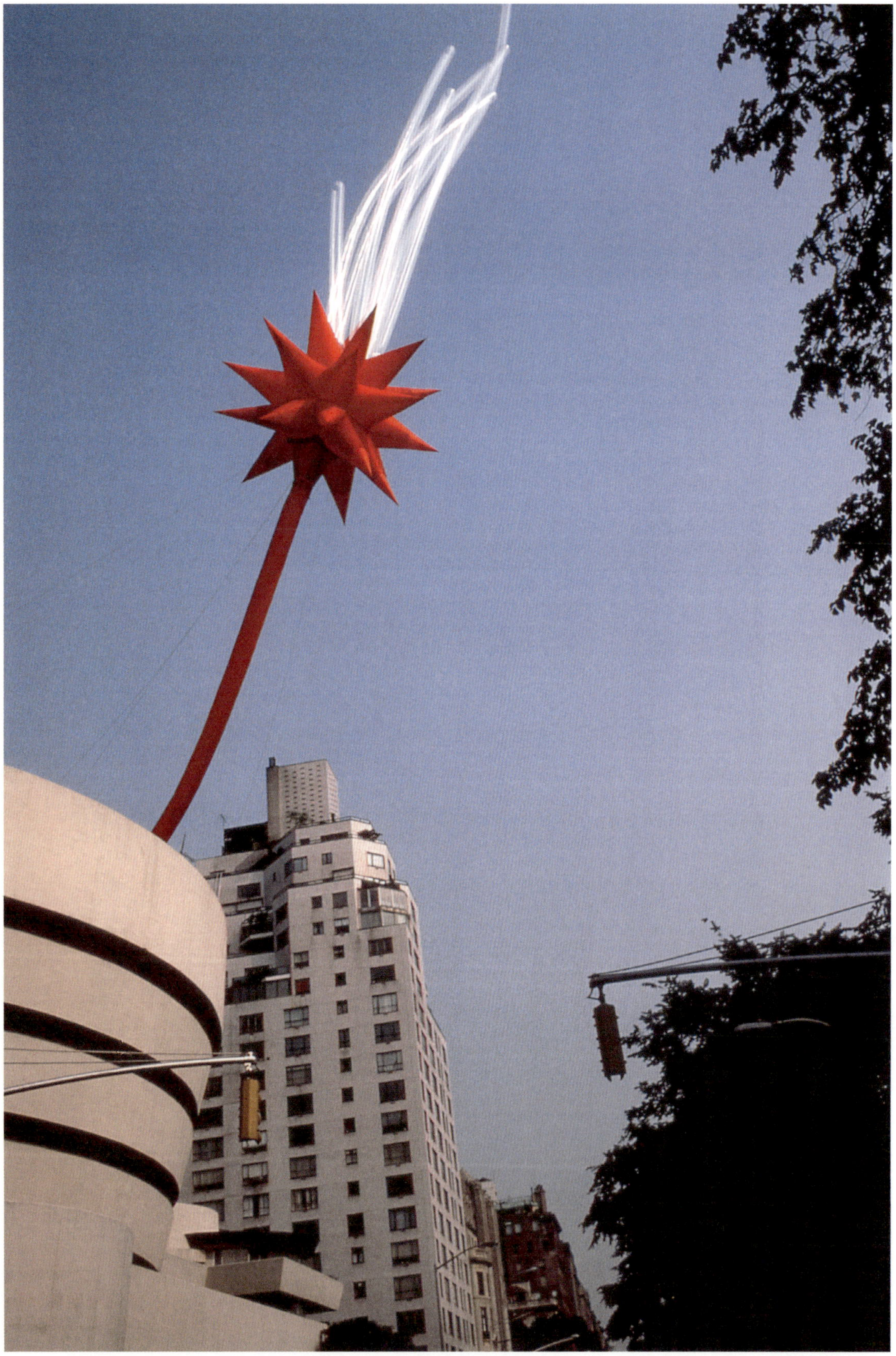

87 *Brussels Flower*, 1977–1978, Installationsansicht | installation view, *Sky Dance*, Solomon R. Guggenheim Museum, New York, 1984

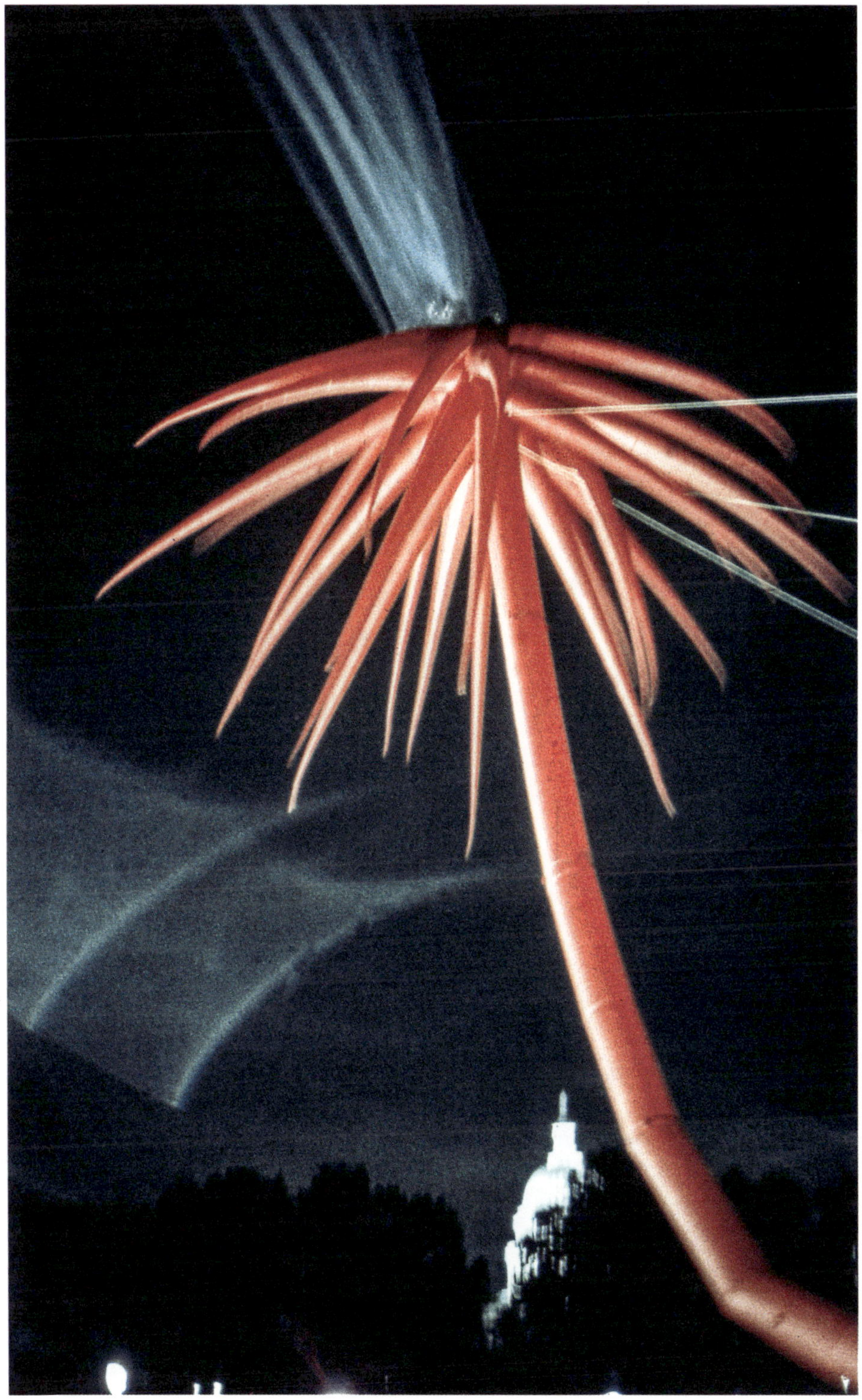

88 *Brockton Flower*, 1976, *Centerbeam*, Washington, DC, 1978

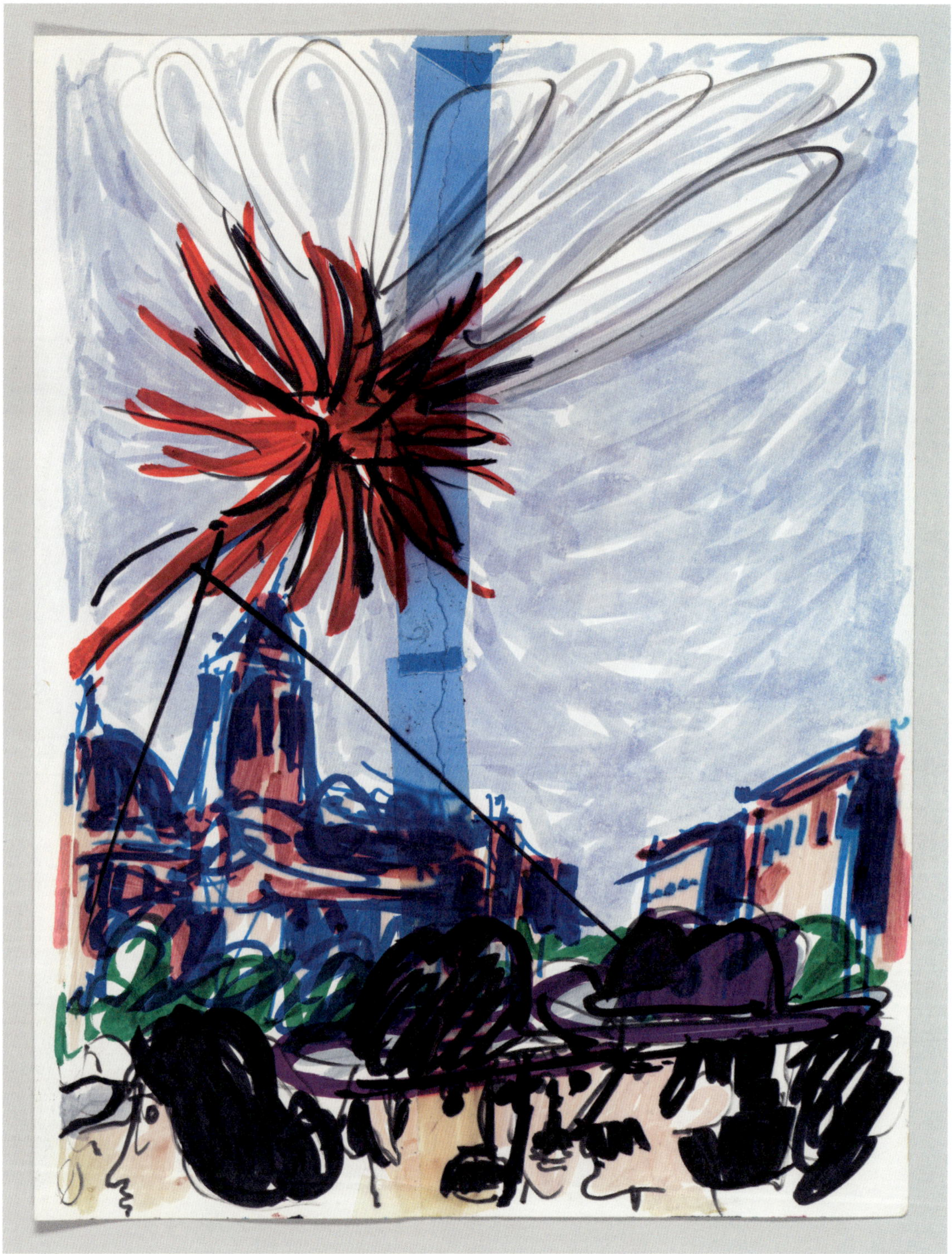

89 Skizzenbuch | Sketchbook: *Guadalajara,* 1979

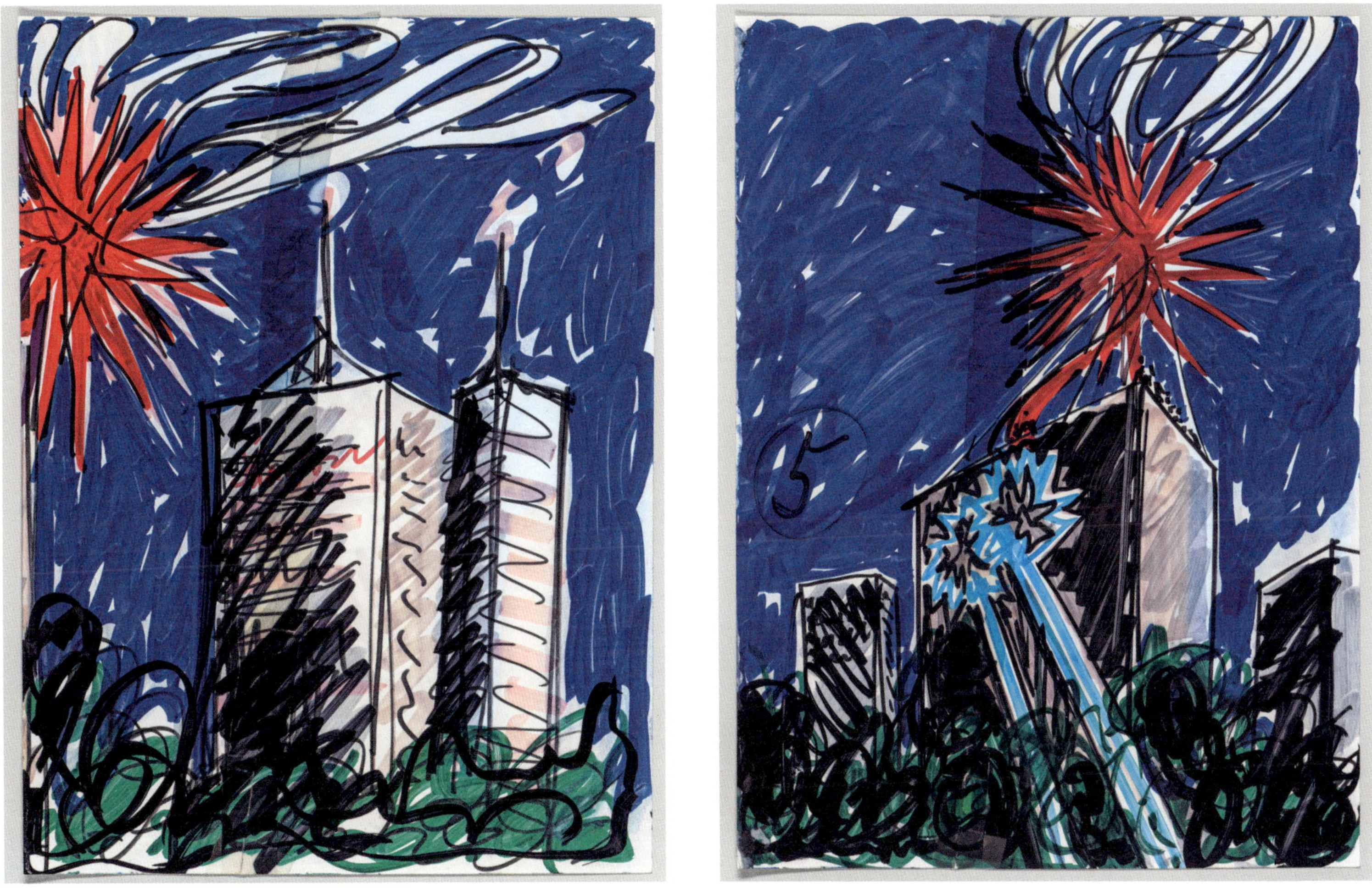

90.1–90.2 **Skizzenbuch | Sketchbook: *Guadalajara,* 1979**

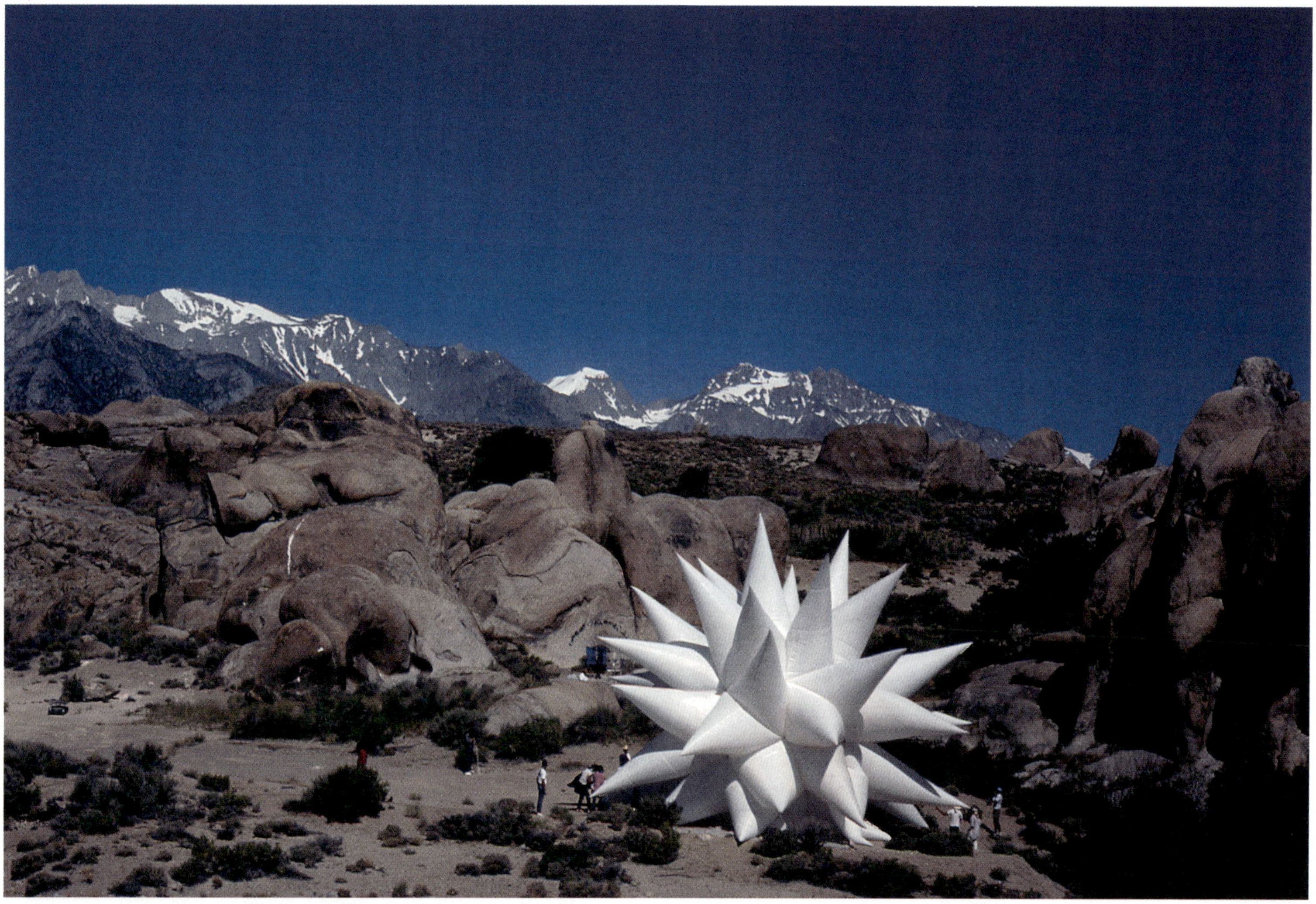

91 *Berlin Star*, 1984, CAVS/MIT *Desert Sun/Desert Moon*, Lone Pine, Kalifornien | California, 1986

Berlin Star ist ein besonderes Inflatable, weil das Werk nicht nur aufgeblasen als riesiger Stern am Himmel schweben kann, sondern auch einen begehbaren Innenraum bietet, wenn die Luftplastik am Boden installiert wird. Zusammen mit *Blue Star Linz* ist die fliegende Architektur mit einem Durchmesser von knapp 14 Metern das grösste Inflatable Pienes. Er hatte *Berlin Star* für die Eröffnung einer Ausstellung in Berlin *Die Zukunft der Metropolen* 1984 kreiert und dem Literaten und Architekturvisionär Paul Scheerbart (1863–1915) gewidmet. Während der Sky-Art-Konferenz 1986 in Lone Pine (Kalifornien) liess Piene den Stern steigen. Während der Konferenz fand zudem im zeltartigen Innenraum ein Cellokonzert von Charlotte Moorman statt.

Berlin Star is a special inflatable because, in addition to floating in the sky as a huge star, when installed on the ground the air sculpture also offers a walk-in interior. Along with *Blue Star Linz*, this flying architectural structure is the largest of Piene's inflatables, with a diameter of almost forty-six feet. He originally created *Berlin Star* in 1984 for the opening of an exhibition in Berlin, *Die Zukunft der Metropolen*, dedicating it to writer and architectural visionary Paul Scheerbart (1863–1915). During the Sky Art Conference in 1986 in Lone Pine, California, Piene let his star rise. During the conference, Charlotte Moorman also played a cello concert in its tent-like interior.

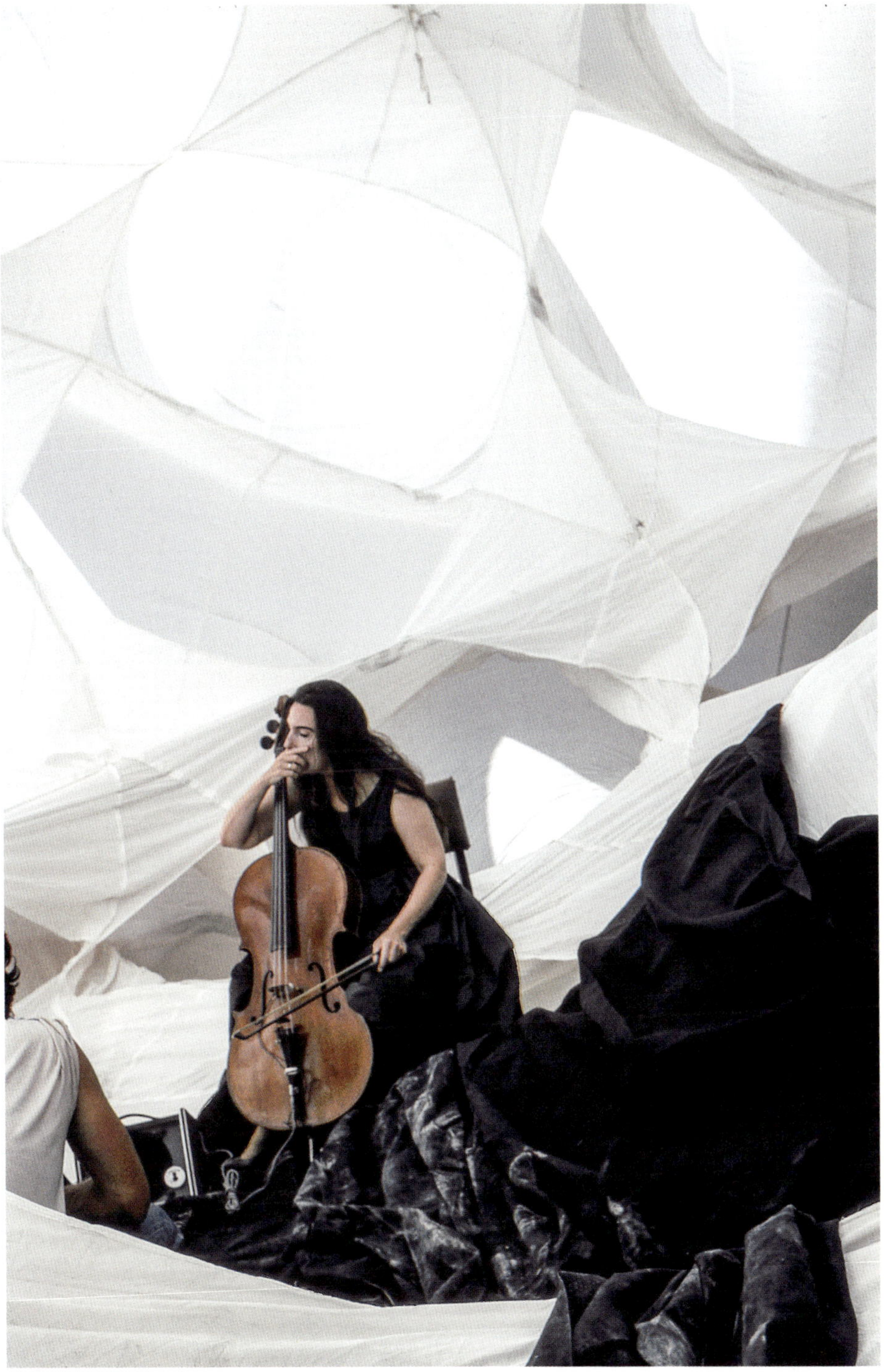

92 *Berlin Star*, 1984, Charlotte Moorman performing *Cocoon Concert*, 1986, CAVS/MIT
Desert Sun/Desert Moon, Lone Pine, Kalifornien | California

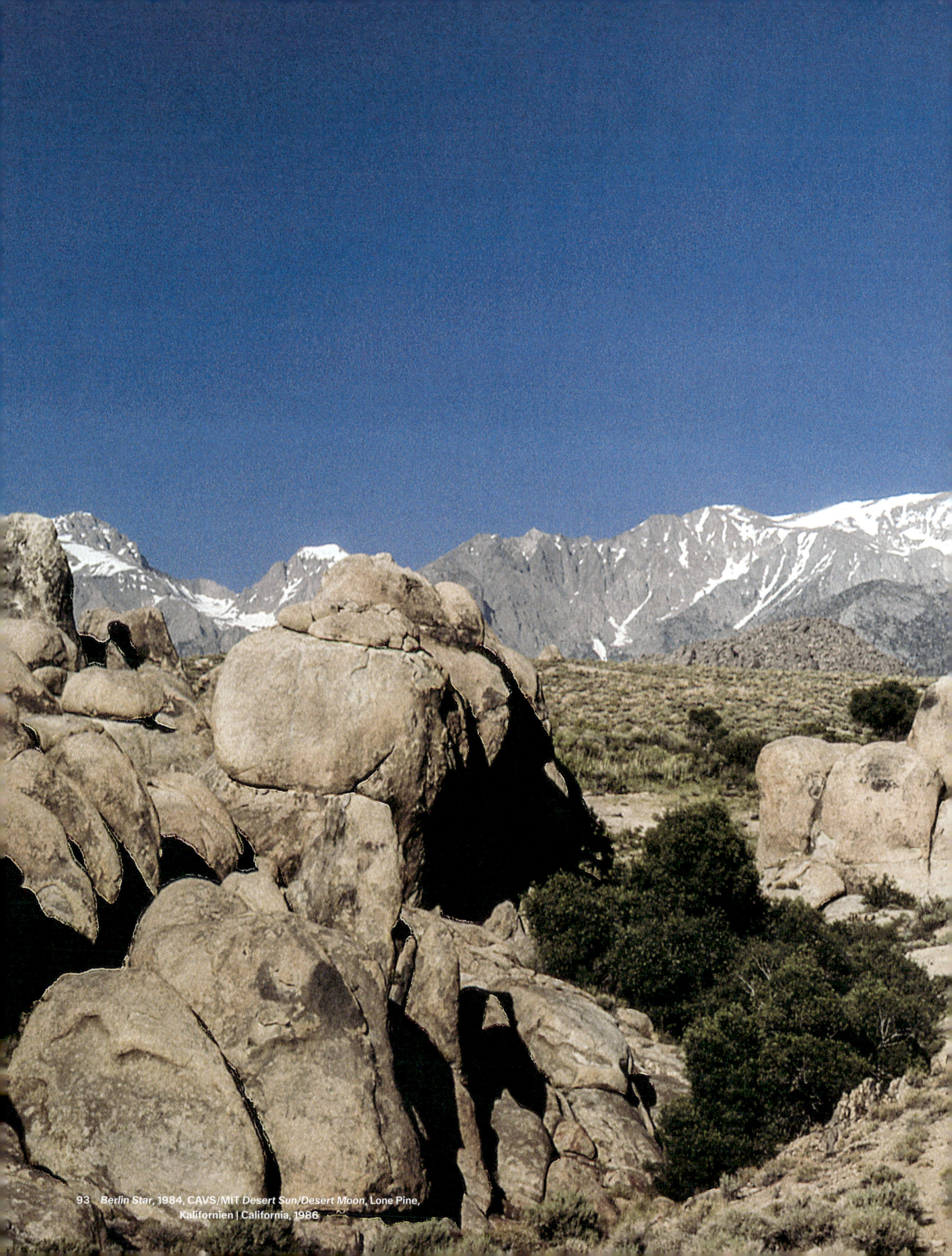

93 *Berlin Star*, 1984, CAVS/MIT *Desert Sun/Desert Moon*, Lone Pine, Kalifornien | California, 1986

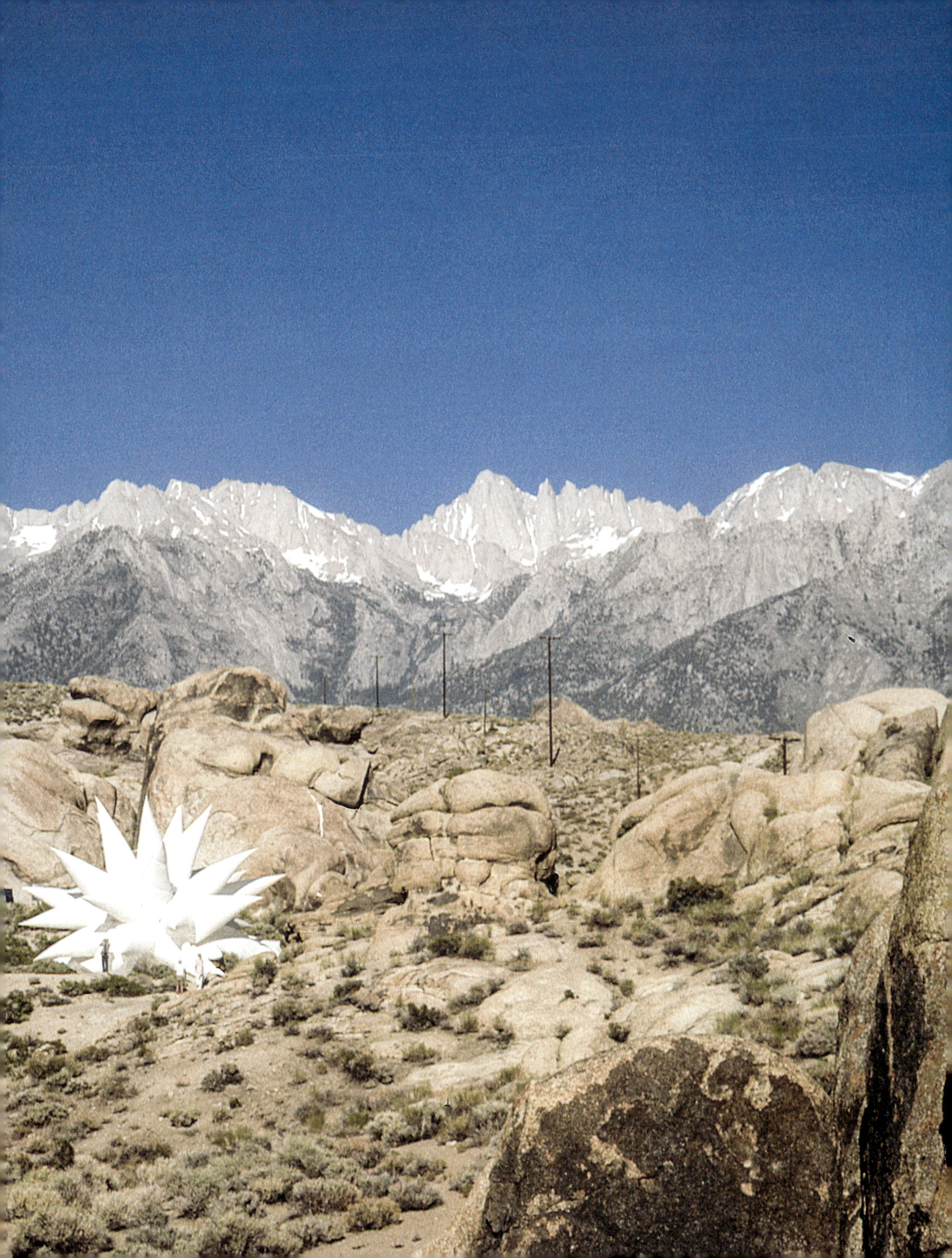

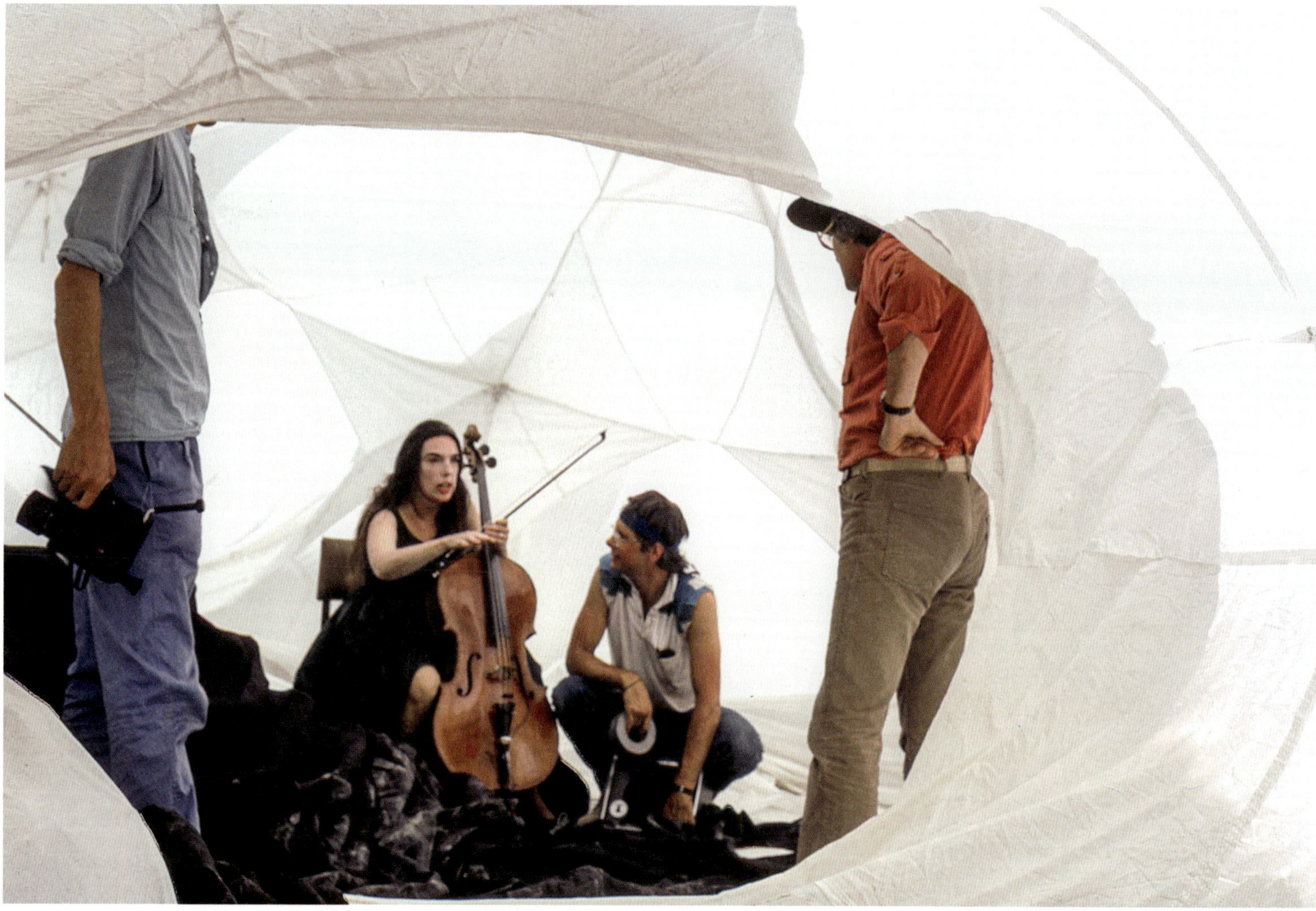

94 *Berlin Star*, 1984, Charlotte Moorman performing *Cocoon Concert*, 1986, CAVS/MIT
Desert Sun/Desert Moon, Lone Pine, Kalifornien | California

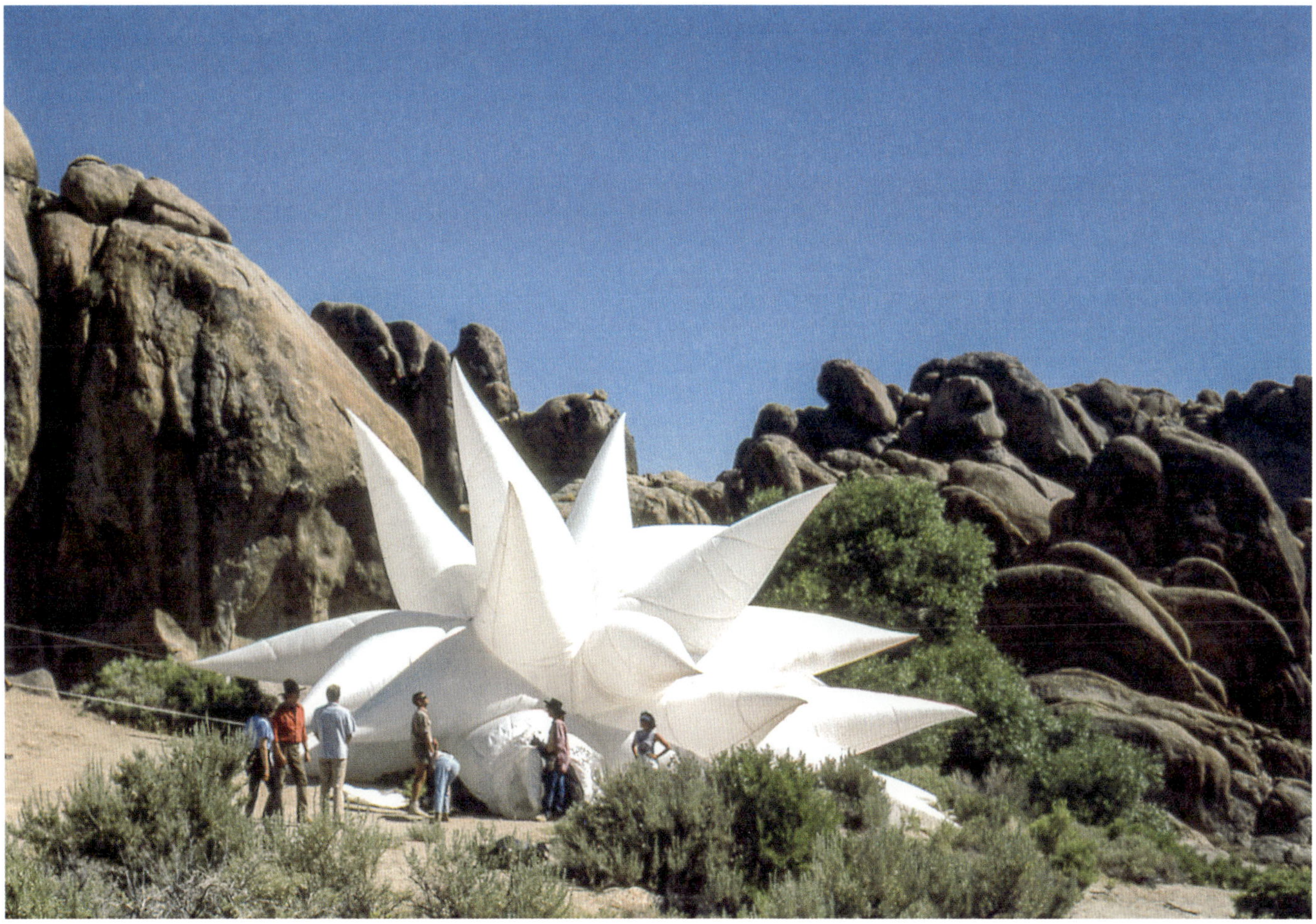

95 *Berlin Star*, 1984, CAVS/MIT *Desert Sun/Desert Moon*, Lone Pine, Kalifornien | California, 1986

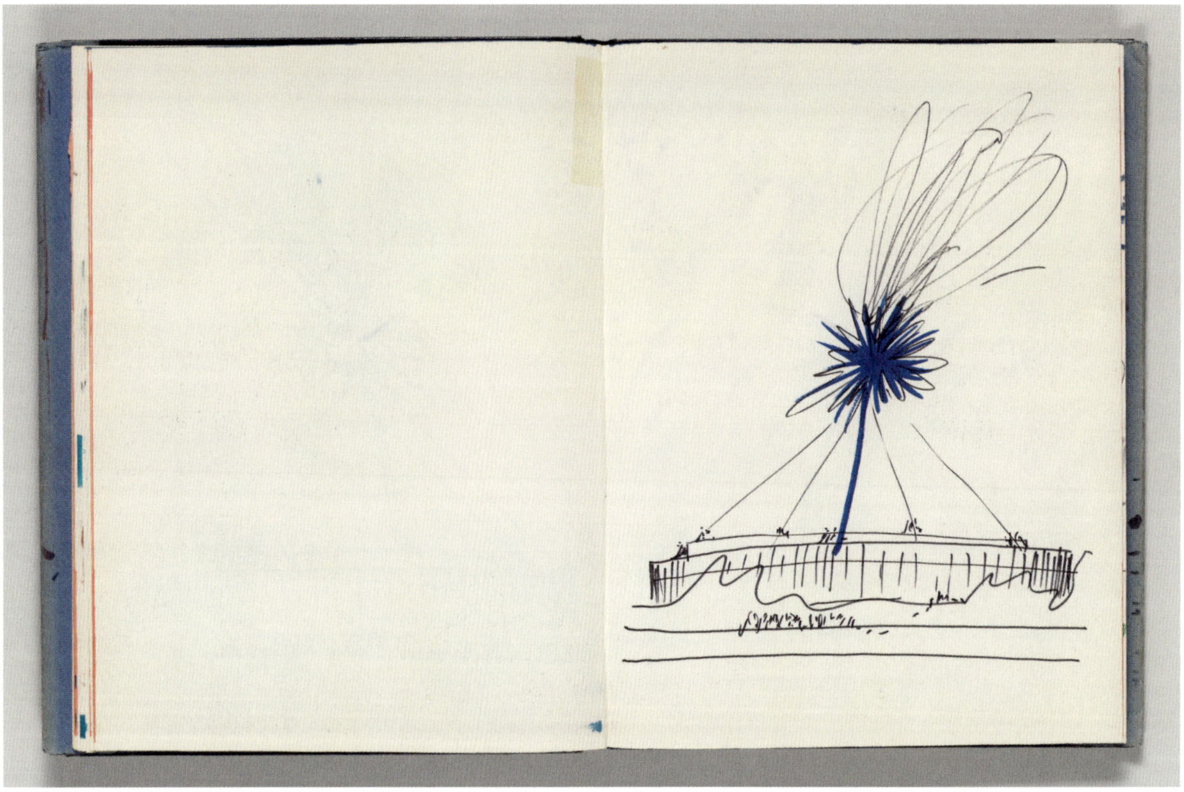

96 Ohne Titel | Untitled (*Blue Star Linz*), 1980

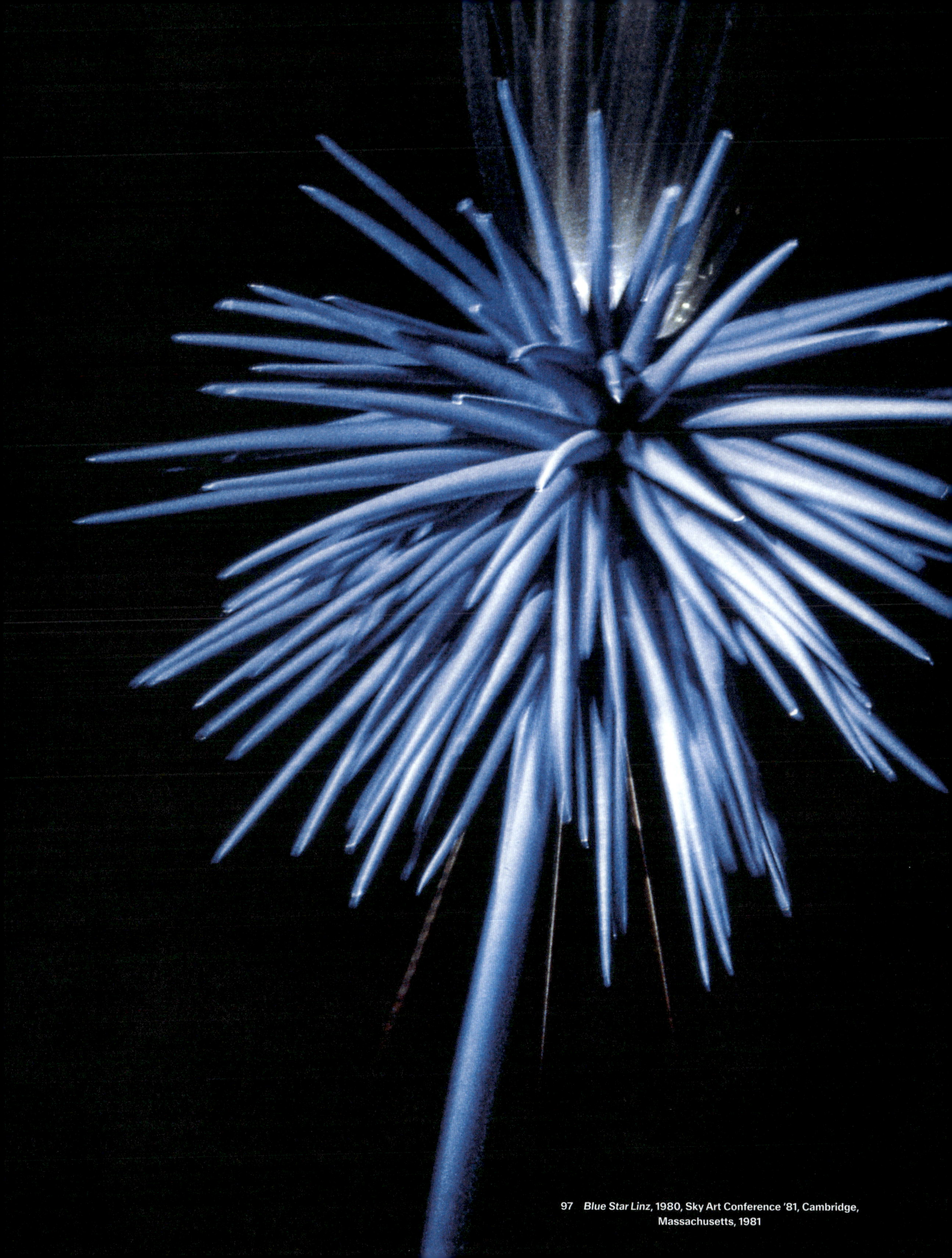

97 *Blue Star Linz*, 1980, Sky Art Conference '81, Cambridge, Massachusetts, 1981

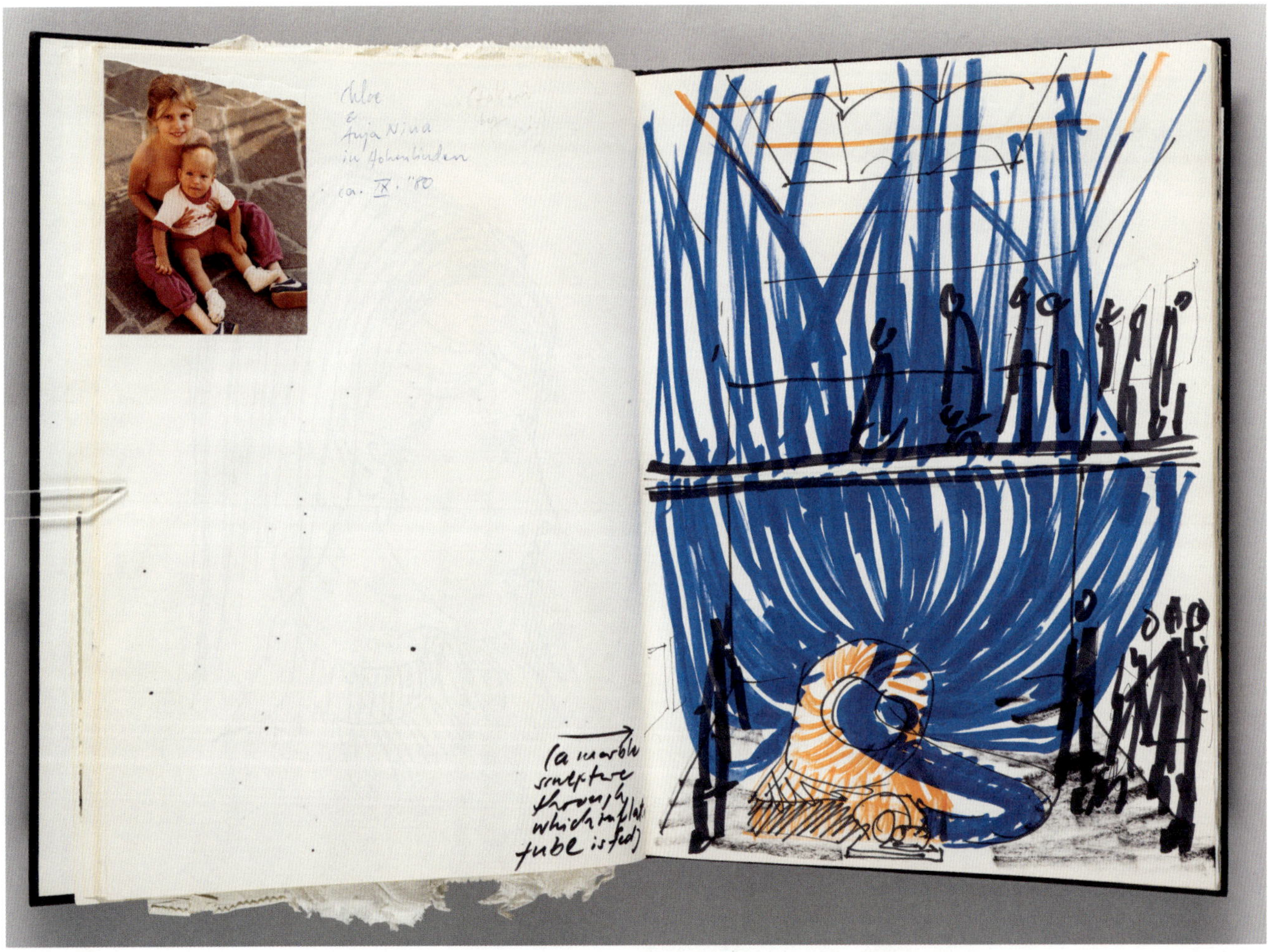

98 Ohne Titel (Entwurf für eine Installation) | Untitled (design for installation), 1981

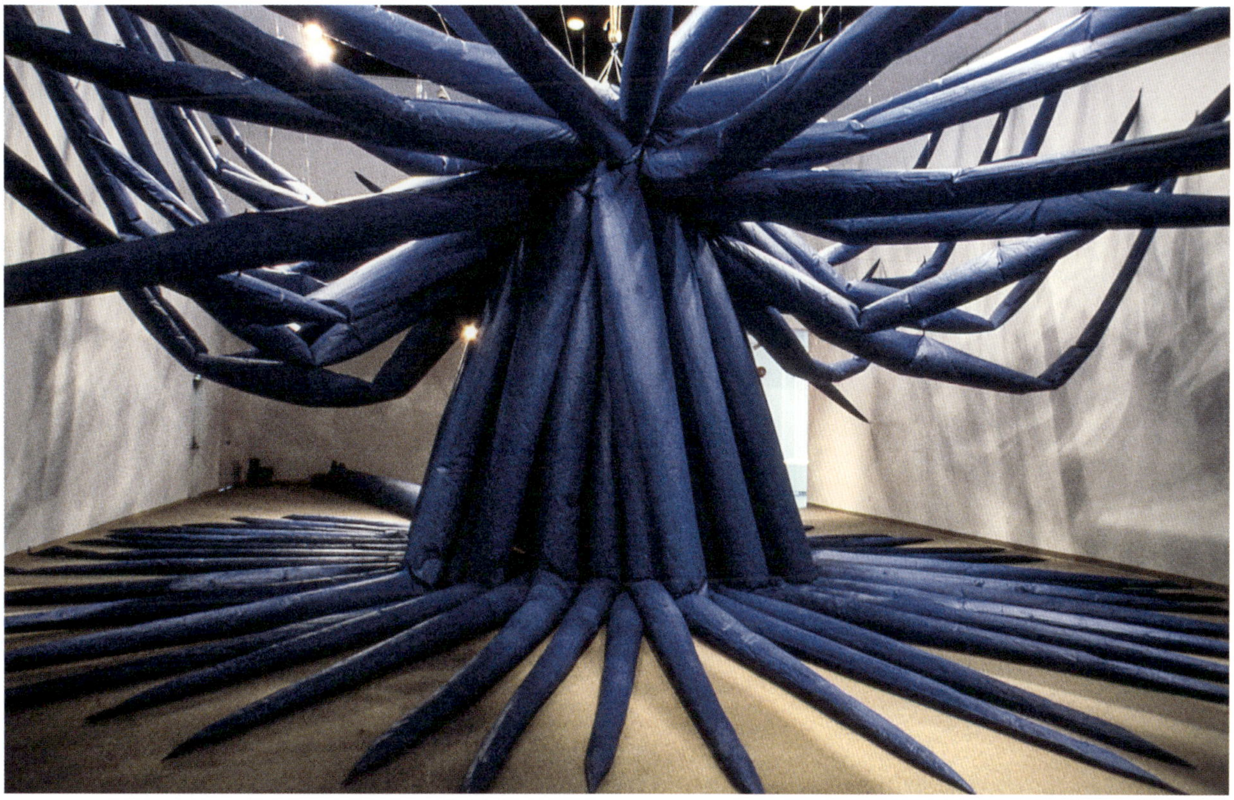

99 *Blue Star Linz*, 1980, Installationsansicht | installation view, State University of New York Museum, Stony Brook, 1981

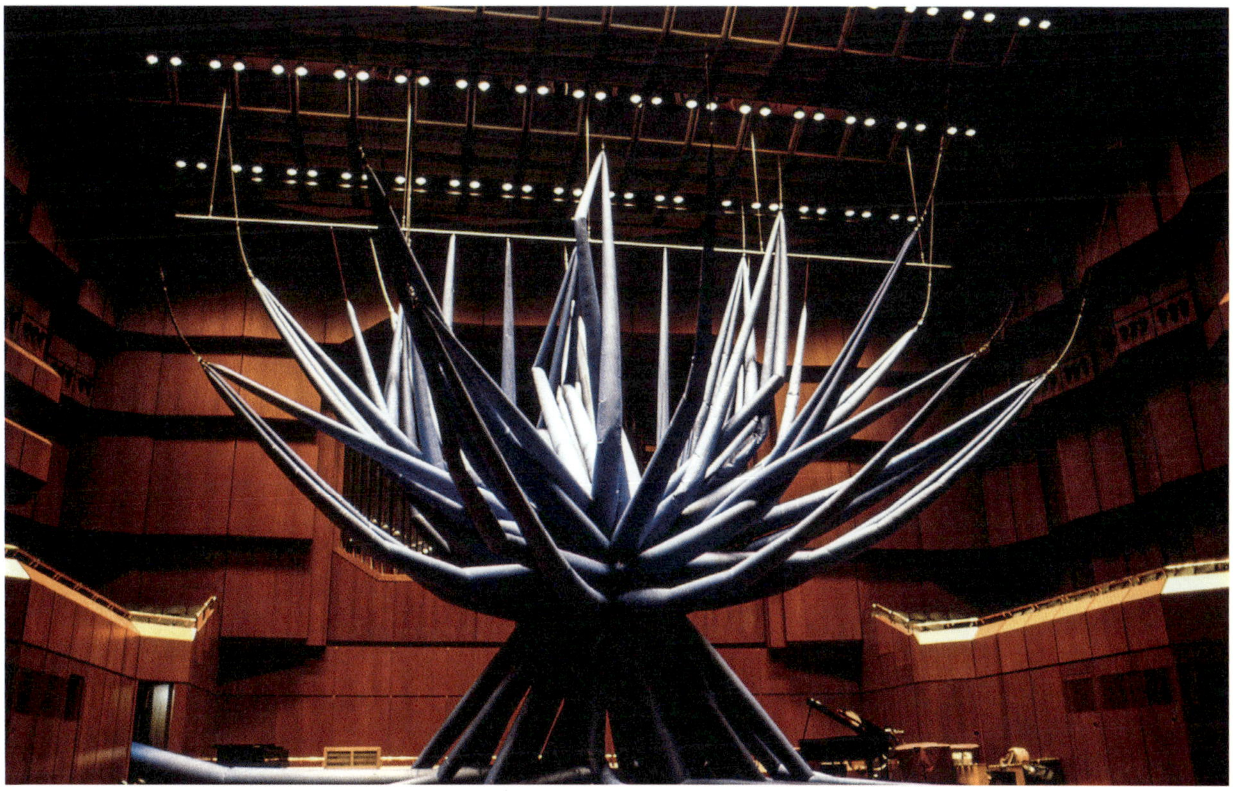

100 *Blue Star Linz*, 1980, Installationsansicht | installation view, Alte Oper Frankfurt, 1981

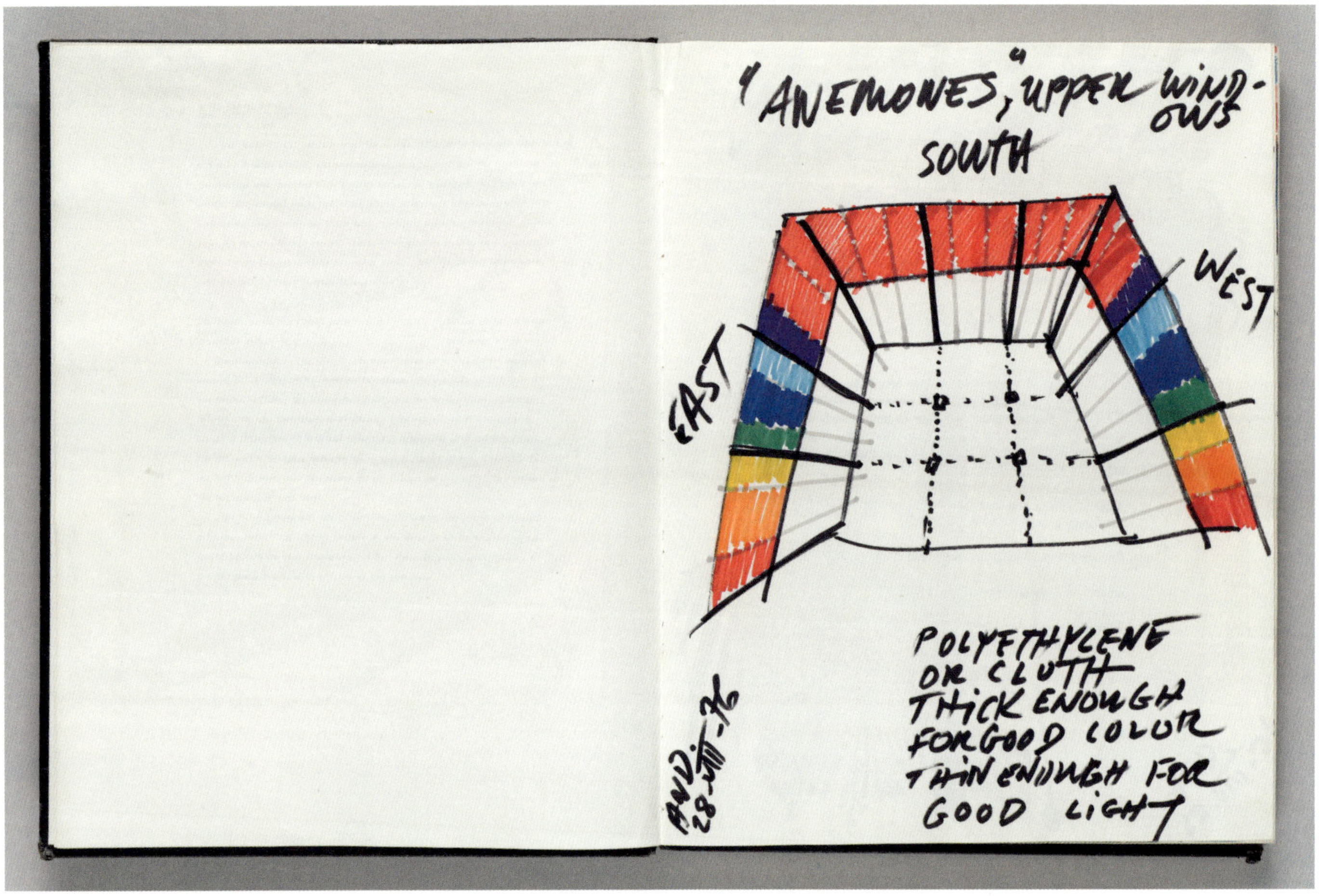

101 Ohne Titel (Entwurf für den «Anemones»-Ausstellungsraum) | Untitled (design for *Anemones* exhibition space), 1976

1976 wurde Piene von der New Yorker Kunstinstitution Creative Time dazu eingeladen, in der Lobby von 88 Pine Street, mitten im Finanzdistrikt von Manhattan, in einem verglasten hohen Raum ein Werk zu installieren. Zusammen mit einem Team schuf Piene in einem wochenlangen Workshop *Anemones: An Air Aquarium*. Zahlreiche aufblasbare, überdimensional grosse Figuren aus farblosen Polyethylenfolien und rotem Spinnakertuch von Meeresbewohner:innen wie Seeanemonen, Hummern, Fischen und Seesternen schwebten, gehalten von dünnen Nylonschnüren, im begehbaren Raum. Die Inflatables dehnten sich in unterschiedlichen Intervallen aus, um dann wieder in sich zusammenzufallen: eine gänzlich artifizielle und doch vermeintlich lebende Umwelt. Neben den verwendeten Kunststoffen betonten auch farbige Folien an den Fenstern und farbige Scheinwerfer den künstlichen Charakter dieser Umgebung. 2022 wurde das Environment rekonstruiert, sodass es heute wieder ausgestellt werden kann.

In 1976 Piene was invited by the New York art institution Creative Time to install a work in the lobby at 88 Pine Street, in the financial district of Manhattan, in a tall, glass-walled space. Over the course of a workshop with his team, Piene created *Anemones: An Air Aquarium*. Made of colorless polyethylene sheeting and red spinnaker cloth, numerous larger-than-life, inflatable marine creatures such as sea anemones, lobsters, fish, and starfish floated in the accessible space, held by thin nylon threads. At different intervals, the inflatables expanded before collapsing in on themselves again: an entirely artificial yet seemingly living environment. In addition to the plastic materials used, this artificial quality was further underlined by colored gels on the windows and colored spotlights. The environment was reconstructed in 2022, making it possible for it to be exhibited again today.

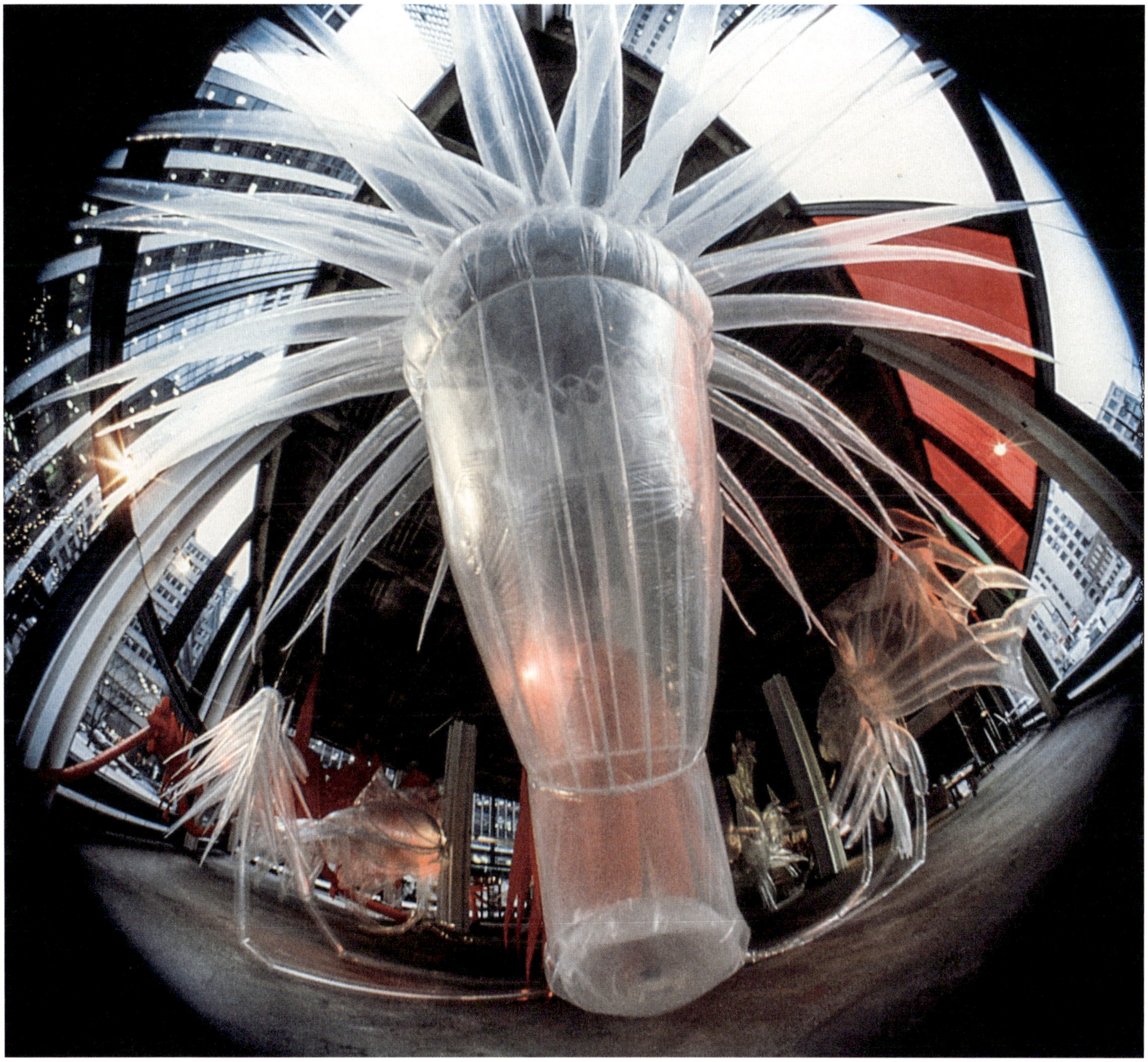

102 *Anemones: An Air Aquarium*, 1976, Installationsansicht | installation view, Creative Time, New York, 1976

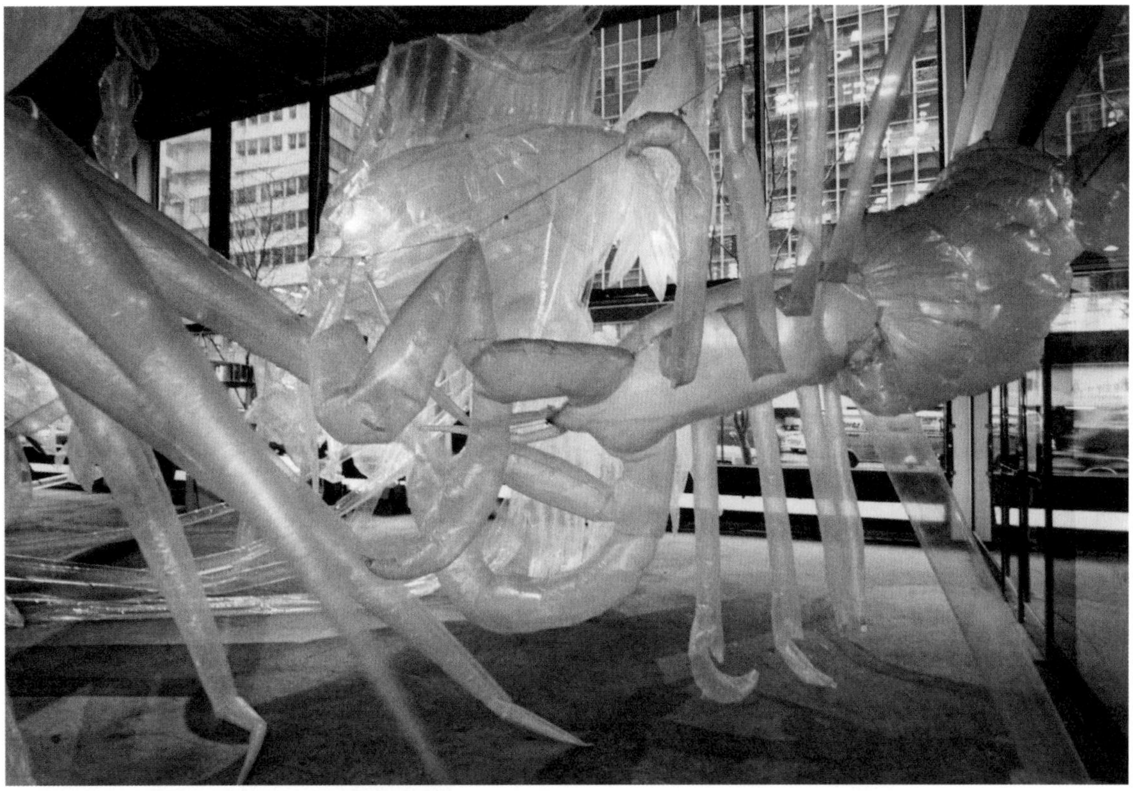

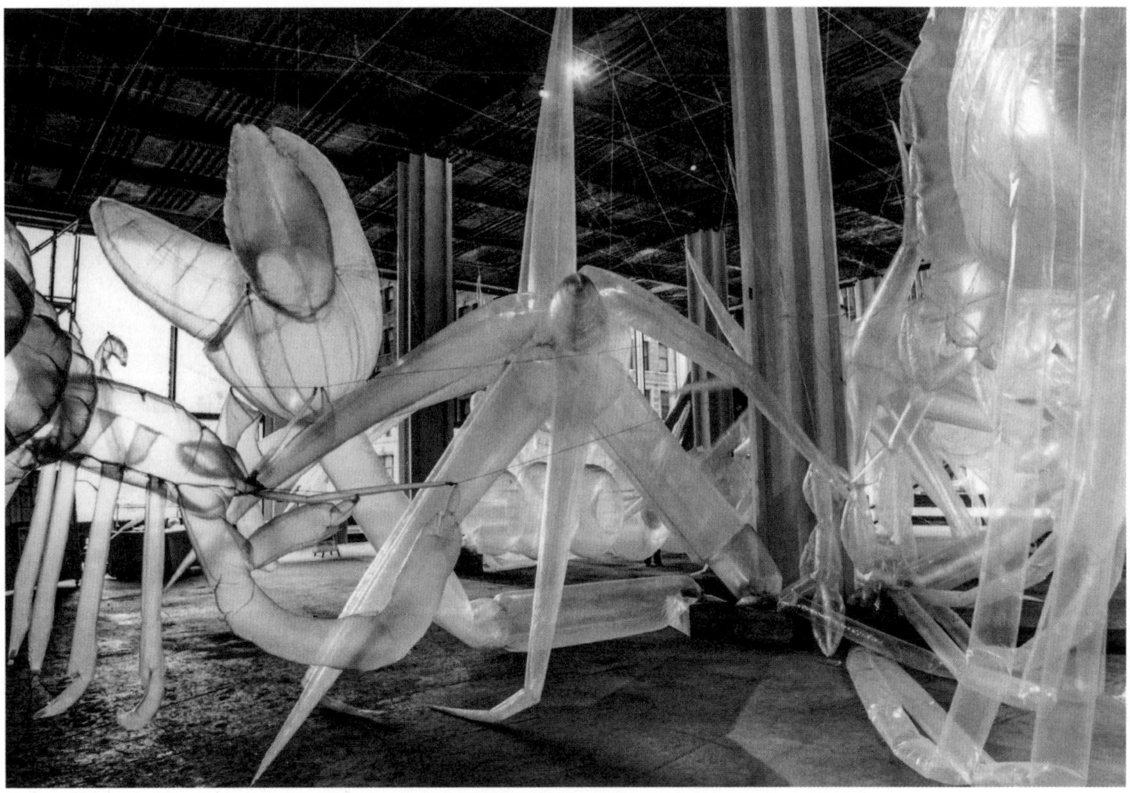

103.1–103.2 *Anemones: An Air Aquarium*, 1976, Installationsansicht | installation view, Creative Time, New York, 1976

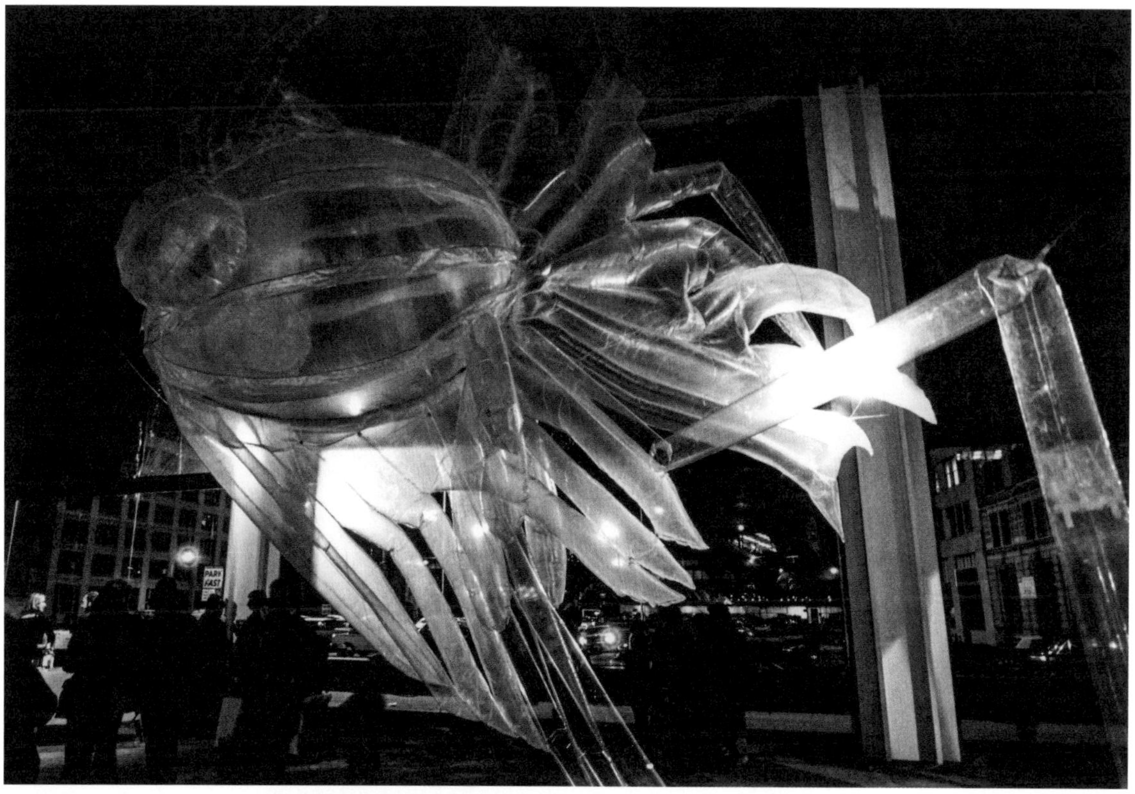

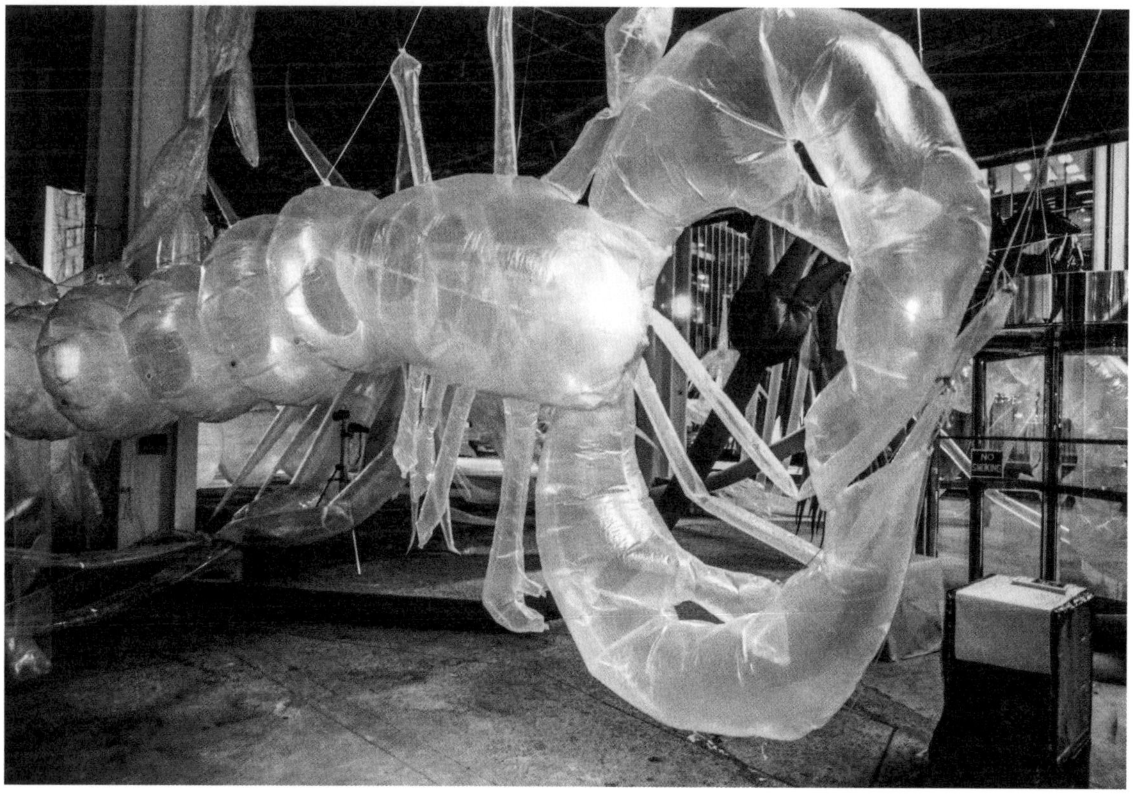

104.1–104.2 *Anemones: An Air Aquarium*, 1976, Installationsansicht | installation view, Creative Time, New York, 1976

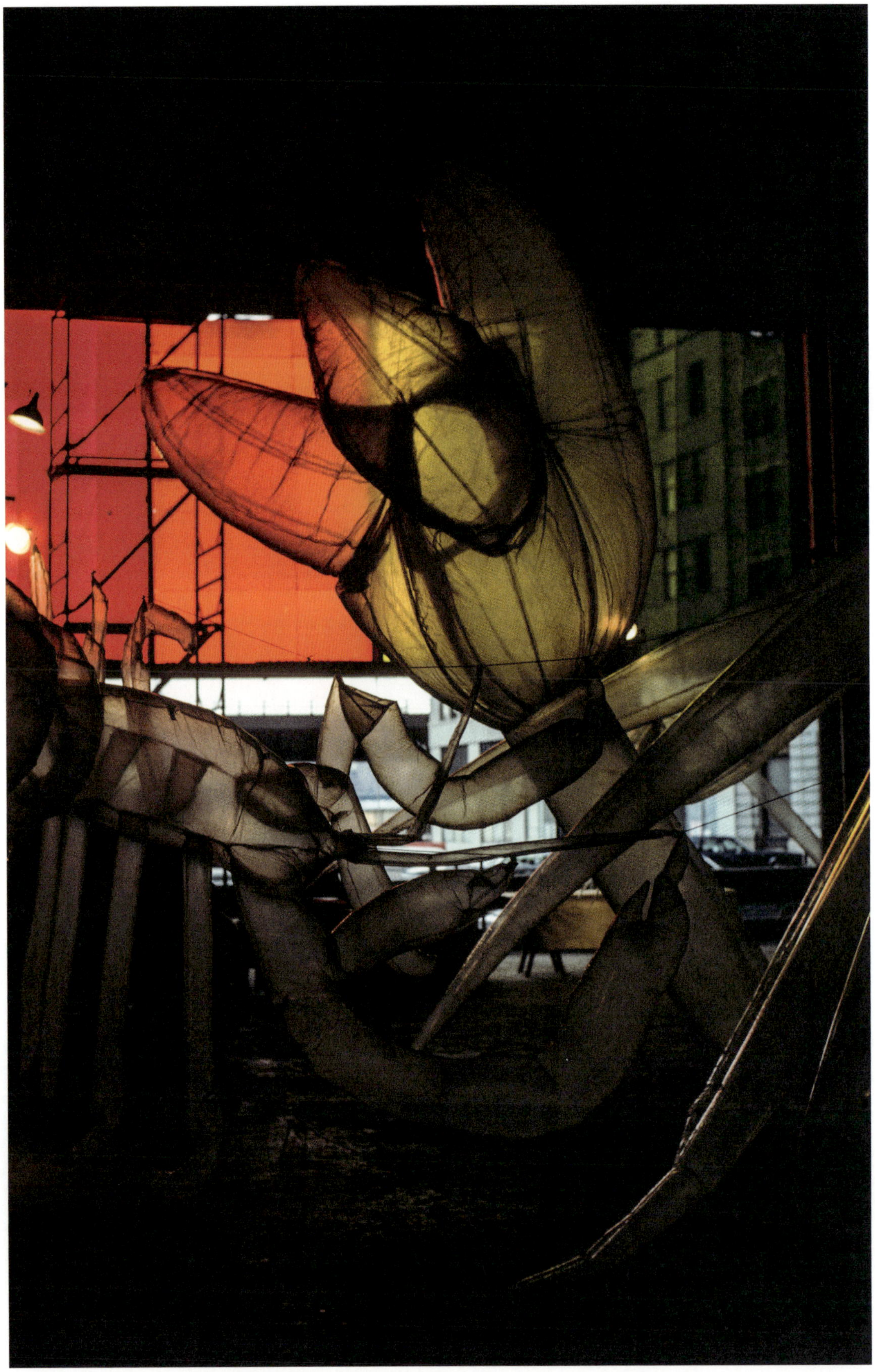

105 *Anemones: An Air Aquarium*, 1976, Installationsansicht | installation view, Creative Time, New York, 1976

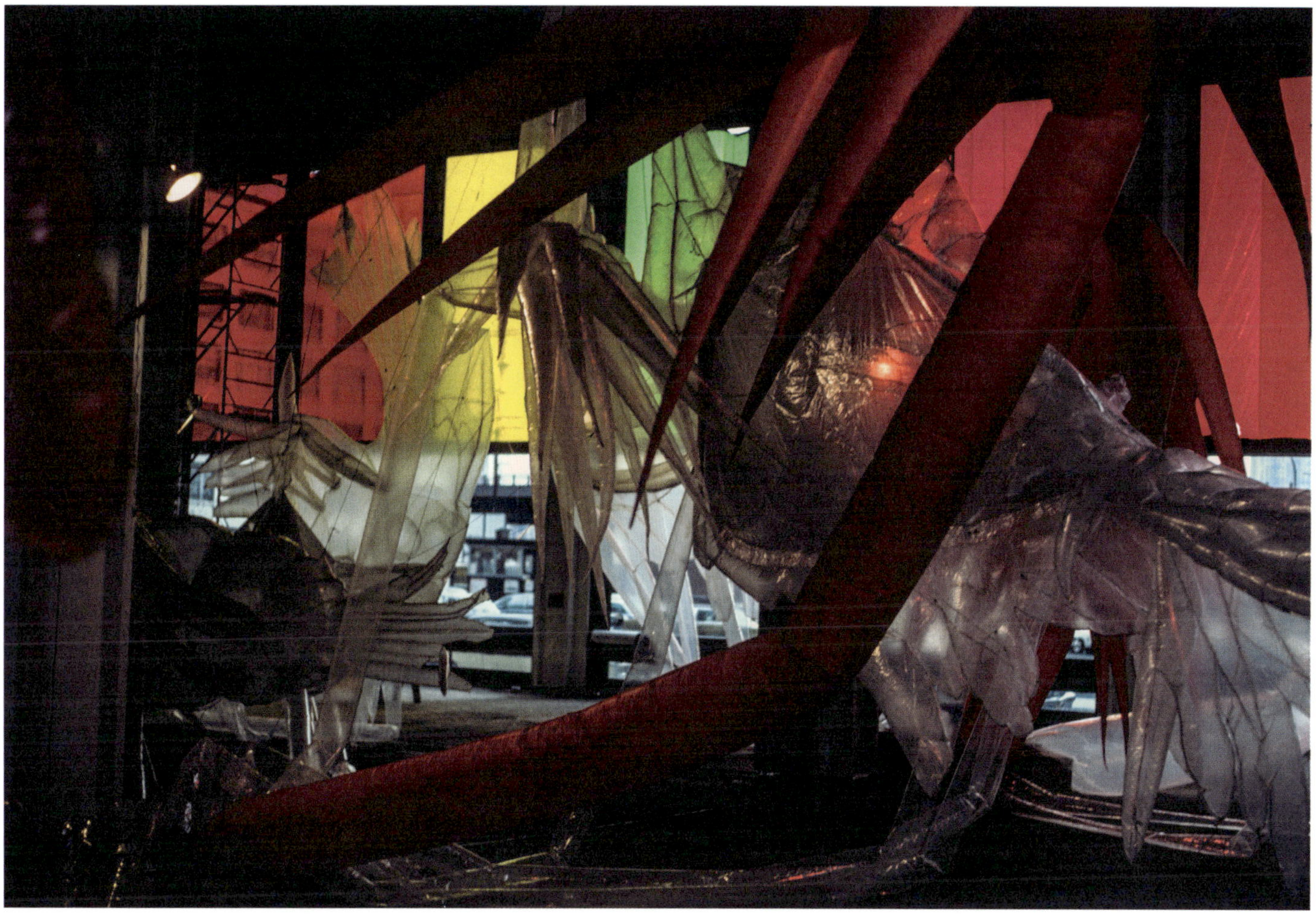

106 *Anemones: An Air Aquarium*, 1976, Installationsansicht | installation view, Creative Time, New York, 1976

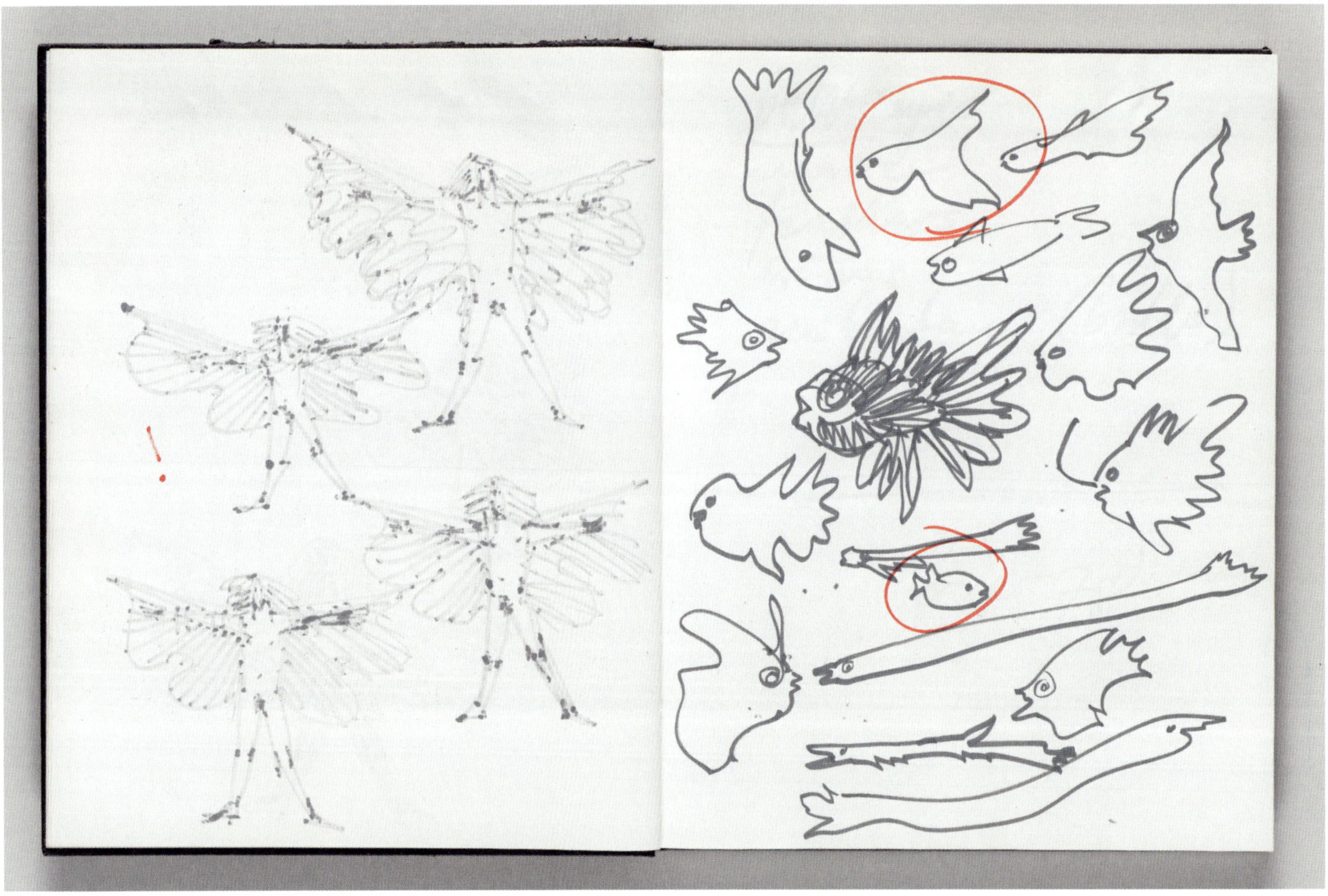

107 Ohne Titel (Fische) | Untitled (fish), 1978

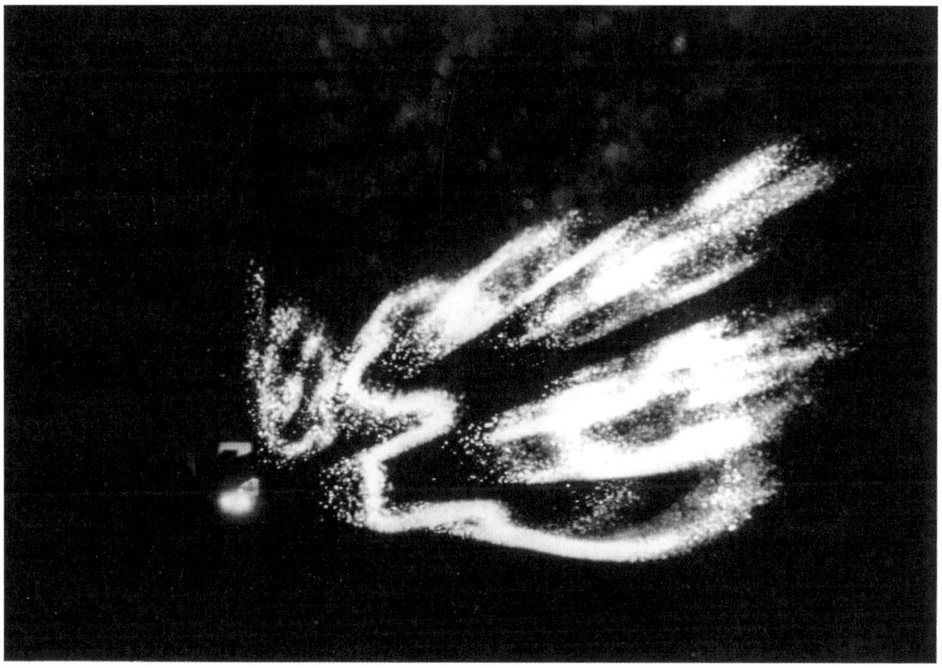

108 Paul Earls, Joan Brigham und | and Otto Piene, *Aqua Mirage*, n.d. (1983), Installationsansicht | installation view

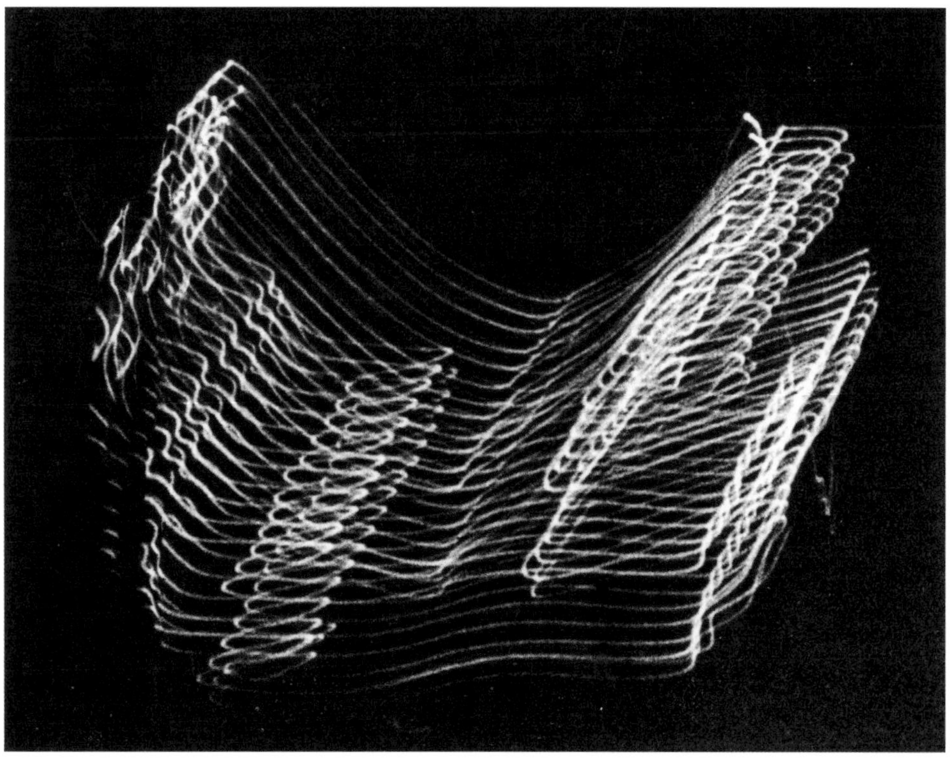

109 Paul Earls und | and Otto Piene, *Schneegans* | *Snowgoose*, 1978, Installationsansicht | installation view

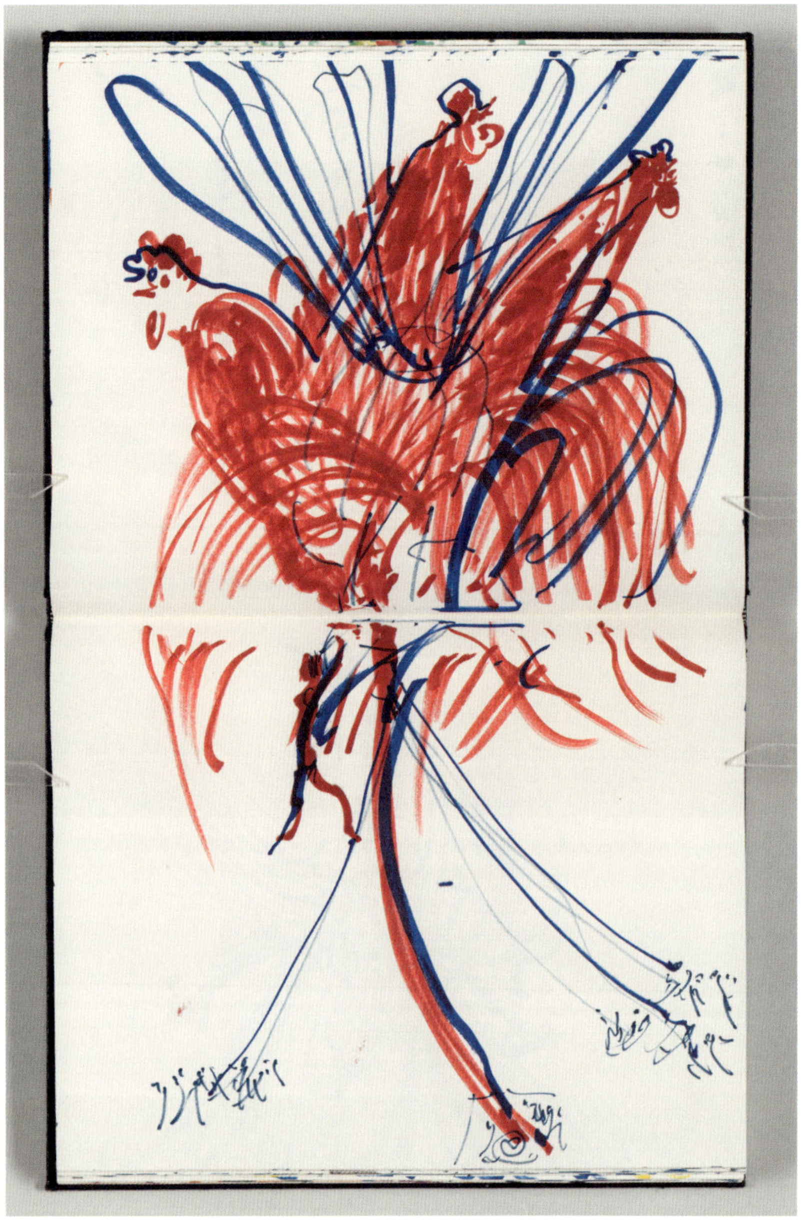

110 Ohne Titel | Untitled (Sky Art Alaska), 1988

Der Hahn ist in Pienes Skizzenbüchern ein vielfach wiederkehrendes Motiv – den ersten zeichnete er 1936, den letzten 2001. Dabei erscheint das Motiv über die Jahre in verschiedenen Rollen, so auch als vielköpfiges Inflatable in *International Alarm* von Elizabeth Goldring und Edward Le Poulin. *International Alarm* wurde erstmals während des Musikfestivals «Linzer Klangwolke» 1982 aufgeführt. Lautsprecher entlang des Donauufers und auf einem Kahn im Fluss spielten elektronisch bearbeitete Hahnenschreie ab, die Goldring in aller Welt aufgenommen hatte. Die ursprüngliche Absicht Goldrings war es, mit dem Klangkunstwerk innere Bilder von Hähnen hervorzurufen, die zum Mond krähen. Doch die Arbeit entwickelte sich stattdessen rasch zu einem Sinnbild der vor allem aus Westdeutschland überspringenden Anti-Atomkraft-Bewegung. Mit Pienes *Hexagonal Rooster* zur Multimedia-Performance umgestaltet, wurden die Hahnenschreie in Verbindung mit dem Inflatable zu einem Weckruf und forderten eine «humanistische Überwindung» des zerstörerischen Gebrauchs von neuer Technologie.

Roosters repeatedly materialize in Piene's sketchbooks, with examples appearing as early as 1936 and as late as 2001. The rooster motif filled different roles over the years, including as a multiheaded inflatable in *International Alarm*. Created by Elizabeth Goldring with Edward LePoulin, *International Alarm* was first presented during the Linz Klangwolke (Soundcloud) in 1982. Loudspeakers installed along the banks of and from a barge in the Danube played electronically processed rooster calls that Goldring had collected from around the globe. She initially intended for the audio work to evoke imagery of roosters crowing on the moon, but the work soon developed into an evocation of the 1980s antinuclear movement, particularly active in West Germany. Reimagined as a multimedia performance with Piene's *Hexagonal Rooster*, the calls and the inflatable together acted as an alert, symbolizing an appeal for a "humanist ascent" from destructive applications of new technology.

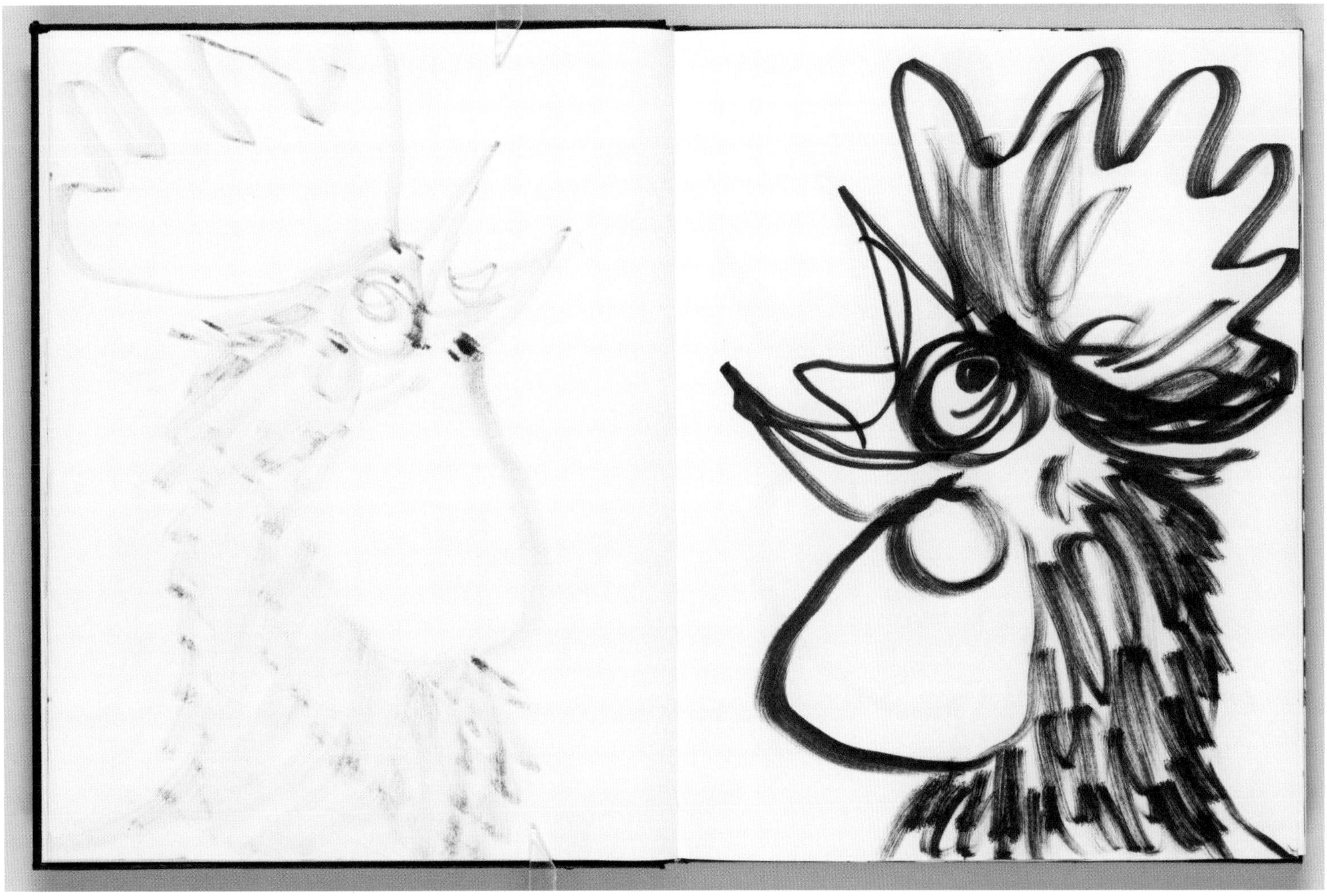

111 Ohne Titel (Schwarzer Hahn) | Untitled (black rooster), 1987

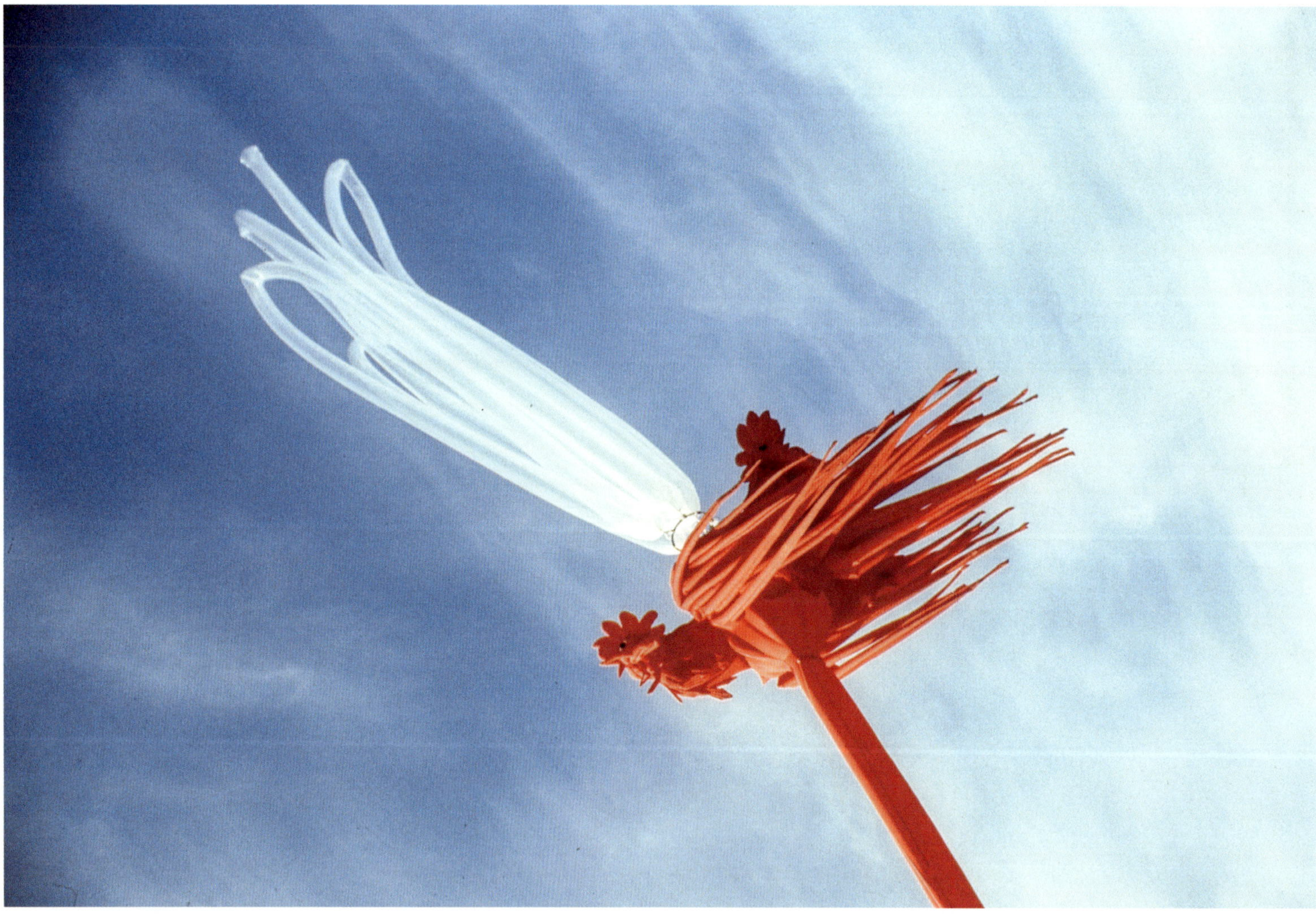

112 *Hexagonal Rooster*, in *International Alarm* von | by Elizabeth Goldring, mit | with Edward LePoulin, Sky Art Conference '83, München | Munich, 1983

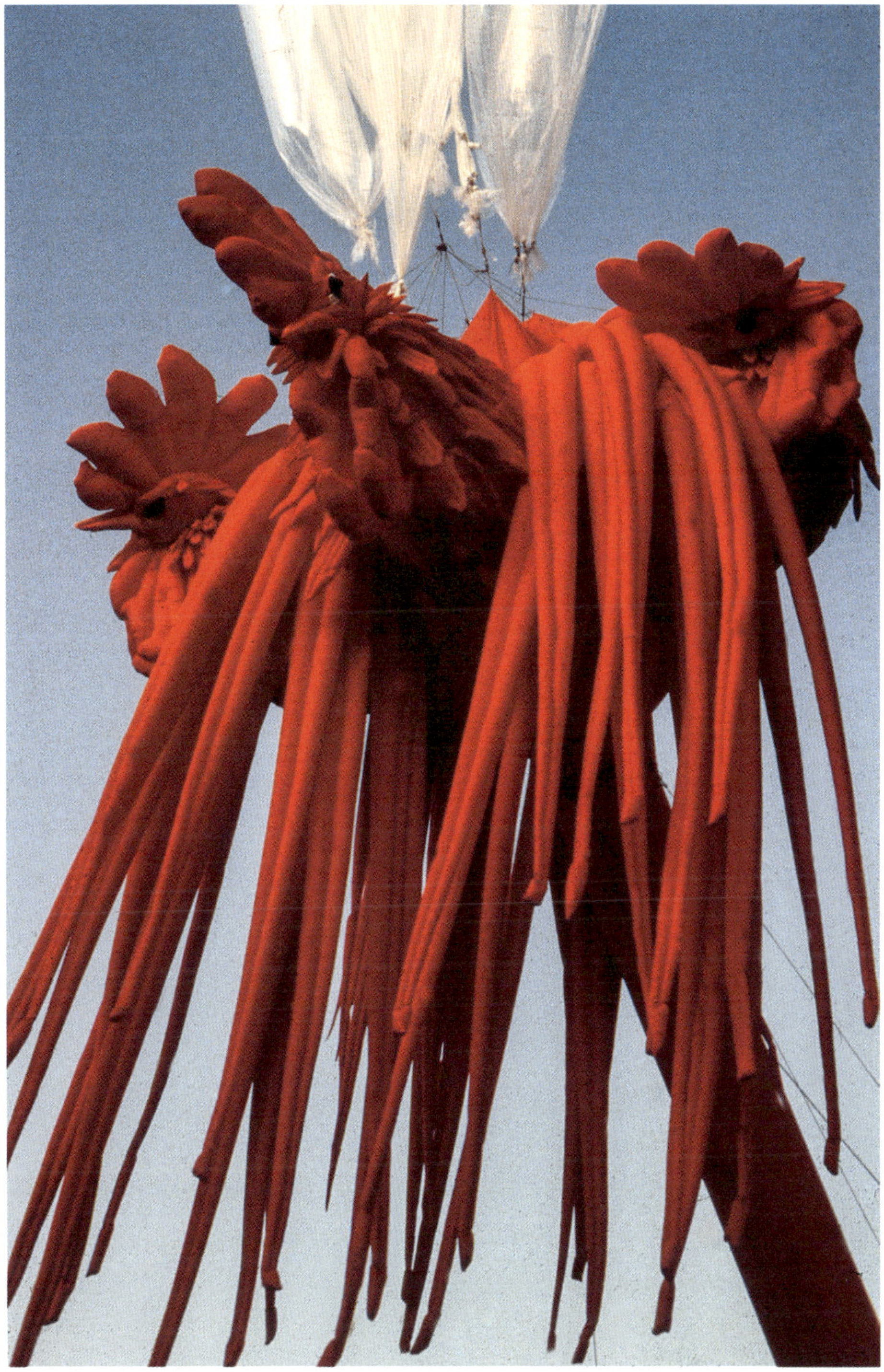

113 *Hexagonal Rooster*, in *International Alarm* von | by Elizabeth Goldring, mit | with Edward LePoulin, Sky Art Conference '83, München | Munich, 1983

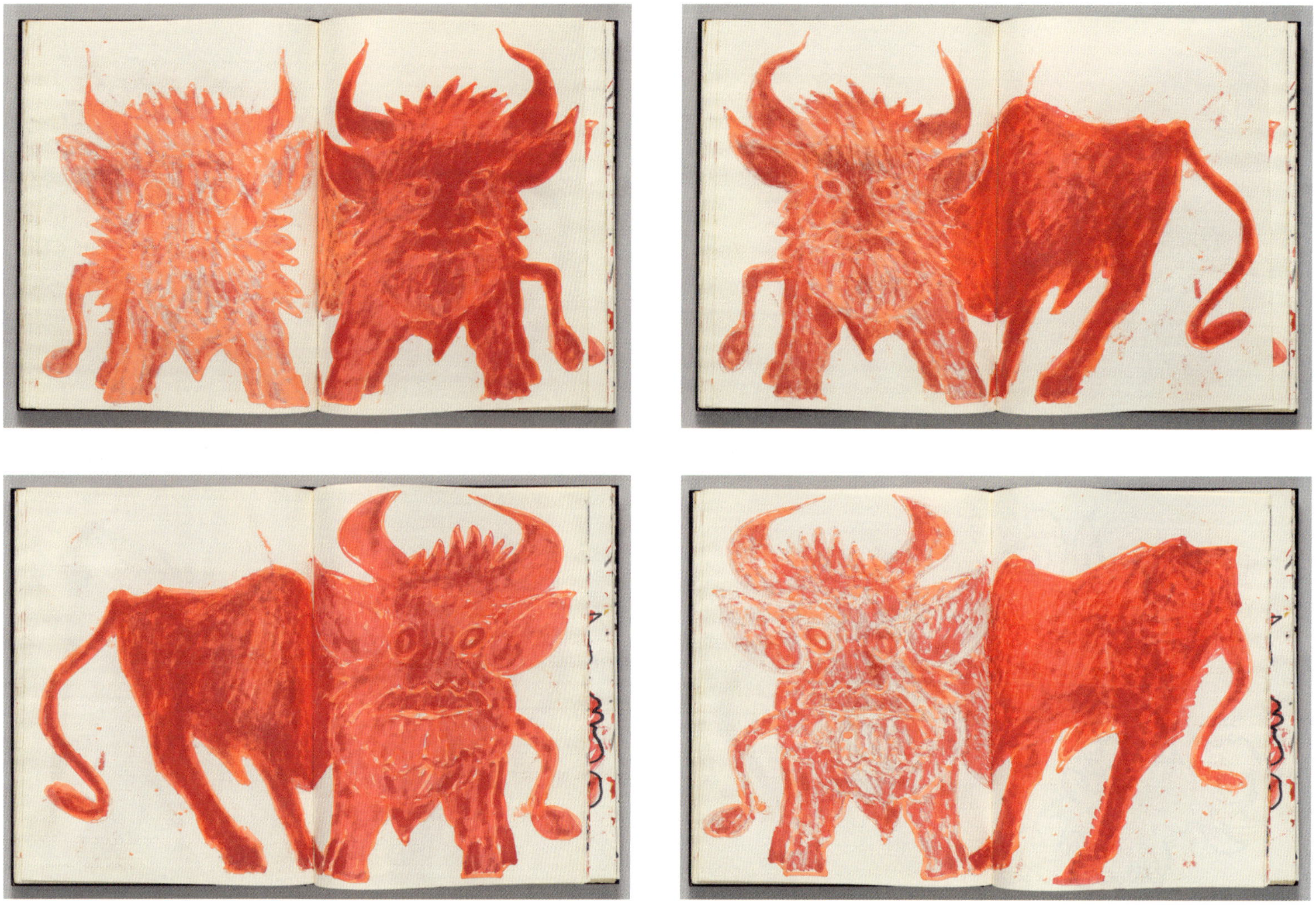

114.1–114.4 **Sequenz (Minotaurus) | Sequence (Minotaur), 1982**

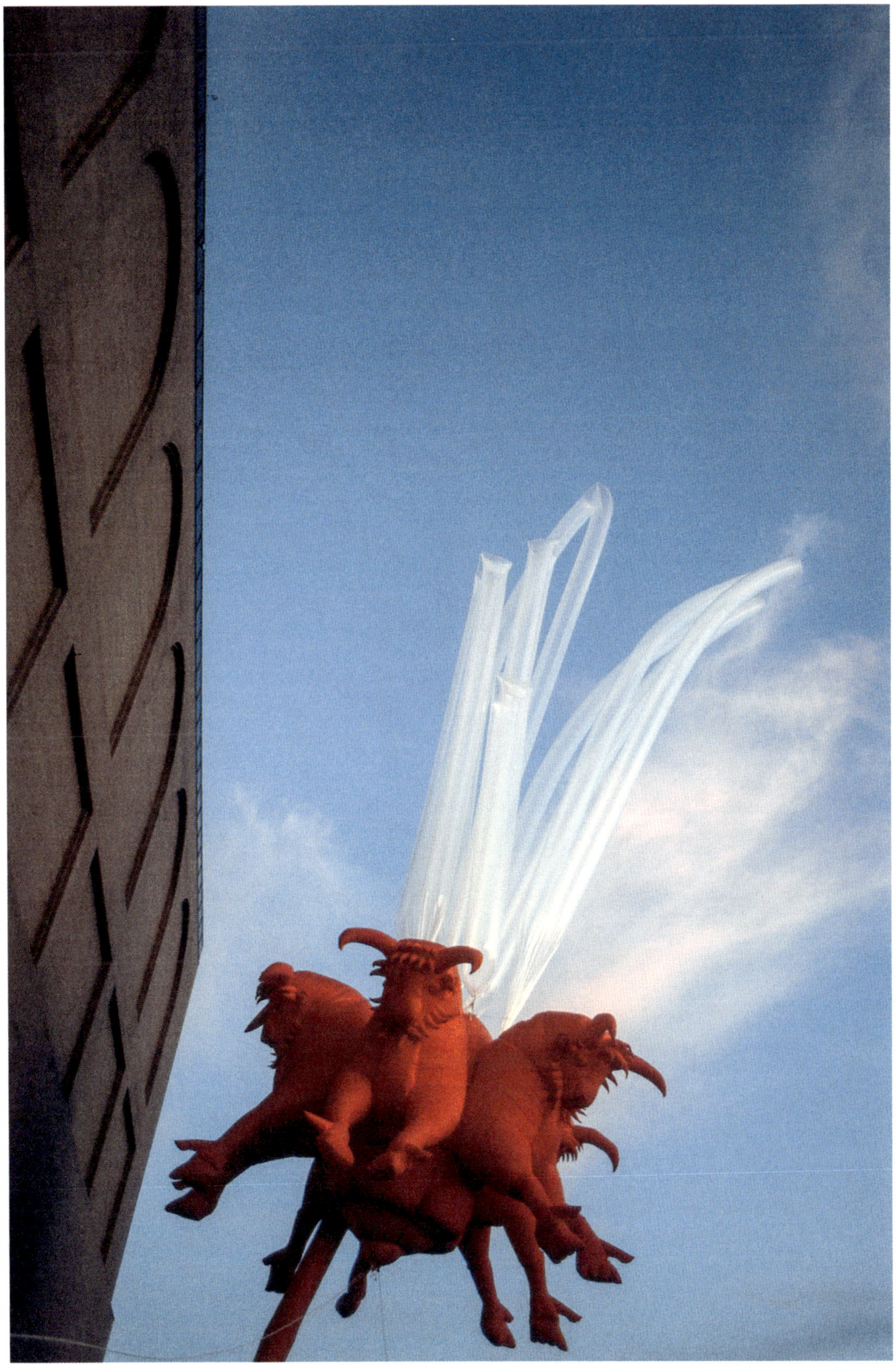

115 *Minotaur*, 1983, Utah Arts Festival, Salt Lake City, 1985

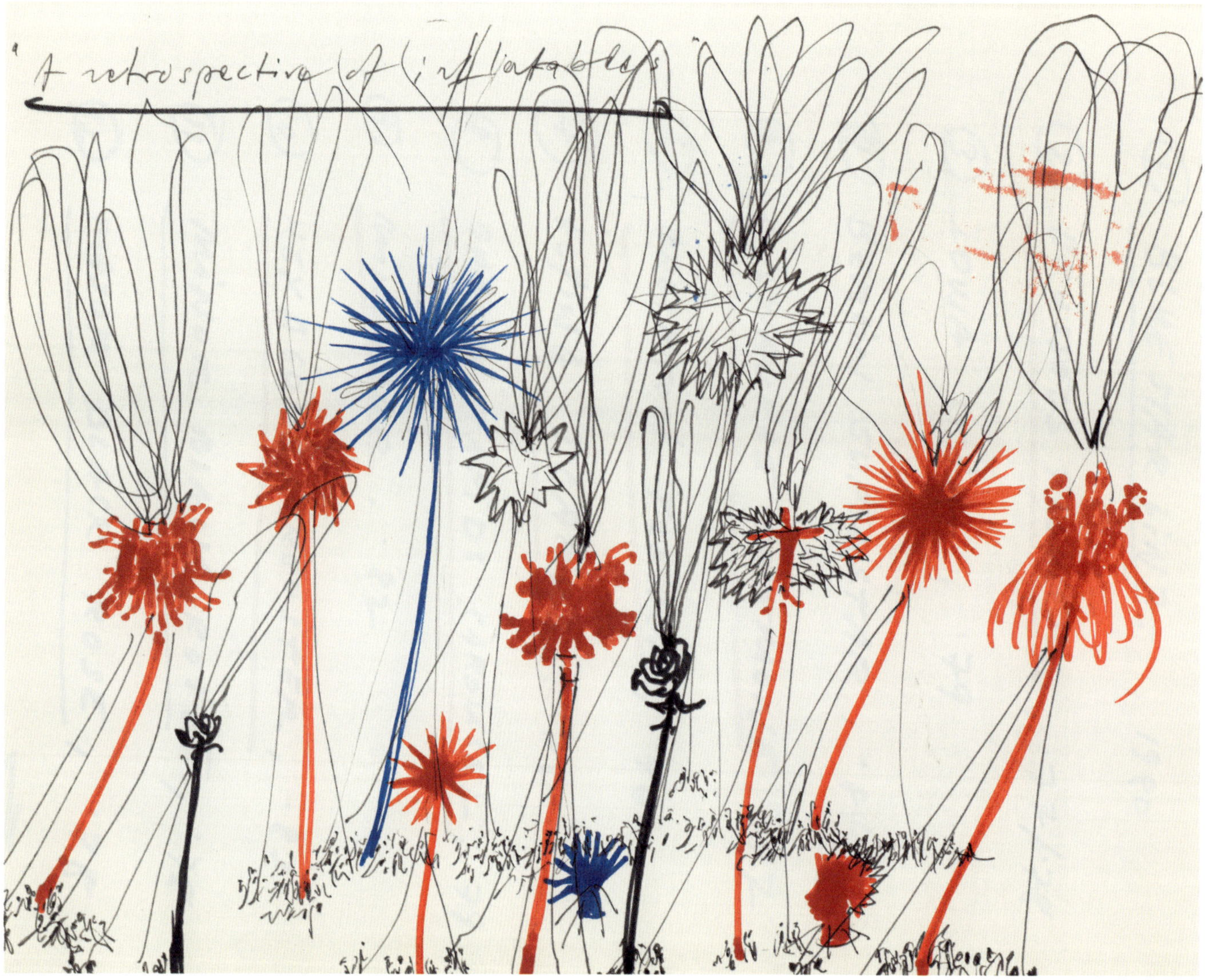

116 **Ohne Titel | Untitled ("A retrospective of inflatables"), 1984 (Detail | detail)**

Pienes Skizzenbücher aus den 1980er Jahren offenbaren Momente der Reflexion über sein eigenes Werk. In Vorbereitung auf Ausstellungen oder Publikationen, die einem bestimmten Medium oder Teil seines Werks gewidmet waren, vergegenwärtigte er sich seine früheren Schaffensphasen skizzierend. Während er stets an neuester Technik interessiert war und die Erweiterung der Kunst anstrebte, griff er zugleich auf seine früheren Arbeiten zurück und erfand sie neu. In diesen beiden Skizzenfolgen – einer «Retrospektive» mit Inflatables (1984) und Sky Art (1992) – knüpfte er an Jahrzehnte zurückliegende Werke und Events an. Beide zusammen machen deutlich, wie das Skizzenbuch dem Künstler als Arbeitsarchiv diente und ihm den Raum zum Dokumentieren, Nachverfolgen und Bewahren seiner Arbeit für sich selbst wie für die Nachwelt bot.

Piene's sketchbooks from the 1980s on reveal moments of self-reflection. In preparation for exhibitions or publications devoted to a particular medium or a specific body of work, Piene called up his creative past by sketching. Although he maintained interest in cutting-edge technology and an expansive future for art, he also revisited, and reimagined, past work. In these two sequences—a "retrospective" of inflatables (1984) and Sky Art (1992)—Piene returned to Sky Art and Sky Events from decades past. Together they underscore how the sketchbook can function as a working archive—a place for the artist to document, track, and preserve his work, both for himself and for posterity.

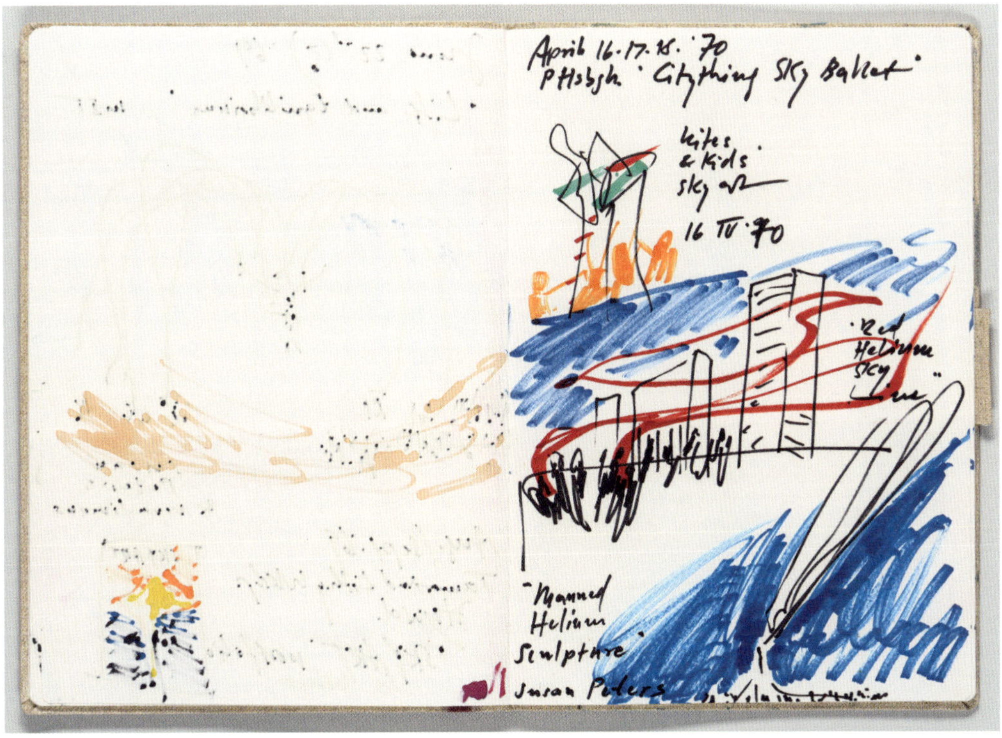

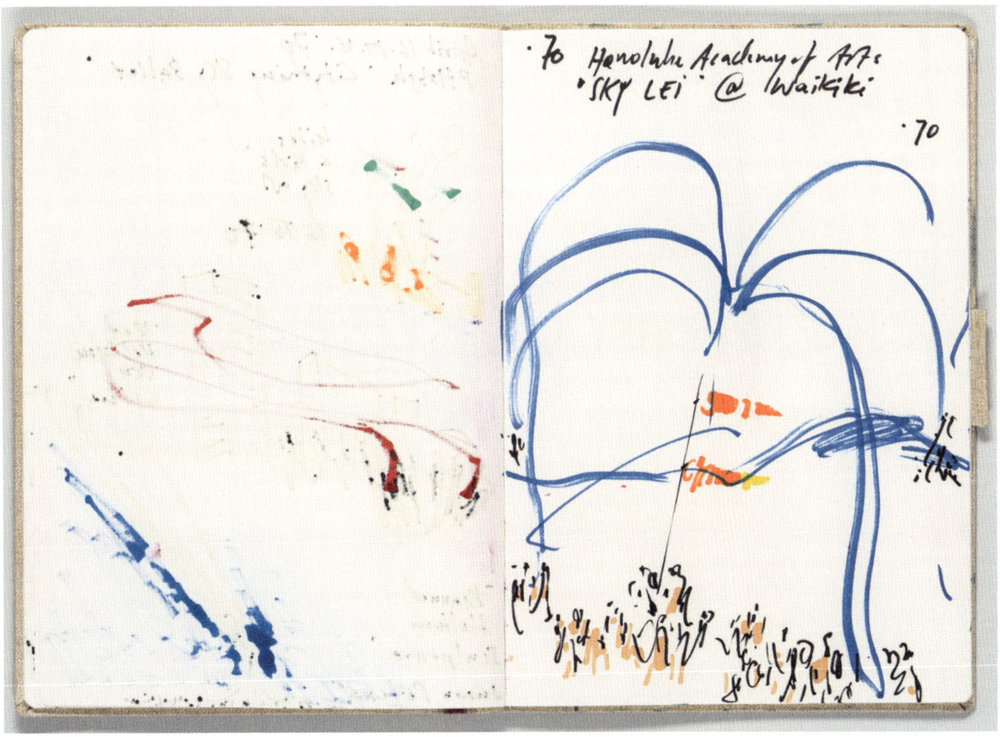

117.1–117.2 Ohne Titel | Untitled (Sky Art), 1992

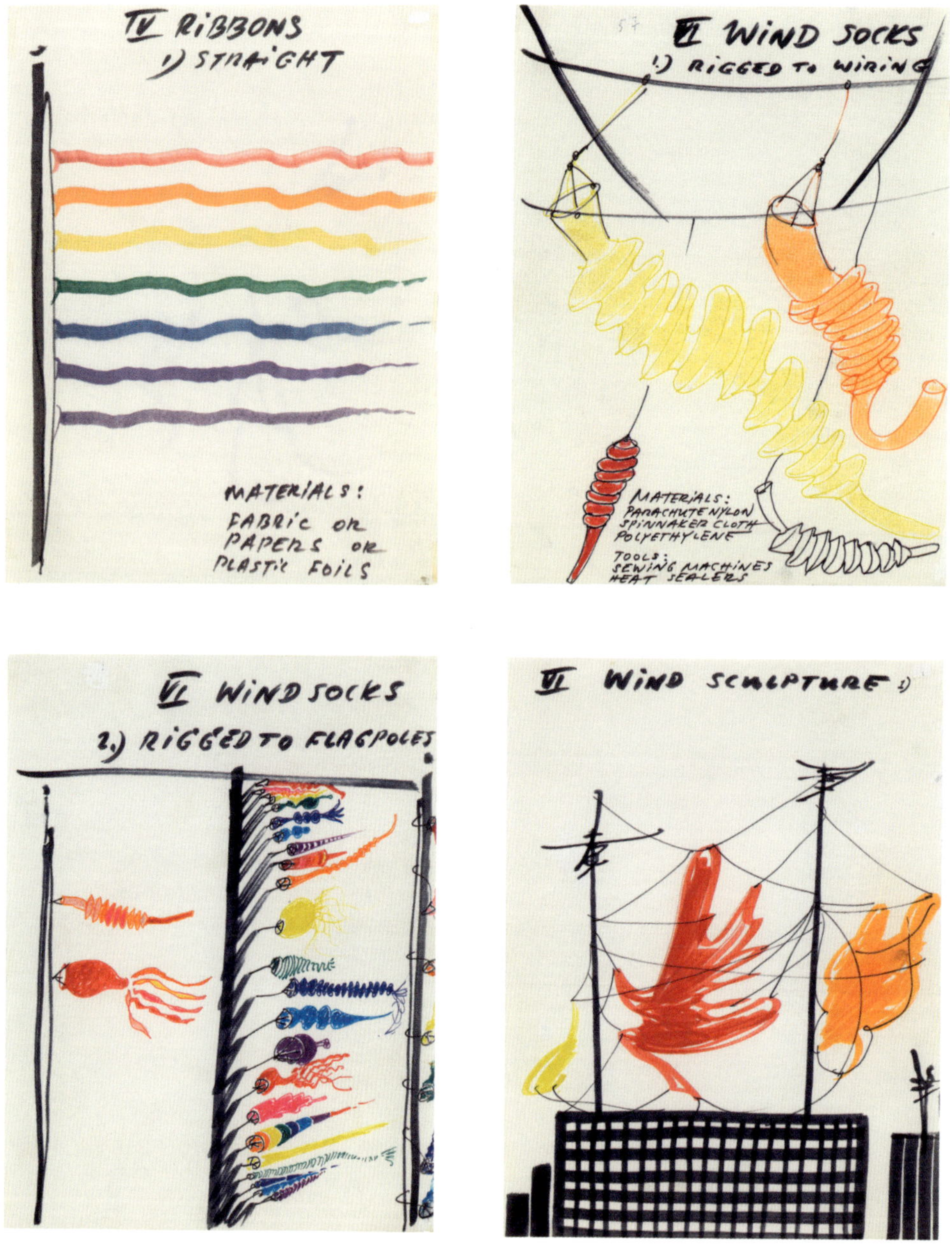

118.1–118.4 ***Wind Manual*****, 1970**

1970 und 1971 veröffentlichte Piene im Selbstverlag – dem er den Namen «Migrant Apparition» gab – zwei ringgebundene und illustrierte Bücher: *More Sky* und *Rainbow*. Mit der Arbeit an diesen hatte er bereits 1969 begonnen und dafür viele Zeichnungen mit Filzstiften angefertigt. Die als *Wind Manual* bezeichnete zweite Hälfte von *More Sky* enthält zahlreiche Vorschläge, wie Künstler:innen, aber auch Schüler:innen und Student:innen mittels Flaggen, Drachen, Windhosen und anderen Formen von Windplastiken, den Wind für die Kunst nutzen können. Piene erarbeitete in Workshops mit Studierenden Windhosen, liess sie von Fahnenmasten wehen und auch von Flugzeugen oder Autos ziehen. Es handelt sich um die einfachste Form von Luftplastiken, die vom Wind animiert werden, und er verstand das *Wind Manual* als Anregung für jede und jeden.

In 1970 and 1971, Piene self-published two spiral-bound, illustrated books, *More Sky* and *Rainbow* (calling his imprint "Migrant Apparition"). He had begun work on them in 1969, making many drawings with markers. The second half of *More Sky*, titled *Wind Manual*, contains many suggestions on how artists, as well as schoolchildren and students, might, through flags, kites, wind socks, and other forms of wind sculpture, use wind in art. Piene developed wind socks in workshops with students, flew them from flagpoles, and had them pulled by airplanes or cars; these are the simplest form of air sculpture, animated by wind. He understood his *Wind Manual* as a source of inspiration for everyone.

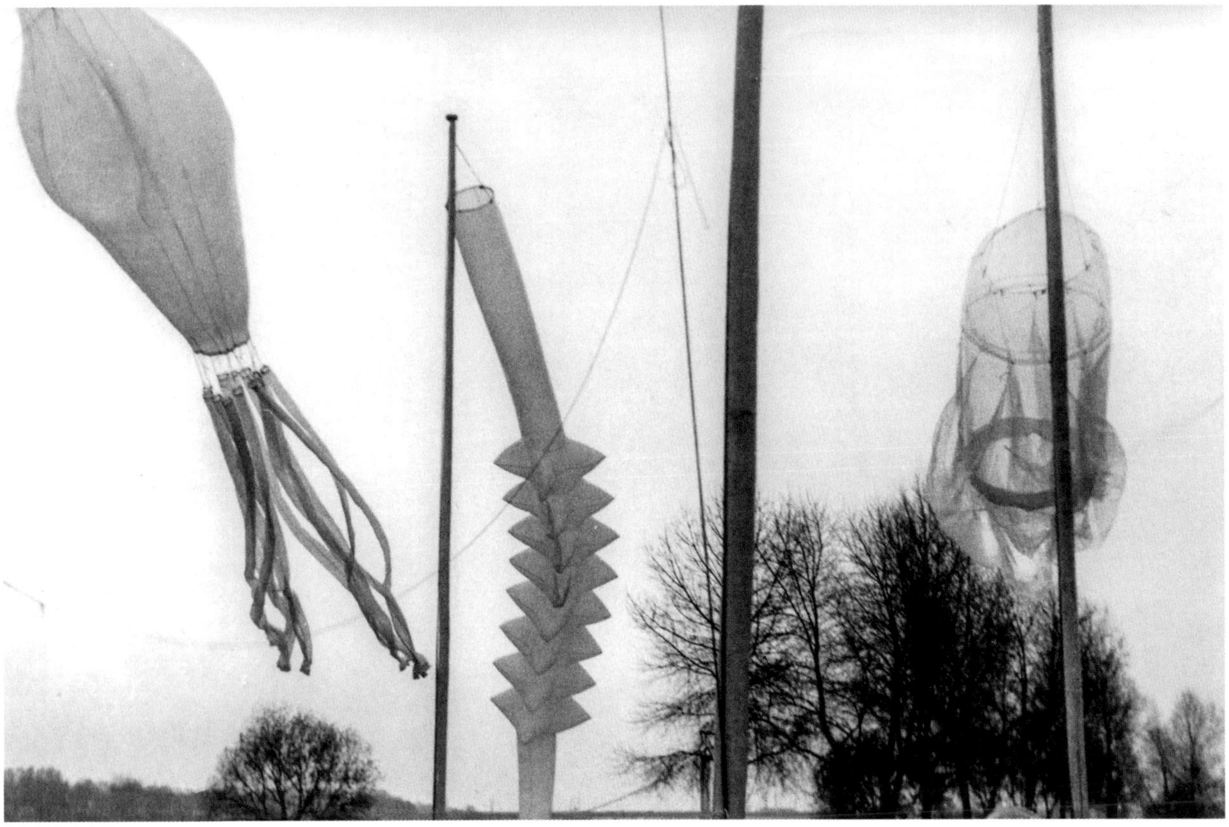

119 *Windsock Sculptures*, 1969, Bundesgartenschau '71, Köln | Cologne, 1971

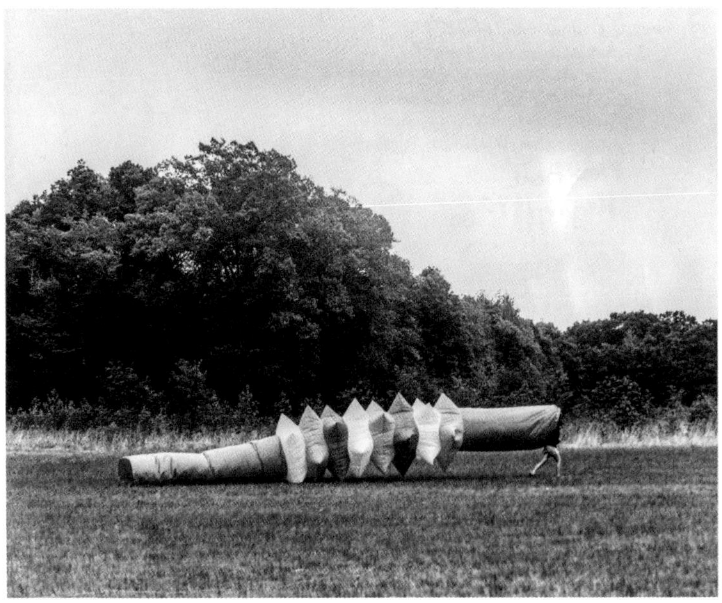

120 *Towed Wind Sculpture*, 16. Mai | 16 May 1970, *Washington Sky Event*, Chesapeake Bay, Maryland

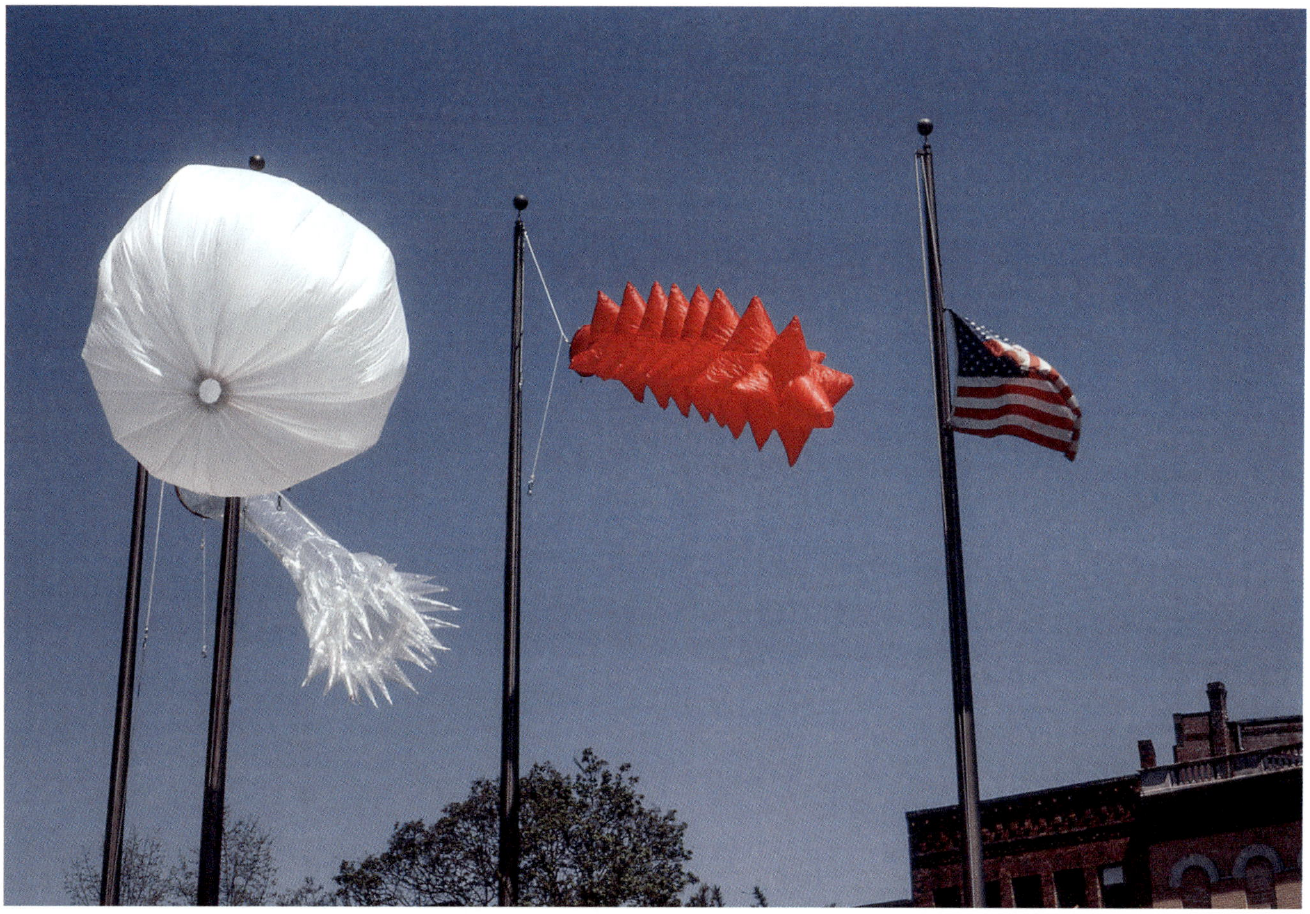

121 *Wind Sock Sculptures*, 1970, Brookline Arts Center, Massachusetts, 3. Mai | 3 May 1980

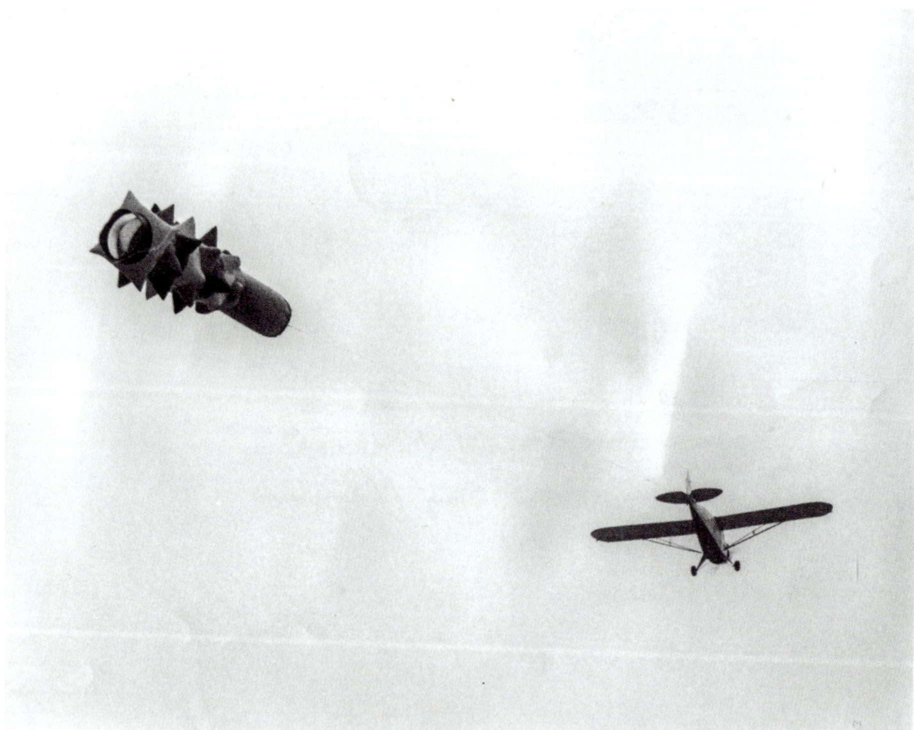

122 *Towed Wind Sculpture*, 1970, CAVS/MIT *Explorations*, Deep Creek, Chesapeake Bay, Maryland

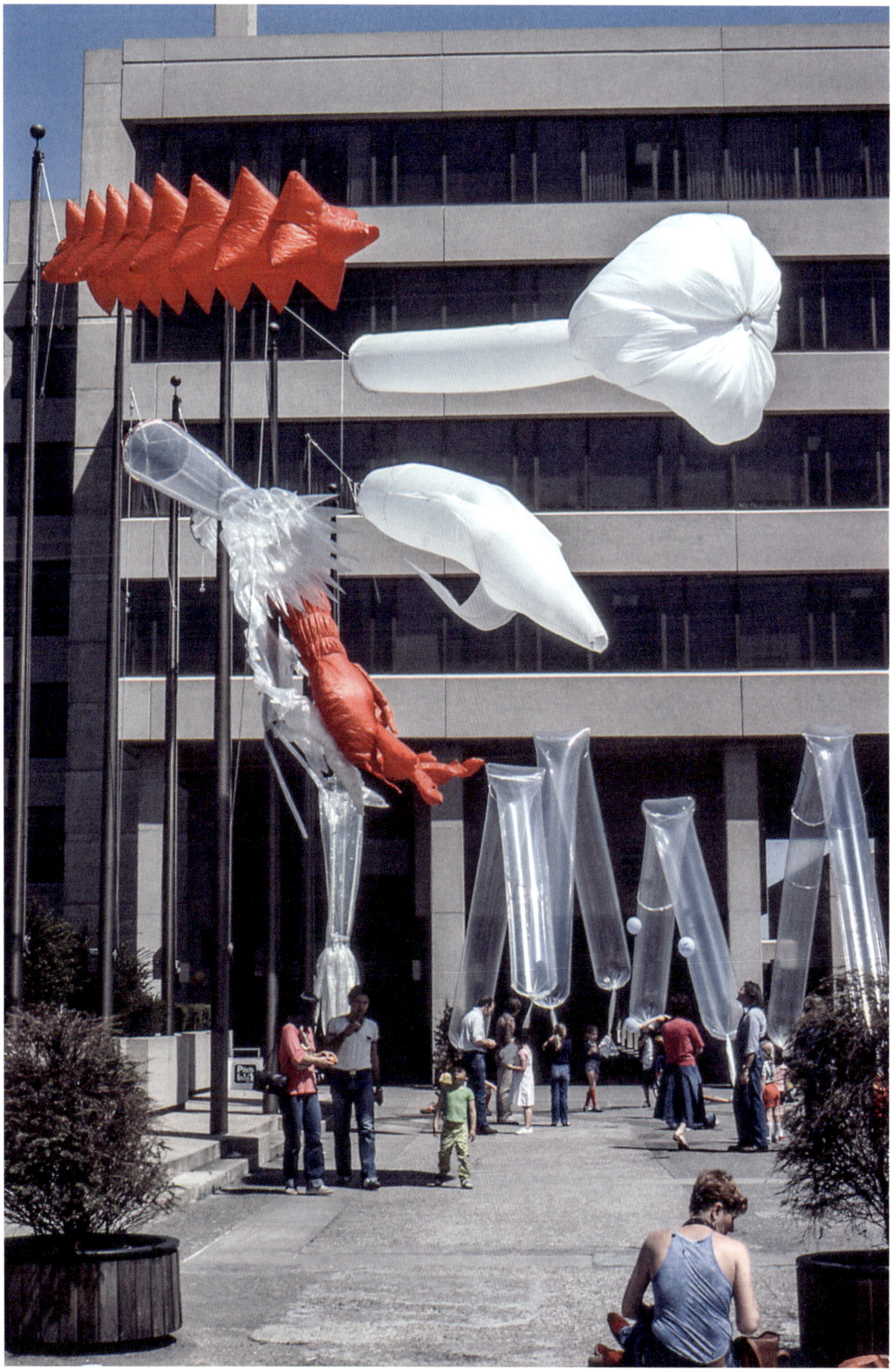

123 *Wind Sock Sculptures*, 1970, Brookline Arts Center, Massachusetts, 3. Mai | 3 May 1980

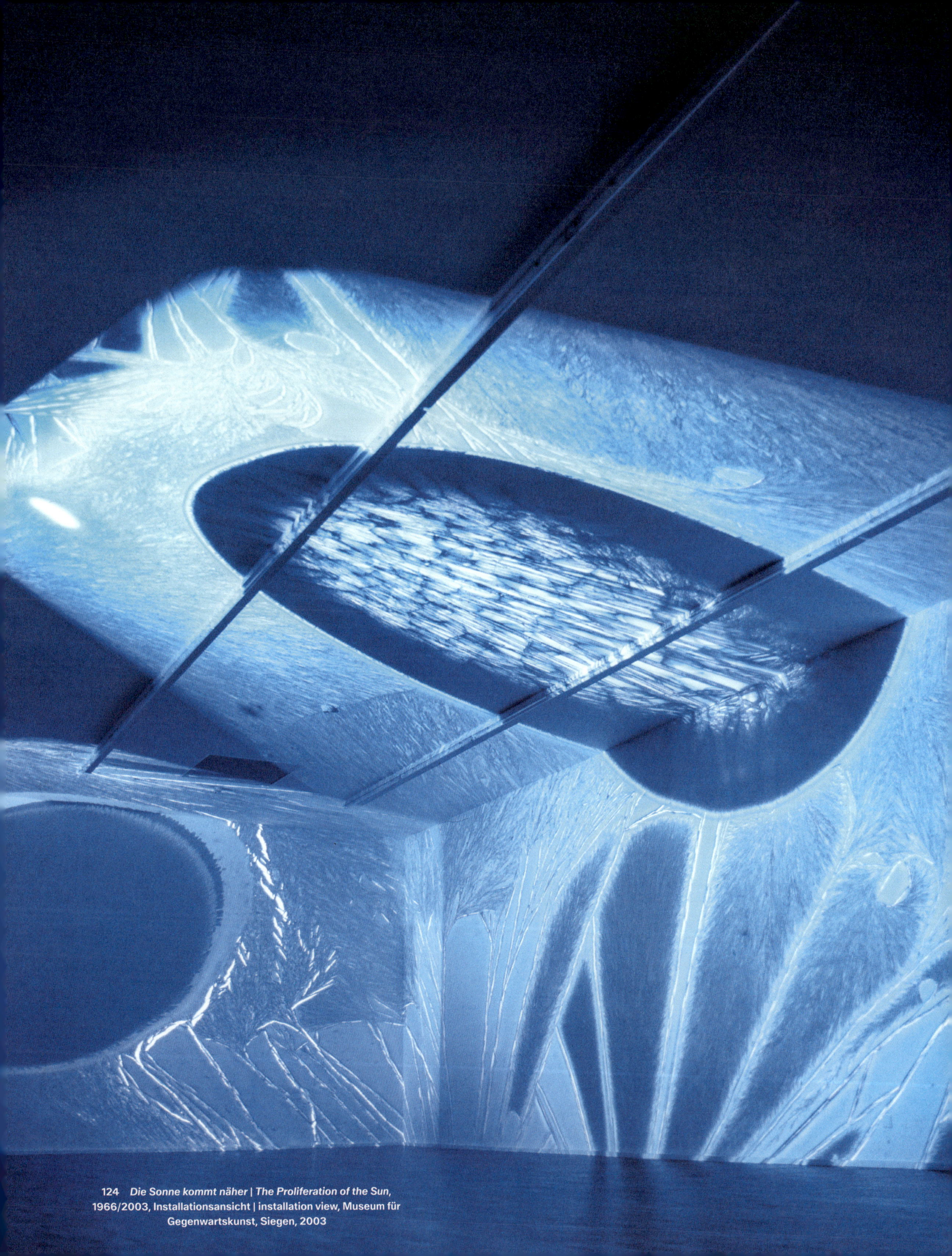

124 *Die Sonne kommt näher* | *The Proliferation of the Sun*, 1966/2003, Installationsansicht | installation view, Museum für Gegenwartskunst, Siegen, 2003

Fernsehen und Intermedia

Der Reiz bei der sich mehr und mehr ausdehnenden elektronischen Kunst ist, dass sie eine grosse Dimension anspricht, aber nicht wie die physischen Objekte der Sky Art, nicht wie die physischen Apparate der Weltraumforschung, sondern quasi immateriell-elektronisch, was einen Transport über grosse Distanzen zu grossen Gruppen von Empfängern ermöglicht. Als sich der Appell der Medien in Boston, in New York, in Köln ergab, da habe ich mich dem gerne gestellt, wie Freunde von mir, wie Allan Kaprow oder Aldo Tambellini oder James Seawright, und es entstand eine Atmosphäre von einer seltenen Kameraderie im Dialog mit diesen neuen Medien: Ich habe hier die Möglichkeit gesehen, grössere Gruppen, mehr Menschempfänger zu erreichen als es die traditionellen Kunstmittel, die traditionelle Kunst je schaffen kann, das heisst, über das Elitepublikum hinaus ein breites Publikum anzusprechen, Menschen, die möglicherweise etwas davon haben.

Zitat: Piene, Otto/von Wiese, Stephan, «Sky Art – Erlebnis und Erkenntnis. Interview mit Otto Piene», in: Rennert, Susanne/von Wiese, Stephan (Hg.), *Otto Piene. Sky Art 1968–1996*, Köln 1999, S. 75f.

Television and Intermedia

The allure of increasingly expansive electronic art is that it can address a large scale in a quasi-immaterial-electronic way, unlike the physical objects of Sky Art or the physical instruments of space exploration, enabling transmission across great distances to large groups of recipients. When the call from media outlets in Boston, in New York, in Cologne, came, I gladly answered, as did my friends Allan Kaprow or Aldo Tambellini or James Seawright, and a rare atmosphere of camaraderie emerged in dialog with these new forms of media. Here I saw the potential to reach larger groups, more people, than traditional media, traditional art ever can, going beyond the elite audience to a broader public, to people who might get something out of it.

Quotation from Otto Piene; Stephan von Wiese, "Sky Art—Erlebnis und Erkenntnis: Interview mit Otto Piene," in Susanne Rennert and Stephan von Wiese, eds., *Otto Piene: Sky Art 1968–1996* (Cologne: Wienand, 1999), 75–76; trans. Nicholas Grindell.

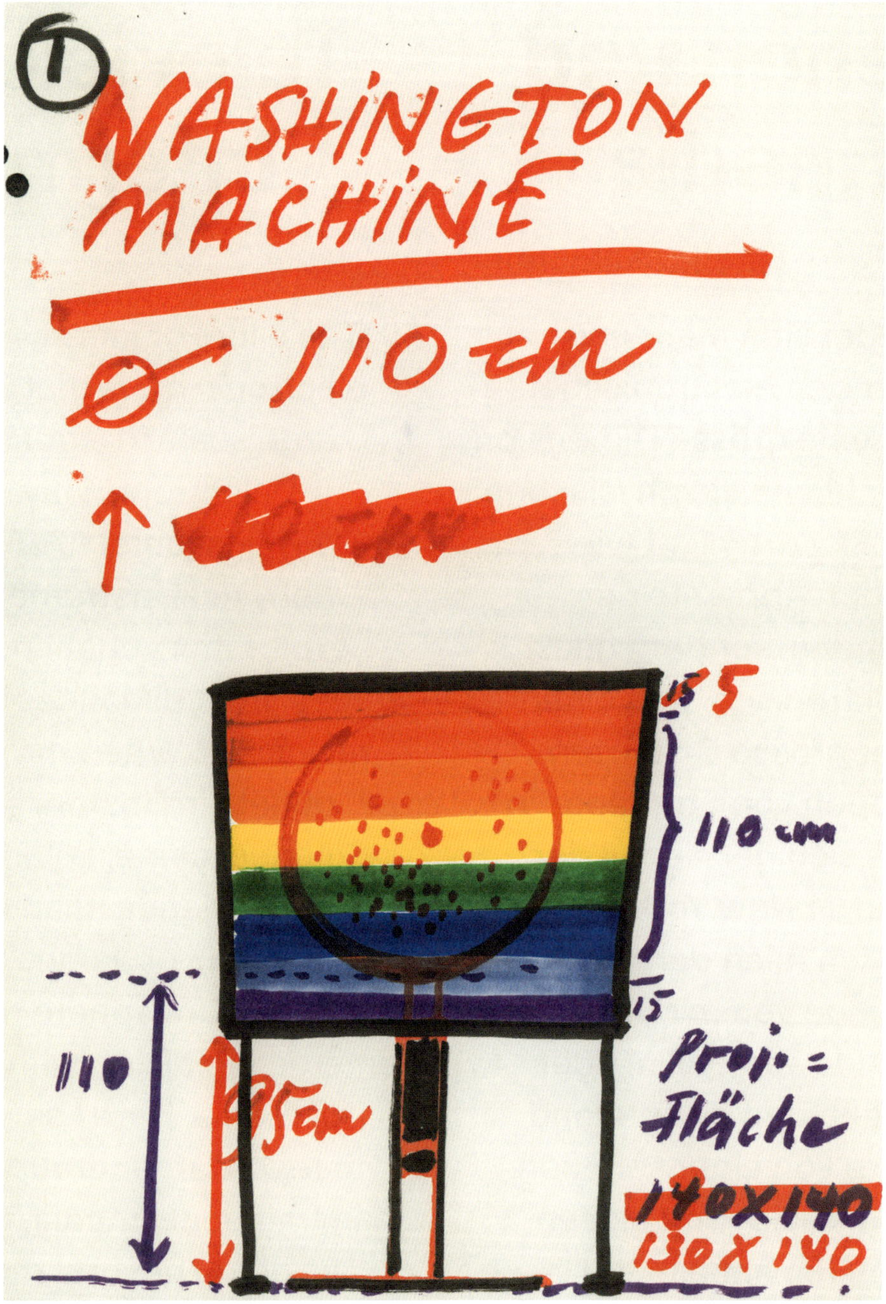

125 ***Lichtballett «Hommage à New York»*** **(Seite 1: *Washington Machine*)**
(Entwurf für die Dia-Installation | design for slide installation), 1966

Das *Lichtballett «Hommage à New York»* ist eine Installation mit eingefärbten Projektionsleinwänden, kinetischen Lichtplastiken, Scheinwerfern, Tonaufnahmen und Rundmagazin-Diaprojektoren, letztere bestückt mit handbemalten Glasdias und massenproduzierten Dias touristischer Sehenswürdigkeiten. Piene legte hier konventionelle Ansichten und typische Stadtgeräusche sowie abstrakte, organische, von bewegten Lichtquellen animierte Formen übereinander, um die Betrachter:innen in eine immersive Umgebung zu versetzen. Diese Arbeit wurde erstmals 1966 bei der Ausstellung *Zero in Bonn* gezeigt, die zugleich das Ende von Zero markierte. Es handelt sich um eine wichtige Vorläuferin von *The Proliferation of the Sun*. Dennoch blieb sie bis 2016 im Verborgenen, bis Nachforschungen der ZERO foundation die ursprünglichen Unterlagen zutage förderten und eine autorisierte Rekonstruktion angefertigt werden konnte.

The *Light Ballet "Hommage à New York"* is an installation incorporating dyed projection screens, kinetic light sculptures, spotlights, sound recordings, and carousel projectors advancing through hand-painted glass slides and mass-produced slides of tourist sites. Piene layered common sights and sounds of the city with abstract, organic forms animated by moving light, aimed at transfixing the viewer in an immersive environment. First shown in 1966 at *Zero in Bonn*, an exhibition that marked the end of the Zero Group, this work can be understood as a key predecessor to *The Proliferation of the Sun*, but remained unseen until 2016, after research led by the ZERO foundation resulted in the unearthing of original materials and an authorized reconstruction.

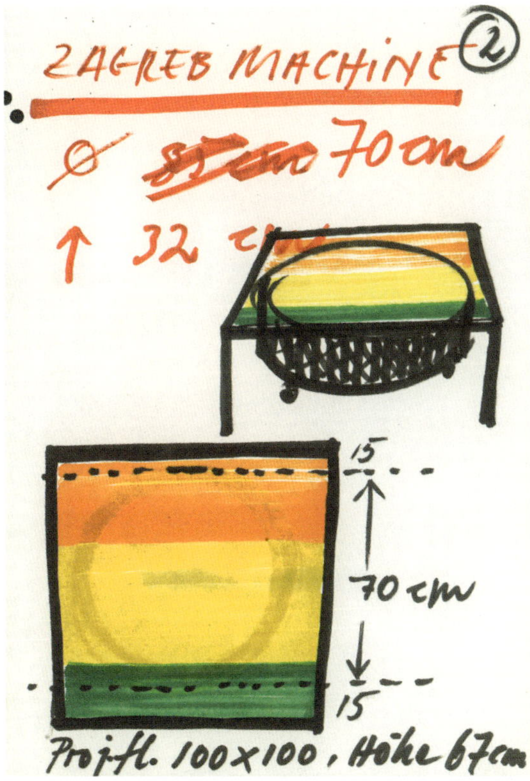

126 *Lichtballett «Hommage à New York»* (Seite 2: *Zagreb Machine*) (Entwurf für die Dia-Installation | design for slide installation), 1966

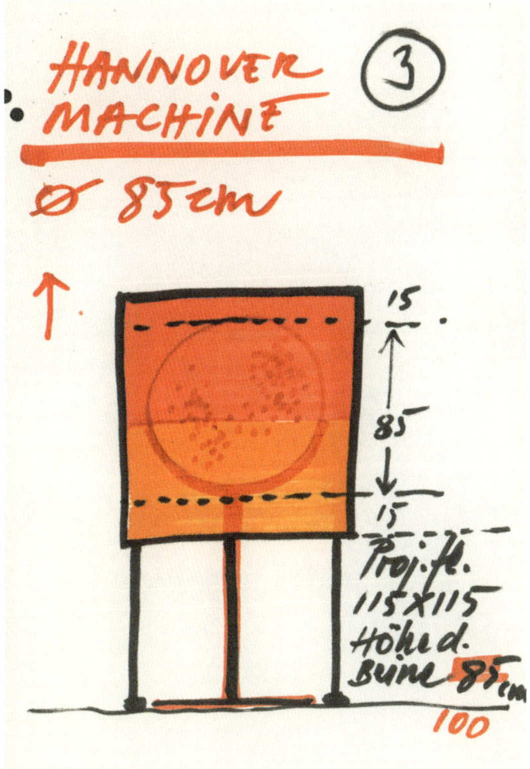

127 *Lichtballett «Hommage à New York»* (Seite 3: *Hannover Machine*) (Entwurf für die Dia-Installation | design for slide installation), 1966

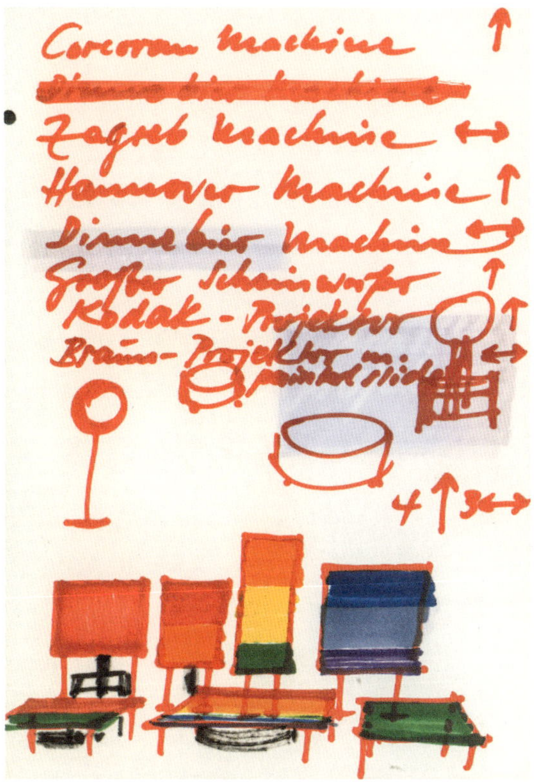

128 *Lichtballett «Hommage à New York»* (Seite 8: Übersicht) (Entwurf für die Dia-Installation | design for slide installation), 1966

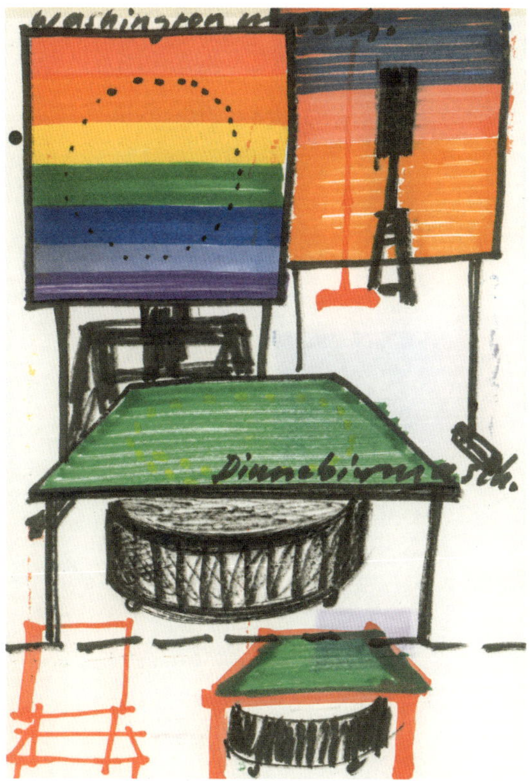

129 *Lichtballett «Hommage à New York»* (Seite 9) (Entwurf für die Dia-Installation | design for slide installation), 1966

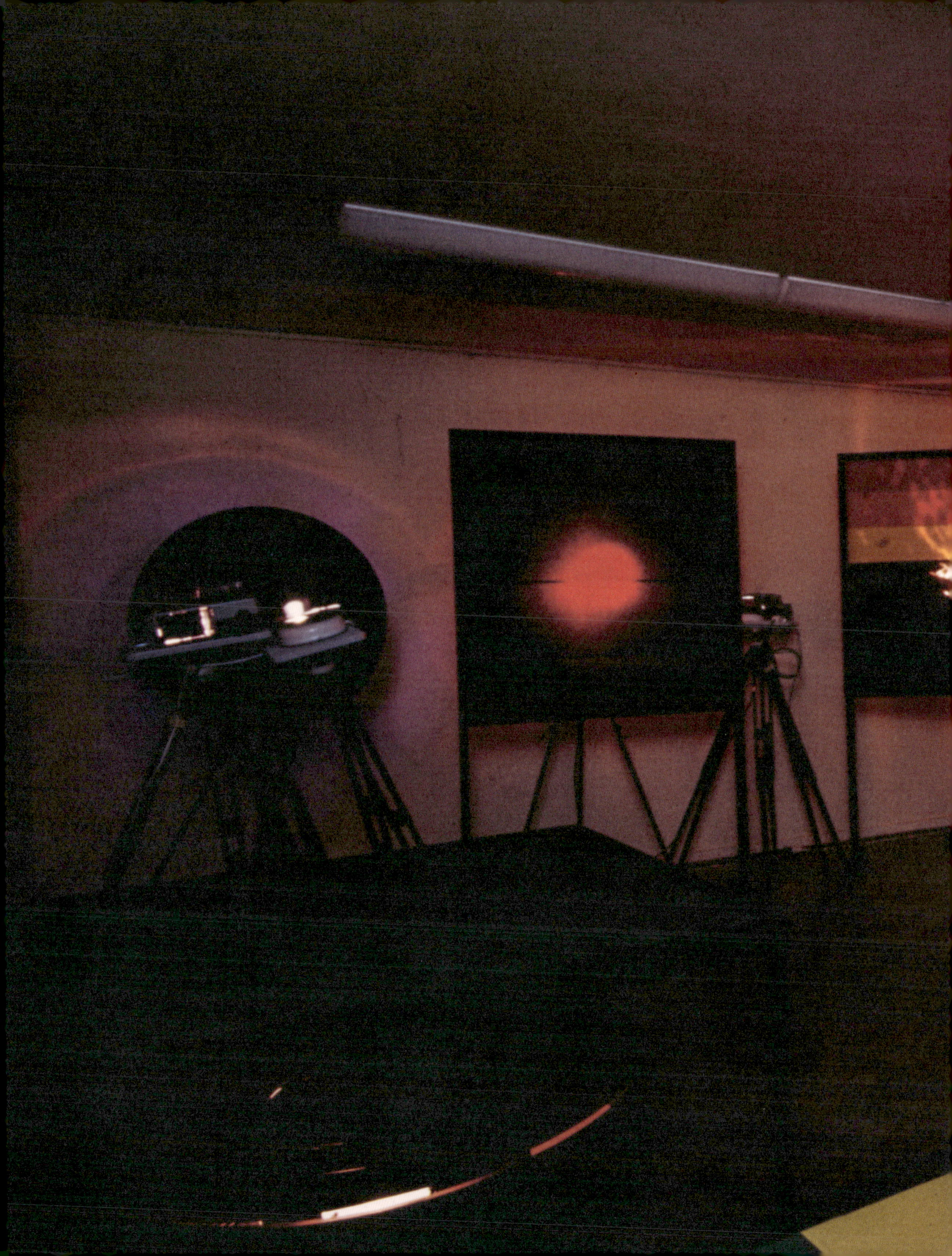

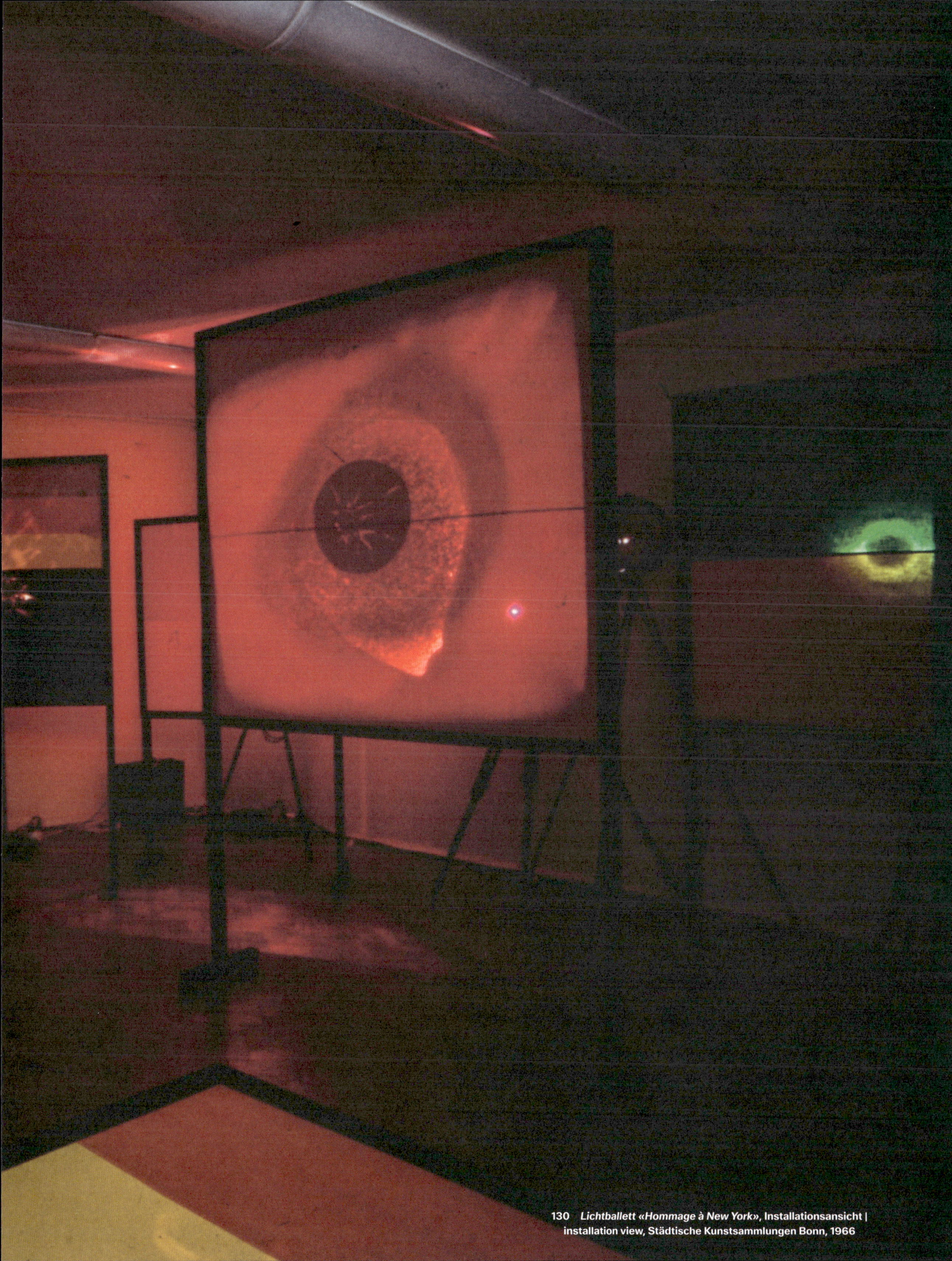

130 *Lichtballett «Hommage à New York»*, Installationsansicht | installation view, Städtische Kunstsammlungen Bonn, 1966

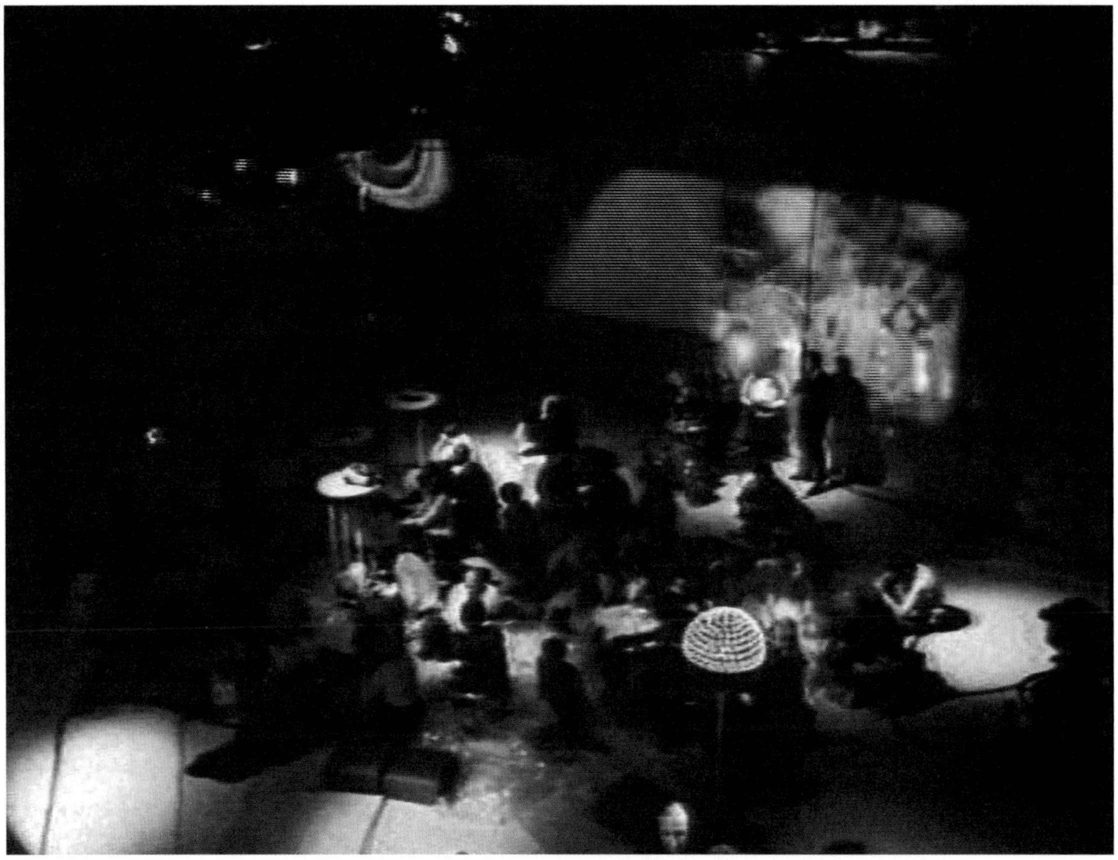

131 Otto Piene und | and Aldo Tambellini, *Black Gate Cologne. Ein Lichtspiel*, 1968, Videostill | video still

Mit *Black Gate Cologne. Ein Lichtspiel* schrieben Otto Piene und Aldo Tambellini 1968 (ausgestrahlt 1969) Kunst- und Mediengeschichte. Es handelt sich um das erste Kunstwerk, welches live fürs Fernsehen produziert wurde. Im Studio des WDR in Köln entstand die 47-minütige, elektronisch gemischte Collage von Aufnahmen aus dem Studio und zusätzlichen «Videotape-Abstraktionen» und Found-Footage-Fernsehmaterial, das unter anderem die Ermordung von Robert Kennedy und die Beerdigung von Martin Luther King zeigt. Das Studio samt circa 40 Teilnehmer:innen wurde mit Film- und Dia-Projektionen ebenso wie mit Licht- und Luftplastiken (u. a. ein 250 Meter langer partizipativer Luftschlauch) bespielt. Dabei wurden auch die damals vorhandenen elektronischen Möglichkeiten von Bildeffekten wie Überblendung und Solarisation genutzt. So wurde das Fernsehstudio zum Environment, das alle Sinne einbezog, und die Ordnung des Fernsehens wie des Sendebilds subversiv unterlaufen.

With *Black Gate Cologne: Ein Lichtspiel* (produced in 1968, broadcast in 1969), Otto Piene and Aldo Tambellini made art and media history with the first artwork ever to be produced live for television. At the WDR studios in Cologne, they created a forty-seven-minute electronically mixed collage of recordings from the studio plus "videotape abstractions" and "found" television footage, including sequences of the murder of Robert F. Kennedy and the funeral of Martin Luther King Jr. Around forty participants in the studio experienced film and slide projections as well as light and air sculptures (including an 820-foot-long participatory inflatable tube). The show used electronic means of image processing that existed at the time, such as crossfading and solarization. Thus, the studio became an environment that addressed all senses, subverting the order of television and of the broadcast image.

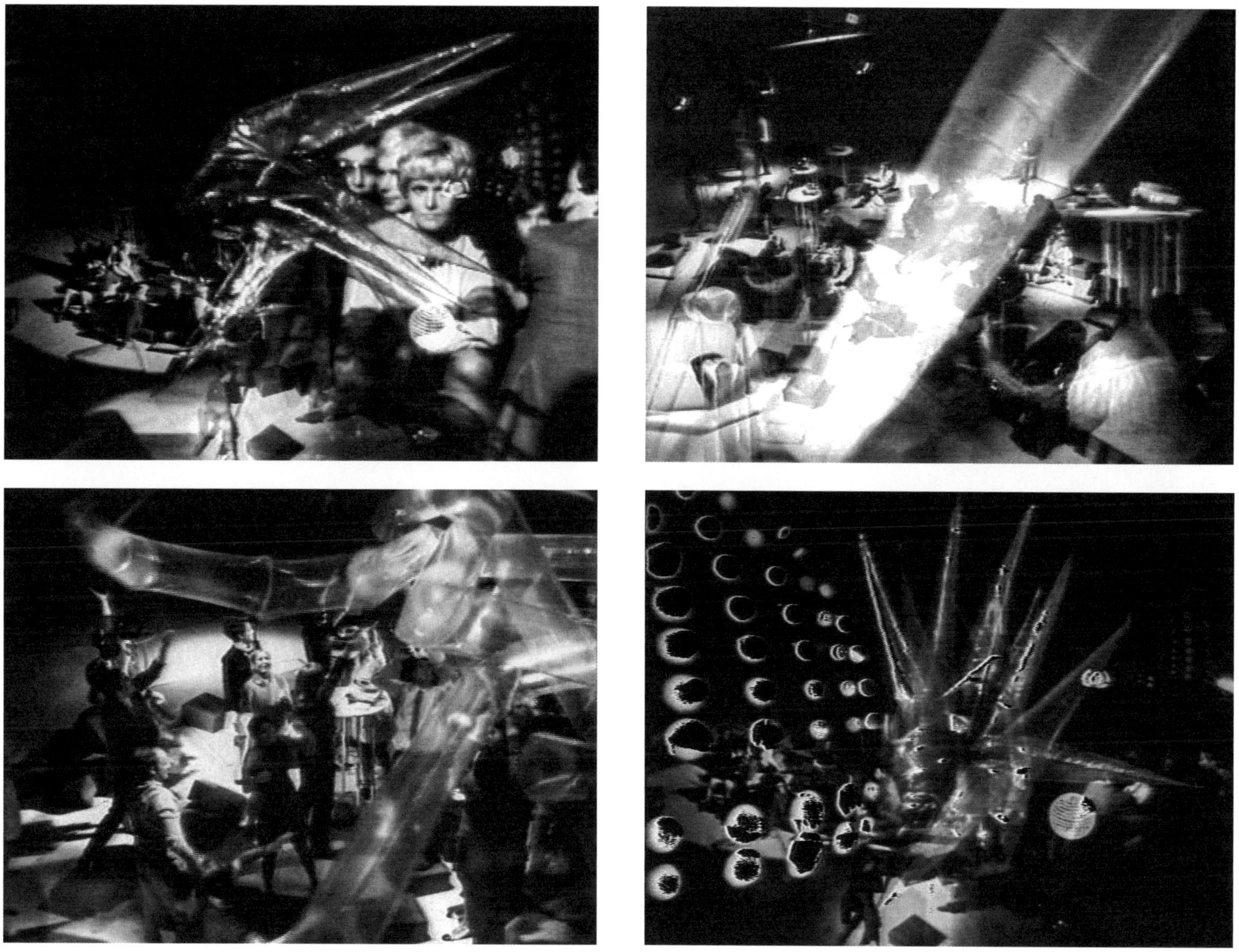

132.1–132.4 Otto Piene und | and Aldo Tambellini, *Black Gate Cologne. Ein Lichtspiel*, 1968, Videostills | video stills

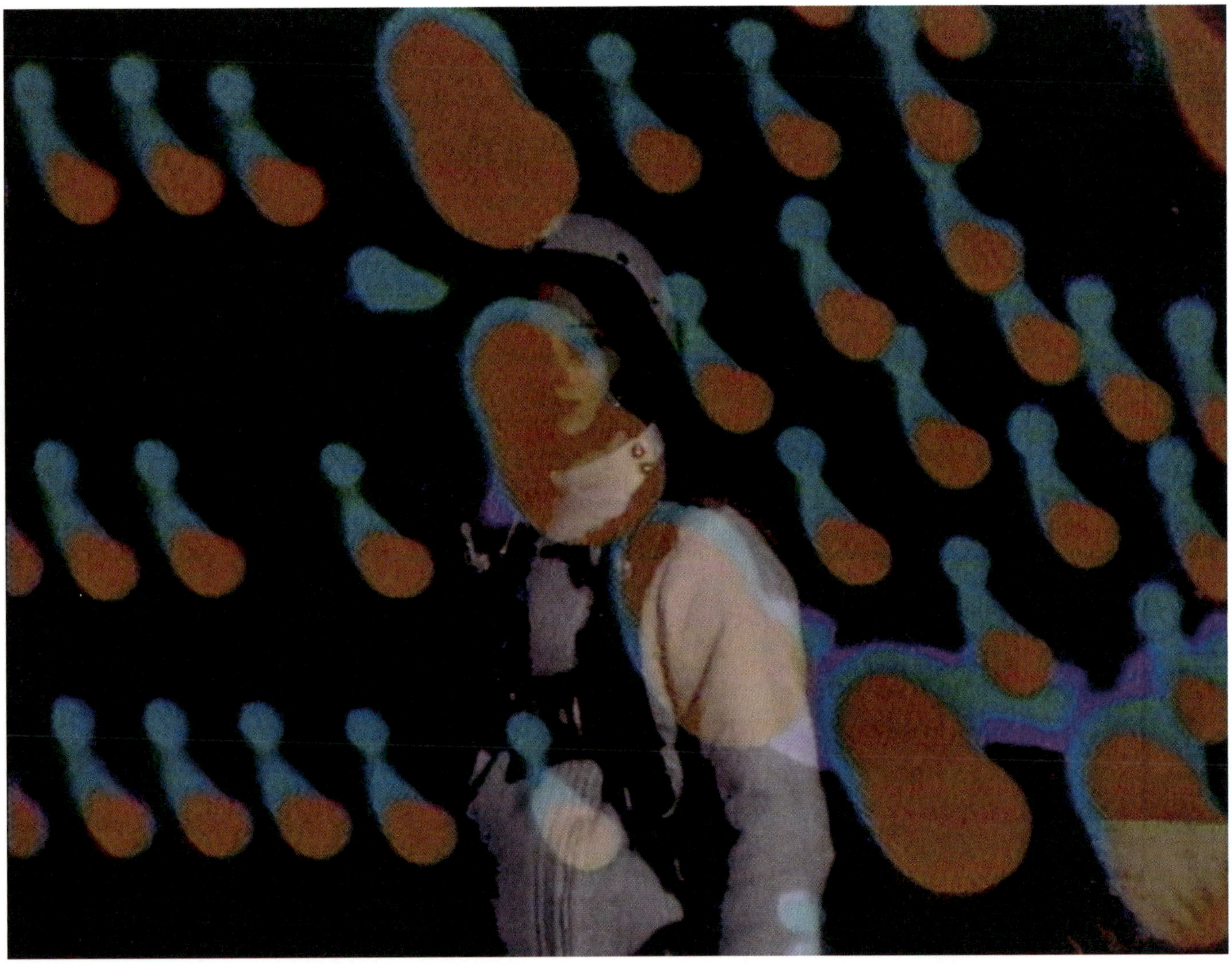

133 ***Electronic Light Ballet*****, in *****The Medium Is the Medium*****, 1969, Videostill | video still**

Das halbstündige Programm *The Medium Is the Medium* begann mit der Frage: «What happens when artists explore television?» Pienes *Electronic Light Ballet* entstand aus einer Einladung des Senders WGBH-TV in Boston und war eine von sechs Antworten auf diese Frage. Die Initiative, Künstler:innen und das Medium Fernsehen zusanmenzubringen, war von der Rockefeller-Stiftung finanziert worden. Piene glaubte an die Potenziale der TV-Übertragung und betrachtete die Kamera als ein Werkzeug, mit dem er ein neues *Lichtballett* schaffen und sich ein riesiges Publikum erschliessen konnte. Er inszenierte dafür eines seiner frühen Sky Events neu, bei dem heliumgefüllte Inflatables die 17-jährige Susan Peters 13 Meter hoch in die Luft gehoben hatten. Nachdem er die *Manned Helium Sculpture* auf dem Parkplatz des WGBH-Studios gefilmt hatte, legte er elektronisch bearbeitete Videobilder darüber und «malte» so mit buntem Licht. So erfand er seine *Rasterbilder* und *Lichtballette* für den öffentlichen Rundfunk neu.

The half-hour program *The Medium Is the Medium* opened with the question, "what happens when artists explore television?" Piene's *Electronic Light Ballet*, the result of an invitation from WGBH-TV Boston to participate in their Rockefeller Foundation–funded Artists-in-Television initiative, was one of six responses to this question. Piene believed in the promise of telecasting and saw the camera as a tool through which he could create a new kind of light ballet and reach audiences on a monumental scale. Piene restaged one of his early Sky Events, in which helium-filled inflatables lifted seventeen-year-old Susan Peters forty feet high. After filming *Manned Helium Sculpture* in the parking lot of the WGBH studios, Piene superimposing electronically manipulated videotape, "painted" with colored light to reinvent his *Raster Works* and *Light Ballets* for public broadcast.

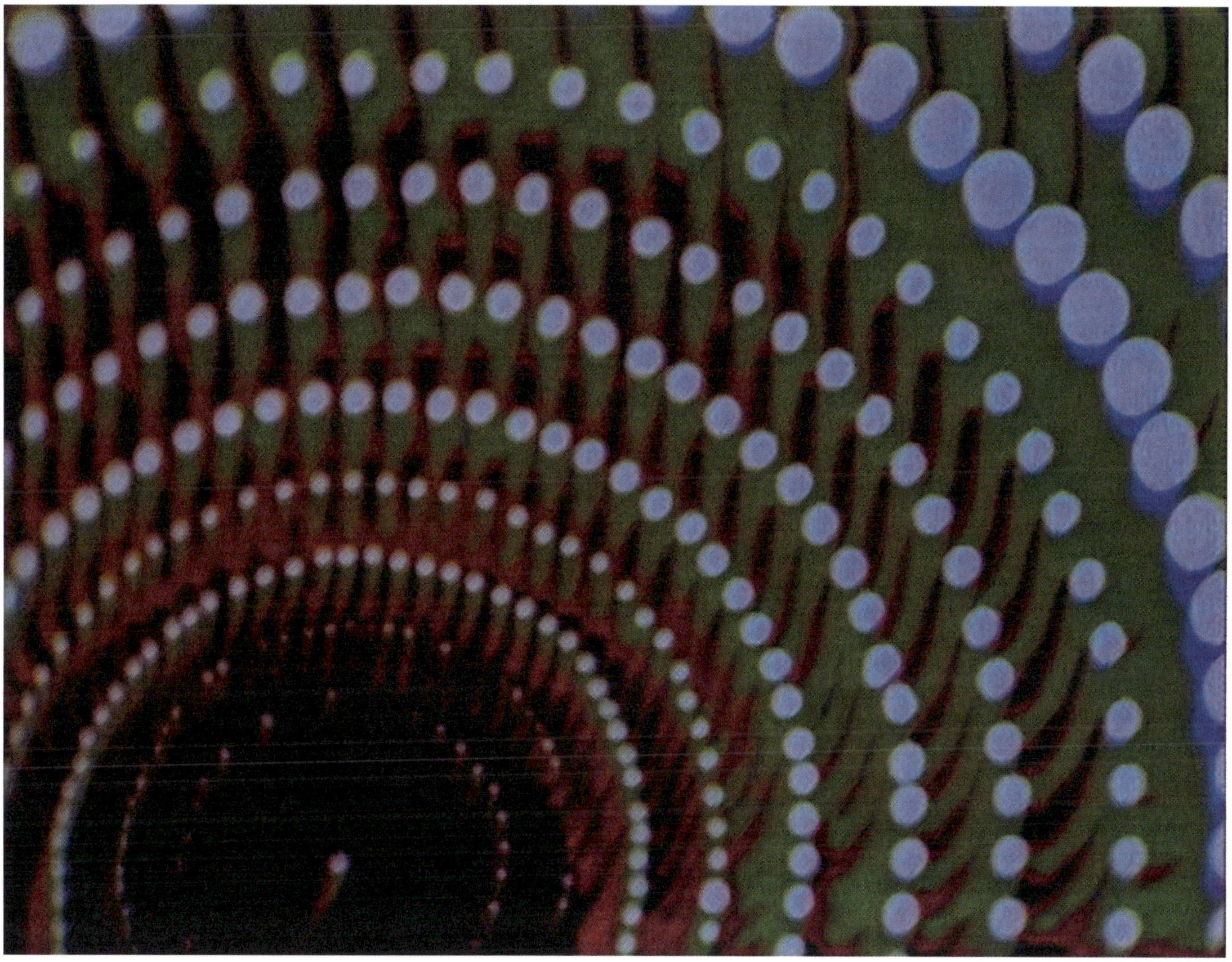

134 ***Electronic Light Ballet***, in ***The Medium Is the Medium***, 1969, Videostill | video still

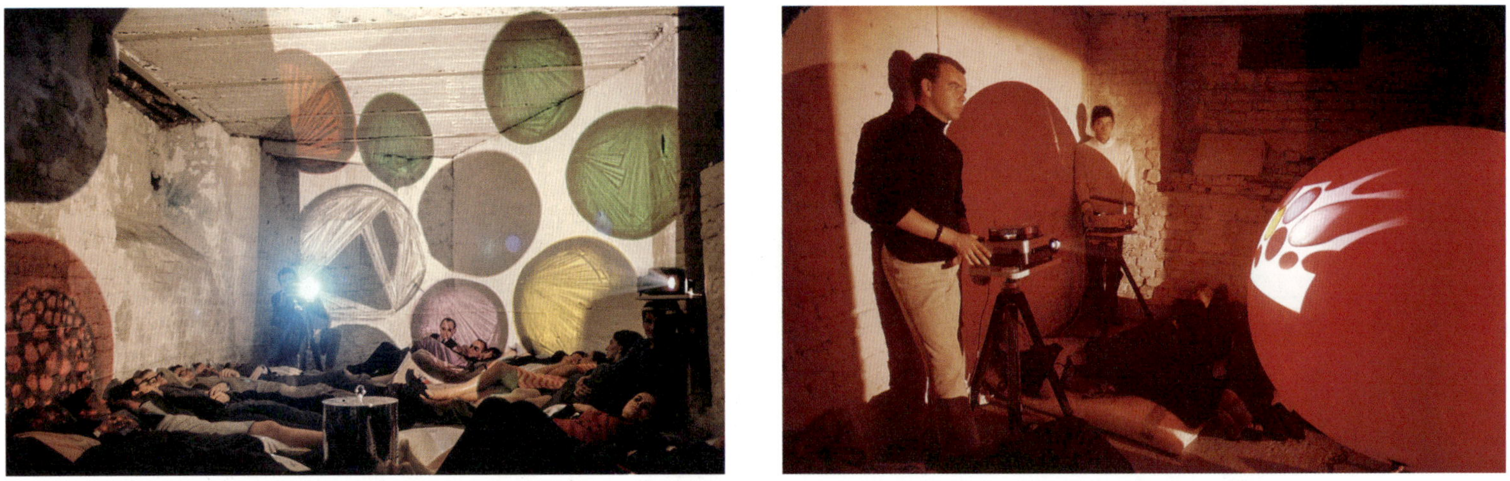

135.1–135.2 *Die Sonne kommt näher*, 1966/1967, Installationsansicht | installation view, Galerie Art Intermedia, Köln | Cologne, 1967

Die Sonne kommt näher (*The Proliferation of the Sun*) ist eine Lichtperformance – eine Art Reise zur Sonne –, die Piene an zahlreichen Orten aufführte und fortwährend weiterentwickelte. Zunächst zeigte er sie mit handbemalten Dias auf zumeist fünf Karussellprojektoren, wobei Anweisungen per Tonband an die Aufführenden ergingen, die Sequenz in verschiedenen Stufen auf die höchste Geschwindigkeit zu erhöhen und in der Folge wieder zu verlangsamen. Zum bildüberfluteten Höhepunkt ertönt in schnellem Rhythmus Pienes mechanische Wiederholung von «the sun, the sun, the sun...». Klimax wie Schluss werden von einer Phase des «white out» markiert, in der die Projektoren ohne Dias laufen. In späteren Versionen verwendete der Künstler Beamer. Wenngleich die intermediale Performance heute auf 1966/1967 datiert wird, benannte Piene das Stück in der Ankündigung zur Aufführung im Black Gate Theater in New York 1967 explizit als «work in progress of multiple environmental projections», das bereits 1964 im Institute of Contemporary Art in Philadelphia und in der Howard Wise Gallery, New York City sowie 1966 im Stadtmuseum Bonn gezeigt worden ist.

The Proliferation of the Sun is a light performance—a kind of journey to the sun—that Piene staged and continually developed in numerous places. Initially, he showed it with hand-painted slides, typically using five carousel projectors, and tape-recorded instructions telling the performers to raise the tempo of the sequence in stages to the maximum speed and then slow it down again. At the image-flooded climax, Piene could be heard mechanically repeating "the sun, the sun, the sun . . ." This climax and the conclusion were marked by a phase of "white out" during which the projectors ran without slides. In later versions, the artist used projectors. Although this intermedia performance is now dated to 1966–67, in the announcement for the event at the Black Gate Theater in New York in 1967, Piene explicitly called it a "work in progress of multiple environmental projections," which had already been shown in 1964 at the Institute of Contemporary Art in Philadelphia and the Howard Wise Gallery in New York, and in 1966 at the Stadtmuseum Bonn.

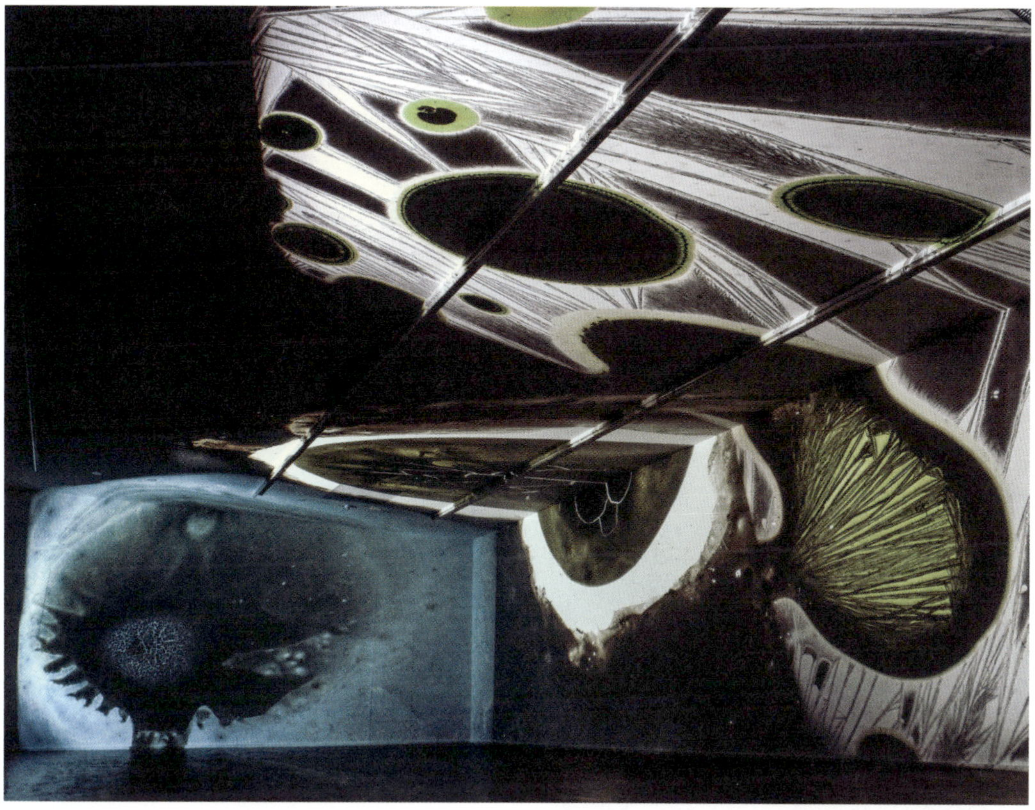

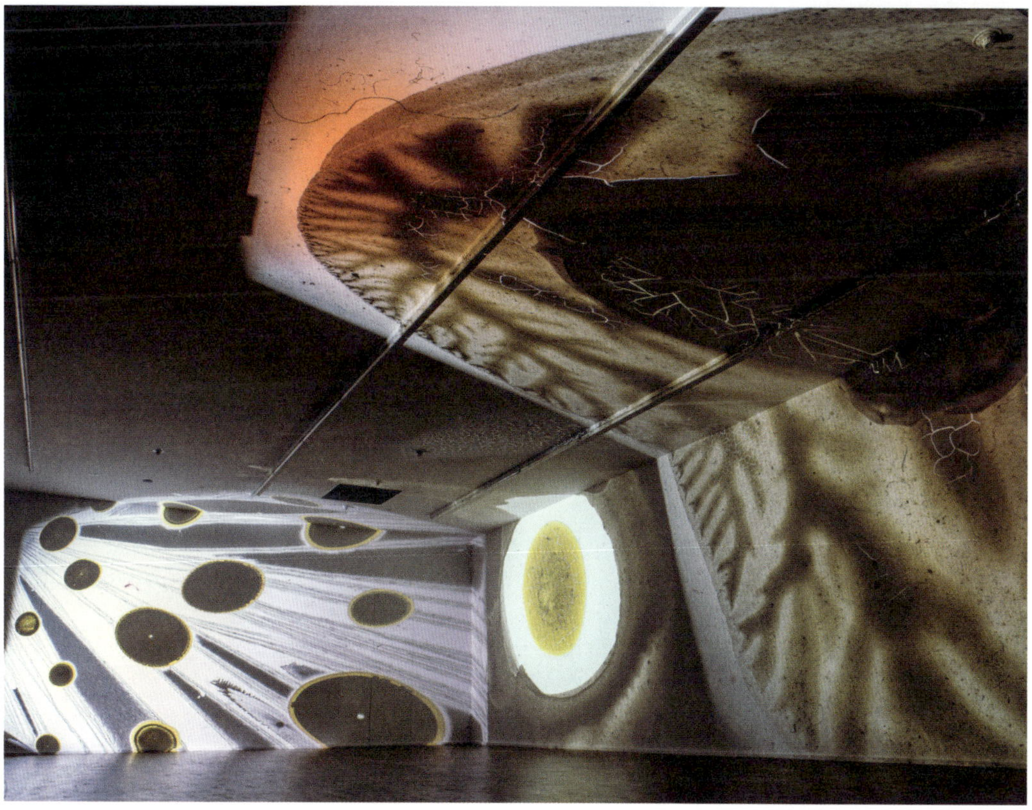

136.1–136.2 *Die Sonne kommt näher* | *The Proliferation of the Sun*, 1966/2013, Installationsansicht | installation view, Museum für Gegenwartskunst, Siegen, 2003

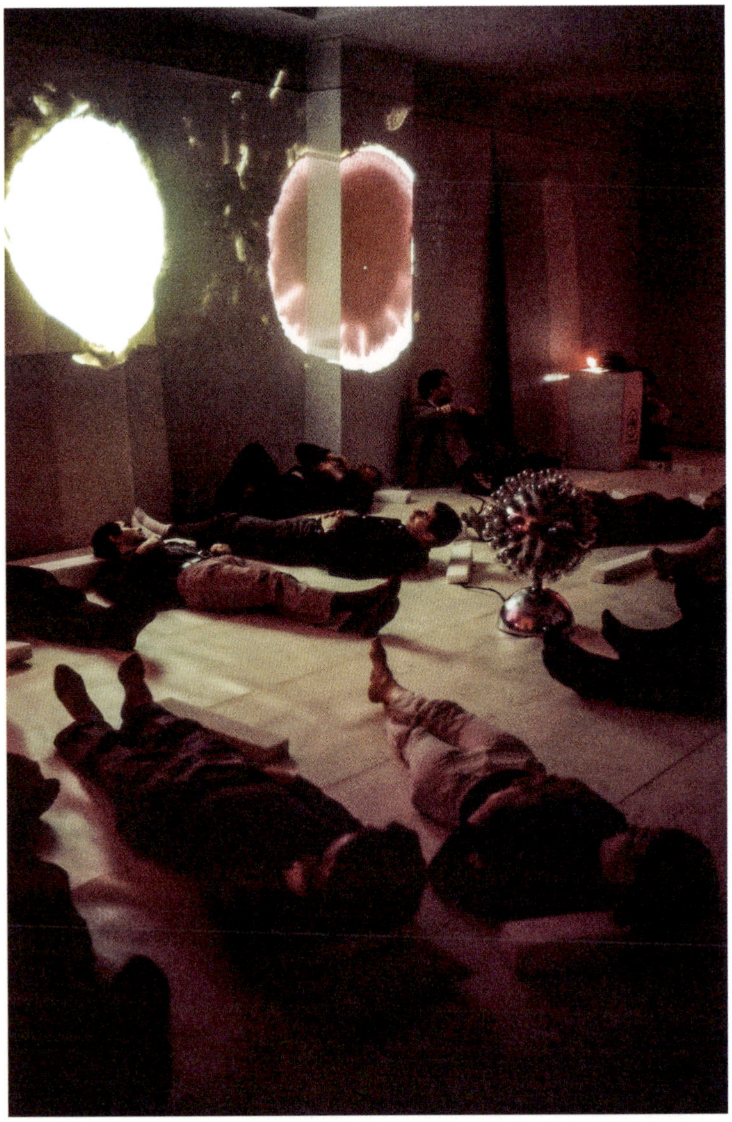

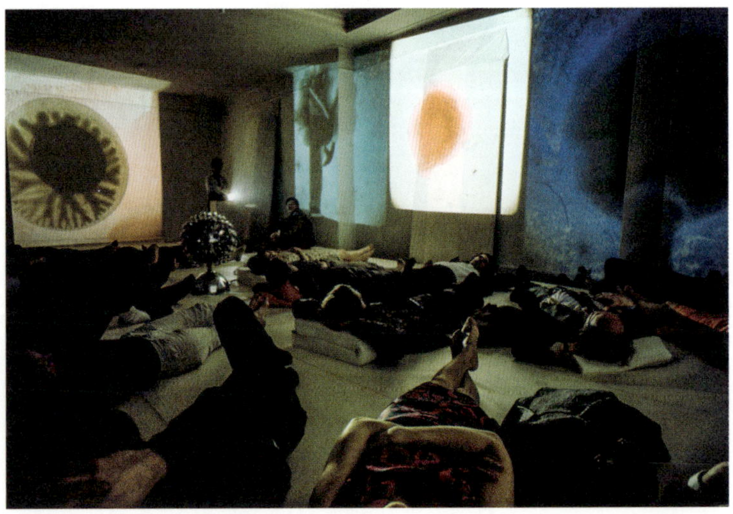

137.1–137.2 *The Proliferation of the Sun*, 1966/1967, Installationsansicht | installation view, Black Gate Theater, New York, 1967

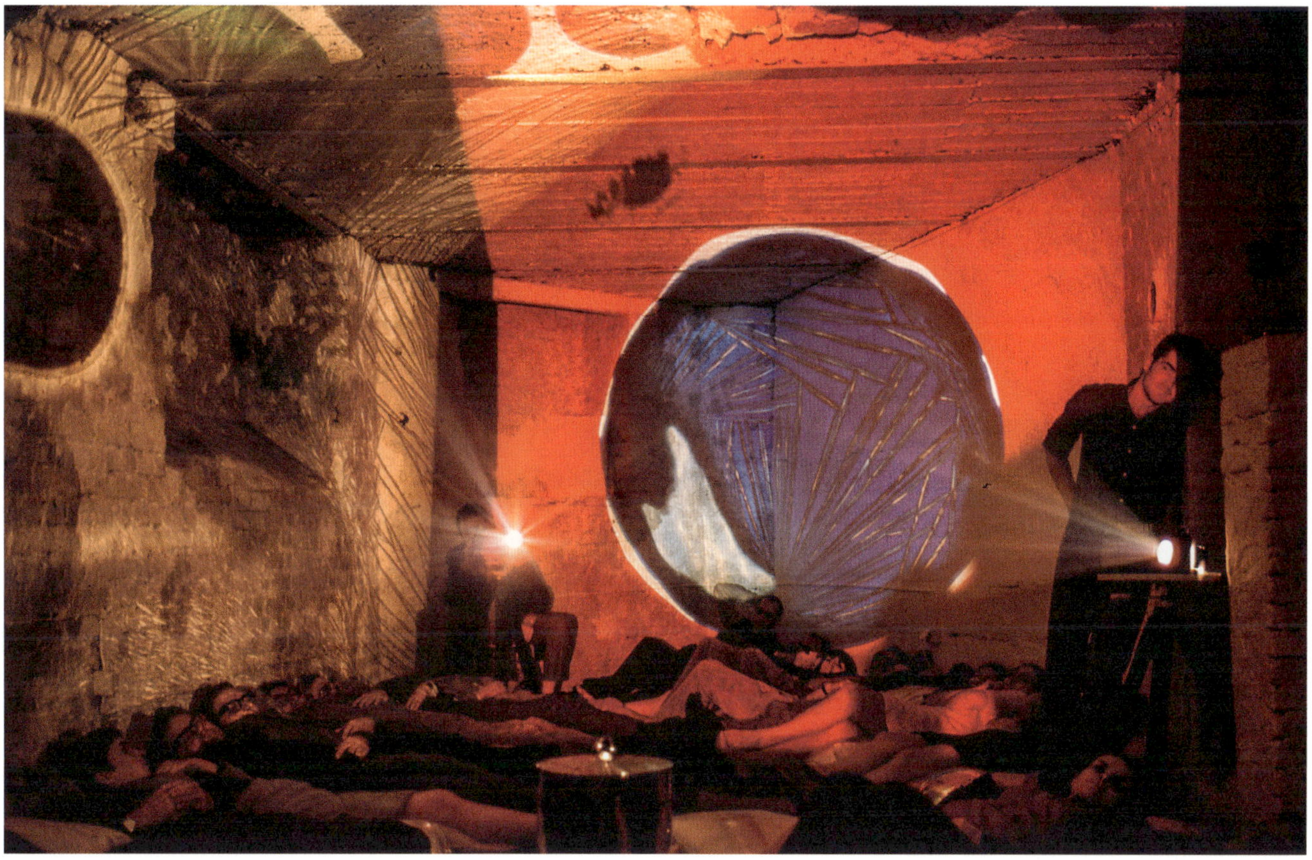

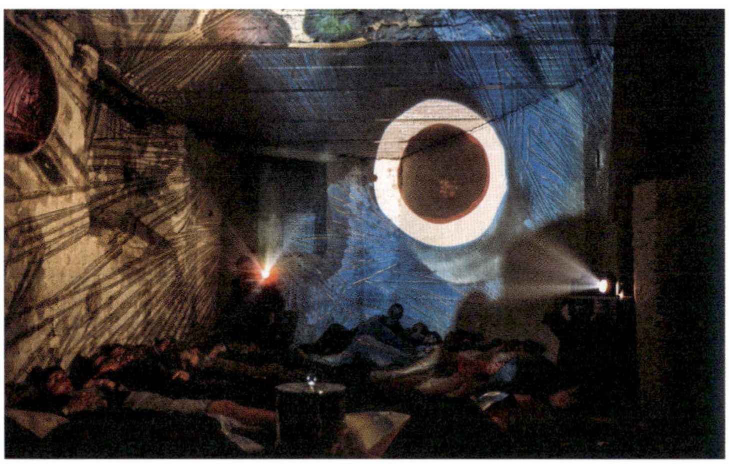

138.1–138.2 *Die Sonne kommt näher*, 1966/1967, Installationsansicht | installation view, Galerie Art Intermedia, Köln | Cologne, 1967

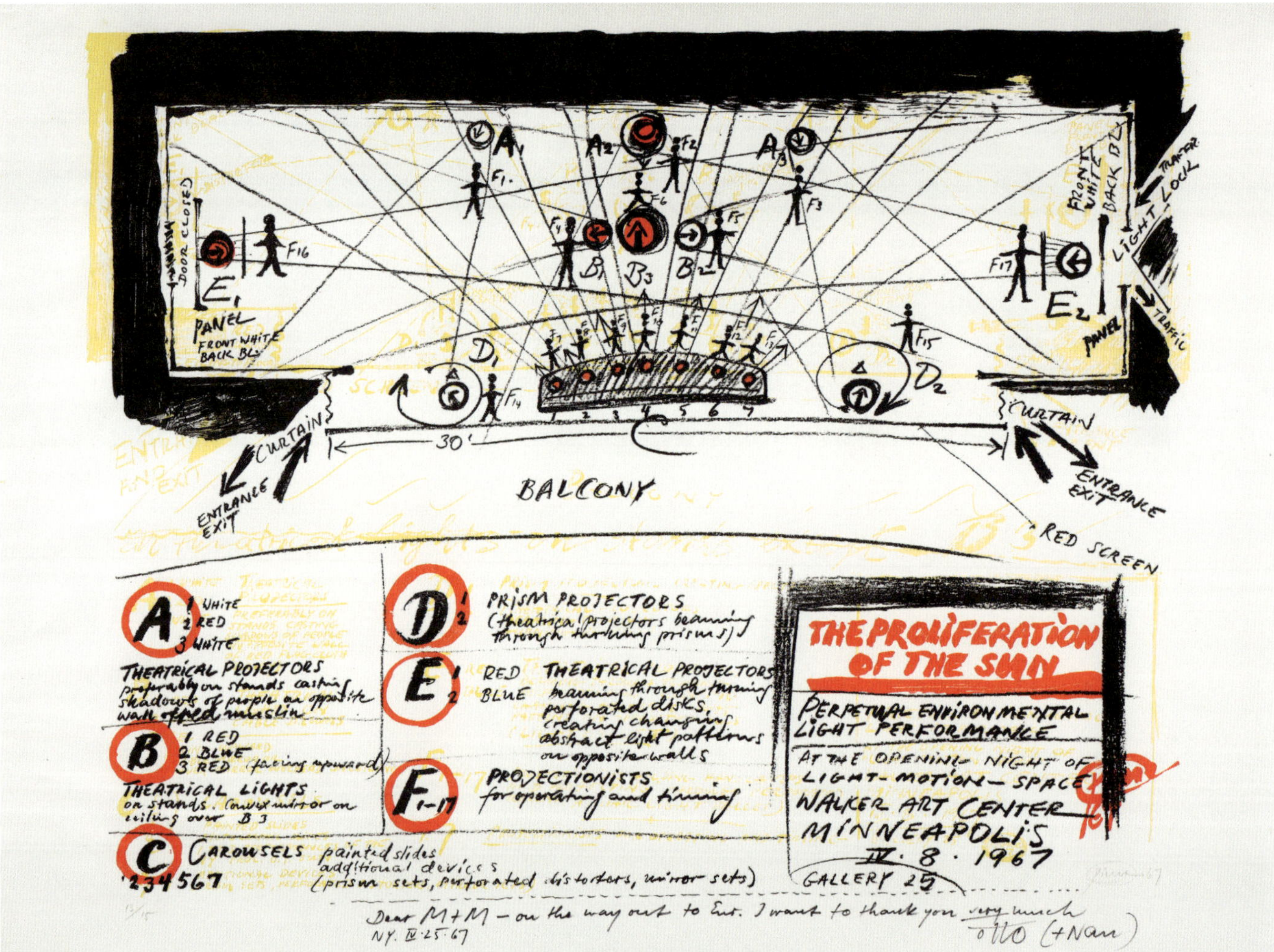

139 *L'OR ET LE NOIR*, 1967

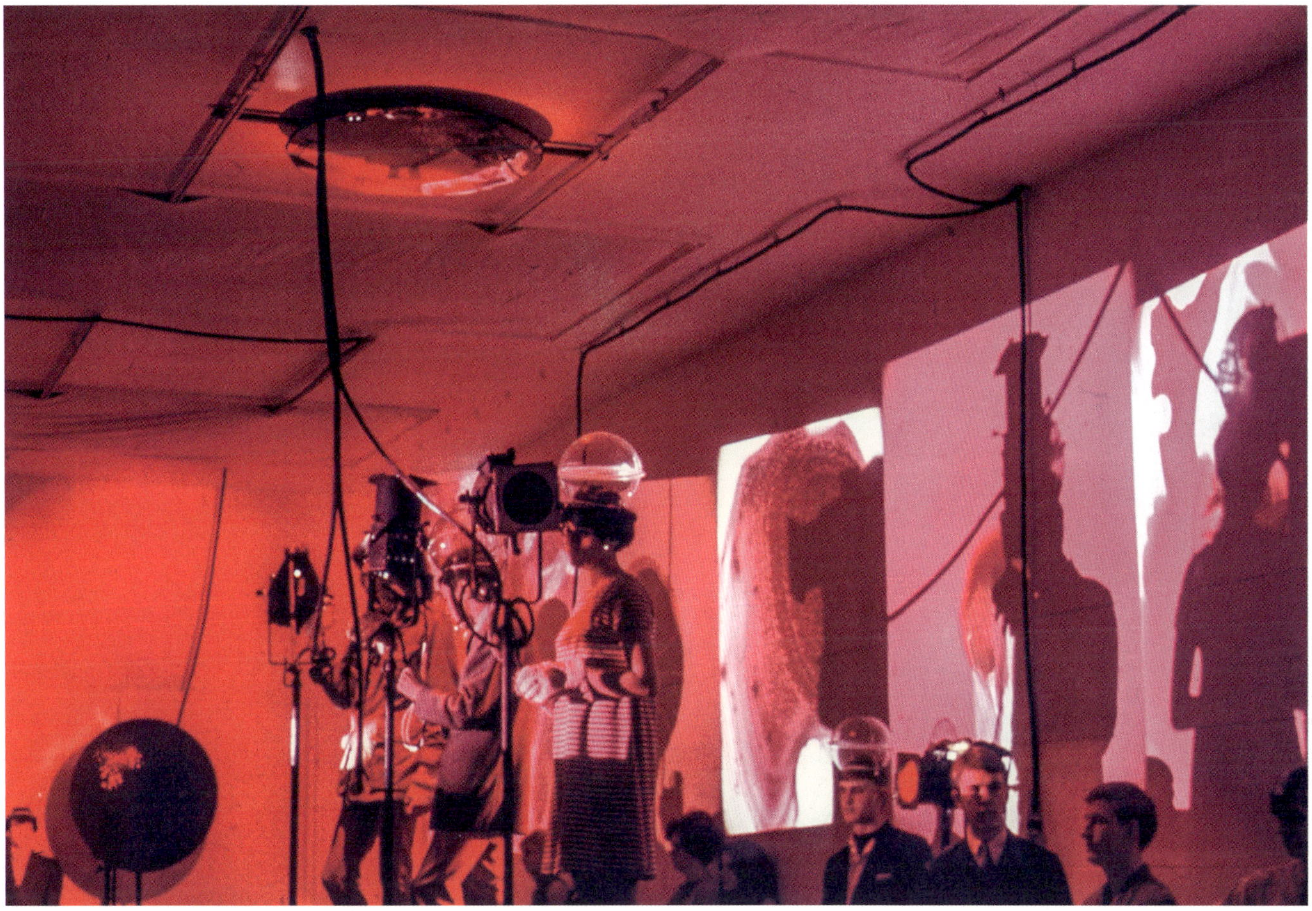

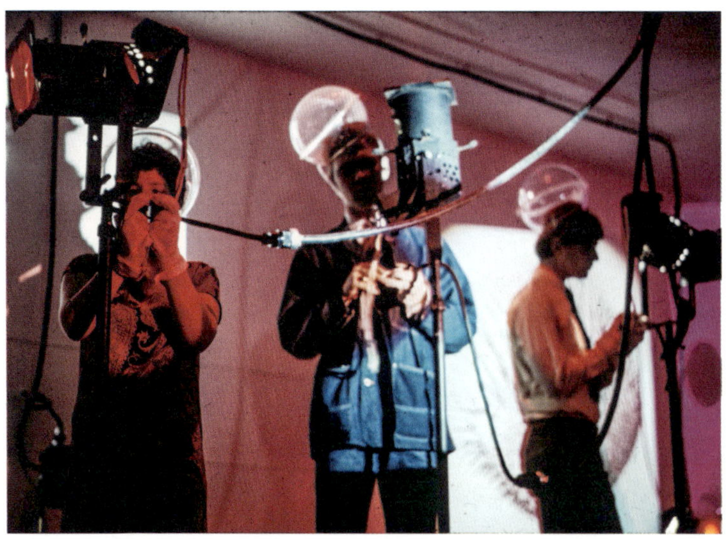

140.1–140.2 *The Proliferation of the Sun*, 1967, Installationsansicht | installation view *Light/Motion/Space*, Walker Art Center, Minneapolis, 1967

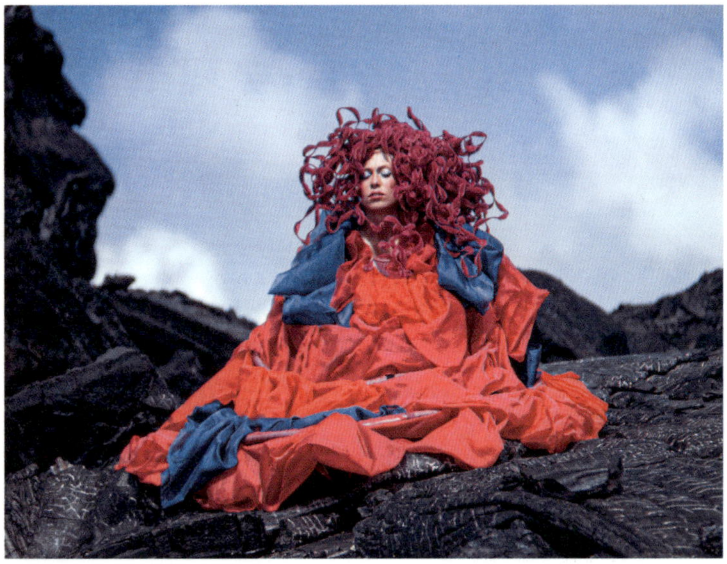

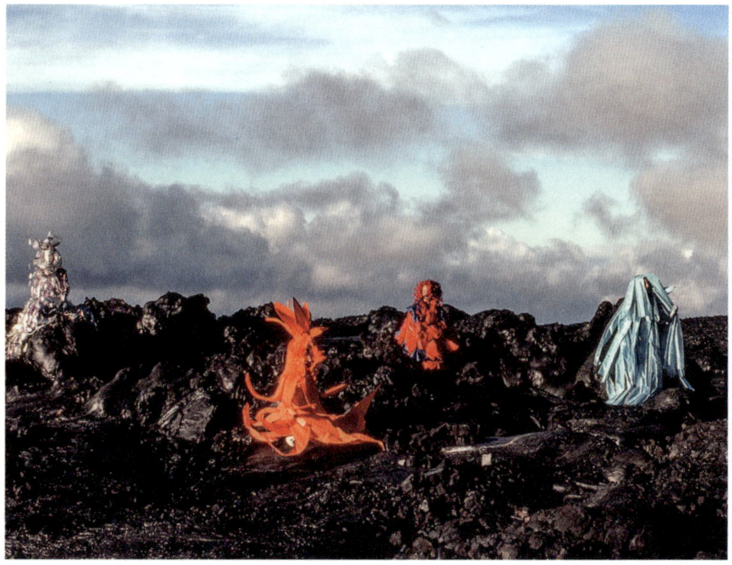

141.1–141.2 *Lava Dance*, für | for *Lichtspur im Haus der Sonne*, 1974

Im Juli 1974 führte Piene vier Aktionen auf Hawaii durch, die für eine Fernsehproduktion von SR und WDR geschaffen wurden. Der Film *Lichtspur im Haus der Sonne* dokumentiert die Aktionen, welche auf die durch die Elemente Wasser, Feuer, Luft und Erde geprägten Landschaften der vulkanischen Inseln abgestimmt waren. Für *Light Trail* wurden Glasprismen an Nylonschnüren beweglich über der Erde gespannt, sodass sie Lichtreflexe erzeugten. Die zweite Aktion *Tent II* war ein Sky Event mit einem transparenten Heliumballon, der auf dem höchsten Berg der Inseln schwebte und über Schnüre mit Glasprismen mit der Erde verbunden war. Bei der Performance *Lava Dance* integrierte Piene von Mythologie und Vegetation der Insel inspirierte Figuren in eine Lavalandschaft. Hierfür arbeitete er mit Frieda Hulse zusammen, die die Kostüme entwarf und anfertigte. Die letzte, auch im zweiten Anlauf nicht ganz gelungene Aktion war *Flaming Rainbow*, bei der ein mit einem brennbaren Gasgemisch gefüllter Bogen über dem Meer angezündet wurde.

In July 1974, Piene staged four performances in Hawaii that were created for a television production by German public broadcasters SR and WDR. The film *Lichtspur im Haus der Sonne* [Light Trail in the House of the Sun] documents these actions, which were adapted to the landscapes of the volcanic islands shaped by the elements of water, fire, air, and earth. For *Light Trail*, glass prisms were suspended above the ground on nylon threads, creating dynamic reflections. *Tent II* was a Sky Event with a transparent helium balloon that floated on Hawaii's tallest mountain, connected to the ground by threads with glass prisms. For *Lava Dance*, Piene integrated figures inspired by the mythology and vegetation of the islands into a lava landscape, working with Frieda Hulse, who designed and made the costumes. The last action, which was not entirely successful even on a second attempt, was *Flaming Rainbow*, for which an arch filled with a mixture of flammable gases was ignited above the ocean.

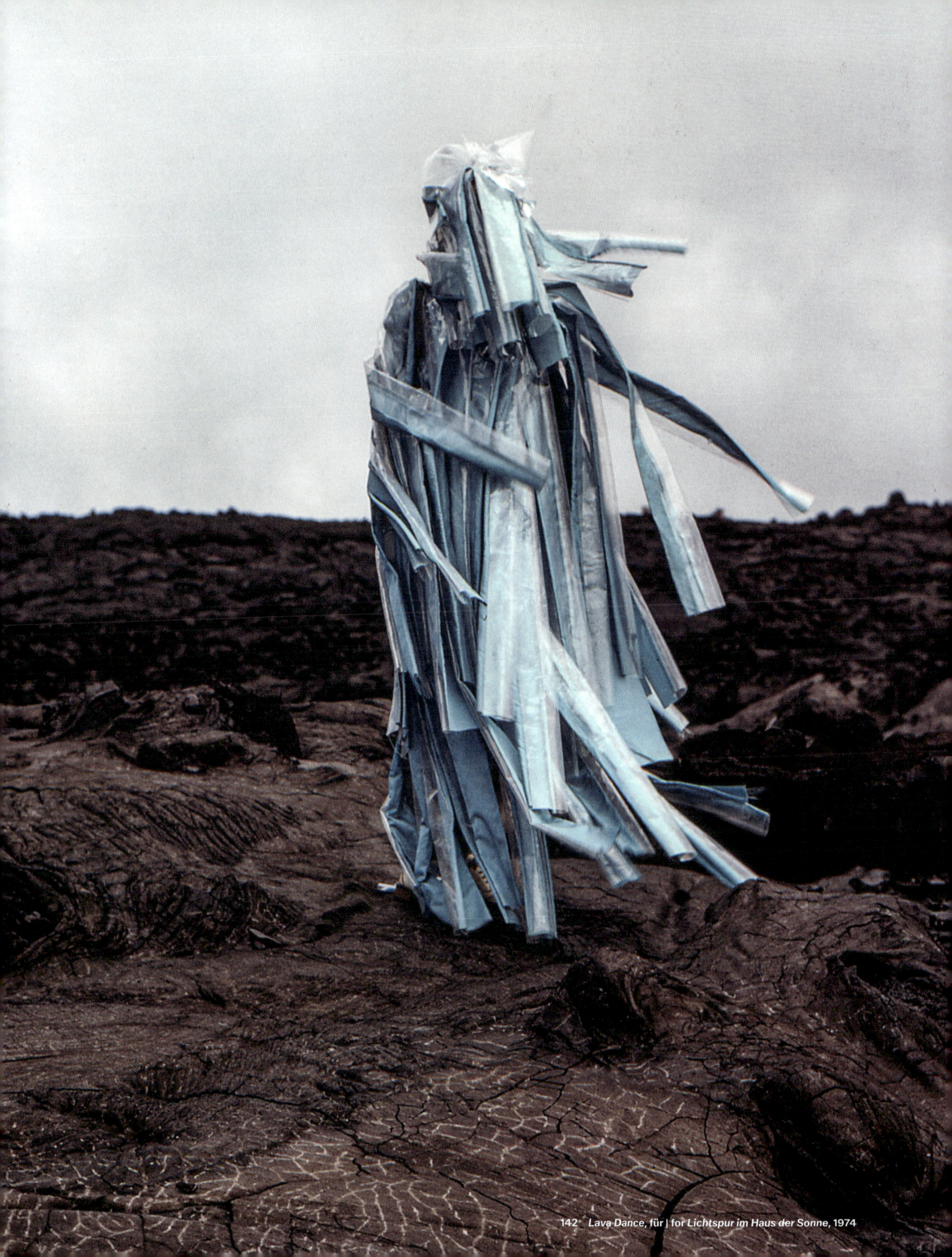

142 *Lava Dance*, für | for *Lichtspur im Haus der Sonne*, 1974

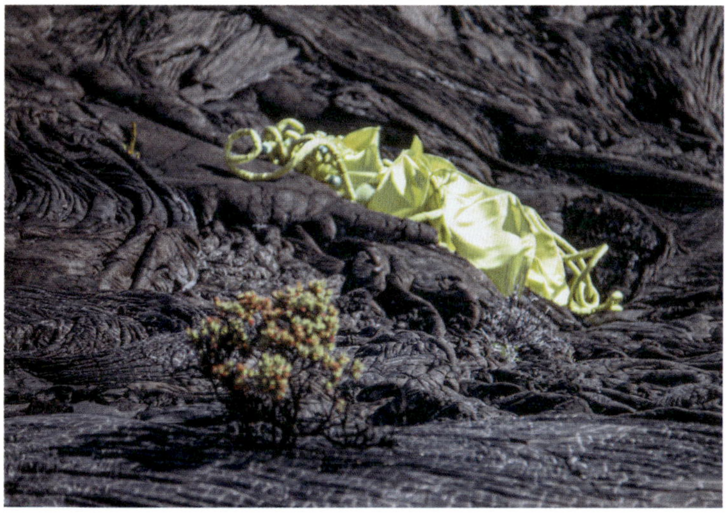

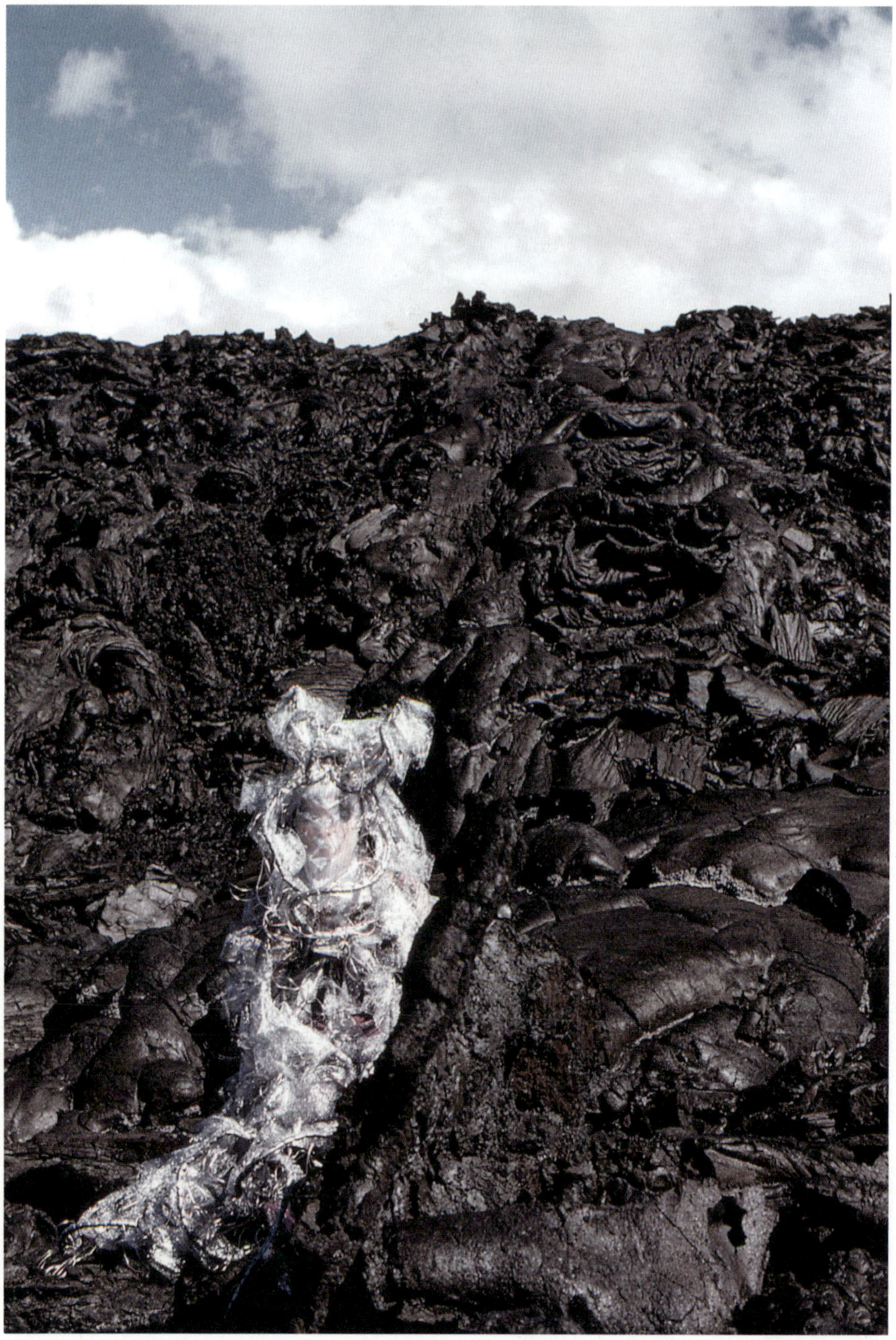

143.1–143.2 *Lava Dance*, für | for *Lichtspur im Haus der Sonne*, 1974

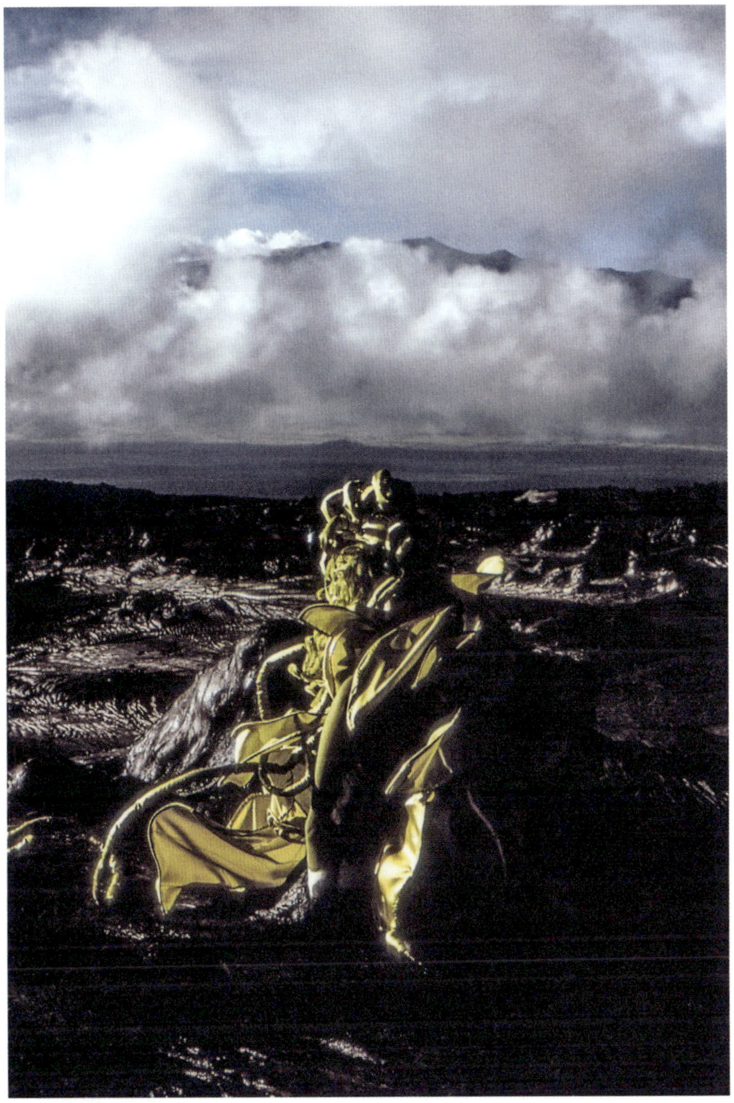

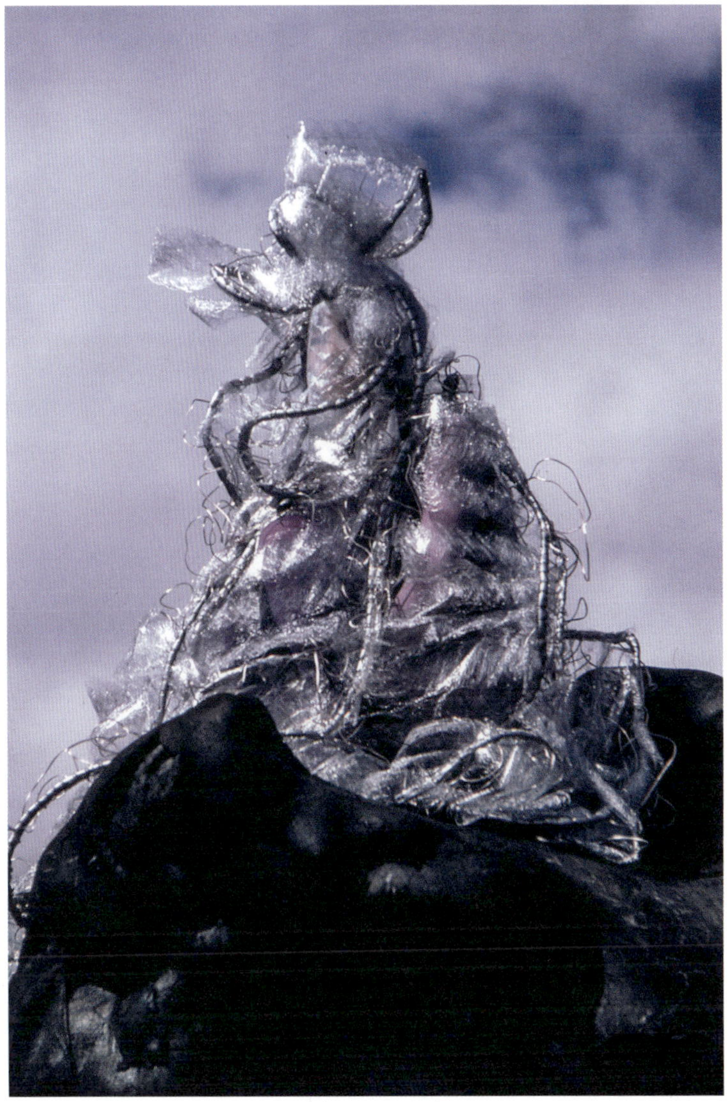

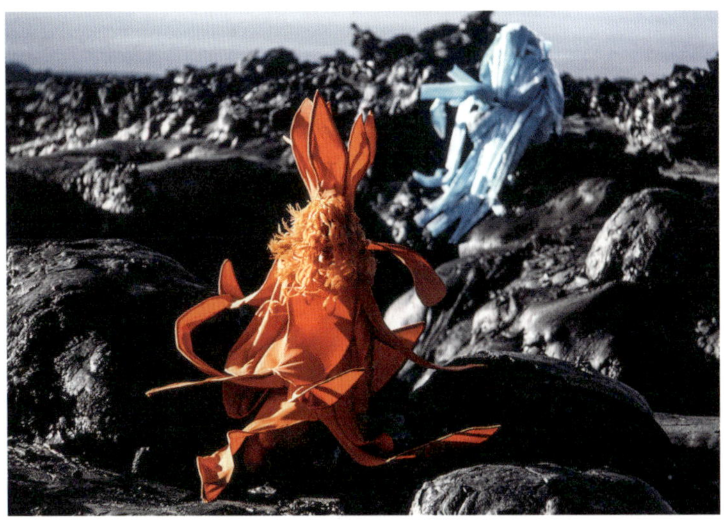

144.1–144.3 *Lava Dance*, für | for *Lichtspur im Haus der Sonne*, 1974

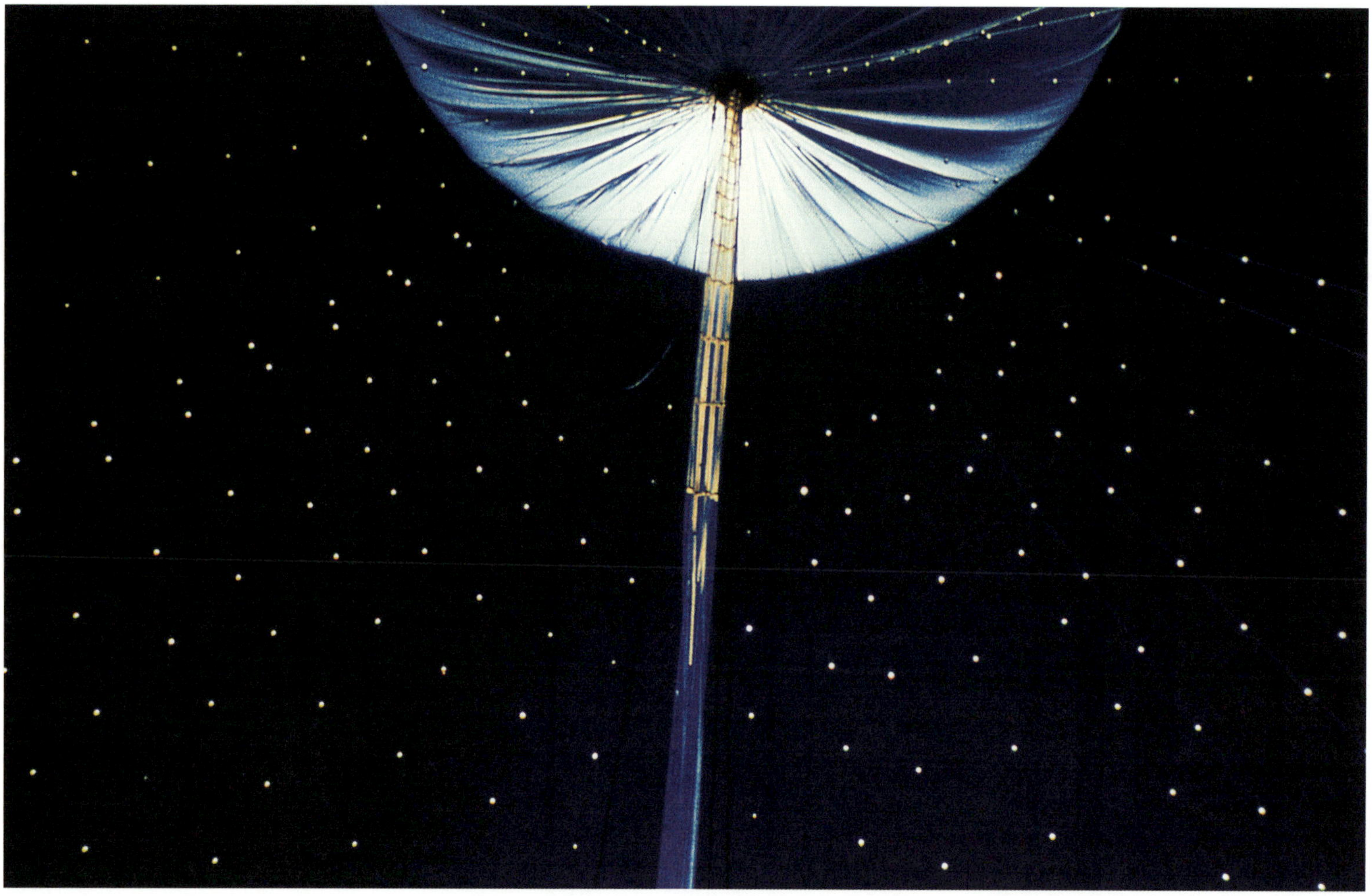

145 *Tent II*, für | for *Lichtspur im Haus der Sonne*, 1974

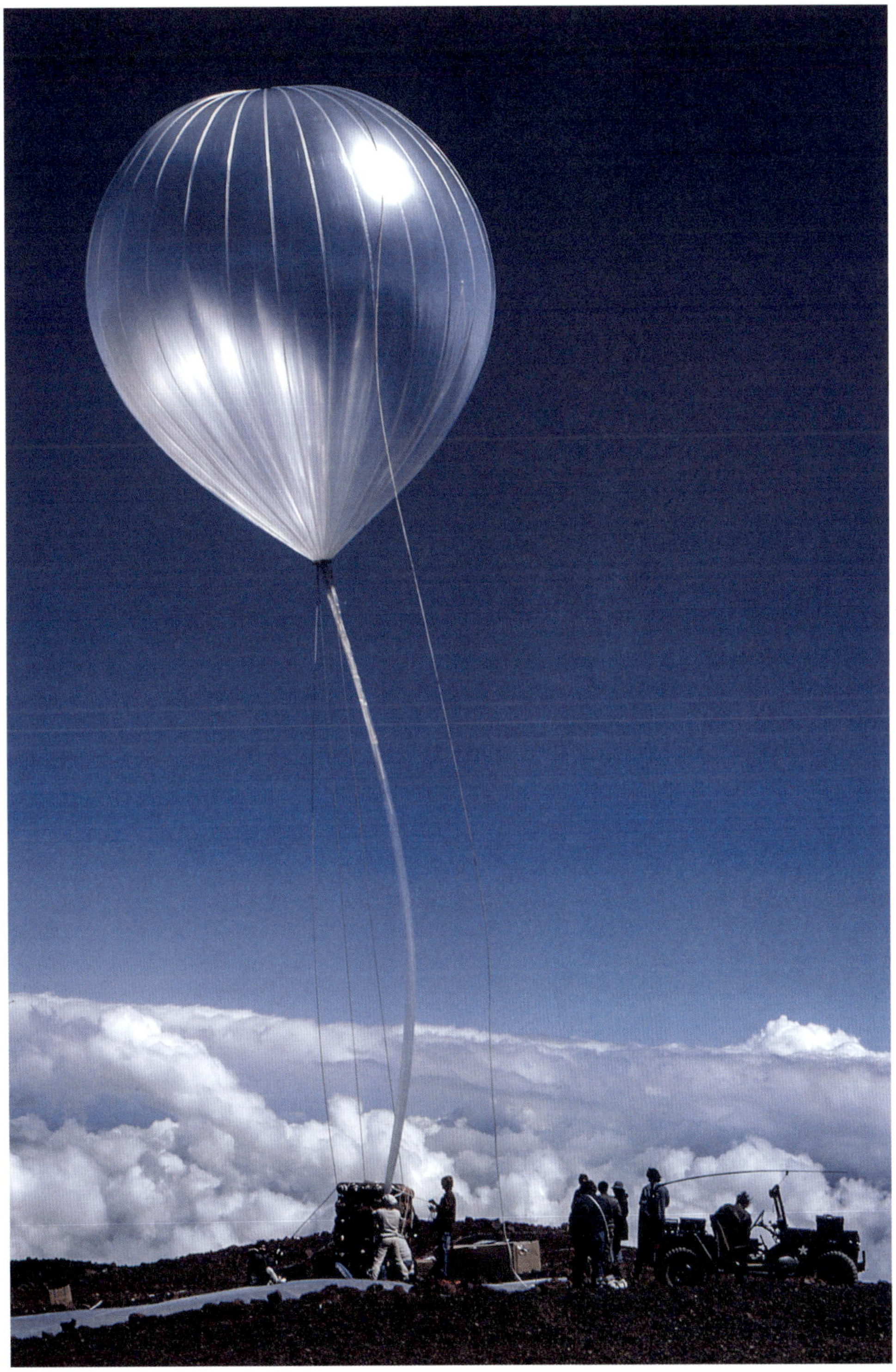

146 *Tent II*, für | for *Lichtspur im Haus der Sonne*, 1974

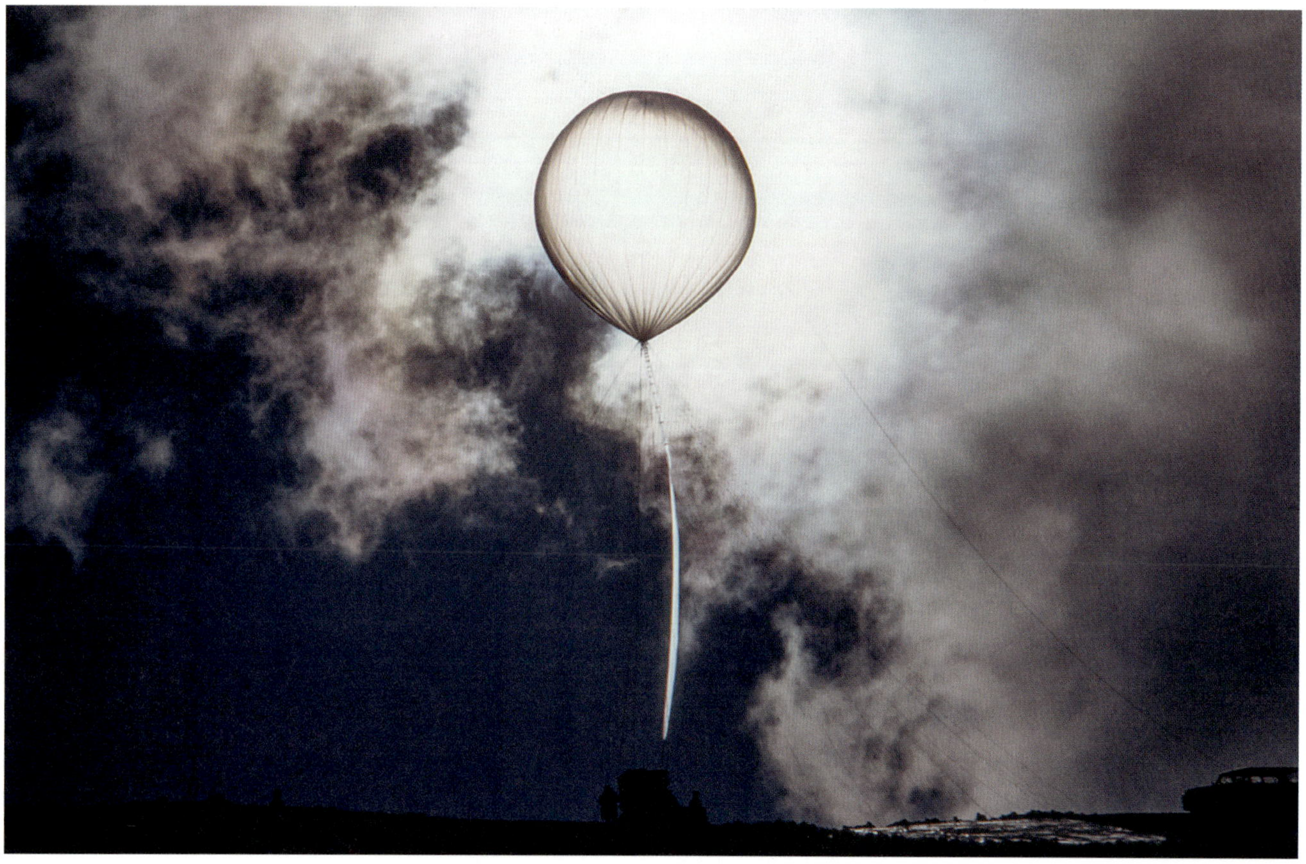

147 *Tent II*, für | for *Lichtspur im Haus der Sonne*, 1974

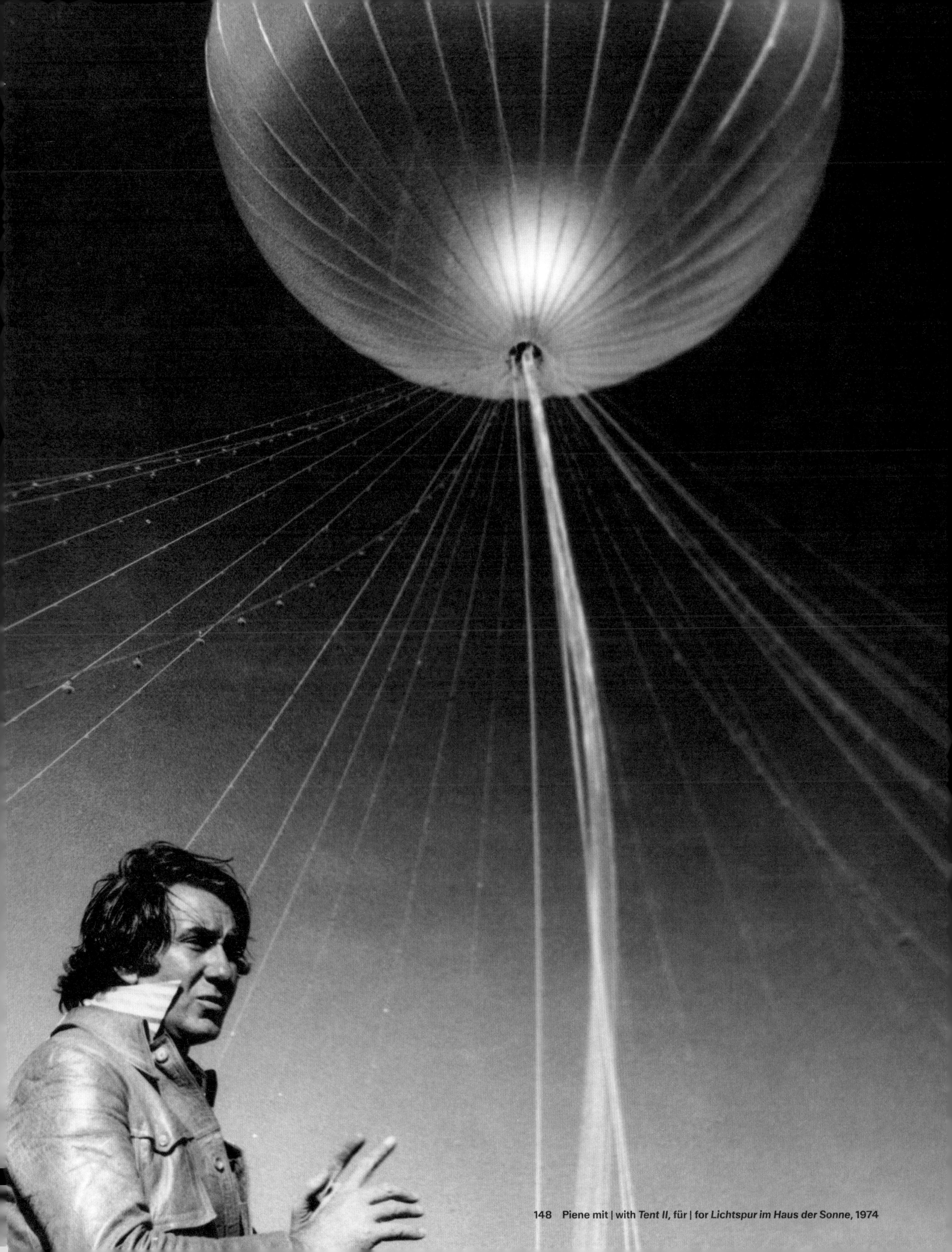

148 Piene mit | with *Tent II*, für | for *Lichtspur im Haus der Sonne*, 1974

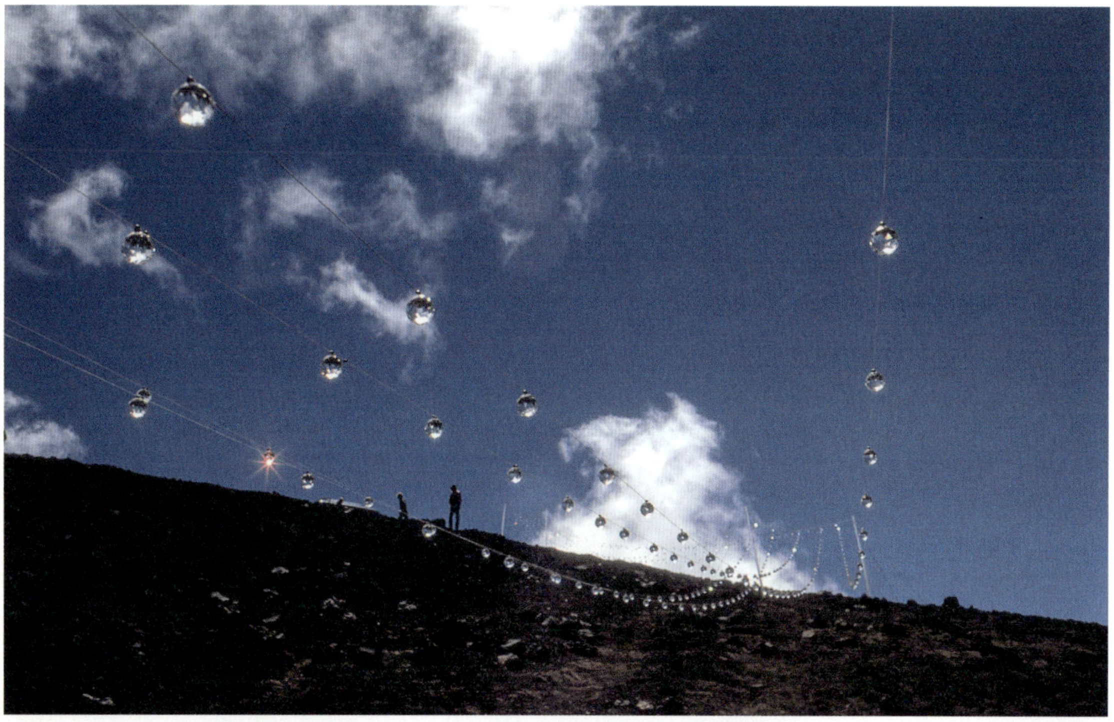

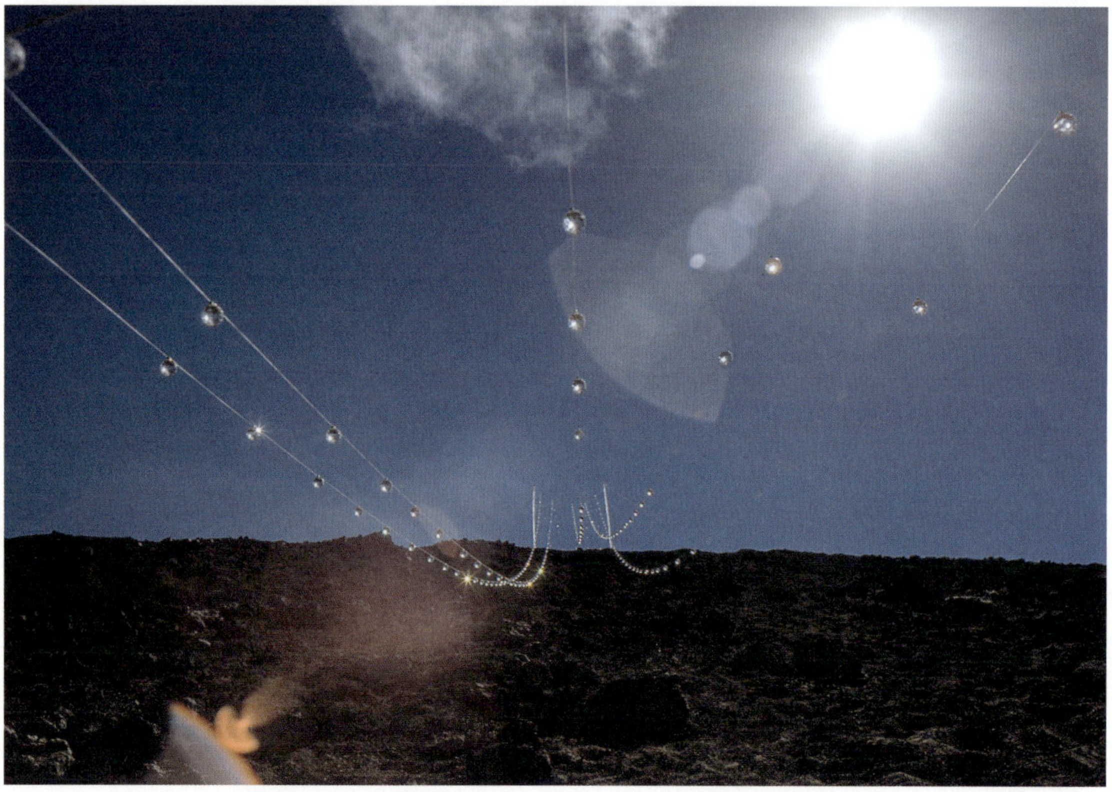

149.1–149.2 *Light Trail*, für | for *Lichtspur im Haus der Sonne*, 1974

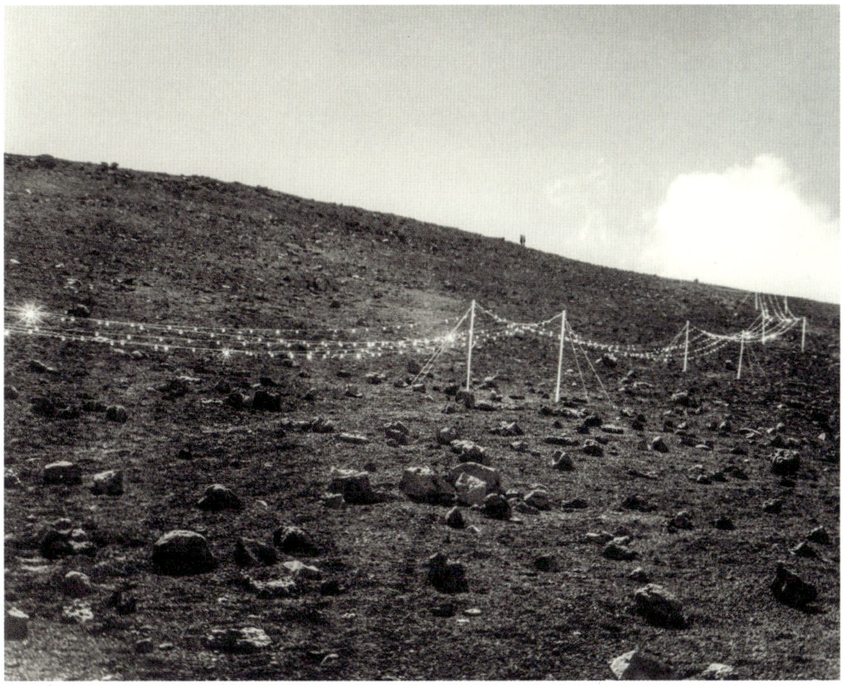

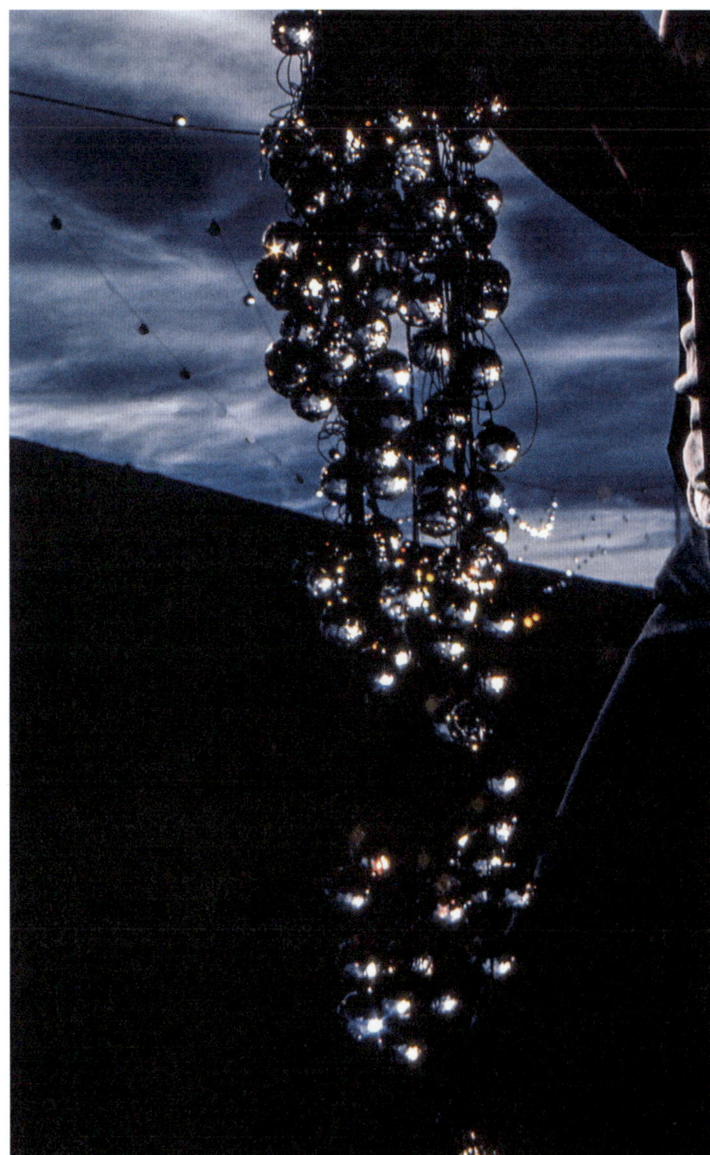

150.1–150.2 *Light Trail*, für | for *Lichtspur im Haus der Sonne*, 1974

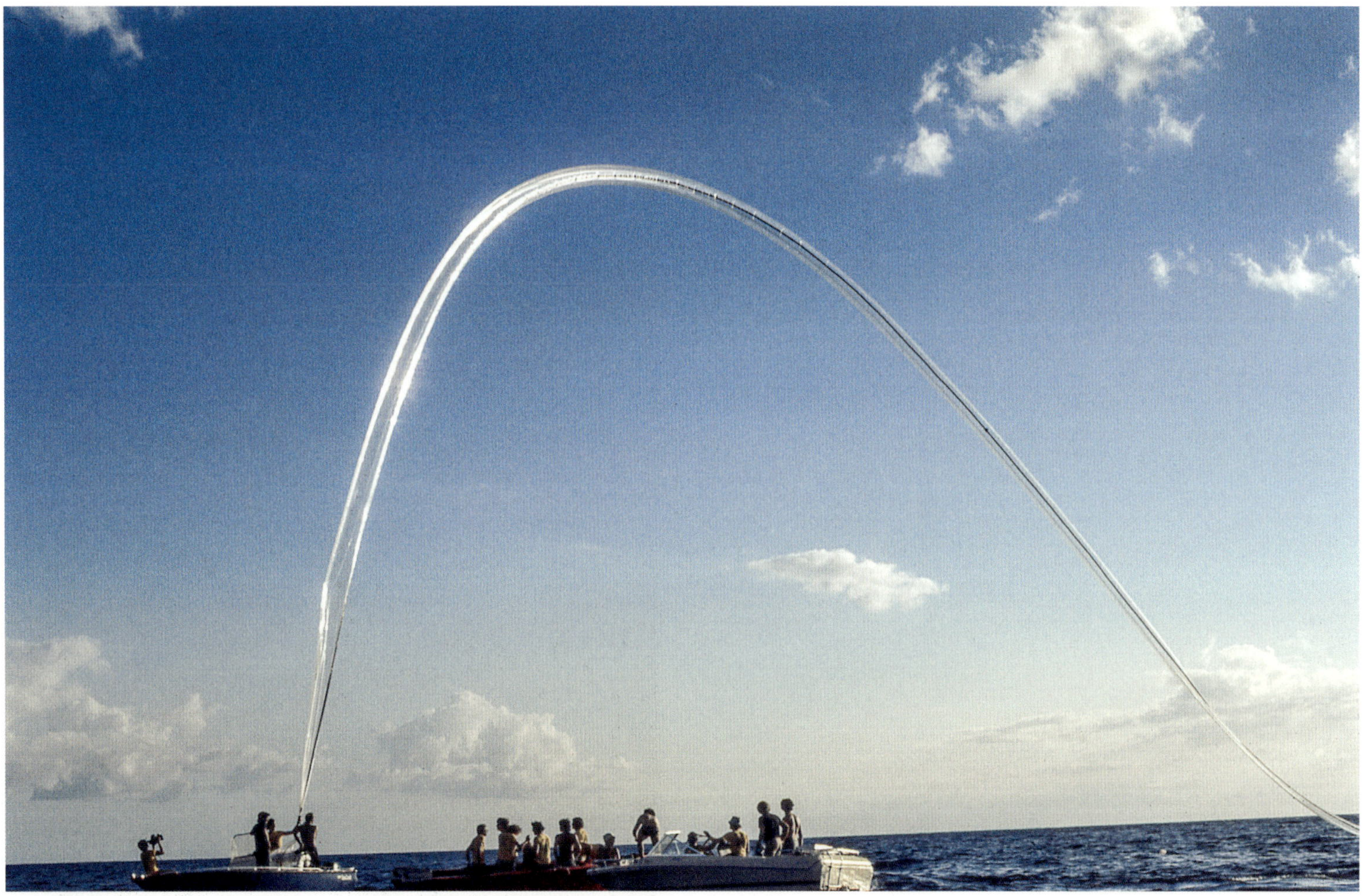

151 *Flaming Rainbow*, für | for *Lichtspur im Haus der Sonne*, 1974

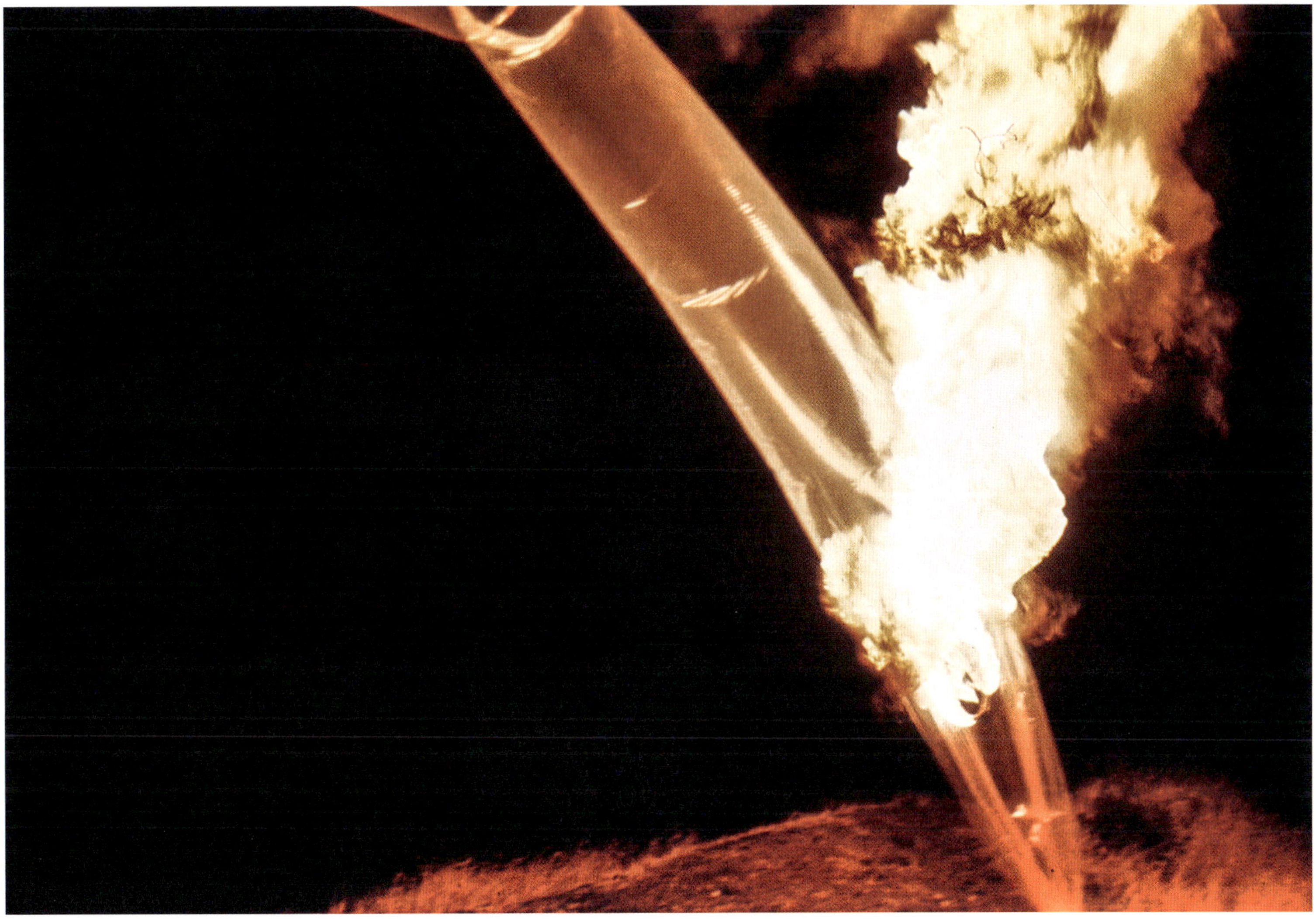

152 *Flaming Rainbow*, für | for *Lichtspur im Haus der Sonne*, 1974

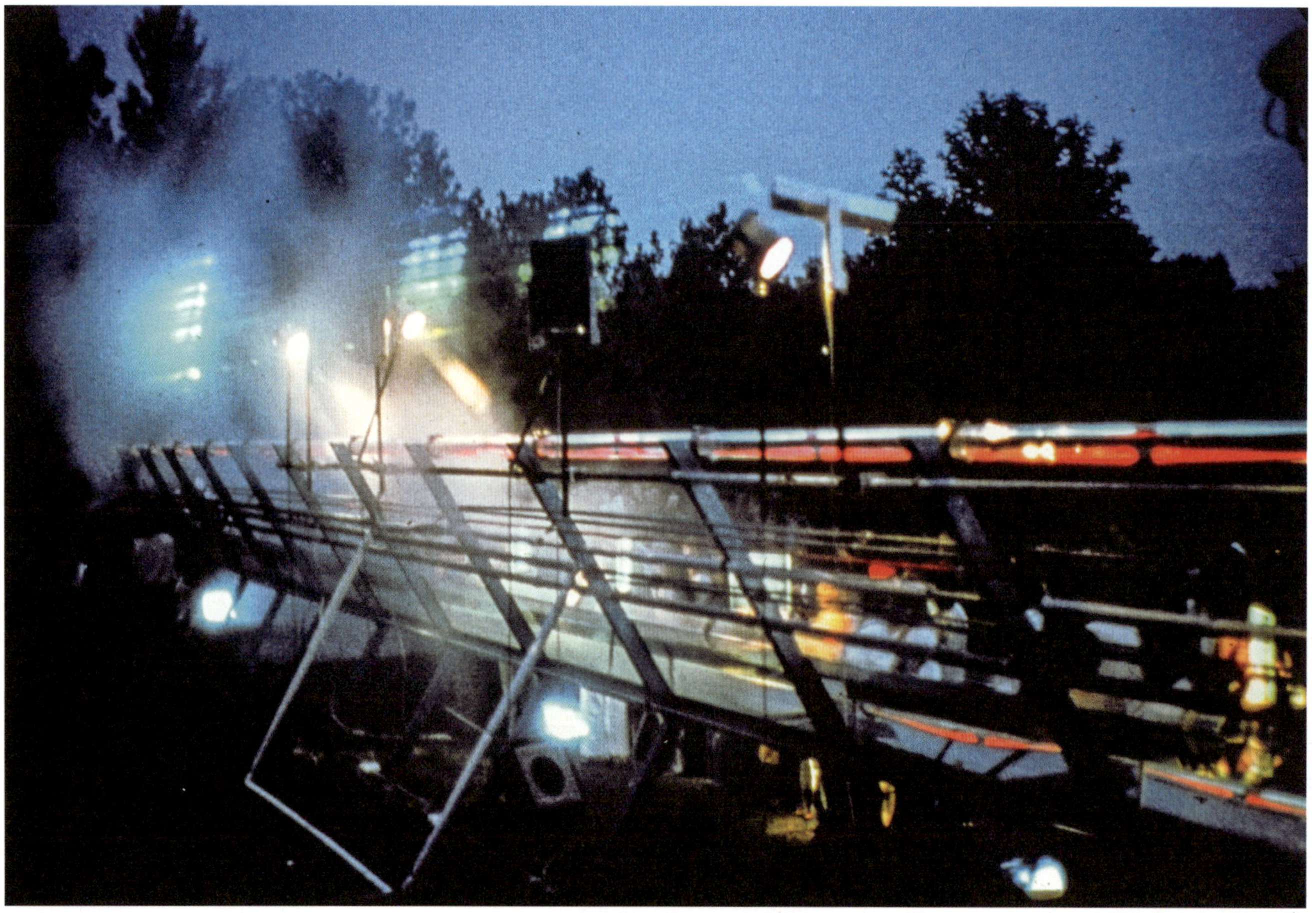

153 CAVS, *Centerbeam*, 1977, documenta 6, Kassel, 1977

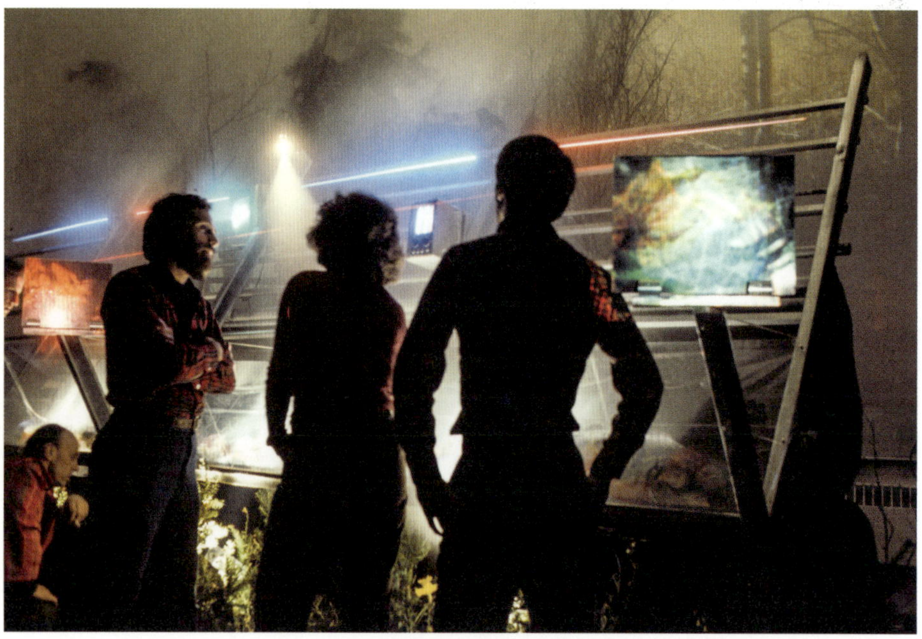

154 CAVS, *Centerbeam*, 1977, Vorbereitung für die Ausstellung | preparation for exhibition in Pittsburgh, Pennsylvania, 1977

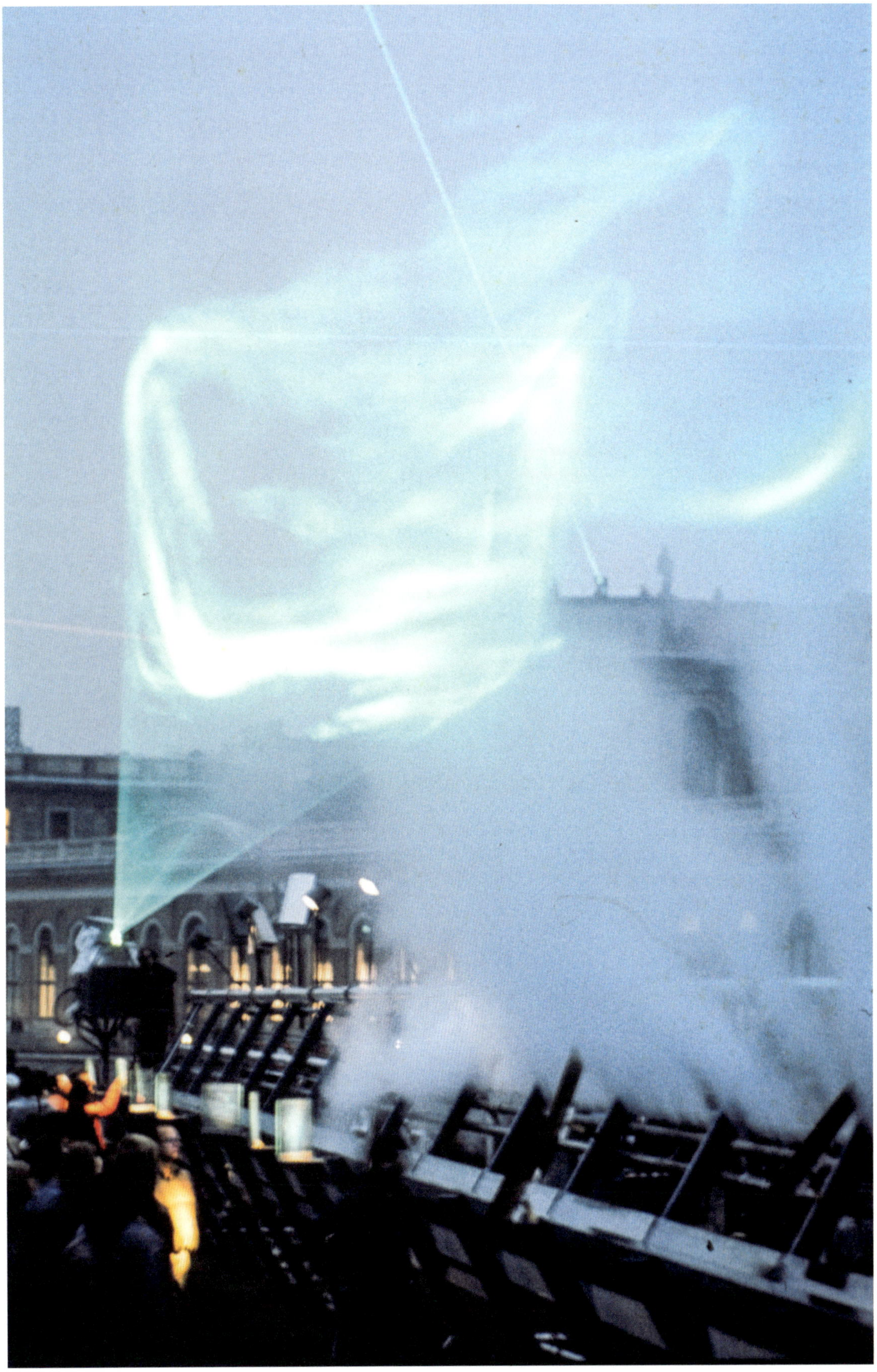

155 CAVS, *Centerbeam*, 1977, documenta 6, Kassel, 1977

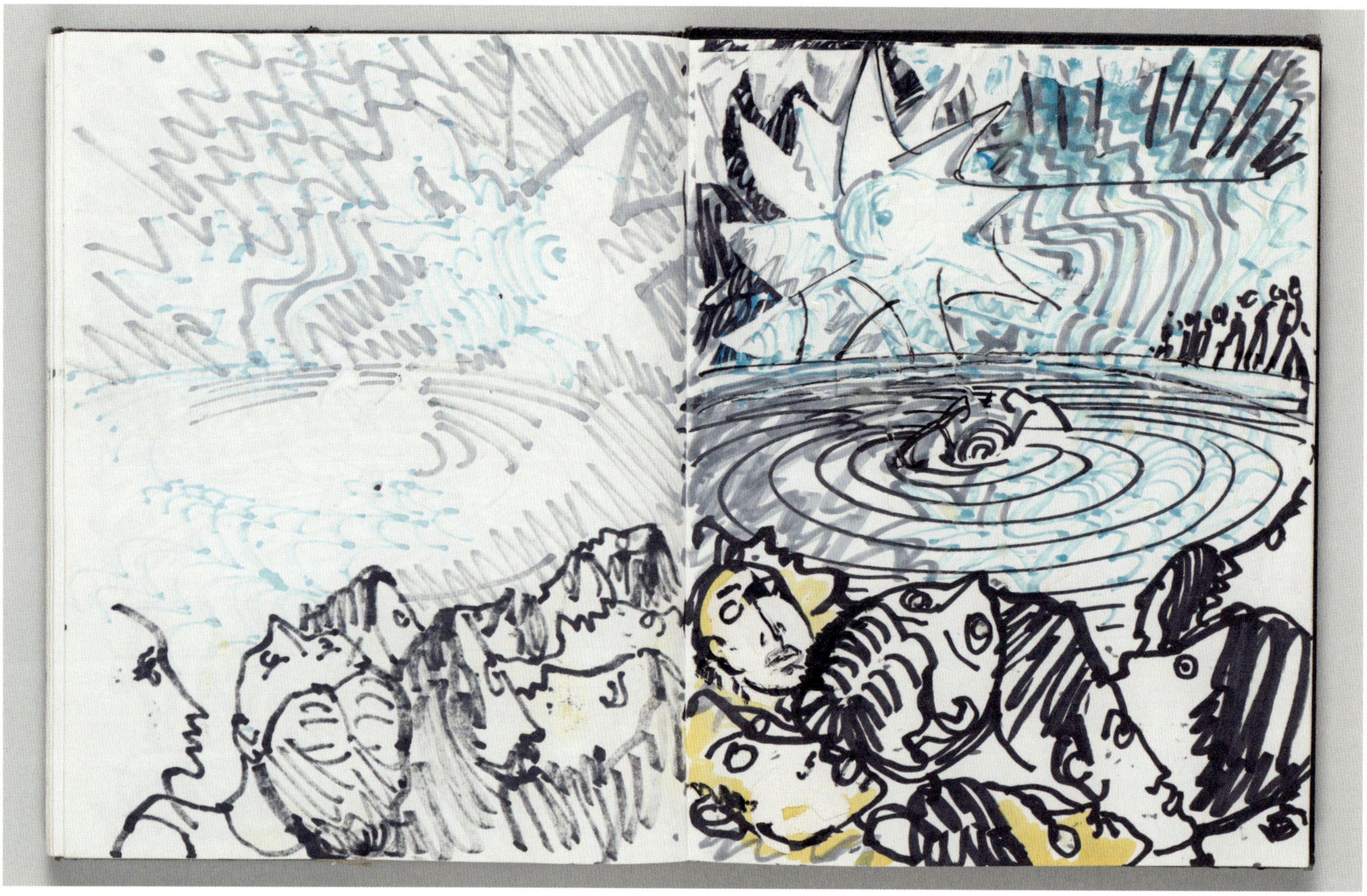

156 Ohne Titel | Untitled (*Luftspirale*), 1979

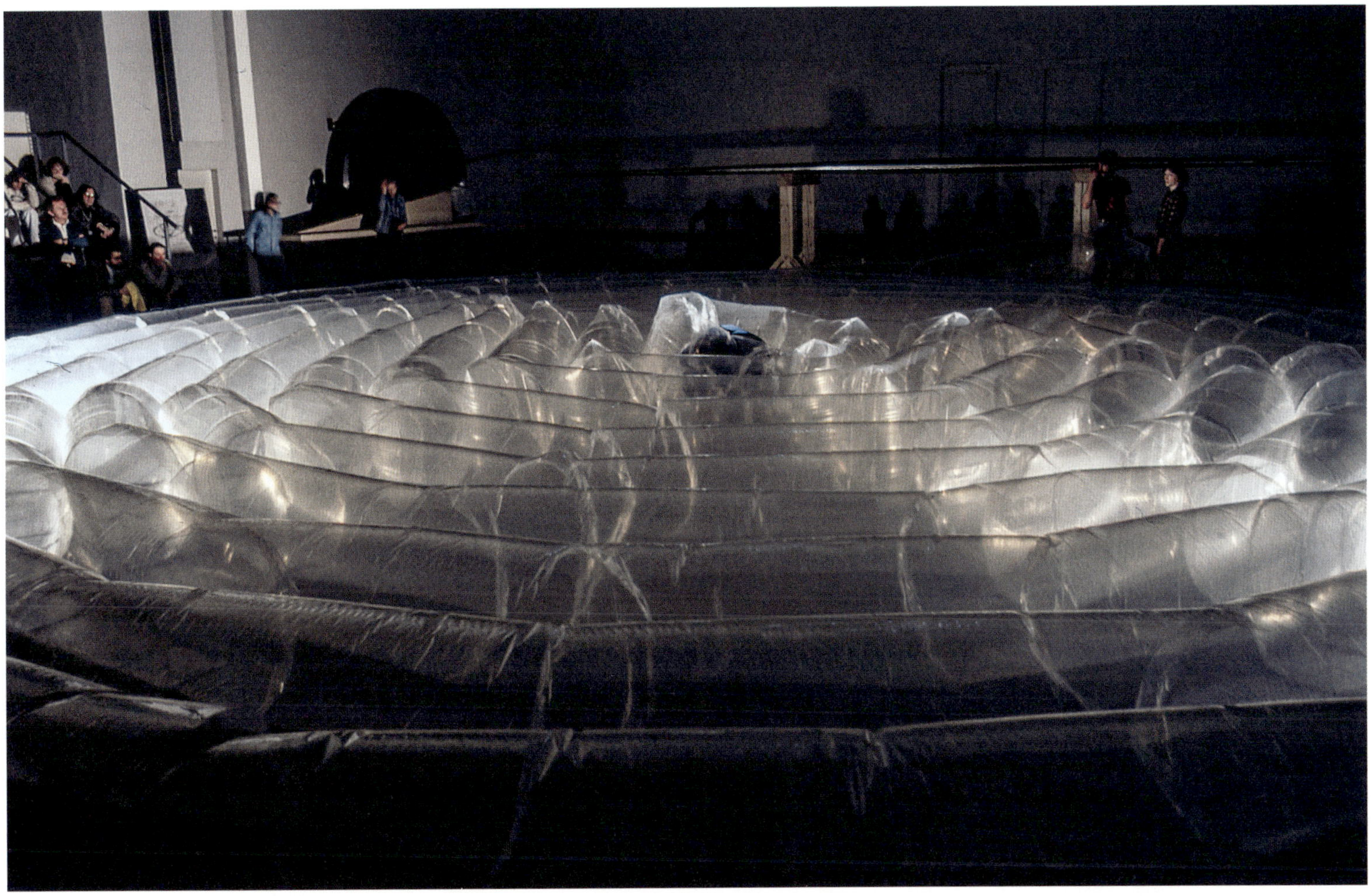

157 Paul Earls und | and Otto Piene, *Luftspirale*, 1979, Installationsansicht | installation view, Secession, Wien | Vienna, 1979

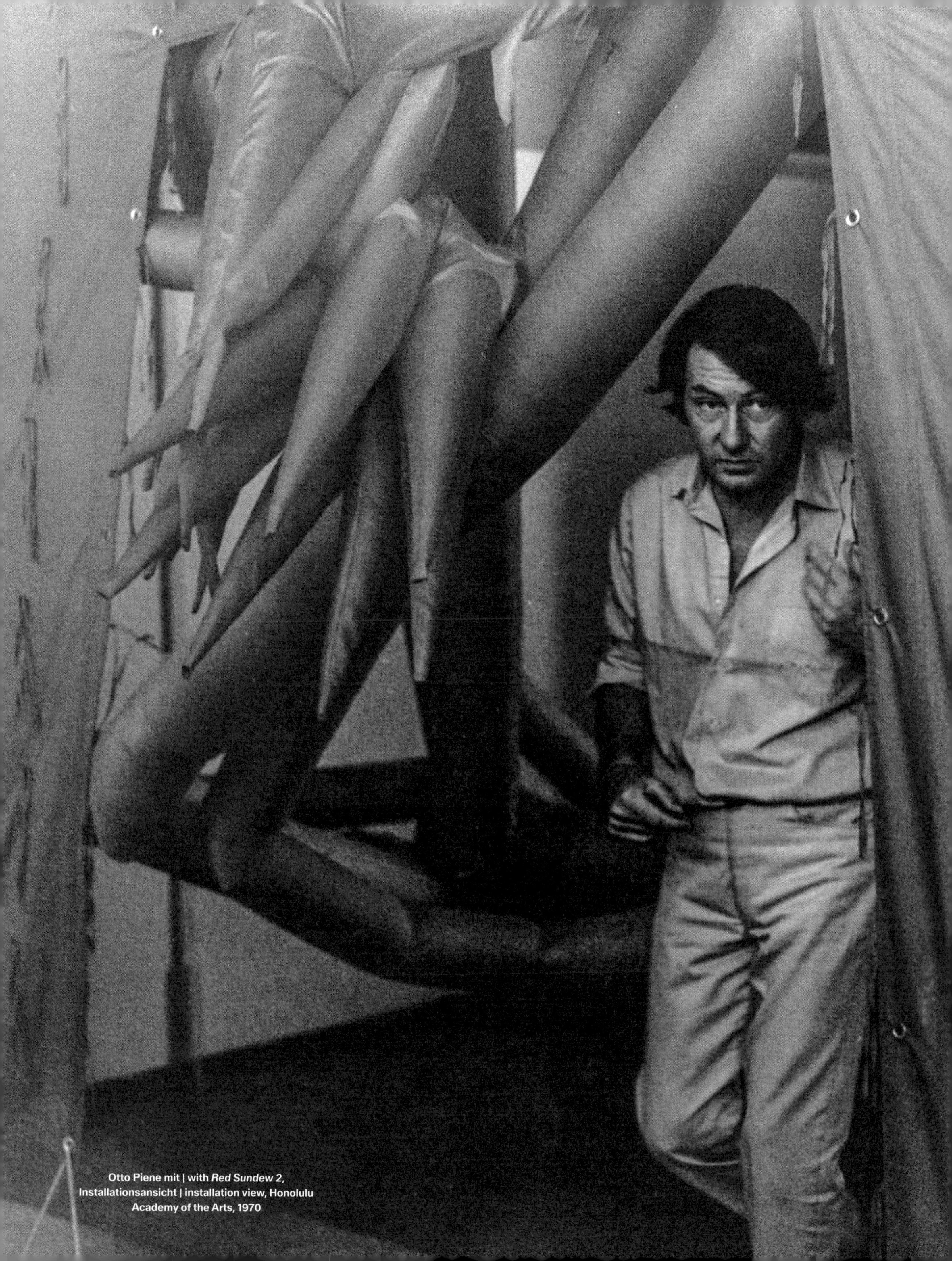

Otto Piene mit | with *Red Sundew 2*,
Installationsansicht | installation view, Honolulu
Academy of the Arts, 1970

Biografie

Zusammengestellt von Lauren Elizabeth Hanson

Biography

Compiled by Lauren Elizabeth Hanson

1928

Am 18. April wird Otto Ludwig Wilhelm Hermann Leonhard Piene in Laasphe (Westfalen) geboren. Bald darauf zieht seine Familie nach Lübbecke, wo sein Vater Gründungsdirektor eines Gymnasiums ist.

Otto Ludwig Wilhelm Hermann Leonhard Piene is born on 18 April in Laasphe, Westphalia, Germany. Soon after, his family moves to Lübbecke, in North Rhine-Westphalia, where his father is founding headmaster of an academic high school.

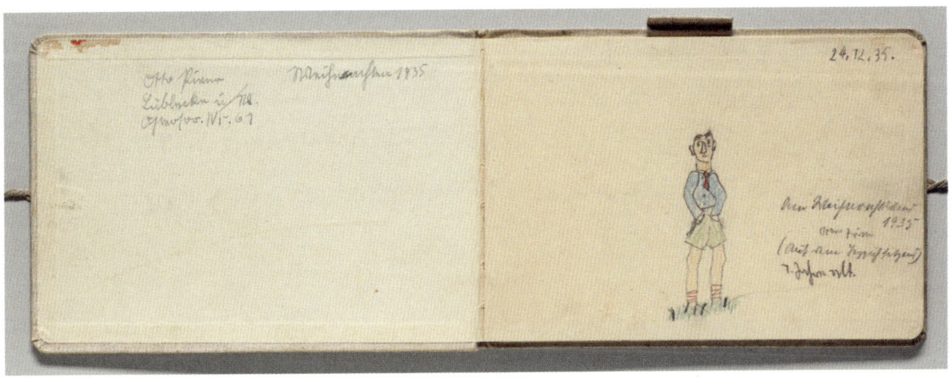

Erste Skizze | first sketch, 1935, Skizzenbuch | Sketchbook: *Childhood Sketches*, Harvard Art Museums/Busch-Reisinger Museum, Geschenk von | Gift of Elizabeth Goldring Piene, 2019.1.1

1935

Pienes Mutter bemerkt und fördert früh seine Neigung zur bildenden Kunst und schenkt dem Siebenjährigen zu Weihnachten sein erstes Skizzenbuch.

Piene's mother notices and encourages an early proclivity for the visual arts and gives him his first sketchbook as a Christmas gift.

1944

Die NS-Behörden ziehen alle Oberschüler ab 15 Jahren zum Kriegsdienst in Flak-Einheiten ein. Der Gymnasiast Piene wird in Minden und Gütersloh eingesetzt. Nebenher zeichnet und aquarelliert er.

German government orders all high school students fifteen years and older into military service within air defense units, and Piene is sent to Minden and Gütersloh. During this period, he sketches and paints watercolors.

1945

Noch kurz vor Kriegsende in den Reichsarbeitsdienst eingezogen, wird er in die britische Besatzungszone entlassen und dort in ein Arbeitslager für Kriegsgefangene im Norden Deutschlands gebracht.

After aging out of the air defense unit, he is drafted into the Labor Corps Infantry; shortly after, he is discharged into the British occupation area and sent to POW labor camp in northern Germany.

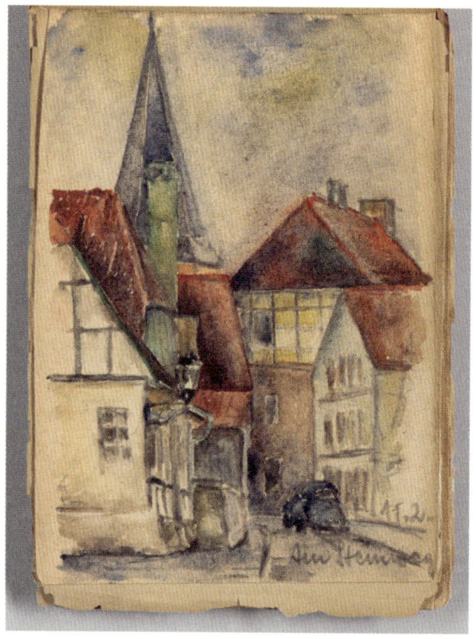

Lübbecke, 1946, Skizzenbuch | Sketchbook: *Lübbecke*, Harvard Art Museums/Busch-Reisinger Museum, Geschenk von | Gift of Elizabeth Goldring Piene, 2019.4.3

1946

In Lübbecke besucht er erneut das Gymnasium.

Reenters high school in hometown of Lübbecke.

1947

Heirat mit Hildegard Struckmann in Lübbecke

Marries Hildegard Struckmann in Lübbecke.

Er erhält das Abitur.

Receives high school degree.

Geburt der Tochter Annette

Birth of daughter Annette.

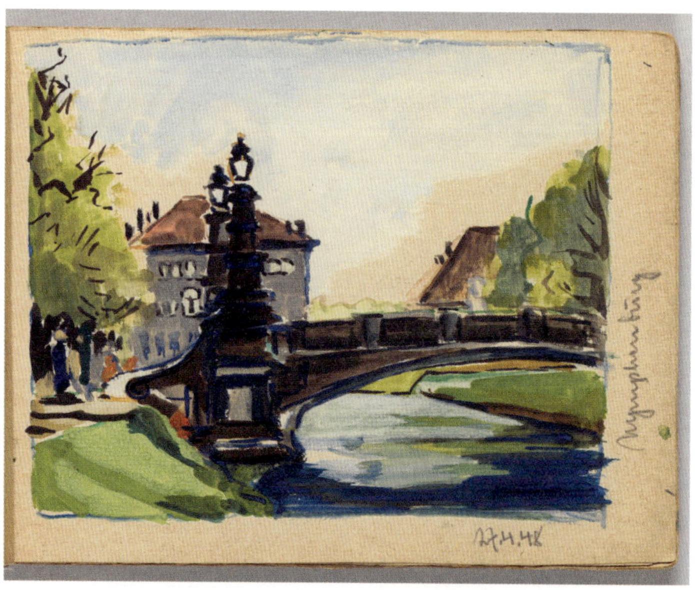

Nymphenburg, München | Munich, 1948, Skizzenbuch | Sketchbook: *Postwar Studies*, Harvard Art Museums/Busch-Reisinger Museum, Geschenk von | Gift of Elizabeth Goldring Piene, 2019.5.4

1949

Beginn eines Studiums an der Hochschule der Bildenden Künste in München in der Klasse von Willi Geiger. Entdeckt die bayerischen Kunstsammlungen und -museen, besucht seine erste Picasso- und eine grosse Goya-Ausstellung.

Enrolls in the College of Visual Arts in Munich in the class of Willi Geiger; discovers Bavarian art collections and museums, encountering his first Picasso exhibition and a large Goya exhibition.

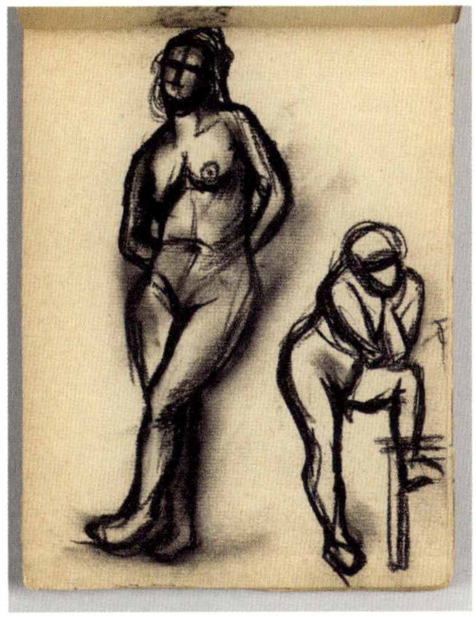

Aktzeichnen | Figure studies, ca. 1948–1954, Sketchbook: *Postwar Studies*, Harvard Art Museums/Busch-Reisinger Museum, Geschenk von | Gift of Elizabeth Goldring Piene, 2019.5.11

1950–1953

Umzug nach Düsseldorf und Fortsetzung des Studiums an der Kunstakademie Düsseldorf. Unter seinen Mitstudenten sind Heinz Mack, Hans Salentin, Joseph Beuys, Erwin Heerich und der später als Schriftsteller berühmt gewordene Günter Grass.

Moves to Düsseldorf and studies at the Academy of Fine Arts in Düsseldorf; fellow students include Heinz Mack, Hans Salentin, Joseph Beuys, Erwin Heerich, and Günter Grass, who later became a famous writer.

1951

Lehrtätigkeit an der Modeschule Düsseldorf

Begins teaching at the Fashion Institute of Düsseldorf.

1952

Beginn der Arbeit an der Serie *Fliegende Menschen*

Begins *Flying People* series.

1953

Aufnahme eines Studiums der Philosophie und Ästhetik an der Universität zu Köln

Enrolls in the University of Cologne to study philosophy and aesthetics.

Geburt des Sohnes Herbert Otto

Birth of son Herbert Otto.

1954

Zusammen mit dem Künstlerkollegen Heinz Mack und den Architekten Paul Schneider-Esleben und Egon Schneider gestaltet er die Ausstellung *Alle sollen besser leben* in Düsseldorf.

Works with Mack and architects Paul Schneider-Esleben and Egon Schneider on exhibition design for *Alle sollen besser leben* [All should live better] in Düsseldorf.

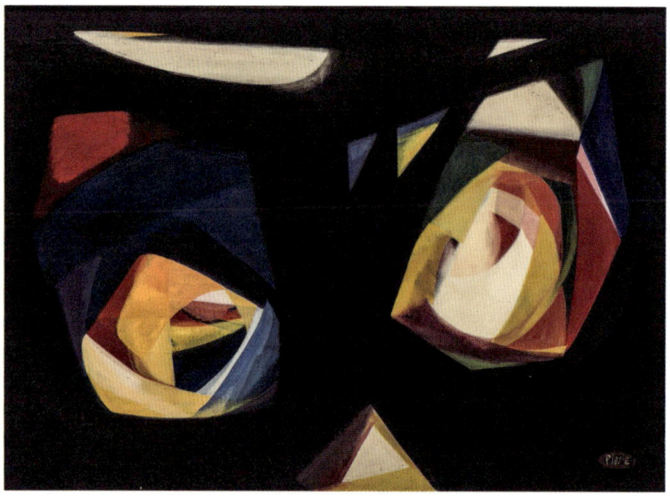

Submarine, 1955

1955

Beteiligung an Aktivitäten der Gruppe 53 in Düsseldorf, die Arbeiten von Peter Brüning, Winfred Gaul, Gerhard Hoehme, Konrad Klapheck, Heinz Mack, Bernard Schultze und Emil Schumacher ausstellt; Piene zeigt dort geometrisch-abstrakte Gemälde wie *Submarine*.

Er bezieht sein erstes Atelier in der Düsseldorfer Gladbacher Strasse 69, das er sich mit vier anderen Künstlern teilt.

Participates in events of Dusseldorf-based collective Gruppe 53, which exhibits work by Peter Brüning, Winfred Gaul, Gerhard Hoehme, Konrad Klapheck, Heinz Mack, Bernard Schultze, and Emil Schumacher; shows geometric abstract paintings such as *Submarine*.

Establishes first studio at Gladbacher Strasse 69 in Düsseldorf, which he shares with four other artists.

1957

Abschluss des Studiums der Philosophie mit Auszeichnung

Piene initiiert die erste von insgesamt acht *Abendausstellungen* im gemeinsamen Atelier.

Passes the state exam in philosophy with distinction.

Initiates first of eight in series of *Abendausstellungen* [evening exhibitions] in shared studio.

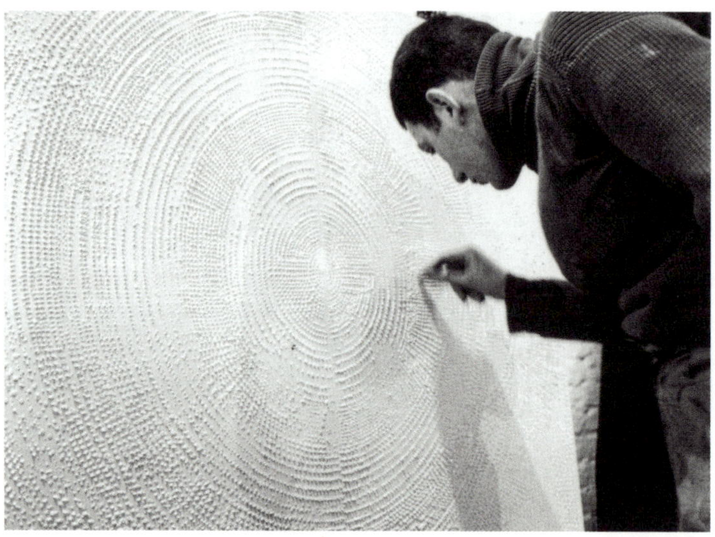

Piene im Atelier | in studio, 1957

Er malt die ersten monochromen *Rasterbilder* und zeigt sie bei der vierten *Abendausstellung*.

Paints first monochrome *Raster Paintings*, exhibited at the fourth *Abendaustellung*.

Die Galerie Schmela, später eine der wichtigsten Adressen für zeitgenössische Kunst in Westdeutschland, wird in Düsseldorf eröffnet. Dabei Begegnung mit Yves Klein und Beginn ihrer Freundschaft. Klein nimmt zwei von Pienes *Rasterbildern* für die Galerie Iris Clert mit nach Paris.

Galerie Schmela opens in Düsseldorf, which will become a key site for contemporary art in West Germany. Meets and begins friendship with Yves Klein at the gallery's inauguration; Klein takes two of Piene's *Raster Paintings* back with him to Paris for Galerie Iris Clert.

Geburt der zweiten Tochter Claudia

Birth of daughter Claudia.

1958

Gründung der Gruppe Zero mit Heinz Mack

Founds the Zero Group with Heinz Mack.

Erste *Rauchzeichnungen*

Creates *Smoke Drawings*.

Erstes *Lichtballett*

Produces first *Light Ballet*.

Publiziert mit Mack *ZERO* 1 und *ZERO* 2.

Piene copublishes *ZERO* 1 and *ZERO* 2 with Mack.

1959

Entwicklung von Lichtplastiken

Develops light sculptures.

Erste Einzelausstellung in der Galerie Schmela: Piene zeigt *Rasterbilder* und *Rauchzeichnungen* und führt sein «archaisches» *Lichtballett* öffentlich vor.

First solo exhibition at Galerie Schmela; shows *Raster Paintings* and *Smoke Drawings* and holds public performance of the "archaic" *Light Ballet*.

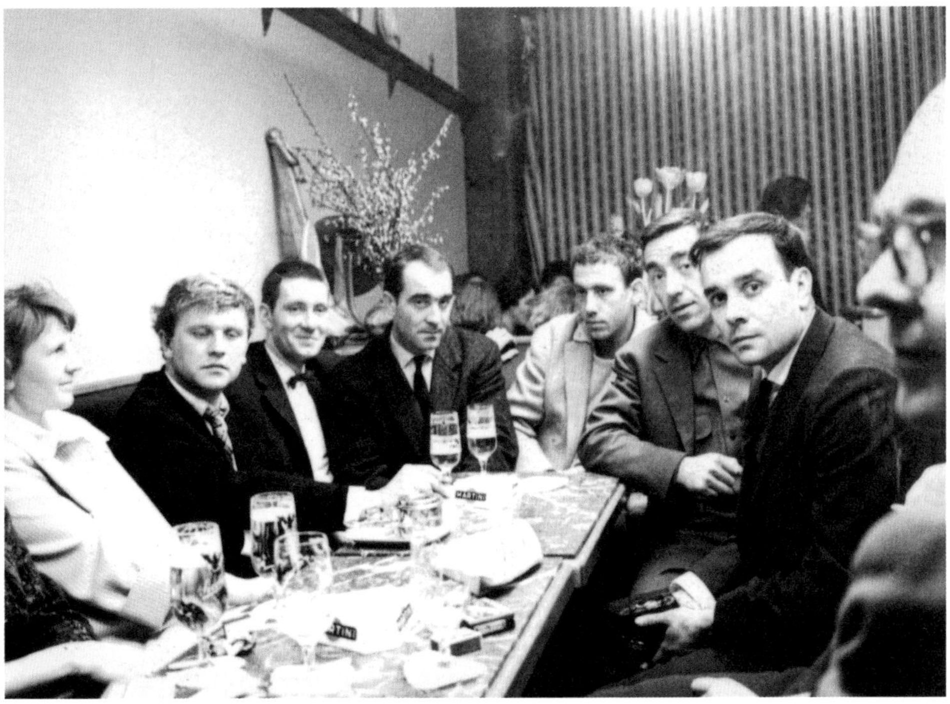

Eröffnung der Ausstellung | Opening of exhibition *Vision in Motion – Motion in Vision* im | in Hessenhuis, Antwerpen | Antwerp, 1959: Margret Mack, Heinz Mack, Otto Piene, Jean Tinguely, Daniel Spoerri, Pol Bury, Yves Klein, Emmett Williams (v. l. n. r. | left to right)

Biografie | **Biography**

Auf der documenta 2 in Kassel und im Rahmen der Ausstellung *Vision in Motion – Motion in Vision* im Hessenhuis im belgischen Antwerpen werden Arbeiten von ihm gezeigt. Dort begegnet er Jean Tinguely und freundet sich mit ihm an.

Exhibits work at documenta 2 in Kassel and *Vision in Motion—Motion in Vision* at Hessenhuis in Antwerp, Belgium; meets and becomes friends with Jean Tinguely.

Auszeichnung mit dem Deutschen Kunstpreis der Staatlichen Kunsthalle Baden-Baden

Awarded the Deutscher Kunstpreis, Staatliche Kunsthalle Baden-Baden, West Germany.

1960

Erste *Feuerbilder*

Creates first *Fire Paintings*.

Entwicklung der ersten automatisierten Lichtplastiken

Develops first automated light sculptures.

Alfred H. Barr Jr. erwirbt *Pure Energy, I* (1958) für das Museum of Modern Art in New York.

Alfred H. Barr Jr. acquires *Pure Energy, I* (1958) for the Museum of Modern Art in New York.

Erste Begegnung mit Lucio Fontana in der Galerie Stadler in Paris

First encounters Lucio Fontana at Galerie Stadler in Paris.

1961

Günter Uecker schliesst sich Zero an.

Günther Uecker joins Zero.

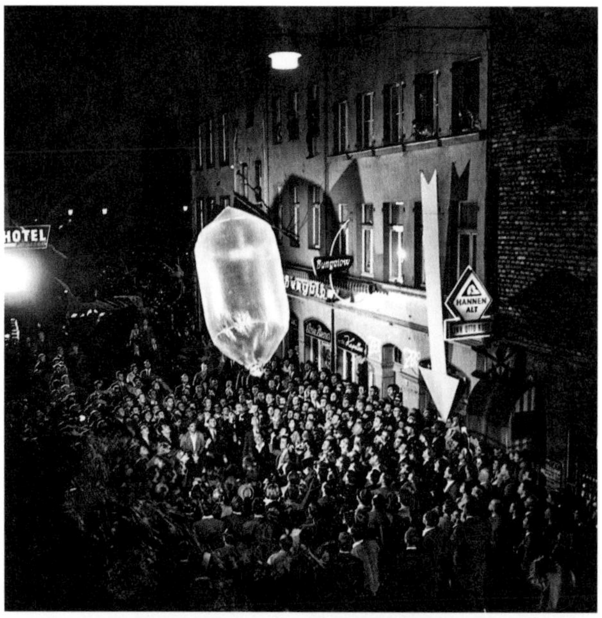

***ZERO: Edition, Exposition, Demonstration*, 1961,**
Galerie Schmela, Düsseldorf

ZERO 3 erscheint und wird im Rahmen der Ausstellung *ZERO: Edition, Exposition, Demonstration* in der Galerie Schmela vorgestellt; erstmals verwendet die Gruppe hierbei einen Ballon (von Friedrich-Karl von Oppeln).

ZERO 3 is published and launched at *ZERO: Edition, Exposition, and Demonstration* at Galerie Schmela, which includes the group's first use of a balloon (by Friedrich-Karl von Oppeln).

Piene freundet sich mit den Künstlern Martial Raysse, Daniel Spoerri und Jesús Rafael Soto an.

Develops friendships with artists Martial Raysse, Daniel Spoerri, and Jesús Rafael Soto.

1962

Beteiligung an der Organisation verschiedener Ausstellungen in ganz Europa, so auch an *Nul* im Stedelijk Museum in Amsterdam, der ersten Museumsausstellung von ZERO

Piene coorganizes various exhibitions throughout Europe, including *Nul* at the Stedelijk Museum in Amsterdam, the first museum exhibition of ZERO.

Erste Teilnahme an einer Gruppenausstellung in den USA: *Sixteen German Artists* in der Corcoran Gallery of Art, Washington, DC

First group show in the United States: *Sixteen German Artists* at the Corcoran Gallery of Art, Washington, DC.

1964

Gastprofessur an der University of Pennsylvania in Philadelphia

Appointed visiting professor at the University of Pennsylvania in Philadelphia.

Piene kuratiert die erste Ausstellung von ZERO in den USA: *Group ZERO*, die am Institute of Contemporary Art der University of Pennsylvania gezeigt wird: Mit dabei sind Werke von Lucio Fontana, Gotthard Graubner, Hans Haacke, Yves Klein, Yayoi Kusama, Piero Manzoni, Jean Tinguely und Nanda Vigo.

Curates the first exhibition of ZERO in the US, *Group ZERO* at the Institute of Contemporary Art at the University of Pennsylvania; includes work by Lucio Fontana, Gotthard Graubner, Hans Haacke, Yves Klein, Yayoi Kusama, Piero Manzoni, Jean Tinguely, and Nanda Vigo.

Piene, Mack und Uecker zeigen bei der documenta 3 in Kassel den Lichtraum *Hommage à Fontana*.

Piene, Mack, and Uecker present light room *Hommage à Fontana* at documenta 3 in Kassel.

Grosser Preis der 4. Biennale der Druckgrafik am Staatlichen Museum für Moderne Kunst in Tokio

Awarded the Grand Prize at the 4th Biennial of Prints at the National Museum of Modern Art in Tokyo.

Scheidung von seiner Frau Hildegard

Divorces wife.

1965

Übersiedlung nach New York

Moves to New York.

Piene: Light Ballet in der New Yorker Howard Wise Gallery ist seine erste Einzelausstellung in den USA.

Piene: Light Ballet, held at Howard Wise Gallery in New York, is his first solo show in US.

Nul 1965, die erste grosse Werkschau von ZERO, wird im Stedelijk Museum in Amsterdam gezeigt.

Nul 1965, the first major survey exhibition of ZERO, is shown at the Stedelijk Museum in Amsterdam.

Heirat mit Nan Rosenthal.

Marries Nan Rosenthal.

1966

Gestaltet *Licht und Bewegung*, eine Lichtinstallation an der Fassade des Bekleidungsgeschäfts Wormland in Köln.

Designs *Licht und Bewegung*, a light installation for the façade of the Wormland men's clothing store in Cologne.

Das Solomon R. Guggenheim Museum in New York zeigt Arbeiten Pienes in der von Lawrence Alloway kuratierten Ausstellung *European Drawings*.

The Solomon R. Guggenheim Museum in New York includes work in the *European Drawings* exhibition, curated by Lawrence Alloway.

Zero in Bonn: Mack, Piene, Uecker ist die letzte gemeinsame Ausstellung der Zero-Künstler: Von Piene werden *Weisser Lichtgeist* und *Hommage à New York* gezeigt.

Zero in Bonn: Mack, Piene, Uecker is the last joint show of Zero artists; features *Weisser Lichtgeist* and *Hommage à New York*.

1967

Corona Borealis wird im Deutschen Pavillon der Expo '67 in Montreal ausgestellt.

Pienes erste Retrospektive eröffnet in 22 Räumen im Museum am Ostwall in Dortmund. Sein Multimedia-Schauspiel *deutschlanddeutschland – ein Museumsstück für Licht, Luft, Ton und Feuer*, das die jüngere deutsche Vergangenheit zum Thema hat, wird bei der Eröffnung aufgeführt.

Piene und Aldo Tambellini gründen in New York das Black Gate Theater, den ersten Kunstraum für «Elektromedien»-Kunst.

Aus Versuchen mit Lichtprojektionen in *Hommage à New York* entsteht die Multimedia-Installation *The Proliferation of the Sun*.

Corona Borealis is shown at the German Pavilion of Expo '67 in Montreal.

Piene's first retrospective opens at the Museum am Ostwall in Dortmund, spanning twenty-two rooms; his multimedia play *deutschlanddeutschland—ein Museumsstück für Licht, Luft, Ton und Feuer*, which thematizes the recent German past, is performed at the opening.

Piene and Aldo Tambellini establish the Black Gate Theater in New York, the first space dedicated to "electromedia" art.

Experimentation with light projection in *Hommage à New York* develops into intermedia installation *The Proliferation of the Sun*.

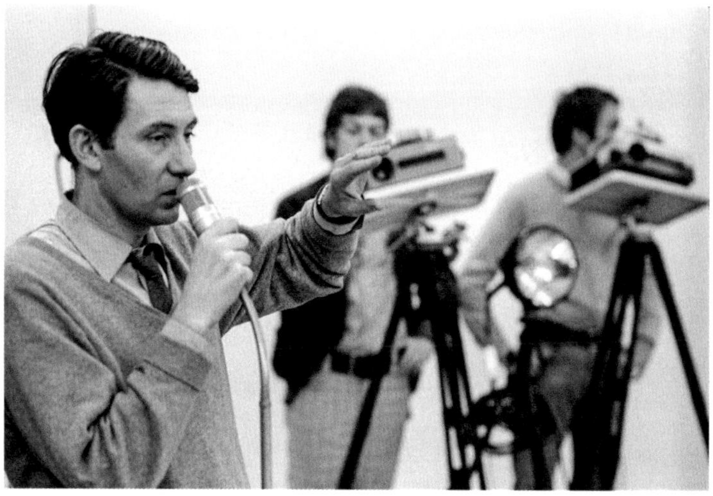

Piene bei einer Kunstaktion | at an art event, n. d.

1968

Auf Einladung von György Kepes wird Piene der erste ausländische Fellow am Center for Advanced Visual Studies (CAVS) des Massachusetts Institute of Technology (MIT) in Cambridge, Massachusetts und bleibt dies bis 1974.

Auf dem Briggs Athletic Field des MIT entsteht *Light Line Experiment*, Pienes erstes grosses Sky Event, in Zusammenarbeit mit Walter Lewin, einem Astrophysiker am MIT Center for Space Research und unter Beteiligung von 25 Künstler:innen, Wissenschaftler:innen und Studierenden.

Wibke von Bonin, Leiterin der Redaktion Bildende Kunst beim WDR, beauftragt Piene und Tambellini mit *Black Gate Cologne*.

Zwei neue Sky Events werden in Deutschland gezeigt: *Luftprojekt Nürnberg* beim örtlichen Deutschen Künstlerbund und *Luftprojekt Karlsruhe* auf dem dortigen Stützpunkt der US Air Force.

Invited by György Kepes to be first international fellow at the Center for Advanced Visual Studies (CAVS), Massachusetts Institute of Technology (MIT) in Cambridge, a position he holds until 1974.

Light Line Experiment, Piene's first major Sky Event, at MIT's Briggs Athletic Field in collaboration with Walter Lewin, an astrophysicist at the MIT Center for Space Research, and twenty-five additional artists, scientists, and students.

Wibke von Bonin, editorial director of the visual arts team at West German Broadcasting (WDR), commissions Piene and Tambellini to create *Black Gate Cologne*.

Two new Sky Events are shown in Germany: *Luftprojekt Nürnberg* at the Deutscher Künstlerbund in Nuremberg and *Luftprojekt Karlsruhe* at the US Air Force Base in Karlsruhe.

1968

Piene bekommt den Auftrag für die kinetischen Lichtplastiken *Sun* und *Moon* für das Hawaii State Capitol in Honolulu.

Sun and *Moon*, two kinetic light sculptures, commissioned for the Hawaii State Capitol in Honolulu.

1969

Gründung des eigenen Verlags Migrant Apparition, Inc., in dem er wichtige Texte zur Entwicklung der Sky Art publiziert.

Forms Migrant Apparition, Inc., his own imprint, which publishes essential texts on his development of Sky Art.

Einladung von June Wayne vom Tamarind Lithography Workshop in Los Angeles, hier als Fellow zu arbeiten; Piene realisiert dort die Mappe *Sky Art* mit 25 Lithografien als Bild- und Textmanifest der Sky Art.

Invited by June Wayne at the Tamarind Lithography Workshop in Los Angeles to be a fellow; realizes *Sky Art* portfolio of twenty-five lithographs, a visual and textual manifesto for Sky Art.

Realisierung des *Electronic Light Ballet* für *The Medium Is the Medium*, eine der ersten Kooperationen zwischen einem öffentlichen Fernsehsender und Videokünstlern; weitere Mitwirkende an dieser Reihe des WGBH, eines Rundfunksenders aus Boston, sind Allan Kaprow, Nam June Paik, James Seawright, Thomas Tadlock und Aldo Tambellini.

Creates *Electronic Light Ballet* for *The Medium Is the Medium*, one of the first cooperations between public broadcasting and video art; additional contributors to the WGBH program are Allan Kaprow, Nam June Paik, James Seawright, Thomas Tadlock, and Aldo Tambellini.

Verschiedene Sky Events in den USA, darunter das *Citything Sky Ballet* in Pittsburgh, Pennsylvania, ein grosses Kunstwerk im öffentlichen Raum, an dem sich 40 Schulen und Universitäten beteiligen.

Various Sky Events are held in the US, including *Citything Sky Ballet* in Pittsburgh, Pennsylvania, a large-scale public artwork with forty participating schools and universities.

1970

More Sky erscheint bei Migrant Apparitions, Inc.

Publishes *More Sky* with Migrant Apparition, Inc.

Sky Events wie *Red Helium Sky Line* in Pittsburgh, *Washington Sky Ballet* über der National Mall in Washington, DC, und *Sky Lei Sky Flower* über dem Kapiolani Park in Waikiki, Honolulu, Hawaii.

Sky Events including *Red Helium Sky Line* in Pittsburgh; *Washington Sky Ballet* over the National Mall in Washington, DC; and *Sky Lei Sky Flower* over Kapiolani Park in Waikiki, Honolulu, Hawaii.

Trennung von Nan Rosenthal

Separates from Nan Rosenthal.

Erste Begegnung mit seiner späteren Frau, Mira Cantor, einer Kunstprofessorin am Oahu Campus der University of Hawaii

Meets Mira Cantor, professor of fine art at the Oahu Campus of the University of Hawaii.

1971

Auftrag für die Gestaltung von Werken für die Eröffnungs- und Abschlussfeiern der Münchner Olympiade 1972

Commissioned to design work for the opening and closing ceremonies of the Munich Olympic Games in 1972.

Charles River Rainbow: Piene überspannt den Charles River zwischen Boston und Cambridge, Massachusetts mit 700 Meter langen, heliumgefüllten Polyethylenschläuchen.

Charles River Rainbow, seven-hundred-meter-long helium-inflated polyethylene tubes, crosses the Charles River between Boston and Cambridge.

Beteiligung am New Yorker Avant Garde Festival unter Leitung von Charlotte Moorman; Piene zeigt *Red Rapid Growth*.

Red Rapid Growth included in the New York Avant Garde Festival organized by Charlotte Moorman.

Rainbows erscheint bei Migrant Apparition, Inc.

Publishes *Rainbows* with Migrant Apparition, Inc.

Piene bezieht ein Wohnhaus und Atelier in Brewster im Staat New York.

Establishes a residence and studio on a farm in Brewster, New York.

Biografie

Biography

1972

Gastprofessor für Umweltkunst am MIT

Appointed visiting professor for Environmental Art at MIT.

Er gewinnt einen hochkarätigen Bildhauerwettbewerb, aus dem der *Lichtsatellit* für die XX. Olympischen Spiele in München hervorgeht.

Wins a major sculpture competition, resulting in *Lichtsatellit* [Light Satellite] for the XX Olympic Games in Munich.

Der im Auftrag Willi Daumes und des Olympischen Komitees der XX. Olympiade geschaffene, 700 Meter lange *Olympische Regenbogen* erhebt sich bei der Abschlussfeier am 11. September über dem See des Olympiaparks in den Himmel.

Olympic Rainbow, measuring over two thousand feet in length and selected by Willi Daume and the Organizing Committee of the XX Olympic Games, rises over the lake of the Olympic Park on 11 September during the closing ceremony of the Summer Olympics in Munich.

Sieger eines Wettbewerbs des Landesmuseums Münster, für das er die elektronisch gesteuerte Lichtwandinstallation *Silberne Frequenz* entwickelt.

Wins competition at Landesmuseum Münster, for which he develops programmed outdoor light murals *Silberne Frequenz* [Silver Frequency].

Geburt der Tochter Chloe

Birth of daughter Chloe.

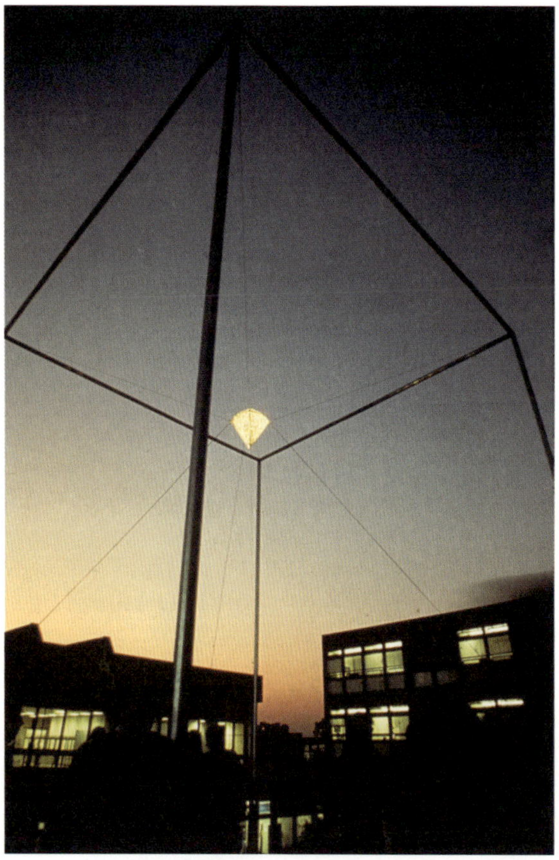

***Lichtsatellit* | *Light Satellite*, 1972,**
Installationsansicht | installation view
München | Munich

1973

Gestaltung einer 200 Meter langen Regenbogen-Wandinstallation für die Hauptverwaltung der Porzellanfabrik Rosenthal AG im fränkischen Selb, heute bekannt als «Regenbogenhaus».

Designs a six-hundred-foot-long rainbow mural for the central administration building of the Rosenthal AG porcelain factory building in Selb, West Germany, now known as the "Rainbow House."

1974

Piene wird Professor of Visual Design for Environmental Art am MIT und zugleich Leiter des CAVS und bleibt dies bis 1993.

Appointed professor of Visual Design for Environmental Art at MIT and director of CAVS, a position held until 1993.

Er arbeitet dort mit Paul Earls an der Entwicklung von Laserprojektionen auf Basis seiner Zeichnungen; dabei entstehen weitere gemeinsame Projekte mit Laser, Klang und Installationen.

Works with Paul Earls at CAVS to develop laser projections based on his drawings and begins collaborations on laser, sound, and installation.

Ein Sky Event im Innenraum, *Westfälische Luftspirale*, wird am Westfälischen Landesmuseum in Münster realisiert.

Indoor Sky Event, *Westfälische Luftspirale*, at the Westfälisches Landesmuseum in Münster.

Light Trail, *Tent II*, *Lava Dance* und *Flaming Rainbow* werden auf Vulkanen und in Yokohama Bay, Oahu, für den deutschen Fernsehfilm *Lichtspur im Haus der Sonne* aufgeführt.

Light Trail, *Tent II*, *Lava Dance*, and *Flaming Rainbow* are performed on volcanoes and in Yokohama Bay, Oahu, for the German TV film *Lichtspur im Haus der Sonne*.

1975

Er erweitert die Arbeitsgebiete des CAVS am MIT um Video, Laser, Holografie, Telekommunikation, Sky Art und Environmental Art.

Extends the application area of CAVS/MIT to video, laser, holography, telecommunication, Sky Art, and Environmental Art.

Piene wird Leiter von Arttransition, einer Reihe von Tagungen, Veranstaltungen und Ausstellungen am MIT mit Schwerpunkt auf der Entwicklung von technologiebasierter Kunst.

Becomes director of Arttransition, a series of conferences, events, and exhibitions at MIT with emphasis on the development of art using technology.

Erste Begegnung mit der Dichterin und bildenden Künstlerin Elizabeth Goldring, einer Absolventin des Smith College und der Harvard-Universität sowie späteren Kuratorin, Koordinatorin und wichtigen Mitarbeiterin des CAVS.

Meets poet and visual artist Elizabeth Goldring, a graduate of Smith College and Harvard University and later events and exhibitions director, coordinator, and senior fellow at CAVS.

1976

Im Auftrag der State Foundation on Culture and the Arts wird *Pleiades*, eine prismatische Lichtplastik an der Fassade des Instituts für Astronomie der Universität von Hawaii in Honolulu, fertiggestellt.

Pleiades, a prismatic light sculpture on the façade of the Institute for Astronomy at the University of Hawai'i in Honolulu, commissioned by the State Foundation on Culture and the Arts, is completed.

Piene inszeniert *Anemones: An Air Aquarium* in der 88 Pine Street, New York, *Neon Rainbow* im Central Park gemeinsam mit Alejandro Siña und *East Harlem Sky Events* in Zusammenarbeit mit sieben Schulen als Teil von Aufträgen für Kunst im öffentlichen Raum von Creative Time.

Stages *Anemones: An Air Aquarium* at 88 Pine Street; *Neon Rainbow* in Central Park with Alejandro Siña; and, in collaboration with seven schools, *East Harlem Sky Events* as part of Creative Time's public art commissions in New York.

Heirat mit Mira Cantor

Marries Mira Cantor.

1977

Realisierung der monumentalen Multimedia-Kooperation *Centerbeam* im Auftrag der documenta 6 in Kassel unter seiner Leitung, 22 Künstler:innen und ein Stab von Techniker:innen sind beteiligt. Zu dem dreidimensionalen Werk unter freiem Himmel gehören Wasserdampf-Projektionswände, Hologramme, Laserprojektionen, ein circa 50 Meter langes Wasserprisma und Inflatables.

Guides realization of the monumental, intermedia collaboration *Centerbeam*, commissioned for documenta 6 in Kassel; involves twenty-two artists plus a team of engineers. The three-dimensional outdoor work features moving steam screens, holograms, laser projections, a 144-foot-long water prism, and inflatables.

Biografie

Biography

1978

25 Sky Events, darunter die erste Aufführung von *Icarus: A Sky Opera*, entstehen für *Centerbeam DC* über der National Mall in Washington, DC

Twenty-five Sky Events are created and enacted for *Centerbeam DC* on the National Mall in Washington, DC, including the first production of *Icarus: A Sky Opera*.

1979

Sechs Sky Events im Rahmen der Fiestas de Octubre in Guadalajara, Mexiko

Six Sky Events during the Fiestas de Octubre in Guadalajara, Mexico.

Das *Grand Rapids Carousel* wird beim Festival '79 in Grand Rapids, Michigan, aufgeführt.

Grand Rapids Carousel performed at Festival '79 in Grand Rapids, Michigan.

Teilnahme an den Ausstellungen *Zero. Bildvorstellungen einer europäischen Avantgarde 1958–1964* im Kunsthaus Zürich und *Zero Internationaal Antwerp* in Antwerpen

Participates in *Zero: Bildvorstellungen einer europäischen Avantgarde 1958–1964* at Kunsthaus Zürich and *Zero Internationaal Antwerpen* in Antwerp.

1980

Die Sky Events *Bruckner Sky Symphony*, *Milwaukee Anemone*, *Iowa Star* und *Blue Star Linz* werden beim Brucknerfest in Linz aufgeführt.

Bruckner Sky Symphony, *Milwaukee Anemone*, *Iowa Star*, and *Blue Star Linz* Sky Events at the Bruckner Festival in Linz.

1981

Piene organisiert die erste Sky-Art-Konferenz mit Ko-Direktorin Elizabeth Goldring.

Organizes the first Sky Art Conference with codirector Elizabeth Goldring.

Beginn der Lebensgemeinschaft mit Goldring.

Begins living with Goldring.

1982

Ko-Leitung der zweiten Sky-Art-Konferenz verbunden mit der Ars Electronica in Linz, in diesem Rahmen *Sky Kiss* und die erste deutschsprachige Aufführung von *Icarus: A Sky Opera*

Codirects the second Sky Art Conference in conjunction with Ars Electronica in Linz, including *Sky Kiss* and first German-language production of *Icarus: A Sky Opera*.

1983

Dritte Sky-Art-Konferenz in Zusammenarbeit mit der Stadt München, BMW und dem Max-Planck-Institut

Third Sky Art Conference, organized in collaboration with the City of Munich, BMW, and the Max Planck Institute.

Piene erwirbt ein Wohnhaus mit Atelier in Groton, Massachusetts, fortan die «art farm» genannt, und zieht dort mit Elizabeth Goldring ein.

Purchases "art farm," residence and studios in Groton, Massachusetts, where he lives with Elizabeth Goldring.

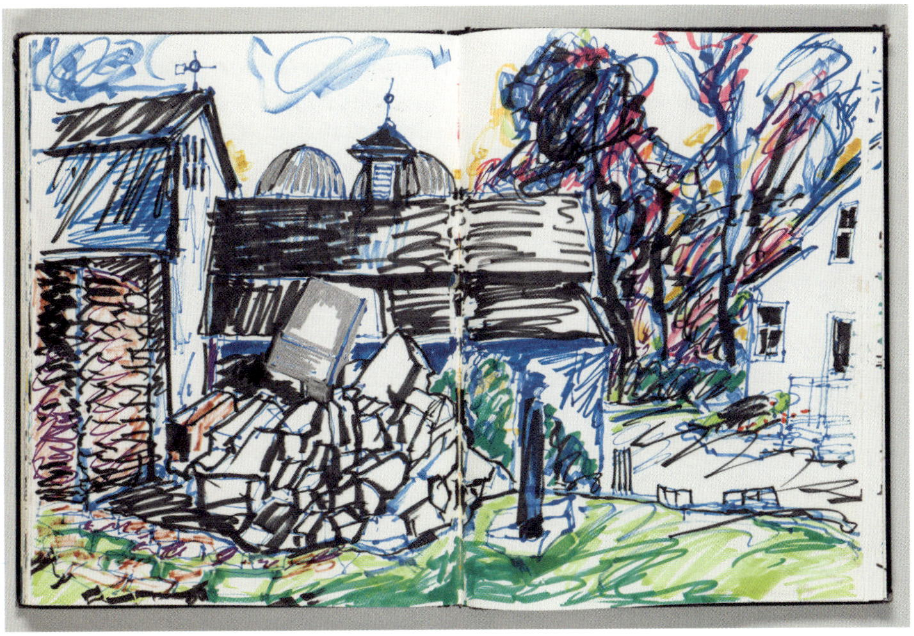

«Art Farm», 2013, Skizzenbuch | Sketchbook: *Sun Eureka Berlin/"Mies Berlin"/Berlin Neue Nationalgalerie/John Cage/Groton*, Harvard Art Museums/Busch-Reisinger Museum, Geschenk von | Gift of Elizabeth Goldring Piene, 2019.68.85

1984

Sky Dance, Sky Time entsteht in Zusammenarbeit mit dem Komponisten Carman Moore sowie der Tänzerin und Choreografin Elaine Summers in Iowa City; aufgeführt auch als *Sky Dance* am Solomon R. Guggenheim Museum in New York.

Berlin Star (Hommage an Paul Scheerbart) steigt zur Eröffnung der Ausstellung *Die Zukunft der Metropolen: Paris–London–Berlin* an der TU Berlin über dem Ernst-Reuter-Platz auf.

Sky Dance, Sky Time is produced in collaboration with composer Carman Moore and dancer/choreographer Elaine Summers in Iowa City; it is performed as *Sky Dance* at the Solomon R. Guggenheim Museum in New York.

Berlin Star (Homage to Paul Scheerbart) ascends over Ernst-Reuter-Platz for opening of the exhibition *Die Zukunft der Metropolen: Paris–London–Berlin* at the Technische Universität Berlin.

1985

Piene stellt mit Kollegen vom CAVS auf der São Paulo Biennale aus.

Die gemeinsame CAVS-Installation *Monocle* wird in der Ausstellung *Mehr Licht* an der Hamburger Kunsthalle gezeigt. Sky Events beim Utah Arts Festival in Salt Lake City, Utah.

Das Sky Event *Zodiac* entsteht in Zusammenarbeit mit Paul Earls (Musik, Laser), Joan Brigham (Dampf) und George Greenamyer (Eisskulpturen).

Im Auftrag des Sun Valley Center for the Arts and Humanities in Idaho realisiert Piene den *Sun Valley Neon Rainbow*.

Piene exhibits at the São Paulo Biennale with CAVS colleagues.

Collaborative CAVS installation *Monocle* is featured in the exhibition *Mehr Licht* at Hamburger Kunsthalle. Sky Events at Utah Arts Festival in Salt Lake City, Utah.

The Sky Event *Zodiac* is held in Boston in collaboration with Earls (music, laser), Joan Brigham (steam), and George Greenamyer (ice sculptures).

Sun Valley Neon Rainbow is commissioned by Sun Valley Center for the Arts and Humanities.

Biografie

Biography

1986

Desert Sun/Desert Moon, eine Reihe von Installationen und Performances von CAVS-Künstlern, wird in der Wüste Alabama Hills in Lone Pine, Kalifornien, gezeigt.

Die vierte Sky-Art-Konferenz am CAVS des MIT ist dem wegbereitenden Medienkünstler und Filmemacher Stan VanDerBeek gewidmet.

Bei der Pariser UNESCO-«Conference on Culture in Space» präsentieren Lowry Burgess, Piene und Goldring ihr *Sky Art Manifesto* mit dem Fotografen Harold Edgerton als erstem Unterzeichner.

Zum 350. Jahrestag der Harvard University werden der *Charles River Rainbow* und der *Harvard Rainbow* über den Charles River zwischen Cambridge und Boston gespannt.

Desert Sun/Desert Moon, a group of installations and performances by CAVS artists, takes place in the Alabama Hills desert in Lone Pine, California.

The Fourth Sky Art Conference, dedicated to pioneering media artist and filmmaker Stan VanDerBeek, is held at CAVS/MIT.

Burgess, Piene, and Goldring present *Sky Art Manifesto* in Paris at the UNESCO "Conference on Culture in Space," with the first endorsement signature from photographer Harold Edgerton.

For the 350th anniversary of Harvard University, *Charles River Rainbow* and *Harvard Rainbow* is lifted across the Charles River between Cambridge and Boston.

1988

Heirat mit Elizabeth Goldring

Leitung der Tagung und Ausstellung *LightsOROT* am Yeshiva University Museum in New York, gemeinsam mit Mel Alexenberg

Eine Ausstellung am MIT feiert Pienes zwanzigjährige Tätigkeit am CAVS.

Marries Elizabeth Goldring.

Codirects *LightsOROT* conference and exhibition with Mel Alexenberg at Yeshiva University Museum in New York.

Exhibition at MIT celebrates Piene's twenty years at CAVS.

1989

Ernennung zum Vorsitzenden eines Beirats des nordrhein-westfälischen Wissenschaftsministeriums für die Planung, Vorbereitung und Gründung der Kunsthochschule für Medien Köln.

Becomes chairman of the advisory council to the Minister for Science and Research of the Land North Rhine–Westphalia for planning, preparing, and realizing the Academy of Media Arts in Cologne.

1990

Zusammenarbeit mit Paul Earls und Ian Strasfogel am *Dialogue des Têtes* für die Automnale in Reims

Kuratoriumsmitglied des ZKM Zentrum für Kunst und Medientechnologie Karlsruhe

Collaborates with Earls and Strasfogel on *Dialogue des Têtes* for the Automnale in Reims.

Member of the Board of Trustees at ZKM Center for Art and Media Technology in Karlsruhe.

1992

Milwaukee Anemone wird zur Eröffnung des MediaParks in Köln aufgeführt.

Hommage à Fontana (1962) wird dauerhaft im Kunstmuseum Düsseldorf (jetzt Kunstpalast) installiert.

Milwaukee Anemone is performed for the opening of MediaPark in Cologne.

Hommage à Fontana (1962) is permanently installed at Kunstmuseum in Düsseldorf (now Kunstpalast).

1993

Zum 25. Jahrestag des CAVS des MIT finden dort die Sky Events *Red Cross for Sarajevo* und *Flying Cello* statt.

Sky Events *Red Cross for Sarajevo* and *Flying Cello* are held at MIT in celebration of CAVS's twenty-fifth anniversary.

1994

Verleihung der Ehrendoktorwürde für bildende Kunst der Universität Maryland

Awarded an honorary Doctor of Fine Arts by the University of Maryland.

Piene kuratiert *Light/Space/Time: CAVS/MIT/25 Years*, eine 25-Jahres-Retrospektive mit Arbeiten von CAVS-Fellows am MIT Museum.

Curates *Light/ Space/Time: CAVS/MIT/25 Years*, a twenty-five-year retrospective of work by CAVS fellows at the MIT Museum.

Emeritierung als Direktor des CAVS

Becomes director emeritus of CAVS.

1995

Aufführung von *Rainbow* mit Noah und Seth Riskin anlässlich der Eröffnung der Schadow-Arkaden in Düsseldorf

Rainbow performance developed with Noah and Seth Riskin for the opening of the Schadow Arkaden in Düsseldorf.

1996

Auszeichnung mit dem Sculpture Prize der American Academy of Arts and Letters

Receives the Sculpture Prize of the American Academy of Arts and Letters.

Otto Piene: Retrospektive 1952–1996 im Kunstmuseum Düsseldorf, kuratiert von Stephan von Wiese und Susanne Rennert

Otto Piene: Retrospective 1952–1996 is held at the Kunstmuseum Düsseldorf, curated by Stephan von Wiese and Susanne Rennert.

1999

Der von der Neuen Nationalgalerie in Berlin beauftragte *Lichtraum* wird dort ausgestellt.

Lichtraum [Light Room] is commissioned by and exhibited at the Neue Nationalgalerie in Berlin.

2001

Lichtraum für das neue Kunstmuseum Celle

Creates *Lichtraum* [Light Room] for the new Kunstmuseum Celle.

2002

Otto Piene: The Zero Experience, eine umfangreiche, von Vit Havránek kuratierte Retrospektive an der Galerie der Hauptstadt Prag im Haus zur steinernen Glocke, muss wegen Überschwemmungen vorzeitig schliessen.

Otto Piene: The Zero Experience, a major retrospective exhibition curated by Vit Havránek and held in twenty-two rooms of the Prague Municipal Gallery (Stone Bell House), is interrupted by a great flood.

Piene steht einer in Delphi und auf Ikaria abgehaltenen Sky-Art-Konferenz vor, die vom MIT und dem griechischen Kulturministerium finanziert wird.

Serves as chair for Sky Art Conference in Delphi and Icaria, sponsored by MIT and the Greek Ministry of Culture.

2003

Verleihung der Joan Miró-Medaille der UNESCO

Awarded the UNESCO Joan Miró Medal.

Auszeichnung mit dem Leonardo da Vinci World Award of Arts des World Cultural Council in Mexiko-Stadt, verliehen an der Universität Helsinki

Receives the Leonardo da Vinci World Award of Arts from the World Cultural Council of Mexico City, awarded at the University of Helsinki.

Ausstellung *Die Sonne kommt näher: Otto Piene, Frühwerk* am Museum für Gegenwartskunst Siegen

Die Sonne kommt näher: Otto Piene, Frühwerk at Museum für Gegenwartskunst in Siegen, Germany.

Biografie

Biography

2004

Light Space Siena und Sky Event *Rred Hhorse* auf der Piazza del Campo in Siena

Creates *Light Space Siena* and the sky event *Rred Hhorse* on Piazza del Campo in Siena, Italy.

2007

Enthüllung von *Geleucht*, einer 30 Meter hohen Plastik in der Form einer Grubenlampe auf der Halde Rheinpreußen in Moers

Inauguration of *Geleucht*, a ninety-two-foot sculpture in the form of a miner's lamp, on the Halde Rheinpreußen slag pile in Moers, Germany.

2008

Auszeichnung mit den Kunstpreisen der Dortmunder Kulturstiftung und der Sparkassen-Kulturstiftung Rheinland

Awarded two German prizes for Visual Arts: Dortmund Kulturstiftung and Sparkassen Kulturstiftung Rheinland.

Durch das Zusammenwirken von Mack, Piene und Uecker entsteht, mit Unterstützung der Stiftung Museum Kunstpalast und der Stadt Düsseldorf, die ZERO foundation.

ZERO foundation is established through collaboration between Mack, Piene, and Uecker and support from the Stiftung Museum Kunstpalast and the City of Düsseldorf.

2009

Die ZERO foundation mit den Archiven von Mack, Piene und Uecker, fotografischer Dokumentation, Publikationen, Manuskripten und historischen Videos nimmt ihre Arbeit auf.

ZERO foundation opens; houses the archives of Mack, Piene, and Uecker with photographic documentation, publications, manuscripts, and historic videos.

2011

Ausstellung *Otto Piene: Lichtballett* mit lichtplastischen Arbeiten im List Visual Center des MIT, Cambridge, Massachusetts

Otto Piene: Lichtballett features light-based sculptural work at the MIT List Visual Arts Center in Cambridge.

Sky Event zum 150. Jahrestag des MIT im Rahmen des Festival of Art, Science, and Technology

Sky Event is held at the Festival of Art, Science, and Technology in celebration of MIT's 150th anniversary.

2012

Reise nach Basel

Travels to Basel.

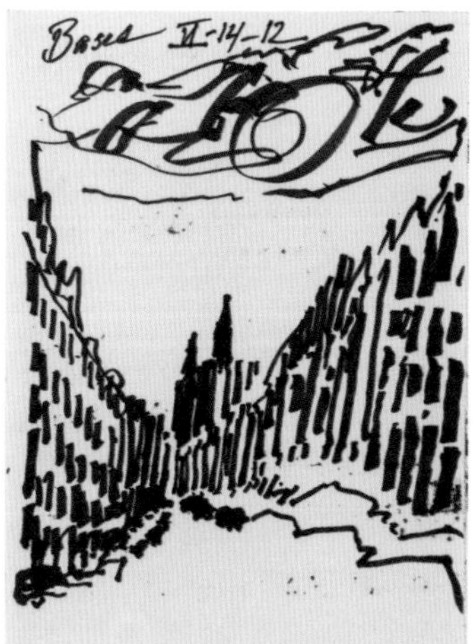

Basel, 2012, Skizzenbuch | Sketchbook: *Sun Eureka Berlin/"Mies Berlin"/Berlin Neue Nationalgalerie/John Cage/Groton*, Harvard Art Museums/Busch-Reisinger Museum, Geschenk von | Gift of Elizabeth Goldring Piene, 2019.68.42 (Detail | detail)

2013

Zu Pienes 85. Geburtstag zeigt das ZKM in Karlsruhe eine Überblicksausstellung mit dem Titel *Energiefelder*. Zu sehen sind rund 40 Werke aus der Zeit von 1960 bis in die Gegenwart, darunter Gemälde, Zeichnungen, Keramiken, Lichtinstallationen und Inflatables.

For Piene's eighty-fifth birthday, ZKM in Karlsruhe presents a survey show titled *Energiefelder*, featuring around forty works from the 1960s until the present, including paintings, drawings, ceramics, light installations, and inflatables.

Auszeichnung mit dem Max-Beckmann-Preis der Stadt Frankfurt

Receives the Max-Beckmann-Prize of the City of Frankfurt.

2014

Retrospektive *More Sky* in Zusammenarbeit mit der Nationalgalerie – Staatliche Museen zu Berlin und der Deutschen Bank KunstHalle.

Retrospective exhibition *More Sky* in collaboration with the Nationalgalerie—Staatliche Museen zu Berlin and the Deutsche Bank KunstHalle.

Otto Piene stirbt am 17. Juni 2014 auf dem Weg zu Vorbereitungen für ein Sky Event, welches auf dem Dach der Neuen Nationalgalerie in Berlin stattfinden wird.

Otto Piene dies on 17 July 2014 while on his way to continue preparations for a Sky Event at the Neue Nationalgalerie in Berlin.

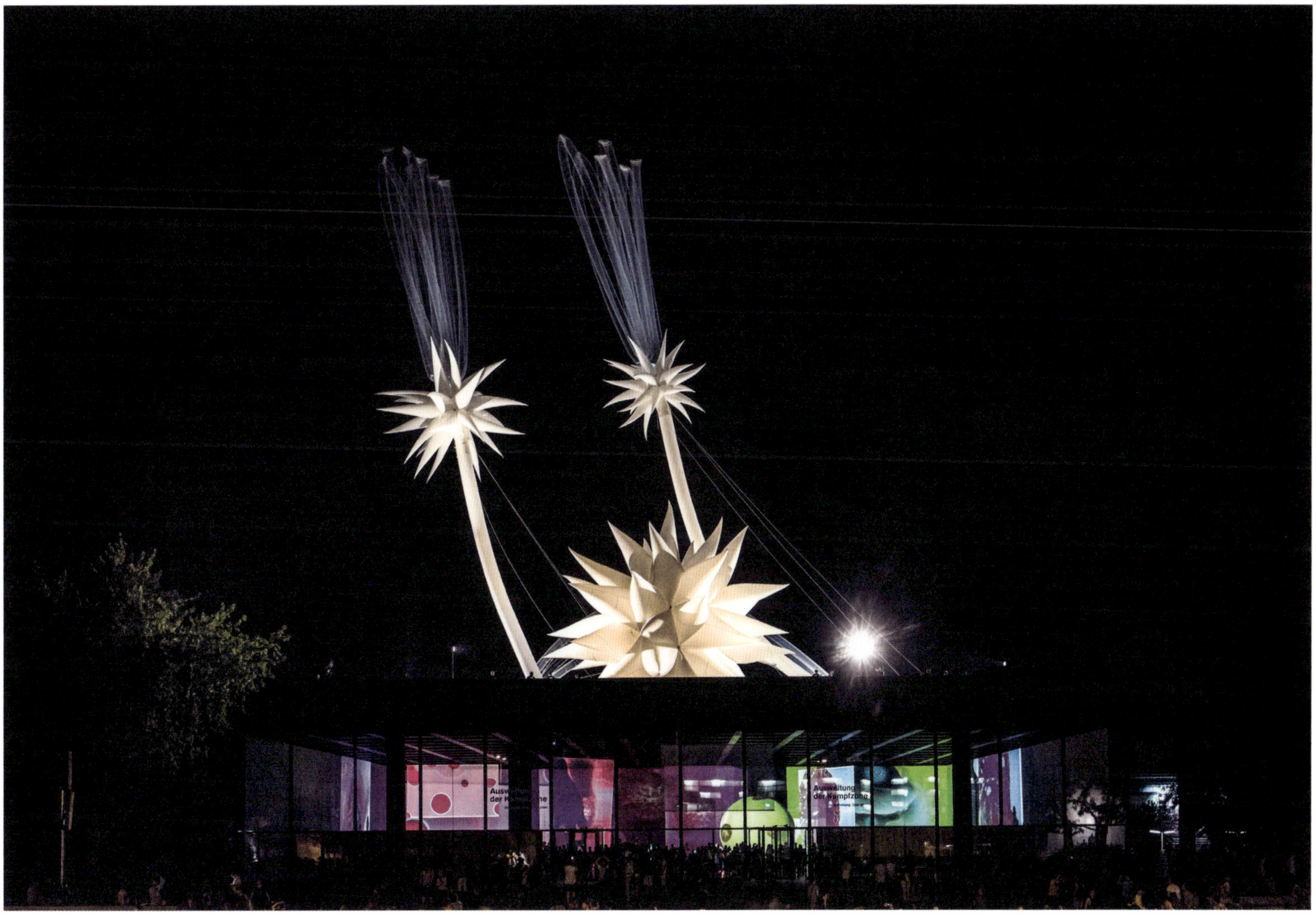

Sky Event für | for *More Sky*, Neue Nationalgalerie, Berlin, 19. Juli | 19 July 2014

Verzeichnis der ausgestellten Werke

List of Exhibited Works

Gemälde
Paintings

Submarine, 1955
Öl auf Leinwand | Oil on canvas
100 × 140 cm
Otto Piene Estate, courtesy Sprüth Magers
→ S. | P. 266

Lichteinfall, 1956
Öl auf Leinwand | Oil on canvas
100 × 140 cm
Otto Piene Estate, courtesy Sprüth Magers

SCHWARZ WEISS GRAU, 1956/1957
Eitempera auf Leinwand |
Egg tempera on canvas
125.3 × 167 cm
Otto Piene Estate, courtesy Sprüth Magers

Frequenz, 1957
Öl und Aluminiumfarbe auf Leinwand |
Oil and aluminum paint on canvas
42.5 × 32 × 3.5 cm
Kunstmuseen Krefeld
→ Kat. | Cat. 10

Gelbes Bild, 1958
Öl auf Leinwand | Oil on canvas
69 × 96 cm
Osthaus Museum Hagen
→ Kat. | Cat. 6

Ein Fest für das Licht, 1958
Öl auf Leinwand | Oil on canvas
170 × 170 cm
Kunstpalast, Düsseldorf
→ Kat. | Cat. 7

Rauchzeichnungen und Feuerbilder
Smoke Drawings and Fire Works

Rauchzeichnung, 1959
Rauchzeichnung auf Karton |
Smoke drawing on cardboard
50 × 65 cm
Kunstmuseen Krefeld
→ Kat. | Cat. 18

Rauchzeichnung 1, 1960
Rauch auf Papier | Smoke on paper
71.6 × 92 cm
Kunstpalast, Düsseldorf
→ Kat. | Cat. 17

Rauchbild auf Rot / 1 Volumen, 1962
Öl und Russ auf Leinwand |
Oil and soot on canvas
68 × 96 cm
Kunstmuseen Krefeld
→ Kat. | Cat. 38

Ohne Titel | Untitled, 1963
Bleistift, Gouache und Rauch auf Papier | Pencil, gouache, and smoke on paper
15.8 × 23.5 cm
Otto Piene Estate, courtesy Sprüth Magers
→ Kat. | Cat. 19

Die Sonne brennt, 1966
Öl und Rauch auf Leinwand |
Oil and smoke on canvas
100 × 130 cm
Kunstpalast, Düsseldorf
→ Kat. | Cat. 37

Red Autumn I, 1975
Öl und Feuer auf Leinwand |
Oil and fire on canvas
198 × 198 cm
Kunstpalast, Düsseldorf, Stiftung Sammlung Kemp
→ Kat. | Cats. 39–40

Red Icarus, 1980
Feuergouache auf Karton |
Fire gouache on board
73 × 102 cm
Kunstpalast, Düsseldorf, Stiftung Sammlung Kemp
→ Kat. | Cat. 33

Installationen
Installations

Lichtraum mit Mönchengladbachwand | Light Room with Mönchengladbach Wall, 1963–2013
Karton, Holz, Metall, Motor, Licht |
Cardboard, wood, metal, motor, light
Masse variabel | Dimensions variable
Otto Piene Estate, courtesy Sprüth Magers
→ Kat. | Cats. 1–2

Die Sonne kommt näher | Proliferation of the Sun, 1966/1967
Installation mit 6 Projektionen und Ton, digitale Kopien der handbemalten Glasdias von 1966/1967 | Installation with 6 projections and sound, digital copies of the hand-painted glass slides from 1966/67; 25 min
Geschenk des Förderkreises für Gegenwartskunst im Kunstverein Bremen 1998 und des Künstlers

Fleurs du Mal, 1969
13 blumenförmige Ballonskulpturen (Seide, Kunststoff), 7 Gebläse, 2 Stroboskope, Zeitschaltung |
13 flower-shaped inflatables (silk, synthetic material), 7 blowers, 2 stroboscopes, interval timer
Höhe je Objekt | Height of each object ca. 250 cm
Kunstmuseum Wolfsburg, Schenkung aus Privatbesitz, Courtesy Plutschow Gallery, Peter Schälchli
→ Kat. | Cats. 78–80

Anemones: An Air Aquarium, 1976/2023
Plastik (TPU-Folie), Gebläse und Schaltkasten | Plastic (TPU film), fan, and control box
Masse variabel | Dimensions variable
Otto Piene Estate, courtesy Sprüth Magers
→ Kat. | Cats. 102–106

Video

Otto Piene/Aldo Tambellini
Black Gate Cologne. Ein Lichtspiel, 1968
Analogvideo, Betacam SP, s/w |
Analog video, Betacam SP, b/w, mono; 47 min
Produktion | Production: WDR; Video | video: ZKM | Zentrum für Kunst und Medien, Karlsruhe
→ Kat. | Cats. 131–132

Electronic Light Ballet, für | for *The Medium Is the Medium*, 1969
Video, Farbe, Ton | Video, color, sound; 4:57 min
Produziert von | Produced by WGBH; Ausführender Produzent | executive producer: David Oppenheim; Produzenten | producers: Ann Gresser, Pat Marx; Regisseur | director: Fred Barzyk; GBH Archives, Brighton, Massachusetts
→ Kat. | Cats. 133–134

Hans Emmerling/Otto Piene
Lichtspur im Haus der Sonne. Projekte von Otto Piene auf Hawaii, 1974
Video, Farbe, Ton | Video, color, sound; 43 min
Film: Hans Emmerling, Edwin K. Braun, Michael Faust, Hannelore Willié, Peter Wohlers; Redaktion | editorial staff: Günther Halkenhäuser; Produktion | production: Telefilm Saar GmbH; Auftraggeber | commissioner: Saarländischer Rundfunk, Saarbrücken

Plastiken Sculpture

Weisser Lichtgeist, 1966
Glas, Metal, Lampen, Zeitschaltuhr | Glass, metal, light bulbs, timer
220 × 60 × 60 cm
ZERO foundation, Düsseldorf, Schenkung Otto Piene und Elizabeth Goldring Piene
→ Kat. | Cat. 21

Sleepwalker, 1966/1967
Aluminium, elektrisches Licht, Elektromotor | Aluminum, electric light, electric motor
Ø 68 cm
Kunsthalle Recklinghausen
→ Kat. | Cat. 27

Fleur du Mal, 1968–1970
Rotes Spinnakertuch, Polyethylen, Seil, Gebläse, Zeitschaltung | Red spinnaker cloth, polyethylene, blower, interval timer
213 × 127 × 120 cm
Otto Piene Estate, courtesy Sprüth Magers
→ Kat. | Cat. 77

Ohne Titel | Untitled (Windsock sculpture, #5, Red Cushion), 1969
Roter Stoff | Red fabric
4 m
Otto Piene Estate, courtesy Sprüth Magers

Ohne Titel | Untitled (Windsock sculpture, #17), 1969
Oranger, gelber und blauer Stoff | Orange, yellow, and blue fabric
3 m
Otto Piene Estate, courtesy Sprüth Magers

Double Neon, 1972
Programmierte Lichtplastik: verchromtes Metall, Neonbirnen | Programmed light sculpture: chromed metal, neon bulbs
130 × 50 × 50 cm
Kunstpalast, Düsseldorf, Stiftung Sammlung Kemp
→ Kat. | Cat. 28

Rainbow Sphere, 1978
Metall, Motor, Licht | Metal, motor, light
Ø 30.5 cm
Otto Piene Estate, courtesy Sprüth Magers

Grafische Arbeiten Works on Paper

Ohne Titel | Untitled, #41, 1959/1960
Lichtgrafik | Diazotype on light-sensitive paper
23 × 30 cm
Otto Piene Estate, courtesy Sprüth Magers
→ Kat. | Cat. 3

Ohne Titel | Untitled, ca. 1959–1962
Lichtgrafik | Diazotype on light-sensitive paper
77.2 × 81.9 cm
Otto Piene Estate, courtesy Sprüth Magers

Ohne Titel | Untitled, 1961
Lichtgrafik auf Karton | Diazotype on light-sensitive cardboard
34 × 34 cm
Kunstpalast, Düsseldorf, Stiftung Sammlung Kemp

L'OR ET LE NOIR, 1967
Lithografie auf Papier | Lithograph on paper, Faksimile | exhibition copy
55.9 × 75.6 cm
Walker Art Center, Gift of Lise, Ceil and Zoe Friedman in loving memory of Mildred and Martin Friedman, 2017
→ Kat. | Cat. 139

Gute Nacht Zukunft, aus dem Portfolio *Die Nächte des Héliogabalus* | *Good Night Hereafter* from *The Nights of Héliogabalus* portfolio, 2014
Lithografie | Lithograph
78 × 58 cm
Otto Piene Estate, courtesy Sprüth Magers

Karte der Nuancen, aus dem Portfolio *Die Nächte des Héliogabalus* | *Card of Nuances* from *The Nights of Héliogabalus* portfolio, 2014
Lithografie | Lithograph
78 × 58 cm
Otto Piene Estate, courtesy Sprüth Magers

Zeichnungen Drawings

Ohne Titel (Selbstporträt) | Untitled (self-portrait), 1943
Kohle auf Papier | Charcoal on paper
Ca. 29 × 21 cm
Privatsammlung | Private collection

Ohne Titel (Vater) | Untitled (father), 1943
Bleistift auf Papier | Pencil on paper
Ca. 29 × 21 cm
Privatsammlung | Private collection

Ohne Titel (Flugzeug) | Untitled (airplane), 1943
Aquarell auf Papier | Watercolor on paper
Ca. 15 × 28 cm
Privatsammlung | Private collection

Ohne Titel | Untitled («M. M. spielt Klavier»), 1943
Bleistift, Kohle und Kreide auf Papier | Pencil, charcoal, and chalk on paper
Ca. 30 × 21 cm
Privatsammlung | Private collection

Ohne Titel | Untitled («Mein Grossvater»), 1943
Bleistift auf Papier | Pencil on paper
Ca. 23 × 21 cm
Privatsammlung | Private collection

Ohne Titel (Bruder Reinhold) | Untitled (brother Reinhold), 1943
Pastellkreide auf Papier | Pastel on paper
Ca. 25 × 18 cm
Privatsammlung | Private collection

Ohne Titel (Grossmutter auf dem Sterbebett) | Untitled (grandmother on her deathbed), 1945
Bleistift, Kohle und Kreide auf Papier | Pencil, charcoal, and chalk on paper
Ca. 21 × 28 cm
Privatsammlung | Private collection

Ohne Titel | Untitled (Lübbecke), 1945
Aquarell auf Papier | Watercolor on paper
Ca. 15 × 28 cm
Privatsammlung | Private collection

Ohne Titel | Untitled (Ehefrau | wife Hildegard Piene geb. | née Struckmann), 1947
Kohle auf Papier | Charcoal on paper
Ca. 25 × 18 cm
Privatsammlung | Private collection

Zero on Sea, Entwurf | design, 1965
Tinte und Gouache auf Papier | Ink and gouache on paper, Faksimile | exhibition copy
8.5 × 11 cm
Haags Gemeentearchief, Den Haag | The Hague
→ S. | P. 74

Weisser Lichtgeist, Entwurf | design, 1966
Bleistift, Aquarell, Papier, Transparentpapier, Selbstklebeband | Pencil, watercolor, paper, tracing paper, adhesive tape
79.5 × 63.5 cm
ZERO foundation, Düsseldorf, Schenkung Otto Piene und Elizabeth Goldring Piene
→ Kat. | Cat. 24

Lichtballett «Hommage à New York» (Seite | page 1: *Washington Machine*), Entwurf für Dia-Installation | Design for slide projection, 1966
Filzstift auf Papier | Marker on paper
29.7 × 20.9 cm
ZERO foundation, Düsseldorf, Nachlass Otto Piene
→ Kat. | Cat. 125

Lichtballett «Hommage à New York» (Seite 2 | page 2: *Zagreb Machine*), Entwurf für Dia-Installation | Design for slide installation, 1966
Filzstift auf Papier | Marker on paper
29.7 × 20.9 cm
ZERO foundation, Düsseldorf, Nachlass Otto Piene
→ Kat. | Cat. 126

Lichtballett «Hommage à New York» (Seite | page 3: *Hannover Machine*), Entwurf für Dia-Installation | Design for slide installation, 1966
Filzstift auf Papier | Marker on paper
29.7 × 20.9 cm
ZERO foundation, Düsseldorf, Nachlass Otto Piene
→ Kat. | Cat. 127

Lichtballett «Hommage à New York» (Seite 4 | page 4: *Dinnebier Machine*), Entwurf für Dia-Installation | Design for slide installation, 1966
Filzstift auf Papier | Marker on paper
29.7 × 20.9 cm
ZERO foundation, Düsseldorf, Nachlass Otto Piene

Lichtballett «Hommage à New York» (Seite | page 8: Übersicht | Overview), Entwurf für Dia-Installation | Design for slide installation, 1966
Filzstift auf Papier | Marker on paper
29.7 × 20.9 cm
ZERO foundation, Düsseldorf, Nachlass Otto Piene
→ Kat. | Cat. 128

Lichtballett «Hommage à New York» (Seite | page 9), Entwurf für Dia-Installation | Design for slide installation, 1966
Filzstift auf Papier | Marker on paper
29.7 × 20.9 cm
ZERO foundation, Düsseldorf, Nachlass Otto Piene
→ Kat. | Cat. 129

Glowing Venus, Entwurf zur Aussstellung | design for exhibition *KunstLichtKunst*, 1966
Fineliner und Aquarell auf Transparentpapier | Fineliner and watercolor on transparent paper
33 × 21.1 cm
ZERO foundation, Düsseldorf, Nachlass Otto Piene
→ Kat. | Cat. 23

Weisser Lichtgeist, Entwurf zur Ausstellung | Design for exhibition *KunstLichtKunst*, 1966
Blaue Tinte und Bleistift auf Transparentpapier | Blue ink and pencil on transparent paper
33 × 21.1 cm
ZERO foundation, Düsseldorf, Nachlass Otto Piene
→ Kat. | Cat. 22

The Rainbow, Entwurf zur Ausstellung | Design for exhibition *KunstLichtKunst*, 1966
Filz- und Kugelschreiber auf gelbem Kohlepapier | Marker and ballpoint pen on yellow carbon paper
28 × 21.5 cm
ZERO foundation, Düsseldorf, Nachlass Otto Piene
→ Kat. | Cat. 55

Ohne Titel | Untitled (zero), 1966
Filzstift auf Papier | Marker on paper
54.1 × 39.9 cm
Otto Piene Estate, courtesy Sprüth Magers
→ Kat. | Cat. 83

Sleepwalker, Entwurf für das Multimediastück *Die Geschichte des Feuers* | design for the multimedia piece *History of Fire*, 1968
Rote und blaue Tinte auf Papier | Red and blue ink on paper
28 × 21.8 cm
ZERO foundation, Düsseldorf, Nachlass Otto Piene
→ Kat. | Cat. 25

Wind Manual–III Rags & Bags / 1) Rags, 1970
Filzstift auf Papier | Marker on paper
28 × 21.6 cm
Otto Piene Estate, courtesy Sprüth Magers
→ Kat. | Cat. 72

Wind Manual–III Rags & Bags / 2) Bags, 1970
Filzstift auf Papier | Marker on paper
28 × 21.6 cm
Otto Piene Estate, courtesy Sprüth Magers
→ Kat. | Cat. 74

Wind Manual–III Bags / 2) Cont.d Bags, 1970
Filzstift auf Papier | Marker on paper
28 × 21.6 cm
Otto Piene Estate, courtesy Sprüth Magers
→ Kat. | Cat. 73

Wind Manual–VI Wind Socks / 1) Rigged to Wiring, 1970
Filzstift auf Papier | Marker on paper
28 × 21.6 cm
Otto Piene Estate, courtesy Sprüth Magers
→ Kat. | Cat. 118.2

Wind Manual–VI Wind Sculpture 1), 1970
Filzstift auf Papier | Marker on paper
28 × 21.6 cm
Otto Piene Estate, courtesy Sprüth Magers
→ Kat. | Cat. 118.4

Wind Manual–VI & VII Rigging of a Wind Sock, 1970
Filzstift auf Papier | Marker on paper
28 × 21.6 cm
Otto Piene Estate, courtesy Sprüth Magers

Wind Manual–VII Rigging, 1970
Filzstift auf Papier | Marker on paper
28 × 21.6 cm
Otto Piene Estate, courtesy Sprüth Magers

Wind Manual–VIII Flag-Moving-Inflating, 1970
Filzstift auf Papier | Marker on paper
28 × 21.6 cm
Otto Piene Estate, courtesy Sprüth Magers

Wind Manual–VIII 6) Wind-Sky-Ballets Helium Inflated Tubing, 1970
Filzstift auf Papier | Marker on paper
28 × 21.6 cm
Otto Piene Estate, courtesy Sprüth Magers

Wind Manual–VIII 6) Wind-Sky-Ballets IX Matels Towed Wind Sculpture, 1970
Filzstift auf Papier | Marker on paper
28 × 21.6 cm
Otto Piene Estate, courtesy Sprüth Magers

Wind Manual–IV Ribbons / 1) Straight, 1970
Filzstift auf Papier | Marker on paper
28 × 21.6 cm
Otto Piene Estate, courtesy Sprüth Magers
→ Kat. | Cat. 118.1

Wind Manual–IV Ribbons / 2) Tangled Up in Stretched Wires, 1970
Filzstift auf Papier | Marker on paper
28 × 21.6 cm
Otto Piene Estate, courtesy Sprüth Magers

Wind Manual–VI Wind Socks / 2) Rigged to Flagpoles, 1970
Filzstift auf Papier | Marker on paper
28 × 21.6 cm
Otto Piene Estate, courtesy Sprüth Magers
→ Kat. | Cat. 118.3

Double Neon, Entwurf | design, 1972
Blaue und rote Tinte auf Papier | Blue and red ink on paper
28 × 21.5 cm
Kunstpalast, Düsseldorf, Stiftung Sammlung Kemp
→ Kat. | Cat. 29

Ohne Titel | Untitled («Bantam das Grossmaul von Tobago»), ca. 1981–1983
Filzstift auf Papier | Marker on paper
Ca. 27 × 21 cm
Privatsammlung | Private collection

Skizzenbücher Sketchbooks

Skizzenbuch | Sketchbook: *Childhood and Wartime Sketches*, 1938–1944
Verschiedene Techniken | Mixed media
15.6 × 22 × 1.5 cm
Harvard Art Museums/Busch-Reisinger Museum, Gift of Elizabeth Goldring Piene, 2019.2
→ Kat. | Cat. 4

Skizzenbuch | Sketchbook: *Wartime*, 1944–1946
Verschiedene Techniken | Mixed media
14.1 × 20.5 × 1.8 cm
Harvard Art Museums/Busch-Reisinger Museum, Gift of Elizabeth Goldring Piene, 2019.3
→ Kat. | Cat. 5

Skizzenbuch | Sketchbook: *Rosenthal Rainbow Mural/Porcelain Designs/ Paintings/"Light Satellite" for Munich Olympics*, 1971–1975
Verschiedene Techniken | Mixed media
30.5 × 21.6 × 2.5 cm
Harvard Art Museums/Busch-Reisinger Museum, Gift of Elizabeth Goldring Piene, 2019.6
→ Kat. | Cat. 30

Visuelles Skizzenbuch zu den Eröffnungs- und Schlussfeiern der Olympiade 1972 München, 1971
Reproduktionen von 4 Seiten | Reproductions of 4 pages, Ausstellungskopien | exhibition copies
Otto Piene personal archives, Department of Distinctive Collections, Massachusetts Institute of Technology Libraries, Cambridge, MA
→ Kat. | Cat. 56

Ohne Titel (Entwürfe) | Untitled (designs for "neon sculptures") aus Skizzenbuch | from Sketchbook: *Rosenthal Rainbow Mural/Porcelain Designs/Paintings/"Light Satellite" for Munich Olympics*, 1972
Kugelschreiber, Notizpapier, Heftklammern und Filzstift auf Papier | Pen, notepaper, staples, and marker on paper, Faksimile | exhibition copy
ca. 30.5 × 43.2 cm
Harvard Art Museums/Busch-Reisinger Museum, Gift of Elizabeth Goldring Piene, 2019.6.17
→ Kat. | Cat. 31

Skizzenbuch | Sketchbook: *Food Show/"Boston Celebrations"/Eyes*, 1974–1976
Verschiedene Techniken | Mixed media
35.5 × 28.4 × 3 cm
Harvard Art Museums/Busch-Reisinger Museum, Gift of Elizabeth Goldring Piene, 2019.10
→ Kat. | Cat. 20, S. | p. 33

Sequenz (Augen/Raster) | Sequence (eyes/raster) aus Skizzenbuch | from Sketchbook: *Food Show/"Boston Celebrations"/Eyes, Filzstift und Tinte auf Papier*, 1974–1976
Digitale Sequenz, 8 Seiten | Digital sequence, 8 pages
Filzstift und Tinte auf Papier | Marker and ink on paper
Je | Each ca. 35.5 × 56.5 cm
Harvard Art Museums/Busch-Reisinger Museum, Gift of Elizabeth Goldring Piene, 2019.10.93-100
→ Kat. | Cat. 20

Ohne Titel | Untitled (*Food Show* poster) aus Skizzenbuch | from Sketchbook: *Food Show/"Boston Celebrations"/Eyes*, 1975
Filzstift auf Papier | Marker on paper, Faksimile | exhibition copy
ca. 35.5 × 56.5 cm
Harvard Art Museums/Busch-Reisinger Museum, Gift of Elizabeth Goldring Piene, 2019.10.21
→ Kat. | Cat. 66

Skizzenbuch | Sketchbook: *Bremen Town Musicians and Other Centerbeam Related Items*, 1976–1978
Verschiedene Techniken | Mixed media
35.5 × 28.4 × 3 cm
Harvard Art Museums/Busch-Reisinger Museum, Gift of Elizabeth Goldring Piene, 2019.12
→ Kat. | Cat. 75

Sequenz, Entwürfe für *The River: Images of the Mississippi* | Sequence, designs for *The River: Images of the Mississippi*, aus Skizzenbuch | from Sketchbook: *Walker Art Center*, 1976
Digitale Sequenz, 11 Seiten | Digital sequence, 11 pages
Filzstift auf Papier | Marker on paper
Je | Each ca. 35.5 × 55.9 cm
Harvard Art Museums/Busch-Reisinger Museum, Gift of Elizabeth Goldring Piene, 2019.11.4-14
→ Kat. | Cat. 65, S. | p. 62

Ohne Titel, Entwurf für «Anemones» Ausstellungsraum | Untitled, design for "Anemones" exhibition space, aus Skizzenbuch | from Sketchbook: *Walker Art Center, 1976–1977*, 1976
Filzstift auf Papier | Marker on paper, Faksimile | exhibition copy
Ca. 35.3 × 56.5 cm
Harvard Art Museums/Busch-Reisinger Museum, Gift of Elizabeth Goldring Piene, 2019.11.3
→ Kat. | Cat. 101

Skizzenbuch | Sketchbook: *Centerbeam, CAVS, Black Rose, Bremen Street Musicians, Icarus*, 1978
Verschiedene Techniken | Mixed media
35.5 × 28.4 × 3 cm
Harvard Art Museums/Busch-Reisinger Museum, Gift of Elizabeth Goldring Piene, 2019.14
→ Kat. | Cat. 34

Ohne Titel | Untitled ("Lakefront Anemone") aus Skizzenbuch | from Sketchbook: *Centerbeam, CAVS, Black Rose, Bremen Street Musicians, Icarus*, 1978
Filzstift auf Papier | Marker on paper, Faksimile | exhibition copy
Ca. 35.6 × 55.9 cm
Harvard Art Museums/Busch-Reisinger Museum, Gift of Elizabeth Goldring Piene, 2019.14.23
→ Kat. | Cat. 86

Sequenz (Ikarus) | Sequence (Icarus) aus Skizzenbuch | from Sketchbook: *Centerbeam, CAVS, Black Rose, Bremen Street Musicians, Icarus*, 1978
Digitale Sequenz, 17 Seiten | Digital sequence, 17 pages
Filzstift auf Papier | Marker on paper
Je | Each ca. 35.5 × 55.9 cm
Harvard Art Museums/Busch-Reisinger Museum, Gift of Elizabeth Goldring Piene, 2019.14.60-76
→ Kat. | Cat. 34

Skizzenbuch | Sketchbook: *Lake Placid: Snow Birds, Minotaurs*, 1978–1979
Verschiedene Techniken | Mixed media
35.5 × 28.4 × 3 cm
Harvard Art Museums/Busch-Reisinger Museum, Gift of Elizabeth Goldring Piene, 2019.15
→ Kat. | Cat. 107

Skizzenbuch | Sketchbook: *Arcosanti/Grand Rapids Carousel/"Boston Commons,"* 1978–1979
Verschiedene Techniken | Mixed media
35.5 × 28.4 × 3 cm
Harvard Art Museums/Busch-Reisinger Museum, Gift of Elizabeth Goldring Piene, 2019.16
→ Kat. | Cat. 155

Skizzenbuch | Sketchbook: *Guadalajara*, 1979
Verschiedene Techniken | Mixed media
29.6 × 26.1 × 3.8 cm
Harvard Art Museums/Busch-Reisinger Museum, Gift of Elizabeth Goldring Piene, 2019.18
→ Kat. | Cats. 89–90

Skizzenbuch | Sketchbook: *Blue Flower/Linz/Caged Inflatables*, 1980
Verschiedene Techniken | Mixed media
35.7 × 28 × 2.1 cm
Harvard Art Museums/Busch-Reisinger Museum, Gift of Elizabeth Goldring Piene, 2019.21
→ Kat. | Cat. 96

Skizzenbuch | Sketchbook: *Oslo/Tobago Flowers/Children's Drawings*, 1981
Verschiedene Techniken | Mixed media
35.5 × 28.4 × 3 cm
Harvard Art Museums/Busch-Reisinger Museum, Gift of Elizabeth Goldring Piene, 2019.22
→ Kat. | Cat. 98

Sequenz (Hibiskus) | Sequence (hibiscus) aus Skizzenbuch | from Sketchbook: *Oslo/Tobago Flowers/Children's Drawings*, 1981
Digitale Sequenz, 10 Seiten | Digital sequence, 10 pages
Verschiedene Techniken | Mixed media
Je | Each ca. 35.5 × 56.5 cm
Harvard Art Museums/Busch-Reisinger Museum, Gift of Elizabeth Goldring Piene, 2019.22.21-23+26-32+34-35+49-51
→ Kat. | Cat. 84

Skizzenbuch | Sketchbook: *Icarus Laser Images, Boston/Sky Dance, Iowa City*, 1982
Filzstift auf Papier | Marker on paper
35.5 × 28.4 × 3 cm
Harvard Art Museums/Busch-Reisinger Museum, Gift of Elizabeth Goldring Piene, 2019.23
→ Kat. | Cats. 32, 35, 36

Sequenz (Ikarus) | Sequence (Icarus) aus Skizzenbuch | from Sketchbook: *Icarus Laser Images, Boston/Sky Dance, Iowa City*, 1982
Digitale Sequenz, 10 Seiten | Digital sequence, 10 pages
Filzstift auf Papier | Marker on paper
Je | Each ca. 35.5 × 56.5 cm
Harvard Art Museums/Busch-Reisinger Museum, Gift of Elizabeth Goldring Piene, 2019.23.24-33
→ Kat. | Cat. 35

Skizzenbuch | Sketchbook: *Tobago/First Night Poster 1982/83*, 1982–1983
Verschiedene Techniken | Mixed media
35.6 × 28.2 × 2 cm
Harvard Art Museums/Busch-Reisinger Museum, Gift of Elizabeth Goldring Piene, 2019.25
→ Kat. | Cat. 114

Sequenz (Minotaurus) | Sequence (Minotaur) aus Skizzenbuch | from Sketchbook: *Tobago/First Night Poster 1982/83*, 1982
Digitale Sequenz, 20 Seiten | Digital sequence, 20 pages
Filzstift auf Papier | Marker on paper
Je | Each ca. 35.6 × 55.9 cm
Harvard Art Museums/Busch-Reisinger Museum, Gift of Elizabeth Goldring Piene, 2019.25.52-71
→ Kat. | Cat. 114

Skizzenbuch | Sketchbook: *"Retrospective of Inflatables"/"Tobago Faces"/Landscapes*, 1984/1985
Verschiedene Techniken | Mixed media
36.1 × 29 × 2 cm
Harvard Art Museums/Busch-Reisinger Museum, Gift of Elizabeth Goldring Piene, 2019.28
→ Kat. | Cat. 116

Sequenz | Sequence ("A retrospective of inflatabless") aus Skizzenbuch | from Sketchbook: *"Retrospective of Inflatables"/"Tobago Faces"/Landscapes*, 1984
Digitale Sequenz, 9 Seiten | Digital sequence, 9 pages
Filzstift auf Papier | Marker on paper
Je | Each ca. 36.1 × 58.4 cm
Harvard Art Museums/Busch-Reisinger Museum, Gift of Elizabeth Goldring Piene, 2019.28.3-11
→ Kat. | Cat. 116

Skizzenbuch | Sketchbook: *Sun Valley "Neon Rainbow"/Utah Arts Festival/1st Night Boston/Sky Art Zodiac/Kansas City Children's Park*, 1985
Verschiedene Techniken | Mixed media
36.1 × 29 × 2 cm
Harvard Art Museums/Busch-Reisinger Museum, Gift of Elizabeth Goldring Piene, 2019.30
→ Kat. | Cats. 70–71

Sequenz | Sequence (*Sun Valley Neon Rainbow*) aus Skizzenbuch | from Sketchbook: *Sun Valley "Neon Rainbow"/Utah Arts Festival/1st Night Boston/Sky Art Zodiac/Kansas City Children's Park*, 1985
Digitale Sequenz, 15 Seiten | Digital sequence, 15 pages
Filzstift auf Papier | Marker on paper
Je | Each ca. 36.1 × 56.5 cm
Harvard Art Museums/Busch-Reisinger Museum, Gift of Elizabeth Goldring Piene, 2019.30.3-17
→ Kat. | Cats. 70–71

Skizzenbuch | Sketchbook: *France/Anchorage/Rosenthal Designs*, 1986–1987
Verschiedene Techniken | Mixed media
36 × 28.8 × 2 cm
Harvard Art Museums/Busch-Reisinger Museum, Gift of Elizabeth Goldring Piene, 2019.32
→ Kat. | Cats. 8–9

Sequenz (Stadtansicht Taroudant, Marokko) | Sequence (views of Taroudant, Morocco) aus Skizzenbuch | from Sketchbook: *France/Anchorage/Rosenthal Designs*, 1987
Digitale Sequenz, 8 Seiten | Digital sequence, 8 pages
Filzstift auf Papier | Marker on paper
Je | Each ca. 36 × 56.5 cm
Harvard Art Museums/Busch-Reisinger Museum, Gift of Elizabeth Goldring Piene, 2019.32.72-79
→ Kat. | Cat. 9

Skizzenbuch | Sketchbook: *Black Rooster/Groton/Korea Olympics*, 1987–1988
Verschiedene Techniken | Mixed media
35.5 × 28.4 × 3 cm
Harvard Art Museums/Busch-Reisinger Museum, Gift of Elizabeth Goldring Piene, 2019.35
→ Kat. | Cat. 111

Skizzenbuch | Sketchbook: *Alaska/Sky Events/Thorncrown Chapel, Eureka Springs/Morocco*, 1988/1989
Verschiedene Techniken | Mixed media
35.5 × 28.4 × 3 cm
Harvard Art Museums/Busch-Reisinger Museum, Gift of Elizabeth Goldring Piene, 2019.36
→ Kat. | Cat. 110

Skizzenbuch | Sketchbook: *Mediapark/Minotaur*, 1990
Verschiedene Techniken | Mixed media
35.8 × 26.4 × 1.2 cm
Harvard Art Museums/Busch-Reisinger Museum, Gift of Elizabeth Goldring Piene, 2019.40
→ Kat. | Cat. 51

Skizzenbuch | Sketchbook: *Charlotte Moorman/Remembered Sky Events*, 1992
Verschiedene Techniken | Mixed media
35.8 × 25.8 × 1.2 cm
Harvard Art Museums/Busch-Reisinger Museum, Gift of Elizabeth Goldring Piene, 2019.45
→ Kat. | Cat. 52

Ohne Title | Untitled (*Sun Valley Neon Rainbow*) aus Skizzenbuch | from Sketchbook: *Charlotte Moorman/Remembered Sky Events*, 1992
Filzstift auf Papier | Marker on paper, Faksimile | exhibition copy
ca. 35.8 × 56.5 cm
Harvard Art Museums/Busch-Reisinger Museum, Gift of Elizabeth Goldring Piene, 2019.45.31
→ Kat. | Cat. 69

Skizzenbuch | Sketchbook: *Review of Early Sky Events*, 1992
Verschiedene Techniken | Mixed media
35.8 × 25.8 × 1.2 cm
Harvard Art Museums/Busch-Reisinger Museum, Gift of Elizabeth Goldring Piene, 2019.46
→ Kat. | Cat. 117

Sequenz | Sequence (Sky Art), aus Skizzenbuch | from Sketchbook: *Review of Early Sky Events*, 1992
Digitale Sequenz, 25 Seiten | Digital sequence, 25 pages
Filzstift auf Papier | Marker on paper
Je | Each ca. 35.8 × 51.8 cm
Harvard Art Museums/Busch-Reisinger Museum, Gift of Elizabeth Goldring Piene, 2019.46.9-13+15-34
→ Kat. | Cat. 117

Skizzenbuch | Sketchbook: *Ultramarine by CAVS/Icarus*, 1996
Verschiedene Techniken | Mixed media
29.1 × 23.7 × 1.5 cm
Harvard Art Museums/Busch-Reisinger Museum, Gift of Elizabeth Goldring Piene, 2019.53

Skizzenbuch | Sketchbook: *Light Sculptures/Geleucht/Siena "Rred Hhorse"/Istanbul*, 2003
Verschiedene Techniken | Mixed media
35.5 × 28.4 × 3 cm
Harvard Art Museums/Busch-Reisinger Museum, Gift of Elizabeth Goldring Piene, 2019.64
→ Kat. | Cat. 26

Archivalisches Material Archival Material

Rasterbild (Detail), nicht datiert | not dated
S/W-Fotografie | B/w photograph
8.8 × 11.5 cm
ZERO foundation, Düsseldorf, Nachlass Otto Piene
→ Kat. | Cat. 15

Rasterbild (Detail), nicht datiert | not dated
S/W-Fotografie | B/w photograph
8.7 × 11.6 cm
ZERO foundation, Düsseldorf, Nachlass Otto Piene
→ Kat. | Cat. 16

Rasterbild (Detail), nicht datiert | not dated
S/W-Fotografie | B/w photograph
8.8 × 11.5 cm
ZERO foundation, Düsseldorf, Nachlass Otto Piene
→ Kat. | Cat. 14

Rasterbild (Detail), 1959
S/W-Fotografie | B/w photograph
21 × 14.4 cm (mit Träger) | (with support)
ZERO foundation, Düsseldorf, Nachlass Otto Piene
→ Kat. | Cat. 13

Lichtballett «Hommage à New York», 1966
Reproduktion einer Fotografie (Original: Farbdia) | Reproduction of photograph (originally color slide)
ZERO foundation, Düsseldorf, Nachlass Otto Piene
→ Kat. | Cat. 130

Lichtballett «Hommage à New York» 1966/2016
Video, Farbe, Ton | Video, color, sound; 6:29 min
Filmische Dokumentation: Ralph Goertz, IKS – Institut für Kunstdokumentation
ZERO foundation, Düsseldorf

The Proliferation of the Sun, Installationsansicht | installation view, Museum für Gegenwartskunst, Siegen, 2003, 1966/2003
Reproduktionen von Fotografien | Reproductions of photographs
Archiv und Foto | Archive and photo: Günter Thorn
→ Kat. | Cats. 124, 136

Die Sonne kommt näher, Installationsansicht | installation view Galerie Art Intermedia, Köln | Cologne, 1966/1967
Reproduktionen von Fotografien | Reproductions of photographs
Otto Piene Archiv | archive, Foto | photo: Walter Vogel
→ Kat. | Cats. 135, 138

The Proliferation of the Sun, Installationsansicht | installation view Light/Motion/Space, Walker Art Center, Minneapolis, 1967
Reproduktion einer Fotografie | Reproduction of photograph
Courtesy Walker Art Center, Foto | photo: Eric Sutherland for Walker Art Center
→ S. | P. 56

The Proliferation of the Sun, Installationsansicht | installation view Light/Motion/Space, Walker Art Center, Minneapolis, 1967
Reproduktion von Fotografien | Reproduction of photographs
Otto Piene personal archives, Department of Distinctive Collections, Massachusetts Institute of Technology Libraries, Cambridge, MA; Foto | photo: Nan Rosenthal
→ Kat. | Cat. 140

Brief von | Letter from Otto Piene an | to Jan van der Marck (Durchschlag | carbon copy), 27. März | 27 March 1967
2 A4 Seiten, maschinengeschrieben auf Durchschlagpapier | 2 A4 pages, typed on carbon copy paper
28.1 × 21.6 cm
ZERO foundation, Düsseldorf, Nachlass Otto Piene

Otto Piene/Aldo Tambellini
Black Gate, 1968
Poster
55.5 × 43 cm
Aldo Tambellini Art Foundation

Otto Piene/Aldo Tambellini
Black Gate, 1968
Poster
55 × 42.5 cm
Aldo Tambellini Art Foundation

Aldo Tambellini
Notizen für | Notes for *Black Gate Cologne*, 1968
Tinte auf Papier | Ink on paper
29.5 × 20 cm
Aldo Tambellini Art Foundation

Aldo Tambellini
Notizen für | Notes for *Black Gate Cologne*, 1968
Tinte auf Papier | Ink on paper
29.5 × 20 cm
Aldo Tambellini Art Foundation

Aldo Tambellini
Notizen für | Notes for *Black Gate Cologne*, 1968
Tinte auf Papier | Ink on paper
29.5 × 20 cm
Aldo Tambellini Art Foundation

Otto Piene/Aldo Tambellini
Pressetext für | Press release on *The Proliferation of the Sun* und | and *Black Out*, 1968
Schreibmaschinenmanuskript | Typed manuscript
28 × 21.5 cm
Aldo Tambellini Art Foundation

Otto Piene/Aldo Tambellini
Ankündigung | Announcement in German of *Black Gate Cologne*, 1968
Handzettel | Flyer
10.5 × 21 cm
Aldo Tambellini Art Foundation

Otto Piene/Aldo Tambellini
Manuskripte für | Manuscripts on *The Proliferation of the Sun* und | and *Black Out*, 1968
Schreibmaschinenmanuskript | Typed manuscript
28 × 21.5 cm
Aldo Tambellini Art Foundation

Aldo Tambellini
Ohne Titel | Untitled (plan for the Control Section for *Black Gate Cologne* 1968), 1968
Reproduktion einer Zeichnung | Reproduction of drawing
Aldo Tambellini Art Foundation

Aldo Tambellini
Ohne Titel | Untitled (drawing for production of *Black Gate Cologne* 1968 from notebook), 1968
Reproduktion einer Zeichnung | Reproduction of drawing
Aldo Tambellini Art Foundation

Manned Helium Sculpture, 1969, Boston, *The Medium Is the Medium*, *WGBH-TV*, 5. Januar | 5 January 1969; Pittsburgh, Pennsylvania, *Citything Sky Ballet*, 18. April | 18 April 1970
Reproduktionen von Fotografien | Reproductions of photographs
Otto Piene Archiv | archive, Fotos | photos: Nan Rosenthal, Connie White, Richard Krauss
→ Kat. | Cat. 41–46

Wind Sock Sculptures, 1970, Installationsansichten | installation views, MIT Student Center, Cambridge, Massachusetts, 1973; Brookline Arts Center, Massachusetts, 3. Mai | 3 May 1980
Reproduktionen diverser Fotografien | Reproductions of various photographs
Otto Piene Archiv | archive; Otto Piene personal archives, Department of Distinctive Collections, Massachusetts Institute of Technology Libraries, Cambridge, MA, Fotos | photos: Otto Piene; Elizabeth Goldring
→ Kat. | Cats. 119–123

Olympic Rainbow, 1972
Reproduktionen von Farbfotografien | Reproductions of color photographs
Fotos | photos: Mira Cantor, Jean Nelson, Walter Seng
→ Kat. | Cat. 57

Murri Selle
Der Regenbogen von Otto Piene, 1972
Film, digitalisiert, Farbe, Ton | Film, digitized, color, sound; 18:04 min
Film: Murri Selle; Filmproduktion | film production: Peter Schamoni; Kamera und Schnitt | camera and editing: Peter Ettengruber; Musik | music: Dieter Schönbach

Olympischer Regenbogen, Testaufbau in Minneapolis, nicht datiert | not dated (1. August | 1 August 1972)
S/W-Fotografie, Handabzug auf Barytpapier | B/w photograph, hand-pulled print on baryta paper
18 × 24 cm
ZERO foundation, Düsseldorf, Nachlass Otto Piene
→ Kat. | Cat. 54

Olympischer Regenbogen, nicht datiert | not dated (11. September | 11 September 1972)
S/W-Fotografie, Handabzug auf Barytpapier | B/w photograph, hand-pulled print on baryta paper
24 × 18 cm
ZERO foundation, Düsseldorf, Nachlass Otto Piene, Foto | photo: Mira Cantor
→ Kat. | Cat. 61

Olympischer Regenbogen, Otto Piene während des Aufbaus, nicht datiert | not dated (11. September | 11 September 1972)
S/W-Fotografie, Handabzug auf Barytpapier | B/w photograph, hand-pulled print on baryta paper
18 × 24 cm
ZERO foundation, Düsseldorf, Nachlass Otto Piene, Foto | photo: Wolf Huber
→ Kat. | Cat. 60

Olympischer Regenbogen, Vorbereitung | *Olympic Rainbow* preparation, Otto Piene (l.), Renate Haberland (r.), nicht datiert | not dated (1972)
S/W-Fotografie, Handabzug auf Barytpapier | B/w photograph, hand-pulled print on baryta paper
20.8 × 25.4 cm
ZERO foundation, Düsseldorf, Nachlass Otto Piene, Foto | photo: Walter Seng
→ Kat. | Cat. 58

Olympischer Regenbogen, Teamfeier nach der erfolgreichen Aufspannung | team celebration after successful installation, nicht datiert | not dated (1972)
S/W-Fotografie, Handabzug auf Barytpapier | B/w photograph, hand-pulled print on baryta paper
18 × 25.2 cm
ZERO foundation, Düsseldorf, Nachlass Otto Piene, Foto | photo: Walter Seng
→ Kat. | Cat. 59

Silberne Frequenz an der Fassade des Neubaus für das | on the façade of the new building of the Westfälische Landesmuseum für Kunst und Kulturgeschichte Münster, Architekturmodell | architectural model, vor | before 1973
Reproduktion einer Archivfotografie, S/W | Reproduction of b/w archival photograph
LWL-Museum für Kunst und Kultur, Münster, Foto | photo: Rudolf Wakonigg
→ Kat. | Cat. 11

Lichtwand Silberne Frequenz, 1973
Reproduktion einer Archivfotografie, S/W | Reproduction of b/w archival photograph
LWL-Museum für Kunst und Kultur, Münster
→ Kat. | Cat. 12

Light Trail für | for *Lichtspur im Haus der Sonne*, 1974
Reproduktionen von Fotografien | Reproductions of photographs
Fotos | Photos: Otto Piene Archiv | archive
→ Kat. | Cats. 149–150

Flaming Rainbow für | for *Lichtspur im Haus der Sonne*, 1974
Reproduktionen von Fotografien | Reproductions of photographs
Fotos | Photos: Otto Piene Archiv | archive; Brian Dowley
→ Kat. | Cats. 151–152

Lava Dance für | for *Lichtspur im Haus der Sonne*, 1974
Reproduktionen von Fotografien | Reproductions of photographs
Fotos | Photos: Otto Piene Archiv | archive
→ Kat. | Cats. 141–144

Tent II für | for *Lichtspur im Haus der Sonne*, 1974
Reproduktionen von Fotografien | Reproductions of photographs
Fotos | Photos: Otto Piene; Glenn Howlett
→ Kat. | Cats. 145–148

CAVS/MIT, *Food Show*, Lobby 7, MIT, Cambridge, Massachusetts, April 1975
Farbfotografie | Color photograph, Reproduktion | reproduction
Foto | Photo: Roger N. Goldstein
→ Kat. | Cat. 67

Hans Emmerling
Von Zero zum Regenbogen, 1975
Video, Farbe, Ton | Video, color, sound; 43 min
Film: Hans Emmerling, Edwin K. Braun, Michael Faust, Hannelore Willié, Peter Wohlers; Redaktion | editorial staff: Günther Halkenhäuser; Produktion | production: Telefilm Saar GmbH; Auftraggeber | commissioner: Saarländischer Rundfunk mit dem | with Westdeutschen Rundfunk

Black Stacks Helium Sculpture, 30. Oktober | 30 October 1976
8 Farbfotografien | 8 color photographs, Ausstellungskopien | exhibition copies
Courtesy Walker Art Center, Minneapolis
→ Kat. | Cats. 62–64, S. | p. 64

The Rise & Demise of Otto Piene's Black Stacks Helium Sculpture (1976), 30. Oktober | 30 October 1976
Farbe, Ton | Color, sound; 2:46 min
Courtesy Walker Art Center, Minneapolis

Brockton Flower, 1976, Installationsansichten | installation views, Festival of the Future, DeCordova Musuem, Lincoln, Massachusetts, 1982
Reproduktionen von Fotografien | Reproductions of photographs
Otto Piene Archiv | archive, Fotos | photos: Marc Palumbo
→ Kat. | Cat. 85

Otto Piene/Alejandro Siña
Neon Rainbow, Installationsansicht | installation view, Central Park, New York, 1976
Reproduktion einer Fotografie | Reproduction of a photograph
Otto Piene CAVS Slide Collection (2016.033), gift of Elizabeth Goldring, MIT Museum, Cambridge, Massachusetts
→ Kat. | Cat. 68

Center for Advanced Visual Studies, Massachusetts Institute of Technology
Centerbeam, 1977, Installationsansichten | installation views, documenta 6, Kassel 1977
Reproduktionen von Fotografien | Reproductions of photographs
Otto Piene CAVS Slide Collection (2016.033), gift of Elizabeth Goldring, MIT Museum, Cambridge, Massachusetts, Fotos | Photos: Dietmar Löhrl
→ Kat. | Cats. 153, 155

Icarus Effigy, Icarus: A Sky Opera, Washington, DC, 1978
Reproduktionen von Fotografien | Reproductions of photographs
Otto Piene CAVS Slide Collection (2016.033), gift of Elizabeth Goldring, MIT Museum, Cambridge, Massachusetts

Paul Earls/Otto Piene
Schneegans | *Snowgoose*, 1978
Reproduktion einer Fotografie | Reproduction of photograph
Center for Advanced Visual Studies Special Collection, Department of Distinctive Collections, Massachusetts Institute of Technology Libraries, Cambridge, MA
→ Kat. | Cat. 109

Paul Earls/Otto Piene
Luftspirale, Installationsansicht | installation view, Wien | Vienna Secession, 1979
Reproduktion einer Fotografie | Reproduction of photograph
Otto Piene Archiv | archive, Foto | photo: Elizabeth Goldring
→ Kat. | Cat. 157

Blue Star Linz, 1980
Reproduktionen von Fotografien | Reproductions of photographs
Otto Piene Archiv | archive, Fotos | photos: Elizabeth Goldring, Dietmar Löhrl, Rick Smith
→ Kat. | Cats. 97, 99–100, S. | p. 10

Vin Grabill
Sky Kiss—Desert Sun/Desert Moon, 1982
Video, Farbe, Ton | Video, color, sound; 6:53 min.
Produktion | production: CAVS/MIT; Video- und Filmaufnahme und Schnitt | video and film recording and editing: Vin Grabill; Produzent | producer: Otto Piene für | for *Desert Sun/ Desert Moon*; Performance: Charlotte Moorman

Vin Grabill
Sky Kiss—Linz, 1982
Video, Farbe, Ton | Video, color, sound; 5:58 min.
Produktion | production: CAVS/ MIT; Videoaufnahme und Schnitt | video recording and editing: Vin Grabill; Produzent | producer: Otto Piene für | for Ars Electronica/Sky Art Conference '82, Linz, Austria; Performance: Charlotte Moorman; Vorstellung | conception: Jim McWilliams

Charlotte Moorman/Otto Piene
Sky Kiss, 1982, Sky Art Conference '82, Ars Electronica, Brucknerhaus, Linz; Sky Art Conference '83, IGA Park, Seebühne, München | Munich, 1983
Reproduktionen von Fotografien | Reproductions of photographs
Otto Piene CAVS Slide Collection (2016.033), gift of Elizabeth Goldring, MIT Museum, Cambridge, Massachusetts; Otto Piene Archiv | archive, Fotos | Photos: Catherine Ikam
→ Kat. | Cats. 47–50, 53, S. | p. 14

Paul Earls/Otto Piene
Star Tales, 1982, Installationsansicht | installation view, *First Night*, Boston, MA, 1982
Reproduktion von Fotografie | Reproduction of photograph
Otto Piene Archiv | archive, Foto | Photo: Laure Belisle

Minotaur, 1982, Installationsansicht | installation view, Utah Arts Festival, Salt Lake City, 1985
Reproduktion von Fotografie | Reproduction of photograph
Otto Piene Archiv | archive, Foto | Photo: Elizabeth Goldring
→ Kat. | Cat. 115

Vin Grabill
Aqua Mirage, 1983
Video, Farbe, Ton | Video, color, sound; 4:52 min.
Produktion | production: CAVS/MIT; Wasserstrukturen | water structures: Joan Brigham; Laserprojektionen und Musik | laser projections and music: Paul Earls; Zeichnungen | drawings: Otto Piene; Technische Leitung | technical supervision: Walter Zengerle; Videoaufnahme und Schnitt | video recording and editing: Vin Grabill

Hexagonal Rooster, Installationsansicht | installation view, *International Alarm* (Elizabeth Goldring, Edward LePoulin), Sky Art Conference '83, München | Munich, 1983
Reproduktionen von Fotografien | Reproductions of photographs
Otto Piene Archiv | archive, Foto | photo: Elizabeth Goldring
→ Kat. | Cats. 91–95

Vin Grabill
Otto Piene's Sun Valley Neon Rainbow, 1985
Video, Farbe, Ton | Video, color, sound; 10:35 min.
Produktion | production: CAVS/ MIT; Auftraggeber | commissioner: The Sun Valley Center for the Arts and Humanities, Sun Valley, Idaho; *Neon Rainbow* hergestellt von | constructed by Otto Piene und | and Alejandro Siña; Videoaufnahme und Schnitt | video recording and editing: Vin Grabill; Kameraassistent | assistant camera: Sean Tajkowski; Filmaufzeichnungsgerät | video recording equipment: Professional Services Unlimited, Ketchum, Idaho; Nachbearbeitung | postproduction: Educational Video Resources, MIT

Berlin Star, 1984, Installationsansichten | installation views, *Talking Star*, MIT, Cambridge, MA, 1984; CAVS/MIT *Desert Sun/ Desert Moon*, Lone Pine, CA, 1986
Reproduktionen von Fotografien | Reproductions of photographs
Otto Piene Archiv | archive, Fotos | photos: Otto Piene; Elizabeth Goldring

Vin Grabill
Desert Sun/Desert Moon, 1986
Video, Farbe, Ton | Video, color, sound; 18:56 min.
Produktion | production: CAVS/MIT; Regisseur | director: Otto Piene; Video- und Filmaufnahme und Schnitt | video and film recording and editing: Vin Grabill

Abbildungsnachweis

Photo Credits

© bpk
Walter Vogel, S. | p. 270
David von Becker, S. | p. 279
Charles Wilp, S. | pp. 266 [unten | below], 267

Buffalo AKG Art Museum
Jeff Mace, S. | p. 59

Center for Advanced Visual Studies Special Collection, ACT Archives and Special Collections, MIT, Cambridge, Massachusetts
George Claflen, S. | p. 31

Center for Advanced Visual Studies Special Collection, Department of Distinctive Collections, MIT Libraries, Cambridge, Massachusetts, S. | p. 217 [oben | above]
Nina Mennerich Frankenheim, S. | p. 217 [unten | below]

Courtesy The Estate of R. Buckminster Fuller, Courtesy of the Department of Special Collections, Stanford University Libraries, S. | p. 107

GBH Archives, Boston, S. | pp. 238–239

Roger N. Goldstein, S. | p. 175

Courtesy Hans Haacke and Paula Cooper Gallery, New York
Steven Probert, S. | p. 73

Courtesy Haags Gemeentearchief, Den Haag | The Hague, S. | p. 74

Courtesy of President and Fellows of Harvard College
Karen Philippi, S. | p. 104

Otto Piene Sketchbook reproductions, Photo © President and Fellows of Harvard College, S. | pp. cover, 16, 26, 32, 33, 34, 37, 62, 80, 94, 118, 119, 122, 123, 131, 135 [oben | above], 138, 139, 140, 143, 144–145, 160, 173, 174, 177, 178–179, 182–183, 193, 195, 198–199, 206, 208, 210, 216, 218, 219, 222, 224, 225, 260, 263, 264, 265, 275, 278

Institut für Leichte Flächentragwerke, Universität Stuttgart, ILEK, S. | p. 102

Kunsthalle Recklinghausen
Alistari Overbruck, S. | p. 135 [unten | below]

Kunstmuseen Krefeld
Artothek, S. | pp. 129, 147
Volker Döhne, Artothek, S. | p. 124

Kunstmuseum Wolfsburg
Marek Kruszewski, S. | pp. 187–188

Kunstpalast
Artothek, S. | pp. 121, 146
Kolberg, Artothek, S. | p. 142
LVR-ZMB, Stefan Arendt, Artothek, S. | pp. 137, 148–149
LVR-ZMB, Annette Hiller, Artothek, S. | pp. 128, 136

Library of Congress, Prints & Photographs Division, Washington, DC, Public Domain, S. | p. 99

LWL-Museum für Kunst und Kultur, Westfälisches Landesmuseum, Münster
Hanna Neander, S. | p. 91
Rudolf Wakonigg, S. | p. 125

Otto Piene archive, S. | pp. 17, 159 [oben | above], 191, 227 [oben | above], 246–249, 251–253, 254–256, 262
Brian Dowley, S. | p. 257
Buffalo Evening News, S. | p. 190
Elizabeth Goldring, S. | pp. 38, 196, 197, 200, 201, 202–203, 204, 205, 207, 220, 221, 223, 229, 261
Glenn Howlett, S. | p. 250
Catherine Ikam, S. | pp. 156, 157, 158, 161
Richard Krauss, S. | p. 154
Dietmar Löhrl, S. | pp. 159 [unten | below], 209 [unten | below]
Peter Moore © Northwestern University, S. | p. 242
Jean Nelson, S. | p. 162
Marc Palumbo, S. | p. 194
Otto Piene, S. | pp. 39, 227 [unten | below], 228
Nan Rosenthal, S. | pp. 150, 152, 155, 245 [oben | above]
Walter Seng, S. | pp. 65, 153
Rick Smith, S. | p. 209 [oben | above]
Walter Vogel, S. | pp. 240, 243
Joan Wexler, S. | p. 189
Connie White, S. | p. 151

Otto Piene CAVS Slide Collection (2016.033), gift of Elizabeth Goldring, MIT Museum, Cambridge, Massachusetts, S. | pp. 8–9, 10, 21, 44, 176, 272
Mira Cantor, S. | pp. 166, 168–169
Catherine Ikam, S. | p. 14
John Kruse, S. | p. 36
Dietmar Löhrl, S. | pp. 258–259
Otto Piene, S. | pp. 184, 214–215
Nan Rosenthal, S. | p. 245 [unten | below]
Connie White, S. | p. 21

Otto Piene personal archives, Department of Distinctive Collections, MIT Libraries, Cambridge, Massachusetts, S. | p. 165

Pittsburgh City Photographer Collection, Archives & Special Collections, University of Pittsburgh Library System, S. | p. 41

Andy Ryan, S. | pp. 96, 97

© 2024 Scala, Florence, Museum of Modern Art/Scala, Florence, S. | pp. 46, 48, 100

Stadtarchiv und Stadthistorische Bibliothek Bonn
Camillo Fischer, S. | p. 86

Courtesy of the University Archives, University at Buffalo, The State University of New York
Cornell Aeronautical Laboratory, Buffalo, New York, S. | p. 101

Alan Sonfist Studio, S. | p. 78

Courtesy Sprüth Magers
© David Ertl, S. | pp. 180–181, 226
Ingo Kniest, S. | pp. 130, 186, 192
Peter Moore © Northwestern University, S. | pp. 25, 211–213
© Timo Ohler, S. | pp. 114, 116, 266 [oben | above]
© Robert Vinas Jr., S. | p. 117

Günter Thorn, S. | pp. 230, 241

Museum Tinguely, Basel
Joachim Schwingel, S. | p. 120

The Estate of Manfred Tischer, S. | p. 51

Courtesy Walker Art Center, Minneapolis, S. | pp. 52, 55, 64, 66, 67, 170–172, 244
Eric Sutherland, S. | p. 56

ZERO foundation, Düsseldorf, S. | pp. 84, 126–127, 133 [oben | above], 134, 164, 232–233, 234–235
Paul Brandenburg, S. | p. 268
Wolf Huber, S. | p. 167 [unten | below]
Horst Kolberg, S. | p. 133 [unten | below]
Franziska Megert in Kunstmuseum Bonn, S. | p. 87
© Marcus Schwier, S. | p. 132
Walter Seng, S. | pp. 83, 85, 167 [oben | above]

ZKM | Zentrum für Kunst und Medien Karlsruhe, S. | pp. 236–237

Impressum

Dieser Katalog erscheint anlässlich der Ausstellung
Otto Piene. Wege zum Paradies
Museum Tinguely, Basel
7. Februar – 12. Mai 2024

Katalog

Herausgeber: Museum Tinguely, Basel
Redaktion:
Dr. Lauren Elizabeth Hanson
Autor:innen: Mary Hale, Dr. Lauren Elizabeth Hanson, Dr. Barbara Könches, Otto Piene, Dr. Tina Rivers Ryan, Dr. Sandra Beate Reimann, Roland Wetzel
Katalogtexte: Dr. Lauren Elizabeth Hanson, Dr. Sandra Beate Reimann
Projektmanagement, Hirmer Verlag: Dr. Jutta Allekotte, Katja Durchholz
Gestaltung: Raphael Drechsel
Übersetzungen: Herwig Engelmann (ins Deutsche), Nicholas Grindell (ins Englische)
Lektorat: Katrin und Hans Georg Hiller von Gaertringen, Dr. Tas Skorupa
Herstellung: Katja Durchholz
Lithografie: Repromayer Medienproduktion GmbH
Schrift: ABC Walter
Papier: Salzer Touch White, 120 g/m²
Schutzumschlag: Fedrigoni Pergamenta, 110 g/m²
Druck und Bindung: Printer Trento s.r.l., Trento
Printed in Italy

Ausstellung

Direktor: Roland Wetzel
Vizedirektor und Sammlungskonservator: Dr. Andres Pardey
Kuratorinnen: Dr. Sandra Beate Reimann, Dr. Lauren Elizabeth Hanson
Registrar und Exhibition Management: Daniel Boos
Restaurierung und Konservierung: Jean-Marc Gaillard, Sven Düblin, Elea Breig
Ausstellungstechnik: Matthias Fluri, Roland Manteiga
Ausstellungsaufbau: Günter Thorn, Sandro Ackermann, Daniel Dressel, Matthias Liechti, Jakob Nussberger, Thomas Ruch, Christian Ben Shoham
Kommunikation: Isabelle Beilfuss, Janine Moroni, Lena Reiff
Ausstellungsgestaltung: Claire Morin und Matthias Indermauer, Weisswert
Kunstvermittlung: Lilian Steinle, Sarah Stocker, Chiara Sarbach
Archiv, Bibliothek und Dokumentation: Annja Müller-Alsbach, Anja Seiler
Administration: Anna Schlaginhaufen, Céline Strässle, Céline Studer
Shop: Esther Sidler, Florence Dessemontet, Nathalie Gaillard, Chiara Schmid, Christian Schoch
Besucherbetreuung: Markus Brodtbeck, Lena Diel, Verena Eckerlin, Caroline Frank, Nikolaus Fuchs, Tamina Gaillard, Martin Grimberg, Pascale Hauser, Jana Herrmann, Tobias Hofer, Géraldine Honauer, Baris Kaya, Astrid Klöser, Lorena Lengwiler, Markus Martin, Lorène Mohn, Samuel Moor, Leah Nehmert, Lucia Pietrafesa, Teresa Poceiro, Sebastian Siegrist, Kevin Strohmeier, Gerd Suter, Flurina Venzin

Bibliografische Information der Deutschen Nationalbibliothek
Die Deutsche Nationalbibliothek verzeichnet diese Publikation in der Deutschen Nationalbibliografie; detaillierte bibliografische Daten sind im Internet über http://dnb.de abrufbar.

ISBN 978-3-907228-12-8 (Museumsausgabe)
ISBN 978-3-7774-4253-2 (Buchhandelsausgabe)

www.hirmerverlag.de
www.hirmerpublishers.com

Museum Tinguely
Paul Sacher-Anlage 1
CH-4002 Basel
www.tinguely.ch

Colophon

This catalogue is published on the occasion of the exhibition
Otto Piene: Paths to Paradise
Museum Tinguely, Basel
7 February – 12 May 2024

Catalogue

Editor: Museum Tinguely, Basel
Managing editor:
Dr. Lauren Elizabeth Hanson
Authors: Mary Hale, Dr. Lauren Elizabeth Hanson, Dr. Barbara Könches, Otto Piene, Dr. Tina Rivers Ryan, Dr. Sandra Beate Reimann, Roland Wetzel
Catalog texts: Dr. Lauren Elizabeth Hanson, Dr. Sandra Beate Reimann
Project management, Hirmer Publishers: Dr. Jutta Allekotte, Katja Durchholz
Design: Raphael Drechsel
Translations: Herwig Engelmann (into German), Nicholas Grindell (into English)
Copyeditors: Katrin and Hans Georg Hiller von Gaertringen, Dr. Tas Skorupa
Production: Katja Durchholz
Pre-press and reproductions: Repromayer Medienproduktion GmbH
Font: ABC Walter
Paper: Salzer Touch White, 120 g/m²
Dust jacket: Fedrigoni Pergamenta, 110 g/m²
Printing and binding: Printer Trento s.r.l., Trento
Printed in Italy

Exhibition

Director: Roland Wetzel
Deputy director and collection conservator: Dr. Andres Pardey
Curators: Dr. Sandra Beate Reimann, Dr. Lauren Elizabeth Hanson
Registrar and exhibition management: Daniel Boos
Restoration and conservation: Jean-Marc Gaillard, Sven Düblin, Elea Breig
Technical services: Matthias Fluri, Roland Manteiga
Art handling: Günter Thorn, Sandro Ackermann, Daniel Dressel, Matthias Liechti, Jakob Nussberger, Thomas Ruch, Christian Ben Shoham
Communication: Isabelle Beilfuss, Janine Moroni, Lena Reiff
Exhibition architecture: Claire Morin and Matthias Indermauer, Weisswert
Education department: Lilian Steinle, Sarah Stocker, Chiara Sarbach
Archives, library, and documentation: Annja Müller-Alsbach, Anja Seiler
Administration: Anna Schlaginhaufen, Céline Strässle, Céline Studer
Shop: Esther Sidler, Florence Dessemontet, Nathalie Gaillard, Chiara Schmid, Christian Schoch
Visitor services: Markus Brodtbeck, Lena Diel, Verena Eckerlin, Caroline Frank, Nikolaus Fuchs, Tamina Gaillard, Martin Grimberg, Pascale Hauser, Jana Herrmann, Tobias Hofer, Géraldine Honauer, Baris Kaya, Astrid Klöser, Lorena Lengwiler, Markus Martin, Lorène Mohn, Samuel Moor, Leah Nehmert, Lucia Pietrafesa, Teresa Poceiro, Sebastian Siegrist, Kevin Strohmeier, Gerd Suter, Flurina Venzin

Bibliographic information published by the Deutsche Nationalbibliothek
The Deutsche Nationalbibliothek lists this publication in the Deutsche Nationalbibliografie; detailed bibliographic data are available online at http://dnb.de.

ISBN 978-3-907228-12-8 (Museum edition)
ISBN 978-3-7774-4253-2 (Trade edition)

www.hirmerverlag.de
www.hirmerpublishers.com

Museum Tinguely
Paul Sacher-Anlage 1
CH-4002 Basel
www.tinguely.ch